O RIO DE JANEIRO IMPERIAL

ADOLFO MORALES DE LOS RIOS FILHO

O RIO DE JANEIRO IMPERIAL

2ª edição

Prefácio
Alberto da Costa e Silva

Copyright © Herdeiros do autor, 2000
1ª edição: 1946

Editoração e fotolitos
Art Line Produções Gráficas Ltda.

*Preparação do texto e dos
cadernos de ilustrações*
Christine Ajuz

Capa
Victor Burton

Todos os direitos reservados pela
TOPBOOKS EDITORA E DISTRIBUIDORA DE LIVROS LTDA.
Rua Visconde de Inhaúma, 58 / gr. 203 — Rio de Janeiro — RJ
CEP 20091-000   Tel.: (021) 233-8718 e 283-1039
topbooks@topbooks.com.br

Impresso no Brasil

À SANTA MEMÓRIA DE MINHA MÃE

MARIA RITA DE CUADRA
DE
MORALES DE LOS RIOS

ÍNDICE GERAL

Este livro, mais de meio século depois — Alberto da Costa e Silva... 15
Introdução 31

CAPÍTULO I

A CIDADE

1) EVOLUÇÃO URBANA

Limites — Expansão 35

2) TERRAS, BOSQUES E ALAGADIÇOS

Terras dos vales e das montanhas — Florestas — Terras de sesmaria — Os terrenos particulares — Lagoas — Mangues — Rios e córregos — Praias 42

3) O AMBIENTE MESOLÓGICO

Temperatura — Chuvas — Ventos — Inundações 55

4) A POPULAÇÃO

Os habitantes — Os capoeiras — Tipos populares — Expressões da alma popular — Curiosidades verbais 58

CAPÍTULO II

O COMPLEMENTO URBANO

1) SERVIÇOS PÚBLICOS

A rua — Calçamento — Abastecimento de água — Saneamento — O lixo e a limpeza pública e sanitária — A arborização — Os parques públicos — Os jardins oficiais — A iluminação — Caminhos e estradas — Pontes — Cais e muralhas — Os canais — A repartição das obras públicas 93

2) A ADMINISTRAÇÃO CITADINA

Os intendentes gerais de polícia — O Senado da Câmara, a Câmara Municipal, e as posturas — Observação indispensável — A desapropriação pública 130

3) MEIOS DE TRANSPORTE

As cadeirinhas e liteiras — Atrelagens da nobreza — Os veículos usuais — As diligências, ônibus e gôndolas — Carros de carga — A regularização do tráfego — Os transportes oficiais — As montarias — Transportes para o sertão — A navegação — As estradas de ferro — Os carris urbanos 135

CAPÍTULO III

OUTROS ASPECTOS

1) A EDIFICAÇÃO

As casas do centro, as residências e a construção — Os jardins particulares.. 151

2) ASSISTÊNCIA

Hospitais e recolhimentos — Casas de saúde — Doenças — Sepultamentos e cemitérios 165

3) ASSOCIAÇÕES E INSTITUIÇÕES PARTICULARES

Políticas — De caráter industrial — Beneficentes — Religiosas — Agrícolas — Comercial — Profissionais — Artísticas — Culturais — Recreativas — Turfista — Lojas maçônicas 178

4) VALIOSOS DETALHES

O brasão e a bandeira — Títulos citadinos — A numeração das casas — Os Correios e a distribuição da correspondência — Curiosidades — Epigrafia — Barulhópolis.. 197

CAPÍTULO IV

TOPONÍMIA

DENOMINAÇÕES ANTIGAS E ATUAIS

Nomes do centro urbano e dos arredores — Nomes de fora da cidade — Nomes das ilhas 209

CAPÍTULO V

TRABALHO

1) AÇÃO E EVOLUÇÃO

Diretriz brasileira — A mão-de-obra.. 257

2) EVOLUÇÃO COMERCIAL

Comércio urbano — Comércio interno — Comércio costeiro — Importação e exportação — Bancos — Companhias de seguros........ 273

3) DESENVOLVIMENTO INDUSTRIAL

A indústria citadina — Artes e ofícios elementares 294

4) A LAVOURA

Fazendas e engenhos 310

5) A CRIAÇÃO

Os currais... 316

6) A PESCA

Baleias e peixes 317

11

7) OS TRIBUTOS

Os dízimos, subsídios e quintos — A décima urbana — Papel selado e impostos sobre heranças e legados — Tributação comercial — O imposto do banco — A taxa do gado — Impostos sobre bebidas alcoólicas — Outros impostos — A taxa d'água — As fontes de renda do município em 1850 319

CAPÍTULO VI

A SOCIEDADE

1) EVOLUÇÃO SOCIAL

A conformação — Vida doméstica; a cozinha — Salões cariocas — Chácaras e quintas — Onde outros moravam — Os aluguéis............. 329

2) DIVERSÕES

Os passatempos — As predileções — O carnaval. 361

3) COSTUMES BEM BRASILEIROS

Nomes — Designações e apelidos — Tratamentos corteses.............. 374

4) A INDUMENTÁRIA

A elegância civil — Uniformes, vestes e hábitos — O luto................ 376

CAPÍTULO VII

A INSTRUÇÃO

1) PRIMÁRIA, SECUNDÁRIA E SUPERIOR

Ensino primário — Ensino secundário — A universidade e o ensino superior — O ensino médico — Os ensinamentos homeopáticos — A falta do estudo do direito — O ensino da engenharia civil — Iniciativas fracassadas — A questão dos diplomas e o exercício das profissões liberais. 391

2) EDUCAÇÃO ARTÍSTICA

Ensino das belas-artes — Ensino da música — Aprendizagem do desenho e da caligrafia. 428

3) ENSINO PROFISSIONAL

Para as artes e ofícios elementares — Para o trabalho do campo — Para o comércio — Especializações — Educação da mulher 433

CAPÍTULO VIII

A DIVULGAÇÃO DO SABER E DAS IDÉIAS

1) APERFEIÇOAMENTO INTELECTUAL

Autores e livros — As livrarias 449

2) A PROL DA CULTURA

As bibliotecas — O Museu Nacional — O Museu de Belas-Artes......... 463

3) A IMPRENSA

Gazetas e diários — As revistas — Anuários, almanaques e folhinhas — Os pasquins — Os anúncios — Outros aspectos jornalísticos — Caricaturas e caricaturistas... 464

CAPÍTULO IX

CULTOS E CRENÇAS

1) O CULTO CATÓLICO APOSTÓLICO ROMANO

A prelazia, o bispado e a nunciatura — As freguesias — Templos, capelas, ermidas e oratórios — Ordens terceiras e irmandades — Cerimônias e festas religiosas — As procissões — Outras particularidades interessantes 477

2) OUTRAS RELIGIÕES; CRENDICES

Cultos protestante, luterano e metodista — Culto negro — Pajés e lendas indígenas.. 498

Bibliografia.. 505
Apontamentos biográficos 527
Índice onomástico-temático.. 531

ESTE LIVRO, MAIS DE MEIO SÉCULO DEPOIS

Alberto da Costa e Silva

Sempre quis ler este livro. Vi-o pela primeira vez, há mais de 50 anos, ao lado do *Grandjean de Montigny e a evolução da arte brasileira*, do mesmo autor, numa das montras esguias que separavam as portas de uma pequena livraria e papelaria da praça Saenz Peña, chamada "A Futurista". Era pequena, já disse, mas era uma livraria. Nela, ao contrário do que hoje acontece com quase todas as casas onde se vendem livros, eu encontrava sempre as obras que queria e não apenas as que não me interessavam. Ali, rapazola, comprei *Lira Paulistana seguida de O carro da miséria*, *Casa-grande & senzala*, *Cancionero gitano*, *Tempo e eternidade*, *O Visionário*, *Rosa do povo*, *Platero y yo*, *Imagens do Nordeste místico em branco e negro*, *Jean Christophe*, *História literária de Eça de Queirós*, *20 Poemas de amor y una canción desesperada*, *Viagem*, as *Poesias completas* de Manuel Bandeira e muitos outros títulos desse quilate, que agora não aparecem nas lojas de bairro ou, quando existem, ficam escondidos no seu fundo escuro.

Levei para casa o *Grandjean de Montigny*, depois de um breve namoro com este *O Rio de Janeiro imperial,* namoro que se repetiu naquela e em outras livrarias, sem que eu me decidisse por ele. Vi-me sempre, depois, arrependido de não o ter comprado. Até que, um dia, o volume sumiu das estantes das lojas, e lá fiquei eu a sofrer aquele roer persistente, aquela dor da ausência que bem conhecem os viciados em livros. Mas, como a compensar esta espécie de saudade de uma obra não lida, eis que ela agora me cai nas mãos, e a percorro com os olhos de anteontem e de hoje. É um guia histórico interessantíssimo de um Rio de Janeiro cujas numerosas sobras ainda vemos, muitas vezes espremidas entre edifícios insossos. E não merecia que eu o não tivesse adquirido no justo tempo, nem tampouco todos estes anos de exílio das livrarias.

Dele, alguns parágrafos podem ter-se por datados ou envelhecidos. O tempo, entretanto, impregnou o livro de um novo interesse, pois Adolfo Morales de los Rios Filho viu, comentou, reconstruiu e julgou a evolução da cidade, e dos costumes dos que nela viviam, com as regras e as medidas que lhe davam um Rio do qual ainda não se despedira de todo a *belle époque* e que prometia, antes que a especulação imobiliária o alterasse, repetir em pequenino — na avenida Rio Branco, no Russel e na praia do Flamengo — o destino parisiense de ser um museu da arquitetura do início do século. Este livro sobre o Rio antigo foi escrito por um arquiteto e professor de história da arquitetura que tomava o bonde junto ao prédio em estilo mourisco então existente num dos extremos da enseada de Botafogo e desembarcava sob as arcadas do edifício Avenida Central. Durante todo o trajeto, sucediam-se, num abuso de imaginação, casas em estilo *art nouveau*, cinemas e prédios de apartamentos a seguir as normas da *art déco* ou com incrustações marajoaras, sobrados, solares e palacetes que fariam a alegria de Hundertwasser e nos quais se reproduziam os traços e os ornatos das construções coloniais ou se reinventavam imaginosamente o gótico ou manuelino, o toscano renascentista e o andaluz ou mourisco. Se ele descesse, porém, da mata da Tijuca para a praça Tiradentes, veria, a acompanhar os trilhos, um após outro, os grandes terrenos gradeados, os altos portões, os renques de palmeiras imperiais, os amplos sobrados neoclássicos, de portas e janelas emolduradas em cantaria, como se o seu bem-amado século XIX se recusasse a ir embora.

A história, verdadeira ou imaginada, preenchia o espaço urbano. Aqui, um frontão grego ou uma cúpula romana. Ali, arcos em ferradura ou janelas em ogiva. Acolá, um chafariz barroco ou o prédio neoclássico da Alfândega. Mais adiante, um quarteirão inteiro que podia ter sido transplantado diretamente do Porto ou de Lisboa, com os sobrados esguios colados uns aos outros, as sacadas e janelas de peitoril, as portas com esquadrias de granito. E, por toda a parte, as igrejas, algumas, altas, a navegar no azul puro, como as da Glória e da Venerável Ordem Terceira de São Francisco da Penitência, o Convento de Santo Antônio e o Mosteiro de São Bento. Nem faltavam, nos arrabaldes e a subir os morros, as cubatas de sopapo, a repetirem a África, sem que disto alguém se desse conta.

Um pouco deste Rio de Janeiro continua felizmente conosco. E o vemos agora com olhos que se cansaram do predomínio, por tantas décadas, de edifícios funcionais, limpos e de linhas nítidas, nos quais os painéis de azulejos eram quase que os únicos adornos permitidos. Voltou-nos o apetite pelas fachadas antigas, com platibandas balaustradas, frisos e misulas, gradis de ferro, florões, carrancas e grifos de estuque, e até por seus despropósitos. Cresceu em nós o gosto por esses prédios que não são hexaedros assépticos, e pelas ruas em que se sucedem, nas frontarias das casas, as surpresas. Somos capazes de estimar até mesmo aquele imprevisto que resvala para o *kitsch*, ou de, ao menos, compreendê-lo.

Nossa apreciação é, contudo, distinta — como não poderia deixar de ser — do juízo daqueles, como Adolfo Morales de los Rios Filho (1887-1973), que aprenderam a olhar a cidade no início do século XX. Não que fosse ele adepto dos exageros decorativos, pois sua devoção ao neoclassicismo de Grandjean de Montigny empurrava-o noutro rumo. Como também as lições de seu pai, que, nascido na Espanha e formado em Paris, onde foi discípulo de Viollet-le-Duc, se transferiu para o Brasil em 1889 e entrou na história da arquitetura brasileira tendo desenhado, entre outros, os prédios do Museu Nacional de Belas-Artes e do Supremo Tribunal Federal. O filho assistiu, rapazola, às grandes reformas urbanísticas de Pereira Passos e aprendeu com elas que as cidades têm vida, alteram-se no tempo, mudam-se como nós, que só conseguimos reconhecer-nos nos velhos retratos porque conservamos na memória os nossos rostos de ontem, e porque no de hoje às vezes se resguardam a mesma forma do queixo, a mesma curva do nariz, a mesma testa ou o mesmo jeito de sorrir e de olhar.

Claro que do Rio não se iriam a baía, as montanhas nem as enseadas. Mas as demolições de Pereira Passos, o desmonte do morro do Castelo e a abertura da avenida Presidente Vargas não podiam deixar de exigir dos seus amorosos mais sensíveis que procurassem manter na memória dos livros não apenas as feições da cidade que se iam perdendo, mas também recuperar as que tivera no passado. Para cumprir esse desiderato, Luís Edmundo publicou, em 1938, *O Rio de Janeiro no tempo dos vice-reis*, Vivaldo Coaracy, em 1944, *O Rio de Janeiro no século XVII* e, em 1955, *Memórias da cidade do Rio de Janeiro,* e Gastão Cruls, em 1949, *Aparência do Rio de Janeiro*. Editado em 1946, é a este ciclo de obras que pertence *O Rio de Janeiro imperial*, de Adolfo Morales de los Rios Filho.

O livro é uma história do Rio de Janeiro da primeira metade do Oitocentos, pesquisada com rigor e escrita com a sensibilidade, os cânones de bom gosto e as atitudes mentais de um homem culto e refinado de cem anos mais tarde. De um homem que remava, de certo modo, contra algumas das novas tendências de seu tempo. Não faltaria quem, então, lhe chamasse passadista — estava, ao que parece, mais próximo de Raul Lino do que de Le Corbusier —, mas o seu tradicionalismo hoje nos cai bem, possui o seu sabor próprio, o de uma época em que um homem não saía à rua sem chapéu, paletó, gravata, suspensórios e ligas para as meias de cano alto, e, de tardinha, se demorava com os amigos à porta dos cafés ou no recesso das livrarias; em que as senhoras iam às compras também de chapéu (um chapéu com flores, cachos de uvas ou passarinhos artificiais ou empalhados) e de luvas e sombrinha; em que os casais e os grupos de rapazes se sentavam às mesas que prolongavam nas calçadas o espaço dos bares e das confeitarias, e ficavam a ver os poucos carros e os poucos ônibus que passavam; em que meninos de brim azul saltavam para os estribos dos bondes, a gritar as notícias para vender os jornais.

Se, entretanto, caía um aguaceiro ou se, pior ainda, se alongava uma chuva forte, era um deus-nos-acuda! Os bondes paravam; as águas invadiam os porões e o rés-do-chão das casas; as ruas transformavam-se em rios. Era assim então, como ainda hoje, para agonia dos cariocas e pesadelo dos prefeitos, e foi assim desde pelo menos o século XVII, como nos conta Adolfo Morales de los Rios Filho. A povoação expandira-se por vales entre montanhas e sobre lagunas, pântanos e alagadiços que se foram aterrando, o casario dispondo-se em diferentes alturas do terreno, desde as encostas das colinas até às depressões abaixo do nível do mar, onde as enxurradas se detinham e acumulavam. A cidade fora continuadamente ganhando espaço às águas — a rios que se apertavam em canais artificiais, mas que não os continham durante as cheias, e a lagoas que se cobriam de entulhos, como a de Santo Antônio, que ocupara, até 1643, toda a área que se estende, em nossos dias, entre o largo da Carioca, a rua Senador Dantas e a rua 13 de Maio.

Se as condições topográficas já as favoreciam, essas enchentes, que se repetiam todos os anos — uma delas, em fevereiro de 1811, ficou famosa porque, ao cobrir toda a vizinhança, isolou na Quinta da Boa Vista a família real —, eram agravadas pelo lixo jogado nas ruas. Aos visitantes estrangeiros causava espanto o verem que se despejavam das janelas imundícies nas calçadas, e se abandonavam as coisas velhas e quebradas nos terrenos baldios, e se jogavam ou deixavam cair no chão a casca e os caroços da fruta que se comia, um lenço puído ou o papel que embrulhara uma prenda. Era assim no século XVII. E no XVIII. E no XIX. E neste século

XX, de que vivemos os últimos meses, sem encontrar remédio para esta e outras mazelas. Como a da barulheira de alguns poucos a desrespeitar o sossego da maioria. O falar aos gritos. As batucadas. O foguetório.

Adolfo Morales de los Rios Filho não nos deixa tirar os olhos de seu livro, ao resumir as posturas municipais com que se procurava impor, sem êxito, bons modos à cidade. Como aquela de 1824, na qual se exigia dos moradores que mantivessem limpas as suas testadas, se vedava aos comerciantes que amontoassem nas vias públicas mercadorias ou caixotes e barris vazios, e se intimavam os carros de carga a que tivessem os eixos ensebados, a fim de que não rinchassem. Esses não eram problemas que o nosso autor desconhecesse no seu dia-a-dia de cidadão novecentista atento à cidade amada, a uma cidade que pagava o preço de sua alegria e de um convívio cheio de calor com o descaso ou desrespeito de uns pelos outros, de que eram evidências as conversas em voz alta nas calçadas, os rádios estridentes, os alto-falantes das casas comerciais, a zoada dos automóveis mal ajustados, o toque freqüente das buzinas, o lixo posto na rua e as pessoas a jogarem pontas de cigarro e até os seus maços vazios no chão.

Havia, pois, um passado que ainda não se fora e teimava em continuar. De um outro, o dos caramanchões a sombrearem os jardins, ele assistia às despedidas. Lentas, neste bairro; aceleradas, naquele. Porém muito do que se obrigava a bisbilhotar nos arquivos nada tinha a ver com o seu tempo. Como aqueles regulamentos municipais sobre a iluminação da cidade, tão precária no fim da primeira metade do século XIX que com ela rivalizava a lua cheia. Prova disto: uma postura isentava, nas noites de luar, as gôndolas e os ônibus puxados a burro da obrigação de trazerem as lanternas acesas. Nessas noites, não se acendiam tampouco os lampiões das ruas. Estes eram, aliás, pouquíssimos. E, de mecha embebida em azeite de baleia ou de velas de cera, quase não alumiavam. Em 1833, não passavam de 172 na cidade inteira — comparem-se com os 2.263 que tinha Lisboa em 1823 — e se apagavam antes da meia-noite. A iluminação a gás não começaria senão em 1854 (um quarto de século depois de Paris) e apenas no largo do Paço e nas ruas Direita, do Ouvidor, do Rosário, de São Pedro e do Sabão.

Só os afoitos ou os tangidos por inesperada necessidade se atreviam a sair à noite, de candeeiro, tocha ou vela nas mãos, a avistar, uma ou outra vez, um companheiro de aventura e, de quando em quando, o bruxuleio de uma janela aberta ou de uma lamparina ao lado de uma porta. A escuridão era tamanha e tamanho o risco de andar pelas ruas de terra ou mal empedradas, cheias de buracos, de valas e de porcarias, que os plenilúnios convidavam as pessoas a sair às calçadas e faziam com que adiassem o deitar cedo. As outras noites eram o domínio dos gatos, dos cães vadios e do medo, dos ladrões e outros malfeitores, dos lobisomens, das almas penadas e dos escravos fugidos.

Não posso deixar de relembrar aqui dois textos agudíssimos que Joel Serrão geminou sob o título de "Noite natural e noite técnica" e incluiu no segundo volume dos seus *Ensaios oitocentistas*. Os homens modernos e citadinos — escreve ele — quase desconhecemos a noite. E acrescenta, com Lucien Febvre, que a noite só existe para nós quando se interrompe, por momentânea avaria, a força elétrica. Ainda que abrandada por lanternas, velas e faróis de automóveis, a escuridão moderna, ao prolongar-se, nos lança na confusão e na incerteza. E, no entanto, sabemos serem suas ameaças passageiras, porque em algum momento a luz das lâmpadas se restabelecerá. Não era assim até recentemente, quando só a antemanhã voltava a clarear o mundo e não tínhamos como fugir do negrume e de seus pesadelos. Depois que passamos a dormir com "a aurora sempre pronta no comutador elétrico", a angústia da noite saiu de nossas vidas.

Apesar do pavor das trevas, a noite era, contudo, agasalho, consolo e abrigo para a maioria dos habitantes do Rio de Janeiro da primeira metade do Oitocentos. Para aqueles que sequer eram admitidos como parte do seu povo. Era à noite, em horas roubadas ao descanso, que os escravos se reuniam, rememoravam histórias, trocavam experiências e idéias, tramavam desforras e fugas, faziam suas festas e recebiam, a dançar, os seus deuses. Adolfo Morales de los Rios Filho — que se indigna com os comerciantes negreiros, castiga os senhores de escravos e trata os cativos com simpatia, comiseração e remorso — só encontra para as religiões destes últimos palavras duras e de incompreensão. Chama-lhes crendices e descreve seus ritos e danças sagradas como requebros indecentes, contorções e tremores epilépticos.

Não lhe censuremos além da conta a falta de sensibilidade e, mais que isso, de respeito pelas crenças dos outros. Os próprios antropólogos e sociólogos seus contemporâneos, dedicados aos estudos do negro, buscavam explicações psiquiátricas e psicanalíticas, como se estivessem diante de um desvio da normalidade, para o que era uma intensa experiência religiosa, nascida de uma fé profunda — a possessão pelos deuses. Na quinta década deste nosso século XX, a polícia ainda entrava com violência nos terreiros e nas tendas. E encontrava quem a defendesse e até a estimulasse, em nome dos bons costumes, da tranqüilidade pública, da cultura e da civilização. (Relembremos, de passo, como sintomáticas da época, as páginas que um corifeu do modernismo, Antônio de Alcântara Machado, escreveu contra os espíritas e o espiritismo popular e que foram incluídas, em 1940, em seu livro póstumo, *Cavaquinho e saxofone*.)

O africano e seus descendentes crioulos ou mulatos estão em muitas páginas deste livro de Adolfo Morales de los Rios Filho. A ser expostos à venda no mercado do Valongo. A recolher nos "tigres" e a deitar nas praias os dejetos das casas. A remar baleeiras. A carregar e descarregar navios. A fazer mudanças. A levar recados. A passear a senhora numa liteira ou numa serpentina e a alugar os ombros nas cadeirinhas a frete. A cuidar dos jardins e das hortas. A cozinhar, a servir a mesa, a costurar, a lavar, a passar, a amamentar e a cuidar das crianças. A erguer as paredes das casas e fazer na madeira a armação de seus telhados, e as portas, e as janelas. A trabalhar como marceneiro, ferreiro, soldador, seleiro, alfaiate. A vender, nas ruas ou de casa em casa, galinhas, legumes, frutas, quitutes, doces. A ser os braços e as pernas dos amos.

Nesse parágrafo, ele aparece em trapos. Nesse outro, vestido com esmero, de libré, se homem, ou de seda e rendados, se mulher. Mas descalço. Pois era de regra que de pé no chão andasse o escravo.

Em muitas partes da África, as pessoas ainda se descalçam como sinal de submissão, homenagem ou respeito. No Brasil, a primeira coisa que fazia o liberto era pôr sapatos, pois os pés descalços eram a marca da servidão. Isto quando saíam à rua, pois em casa todos, brancos, negros, caboclos e cafuzos, senhores e cativos, não apertavam os artelhos nem os calcanhares e usavam, quando muito, chinelos. Adolfo Morales de los Rios Filho registra o costume, como também descreve o negrinho nos trinques, a acompanhar, descalço, os amos. Anota também que causava escândalo pôr botas num cocheiro ou calçar um escravo. Pesquisador minucioso, escapou-lhe o motivo da reprovação, bem como o por quê da exigência de ir o rapazola, ainda que vestido em seda, de pés no chão. Não compreendeu que isso era um estigma humilhante, pois, ao comentar que os escravos, para viajar nas barcas para Niterói, pagavam só um pouco menos do que os homens livres, ironizou que neles, em compensação, se dispensavam os sapatos.

Os escravos não precisavam de estar descalços para serem tratados com desdém, e como bens semoventes, nos anúncios de jornal. São apenas 61 linhas as que o livro dedica ao assunto. Mas são 61 linhas cheias de interesse: ficamos sabendo, por exemplo, que a feiúra depreciava um cativo, independentemente de suas aptidões, e a beleza o encarecia.

Esses poucos parágrafos d' *O Rio de Janeiro imperial* antecipariam o instigante livro de Gilberto Freyre, *O escravo nos anúncios de jornais brasileiros do século XIX,* se não tivessem provavelmente nascido de semente gilbertiana. Gilberto não é citado uma só vez no corpo do livro de Adolfo Morales de los Rios Filho — de um livro que caminha paralelo, em alguns capítulos, a *Sobrados e mucambos* — , porém o seu nome aparece na bibliografia, como o principal autor dos *Novos estudos afro-brasileiros*, volume em que se recolheram trabalhos apresentados ao congresso realizado em 1934, no Recife. Pois bem, o ensaio de Gilberto Freyre, "Deformações de corpos de negros fugidos", baseia-se exatamente em anúncios de jornais, assunto de que ele havia tratado, pouco antes, numa conferência na Sociedade Felipe d'Oliveira.

O que Adolfo Morales de los Rios Filho não recolheu desse texto foi que os anúncios retratavam a crueldade do regime escravocrata. E isto era a espinha dorsal da comunicação de Gilberto, como também o era daquele parágrafo d' *O abolicionismo,* em que Joaquim Nabuco nos indica que, nos anúncios de escravos fugidos, estes eram muitas vezes descritos pelos sinais de castigo que sofriam. E não só pelos sinais de castigo — alerta Gilberto Freyre —, mas também pelas deformações por excesso de trabalho, condições anti-higiênicas de vida e má alimentação. Este escravo, segundo anúncio posto pelo dono, pode ser identificado — não me afasto de Gilberto um só momento — por marcas de ferro em brasa numa coxa, no peito ou nas costas; e aquele manqueja, "os quartos arreados em conseqüência de surras tremendas". Alguns apresentam feias cicatrizes de relho, de correntes no pescoço, de ferro nos pés, de queimaduras e de maus tratos no tronco. Outros mostram-se "rendidos", isto é, herniados, ou com veias estouradas e calombos no corpo. Fugiu-me um escravo de olho vazado — alardeia um senhor. Com máscara ou com mordaça de flandres na boca. Ou com apostemas pelo corpo. Com sinais de talhos que deu em si, na garganta, no peito ou nos pulsos, para libertar-se pelo suicídio. Raquítico, depauperado, enfermiço — como resultado da viagem no navio negreiro, ou do duríssimo regime de trabalho, da alimentação deficiente e da "dormida no chão, em senzalas úmidas e fechadas". De artelhos comidos, por ser amassador de cal. Sem os dedos da mão, a mão inteira ou um pedaço do braço, levados pelos dentes da moenda. Quase todos deformados e maltratados, não por doenças trazidas da África, mas — Gilberto Freyre é incisivo — por "causas nitidamente sociais e brasileiras".

O negro aparece em bom número de páginas d'*O Rio de Janeiro imperial*, mas quase sempre como figurante secundário. Passa por elas, sem ocupar o centro do palco. Poucos da geração de Adolfo Morales de los Rios

22

Filho acolheram a principal lição de *Casa-grande & senzala:* que o africano era co-fundador e co-formador do Brasil, e que sem suas contribuições civilizatórias não seríamos o que somos. O livro de Gilberto Freyre foi um escândalo em 1933 principalmente por isto: porque dizia que nós éramos também negros, que o negro, da mesma forma que o branco, o índio e o mestiço, era parte da nação brasileira. Décadas após ter *Casa-grande & senzala* chegado às livrarias, continuávamos — e continuamos, muitos, até hoje —a negar, embora majoritariamente mulatos e cafuzos, essa nossa condição, a nos pensar como um prolongamento da Europa nos trópicos e a ter o descendente do africano trazido à força de sua terra como alguém que não pertencia à nossa. O negro não fazia parte do projeto das elites brasileiras; era um problema, que a miscigenação acabaria por resolver. Nem sequer reconhecíamos no mestiço esbranquiçado o que era evidente para quem nos olhava de fora, como aquele ganense, Kankan Boadu, com quem privei em negociações sobre cacau, há quase quarenta anos. Procurava explicar ele, em Abidjã, como era o Brasil e, de repente, disse: "O Brasil é um país com negros de todas as cores". Referia-se evidentemente não só à nossa maneira de ser e viver, mas também aos incontáveis matizes de cor de pele que vemos por toda a parte nas cidades brasileiras. Mais direto foi o chefe mina de Porto Seguro, no Togo, que me apontou todos os brasileiros, exceto quatro ou cinco de um grupo de vinte, como *mulâtres.*

Muitos daqueles que, no livro de Adolfo Morales de los Rios Filho, andavam em seges, tocavam piano, recitavam sonetos nos saraus, iam ao teatro, liam livros franceses, freqüentavam lojas maçônicas e, sem pejo ou sentimento de culpa, possuíam alguns ou numerosos escravos, eram caboclos — andamos esquecidos de que a índia foi o grande ventre gerador de brasileiros —, mulatos claros e mestiços indefinidos. "Quem diz brasileiro"— escrevia em 1869 o conde de Gobineau, então ministro da França no Rio de Janeiro — "diz homem de cor". E ressalva: "com poucas exceções." Se assim era nas elites com que ele, constrangido e inconformado, tinha de conviver, mais seria entre a gente livre pobre e nos embriões da classe média.

Foi a urbe europeizada a matéria trabalhada por Adolfo Morales de los Rios Filho. O Rio de Janeiro com aspirações a Lisboa e não a cidade africana que aos seus costados se desenvolvia e nele se infiltrava. Esse Rio português tem sua descrição e história; o Rio africano ainda está à espera de nosso interesse e de nossas escavações. Se dele algo — pouquíssimo — sabemos, é porque, mais que gêmeo, tinha o corpo siamesamente ligado ao do outro, possuindo ambos artérias, veias e nervos comuns.

Era nos arrabaldes de casas de palha e de taipa, nos mocambos e cubatas que se encostavam aos muros dos fundos das quintas e dos palacetes, ou se arrumavam, em ruelas estreitas e sinuosas, nos alagadiços, nos areais e nas encostas mais difíceis dos morros, que viviam os negros libertos, muitos mestiços e alguns pouquíssimos brancos que sempre tinham sido pobres ou haviam empobrecido sem remédio. Ali, ocupava-se o espaço como na África e só muito raramente não se construía à africana. Dentro e fora das casas, procurava-se reproduzir, no que era possível e como era lembrado ou parcialmente imaginado, o quotidiano que se vivia na outra margem do Atlântico. Mas assim como o minhoto que não dera certo aprendia com os vizinhos negros a comer quiabo e a banhar-se ao menos uma vez por dia, o crioulo trocava a esteira pela rede e, em alguns casos, a cama.

Para esse processo de substituições, perdas, ganhos, somas, trocas e misturas culturais tinha Adolfo Morales de los Rios Filho o olhar atento, sempre que se passasse entre a cozinha e a sala, entre a varanda e o quintal dos casarões, dos sobrados e das casas térreas de São Cristóvão, Engenho Velho, Cidade Nova, Botafogo e Caminho das Laranjeiras. O que lhe passou despercebido é que o processo era muito mais intenso e complexo nas áreas urbanas onde viviam os marginalizados, os que só a muito custo encontravam uma fresta para trabalhar e sobreviver numa sociedade cruelmente dividida entre senhores e escravos. Era nessas áreas, e também nos cortiços à européia, que se conformavam novas identidades grupais, os congos, pendes, andongos, lubas, tequês, fantes, guns, fons, ijebus, ijexás, ondos, macuas e angicos se aproximando e aglutinando de acordo com as semelhanças e diferenças de seus respectivos modos de vida e se transformando em angolas, cabindas, minas, nagôs, moçambiques e, finalmente, africanos. Era ali que se iam gestando, quase imperceptivelmente, uma nova música (com os negros a adotarem o violão, o cavaquinho e o pandeiro, os brancos o agogô, o triângulo e o ganzá, e com o bombo do Portugal nortenho a dar força ao compasso na polirritmia do golfo da Guiné), e novas maneiras de usar a casa e a rua, e de vestir-se (com, por exemplo, a substituição, nas mulheres, do trançado do cabelo pelo turbante), e de criar as crianças, e de gerir a vida em família e as ligações amorosas que cada vez menos se verificavam dentro do mesmo grupo de origem. Ali, um anzico contava uma história a um ovimbundo e este a retransmitia a um queto, como se fosse tradicional em sua gente. E um libolo aprendia uma canção dos lundas. E um oió encomendava a um quioco que sabia talhar a madeira uma imagem de Xangô. E o acará dos ijebus se voltava no acarajé dos ijexás.

Adolfo Morales de los Rios Filho registra a riqueza da culinária do Império e a atribui, sem hesitação, às permutas e adições entre receitas, ingredientes e sabores africanos, americanos e europeus. Trata do assunto nas cozinhas rurais e urbanas dos brancos. Mas muito do que se tinha, já naquela época, como uma arte carioca da comida deveu-se às trempes das senzalas, das choças e das casinholas de barro socado. É provável que tenha sido nas moradas dos senhores que o azeite de oliva começou a conviver com o de dendê. Que nelas os africanos e seus descendentes tenham tomado gosto pelo pão de trigo. E se convertido aos doces, que não conheciam e, ainda hoje, na África Atlântica, não agradam ao paladar da maioria. Mas talvez a disputa entre o *fufu* ou pasta de inhame, o acará, o angu de arroz, a papa de banana-da-terra, a massa de amendoim, o purê de batata, a farinha, o beiju e o pirão de mandioca, o fubá e o cuscuz de milho se tenha travado primeiro nas panelas dos escravos. E foi, possivelmente, ao preparar os alimentos nessas mesas pobres, que se juntaram o alho, a cebola, o coentro, o gengibre, o leite de coco, a malagueta, a pimenta-de-rabo, as pimentas-de-cheiro, a pimenta-do-reino, os pimentões e a vinagreira, que certos ingredientes africanos foram substituídos por outros (o macunde ou ervilha-de-vaca pelo feijão-fradinho, por exemplo), e que se somaram as hortaliças e os legumes que havia na terra aos vindos do Alentejo, de Angola, do Congo, do Iorubo ou do Minho, como as abobrinhas, as berinjelas, as bertalhas, os carurus, as cenouras, as couves, os chuchus, os jerimuns, os jilós, as línguas-de-vaca, os maxixes, os pepinos, os quiabos, os repolhos e os tomates.

Muitas vezes, o grupo mais numeroso impunha aos demais, oriundos de outras regiões da África, os seus gostos e valores. Podia, contudo, suceder o contrário, e não faltam exemplos de elementos da cultura de uma pequena minoria serem adotados por todos os que com ela conviviam ou a cercavam. Ou porque essa minoria era coesa e ativa, ou porque o que tinham a oferecer se mostrava de extrema valia. Pois depressa se disseminava o que era útil ao oprimido.

Isto ocorreu com a capoeira, se aceitarmos o que sobre a sua origem nos propôs Adolfo Morales de los Rios Filho. Ele a tinha como um jogo atlético genuinamente nacional, nascido entre os negros estivadores cariocas, na antiga Peaçaba, no sopé do morro do Castelo. Dali, essa "criação feita pelos fracos — o negro e o mestiço — contra o forte, o branco", ter-se-ia, talvez na segunda metade do século XVIII, propagado pelo Rio e ganho outras cidades brasileiras.

É curioso que um outro defensor da origem brasileira da capoeiragem, o baiano Waldeloir Rego, não cite o nosso autor sequer na rica bibliografia com que fecha o seu excelente *Capoeira Angola,* de 1968. A tese de Adolfo Morales de los Rios Filho era, porém, conhecida por Luís da Câmara Cascudo, que a ela se opôs, indicando haver jogo semelhante em alguns pontos de Angola e aduzindo que Melville J. Herkovits o presenciou em outros lugares da África. Um amigo meu, que passou boa parte de sua vida em Benguela, me assevera que existe no planalto de Huambo.

Seja, aquiesce Waldeloir Rego, para, em seguida, contra-argumentar: a capoeira pode ter sido levada para terras africanas pelos ex-escravos que para lá retornaram, da mesma forma que o bumba-meu-boi, o pandeiro, o prato-e-faca, o cavaquinho, o cozido, o feijão-de-leite, a cocada, o terno de linho branco, a veneziana e o sobrado. E eu acrescento: ainda que a capoeira não se tenha originado no Brasil, não erraria de todo Adolfo Morales de los Rios Filho, pois poderia perfeitamente ter sido reinventada no Rio de Janeiro, nas faldas do morro do Castelo. Se veio da África, aqui ela multiplicou as suas formas e os seus passos, enriqueceu-se como arma de combate, dança guerreira e jogo atlético. Aqui, em Salvador e no Recife, cada grande capoeirista criou o seu estilo, e todos a tornaram brasileira.

Adolfo Morales de los Rios Filho cita vários capoeiristas famosos, da primeira metade do século XIX. Menciona também, pelo nome que lhes dava o povo, as figuras populares (muitas delas loucos mansos e escravos velhos abandonados pelos donos) que então percorriam as ruas do Rio de Janeiro. E nos mostra as quituteiras e doceiras a armarem os tabuleiros nas esquinas e nas praças, os barbeiros a exercerem ao ar livre (como ainda hoje na África) o seu ofício, os calceteiros a socarem com o maço as pedras no chão, os carregadores nos cantos a aguardarem os fregueses ou a levarem cadenciadamente, seis ou sete deles, um piano à cabeça.

Eram todos escravos ou ex-escravos, esses trabalhadores das ruas. Muitos deles aparecem descritos com precisão em nosso livro, que, de certo modo, repete com palavras as gravuras de Jean-Baptiste Debret, na sua *Voyage Pittoresque et Historique au Brésil.* Mas sobre como essas mulheres e esses homens passavam o resto do dia, da semana, do mês, do ano e da vida, *O Rio de Janeiro imperial* quase nada nos conta, embora seja em grande parte uma história da vida quotidiana e da vida privada, escrita muito antes de que o gênero entrasse em voga. Para saber mais sobre os escravos no Rio de Janeiro, naquele meio século, temos de recorrer a outros livros. A um, sobretudo, precioso de informações e finíssimo em análise: *Slave Life in Rio de Janeiro*, de uma norte-americana, Mary C. Karasch, publicado em Nova Jersey, em 1987.

O que dificilmente encontraremos em outras páginas é a história da toponímia dos logradouros do Rio de Janeiro. Com relação a alguns itens da longa lista — uma lista que podia ser enfadonha, mas se lê com encanto, graças às repetidas surpresas — não se traçam apenas a origem e as alterações que foram sofrendo esses nomes, mas também se descrevem as mudanças em extensão, uso e prestígio de bairros, morros, praias, avenidas, largos, praças, ruas, caminhos, travessas, becos e ladeiras. Assim, ficamos sabendo que o largo do Machado, antes chamado campo das Pitangueiras, campo das Laranjeiras e praça da Glória, ganhou o nome atual — e não aceitou o de praça Duque de Caxias, que quiseram dar-lhe —, porque um açougueiro ali estabelecido mandou colocar na fachada do talho um enorme machado. Também da rua das Marrecas tentaram alterar o nome. Para Barão de Ladário. Antes tivera outro, mais poético. Ao ser aberta pelo vice-rei Luís de Vasconcelos e Sousa, em 1789, chamava-se rua das Belas Noites ou das Boas Noites, mas, nos meados do século XIX, passou a ser conhecida com a denominação que hoje tem, por causa de um chafariz com marrecas de bronze.

Quando passava pelas ruas do centro do Rio de Janeiro, Adolfo Morales de los Rios Filho não sentia como antigas — o seu olhar necessariamente difereria do nosso — as construções do fim do Oitocentos e início do Novecentos, pois tinham elas a sua idade ou eram até mesmo um pouquinho mais novas. Tenho por certo que procurava entre elas, e nos largos, e nas praças, o que restava de tempos mais recuados, na tentativa de reconstituir ou repor volumes e espaços que só não haviam desaparecido de todo porque ainda restavam na memória de uns poucos,

Não como forma imperfeita
Neste mundo de aparências,

mas — qual no poema que Manuel Bandeira escreveu, pela mesma época, para despedir-se de seu quarto e da casa que iam demolir num beco da Lapa — eternizados na lembrança e

Intacto(s), suspenso(s) no ar!

De serem muitas dessas lembranças também as de sua infância ou reconstruções de suas leituras, deriva o tom comovido com que, para não dar mais do que dois exemplos, recolocou na Cinelândia (numa Cinelândia que ainda era a Cinelândia, com seus cinemas, teatros e casas de chá) o

Convento e a Igreja da Ajuda e refez verbalmente o velho Passeio Público. Seria imperdoável que não devolvêssemos aos leitores as páginas que escreveu sobre como era e como se foi modificando o espaço verde que Mestre Valentim ergueu sobre o aterro da lagoa do Desterro, defronte aos Arcos da Carioca. Ou os parágrafos que dedicou às casas particulares, de sobrado ou térreas, do centro da cidade e dos bairros próximos, com suas fachadas estreitas e o corpo a se alongar para os quintais. Ou aqueles sobre os jardins das mansões, dos solares e das quintas. No livro, não falta sequer a paisagem dos cemitérios. Nem a história e a descrição dos enterros. Nem a dos convescotes. Dos jogos de salão, com a linguagem das flores. Dos saraus poéticos e musicais. Das roupas. Dos móveis. De como se festejavam os batizados, as crismas, os aniversários, os noivados e os casamentos. Nem de como se adoecia e se tratavam os enfermos, pois, embora houvesse hospitais (com enfermarias separadas para brancos e negros), neles só entrava quem fosse muito pobre e não tivesse como tratar-se em casa. Ir para o hospital significava ter caído no abandono.

Talvez a cidade já estivesse envolvida pelo azul muito claro que a distingue do rosa de Lisboa e da cor de tijolo de Roma. No Oitocentos, a baía e o oceano ainda podiam ser vistos de qualquer colina. Não seria muito distinta a situação em 1944 ou 1945, quando Adolfo Morales de los Rios Filho escrevia os últimos capítulos de *O Rio imperial*. Os edifícios com numerosos andares ainda não haviam interrompido a visão dos morros, nem a proliferação das favelas tinha desdentado as matas que os cobriam. Chegava-se à varanda ou à janela para fruir a brisa, que não fora afastada da cidade pela barragem dos espigões. E a luz e o perfume das manhãs e dos entardeceres tampouco se tinham contaminado da fumaça dos automóveis. Havia alguma poeira, mas esta dourava o ar.

O nosso autor punha sobre a cidade um olhar proustiano. Outra seria a maneira de ver dos estrangeiros que desembarcavam na terra carioca.

Não conheço um só um relato de como, empurrado para fora do navio, de corrente ao pescoço e grilhões nos tornozelos, depauperado por uma longa viagem que fora na verdade uma sucessão de horrores, os olhos arregalados de medo, e até mesmo do pavor de ser devorado — em muitas partes da África o branco continuava a ser tido por antropófago —, o negro escravizado reagiu à sua chegada ao Rio de Janeiro. O mais provável, tal como sucedeu a Mohammah Gardo Baquaqua, ao desembarcar em Pernambuco, é que não tivesse olhos senão para o chicote com que via os outros serem açoitados. É isso pelo menos o que leio nas memórias que esse ex-escravo ditou, em 1854, ao abolicionista norte-americano Samuel

28

Moore. Só depois de vendido, e na casa do novo senhor, iria o africano destinado a padecer no Rio de Janeiro apossar-se da nova paisagem a que o tinham condenado, uma paisagem que podia, ou não, repetir, no outro lado do oceano, aquela em que nascera. Pois se muitos vinham de savanas ressequidas na maior parte do ano, outros tinham crescido na margem das florestas.

Das primeiras impressões dos europeus temos abundante notícia. Do assombro diante dos trópicos. Da revolta, do desgosto ou da repulsa ao primeiro contato com as misérias da escravidão. Depois, a maioria se acostumava e não hesitava em usar a palmatória. Nem em tratar os escravos aos gritos e aos bofetões. Eram numerosos esses europeus que se fixaram no Rio de Janeiro, e deles faz um elenco Adolfo Morales de los Rios Filho. Não nos diz como se chamavam as meretrizes francesas (ou que por tais passavam), nem os cáftens, os charlatães, os trapaceiros, os jogadores profissionais, os contrabandistas e os embaucadores das mais diversas nacionalidades. Mas dá os nomes dos militares alemães, franceses e irlandeses a serviço, primeiro, de d. João e, depois, do imperador, e dos naturalistas, dos professores, das parteiras, dos arquitetos, dos engenheiros, dos pintores, dos escultores, dos músicos, dos atores de teatro, dos exportadores e importadores, dos livreiros, dos alfaiates, das modistas, dos chapeleiros, dos cabeleireiros, dos ourives, dos confeiteiros, dos cônsules e dos diplomatas.

Dos diários, das cartas e dos livros de viagem desses estrangeiros — de gente como John Luccock e Maria Graham — retirou Adolfo Morales de los Rios Filho muitas das imagens com que recompôs para nós o Rio de Janeiro do início do Império. Uma cidade em cujas ruas se cruzavam pessoas vestidas à africana e à européia, negros de tanga e oficiais brancos de uniformes vistosos, senhores de suíças e escravos de rosto escarificado, num destempero de formas e de cores que o calor e a vozeria aguçavam ainda mais. Ao tentar refazê-la, a partir do que dela remanesceu em prédios, ruas e praças, e nos documentos, desenhos e livros da época, Adolfo Morales de los Rios Filho estava à procura de uma cidade que era também Combray, pois ficava, para ele, no passado da sua. Era com a imaginação que ele lembrava o Rio que se fora do Rio. Ao mesmo tempo, porém, não deixava de o ver com olhos estrangeiros, como quem chegasse ao cais Pharoux, vindo não da Europa, mas de um século mais tarde.

Este livro nasceu do gosto da pesquisa. Nele indicam-se até mesmo onde tinham suas moradas os grandes do Reino Unido e do Império, os políticos, os estrangeiros, os comerciantes, os médicos, os sacerdotes e os artistas. Sendo uma obra que se quis produto de uma investigação rigorosa, borda-se todavia com a emoção da saudade. Talvez por isso eu tenha caminhado comovido por suas páginas, a reencontrar não apenas um Rio de Janeiro que só conheci de livros e gravuras, mas também aquele outro, do menino e moço recém-chegado, em 1943, do Nordeste. Um Rio de Janeiro no qual persistiam os folguedos do Dia de Reis e as festas juninas. Um Rio de Janeiro em que Carnaval ainda não fizera *show*, nem o Natal (como diria Jorge Guzman) se transformara em *Christmas*.

INTRODUÇÃO

O aparecimento desta obra é, em boa parte, a conseqüência de estudos e trabalhos realizados para a organização do livro, de nossa autoria, que tem por título Grandjean de Montigny e a evolução da arte brasileira. *Para que esse fosse escrito, tornou-se necessário estudar o ambiente social, econômico, político, administrativo e urbanístico da época citadina compreendida entre 1808 e 1850. E, assim, muitos fatos importantes e não poucos detalhes foram melhor conhecidos, múltiplas ações tornaram-se patentes ou justificadas, atos oficiais puderam ser mais justamente considerados e usos, costumes e homens tornaram-se apreciáveis, permitindo demoradas análises e, portanto, mais serenas conclusões.*

O material recolhido foi tão grande e valioso que resolvemos — continuando os estudos, redobrando esforços na pesquisa documental, realizando verificações e estabelecendo confrontos — organizar trabalho tanto quanto possível completo. Surgiu, assim, O Rio de Janeiro imperial.

Além dos limites prefixados no espaço e no tempo, não se desdenhou interpretar os antecedentes citadinos e nacionais. Assim se procedeu de vez que, sendo os antecedentes a história antiga, justificam o presente e, como esse, preparam o futuro. Ambos, presente e futuro, constituem o resultado das causas passadas, o conjunto dos conseqüentes, a seara que se recolhe do esforço ou do descuido anterior.

Claro é que os antecedentes foram apreciados e estudados em linhas gerais. Por meio deles procurou-se o fundamento histórico, a razão das coisas, a evolução das idéias, a justificação dos atos, a interpretação do pensamento e da ação dos homens, a avaliação das influências recebidas do estrangeiro e das que, partidas do Brasil, foram mar afora. Dessa maneira, tornou-se necessário ir às origens, e essas haveriam de ser forçosamente encontradas parte aqui e parte na Europa, na América, na África e no próprio Atlântico. Sem que se estabeleça a correlação entre os acontecimentos e se forme a seqüência nas apreciações, não é possível escrever história que, além de cronológica, seja filosófica, social, econômica e política. Da mesma forma se procedeu em relação aos conseqüentes, pois sempre que foi necessário não deixaram de ser assinalados.

O estudo que compõe esta obra se desdobra em capítulos de feição especializada, organizados de maneira a conseguir-se adequada entrosagem dos assuntos que lhes são peculiares. E, ligando os capítulos, firmou-se a unidade do conjunto. Procuramos, assim, seguir o preceito de Boileau:

> "Il faut que chaque chose y soit mise en son lieu,
> Que le début, la fin répondent au milieu,
> Que d'un art délicat les pièces assorties
> N'y forment qu'un seul tout de diverses parties."

Não se cogitou, senão de passagem, dos assuntos relativos à evolução da arte no ambiente da cidade, como seja o que diz respeito à literatura, às artes plásticas, ao mobiliário e ao conforto residencial, à música, dança e canto, e ao teatro. Tudo isso já foi apreciado no livro anteriormente citado.

Por sua vez, os assuntos peculiares aos homens ilustres: nacionais e estrangeiros, à nobreza e corte, ao governo imperial, administração do Império, justiça, polícia, exército e marinha — serão estudados, posteriormente, em outra obra.

Para maiores detalhes, existe a bibliografia anexa, que, além de opulenta pelo número de obras mencionadas, é valiosa pela qualidade da maioria dos estudos e pelos nomes que os assinam. O que não equivale, é claro, à plena conformidade do autor com o que alguns historiadores, pensadores ou escritores disseram. Cada qual tem o direito de investigar e de pensar da maneira que melhor lhe aprouver e de agir, portanto, de acordo com as suas próprias convicções. E, nesse sentido, muita coisa nova foi trazida à luz do conhecimento e não poucas observações e comentários tiveram lugar.

É aspiração do autor que o vasto panorama apreciado em O Rio de Janeiro imperial *contribua para que o amor à brasílica terra seja sempre profundo e para que o orgulho de ser carioca se torne cada vez maior. Se assim suceder, compensado ficará de suas noites de vigília e do diuturno e fatigante esforço que a iniciativa acarretou. Que outros tragam, como ele o fez — mas de forma melhor e mais brilhante —, a sua emoção pelas coisas peculiares à nossa terra e à nossa gente, a sua dedicação pelo Brasil e o seu carinho pela cidade do Rio de Janeiro: Leal e Heróica, Bela e Original, Rica e Próspera, Maravilhosa.*

* * *

A Francisco Marques dos Santos, Henrique Carneiro Leão Teixeira Filho, Feijó Bittencourt, Paulo Pires Brandão, José Wasth Rodrigues e ao historiador e acadêmico dr. Rodolfo Garcia — o nosso penhor de amizade pelas palestras sobre assuntos aqui tratados ou pelas informações, notas ou gravuras que nos proporcionaram.

A Antônio José de Freitas, provecto funcionário da Biblioteca Nacional, muitos obrigados pela paciência e amabilidade que sempre teve e pelo grande interesse demonstrado pelas nossas pesquisas.

Nossa gratidão se dirige, também, ao Instituto Histórico e Geográfico Brasileiro — Casa da História Nacional —, em cuja acolhedora biblioteca longas horas de muitos anos passamos, longe do bulício da cidade, mas em valioso contacto com importantes livros e papéis. Ao fazer esta menção recordamos, saudosos, a figura do finado e ilustre professor Max Fleiuss, secretário perpétuo do Instituto, bondoso amigo e dedicado conselheiro.

E, por fim, nosso agradecimento se dirige à empresa A Noite, *pela forma pela qual foi composta e impressa esta obra.*

São Sebastião do Rio de Janeiro, em 1946.
ADOLFO MORALES DE LOS RIOS (F°.).

CAPÍTULO I

A CIDADE

1) EVOLUÇÃO URBANA

LIMITES — EXPANSÃO

Limites

Em tempos idos o *termo* da cidade do Rio de Janeiro se estendeu até o rio da Prata. Com o correr do tempo esse termo foi-se constrangendo, de sorte que em 1808 — dia 15 de outubro —, o Senado da Câmara, respondendo ao ofício de dom Fernando José de Portugal e Castro de 3 daquele mês, informava que *"seriam limites racionáveis, segundo o estado atual das coisas"*, o território compreendido entre o rio das Laranjeiras (ou da Carioca) e o rio Comprido (ainda existente na avenida Paulo de Frontin e inadvertidamente confundido, às vezes, com o das Laranjeiras), bem como toda a parte litorânea que ia de um curso de água ao outro. Assim sendo, o Senado da Câmara mandou colocar marcos na ponte do Catete (atual lugar da praça José de Alencar) e nas duas pontes que havia sobre o rio Comprido. Essa demarcação foi aprovada pelo governador, em nome do príncipe regente, a 25 do mesmo mês.

Pela lei de 1º de outubro de 1828, era da competência das câmaras municipais a divisão dos *termos* (ou municípios) em *distritos.* O Código do Processo Criminal, bem como as instruções de 13 de dezembro de 1832, dispuseram, por sua vez, que houvesse tantos distritos quantos fossem determinados pelas câmaras municipais, toda vez que cada um deles possuísse 75 *fogos,* ou seja, casas habitadas.

O decreto de 15 de janeiro de 1833 estabeleceu a nova divisão civil e judiciária da província do Rio de Janeiro, pertencendo à mesma não só o curato de Santa Cruz (integrante do termo de Itaguaí) como também a ilha de Paquetá e suas adjacentes (pertencentes ao termo de Magé). Por sua vez, a divisão dos distritos, para as eleições de juiz de paz, das freguesias do Sacramento, São José, Candelária, Santa Rita, Santana e Engenho Velho foi aprovada pela Câmara Municipal a 28 do mesmo mês e ano.

Pelo decreto legislativo de 23 de março, a ilha de Paquetá e as que lhe ficavam adjacentes foram desmembradas do município de Magé. E a 30 de dezembro o curato de Santa Cruz ficava desanexado do termo de Itaguaí e incorporado ao da capital do Império.

O Ato Adicional fez anexar à capital do Brasil grande porção do território circundante, ficando constituído o *Município Neutro ou da Corte.* Dessa sorte o termo da cidade foi desmembrado da província do Rio de Janeiro. A superfície do município era, na ocasião, de 1.892 quilômetros quadrados, sendo o mesmo limitado ao norte pelo município de Maxambomba, a leste e ao sul pelo Oceano Atlântico e a oeste pelo município de Itaguaí. Aquela reforma constitucional não afetou a faculdade de a nova Câmara Municipal poder dividir o termo em distritos.

Expansão

Em 1808 já se vinha processando o terceiro avanço da cidade: para o oeste, isto é, até o campo de Santana, São Diogo e lagoa da Sentinela; e para o sul, partindo da Lapa e seguindo em direção ao Catete, Laranjeiras, Botafogo e lagoa de Rodrigo de Freitas. Portanto, tudo quanto ficara entre o mar e aquele campo foi denominado de *cidade velha.*

O Rio de Janeiro então possuía 71 ruas, 27 becos, sete travessas, 12 largos, três campos, cinco ladeiras e três caminhos. Esses eram os logradouros públicos perfeitamente caracterizados e com as respectivas denominações.

As ruas do centro urbano, ou, mais propriamente, da *cidade velha,* eram as seguintes: Ouvidor, Direita, Candelária, dos Pescadores, dos Quartéis de Bragança, dos Latoeiros, Detrás do Hospício, da Alfândega (que possuía, então, seis nomes, correspondentes às partes de que a mesma se compunha), do Sabão, São Jorge, Senhor dos Passos, São Pedro, das Violas, da Vala, da Cadeia, do Fogo, do Aljube, do Cano, Conceição, Funda, da Prainha, de São Francisco da Prainha, da Escorregadura, do Terreiro do Jogo da Bola, Valongo, Larga de São Joaquim, Estreita de São Joaquim, Espírito Santo, Lavradio, Inválidos, Resende, São Diogo, da Praia de D. Manuel, do Calabouço, do Cotovelo, Detrás do Recolhimento da Misericórdia, Santa Luzia, São José, do Piolho, do Rosário, do Carmo, da Guarda Velha, da Quitanda, dos Ourives, Atrás do Carmo, dos Barbonos, das Marrecas, das Mangueiras, dos Arcos, do Passeio, Nova de Santa Teresa, e de Mata-Cavalos. Os principais becos eram: dos Ferreiros, da Torre de São José, Pequeno, do Guindaste dos Padres, da Fidalga, da Música de Moura, do Açougue, de Moura, do Quartel de Moura, dos Tambores, do Trem (todos no bairro da Misericórdia), do Teles, da Lapa dos Mercadores, das Cancelas, dos Barbeiros, da Alfândega, dos Cachorros, dos Adelos, do Propósito e de Manuel de Carvalho (estes dois últimos nas proximidades da Guarda Velha), do Senhor Bom Jesus dos Aflitos, de João Batista, de João Inácio, de João José, da Boa Morte e do Fisco. As travessas mais conhecidas eram: de São Domingos, da Barreira de Santo Antônio, de São Francisco de Paula, da Pedreira (ou das Vacas), do Espírito Santo, a Primeira e a Segunda Travessa de São Joaquim, e a esquisita Travessa do Beco. Os largos eram: do Carmo, da Batalha, da Carioca, do Rossio, da Igreja do Rosário, do Capim, de São Domingos, de João Batista, de São Francisco de Paula, de São Francisco da Prainha, de Santa Rita e da Mãe do Bispo. Havia mais: a calçada do Livramento, o terreiro do Jogo da Bola, a ladeira de João Homem, a ladeira de Santo Antônio, a ladeira da Misericórdia, a ladeira do Colégio (no Castelo), e os campos da Lampadosa, de Santana e dos Frades.

Da Lapa havia, em direção ao sul, os seguintes logradouros públicos: boqueirão da Lapa, o já citado campo dos Frades, rua Atrás do

Seminário da Lapa, rua da Lapa, rua da Glória, largo da Glória, ladeira da Glória, rua do Catete, largo do Machado, caminho das Laranjeiras, rua Nova do Pinheiro (ou caminho Novo de Botafogo), caminho Velho de Botafogo, rua Berquó (ou caminho da Lagoa) e caminho da Lagoa de Rodrigo de Freitas.

Em direção ao oeste, isto é, na parte que depois veio a ser conhecida como *cidade nova*, existiam algumas vias públicas, como as ruas do Conde da Cunha, das Flores, do Areal, Formosa, São Salvador e Mata-Porcos.

Sob o ponto de vista urbanístico, a cidade ia sendo gradativamente saneada e melhorada. No ano de 1809, são abertas as ruas Princesa dos Cajueiros e dos Quartéis, sendo que esta foi feita através dos terrenos do brigadeiro Domingos José Ferreira e de dona Isabel Dantas e Castro. Em 1812, Francisco Xavier Pires compra, por 8:000$000 (oito contos de réis), a Joaquim Viegas a chácara dos Coqueiros, no Catumbi. Retalhada, depois, deu origem a numerosas ruas. Visando a preparar as ruas para as solenidades da ascensão ao trono de d. João VI, foi o calçamento muito aperfeiçoado, dado novo nivelamento às principais artérias, como Ouvidor, São José e Cadeia, concluído o revestimento a granito do largo de São Francisco e preparado convenientemente o caminho que, de São Cristóvão ao largo do Paço, deveria ser percorrido pelo cortejo real. Em cumprimento de promessa feita por d. João VI à Virgem de Santa Luzia é aberta, em 1817, a rua de Santa Luzia até à da Ajuda.

Depois de 1820, a cidade ficou devendo ao arquiteto e engenheiro militar português Francisco José Soares de Andréia, mais tarde barão de Caçapava, muitos serviços de drenagem. E, já havendo nos departamentos oficiais civis inúmeros cargos exercidos por engenheiros militares, são levados a efeito muitos calçamentos de ruas do centro e dos arrabaldes, melhoradas as estradas de Mata-Porcos, Engenho Velho e do Andaraí, construídas algumas muralhas, aterrada a lagoa da Sentinela e colocados tapumes de madeira nos terrenos baldios.

Neuwied, que foi um dos mais curiosos e verídicos estudiosos das coisas do Brasil, refere que, um ano antes da Independência: *"Des améliorations de tous genres ont été entreprises dans la capitale. Elle a beaucoup perdu de son caractère d'originalité: aujourd'hui elle est devenue plus ressamblante aux cités européennes"*. A partir da Independência acelera-se a expansão na direção do oeste e, assim, do campo de Santana até São Cristóvão e limitada de um lado pelo caminho Novo (atual Frei Caneca) e de outro lado pela rua de São Diogo (atual General Pedra), vai criando importância a *cidade nova*.

O progresso citadino é também assinalado pelo artista alemão Rugendas, pois constatou que, nos cinco anos em que aqui viveu (1821 a 1825), por toda parte se procurava extrair granito das pedreiras para construir muralhas à beira-mar, calçar ruas e levantar edifícios. Dessa forma, segundo o viajante inglês rev. Walsh, a cidade tinha, em 1828, 90 ruas, 35 becos, 16 travessas, 13 praias, 11 largos e duas praças.

Dentre os bairros essencialmente marítimos destacava-se, então, o da Gamboa. Orlando a praia desse nome é que se formaram as habitações daquela zona. Com o tempo, a praia desapareceu, ficando constituída em seu lugar a rua do mesmo nome. É nela que está instalado o Cemitério dos Ingleses. Depois da Gamboa — vindo em direção à cidade —, ficava outra das mais antigas zonas, chamada do Valongo. Conhecida por essa denominação até os primeiros tempos do 2º. Reinado, adquiriu grande importância desde o ano de 1769, quando o vice-rei marquês do Lavradio (2º.) fez para ali mudar os depósitos e armazéns de escravos. Desembarcados das naves que os traziam da África, ali ficavam até serem vendidos. Uns partiam para o interior, a fim de trabalhar na lavoura, e outros permaneciam no Rio de Janeiro, empregados, pelos novos patrões, no serviço doméstico ou como ganhadores. Do Valongo até o largo da Prainha é que se estendia a zona denominada da Saúde, também importante pela sua situação marítima e, por conseguinte, pelos seus inúmeros trapiches e depósitos comerciais. A rua da Saúde era a mais importante. Nela começavam ou terminavam: os becos das Canoas ou do Inferno, do Trapiche da Ordem, do Freitas, das Escadinhas (que terminava no cais), e o Sem Saída; o caminho da Gamboa; inúmeras ruas como a do Escorrega, Funda, de São Francisco da Prainha, da Imperatriz, do Propósito, da Pedra do Sal e do Livramento; não poucas ladeiras, como a de João Homem e a da Saúde; e os largos do Valongo e da Saúde. Aquelas três zonas — Gamboa, Valongo e Saúde — foram conjugadas numa única, quando se construiu, no governo Rodrigues Alves, o cais do Porto.

O bairro da Glória adquire grande importância, pois nos solares do morro habitam homens de prol. O boqueirão da Glória, junto ao mar, é convertido em largo no ano de 1810. Uma muralha é feita na orla marítima, ficando assim mais adiante, ou melhor, mais avançada que a do caminho da Glória. Todos esses melhoramentos permitem que, passada a metade do século XIX, ali fosse construído um grande mercado, que veio até nossos dias.

39

O Catete era um bairro que muito aumentava de importância, pois, segundo escritor da época, povoava-se de "casas nobres, e mui belas", levantadas na artéria principal e nas transversais. Dessas, a mais importante era a denominada de Bela da Princesa, aberta ao trânsito público no começo do século XIX. A rua da Pedreira da Glória, depois denominada de Cantagalo (na atualidade Pedro Américo), foi tornada pública em 1810, tendo sido traçada através da chácara de Bernardo José de Sousa Castro. Partindo desta é que existia a rua da Pedreira da Candelária (atualmente Conselheiro Bento Lisboa). Chamou-se, por sua vez, Príncipe do Catete, uma das mais antigas do bairro, ou seja, a atual Silveira Martins. Contemporânea dessa, existia a rua que, partindo da Pedreira da Candelária, subia o morro. Era a chamada de Princesa Imperial, hoje Tavares Bastos. No ano de 1837 tem lugar a abertura da rua e da ladeira Carvalho de Sá.

O sítio das Laranjeiras foi-se convertendo num lindo bairro, cheio de valiosas propriedades que marginavam o rio da Carioca, vulgarmente chamado, então, de rio das Caboclas. Transversal à rua das Laranjeiras, foi aberta em 1840 uma rua que no ano seguinte foi chamada de Nova das Laranjeiras e em 1843 recebeu o nome de Conselheiro Pereira da Silva.

No bairro de Botafogo, destacava-se a praia do mesmo nome, rodeada de chácaras com valiosas mansões. Maria Graham residiu numa e relacionou-se com muitos ingleses que moravam nas proximidades: o casal May, o dr. Dickson, o Coronel e Mrs. Canningham. Para a observadora inglesa, *"Botafogo bay is certainly one of the beautiful scenes of the world"*. No canto da praia de Botafogo com o caminho Novo de igual nome, havia o solar onde a rainha d. Carlota costumava passar temporadas. Depois pertenceu a d. Pedro I e ao marquês de Abrantes. Prosperavam, a olhos vistos, as ruas Sergipe e São Joaquim da Lagoa, abertas em 1820 e 1826, respectivamente, pelo rico proprietário da Fazenda da Olaria: Joaquim Marques Batista de Leão. A de São Joaquim é a atual Voluntários da Pátria. Ia da praia de Botafogo até a travessa Marques, aberta por sua vez vinte e quatro anos depois. Mais tarde é que a rua de São Joaquim foi terminar na de São Clemente. Esta, muito antiga e importante, ligava a praia de Botafogo à peçaba da Lagoa. A sua abertura foi feita quando era vice-rei o 2º marquês de Aguiar e decorreu da necessidade de encurtar a distância que havia entre aqueles dois pontos. Antes dessa comunicação, o trajeto era pelo antigo caminho da Lagoa, depois rua Berquó (atual General Polidoro), uma das mais antigas de Botafogo e da própria cidade.

Não obstante o evidente progresso da cidade, os deputados Ernesto e Antônio Ferreira França apresentaram, em 1833, um projeto à Câmara mudando a capital do Império para o lugar do interior do país que mais vantagens oferecesse.

Em 1838 os engenheiros militares Conrado Jacó de Niemeyer e Pedro de Alcântara de Niemeyer Bellegarde dirigem à Câmara dos Deputados uma petição para arrasar o morro do Castelo.

Para ligar o caminho Velho de Botafogo (atual rua Senador Vergueiro) com a praia do Flamengo são abertas, em 1840, duas travessas. Uma era a do Infante, atual Cruz Lima. E na freguesia de Santana procedeu-se à abertura da rua do Bom Jardim (atual Visconde de Sapucaí), aterrou-se a rua de São Diogo, teve colocação no Rossio Pequeno o chafariz de Grandjean de Montigny, foram plantadas palmeiras às margens do canal do Mangue e a praça da Aclamação passou a ser melhor conservada. Nessa época, Mata-Cavalos ia-se transformando; o Engenho Novo já apresentava solares de importância; a Penha atraía a atenção dos viajantes; a querida Glória, o aristocrático São Cristóvão e a aprazível Santa Teresa melhoravam, cobrindo-se de residências.

No ano de 1844, são entregues ao uso público as novas artérias chamadas de Santa Teresa do Catete e de Paula Matos (no morro do mesmo nome). A rua da Relação, ligando a rua do Lavradio à dos Inválidos, começa a ser transitada em 1845. No ano de 1846, os melhoramentos são inúmeros: novos calçamentos; retificação do arruamento das ruas Silva Manuel e Resende; assentamento de novas calçadas nas ruas de São José, dos Ourives, da Quitanda, do Cano, da Vala, de São Pedro, do Carmo, Detrás do Carmo, do Fogo e do Lavradio; reassentamento de calçadas nos largos de Santa Rita, de São Francisco da Prainha, da Imperatriz e da Prainha; terraplanagem dos pântanos marginais à velha estrada de São Cristóvão e ao aterrado da Cidade Nova. Em 1847 é aberta a rua Dona Luísa, na Glória, pondo esse bairro em comunicação com Santa Teresa.

Justamente no meado do século (1850) a municipalidade continuava a introduzir melhoramentos na capital. O aterro do atoleiro existente entre o largo de Mata-Porcos e o rio Comprido (parte da atual rua Haddock Lobo), e a abertura da rua da Conciliação (atual Barão de Petrópolis), comunicando os bairros do Rio Comprido e de Santa Teresa, são as principais obras então executadas.

O progresso até então realizado faz que as suas conseqüências se reflitam na década seguinte.

41

2) TERRAS, BOSQUES E ALAGADIÇOS

TERRAS DOS VALES E DAS MONTANHAS — FLORESTAS — TERRAS
DE SESMARIA — OS TERRENOS PARTICULARES — LAGOAS —
MANGUES — RIOS E CÓRREGOS — PRAIAS — ENSEADAS OU SACOS
— PONTAS OU CABOS.

Terras dos Vales e das Montanhas

Alguém definiu a fisionomia da cidade, em relação ao sistema orográfico, como sendo uma vasta mão espalmada sobre o terreno. A mão, propriamente dita, representaria o conjunto das montanhas, os dedos figurariam os contrafortes do mesmo e os espaços entre os dedos dariam a imagem dos vales existentes.

Classificando as terras, ter-se-á que aquelas que formavam ou que circundavam o Rio de Janeiro se dividiam em: terras de nível; inclinadas, ou de baixada; e altas, ou de montanha. As terras de nível eram as próximas ao mar, as de aterro e algumas situadas em vales ou na zona rural. As terras de baixada estavam limitadas a leste pelas águas da baía de Guanabara e do Atlântico e a oeste pelas montanhas que se ramificaram dessa espinha dorsal chamada serra do Mar. A penetração do homem se fez, a partir da várzea ou antigo vale da cidade, pelos vales do Catete, das Laranjeiras, de Botafogo — São Clemente, da lagoa de Rodrigo de Freitas e do Engenho Novo. Por fora da parte central e na direção do sul ficavam as terras de montanha, isto é, o maciço da Carioca, compreendendo as serras da Gávea, da Tijuca, da Carioca (propriamente dita), do Corcovado e do Andaraí. Além dessas serras, paredões de montanhas não faltavam. Aliás, o padre Fernão Cardim já dissera, com acerto: *Tudo são serrantas e rochedos espantosos.*

Especificando as montanhas, ou morros, e os montes, ter-se-á o que segue. Morros que rodeavam, pelo norte, a cidade: de São Diogo (antes de Manuel de Pina), de Santa Teresa (não confundir com o que está a cavaleiro da Lapa), do Nheco (hoje, morro do Pinto), da Providência, da Formiga (antes, de Paulo Caieiro), do Livramento, da Saúde e da Conceição. Pelo sul, cercavam-na os morros do Desterro (ou de Santa Teresa), de Monte Alegre (ou do Fialho) e de Paula Matos (antigo monte da Alagoinha). No centro da cidade: morro do Castelo e montes de São Bento, de Santo Antônio e de Pedro Dias (depois, do Senado). No vale do Catumbi: morros do Gularte (ou do França), de

Nossa Senhora dos Navegantes, de São Francisco de Paula e do Barro -Vermelho (antigo morro do Castelhano; depois, de Santos Rodrigues). Por sua vez, os morros da zona do Rio Comprido eram: da Olaria, do Mendes, de Matosinhos, da Cova da Onça, do Ferreira (ou do Vintém), dos Pretos Forros, do Bom Retiro e do Gongá. Na zona de São Cristóvão: os morros de São Cristóvão, do Maruim, do Caju e do Pedregulho e o monte Olimpo Imperial. Outros montes: de São Francisco Xavier, de Maxwell, do Macaco, do Mota Leite (depois, da Marquesa de Lajes) e da Cruz do Engenho Velho.

Junto ao mar e a partir da barra: o morro da Cara de Cão; o conjunto monumental Pão de Açúcar-Urca; a muralha formada pelos morros do Leme, da Babilônia e do Pasmado (os quais vistos do morro da Viúva parecem, em conjunto, um animal antediluviano agachado). No extremo deste, infletindo para a lagoa de Rodrigo de Freitas, o soberbo morro dos Cabritos e o da Saudade. Normal a este conjunto, ostentava-se o altaneiro morro do Cantagalo, de Copacabana.

E dominador, na zona de Botafogo, erguia-se o Corcovado com a cabeça de um índio gravado pela natureza quase no alto e, logo abaixo, formando a penedia sobre o morro de Dona Marta, um índio de corpo inteiro, também naturalmente esculturado.

Isolado, granítico, roliço e comprido — ficava à beira-mar o morro do Leripe (hoje, da Viúva). Mais adiante, na zona da Glória, esgalhado do maciço da serra: um morro altivo, o outro Cantagalo. E elegante, desafiando esse colosso que lhe fica pela frente, o morrinho aristocrático e católico da Glória: vislumbrando tudo em sua roda de 360º; ligado à terra, de um lado, e beijado pelo mar, de outro lado. Uma das mais belas situações do mundo.

Além do que ficou dito, peculiar ao maciço genuinamente da Carioca, havia maciços menores como os das serras do Pico do Papagaio, do Engenho Novo e da Misericórdia, onde está a íngreme Penha. Entretanto, os grandes maciços das freguesias de fora da cidade eram os da Pedra Branca e de Gericinó.

E seria um nunca acabar a enumeração de morros, morrinhos e morrotes. Bastará dizer que também existiam nas ilhas do Governador (morros do Dendê, da Mãe d'Água, da Bela Vista e das Frecheiras), das Cobras e dos Ratos. Mas recorde-se que o vasto conjunto montanhoso, visto do alto mar, representava, de sul a leste, um *Gigante Deitado,* ou *Gigante de Pedra.* E que as cotas eram mínimas junto ao mar: as das próprias planíssimas praias. Daí por diante o terreno ia suavemente se alteando, de sorte que a altitude das terras planas até Santa Cruz era aproximadamente a seguinte: no centro urbano, 5,50m; em São Cristóvão, 3,90m; São Francisco Xavier, 16,40m; Engenho Novo, 17,20m; Cascadura, 36,60m; Campinho, 33m; Sapopemba, 16,50m; Realengo, 32,70m; Campo Grande, 26,l0m; e Santa Cruz, 5,20m. Por sua vez, os picos do Andaraí e da Tijuca tinham, respectivamente, 1.025 e 1.020 metros de altitude; o Pico do Papagaio, 900 metros; o Corcovado, 700; a Gávea, 600; o Pão de Açúcar, 385; a Urca, 300; o morro do Leripe, 70; e o do Castelo, somente 50 metros.

Florestas

Todos os terrenos, altos e baixos, de nível ou de encosta — onde não houvesse brejos ou outros alagadiços — que rodearam o Rio de Janeiro estavam cobertos de capões, matas e florestas virgens. Dentre as principais florestas sejam mencionadas as da Gávea, Tijuca, Corcovado, Santa Teresa e Andaraí (cercando a cidade) e as de Jacarepaguá, Tinguá, Comércio e São Pedro (situadas bem longe dos limites urbanos).

A cor dessa luxuriante vegetação era verde, em todas as suas gamas. Desse verde que, chamando tão fortemente a atenção dos primeiros viajores, fez que afirmassem existir a eternidade da primavera brasileira. Mas, debaixo desse conjunto de guarda-chuvas verdes, existia o negrume do espesso matagal. Havia nisso um simbolismo. Pois se a cor era na realidade magia cromática, sonho policrômico, o entrelaçado da floresta constituía a dura realidade: a oposição, o entrave, a luta.

E onde a mata não existia, apareciam os perigosos bojudos rochedos ou as rolantes penedias. Outras belezas; outros obstáculos. Outro simbolismo: a ascensão — em tudo quanto diz respeito à vida física, moral ou intelectual — sempre possível, quer seja aprumado ou arredondado o obstáculo que se antepõe a quem quer galgar, não livrará o ousado de cair no fundo da planície ou num vale de lágrimas...

Os livros e os desenhos de artistas e de naturalistas estrangeiros que aqui estiveram depois da vinda da Corte atestam e documentam a abundância e beleza dos matagais. Eles proporcionavam, à cidade, boa temperatura e água límpida e abundante. Dentre as espécies que nelas havia se destacavam as seguintes: palmeiras, bambus, jacarandás, tapinhoãs, ipês, canelas, cedros, angelins, guarabus, sapucaias, loureiros, maçarandubas, jaqueiras, muricis, cabuís vermelhos, cata-caéns e óleos (copaíba, vermelho, pardo, jataí), paus-brasil, jequitibás, araribás, goiabeiras, cascudas, canelas (limão e batalha), guaretas, bicuíbas, eucaliptos, mangabas, imbus e camurus.

Entre os matos penetrou, não obstante, o homem para estabele-cer comunicações, descobrir terras férteis, expandir os bairros e criar outros, iniciar lavouras e plantios. Afrontou dificuldades mil, lutou contra cipoais terríveis, lançou-se contra árvores altíssimas e de caule rijo e grosso. Descobriu, nessa invasão, aquelas ricas espécies de lenhos; aproveitáveis, necessárias: para a construção, para fazer lenha e carvão, para exportar. Organizou a desorganização da mata. Feriu-a. Mutilou-a.

Com o empobrecimento das florestas, a salubridade da cidade foi sendo gradativamente prejudicada, as minas de água diminuíram a sua produção ou vieram, algumas, a desaparecer, as secas fazem a sua aparição, o calor se torna terrível. As reclamações surgem. E, para evitar que o mal se torne completamente insanável, foram baixados os decretos de 9 de agosto de 1817 e de 17 de agosto de 1818 — citados quando se trata do abastecimento de água — mandando coutar os ter-renos dos altos das serras que cercavam as nascentes.

A lei de 15 de outubro de 1827 dispõe, por sua vez, sobre a con-servação das matas e florestas, proibindo o corte das madeiras reser-vadas por lei, que eram a peroba, o tapinhoã e o pau-brasil. Por isso é que as mesmas são conhecidas, desde aqueles tempos, como *madei-ras de lei*. Em 1830, um aviso — nº 147, de 9 de agosto — declara que a legislação em vigor proibia até o corte das madeiras de constru-ção... E como a citada lei de 1827 não fora realmente posta em práti-ca, um aviso do ano de 1833 ordena que as disposições da mesma sejam observadas. Novos avisos, baixados no mesmo ano, demons-tram que a observância às leis muito deixava a desejar.

O plantio e conservação das florestas da Tijuca e do Corcovado, pertencentes ao Governo, somente foi sistematizado pelas instruções baixadas com a portaria de 11 de dezembro de 1861. No ano seguinte foram plantadas na floresta da Tijuca valiosíssimas espécies vegetais trazidas das matas virgens de Guaratiba. O serviço de recomposição da mata escalavrada foi entregue à competência e dedicação do major Manuel Gomes Archer, silvicultor pelo título, mas verdadeiro arquite-to paisagista.

Terras de Sesmaria

Sesmaria era a data de terra desaproveitada, doada pelo rei a alguém. E *sesmeiros* eram os que o rei tornava proprietários de terras de sesmaria. Outras vezes, o rei concedia autorização para que a Câmara ou o Senado da Câmara concedesse sesmarias e nomeasse, por conseguinte, os respectivos sesmeiros. Julga-se que as palavras *sesmaria* e *sesmeiro* provêm de *sesmo* (ou sexta parte de qualquer coisa), pois tais datas de terra eram concedidas com foro e pensão de sexto, isto é, de seis em um. Logo, a palavra *sesmo* equivale a lugar, termo ou limite das terras de sesmaria. Em Portugal era comum juntar o termo *sesmo* ao nome dos dias úteis da semana, de acordo com a doação que neles ocorria. Assim, havia *sesmo da segunda-feira, sesmo da terça-feira,* etc.

Em virtude dos poderes conferidos aos donatários do Brasil e aos seus lugares-tenentes e sucessores, a concessão de terras de sesmaria era de suas atribuições. Tal doação constituia título de pleno domínio sobre as mesmas, muito embora intransferível e também onerada das condições de poder ser suspensa e revogável. A função do donatário era, pois, a de sesmeiro, ou distribuidor das mesmas, e de fiscal ou zelador do seu aproveitamento. Coube a Martim Afonso de Sousa, donatário da capitania de São Vicente, ser o primeiro a conceder terras de sesmaria nesta zona em que está implantada a cidade do Rio de Janeiro.

Depois, os capitães-mores também tiveram igual direito. Assim, a cidade recebe a doação de sesmaria, de uma légua e meia de frente por duas léguas de extensão, feita em 1565 por Estácio de Sá. Dois anos depois, Mem de Sá confirma esse ato e faz doação de sesmaria de seis léguas em quadra, anexa à precedente. Foi assim que a casa de pedra do Flamengo serviu para marcar o limite dessa sesmaria. Mem de Sá transfere, por sua vez, a faculdade de conceder sesmarias a Salvador Correia de Sá. E a Coroa portuguesa faz idêntica concessão a Cristóvão de Barros e a Martim de Sá. Isso deu origem a que outros capitães-mores concedessem, sem que os seus respectivos regimentos os autorizassem, terras de sesmaria. Em 1663, o vice-rei conde de Óbidos pôs cobro aos abusos ao declarar que os capitães-mores não tinham, para isso, jurisdição. E anuladas ficaram tais concessões. Não obstante, os governadores do Rio de Janeiro continuaram na abusiva prática dos capitães-mores. Nova providência da Coroa foi necessária.

Assim, em 1713, o governador ficou proibido de dar sesmarias dentro do perímetro da cidade, porque tal atribuição era privativa da Câmara.

Em virtude do incêndio ocorrido, em 20 de junho de 1790, no edifício onde funcionava o Senado da Câmara, no largo do Carmo, a maior parte dos documentos e papéis relativos às sesmarias ficou destruída. Quatro anos depois uma carta régia confirmava e reconhecia as *sesmarias de sobejos,* isto é, as que compreendiam os terrenos não ocupados situados do lado de terra ou do mar — que constavam do Livro do Tombo, salvo do aludido incêndio.

Pelo acórdão de 20 de julho de 1812 foram anulados os aforamentos que a Câmara fizera das primitivas sesmarias, isto é, das concedidas por Estácio e Mem de Sá, e somente reconhecidos os aforamentos dos terrenos desmembrados das referidas sesmarias feitos antes e depois dos alvarás de 26 de outubro de 1745 e de 23 de julho de 1766. Em 1814, d. João VI faz doação, em 27 de junho, à edilidade da sesmaria conhecida como Realengo do Campo Grande, com uma légua quadrada. Passam-se os anos, e em 1821 o alvará de 10 de abril legitimou os aforamentos feitos pela Câmara dentro do termo da cidade em virtude da concessão do ano de 1567. Estava, portanto, anulado o acórdão de 1812.

Pela lei nº 38, de 3 de outubro de 1834, a Câmara Municipal obtém, para aumento de suas rendas, lhe caiba a arrecadação dos foros e laudêmios dos terrenos de marinha. Nesses também estavam compreendidos os do Mangue da Cidade Nova.

Por sua vez, a lei nº 601, de 18 de setembro de 1850, dispunha sobre as terras devolutas e também relativamente às que fossem possuídas por títulos de sesmaria que não preenchessem as condições legais ou por posse mansa e pacífica. Nela se determinava que as primeiras, uma vez demarcadas e medidas, seriam cedidas a título oneroso a empresas particulares para que as mesmas estabelecessem colônias formadas de nacionais e estrangeiros. Pela mesma lei, o governo ficava autorizado a fomentar a colonização estrangeira. Para esse fim era criada a Repartição Geral de Terras Públicas.

De maneira geral, as terras pertencentes ao município, em meado daquele século, podiam ser discriminadas como: sesmarias concedidas pelos capitães-mores e pelos governadores para constituição e ampliação da cidade e de seu termo; sesmarias outorgadas para patrimônio do antigo Conselho de Vereança e do Senado da Câmara; terrenos devolutos; sesmarias dadas para logradouros públicos e uso coletivo dos moradores; terrenos onde estavam construídos edifícios municipais; terrenos de marinhas e de mangues; terrenos acrescidos aos de marinha. E as outras terras compreendidas no município eram: as de sesmaria, que estavam em poder de particulares em virtude das concessões feitas pelos donatários, seus lugares-tenentes ou procuradores, capitães-mores e governadores; as que, tendo pertencido aos jesuítas, estavam em poder do governo imperial; as de propriedade particular; e as dos próprios nacionais. Os assuntos relacionados com as terras de sesmaria sempre foram suscetíveis de controvérsias e de questões. Daí se originaram intricadas demandas que vieram até nossos dias.

Os Terrenos Particulares

Talvez devido ao pouco espaço disponível entre os manguezais, alagadiços e lagoas foi que os terrenos particulares, geralmente de forma retangular, possuíram pouca testada e muito fundo. Isso contribuía para que o centro da cidade tivesse aspecto feio e monótono. Ali foi tradicional a fachada com três estreitas portas. Surgiu, assim, a frase de Manuel de Araújo Porto Alegre ao classificar o Rio de Janeiro como a *cidade das três portinhas.*

Lagoas

Estando as terras da Carioca muito cortadas por montanhas e montes e existindo diversos vales entre aquelas elevações e os respectivos contrafortes, havia uma série de depressões que, cheias de água, formavam lagoas e pântanos.

Quando a Corte chegou ao Rio de Janeiro ja tinham deixado de existir não poucas lagoas, como a da várzea entre o Pão de Açúcar e o morro da Cara de Cão. Aliás, a existência dessa lagoa é mais um argumento a favor daqueles que, como o finado prof. Morales de los Rios, jamais admitiram que a Vila Velha tivesse sede naquela esplanada e sim nas encostas do morro da Cara de Cão. A citada lagoa fora extinta nos primeiros anos do século XIX.

Segundo Everardo Backheuser, outra lagoa está assinalada no mapa perspectivo de Thevet como situada na base da Urca, do lado da praia Vermelha.

Também não existiam: a de Botafogo (zona hoje cercada pelas

ruas do Mundo Novo, da Assunção e de Dona Carlota); da Carioca (no lugar do, depois, campo do Machado, hoje praça Duque de Caxias, e que chegou a ter grande extensão); do Desterro (de frente dos Arcos da Carioca, entre os morros de Santo Antônio e do Desterro, em parte aterrada no ano de 1643, tendo outra parte subsistido até que se fez a demolição completa do monte das Mangueiras); da Sentinela (extensíssima, pois ia do morro de Pedro Dias — depois do Senado — ao Catumbi; a da Pavuna, que ocupara até 1725, quando foi mandada aterrar pelo marquês do Lavradio, vasta extensão por trás da Igreja do Rosário; a da Polé ou da Lampadosa (que ia do depois denominado de campo ou largo do Rossio até um pouco além da Igreja da Lampadosa, tendo sido aterrada em 1791); da Panela (próxima à anterior, isto é, vizinha do campo da Lampadosa: lugar onde hoje está a Igreja Matriz da Freguesia do Sacramento); e a de Santo Antônio, aterrada em 1643, que ocupara vasta extensão, atualmente delimitada pelo largo da Carioca até Senador Dantas esquina de Evaristo da Veiga e daí até à rua 13 de Maio, onde está o Teatro Municipal. Relembre-se que quando foram feitas as fundações dessa casa de espetáculos foi encontrada a carcaça de um barco. E a explicação é simples: a lagoa de Santo Antônio estava ligada a outra lagoa, depois chamada da Ajuda, por estar fronteira ao convento desse nome. Para poder passar do caminho dos Barbonos à ladeira do morro do Castelo (depois, ladeira do Seminário), houve uma ponte conforme se assinala no lugar competente. A lagoa da Ajuda comunicava-se, por sua vez, com o Boqueirão todas as vezes que havia maré cheia. O Boqueirão — aterrado por ordem de Luís de Vasconcelos e Sousa — recebia de outro lado (isto é, no atual largo da Lapa) as águas da lagoa do Desterro ou das Mangueiras. De sorte que toda a vasta zona desde os Arcos até à lagoa de Santo Antônio era um paul. Recorde-se que a lagoa de Santo Antônio estava ligada à vala da cidade, que ia desembocar na Prainha. Diversos historiadores têm afirmado que, por ocasião da maré alta, as águas da baía, penetrando pelo Boqueirão, iam sair na Prainha. Cremos haver nisso um pouco de imaginação, pois, se o fato ocorresse, a cidade estaria saneada e a vala não teria sido apontada como um foco de miasmas e depósito de imundícies. No que estamos de acordo é que a vala tenha prestado serviço relevante como escoadouro de águas pluviais.

Fora da zona urbana havia duas grandes lagoas: de Rodrigo de Freitas (chamada de Sacopenapã, de 1589 a 1606; e de Fagundes Varela, até 1660); e a de Jacarepaguá, ou de Camorim.

Os pantanais, que tinham sido inúmeros, também iam sendo aterrados naquela primeira metade do século XIX. O maior que houvera na cidade fora o de Pedro Dias, que ocupava até 1796 — quando foi aterrado — vasta área delimitada pelas atuais ruas dos Arcos, Lavradio, Inválidos e Resende.

Mangues

Já antes se assinalou que o Rio de Janeiro foi a cidade das lagoas e mangues. O mangue é um terreno de vasa, um lodaçal, um pântano. Pode ser classificado em marítimo, ou salino, e de rio e lagoa. O mangue marítimo, ressecando com o tempo, quando os vegetais que o enxugam vão desaparecendo e a ação dos raios solares atua mais diretamente sobre ele, fica gretado em infinitas porções e em múltiplas direções. É baixo, insalubre e inconsistente; impróprio para a construção e para as obras de engenharia. A sua cor é parda-escura. O mangue dos rios e das lagoas é mais resistente, embora não deixe de ser pastoso.

A denominação de *mangue* provém da espécie vegetal conhecida como mangue vermelho: folhas elípticas e madeira de cor vermelha. É a espécie característica dos terrenos em formação à beira-mar. O seu lenho, resistente à ação do tempo e à umidade, era utilizado nas construções rudimentares, em cercados e esteios, e como combustível. E os sais de ferro que dele se extraíam proporcionavam tinta preta. A sua casca, rica em tanino, era muito útil nos curtumes. Preparada como remédio, servia para combater a hemorragia, a diarréia, a disenteria e os fluxos purulentos. Nos terrenos mais consistentes, isto é, nos já formados e, portanto, ao longo dos rios e nas lagoas, a espécie vegetal que medrava era a conhecida como mangue branco ou *siriúba*. *Sua* madeira servia para lenha e a casca, convenientemente preparada, era utilizada como adstringente e para combater a hemorragia e a disenteria. Foi, pois, de *mangue* que se derivaram as palavras *manguais, manguezais* e *manguinhos*.

Os antigos mangues próximos ao centro urbano, isto é, na *cidade nova*, começavam na antiga rua Santa Rosa, sendo limitados ao norte pelos morros da Providência e de São Diogo e ao sul pelas ruas do Conde e do Bonjardim. Daí os limites estavam assinalados pelas ruas do Aterro, Nova de São Leopoldo e do Sabão da Cidade Nova.

Em virtude do que dispôs a lei de 7 de outubro de 1834, os terrenos de mangues passaram a pertencer ao município. Dessa forma, os foros cobrados até então pelo governo imperial passaram a constituir fonte de renda do governo da cidade. A contribuição desses foros era regulada pelas instruções baixadas dois anos antes, a 14 de novembro. Correspondiam a 2,5% da avaliação de cada braça. Em 1851, a Câmara Municipal faz levantar a planta de todo o mangue da Cidade Nova, a fim de tornar possível a solução das infindáveis questões de pagamentos de foros travadas entre o fisco e os proprietários.

Outro vasto mangue, aterrado em 1850, ficava situado nas redondezas do atual largo de Estácio de Sá, isto é, entre a rua do Engenho Velho e o Rio Comprido. Em 1852 teve início, por ordem da Câmara Municipal, o aterro do vasto mangue da Cidade Nova situado entre o lugar chamado de Aterrado (onde foi até pouco a praça 11 de Junho) e a Casa da Correção. O serviço foi executado por sentenciados que, no primeiro ano de trabalho, ali despejaram 25.512 carroças de terra. Porém, o maior dos mangues era o que abrangia toda a vasta zona compreendida entre o citado Aterrado e o Retiro Saudoso, na zona litorânea. Tinha a direção da parte do atual canal do Mangue fronteira à estação Barão de Mauá, mas a zona de espraiamento das águas era verdadeiramente colossal.

Zonas também muito pantanosas foram muitas das que rodeavam a cidade. Assim, toda a zona de São João de Meriti, Meriti e Pavuna é ainda pantanosa, não obstante as grandes obras de engenharia que ali estão sendo realizadas. Os principais pântanos, então existentes na zona rural, eram os de: Manguinhos, Sernambetiba, Guaratiba e Santa Cruz.

Rios e Córregos

Alguns vales da cidade também eram cortados pelos rios que nasciam nas serras. Extensíssimos, mas geralmente pouco profundos, eles eram somente navegáveis nas proximidades de suas embocaduras.

O mais importante e lendário foi o da Carioca, ou das Caboclas, ou das Laranjeiras, cuja nascente, Mãe d'Água, estava na serra do Corcovado. Ainda existe, canalizado, entre as ruas Paissandu e Barão de Flamengo. Eram seus tributários os riachos Lagoinha e Silvestre.

Depois desse destacava-se o rio Catumbi, mais tarde chamado dos Coqueiros, denominado de Iguaçu pelo Senado da Câmara e finalmente conhecido como rio Comprido. Tinha origem na grota dos Dois Irmãos, no Corcovado, próximo ao morro do França. Atravessava a rua de São Cristóvão sob a *ponte de pedra*. Na sua foz, em São Diogo, é que estava a bica dos Marinheiros. Eram seus afluentes os riachos Santa Teresa e do Bispo.

O rio Maracanã, ou Andaraí, nascia na cascatinha da Tijuca e era engrossado por mananciais da serra do Andaraí. Percorria os vales do Andaraí Grande e do Andaraí Pequeno e se lançava na praia Formosa. Em 1811 uma enchente desse rio invadiu os terrenos baixos da Quinta da Boa Vista, estragando as carruagens reais. O príncipe regente ordenou, então, que o major de engenheiros Soares de Andréia mudasse o curso do caudal fazendo que atravessasse a rua da Joana. Outro rio que também foi chamado de Maracanã — o que acarretou não poucos enganos a geógrafos e historiadores — ficou conhecido, mais propriamente, como rio Pituba, São Pedro, Joana e São Cristóvão. Lançava-se no saco da praia Formosa.

O rio Trapicheiro era originário da serra do Corcovado e lançava-se no Maracanã. Passou, depois, a chamar-se de São Francisco Xavier, em virtude de atravessar essa freguesia. A torrente de Mata-Cavalos nascia numa grota da serra do Andaraí e findava em São Diogo. Por sua vez, o córrego Segunda-Feira era afluente do rio Trapicheiro, provindo suas águas do morro da chácara do Vintém. E o rio Faria, ou Farinha, nascia na serra do Andaraí (morro de Inácio Dias) e tinha a foz na praia da Olaria ou de Inhaúma. Tinha como afluentes os rios Jacaré e Timbó.

Além desses rios, desembocando na baía, depois de banhar zonas da cidade ou dos arredores, outros havia na orla da baía e mais para além, isto é, até atingir os limites do município. Tais eram o Irajá (que nascia em Brás de Pina) e o São João de Meriti, formado do Pavuna e do Meriti, e tendo como principal afluente o Sapopemba.

Outros rios, como o Cachoeira e o Porta d'Água, nasciam na serra da Tijuca e desaguavam na lagoa de Camorim. Nessa lagoa também vinha ter o rio Fundo, ou do Engenho Novo, ou Pavuna (não confundir com o anterior de mesmo nome), cuja nascente estava no maciço da Pedra Branca. Sob os nomes de Piraqué, ou Cabuçu, e de Caieira, ou Taquara, tinham existência outros rios, cujas origens estavam no referido maciço.

Rios e riachos — como os chamados de Caçambi e Pirapitingui — vertiam suas águas na lagoa de Jacarepaguá. Havia em Santa Cruz rios de grande importância, como é o caso dos muito conhecidos Guandu e Guandu-Mirim, ou Tingui.

Por sua vez, o rio Tijuca desembocava no oceano. E os da Gávea — que nasciam nas serras do Corcovado, dos Macacos, da Gávea e da Tijuca — eram os seguintes: da Gávea, ou da Fazenda (que despejava suas águas na Lagoinha, a qual, extravasando, as lançava na praia da Gávea); o Salgado (que se lançava na Lagoa); o Bocro (afluente do anterior e navegável até a olaria de Grandjean de Montigny, hoje conhecido como da Rainha); o Branco (que nascia na serra dos Macacos, indo desaguar na praia do Pinto, da mesma Lagoa); o dos Macacos (com nascente na Vista Chinesa) e o da Cabeça (que também nascia na serra do Corcovado, isto é, nas Paineiras), ambos desaguando na Lagoa, depois de atravessar o caminho da Lagoa); e mais alguns córregos: o que nascia no morro dos Dois Irmãos, o denominado da Mineira (que atravessava a propriedade dos Duque-Estrada) e o conhecido como da Catarina.

No vale de Botafogo eram conhecidos os rios Berquó e Banana Podre, desembocando na praia de Botafogo em frente da rua de São Joaquim (isto é, onde hoje está o Pavilhão Mourisco).

Os córregos subterrâneos constituíam uma das calamidades da cidade, pois eram numerosos e apresentavam certo perigo para a salubridade e estabilidade das construções. Pode servir de exemplo o que ainda existe por baixo do beco do Rio, no Catete. Não se sabe a sua origem, porque tanto pode provir do morro da Glória como do morro do Mundo Novo. O fato é que existe, e impetuoso.

A Câmara Municipal via-se, em 1842, premida pela solução dos problemas que esses cursos de água acarretavam. Não sabia o que fazer, havendo quem propusesse o aterro dos mesmos e quem desejasse que fossem canalizados. Entre a evidente inconveniência da primeira solução e o oneroso custo da adoção da segunda solução, a Câmara Municipal — desejosa de debelar o mal, que tanto afetava a salubridade pública — resolve consultar os engenheiros mais ilustres que residiam no Rio de Janeiro.

Praias

Numerosas, amplas e belas praias, de areias branquíssimas, orlavam toda a cidade. Vindo do mar alto, pela costa atlântica do município, ter-se-á, até à entrada da barra, a seguinte relação de praias: de Sepetiba, de Guaratiba, da Restinga ou da Marambaia, da Gávea, Grande ou da Lagoa (atual Ipanema), do Arpoador, de Sacopenapã ou de Copacabana, do Leme, Vermelha (entre os morros da Urca e da Babilônia), e de Fora ou de São João (existente na restinga entre o Pão de Açúcar e o morro da Cara de Cão). Costeando o referido morro e entrando na baía de Botafogo encontravam-se à esquerda a praia dos Remeiros (atual e erroneamente conhecida como da Urca); depois, a da Urca (a verdadeira, que ficava entre o morro da Urca e o caminho da Praia Vermelha, isto é, confrontando com o oitão do Hospício de Pedro II); a seguir, a de Martim Afonso, também conhecida como de Santa Cecília, do Suzano e, mais tarde, sob o nome de praia das Saudades; e, por fim, a bela e curvilínea praia de Botafogo. Depois do morro do Leripe (atual da Viúva), havia as praias: do Flamengo (até o morro da Glória), de D. Pedro I (depois, do Russel), da Glória (no recôncavo que ia do sopé do morro da Glória ao caminho do mesmo nome), da Lapa (da Glória ao Passeio Público), do Boqueirão do Passeio (desde o Passeio Público até o lugar fronteiro ao Convento da Ajuda), de Santa Luzia (dali até as proximidades da Santa Casa de Misericórdia), e da Misericórdia (fronteira à Santa Casa). A seguir, as praias de D. Manuel (onde hoje está a rua desse nome), do Peixe ou das Marinhas, da Saúde ou Prainha, do Valongo, do Saco do Alferes, Formosa ou de São Diogo (de um lado do morro de São Diogo), dos Lázaros ou das Palmeiras (do outro lado de dito morro), de São Cristóvão ou de São Pedro, do Retiro Saudoso, do Caju ou da Ponta do Caju. E depois: a Grande, a da Glória (ou de Inhaúma) e a Pequena.

Na lagoa de Rodrigo de Freitas, tinham existência as praias do Anil, dos Caniços, do Pinto e da Fonte da Saudade. Na ilha das Cobras, existiam as praias de Moçambique e dos Caixeiros. Na de Paquetá, as muito conhecidas: da Covanca, do Estaleiro, Comprida, dos Frades, da Guarda e do Catimbau. E na ilha do Governador, com as suas vinte milhas de contorno, tinham existência as denominadas: do Araújo, das Polônias, de Cocotá, de Cocotá-Mirim, do Engenho Velho, da Engenhoca, do Galeão, da Olaria, das Frecheiras, do Juquiá, da Ribeira, da Tapera, Grande, do Bicho, do Boqueirão, da Bica, do Chamador, do Cabaceiro, de São Bento, da Freguesia, da Moça, do Zumbi, do Matoso, das Pitangueiras, do Sardinheiro, da Gruta, da Coisa Má e de Tubiacanga.

Enseadas ou Sacos

As enseadas recebiam naquela época a denominação de *sacos,* em virtude de sua forma côncava. Estabelecia-se, assim, a analogia com um saco de guardar coisas. Os sacos eram denominados: da Glória, do Alferes, da Raposa (em São Cristóvão) e de Inhaúma (chamado por Debret de baía), situados no litoral da cidade e de seus arredores; da Rosa, do Pinhão, do Valente, do Itacolomi, do Porto Santo, da Ribeira, do Juquiá e da Mãe Maria — na ilha do Governador. Entretanto, o maior dos sacos, o de Botafogo, não tinha essa denominação. Dizia-se enseada de Botafogo, baía de Botafogo. Somente no *Atlas do Brasil* do barão Homem de Melo é que se encontra a legenda de saco de Botafogo.

Pontas ou Cabos

Por sua vez, as pontas ou cabos que assinalavam a mudança de direção do litoral eram: fora da barra — cabo da Guaratiba, ponta de Sernambetiba, ponta do Marlisco, ponta da Gávea, cabo dos Dois Irmãos, ponta do Arpoador, ponta de Copacabana e ponta do Leme; e no interior da baía, a começar do Flamengo: as pontas do Leripe, da Carioca (depois chamada do Russel), do Calabouço, de São Bento e do Caju. Na ilha do Governador, as pontas que delimitavam os sacos tinham os nomes seguintes: do Gato, das Ostras, Grossa, do Tipiti, do Dendê, da Cafunda, Tubiacanga, do Quilombo, da Ribeira, da Mãe Maria, do Bananal, do Matoso, das Moças, do Galeão, do Manguinho, do Dutra e do Alves.

3) O AMBIENTE MESOLÓGICO
TEMPERATURA — CHUVAS — VENTOS — INUNDAÇÕES

Temperatura

Relativamente à temperatura da cidade encontramos em um livrinho interessantíssimo: *Questões de silvicultura,* de autoria de Antônio Cândido do Amaral, a revelação de que as mais antigas observações tiveram lugar de 1781 a 1785. Atribuídas a Bento Sanches Dort e insertas nos Anais da Academia das Ciências de Lisboa, elas constituem a série seguinte: 1781 — média anual 22,08°; 1782 — média anual 23,27°; 1783 — média anual 23,82°; 1784 — média anual 21,25°; 1785 — média anual 22,03°. Média do qüinqüênio, 22,45°. O que constitui certamente uma temperatura suave.

Ventos

Por sua vez, os ventos sofriam a influência não só da disposição das serras, morros e montes, que os canalizavam ou interceptavam, como também da natureza física (rocha, saibro) ou do revestimento florestal daqueles acidentes naturais. Daí se originava a diferença de intensidade dos ventos, uma vez penetrados na cidade, e também a diversidade de temperatura de uma zona em relação a outra. Portanto: os ventos predominantes, geralmente oriundos de S.E., S.S.E. e N.O. se subdividiam em outros de menor velocidade. De todos esses ventos, os de S.S.E.— chamados vulgarmente de viração — eram os mais benéficos, visto que melhor se distribuíam pela área citadina. Já com os ventos de S. E. não ocorria o mesmo porque incidiam perpendicularmente à direção S.O.: N.E., que era a orientação geral que a cidade apresentava. Em compensação, eram muito apreciados pelos marujos, pois enchiam as velas dos navios, permitindo-lhes garbosamente atravessar a barra em direção ao *poço*. O que ficou dito a respeito dos ventos de S.E.— conhecidos como *temperados* — não significa, é claro, que os mesmos deixassem de ser agradáveis. E a prova é que se ia ao cais Pharoux *tomar fresco*. Os ventos do Sul também eram bons, porém bastante intensos, invadindo a cidade pela Gávea, Jardim Botânico e Botafogo.

Os ventos de N.O. eram secos e quentes. E a explicação é simples. Além de serem ventos de terra e, portanto, sujeitos à irradiação proveniente da mesma, sofriam a influência da evaporação oriunda dos alagadiços da baixada fluminense e dos mangues cariocas. Os de S.O., entrando pelo sertão, por Santa Cruz, dali vinham, muito altos, invadindo a cidade com enorme velocidade, e, por isso, temidos pelos marujos e viajantes dos barcos do interior da baía.

Além desses ventos, que poderiam ser classificados como fazendo parte das principais correntes aéreas, outros havia que constituíam correntes secundárias ou locais. Haja vista as correntes encaminhadas geralmente do alto mar em direção a Jacarepaguá e Cascadura e o vento quente que afetava a parte terrestre da zona da Guaratiba. Por sua vez, as zonas de Inhaúma e Irajá, distantes do oceano, estavam afetadas por duas influências opostas: a dos ventos de terra e a dos ventos da baía. O pior de tudo é que não havia constantes no regime dos ventos. A instabilidade foi sempre uma das características do Rio de Janeiro.

Chuvas

Com a devastação das matas, maior se tornou a irradiação terrestre, de vez que a influência solar já não era compensada por uma evaporação regular. Com esse desequilíbrio, uma vez que o aquecimento e resfriamento da terra se faziam mais irregularmente, as chuvas não só tinham lugar de maneira também irregular mas se convertiam em verdadeiros aguaceiros, provocando inundações, extravasamento de rios, desmoronamento de barreiras, solapamento de habitações, destruição de bens e provocando, depois, doenças e epidemias. A cidade fica gradativamente mais quente e mais úmida. Em 1851, a média anual da temperatura era de 23,94°C, segundo dado colhido por Cândido do Amaral na *Revista do Imperial Observatório Astronômico*. E a observação que faz é que a média da temperatura no qüinqüênio 1851-55 tinha sido de 24,236°C.

Comparando as chuvas caídas naqueles dois períodos, o referido autor fornece os seguintes dados: no período 1781-1785, média 1.329,225mm; no período 1851-1855, média 1.083,260mm. Isso não prova — dizemos nós, em contrário do que ele afirma — que, apesar de ter sido pouco sensível a alteração no regime das chuvas, deixara de haver redução das águas do subsolo. Essa redução era fatal, não só pela fácil absorção de calor pela terra desprotegida, como também pela aceleração da atividade da evaporação provocada pelos ventos reinantes.

Inundações

O problema das inundações era permanente, pois decorria não só das condições topográficas da cidade — grande parte abaixo do nível do mar e encravada em grandes bacias cercadas pelos morros e montes —, como também da inexistência de um nivelamento geral: cada rua, cada praia, cada casa, tinha o seu nível referido ao ponto baixo ou alto que lhe ficava próximo. Caída uma enxurrada, a água procurava escoar-se por meio de valas e valetas para o mar, para algum rio ou riacho, ou para a lagoa que ficasse mais próxima. Mas, com o aumento da cidade, as valas foram aterradas e, assim, ocorria que a água ficava por longo tempo no lugar em que caíra, dando origem ao pantanal.

Com o objetivo de escoar as águas pluviais, cogitou-se de ampliar a vala, abrindo um canal, já citado, entre a lagoa da Carioca e a Prainha. Mas essa idéia, proposta em 1646, pelo governador Duarte Correia Vasqueanes, não foi posta em execução por falta de recursos.

Em 1726, o governador Luís Vaía Monteiro pretendeu resolver o problema ao propor a abertura de um canal desde o Boqueirão até à lagoa da Sentinela e os mangues de São Diogo. Entretanto, o governo real não deu importância ao assunto. Outras valas de escoamento das águas das enxurradas existiram em diversos lugares: como a existente na rua do Carmo e a que vinha da vala até o cais do largo do Paço. Foi justamente sobre a mesma que foi construído, mais tarde, o cano que levava água potável para o chafariz do referido largo.

Em fevereiro de 1811 houve uma tremenda inundação, dando origem ao alagamento de toda a zona vizinha da Quinta da Boa Vista. Verificou-se, então, que o curso do rio Pituba, ou da Joana, necessitava de retificação e de obras que evitassem tão grandes males, não só para a cidade como também para a referida propriedade real. E o encarregado de executar o serviço foi o provecto engenheiro militar João Manuel da Silva. Aproveitando a oportunidade, estudou o problema das inundações, pelo que apresentou, a respeito, valioso relatório. Mas, apesar das valiosas sugestões nele contidas, dentre as quais se contavam a fixação de um plano de nivelamento — a que dera o nome de plano de comparação —, a abertura de inúmeros desaguadouros nas diferentes zonas que fixava, o aterro dos terrenos baixos ou inundados, da correção da direção de tais canais, da abertura de um canal no chamado Mangue (dotado de comportas), do aproveitamento da terra dos montes nos serviços de terraplanagem, e do lançamento de um imposto para a tão necessária obra de saneamento — nada se fez de útil. E a cidade continuou e continua, ainda hoje, a ser inundada logo que cai qualquer aguaceiro.

4) A POPULAÇÃO

OS HABITANTES — OS CAPOEIRAS —TIPOS POPULARES —
EXPRESSÕES DA ALMA POPULAR — CURIOSIDADES VERBAIS

Os Habitantes

Em 1587, a capitania do Rio de Janeiro possuía 3.850 habitantes, assim subdivididos: 3 mil índios catequizados, 750 portugueses e 100 africanos. Entre 1617 e 1620 a cidade, propriamente dita, tinha 4 mil habitantes. No ano de 1710, havia três vezes mais, ou 12 mil habitantes. Em 1763 — por ocasião da transferência para ela da capital do vice-reino — possuía 30 mil habitantes.

A cidade e seu termo possuíam, em 1779, nada menos de 46.511 almas. Espalhadas pelas freguesias urbanas havia 33.312, e assim subdivididas: Candelária, 9.867; Sé, 9.997; e São José, 13.448. Nas freguesias de fora havia 13.199, distribuídas da seguinte forma: Engenho Velho, 1.755; Jacarepaguá, 3.869; Irajá, 3.946; e Campo Grande, 3.629. Naquela época ou, mais propriamente, em 1776, a população do Brasil podia ser avaliada em 1 milhão e 900 mil habitantes (abade Correia da Serra).

Em 1797, o vice-rei e os capitães-generais governadores receberam instruções do governo de Lisboa para que se procedesse à organização da estatística das populações dos territórios de suas jurisdições. Foi assim que se veio a saber que a população da cidade era, naquele ano, de 42.168 almas. Dois anos depois, o conde de Resende manda proceder a uma nova avaliação censitária, e a cifra atinge a 43.376 habitantes. Todos, moradores na parte urbana.

No começo do século XIX, o Brasil tinha 3 milhões de habitantes, sendo de 1 milhão o número de escravos. Segundo o padre Luís Gonçalves dos Santos — nas *Memórias para servir a história da fundação do Reino do Brasil* — a população da cidade era avaliada no ano de 1808 em 60 mil habitantes. A metade estava constituída de escravos.

Aquele total foi aumentado de 12 mil pessoas (ou 15 mil, segundo alguns autores), tantas foram as que acampanharam a Corte. Esse enorme afluxo de gente trouxe como conseqüência que boa parte dos moradores fosse despojada de suas habitações. A isso se chamava ordem de *aposentadoria*. A origem da mesma era bem remota. Quando os reis de Portugal se deslocavam, saindo dos palácios onde viviam para viajar pelo seu país, necessitavam ter onde hospedar-se. Para isso eram precedidos de um personagem da Casa Real denominado *aposentador-mor*. Esse, em nome do poder absoluto do soberano, requisitava de quem quer que fosse os *aposentos* (daí provém a denominação), as roupas de cama, a baixela, os criados, etc., etc., e mais etc. Isto em outras palavras significava: *otez-toi pour que je m'y mets*. Ou, em vernáculo: *mude-se, para que eu me instale*. Ou, ainda, mais vulgarmente: *para fora!, olho da rua!*. Não se creia porém que essa imposição não se fundamentasse em algum preceito legal. Era uma verdadeira instituição, de vez que se baseava no regimento que lhe foi dado em 7 de setembro de 1590. É bem verdade que antes dessa data já existia o direito à aposentadoria de que usavam e abusavam os reis portugueses desde a dinastia de Borgonha. As aposentadorias se subdividiam em *ativas* e *passivas*. Assim, a aposentadoria era *ativa* quando a pessoa real ou da Corte podia se *aposentar,* isto é, tinha o direito de escolher e tomar aposentos na casa ou habitação alheia. E a aposentadoria era considerada *passiva* quando o dono da casa, embora recebendo hóspedes, podia nela permanecer, isto é, não ser despojado da mesma.

Ao chegar a Corte portuguesa ao Brasil, e para albergar aqueles milhares de pessoas que a acompanharam, foi invocado o direito à aposentadoria. Isso significou para os habitantes do Rio de Janeiro um verdadeiro desastre. Quem tinha uma habitação regular deparava à porta com as iniciais P. R., que significavam: *Príncipe Real*. Mas o povo achava que elas deviam ser interpretadas como *ponha-se na rua!* Foi um deus-nos-acuda...

Em 1813, dom João VI, ao ser coroado rei, baixou o seguinte decreto relativo ao assunto: "Querendo dar ao povo do Rio de Janeiro uma demonstração da minha real benevolência pela ocasião da minha coroação, nesta cidade, hei por bem que todos os seus habitantes fiquem gozando, de ora em diante, do privilégio de aposentadoria passiva, e aqueles que tiverem servido ou servirem na Câmara e mais cargos da governança da mesma cidade, ficarão gozando dos privilégios concedidos pela Ordenação do Reino. Livro 2º. T. 58. para os fidalgos e seus caseiros lavradores".

Naquele mesmo ano — segundo revelação de Noronha Santos — o arquiteto da cidade Antônio Alves de Araújo explica, numa carta dirigida ao ministro do reino Tomás Antônio de Vilanova Portugal, que o odioso processo das aposentadorias concorria para que somente se construíssem pequenas casas. Muitos proprietários não desejavam levantar prédios nobres, receosos de que os tomassem logo que estivessem concluídos. Como era natural, aquela maneira de desalojar os que tranqüilamente viviam em suas casas provocou a ira da população. É conveniente que se advirta que o nobre ou protegido que se aboletava na casa alheia devia obrigatoriamente pagar um aluguel. Mas isso nem sempre foi feito. E quando o burguês que tinha sido obrigado a ceder a sua casa térrea desejava colocar-lhe mais um pavimento — recurso muitas vezes usado para desalojar os intrusos — os seus esforços ficavam fracassados diante da atitude inerte que apresentavam os usurpadores. Pouco a pouco, principalmente com o falecimento de muitas das importantes personagens que para cá vieram, os proprietários começaram a reaver as suas casas. O regime das aposentadorias foi extinto no reino de Portugal a partir de 25 de maio de 1821. No Brasil isso ocorreu dois anos depois: a 20 de outubro; o que constituía uma conseqüência da volta de muita gente para Portugal, acompanhando o rei d. João.

Devido ao assinalado crescimento que se operou na cidade como resultado da instalação da Corte, a organização da respectiva estatística foi outra das cogitações do governo do príncipe real dom João. Assim, em 1811, pelo aviso nº 31 de 27 de julho, ficava estabelecida a exigência de prestação de informações anuais relativas à povoação, aos nascimentos e à mortalidade de cada um dos bispados do Brasil. Em 1812, em virtude da provisão de 25 de agosto, as governadores das capitanias ficaram obrigados a prestar informações estatísticas. Dois anos depois, o decreto de 15 de novembro criava uma comissão incumbida da estatística geográfica e natural, política e social.

Segundo recenseamento feito, em 1821, sob a chefia de Joaquim José de Queirós, havia nas terras da carioca 112.600 habitantes, sendo 79 mil na cidade e 33.600 fora da mesma. O número de lares foi avaliado em 14 mil, havendo, porém, quem afirmasse que naquele ano somente existiam 10.050 *fogos,* ou casas habitadas.

Até então, as avaliações da população do Brasil, tornadas conhecidas, eram as seguintes: em 1803, d. Rodrigo de Sousa Coutinho a estimava em 4 milhões. Mas Humboldt dá esse mesmo número para o ano de 1810. Para cinco anos depois (1815), o conselheiro Veloso de Oliveira proporciona cifra menor: 2.860.525. Em 1817, Henry Hill dá o número de 3 milhões 300 mil habitantes. Em 1819, o acima citado conselheiro avalia a população em 4.396.132. Já em 1825, Casado Giraldes soma, em números redondos: 5 milhões. Para o ano de 1827, Balbi se atém a 2.617.900, ao passo que Rugendas, mais otimista, chega a 3 milhões 758 mil. Em 1830, Malte Brum excede as cifras de Giraldes, pois atinge a 5 milhões 340 mil.

Desde a vinda da arquiduquesa Leopoldina, começou a influência do elemento estrangeiro — franceses, ingleses, alemães, austríacos, suíços, italianos, espanhóis, suecos, dinamarqueses e russos —, de sorte que a cidade tinha, em 1831, a sua população sensivelmente aumentada. Sete anos depois, o recenseamento mandado executar por Bernardo Pereira de Vasconcelos revela que havia 137.078 almas. Não falta quem afirme que em 1838 a população atingia a 97.162 habitantes, sendo o número de prédios de 13.423. Como se vê, são freqüentes e profundas as divergências relativas aos dados estatísticos daqueles tempos.

O recenseamento da cidade realizado em 1840 (Haddock Lobo e Eusébio de Queirós) não tem sido levado em consideração em virtude do notório exagero dos resultados. E se havia habitantes de aspecto e modos rudes como os *atravessadores,* ou açambarcadores, que especulavam com o tráfico dos negros, a venda do azeite de Cabo Frio, a farinha de Macacu, a mandioca de Raiz da Serra, o açúcar dos engenhos do recôncavo da Baía do Rio, a cal do Reino ou com o álcool de Parati, verdade seja dita que a maioria era gente se não ilustrada, pelo menos polida. A esse respeito, o depoimento de Maria Graham é de grande valia. Assim escreve: *"Wherever I have met with Brazilians, from the greatest to the meanest, I must say I have always experienced the greatest politeness: from the fidalgo who calls on me in full court costume, to the peasat, or the common soldier, have had occasion to admire, and be grateful for, their courtesy."*

A 31 de janeiro de 1842, em virtude do regulamento imperial número 120 (art. 58), caberia aos chefes de polícia mandar proceder ao arrolamento das populações suas jurisdicionadas.

E se José Saturnino da Costa Pereira avaliava a população do Brasil, em 1834, numa cifra bem baixa: 3 milhões 800 mil, Cândido Batista de Oliveira queria que, no ano de 1850, fosse de 8 milhões. Parece que esse total estava bem calculado, porquanto o dr. Luís Pedreira do Couto Ferraz — depois barão do Bom Retiro — avalia, para 1856, a população em 7.677.800

Em 1850, os habitantes da cidade, comparados com os de 1816, já tinham quase quadruplicado, pois orçavam em 270 mil, dos quais 111 mil eram escravos.

Foi naquele ano que o governo obteve autorização para efetuar o *Censo Geral do Império,* aproveitando-se, também, a ocasião para serem estabelecidos registros dos nascimentos e óbitos anualmente verificados. O censo não se realiza, apesar do regulamento para a sua organização, tendo somente entrado em vigor — em 1851 — o regulamento para o registro dos nascimentos e dos óbitos. E assim corre o tempo até que, em 1870, se procura fazer a verdadeira estatística das populações do município e do Império. Uma Diretoria Geral de Estatística só vem a existir em 1871. Dessa sorte, o serviço de investigação demográfica deixava de ser executado pela própria Secretaria do Império. Era o que ocorria desde o começo do reinado do 2º imperador.

Das cifras da estatística acima mencionada se conclui que pouco menos da metade da população da cidade não era livre, conseqüência natural do tráfico de africanos. O execrável comércio era feito mediante contratos ou *assentos,* denominando-se de *peças* aos negros importados. Em alguns assentos, a introdução de negros era contratada às toneladas!... O primeiro assento foi assinado, em 1568, por Salvador Correia de Sá e João Gutierrez Valério, para a vinda de escravos com destino ao Rio de Janeiro. Mas, antes daquela data, em 1532, Duarte Vaz tinha firmado um monopólio que se prolongou até 1620. E, segundo alguns autores, foi Martim Afonso de Sousa quem introduziu o negro no Brasil.

A lei de 21 de março de 1831, que proibia o comércio de gente escravizada, foi completada pelo decreto de 7 de novembro do mesmo ano, que considerava livres os negros que viessem do estrangeiro. Até então, a média anual de escravos desembarcados no porto do Rio de Janeiro era de 10 mil. Cada barco negreiro transportava de 200 a 300, cujas idades oscilavam de sete a 30 anos.

Não se julgue, porém, que era somente no Brasil que tal comércio tinha lugar. Outras nações européias — Inglaterra e França — usufruíam grandes proventos com o mesmo. Assim, ao passo que eram portugueses os traficantes com o Brasil, numerosíssimos ingleses — os chamados tanganhões — negociavam com as colônias inglesas e espanholas da América. Bastará mencionar, como informação muito importante, que só para a América do Norte a Grã-Bretanha enviava anualmente nada menos de 150 mil africanos.

A Revolução Francesa, abalando, na segunda metade do século XVIII, toda a Europa, modificou o espírito da época, implantou novos direitos e acarretou importantes e decisivas modificações políticas, sociais e econômicas. A mentalidade filosófica também se modificou. Tudo isso trouxe como conseqüência, entre outras coisas, um movimento geral e irresistível a favor da abolição da escravatura. A resistência dos traficantes foi tremenda. A Grã-Bretanha encabeçou o movimento oposicionista. Por isso, todas as tentativas fracassaram, inclusive as iniciativas dos seus próprios parlamentares. Somente em 1807 foi que Canning conseguiu que seu país adotasse a abolição desse negócio. Por fim, o *bill* Aberdeen (8 de agosto de 1845) equiparou o tráfico à pirataria.

O negro constituía um elemento de trabalho; mão-de-obra indispensável às plantações de café, açúcar, cacau, algodão e feijão, das zonas agrícolas ou daquelas outras em que se procedia à mineração. Caçado na floresta africana como se fosse uma fera e amarrado a outros irmãos de desventura, era trazido por veredas e atalhos, cuidadosamente ocultos ao olhar do estrangeiro, em direção à costa, onde bordejavam os transportes. Última estação africana e primeira da tenebrosa travessia marítima. Procedia-se atropeladamente ao embarque e a carga humana era distribuída em três porões: o dos homens, o das mulheres e o das crianças. Porões sem ar, nem luz; sem higiene. Dormiam os cativos no chão ou em prateleiras superpostas, e ali, naqueles infectos recintos, o empilhamento de tantos seres, o contato entre corpos sãos e doentes, as dejeções e vômitos, davam origem a doenças e a chagas. Era o escorbuto, a disenteria, a febre — a minar a carga humana que ia sendo desfalcada com os corpos lançados ao mar, servindo de alimentação para os tubarões que escoltavam, dia e noite, as naves negreiras. Gritos, esbravejamentos, clamores terríveis e súplicas acompanhavam os berros dos subitamente loucos e as lamentações dos que paulatinamente cegavam. A comida era pouca e a água, salobra, nem chegava para matar a sede. Um dia a revolta explodia e a reação era tremenda: cal jogada aos sacos pelas escotilhas e tiros de bacamarte para os chefes do motim. Outros, jogados aos peixes... Dias intermináveis e escaldantes, noites tenebrosas, de leve viração. E assim passavam-se semanas.

Chegava a nave execranda à Guanabara e ao Valongo, entre dois lugares denominados, por ironia do destino, *Saúde* e *Livramento,* os negros eram atirados, sem uma nem outra coisa, no mercado dos escravos. Pago o imposto devido ao erário, a mercadoria humana estava livre para ser vendida. Feitores brutais, de relho em punho, a expunham aos compradores. Umas vezes, ela se achava valorizada pela superalimentação; outras vezes, tal qual chegara: desvalorizadíssima. Cada *senhor de engenho* comprava de acordo com o aspecto e o fim a que destinava o futuro escravo; cada senhora escolhia a sua *mucama;* e até os meninos, filhos de gente importante, se permitiam separar o *moleque* com quem haviam de brincar. Outras vezes, a escolha era decorrente do aspecto das tatuagens, deformações e penteados bizarros que muitos negros apresentavam. Elas variavam de uma nação para outra. Assim, os *monjolos* apresentavam incisões verticais na face, os *minas* tinham na cabeça tubérculos em forma de crista de galo, e os *moçambiques* se faziam notar pelo rico penteado em forma de diadema.

O destino e a sorte dos escravos era vário. Tudo dependia dos seus novos amos. Mas, em regra geral, a vida dos negros escravizados não passava a ser, aqui, de todo má. Gozavam, até, de certa liberdade. E os que tinham oportunidade de fugir não o faziam pela simples razão de que assim teriam de viver à sua própria custa, resolvendo por si todos os problemas de uma vida quotidiana e, portanto, profundamente precária. Não tinham eles o patrão que tudo lhes dava? E aqueles outros que serviam como marinheiros nos navios negreiros, também não desertavam, por não acharem a vida que levavam tão ruim assim... Claro é que nem todos os escravos eram bons, nem bem comportados. Para esses, os castigos eram severos e, não poucas vezes, desumanos. Além das surras de umbigo de boi e de vara de Guiné untada de urucum e banha de cobra, havia o açoite na *mesa do carro* (deitado sobre o ventre no estrado da carroça, os braços enleando o varal e punhos amarrados), e o castigo do *tronco* (pesadas traves de madeira pousadas no chão, justapostas, ligadas por dobradiças e gonzos e fechadas a cadeado, com perfurações para conterem os tornozelos dos negros sentados no chão). Toda casa de purgar dos engenhos tinha um tronco. Os suplícios propriamente ditos variavam de acordo com a maldade dos senhores ou com a crueldade dos *feitores*. Um dos mais comuns era o *anjinho*: laço de cordel encerado aplicado na raiz das unhas das mãos e paulatinamente apertado por duas pessoas. Os negros fujões eram obrigados a usar *gargantilha*, ou colar de ferro cravado. Umas vezes a *gargantilha* de um escravo estava unida por corrente à de outro. Outras vezes, a gargantilha estava ligada, por corrente folgada, ao anel trazido num dos tornozelos. Também havia gargantilhas com uma haste cravada no sentido vertical e mais alta que a cabeça, tendo na extremidade um gancho, no qual se colocava uma campainha. Outras vezes, os escravos eram ligados por correntes — *libambos,* formando fileiras. E os negros comedores de terra e de frutas verdes eram obrigados a trazer sobre o rosto uma mordaça de folha-de-flandres, fechada a cadeado...

O negro africano trouxe para o Brasil, além dessa formidável alavanca de progresso que foi o seu trabalho, inúmeros usos e costumes, curiosas superstições e crendices, misteriosos cultos, músicas, cantos, danças e instrumentos, mitos, contos e lendas e uma valiosa contribuição para o enriquecimento do vocabulário.

Honório Silvestre, em seus estudos sobre *Coisas de negro;* Renato Mendonça, em sua obra: *A influência africana no português do Brasil;* Jacques Raimundo, no seu trabalho: O *negro brasileiro;* e Nelson de Sena, nas lucubrações sobre *Africanismos na linguagem brasileira,* apresentam diversas séries de termos africanos usados no Brasil. O vocabulário, assim formado, é variado, numeroso e interessante. Apresentaremos, por curiosidade, alguns desses *africanismos*: expressões bárbaras das línguas africanas (quimbundo, ioruba ou nagô, cafre, bantu, conguesa e dos negros da Costa) faladas no Brasil, a saber: *binga* (cornimboque para tabaco), *bozó* (jogo com uma bola, usado nas tavernas), *caçula* (o filho mais moço), *fandango* (espada velha), *quengo* (concha para sopa), *cangalhé* (ferramenta ou objeto imprestável), *matame* (recorte ou rendilhado da orla das camisas ou dos lenços), *matungo* (cavalo velho, cansado, de pouco préstimo ou cavalo manso, vagaroso), *mataco* (traseiro, nádegas), *malungo* (camarada, companheiro), *mucama,* ou *macumba* (escrava negra de estimação, encarregada do serviço interno das casas ou ama de leite), *banguê* (tem diversas acepções: engenho de açúcar da era colonial; canal dos engenhos de açúcar escoador da espuma das tachas; trançado de cipó para transportar bagaço; fornalha do cozimento do caldo; padiola para transportar cadáveres; liteira), *cabungo* (ourinol), *mabaço* (planta comestível), *munzuá* (covo de bambu ou de taquara), *cacumbi* (cesto de pesca), *zombi,* ou *zumbi* (duende que percorre, altas horas da noite, as habitações), *calundu* (mau humor ou irascibilidade), *tatamba* (tatibitáti), *balaio* (cesto fechado), *bunda* (nádegas, assento), *bugio* (símio, mono), *cabaço* (hímen), *cachaça* (aguardente), *cachimbo* (tubo, com concha na extremidade, para fumar), *cacuiba* (poço artificial), *cafua* (quarto de prisão, nos colégios), *carcunda* (corcova), *dengue* (manha de criança), *quitute* (iguaria gostosa), *tanga* (pano que encobre as partes genitais), *sungar* (puxar para cima), *zambo* (filho de preto e índio), *senzala* (alojamento dos negros nas fazendas), *quizila* (antipatia proveniente de superstição), *quindim* (meiguice), *cochilar* (dormitar, cabecear dominado pelo sono), *curinga* (figura de jogo de cartas), *careca* (calvo), *carimbo* (sinal ou marca usada nas repartições públicas ou nos estabelecimentos comerciais), *camundongo* (ratinho), *candonga* (benzinho), *canga* (trave de madeira adaptada ao pescoço dos bois de tração), *moleque* (menino), *murundu* (monte, morrete ou montículo de coisas), *quilombo* (reduto de negros fugidos), *soba* (régulo africano), *tamina* (ração de comida), *tarimba* (estrado onde dormiam os soldados), *banzé* (barulho, vozerio), *cafuné* (estalidos dados com o polegar no alto da cabeça), *calombo* (inchação, começo de tumor), *calunga* (boneco), *cambada* (súcia, corja), *engambelar* (seduzir, agradar para encobrir a verdade ou ser agradável com o propósito de ocultar ou de enganar), *fulo* (amarelo, cor provocada pela ira), *jerebifa* (cachaça), *libambo* (corrente que ligava os pescoços dos escravos entre si ou que ligava o tronco de cada um ao respectivo tornozelo), *macambúzio* (tristonho, sorumbático), *marimbondo* (vespa), *minhoca* (verme), *miçanga* (contas de vidro), *muamba* (coisa ou transação ilícita), *mocambo* (esconderijo de negro fugido), *obá* (príncipe entre os negros), *ocu* (morrer), *muxoxo* (sinal de enfado ou de agastamento feito com a língua aderida aos dentes e produzindo pequeno estalido), *zungu* (briga entre negros), *xingar* (cobrir de ditos ofensivos), *catinga* (mau cheiro, fedor), *mabaço* (irmão gêmeo), *barangandãs* (conjunto de enfeitos usados nas festas semipagãs), *bugiganga* (objeto sem valor), *capanga* (valentão), *banzo* (melancolia, nostalgia, saudade), *banzeiro* (pensativo), *aluá* (bebida feita de arroz cozido ou milho, açúcar e sumo de limão), *quimbembé* (bebida feita de milho fermentado), *cacimba* (cova feita em lugar úmido para que nela se junte água), *senzala* (moradia dos negros escravos), *moleque* (negro pequeno).

Além dessas palavras, quase todas ainda conhecidas e empregadas, existem outras relativas à música. Tais são: *adjá* (instrumento musical), *agê* ou *aguê* (instrumento que servia de piano aos africanos), *atabaque* (tambor), *bambulá* (espécie de guitarra), *banza* (instrumento de cordas), *batá* (tabaques de madeira), *canzá* (instrumento de música feito de taquara, com cortes transversais, sobre os quais se fazia deslizar uma varinha), *caxambu* (tambor), *cucumbi* (instrumento de música), *ilu* (tabaque grande), *lé* (tabaque pequeno), *mutungo,* ou *matungo* (instrumento de música), *rampi* (tambor de barro), *sansa* (instrumento africano), *puíta* (tambor de forma cilíndrica), *urucungo* (instrumento formado de um arco de madeira, cujas extremidades são ligadas por meio de fios dispostos paralelamente, ficando presa no centro do arco uma cuia que serve para propagar o som), *xaque-xaque,* ou *xequerê* (instrumento musical), *zabumba* (bombo), *berimbau,* ou *marimbau* (pequeno instrumento sonoro de arco de ferro e palheta de aço, com a forma de lira, tangido na boca, entre os dentes, por meio de uma lingüeta), *marimba* (espécie de tambor dos cafres), *gazumba* (bombo), *rum* (atabaque grande).

Em relação à dança, lembraremos, entre outras, as palavras: *candomblé* (dança fetichista), *batuque* (nome genérico dado à dança, feita sob ritmo compassado e interminável, com acompanhamento de palmas e sapateados), *batucar* (tocar o batuque), *cacumbu* (dança de africanos), *bendenguê* (jongo, dança), *batucagé* (dança do candomblé), *bangulê* (dança com palmas e sapateios), *bambá* (dança acompanhada de estribilho próprio), *bambaquerê* (dança do bambá), *congada* (dança dos congos), *jeguedê* (passo de uma dança), *lundu* (dança ou música que a acompanha), *maracatu* (dança muito requebrada), *moçambique* (outro tipo de dança), *samba* (dança ainda hoje muito praticada) e *xiba* (dança, samba).

No campo das crendices, feitiçarias e cultos dos negros, devem ser mencionados os seguintes termos: *cafunga* (feitiço), *mandinga* (feitiçaria), *babalorixá* (pai de santo), *babalaô* (sacerdote fetichista), *alufá* (sacerdote dos negros maometanos), *olorum* (deus supremo), *orixá* (divindade da feitiçaria), *oubatalá* (divindade hermafrodita dos sudaneses), *ougã* (chefe ou protetor do candomblé), *orô* (fantasma), *xerê* (chocalho feito de uma vasilha cheia de pedrinhas, empregado na feitiçaria; e um *maracá* negróide), *endoque* (feiticeiro), *embanda* (feiticeiro da "cabula"), *elegbá* (diabo), *efum* (cerimônia fetichista), *macumba* (feitiçaria, candomblé), *ebó* (oferenda feita nas macumbas), *efifá* (feitiço especial), *mandinga* (feitiço ou ato de feitiçaria), *irocó* e *ibá* (receita da feitiçaria), *iemanjá* (deusa das águas, sereia metade mulher e metade peixe), *ogum* (deus da guerra), *iansã* (nome africano de Santa Bárbara), *catimbau* (ato de baixo espiritismo).

Se passarmos aos termos culinários ver-se á, quando tratamos da cozinha carioca, a quantidade de pratos e guloseimas que os africanos introduziram no Brasil. Daremos, aqui, o significado de alguns mais comumente saboreados nos dias que correm. E são: *mocotó* (comida guisada feita de mãos de boi ou de vaca), *mugunzá,* ou *mucunza* (canjica feita de milho), *aberém* (bolo de milho cozido enrolado em folha de bananeira), *afurá* (bolo de arroz), *acassá* (bolo de farinha de arroz, cozido, que se come com o vatapá), *vatapá* (prato de peixe, com camarão seco, amendoim, azeite de dendê e pimenta), *quibebe* (pirão de abóbora vermelha), *quingombô* (malvácea que se come cozida), *jiló* (planta comestível), *angu* (papa feita de fubá de milho ou de mandioca), *anguzó* (condimento de ervas cozidas com angu), *bobó* (sopa de inhame), *canjica* (papa de milho verde), *fubá* (farinha de arroz ou de milho), *chebê* (toucinho ruim, orelha e beiço de porco salgado ou moqueado).

E lembrando as bebidas africanas aqui fabricadas tem-se as chamadas: *aluá,* feita de arroz cozido ou milho, açúcar e sumo de limão; e *quimbembé,* de milho fermentado.

Raros eram então — como já antes se afirmou — os indígenas escravos existentes na primeira das cidades brasileiras, pois os primitivos habitantes do país — os *brasilienses,* como foram chamados por alguns autores — possuíam amor inato à liberdade. Refratários à escravidão, reagiam e fugiam ou se deixavam dominar por profunda nostalgia, que os levava, fatalmente, ao túmulo. Mas, se virtualmente não existiam no Rio de Janeiro, tinham, entretanto, a lembrar-lhes a existência as grandes canoas feitas de um único tronco de árvore, chamadas *igaraçus;* as pequenas: *igaritês*; os numerosos enfeites e mantos; os arcos, as flechas, as outras armas e instrumentos rudimentares, as redes, os trabalhos de vimeria, de tecelagem e de cerâmica, os nomes de vilas, lugares, rios, montanhas e animais, e as suas culturas especiais, já muito disseminadas e aceitas: *mandioca, milho, araruta, batata doce, taioba, aipim* e *cará.* E, mais, as peculiares à banana, ao caju, à castanha e ao cacau.

Outros curiosos habitantes da cidade eram os ciganos. Vindos para aqui nos tempos coloniais, eles não se achavam no século XIX entrosados na nacionalidade brasileira. Viviam, como sempre, esquivos e supersticiosos, habitando a rua chamada, por isso, dos Ciganos, hoje da Constituição. Mantinham como seus ancestrais, portugueses, seus modos, a maneira especial de viver e de vestir, os seus originais costumes, as suas expansões, o tratamento cerimonioso, a inigualável sutileza, e a característica gíria, ou chibe. Por meio da mesma, difícil e incompreensível para estranhos à raça, eles podiam comunicar-se com extrema facilidade. Distinguiam-se por tudo isso e principalmente pela cor bronzeada escura da pele, olhos pretos muito rasgados e penetrantes, e cabelos negros e luzidios que caíam em ondas até o ombro. Com a mistura havida entre ciganos de diversas origens, a pele foi ficando esbranquiçada e os olhos garços. Os homens, os *calons*, eram ricos negociantes, mercadores de escravos, revendedores e meirinhos. Foi principalmente nesta última função que eles se destacaram. Estacionavam no pórtico do Teatro de São Pedro, no largo do Rossio, ali aguardando a oportunidade de fazerem citações e despejos e de executar outros mandados dos inúmeros cartórios judiciários instalados na citada rua. A profissão de meirinho era transmitida de pai para filho, sendo sempre exercida com perfeita exação. Quando na rua, andavam aos grupos de três ou quatro. Outros ciganos se dedicavam à agiotagem. Dentre todos se destacou o muito conhecido como Rabelo, que residia, no tempo de d. Pedro I, no campo da Aclamação, junto ao Museu. A sua grande fortuna consistia em barras de ouro e de prata que guardava no reforçado sótão de sua casa. As mulheres, *calins,* tinham as mesmas características raciais. Casavam-se, em geral, com os de sua raça. Quando o matrimônio era realizado com gente estranha ao seu meio, tornavam-se infelizes. E nesse caso davase o retorno ao *clã* pela via da prostituição. A partir do meado do século XIX, os ciganos acompanharam a expansão da cidade na direção ocidente, transferindo-se para a Cidade Nova. Instalaram-se no Aterrado (atual canal do Mangue) e nas ruas do Senado e Princesa dos Cajueiros.

Os judeus estavam estabelecidos na cidade desde longa data. E era natural que isso ocorresse, de vez que a influência hebraica vinha, no Brasil, desde o consórcio mercantil a cuja frente se achava um cristão novo, Fernão de Loronha, para a exploração do que houvesse no litoral brasileiro e, conseqüentemente, do pau-brasil. Desde a exploração das minas — quando a cidade do Salvador deixa de ser o mais importante centro judaico do Brasil — o Rio de Janeiro é a cidade onde eles vivem em maior número e têm maior importância. Daqui faziam irradiar, por meio de transações comerciais, toda a sua influência através do território brasileiro e em direção ao Rio da Prata Não obstante, Schlichthorst informa que havia poucos judeus no Rio de Janeiro, sendo a casa judaica que gozava de maior renome a do banqueiro Samuel Phillips, primo de Rothschild.

Cheia de estrangeiros, a cidade haveria de apreciar a uns e de desestimar a outros. Dentre os estimados — mormente depois da independência — se contavam não poucos viajantes, naturalistas, sábios, literatos, artistas plásticos, arquitetos, professores, comediantes, cantores, geógrafos, exploradores e oficiais de marinha, que à mesma tinham vindo com o objetivo de conhecer o Brasil, devassar-lhe a natureza, classificar coisas e gentes, descobrir riquezas, montar indústrias, introduzir melhoramentos, fazer levantamentos cadastrais ou marítimos, procurar empregos ou situações, reconstituir fortuna, fugir de perseguições, obter um pouco de tranqüilidade, trabalhar. Os desestimados — e muitas vezes odiados — estavam entre os mercadores escorchantes, os açambarcadores, os mercenários militares oriundos da Alemanha e da Irlanda, os inveterados maldizentes ou demolidores, os imigrantes que não queriam trabalhar e somente viver dos expedientes, e muita gente que rodeou o rei do Brasil ou que empolgou o 1º imperador.

Depois da independência, e mormente após o 7 de abril, o elemento nacional de real valor estava representado: por uma burguesia geralmente digna; um clero que diferia, para melhor, daquele que existira sob o regime colonial; grupos de homens notáveis nas ciências, nas artes, na literatura, na crítica, no jornalismo, no comércio, na indústria, no trabalho rural, no exército, na marinha, na diplomacia, na administração, nas profissões liberais, na nobreza e no governo. Entretanto, a heterogeneidade das proveniências, os desníveis de educação, a ausência de sentimento religioso, o descontrole do espírito, o demônio da ambição, o insopitado desejo de vingança, a cruciante inveja ou a animosidade baseada na diversidade de cor da epiderme ou dos cabelos — corrompiam o ambiente moral da cidade, facilitando que, no extravasamento de sentimentos inferiores, se disseminassem boatos, se espalhassem alusões infamantes em relação a quem quer que fosse, tivesse a cabala política sua importante participação, as invencionices merecessem crédito, a ingratidão não faltasse, o não-cumprimento do dever deixasse de escandalizar, as agitações proliferassem, as infâmias não se ocultassem e a irreverência não poupasse muita gente digna. Isso é aliás peculiar às grandes cidades. E mais naquelas — como o Rio de Janeiro de então — em que as paixões e os sentimentos mais antagônicos provocavam infindável sucessão de acontecimentos desordenados, denotando ausência de princípios normativos e falta de espírito público. Mas a cordura, o bom senso e uma tal ou qual disciplina teriam de surgir. É o que se verá em outras páginas.

As mulheres de vida airada eram negras, mulatas, ciganas, saloias e francesas. As negras, geralmente forras, costumavam vestir-se de preto, possuindo, às vezes, não poucas serviçais, que as acompanhavam quando saíam à rua. Outras usavam jóias de grande custo e se faziam transportar em cadeirinhas próprias. As meretrizes da mais baixa classe habitavam na rua Senhor dos Passos, freguesia do Sacramento, onde permaneceram até o ano de 1900, quando foram dali expulsas. Segundo Luccock — que aqui viveu de 1808 a 1818 — na Igreja do Parto "freqüentemente as mulheres de certa casta vêm à reza e ouvem missa, na intenção de se limparem de antigas nódoas". Mas verdadeiramente intolerável era o procedimento de outras, que freqüentavam os teatros e os lugares públicos.

Os Capoeiras

A cidade estava infestada de desordeiros denominados *capoeiras*. Primitivamente, *capoeiro* era o nome dos grandes cestos, destinados ao transporte de aves, fechado na parte superior por uma espécie de cúpula feita com cipó entrelaçado. Por extensão, *homens dos capoeiros* eram os respectivos carregadores, os escravos que transportavam à cabeça esses cestos. Em pouco tempo, a denominação de *capoeiros* se estendeu a todos os carregadores desse tipo de cestos, inclusive aos trabalhadores na estiva das embarcações, porquanto esses também transportavam a granel, com o auxílio de cestos, um semnúmero de produtos. Nos momentos de folga, os negros estivadores — agilíssimos, gesticuladores e barulhentos — procuravam demonstrar, uns aos outros, habilidades superiores às já exibidas nas horas de serviço, e, assim, eram instintivamente criados outros passos, trejeitos, brincadeiras e rudes cumprimentos. Os visados por tais golpes tomavam atitudes e guardavam posições que os punham a salvo de quedas e de situações cômicas. E daí, do simulacro de uma luta, de uma disputa brincalhona ao desafio real, foi um passo: criou-se, sem querer, uma escola de luta, de destreza e de defesa pessoal, genuinamente nacional. Nascida na antiga *Peaçaba* — sopé do morro do Castelo — no descanso das embarcações veleiras que ali existira, a brincadeira chamada dos *capoeiros* degenerou em *capoeira* e, portanto, em *capoeiragem* — exercício, luta, defesa dos *capoeiras* — e se desenvolveu pelas praias, varadouros, embarcadouros, mercados e trapiches. Desses lugares, ela se estendeu pelos becos, travessas e largos próximos ao mar. Os corredores das casas de sobrado constituíam, por sua vez, recintos muito apreciados para os ensaios e aprendizagem dos neófitos.

Mas os quartéis-generais dos grupos, bandos ou maltas de malandros eram os adros e as torres das igrejas. Por isso, não poucos deles se tornaram reputados sacristães e excelentes sineiros. Exímios equilibristas, deixavam os transeuntes e fiéis estupefactos diante das acrobacias que faziam encarapitados nos sinos.

Luta popular brasileira, superior às grandes lutas de outros povos — *savata* francesa, *pau* português, *box* inglês e *jiu-jítsu* japonês — a *capoeiragem* é uma criação feita pelos fracos — o negro e o mestiço — contra o forte: o branco. A pujança deste é combatida pela astúcia dos outros.

Adeptos da capoeiragem fizeram-se, desde logo, os *pretos ao ganho, os negros de carro e carrinho,* os *mariscadores, peixeiros* e *pescadores* de canoa e caniço, e toda classe de *carregadores,* marítimos ou não.

Os hábitos *capoeiras,* como o andar gingado, o chapéu batido e o bamboleio dos braços, foram-se espalhando cada vez mais e, desta sorte, surgiu o *capoeira* profissional: mata-mouros, freqüentador das tascas, beberrão, empreiteiro de crimes e surras, auxiliar dos políticos, guarda-costas dos homens de prol e guardião das senhoras requestadas pelos *Don Juan* cariocas.

Esses capoeiras profissionais não eram somente negros fugidos, libertos ou temidos pelos seus próprios donos; eram, também, mulatos e brancos. Nos dias de festas eclesiásticas e populares, e durante os desfiles militares, eram personagens indefectíveis e perigosíssimos. Andavam sempre aos bandos ou maltas de vinte, cinqüenta ou cem homens, precedidos pelos *caxinguelês,* ou menores vagabundos: provocando conflitos e questões, incomodando pessoas, surripiando coisas, espalhando outras pelo chão, abrindo caminho para as bandas de música militar, acompanhando enterro e obrigando, aos gritos, os transeuntes a se descobrirem, praticando mil e outros delitos e rasgando, às vezes, o ventre de pacatos burgueses... Tendo aperfeiçoado a sua técnica de ataque, os *capoeiras* empalmavam navalhas, empunhavam facas e deixavam cair, sobre cabeças e corpos, pequenos mas pesados cacetes. Para eles, a vida de uma criatura era coisa de somenos importância.

Cada malta tinha um nome, um chefe e um distintivo. A da freguesia de São Jorge chamava-se da *Lança;* a do Castelo era denominada: *Santo Inácio;* a de Santa Luzia: *Luzianos; Franciscanos*, os de São Francisco de Paula; e a do Bom Jesus do Calvário teve nome macabro: dos *Ossos.* A Saúde foi sempre — até bem um quarto de século — um dos redutos de *capoeiras*. A permanência dos mesmos nos recintos religiosos originou rivalidades entre *freguesias* e bairros, e, como conseqüência, entre as respectivas maltas. O chefe era sempre o mais valente, hábil e temido. As suas ordens, cegamente obedecidas. Como distintivos, os *capoeiras* usavam carapuças coloridas, chapelões de palha ordinária ou feltros espanhóis de copa alta e grandes abas, quebrados na frente ou aos lados, segundo uma determinada convenção.

A indumentária nada tinha de notável. Calça de algodão branco, comprida, enrolada embaixo, de modo a deixar tornozelos e pés completamente livres, ou calça curta, acima do joelho. Uma faixa de cor, uma corda ou uma correia, prendia a calça. Blusa, também de algodão, sobreposta à calça, aberta ao peito, sem gola, e mangas arregaçadas. Alguns usavam capas de saragoça, envolvendo todo o corpo. A maioria, de pés no chão; outros calçavam tamancos ou alpercatas de palha. Mas todos traziam no pescoço um escapulário, com o santo ou santa de sua devoção ou da sua *freguesia*. Diante do olhar embasbacado dos circunstantes — soldados, rameiras, pés-rapados, ciganos, lavadeiras, aguadeiros e quitandeiras — o *capoeira* entra em cena. Joga violentamente ao chão a capa e o chapéu, e os tamancos para o ar. Ameaça e ofende. Confiado em sua flexibilidade muscular e na extraordinária rapidez dos seus movimentos, afronta tanto um como dez homens.

Gingando o corpo, balançando os braços, mas conservando eretos o pescoço e a cabeça, e não perdendo de vista o contendor — pois com olhar penetrante procura descobrir-lhe as intenções —, o *capoeira* antes de atacar faz *peneiração:* avança, recua, afasta-se mais, abaixa-se, levanta-se, aproxima-se de repente, pinoteia, senta-se, cai, rodopia, pula, faz reviravoltas. É audaz e cauto, finge descobrir-se para que o adversário o ataque, mas isso não é mais do que um truque: avança e lhe manda ao queixo, ao baixo ventre ou às pernas um golpe terrível. Simula fugir e retorna vertiginosamente. Serve-se, para tudo isso, das pernas e pés, mãos e braços, e da cabeça. Com a mão dá uma *tapona,* ou *lamparina,* com as pernas forma um X e anula a *rasteira* do inimigo, pula e deixa passar sob os pés o *arrastão,* responde com *um rabo-de-arraia,* lança mão dos temíveis golpes chamados *meter-o-andante, escorão* e *pé-de-panzina,* surpreende o adversário pulando no ar com o espetacular *tombo-da-ladeira,* faz pião e arma o *calço* e a *trave.*

Esses famosos passos, evoluções e golpes da *capoeiragem* — designados, como se vê, segundo uma gíria peculiar aos capadócios

—, tem, como corolários, outros não menos surpreendentes, rapidíssimos e não poucas vezes funestos. O *tronco,* dificílimo, pois depende de extrema agilidade e grande força; a *cocada,* ou *cabeçada,* no ventre ou no queixo do rival, depois de um breve corpo-a-corpo; e a *rasteira,* propriamente dita. Das diversas variantes que esta apresenta, a mais notável é a denominada *à caçador.*

Durante toda a luta, o capoeira acanalha o adversário com ditos de calão e risos debochativos. Este cai, por via de regra, nas mais diversas, cômicas e perigosas posições. E o coro de gargalhadas dos assistentes acaba por cobri-lo de ridículo.

As alcunhas dos valentões cariocas eram bem curiosas: *Quebra-Coco, Clave de Sol, Chico Africano, Zé Maluco, Desdentado, Trinca-Espinha, Carrapeta, Boca-Negra, Manduca* e *Corta-Orelha,* Joaquim Inácio Corta-Orelha, mulataço, terrível chefe de malta e grande protegido de José Bonifácio.

Tipos Populares

Ao lado de notáveis contemporâneos, justo será relembrar o nome de uma modesta criatura que teve grande renome pelos bolinhos que fazia. De fato, famosa foi a negra doceira *Mãe Benta* (Benta Maria da Conceição Torres), que manipulava *quindins, pamonhas, pés-de-moleque, cocadas* e *mães-bentas,* na mesma época em que as freiras da Ajuda preparavam os *bons-bocados,* os *suspiros,* as *babas-de-moça,* os *pudins de laranja,* os *pastéis de Santa Clara,* e as *empadas de camarão e palmito.*

Outro tipo popular foi o *Bitu.* Era um negro que, lá pelo ano de 1811, andava sempre vestido de calção branco, capotão verde e chapéu de três bicos, e regularmente embriagado. Morava no morro do Castelo e quando, naquele ano, uma parte do mesmo veio abaixo em virtude de forte aguaceiro, um seu amigo foi arrastado pela enxurrada e morreu. Então a gente do povo, ao ver o *Bitu,* cantarolava:

> *Que é de teu camarada?*
> *Água do monte o levou.*
> *Não foi água, não foi nada,*
> *Foi cachaça que o matou!*

E a seguir, vinha a estrofe:

Vem cá, Bitu!
Vem cá, Bitu!

Não vou lá,
Não vou lá,
Não vou lá,
Tenho medo de apanhá (sic)!

O *Mal das Vinhas* era outro tipo da cidade, muito querido, que residia na rua do Piolho, canto do Rossio Grande.

Indivíduo muito conhecido foi João Jacó Matias Schindler, barão de Schindler, alcunhado de *filósofo do cais.* Alemão de origem, combate na legião bávara de Napoleão, toma parte na batalha de Leipzig e atinge o posto de tenente. Um romance de amor perturba-lhe os sentidos, o que não impede que realize viagens pela Grécia e Índias Ocidentais. Chega ao Rio em 1824, contratado para servir na tropa estrangeira do 1º imperador. Segue para o Rio Grande do Sul e deserta, internando-se no mato, até ser acolhido no cafezal de um companheiro de desventura. Ali é surpreendido com duas cartas: a primeira, da criatura a quem amara, comunicando a sua viuvez; a segunda, escrita por um amigo, anunciando a morte da mesma. Com tal notícia, perde completamente a razão e aparece aqui, onde se torna uma das figuras da rua. Vagava, dia e noite, pelos largos do Paço e de Moura ou permanecia sentado no portal de qualquer casa ou nos adros das igrejas. Escrevia em cadernos, calculava juros de uma imaginária fortuna, reproduzia diálogos... Muitos anos depois de sua morte, aparecia publicada uma obra cujo subtítulo indicava ser a *Fiel narração da vida e aventuras maravilhosas deste personagem singular.*

Nos cafés e nas rodas dos valentões, era muito temido o antigo militar *capitão Nabuco.* Dotado de força hercúlea, agilidade assombrosa, resistência ilimitada, não temia lutar. Fazia coisas incríveis: derrubava portas, quebrava tudo com enorme facilidade, travava os carros em movimento. Um hércules! Considerava-se, por 1860, um desgraçado. Somente podia apanhar; se resolvesse dar, estava certo de matar...

O fluminense *Bolenga,* cujo verdadeiro nome era Antônio Francisco de Paula, representava outro tipo das ruas. Pretendeu ser padre, chegando mesmo a receber ordens menores. Depois desejou ingressar no Convento de Santo Antônio. Desistiu. Fez-se sacristão de diversos templos, inclusive da capela imperial. Mas, com o cérebro um tanto desequilibrado, persistiu na idéia de ser clérigo. Esperava ser nomeado, a todo momento, bispo para a primeira diocese a vagar... E assim andou de um lado para outro. Do bispo ao imperador, deste à Secretaria do Interior. Procurava os ministros de Estado, a Câmara Eclesiástica, a Recebedoria da Corte para pagar os emolumentos devidos. E o pobre padre Paula — o *Bolenga* — morreu sem conseguir ser bispo...

Personagem não menos conhecido, que também vestia a batina, era o pardo Claudino, "idiota de nascimento, excêntrico em seus hábitos e erótico às ocultas". Sendo tatibitate, ao acompanhar as ladainhas dizia "quelé", em lugar de *Kyrie eleison*. Daí lhe proveio a alcunha de *padre Quelé*. A garotada não o poupava quando o via. E lá vinham os gritos de sempre: *Ó Quelé!, Camaradinha!, padre Quelé!* Intimado pela polícia, mudou de indumentária. A nova se compunha de terno completo de casaca e chapéu alto. Do figurino anterior, mantivera os sapatos de entrada baixa e as meias de seda. Não sofreram, também, alteração a coroa aberta na cabeça e o maço de jornais e papéis que trazia invariavelmente sob o braço esquerdo. Pobre *Quelé!* Coitado do *Camaradinha!*

Em 1850, era popularíssimo no largo do Paço um indivíduo conhecido pela alcunha de *Praia Grande*. Sofria das faculdades mentais. Tinha tipo acaboclado, sendo alto e magro. Trajava-se com uma espécie de sobrecasaca, trazendo à cabeça uma cartola velha e amassada. Andava pelo largo, pelo cais; embarafustava pelo mercado; estacionava no Arco do Teles, pois ali dormia. Geralmente calmo, não ligava a ninguém. Julgava-se importante e por isso exclamava: "Sou chefe! Sou chefe!" Passada a mania da chefia, costumava repetir a expressão: "Que belos!" Tornava-se, porém, iracundo e briguento durante certas fases da lua. Demonstrava a sua excitação e a garotada, logo que o via, procurava ainda mais perturbá-lo gritando seu apelido: *Ó Praia Grande...*

Dentre outros tipos da rua, muito conhecidos e freqüentadores do largo do Paço, se contavam — segundo Hermeto Lima — o *Bemte-vi,* o *Olho-de-Gato,* a *Juriti* e uma tal Bárbara dos Prazeres, cognominada de *Onça.* Acometida de varíola, aconselhou-se com as ciganas do morro do Nheco e essas lhe afirmaram que se tomasse banho de sangue de criança ficaria boa. Nesse propósito roubava as crianças que eram depositadas na roda dos expostos e levando-as ao Aterrado ali seguia o negregado conselho.

Expressões da Alma Popular

O povo do Rio de Janeiro, como qualquer outro de grande cidade, procurou sempre expressar seus sentimentos por meio de locuções, epigramas, quadras ou cantigas. Assim sendo, interessante é relembrar ou revelar alguns exemplos.

Logo que o príncipe d. João chegou ao Rio de Janeiro, os negros cantavam, no seu arrevesado linguajar:

> *Nosso Sinhô chegô*
> *Cativero já acabô.*

E no momento em que d. João VI se aprestava a deixar o Rio de Janeiro, corria de boca em boca que os recursos do erário tinham sido levados para os navios que se aprontavam para dirigir-se a Lisboa. Por isso — segundo Roberto Macedo — a poesia popular glosou a insinuação da seguinte forma:

> *Olho aberto,*
> *Pé ligeiro;*
> *Vamos à nau*
> *Buscar o dinheiro.*

> *O dinheiro do reino*
> *Sair não deve;*
> *Isso é lei,*
> *Cumprir se deve.*

Quando, em virtude da ação das cortes de Lisboa, se falava sobre a conveniência de proclamar imperador do Brasil o príncipe d. Pedro, apareceram pregados nas paredes do Paço uns versos, transcritos por Schlichthorst:

> *Para ser de glórias farto*
> *Inda que não fosse herdeiro*
> *Seja já Pedro Primeiro,*
> *Se algum dia há de ser quarto.*

Esses incompletos versos, pois não formavam a décima do original, foram devidamente completados pelo conhecimento do historiador e acadêmico Gustavo Barroso — tradutor e comentador do curioso livro daquele oficial alemão; a saber:

> *Não é preciso algum parto*
> *De bernarda atroador;*
> *Seja nosso imperador*
> *Um governo liberal*
> *De cortes, franco, legal,*
> *Mas nunca nosso senhor.*

Nos primórdios da constitucionalização do Brasil, o *Conciliador do Reino Unido,* de José da Silva Lisboa, transcreve o seguinte estribilho contido num hino:

> *Dai-nos Pedro segurança*
> *Cesse de todo a opressão,*
> *Sejamos livres, felizes,*
> *Por Santa Constituição.*

O rev. Walsh viu, no sábado de Aleluia do ano de 1829, muitos bonecos representando Judas e o demônio, bem como figuras desenhadas com o objetivo de troçar ou de criticar, trazendo os correspondentes versinhos satíricos. Assim, um grande gato tinha um cartaz contra as mulheres, que dizia:

> *Serei gato ou serei gata,*
> *Serei o que tu quiseres,*
> *Porém sou arranhadura*
> *Bem semelhante às mulheres.*

Mas a perversidade também atingia os homens. Para isso uma figura de soldado romano, empunhando uma lanterna, parecia procurar pela sátira. E o dístico rezava:

> *Sou Marcos, vou de lanterna,*
> *Sem luz, para assim ver bem;*
> *Se tu só serás o Judas,*
> *Ou se é o Judas mais alguém.*

Agora, mais uma sátira dirigida contra um desembargador que não primava pela honestidade, nem pela bondade. O cartaz, posto embaixo da figura que o representava lendo muito sisudamente um livro, proclamava:

> *Este feitio grave e sério*
> *Não inculca probidade;*
> *Pois talvez que agora pense*
> *Nalguma perversidade.*

Em julho de 1831 apareceu um cartaz, nas esquinas do campo da Aclamação, aludindo à denominação de campo da Honra que alguns patriotas desejavam fosse dada ao mesmo. Assim rezava:

> *Da Honra fui campo outrora*
> *Muito que ver ainda temos;*
> *Sou campo do — Nós queremos*
> *E campo do Fora-Fora.*

Ao nada benquisto Francisco Bento Maria Targini, barão de São Lourenço, por Portugal, tesoureiro-mor do Reino, que era cego de um olho e que mandara fazer casa, na rua de Mata-Cavalos, com muitas janelas — dedicou um desafeto, segundo transcrição de Lindolfo Gomes, o seguinte epigrama:

> *Comer nozes sem ter dentes*
> *É coisa que mete dó,*
> *De que servem tantas janelas*
> *Pra quem tem um olho só?...*

De natureza política, aparecido em 1836, no jornal *Sete de Abril*, o seguinte, que visava a pessoa de Evaristo da Veiga:

> *Pôs tudo o tal Evaristo*
> *De Babel na confusão.*
> *Deu-nos Mafoma por Cristo,*
> *Por Evangelho o Corão.*

Quadrinha politiqueira é a que segue — revelação, como o anterior epigrama, de Pedro Calmon — visando, em 1836, a personalidade de Bernardo Pereira de Vasconcelos:

De bronca loquacidade
É Bernardo sem questão,
Dizedor de bernardices
Impondo-se de sabichão.

Por sua vez, os maioristas se utilizaram, para propaganda de seus desígnios, de quadras que chegaram a figurar em cartazes grudados nas fachadas das casas. Uma delas foi:

Queremos Pedro II
Embora não tenha idade;
A Nação dispensa a lei,
E viva a maioridade!

E, assim, quando a Assembléia Legislativa Nacional aprovou, em 1840, a declaração da maioridade de d. Pedro II, o povo cantava:

Suba ao trono o jovem Pedro
Exulte toda a nação;
Os heróis, os pais da Pátria
Aprovaram com união.

Vista a seda, traje a púrpura,
Exulte toda a nação;
Os heróis, os pais da Pátria
Aprovaram com união.

Foi abaixo a camarilha
De geral indignação;
Os heróis, os pais da Pátria
Aprovaram com união.

Mas, como a oposição não dormia, lá vinha a quadrinha:

Por subir Pedrinho ao trono
Não fique o povo contente;
Não pode ser coisa boa
Servindo com a mesma gente.

Entretanto, a popularidade do 2º imperador era confirmada por outra quadrinha. Ei-la:

A laranja de madura
Caiu no rio, foi ao fundo:
Escreveu em cima d'água
Viva d. Pedro Segundo.

Por ocasião da dissolução da Câmara dos Deputados, a 1º de maio de 1842, o *Jornal do Comércio* publicava a pedido, no dia imediato, o soneto:

Parabéns, ó Brasil, folga e prospera!
Reina e governa já Pedro Segundo:
Gênio do mal perverso e furibundo
Já que sofrer como sofrer devera.

Leis e energia, é esta nova era
Que o solo de Cabral oferece ao mundo:
Reina e governa já Pedro Segundo,
Parabéns, ó Brasil, folga e prospera!

E tu, Paranaguá, redobra agora
Teu préstimo, saber, fidelidade
Servindo ao filho como ao pai outrora.

Alenta os bons, esmaga a iniqüidade
Da paz o estandarte avante arvora!
E cercar-te-á de glória eternidade.

A sujeira da cidade merecia, em 1843, os seguintes versinhos, publicados no *Jornal do Comércio:*

Com licença

De eloqüência não sou dotado
Sou rude e não tenho estudo;
E hei de conservar-me mudo,
Sem ter culpa, sendo pisado?

Não, Themis, eu quase afogado,
No beco das cancelas morri,
Em vidros diversos, feri,
A pique fui, e salvei-me a nado.

Ali se observa, de quando em quando,
Aos pútridos gatos de que tem pontes,
Temerárias ratazanas devorando,

De fétida palha, colchões brotando,
E de antigos chinelos elevados montes,
Ali tudo se vê, nada pagando.

A respeito do famoso e temido major Miguel Nunes Vidigal, comandante da polícia, corria a quadra:

Avistei o Vidigal
Figuei sem sangue;
Se não sou tão ligeiro
O quati me lambe.

Cantava o negro:

A vida de preto escravo
É um pendão de pená:
Trabaiando *todo dia:*
Sem noite pra descansá.

Outros negros cantavam:

Meu S. Benedito
É santo de preto;
Ele bebe garapa
Ele ronca no peito!

Por sua vez, a referência ao tango se contém na cantoria negróide:

Ê — bangô
Bangô — ê
Caxinguelê

Come coco no cocá...
Tango, arirá...
Tango, arirá...

E já que se cogita de coisas referentes a gente de cor, não deixaremos de transcrever canções ouvidas por Schlichthorst. A primeira foi uma cantada por negra, enquanto dançava, na praia de Copacabana:

Na terra não existe céu;
Mas nas areias piso,
Desta praia carioca
Penso estar no paraíso!

Outra cantoria, também muito bem interpretada por Gustavo Barroso, era a de um negro carregador que, com tristeza, proclamava seu saudosismo da terra natal:

Vou carregando por meus pecados
Mala de branco pra viajar,
Quem dera ao Tonho, pobre do negro,
Pra sua terra poder voltar!

Mas, nesta outra canção, também anotada pelo oficial germânico, o amor do negro repontava:

Quando bebo não quero dormir
Quando durmo não vou trabalhar,
Quando danço não quero beber;
Mas Maria vou logo beijar!

Também havia desafios; pelo que se um cachaceiro cantava:

A cachaça é moça branca
Filha de pardo trigueiro.

O pardo completava a quadra, respondendo:

Quem bebe muita cachaça
Não pode juntar dinheiro.

A referência à extinção das baleias estava, por sua vez, contida na quadrinha sentimental:

Vou-me embora, vou-me embora,
Como se foi a baleia,
Levo penas de deixar
Marocas na terra alheia.

A menção aos cetáceos faz recordar uma cantoria de samba que ouvimos, ainda menino, na cidade do Salvador:

Mulata bonita
Não bambeia,
No fundo do mar
Tem baleia.

O comentário sobre as mulheres pobres, que superabundavam na cidade, está contido no seguinte:

Tanta pobre na cidade
Não está má a vadiação...
....
....

A inconveniência em revelar segredos a mulher casada era — segundo Melo Morais Filho — assim expressa:

Quem tiver o seu segredo,
Não conte a mulher casada,
Que a mulher conta ao marido,
O marido à camarada...

Mas a mexeriquice feminina também merecia o seu quinhão:

Grande pinheiro tão alto,
Que dá pau para colher,
Quem quiser ver mexerico
Vá na boca de mulher.

85

Nos casamentos de gente sem cerimônia, havia comezainas, bebida à vontade e... muita alegria. Lá para as tantas, começavam na mesa do banquete as cantorias e as quadras. Assim:

Estes franguinhos assados
Foram bem recheadinhos,
São presentes para os noivos
Que fizeram os padrinhos.

Mas, logo a seguir, aparecia um malicioso que, ao trinchar um peru, dizia:

Este peru que aqui está,
Ontem morreu empapado;
Eu aviso ao senhor noivo
Que o coma com cuidado...

Eram aqueles os tempos em que o branco, estrangeiro, curioso fixava sua atenção nos cantos e danças dos negros: *batuque, candomblé, cateretê, lundu, jongo, sarambeque, samba, xiba* e *caxambu.*

Da mesma forma eram muito apreciados os bailados cantados chamados dos *cocumbis;* as danças dos *congos;* as melodias das *congadas;* as evoluções, fantasias e cantorias dos *ranchos;* as *burlescas chulas; os reisados,* a que pertenciam os autos do *bumba-meu-boi,* da *lavadeira,* do *cavalo-marinho,* do *mestre Domingos,* do *maracujá,* do *Zé do Vale,* e infinidade de outros.

No Reisado do Zé do Vale, cantava-se:

Vocês todos se admiram
De me ver assim cantar,
Quanto mais se vocês vissem
A Sereia lá no mar.

A essa pretensão do bom cantor, segue-se a humildade de um amor sincero. Por isso, esse dizia:

Quem me dá aqui novas
De um amor que já foi meu?
Quero saber a quem amo
E que trato foi o seu.

Por sua vez, o espírito católico se revela na cantiga seguinte:

Entrega-te, rei mouro,
À nossa santa religião,
Que no fundo desta nau,
Há um padre capelão.

Mas sempre foram muito evocados os Reis Magos. E aqui se tem a prova na cantoria:

Ó de casa, nobre gente
Escutai e ouvireis,
Que das bandas do Oriente
São chegados os três reis...

E as cheganças dos mouros e dos marujos? — tradicionalíssimos e sempre aplaudidos cortejos.

Curiosidades Verbais

Muitas das expressões verbais corriqueiras naqueles tempos ainda perduram.

Assim, "meter a mão em cumbuca" é uma expressão cujo significado provém de que o macaco era apanhado por meio de uma cabaça perfurada, no interior da qual havia grãos de milho. Para apoderar-se dos mesmos, o macaco enfiava a mão alongada pelo citado orifício. Uma vez no interior da cabaça, a mão segurava os grãos. Mas, como retirar a mão se estava fechada? O problema era insolúvel. Se o macaco abria a mão, para poder retirá-la, perdia o milho. E isso jamais o fazia, por guloso. E não abrindo a mão, safava-se, correndo, com a cumbuca enfiada. Dessa maneira, não podia ir longe; caçado estava. Logo, "não meter a mão em cumbuca" queria dizer vulgarmente: não meter-se em assunto perigoso, não aventurar-se, deixar de lado as coisas obscuras ou complicadas, fugir de compromissos pouco claros.

Outra expressão, vinda do tempo colonial, era "vá queixar-se ao bispo". Significava o mesmo que ficar sem resultado, pois quando alguém representava ao governador da capitania contra um eclesiástico, aquele transmitia a reclamação ao bispo e o castigo pelo mesmo imposto era geralmente inócuo: reprimenda, penitência ou suspensão de dizer missa durante alguns dias.

Por sua vez, outras expressões passam a ser em seguida enunciadas, acompanhadas da respectiva explicação.

"Esta não lembra ao diabo". É que a idéia, a ação, de tão má, ou o feito, de tão absurdo, não ocorreria nem mesmo ao demo.

Fulano "é um viramundo". Queria dizer: um sujeito muito forte, capaz de tudo.

Sicrano "é um sujeito sem eira nem beira". Literalmente: sem terreiro e sem aba de telhado. Isto é: sem terra, nem casa; sem propriedade.

"Homem sem ofício nem benefício". Significa: quem não tem emprego nem provento; homem que não tem probabilidade de êxito.

Beltrano "foi às nuvens": indivíduo que se agastou, que deu o desespero, que se exasperou.

Sicraninha "pôs as mangas de fora". Pessoa que surpreendeu pela atitude inconveniente que tomou.

"Aquele amor é fogo de palha": um amor que não perdura.

"Trocar pernas": andar a esmo.

"Deus escreve certo por linhas tortas": demonstração de infalibilidade.

"Meteu-se em panos quentes". O que vale dizer: meter-se em dificuldades ou em complicações.

"Pôr sal na moleira". Literalmente: pôr sal na sutura coronal. Figuradamente: fazer a pessoa ficar prevenida, alertada.

"Maria vai com as outras". Expressão por meio da qual se pretendia dizer que uma pessoa, sem consciência própria, seguia o caminho ou a diretriz de outras. O adágio provinha do fato de a rainha d. Maria I ser vista, a passeio, levada pelas damas da Corte.

"No tempo do Onça", ou "Isso foi no tempo do Onça". Queria significar que o fato ocorrera há longo tempo, isto é, na época do governador Vaía Monteiro, "*o Onça*".

Fulano "ganhou uma boa maquia", Sicrano "teve grossa maquia". A palavra maquia significava o excedente que o produtor dava ao proprietário do moinho de fubá a título de pagamento pelo seu serviço. Assim, entregue uma determinada quantidade de milho para moer, o que transbordava do vasilhame ou do recipiente — isto é, a medida quarta — cabia ao moageiro. Com o tempo, os moageiros passaram a exigir a quinta e a sexta parte da farinha moída. Logo: quando se dizia que fulano tivera uma *boa maquia*, desejava-se deixar constatado que a sua porcentagem de lucro tinha sido apreciável. E dizer que Sicrano ganhara grossa *maquia* significava que o seu lucro fora muito grande.

"Homem babão": queria dizer homem apaixonado, romântico.

"Pregar uma peça". Significava causar a alguém, com atitude ou ação, um desapontamento ou logro.

"Pregar um mono". Era o mesmo que pregar uma peça.

"Deixar de panos quentes". Isto é, esfriar. Figuradamente: revelar a verdade, ir diretamente ao assunto.

"Entornar o caldo". Fazer desajeitadamente uma coisa ou revelar o que devia ser mantido em reserva.

Um sujeito "esquentado" ou "esquentadete". Indivíduo que se exalta com facilidade.

Um sujeito "papa-crianças". Assim era chamado o que metia medo.

Uma moça "lambeta" era a namoradeira.

"Andar de cabeça levantada"; queria dizer: poder exibir a sua personalidade sem nenhum temor, poder afrontar a opinião pública, sentir-se honrado e digno.

"Abrir os olhos" era, no sentido figurado, ficar alertado, prevenido de alguma coisa, ver claro num assunto nebuloso.

Fazer uma "estralada": provocar bulha, desordem, rumor.

Um "toma-largura". Assim era designado, comumente, o serviçal do Paço. A denominação provinha da libré que traziam os empregados das casas real e imperial, geralmente muito folgadas e, portanto, ocupando espaço, largura.

Espíritos "serrazinas" eram os importunos, os propositais causadores de irritações.

"Falar pelos cotovelos" constituía uma expressão referente aos que eram muito palradores.

"Deu volta ao negócio": resolver um problema ou caso complicado.

"Passar uma sarabanda": admoestar.

Agarrado a "rabo de saia". A criança pequena para poder andar costuma segurar saia de mulher. Figuradamente se aplicava a expressão ao homem que não se afastava de perto da mulher.

"Mulher de faca e calhau"; assim costumava ser chamada a mulher destemida, briguenta, que não media conseqüências.

Não ter "papas na língua". Quem as tinha não podia falar. Logo, quem não as tinha podia falar à vontade, dizer o que bem entendesse, não tinha rebuços.

"Dar voltas ao miolo". Procurar, por meio do pensamento, solucionar um assunto ou resolver um problema.

Sujeito que gosta de "birra": o que se apraz de brigar, o amigo da disputa.

"Pôr os podres na rua". Significava lançar as coisas apodrecidas na via pública. Figuradamente: revelar os sentimentos maus ou as ações maléficas de alguém.

"Armar sarilho": provocar briga.

"Dizer das últimas": expressar as mais duras verdades.

"Não é da sua conta". Ninguém tem o direito de intrometer-se nas contas que são dos outros. Portanto: não ser da conta de alguém queria significar que nada tinha que ver com o assunto.

Uma pessoa "com o diabo no corpo"; demonomaníaca, sempre pronta a provocar ou a brigar.

"Levantar poeira": andar atabalhoadamente de um lado para outro, isto é, sem fazer nada de útil.

Um sujeito que "estoura". Queria dizer, um indivíduo que se zanga.

Uma pessoa de "maus bofes": a dotada de maus instintos, possuidora de gênio violento.

"Pôr os miolos a ferver": preocupar-se, atazanar-se.

"Fazer andar a cabeça à roda": descontrolar-se.

Um indivíduo que gostava de "dar regras": o que se julgava superior e, por isso, capaz de indicar aos outros o caminho a seguir, a atitude a tomar ou o serviço a fazer.

Dar de "meia cara" um objeto, obter de "meia cara" uma coisa, viajar de "meia cara" num veículo ou num animal. Eram expressões que indicavam a ação de conseguir alguma coisa sem dispêndio, gratuitamente, sem esforço. A expressão *de meia cara* teve a sua origem no contrabando de escravos, pois queria dizer que, entrando sem o pagamento devido ao fisco, não davam a cara inteira ao Erário. Entravam de meia banda... De modo que um *meia cara* era o escravo contrabandeado.

Aquele sujeito é um "tutu", ou então beltrano é "tutu"; era o mesmo que dizer tratar-se de um destemido, de um corajoso, de um indivíduo que incutia medo por ser valentão.

Ainda são daquele meado do século os seguintes adágios, ou provérbios: — "Mais vale quem Deus ajuda que quem muito madruga". — "O prudente tudo há de provar, antes de armas tomar". — "Onde muitos mandam, e nenhum obedece, tudo fenece". — "Homem honrado, antes morto que injuriado". — "Filho és, e pai serás; assim como fizeres, assim acharás". — "Ninguém faz mal que o não venha a pagar". — "Mocidade ociosa faz velhice vergonhosa". — "Mais vale calar que mal falar". — "Bem saber é calar até ter tempo de falar". — "Duro com duro não faz bom muro". — "Quem compra e mente, na bolsa o sente". — "Azeite, vinho e amigo: o mais antigo". — "Quem abrolhos semeia, espinhos colhe". — "Três coisas destroem ao homem: muito falar e pouco saber; muito gastar e pouco ter; muito presumir e pouco valer".

E fiquemos por aqui, pois seria um nunca-acabar de coisas curiosas da época do "zé caipora", sujeito infeliz, de pouca sorte, mofino; do "zé perequeté", sujeito sem valor, insignificante. Esses zés, nomes hipocorísticos de José, dariam lugar, logo depois da metade do século XIX, ao "zé pereira", mencionado quando tratamos do Carnaval, e muitíssimos anos após ao "zé povinho", expressão carnavalesca e popular.

CAPÍTULO II

O COMPLEMENTO URBANO

1) SERVIÇOS PÚBLICOS

A RUA — CALÇAMENTO — ABASTECIMENTO DE ÁGUA — SANEAMENTO — O LIXO E A LIMPEZA PÚBLICA E SANITÁRIA — A ARBORIZAÇÃO — OS PARQUES PÚBLICOS — OS JARDINS OFICIAIS — A ILUMINAÇÃO — CAMINHOS E ESTRADAS — PONTES — CAIS E MURALHAS — OS CANAIS — A REPARTIÇÃO DAS OBRAS PÚBLICAS

A Rua

Não tendo havido um plano prévio de urbanização da cidade, a trilha, o atalho, o caminho ou a estrada constituíram as vias de comunicação que deram origem à rua. A trilha era a antiga passagem indígena; o atalho encurtava caminhadas; o caminho ou a estrada, dando passagem a animais e veículos, ia, com o tempo, alargando-se, melhorando. E tanto o simples caminho como a estrada povoavam-se de casas. Eis como surgia a rua.

À beira-mar, a rua orlava a praia. E como esta era curva, a rua curva ficava. E, daí, o mesmo ocorria com todas as demais que lhe estavam paralelas. No meio da curva surgia, depois, a via de penetração em direção do interior. E múltiplas paralelas a essa iam-se formando, conforme a cidade aumentava e a população se adensava. E como não se arruava com método, o loteamento dos terrenos também não era feito com ordem, o que acarretava a abertura de caminhos e de ruas em terrenos particulares e as conseqüentes disputas e questões entre os respectivos proprietários e a Câmara.

Poucas eram as ruas largas, pois a maioria não passava de três braças, ou, fazendo a conversão ao sistema decimal, cinco metros e quarenta centímetros. A rua do Ouvidor possuía aproximadamente seis metros e oitenta centímetros de largura. Entre seis e sete metros tinham as demais que lhe eram paralelas e algumas que lhe ficavam normais, como as do Carmo e da Quitanda. Outras variavam muito em suas dimensões, sendo em alguns trechos mais estreitas do que em outros. Havia, outrossim, algumas que, além de apresentarem esse inconveniente, eram tortuosas. Assim acontecia com as ruas dos Ourives, de São José e da Ajuda. A rua Direita tinha, depois do oitão da igreja do Carmo e até a rua do Rosário, a largura de quase trinta metros. Mas, depois da rua do Rosário, apresentava larguras variáveis entre nove e dez metros. Outra ampla rua era a Larga de São Joaquim, que, entretanto, não chegava a ter vinte metros de largura. E os becos e travessas não atingiam, às vezes, a braça e meia de largura. Havia, por conseguinte, a possibilidade de apertar a mão do vizinho através da janela... Isso foi assinalado por Brackenridge.

Quase todas as ruas do centro urbano eram de nível. Algumas apresentavam pequena declividade, como as da Lapa, Laranjeiras e Nova de São Joaquim. Noutras a declividade já era acentuada, como ocorria com as ruas de São Clemente, Dona Luísa, Cosme Velho. Onde, porém, a declividade se apresentava bem assinalada era nas ladeiras dos morros da Glória, de São Bento, de Santo Antônio, da Conceição, de Santa Teresa e do Castelo.

Não faltaram editais, posturas, avisos, alvarás e decretos visando à regularidade técnica das ruas e praças, à abertura e melhoramento das mesmas e das estradas, ao melhor aspecto das edificações, ao desenvolvimento do perímetro urbano. Mas a observância dessas determinações oficiais é que deixou muito a desejar.

A demarcação do mangue da Cidade Nova para a abertura de um canal e construção de novas praças e ruas nos terrenos de marinha reclamados pela Câmara Municipal foram os objetivos visados pelo decreto de 16 de junho de 1835. Nesse mesmo ano surge uma disposição municipal obrigando as novas ruas a terem sessenta palmos de largura, ou seja, doze metros.

Sendo pequenos os quarteirões, a proximidade que existia entre as ruas tornou o Rio de Janeiro uma cidade de cantos. Chamava-se *canto* ao ângulo da casa, no encontro de duas ruas. É o que hoje se chama de esquina. Dizia-se *canto* da rua do Ouvidor com a rua Direita; *canto* da igreja de São José; *canto* do café tal; *canto da Mãe do Bispo* ou lugar no sopé do Castelo onde esteve a propriedade da progenitora do bispo d. José Joaquim Justiniano Mascarenhas Castelo Branco. O famoso *canto dos Meirinhos* era na rua do Ouvidor, esquina da rua da Quitanda. E tradicional foi o *canto* do Tomé Dias: rua do Ouvidor, esquina da rua Direita.

Calçamento

O leito da rua foi primeiro de aterro: areia do mar, tabatinga das lagoas, saibro dos montes. Tudo feito a esmo, em camadas superpostas, que aumentavam sucessivamente quando se verificava a inundação provocada pelas abundantes águas pluviais ou quando ocorria o transbordamento das lagoas. Até que tais vias ficassem livres dessas contingências, levava tempo.

E quando o leito já estava suficientemente alto, verificava-se que as soleiras das portas de muitas casas ainda mais elevadas estavam: precauções dos donos contra as enxurradas. Então, os degraus de madeira que ligavam a soleira à estrada passam a ser de granito. O meio de atenuar um pouco aquela diferença de nível era fazer a calçada de pedra. As calçadas também serviam de proteção às fachadas das casas. Onde as calçadas não podiam ser feitas, em virtude do preço elevado das grandes e grossas lajes que as formavam, colocava-se o *frade de pedra,* de granito, como protetor da fachada. Frade de pedra no oitão da igreja; frade de pedra na esquina da casa; frade de pedra barrando becos e vielas; frades de pedra defendendo escadarias de adros ou as proximidades das entradas nobres.

Com o desenvolvimento da cidade e conseqüente exploração de pedreiras, lajotas de granito são colocadas no leito das entradas das ruas, ligando uma calçada à outra. Era a maneira de menos molhar os pés nos dias de chuva. A rua, que se vai visivelmente desenvolvendo, exige leito revestido. O processo primitivo foi o de colocação de lajotas a esmo. Mas o sistema não satisfazia; principalmente porque o leito não era bem horizontal, nem côncavo e nem convexo: irregular. As águas pluviais caídas dos beirais dos telhados, não encontrando escoamento adequado, inundavam os leitos das ruas. Essas piscinas improvisadas constituíam grande divertimento para a garotada e também para os marmanjos, à custa dos pobres transeuntes, pois os mesmos, esgueirando-se junto às casas, não se livravam de ser borrifados de água pelas rodas das seges e pelos golpes das patas dos animais.

A melhoria do leito — quer dando-lhe calçamento, quer adotando um perfil — se impõe. Aparece, então, o calçamento conhecido com o nome de *pé-de-moleque:* pedras irregulares no contorno e empipocadas na superfície. A analogia entre o nome e conformação do doce conhecido como *pé-de-moleque* e aquele tipo de calçamento é, como se vê, perfeita. As pedras que o constituíam, justapostas e introduzidas no solo pela compressão de um maço ou pilão, representaram o calçamento ideal para o Rio de Janeiro do vice-reinado e da realeza.

O maço, soquete ou pilão, a que acima se fez referência, era formado de um cilindro ou de um tronco de pirâmide, de madeira pesada, dotado de pequenos braços de madeira horizontais (dispostos em volta) e de uma hástea vertical, servindo de cabo. Os serventes, segurando nos pequenos braços, procuravam levantar a peça a uma altura de uns trinta ou quarenta centímetros e depois a deixavam cair sobre as pedras ou lajotas a serem comprimidas. O mestre ou capataz segurando a hástea, procurava guiar verticalmente o peso, contribuindo assim para que o trabalho dos seus subordinados fosse perfeito. O curioso é que o capataz era o único a usar chapéu, também lhe competindo entoar a cantiga que, respondida pelos serventes, ritmava a operação. Assim, o canto, som gutural ou palavra do capataz era acompanhada da resposta dos serventes, ocorrendo, a seguir, a surda pancada do maço sobre o lajedo. Esse processo perdurou até bem passado o ano de 1920, isto é, há menos de um quarto de século.

Negros calceteiros eram vistos nos velhos tempos do Rio de Janeiro por toda parte, dando à rua, com as suas características ferramentas de trabalho, um perfil constituído de dois planos inclinados que se encontravam no meio da mesma. A concavidade, assim obtida, deu origem à sarjeta. É o começo da canalização das águas pluviais. Mas o empirismo da execução desse serviço deu como resultado que as águas corressem para os lugares baixos que estavam nas circunvizinhanças, isto é, outras ruas sem calçamento ou de nível inferior, uma já alagadíssima lagoa, o charco do terreno baldio, o mangue contíguo. Era uma solução imperfeita. Então surge a idéia de construir valas: canais, também empiricamente feitos e bastante deficientes, de escoamento das águas até o mar ou até o rio ou o riacho mais próximo.

Essa era a situação do calçamento até à chegada do governo português. Depois, as valas são cobertas, os rios começam a ser retificados, os riachos têm o leito e os barrancos muito melhorados. A água das ruas corre melhor em direção a tais canais. As conseqüências das inundações são diminuídas. O calçamento de tipo *pé-de-moleque* é mais bem feito e melhor assente. Aparece o calçamento *português,* ou *à portuguesa,* constituído de pedras maiores rejuntadas com pedras menores. É sistema mais comprimido e, portanto, mais estável. Para abranger maior superfície a ser comprimida, divulga-se um tipo maior de maço, soquete ou pilão tronco-piramidal, manobrado por quatro serventes. Os veículos trafegam melhor. Os animais já não caem nos buracos. Os carroções de carga avançam com facilidade. Os ônibus podem correr. A limpeza pública é facilitada.

O rev. Walsh testemunha, em 1828, que as ruas eram bem pavimentadas, apresentando passeios de lajes de granito. Julgava, porém, que as ruas tinham o seu desenvolvimento impedido devido aos montes e morros, pelo que propunha o arrasamento dos mesmos. Naquela época — informamos nós — as lajes de granito que constituíam os passeios tinham um pé de espessura, de quatro a cinco palmos de largura e oito palmos de comprimento. As ruas estreitas do centro da cidade ainda conservam essas resistentes calçadas. Observe-se, também, que naquela época não se empregavam meios-fios.

Em 1846, os calçamentos são inúmeros. Muitas ruas foram beneficiadas, outras continuavam a ser melhoradas; a colocação de passeios tomava incremento. As ruas beneficiadas foram: Ouvidor, Nova do Ouvidor, Alfândega, Sacramento, Lampadosa, Núncio, Detrás do Carmo, Quitanda, da Vala, São Pedro, do Cano, do Fogo, Ourives, São José, Misericórdia, Lavradio, São Francisco da Prainha, Santa Rita, Prainha, Pedra do Sal, Pedreira da Glória, Princesa do Catete, Nova das Laranjeiras, do Príncipe dos Cajueiros, da Princesa dos Cajueiros e das Flores. As travessas remodeladas não ultrapassaram de duas: de São Francisco de Paula e dos Cachorros. E as praças foram as da Imperatriz e de São Francisco de Paula.

97

Somente em 1853 é que aparece o calçamento a paralelepípedo. Foi a rua do Ouvidor, no trecho compreendido entre a rua dos Ourives e o largo da Carioca, a primeira a ser beneficiada. Dois anos depois, outras ruas do centro urbano receberam igual melhoramento.

Abastecimento de Água

Foi na encosta do morro da Cara de Cão, na parte voltada para a restinga que o separava do Pão de Açúcar, que os guerreiros de Estácio de Sá encontraram água potável. Transportados os homens brancos para a terra firme, foram as águas do rio da Carioca as primeiras utilizadas para abastecimento da cidade. Para isso tinha-se de ir em longa caminhada ou de barco até o lugar, da praia da Carioca, chamado de *Aguada dos Marinheiros*. Qualquer daqueles meios era moroso e ineficaz, mormente quando a cidade transpôs os estreitos limites do morro do Castelo. Grande problema constituiu o de trazer água encanada até o centro urbano. Depois de mil dificuldades materiais, técnicas e financeiras, o problema foi resolvido com a construção do aqueduto que, do alto do Corcovado, transportou o precioso líquido, transpondo o vale do Desterro por meio dos Arcos da Carioca, até o campo de Santo Antônio. Estava-se no ano de 1723. Chafarizes em quantidade se espalharam desde então por todos os recantos da cidade, obedecendo aos seguintes nomes: de Santo Antônio (ou da Carioca), do Carmo, da Glória, de Mata-Cavalos, da Lapa (ou das Marrecas), do Lagarto, do Largo do Capim, de Moura e da Ajuda.

Os abusos cometidos pelo povo e os atentados praticados pelos proprietários de terras marginais ao aqueduto fazem que, em 1809, seja estabelecida a jurisprudência a respeito do uso das águas. Nessa época ainda havia bairros que não possuíam chafarizes. Tais eram: Valongo, Gamboa e Saco do Alferes. E compreende-se: ali não houve mananciais. Por sua vez, estavam afastadíssimos dos chafarizes até então mandados construir. O recurso dos moradores era dirigirem-se em barcos cheios de pipas aos lugares de abastecimento, isto é, as *aguadas dos marinheiros* do largo do Carmo e de São Cristóvão. O príncipe regente d. João, verificando o inconveniente que isso representava para os moradores daqueles lugares e da parte urbana chamada de Cidade Nova, ordenou ao intendente geral de polícia Paulo Fernandes Viana que fizesse conduzir as águas do rio Comprido, antes denominado de Iguaçu, pelo aqueduto de Catumbi, até o chafariz de madeira que, construído na rua do Conde, foi chamado do Catumbi. Dali fez-se uma calha de madeira, sustentada por cavaletes até o campo de Santana, onde, a 13 de maio de 1809, jorrava água pelas dez bicas do chafariz de madeira construído naquele lugar.

A 26 de abril de 1811, o serviço de abastecimento de água passou a pertencer à Intendência Geral de Polícia. Três anos depois, o tenente-coronel engenheiro Aureliano de Sousa e Oliveira organiza uma excelente planta do aqueduto da Carioca, desde a Caixa Grande até o Convento de Santa Teresa.

Em 1817 — 9 de agosto — o governo mandou coutar de madeira, lenha e mato não só os terrenos do alto da serra do Corcovado que rodeavam as nascentes do rio da Carioca, mas também o espaço de três braças aos lados da linha do aqueduto, desde aqueles mananciais até a cidade. Era a indispensável proteção ao precioso líquido. No mesmo ano foi levantado outro chafariz em Mata-Cavalos, abastecido por uma nascente existente no alto de Silva Manuel, contraforte da serra de Santa Teresa. Posteriormente, em virtude da extinção dessa nascente, o chafariz — que ainda existe na rua do Riachuelo — foi abastecido pelas águas do rio do Ouro. E na mesma época foi construído o chafariz denominado das Boiotas, que distribuía, pelas suas três torneiras de bronze, água ferruginosa e sulfídrica. Por isso era muito procurado, na madrugada, pelos que sofriam de moléstias venéreas. Estava situado na travessa da Barreira.

Mas o chafariz de madeira do campo de Santana não corresponde às exigências do serviço público, não só em virtude da deficiente canalização, mas também porque o material de que tinha sido construído era inadequado e pelo fato de possuir reduzido número de torneiras. Por isso, o príncipe regente ordenou que se fizesse a canalização do rio Andaraí, ou Maracanã, depois denominado de Maracanã Velho. Dessa maneira era diferençado do outro rio de igual nome que nascia na Tijuca. O velho Maracanã tinha a sua origem no lugar chamado de Águas Férreas, no Andaraí Pequeno, seguia — por meio de uma canalização muito irregular, pois era formada de valas, calhas de madeira e de alvenaria, telhões de barro e pedras portuguesas — as estradas que ladeavam as encostas e ia terminar na Cova da Onça, no Catumbi. Nesse lugar é que fazia junção com o rio Comprido. Dali por diante as águas do rio Comprido e do Maracanã Velho eram transportadas por um aqueduto coberto até à caixa de pedra e cal, que substituiu o chafariz de madeira do Catumbi, e que ainda existe. Desde ali até o campo de Santana o encanamento era subterrâneo, de pedras perfuradas, envolvidas num bloco de pedra e cal. Assim era abastecido o novo chafariz circular, chamado das Lavadeiras, ou do campo de Santana; de alvenaria de pedra que, substituindo o de madeira e dotado de numerosas torneiras, prestava — desde 24 de junho de 1818 — relevantes serviços à crescente população dessa zona. Esse chafariz foi demolido em 1853 pela Companhia da Estrada de Ferro de D. Pedro II.

Por decreto de 17 de agosto de 1818, eram tomadas as devidas providências para coutar os terrenos em volta das nascentes dos rios Comprido, Trapicheiro, Meireles, São João e Maracanã, e os cimos das serras do Andaraí e da Tijuca. E no mesmo ano um decreto de 23 de setembro ordena a compra e conseqüente incorporação aos bens da Coroa da chácara dos Trapicheiros, necessária à conservação das águas do Maracanã.

Em 1823, a 24 de dezembro, foi descoberto por d. Pedro I um manancial de água ferruginosa na estrada Velha da Tijuca. A respectiva fonte é de pedra e cal, apresenta a forma de uma torre e possui uma inscrição relativa ao fato.

Entretanto, com as obras executadas para aumentar o abastecimento dos chafarizes espalhados pela cidade, os particulares novamente começaram a tirar derivações. Para coibir esse abuso, o governo expediu em 1824 e 1825 diversos avisos. E, para melhorar a fiscalização das obras do aqueduto da Carioca, é nomeado, em 1828, um inspetor.

A 15 de maio de 1830 tem lugar a inauguração do segundo chafariz da Carioca, pois o primeiro fora demolido em virtude de seu mau estado. Era de madeira pintada, fingindo granito, com quarenta torneiras, tendo sido mandado executar pelo intendente de polícia Luís Paulo de Araújo Bastos.

Em 1833, o coronel e engenheiro hidráulico d. José Guasque propunha-se formar uma companhia de capitalistas brasileiros e ingleses para levar água encanada às casas, fazer o esgoto das habitações e iluminar a cidade por meio de gás.

Em 1836 existiam, na cidade e nos seus arredores, 18 chafarizes com 147 bicas para barris e pipas. O chafariz velho da Carioca, isto é, o de madeira, tinha 36 bicas para barris e uma para pipas; o chafariz novo do mesmo largo comportava em quatro horas um total de 6.162 pés cúbicos de água, possuindo 40 bicas, sendo 36 para barris e quatro para

100

pipas; o de alvenaria do campo da Aclamação era dotado de 22 bicas; o de madeira, existente no mesmo campo, possuía 40 bicas; e o do largo do Paço tinha 17 bicas para barris e duas para aguada das embarcações.

Continuando o abuso do desvio das águas dos aquedutos, são fixadas, em 1839, as normas para constatação das infrações. Não obstante, a medida não surte efeito e, então, foi estabelecida no ano seguinte a maneira pela qual se concederia água dos aquedutos aos moradores das casas e chácaras situadas próximas aos mesmos. Naquele mesmo ano ficava levantado o chafariz do largo de Santa Rita. Era abastecido pelo chafariz da Carioca, por meio de um encanamento de chumbo comprado na Inglaterra. Assinale-se a inovação do material empregado na condução das águas.

O aumento da população e o afastamento cada vez maior das casas em relação às fontes de abastecimento de água faz que, em 1840, seja posto a funcionar um serviço particular, retribuído, de distribuição a domicílio por meio de carroças com pipas. Tais veículos tinham duas rodas e estavam puxados por um muar. Esse serviço subsistiu até depois da remodelação da cidade feita pelo prefeito Francisco Pereira Passos, quando ainda era freqüente ver as pipas distribuidoras da gostosa água do chafariz do Vintém. Chamava-se genericamente, por isso, de *Água do Vintém*.

A 7 de abril de 1840 é inaugurado o chafariz de granito do largo da Carioca, projetado pelo engenheiro militar e arquiteto Joaquim Cândido Guillobel, cuja construção fora começada em 1833. Depois de 1840 é construído o chafariz de São Cristóvão. Estava situado na estrada desse nome, junto ao palacete do marquês de Itanhaém, isto é, na esquina da atual rua Francisco Eugênio. Com a terminação das obras do mercado do largo do Paço, em 1841, ficava entregue ao uso dos negociantes ali estabelecidos o belíssimo chafariz, projeto de Grandjean de Montigny, colocado no centro do grande pátio central.

A 11 de março de 1842 ocorre a inauguração de uma bateria de bicas, junto à ponte e à margem esquerda do rio próximo ao chafariz de São Cristóvão, para aguada dos botes e canoas provindos do Saco do Alferes, Gamboa e Praia Formosa. Naquele mesmo ano foram construídos dois chafarizes na praia de Botafogo: um em frente ao caminho Novo e outro defronte da rua Olinda. E também fica modificada aquela já mencionada concessão, feita em 1839 aos moradores vizinhos aos aquedutos, visto como teria lugar dali por diante com o caráter de arrendamento anual.

101

Com a necessidade de construção de outras fontes e chafarizes surge, em 1845, uma resolução governamental fixando as condições de desapropriação de terrenos por utilidade pública. Naquele mesmo ano, a lei nº 369 consigna verba para o encanamento do Maracanã, e para melhorar o abastecimento de água do bairro da Tijuca, sendo, também, inaugurado o chafariz do Aragão, nome do conhecido intendente de polícia. Estava situado na rua do Andaraí Pequeno, esquina da rua dos Araújos.

Em 1846, fica inaugurado o chafariz do largo de Benfica, projetado por Grandjean de Montigny. Na mesma época tinham início as obras do belo chafariz do largo do Rossio Pequeno, igualmente projetado pelo grande arquiteto francês. No momento em que escrevemos — julho de 1943 — o chafariz foi transportado para a floresta da Tijuca, pois a sua remoção se impunha em virtude da abertura da avenida Presidente Vargas.

Construída em 1848, a fonte do Boticário, no Cosme Velho, passa a ficar ligada ao rio da Carioca por meio de um aqueduto. No mesmo ano, Irineu Evangelista de Sousa fornece tubos de ferro para o encanamento das águas do rio Maracanã, segundo contrato que lavrara com o governo a 18 de agosto de 1846.

O aqueduto da Carioca recebia água do rio do mesmo nome e dos encanamentos das Paineiras, do Silvestre e da Lagoinha. No rio da Carioca havia sete nascentes: do Regelo, do Lagamal, da Serra, do Corcovado, das Velhas, da Fortuna e a fonte do Corcovado. O encanamento das Paineiras recebia o líquido da montanha da lagoa de Rodrigo de Freitas, isto é, das nascentes ou grotas de Cupido, Funda, das Mangueiras, da Minhoca, do Salto, da Caninana, do Inferno, do Cipó e da Cascata. O encanamento da Lagoinha estava abastecido pelas grotas existentes na montanha das Machadas, a saber: da Caveira, das Machadas e da Bica. Eram, pois, vinte e dois os manadeiros do aqueduto da Carioca. Por sua vez, o aqueduto do Maracanã era abastecido por 27 nascentes. O encanamento das Laranjeiras possuía cinco; o de Mata-Cavalos, duas; a fonte de Botafogo, uma; a mina do cais da Glória, uma; a bica da Rainha, uma; a da Barreira (no morro de Santo Antônio), uma; as Águas Férreas (do Andaraí), uma; e as Águas Férreas (das Laranjeiras), uma. O que dá um total parcial de 13 nascentes. Somando-se os três totais parciais, antes mencionados, ter-se-á um total geral de 62 nascentes. E uma planta geral do encanamento das águas para o Hospício de Pedro Segundo, fortaleza da praia Vermelha e terrenos adjacentes, é feita pelo 1º tenente de engenheiros José Maria Jacinto Rebelo.

Em 1850 são desapropriados terrenos particulares lindeiros com as nascentes do rio da Carioca.

De autoria de Grandjean de Montigny, muitos foram os projetos de belos chafarizes com que ainda pretendia dotar a cidade. Isso ficou detalhado em nosso livro sobre esse notável arquiteto.

Recordemos, por fim, que houve numerosas bicas, tais como as espalhadas na rua do Cano, a do largo do Boticário, a da Gávea (na antiga estrada da Gávea), a da estrada do Jardim Botânico (junto ao atual solar de Monjope) e a fonte da Saudade, que ainda pode ser vista no jardim de uma propriedade existente no começo da rua daquele nome.

Saneamento

Um dos primeiros trabalhos oficiais visando ao saneamento da cidade ficou consubstanciado nas *Informações prestadas sobre os chãos e rechões desta cidade por intermédio de Luís Vaía Monteiro, ao Governo Geral da Metrópole, em 7 de julho de 1726.* Depois, em 1789, o Senado da Câmara, preocupado com a salubridade pública, propõe aos médicos uma série de quesitos.

Com a chegada da Corte, o saneamento urbano constitui constante cogitação de engenheiros e médicos. E surgem: os pareceres dos médicos drs. Manuel Joaquim Marreiros, Bernardino Antônio Gomes e Antônio Joaquim de Medeiros, publicados em *O Patriota do Rio de Janeiro;* o estudo *Reflexões sobre alguns dos meios propostos por mais conducentes para melhorar o clima da cidade do Rio de Janeiro,* de Manuel Vieira da Silva, 1º barão de Alvaiazer por Portugal, publicado em 1808; o *Ensaio sobre os perigos das sepulturas dentro das cidades e seus contornos,* de José Correia Picanço, conhecido desde 1812; o *Ensaio sobre as febres com observações analíticas acerca da topografia, clima e demais particularidades que influem no caráter das febres do Rio de Janeiro,* por Francisco de Melo Franco, publicado em Lisboa no ano de 1829; além das considerações feitas, em seus livros, por muitos outros médicos como Xavier Sigaud, e até por historiadores como Baltasar da Silva Lisboa e José de Sousa Azevedo Pizarro e Araújo.

Entretanto, quem mais tarde se interessou muito pelo problema e melhor escreveu sobre a sua solução foi o engenheiro Antônio de Paula Freitas. No estudo lido no Instituto Politécnico Brasileiro, em 1886, ele abordou a questão de maneira clara. Depois de mencionar as primeiras tentativas, assinala que, na execução dos trabalhos, sempre houvera lentidão e desordem, e que não se tinham levado a efeito os mais importantes, nem houvera jamais um plano de conjunto devidamente organizado. Apontava como causa da insalubridade a "constante umidade do solo, do ar atmosférico e das casas, em conseqüência da natureza e pouca elevação do solo relativamente ao nível do mar; da falta de ventilação em vários pontos da cidade e da má escolha dos materiais empregados na construção das casas de habitação".

Respigando no valioso trabalho do notável engenheiro patrício, trar-se-á ao conhecimento do leitor que ele estudou a questão dos aterros feitos com material inadequado, o baixo nível dos mesmos, a sua ação nefasta quando executados à beira-mar sem a proteção dos indispensáveis cais, as alternativas de umidade e calor como conseqüência da existência dos mangues e de sua vegetação, a rápida infiltração das águas do mar no solo (constituindo verdadeiros rios subterrâneos). Passando às desfavoráveis condições da atmosfera, observa que o ar estava sempre carregado de vapores de água e de substâncias nocivas à saúde. Isso decorria de muitos fatores: solo úmido, em virtude da pouca profundidade do lençol de água, tornando a atmosfera umedecida e brumosa quando tinha lugar a evaporação provocada pelos raios solares; inadequada forma, disposição e orientação das vias públicas, impedindo a circulação do ar e, como conseqüência, a sua renovação; aumento constante do vapor de água contido no ar, pela proximidade do mar; aumento do grau de higromicidade da atmosfera em virtude da umidade dos ventos do quadrante sul. Paula Freitas também prestou grande atenção ao lençol de água, muito pouco profundo — como já se assinalou antes — e oscilando constantemente em virtude das variações das marés e das águas das montanhas. Daí resultavam as "alternativas de umidade e seca, e, portanto, o conflito da água e do ar, que é, sob a ação do calor, a causa principal da fermentação das matérias orgânicas, existentes no solo". Conclui essa parte de seu trabalho apontando a drenagem como único meio de fazer cessar a umidade do solo. Por sua vez, grande era o grau de higromicidade dos materiais de construção, contribuindo para que a umidade absorvida pelas paredes, da água do solo e do ar, atingisse até os pavimentos mais altos.

Se isso ocorria no fim do Império, imagine-se qual seria o estado da salubridade do Rio de Janeiro na primeira metade do século XIX, em face de nenhuma obra de saneamento, de desconhecida drenagem do solo, de desnivelamento generalizado, do mau escoamento das águas pluviais, da falta de retificação de cursos de água, de aterros inadequadamente executados e da inexistência do esgotamento sanitário das habitações...

O Lixo e a Limpeza Pública e Sanitária

O lixo era coletado, de longa data, em carroças, ficando a limpeza pública a cargo de pretos minas, libertos. Os moradores eram, entretanto, obrigados a manter limpas as testadas de suas casas até uma distância de trinta passos. Os carros coletores — alugados pelo Senado da Câmara e, após, pela sua sucessora, a Câmara Municipal — executavam a sua tarefa três vezes por semana. Em 1847, a parte central da cidade foi beneficiada com a coleta diária e dupla: pela manhã e à tarde. A irrigação das ruas só começou a ser executada em 1852, e, assim mesmo, nos logradouros percorridos pelas carruagens da gente de prol: caminho Novo de Botafogo, Catete e estrada de São Cristóvão.

Não havendo serviço de esgotos e sendo inconveniente para a saúde pública a continuação dos despejos nas praias, o Governo ficava autorizado, pela lei orçamentária de 28 de setembro de 1835, a contratar com João Frederico Russel, ou com qualquer outro, o serviço de esgotos das casas e das águas pluviais. A isenção dos direitos de importação para o material trazido do estrangeiro estava prevista. E como o serviço deveria ser feito por distritos, indicados pelo Governo, ficava o mesmo autorizado a elevar os impostos da décima urbana. Passaram-se vinte e um anos sem que esse melhoramento pudesse ser realizado. Assim sendo, as matérias fecais e águas servidas eram levadas às praias, lagoas, charcos e terrenos baldios em barris — chamados de *tigres* pelo povo — carregados à cabeça pelos negros escravos. Muitas vezes o fundo do barril cedia e os repugnantes despejos, emporcalhando as roupas dos pobres escravos, lhes deixavam marcas que o populacho julgava assemelharem-se às pintas das peles dos verdadeiros tigres. Daí provém a denominação dada a ditos recipientes. Entretanto, essa denominação foi, não poucas vezes, dada pelos viajantes, apressados ou descuidados, aos pobres negros! E não faltou quem afirmasse que verdadeiros tigres andavam à noite, à solta...

Em 1840, o transporte dos imundos *tigres* passou a ser feito em veículos. Dois anos depois, um cidadão francês, Mr. Gravasser, consegue autorização da Câmara Municipal para fazer que a *Companhia de Limpeza* — que organizara — se incumbisse do transporte, em barris hermeticamente fechados, das matérias fecais e das lamas e detritos das ruas. O material assim colhido, levado às praias, era jogado em embarcações, que o despejavam no meio da baía. Constituía, incontestavelmente, um grande progresso em relação ao inveterado e nauseabundo processo de tudo despejar na orla marítima. A empresa fornecia os barris, transportava-os em veículos adequados e os devolvia completamente limpos pela módica quantia de 160 réis. Em 1846, a companhia obtém privilégio exclusivo para esse serviço.

As primeiras experiências de esgotos foram realizadas pelo citado João Frederico Russel, em 1855, na Casa de Correção. Com o excelente resultado, a concessão para instalação e exploração desse serviço lhe é entregue por decreto de 25 de abril de 1857. Entretanto, nada fez o concessionário. E, assim, em 1862 transferiu o privilégio à empresa que ainda hoje o explora: a *The Rio de Janeiro City Improvements Company*. Em 1864 é que ficou pronto o sistema de esgotos do 1º distrito. É indispensável deixar constatado quanto têm sido injustas as críticas ao fato de somente naquele ano começar o serviço de esgotos nesta cidade. A implícita justificação se acha inserta no volume *Esgotos,* um dos que compõem as obras completas do grande e finado engenheiro Saturnino de Brito. Assim, no tema número 2, *Como melhorar o sistema de esgotos do Rio de Janeiro,* ele afirma que: "À exceção de algumas cidades inglesas e de Hamburgo, nenhuma das capitais e outras cidades da Europa teve serviço de esgotos anteriormente a 1864". Revela que o contrato lavrado com a *City Improvements* determinava que o sistema de esgotos fosse semelhante ao adotado em Leicester e noutras cidades inglesas, isto é, o denominado de separador parcial: aquele em que a "rede de esgotos recebe promiscuamente os despejos domiciliários e as águas pluviais provenientes das chuvas caídas nos telhados e nos pátios calçados". Dessa maneira as águas pluviais das vias públicas eram descarregadas nas canalizações especiais que as conduziam à orla marítima. Fazendo o elogio do sistema, acrescentava o maior engenheiro sanitário do Brasil: "É, portanto, para louvar o que então se fez na cidade do Rio de Janeiro, adotando-se os melhores modelos conhecidos".

A Arborização

A árvore não aparece nos lograduros públicos da cidade senão muito tarde, em virtude de múltiplas razões. A primeira era a estreiteza das ruas e angustura e abundância de becos, travessas e passagens. Modelo herdado dos árabes e, portanto, transplantado de Lisboa ou de Sevilha, a viela ou a rua estreita não necessitava da árvore para sombreá-la, pois a sombra era sempre projetada pela fachada atrás da qual se achava o sol. A segunda razão era que o culto pela árvore sempre foi um índice de refinamento, de cultura, de amor à natureza. A sombra acolhedora é refúgio, refrigério, descanso. Nada disso era necessário, de começo, pois *quem podia*, o senhor, o homem de haveres, não andava ao sol. Somente o recebia, inclemente, causticante, o negro. Mas esse não era *gente,* segundo o errado e desumano conceito do tempo. Por isso, os rossios, os largos e os campos não possuíam sequer um arbusto. E nem, se houvesse, neles poderia medrar. Como viver a mais miserável das plantas se esses logradouros eram de areia quentíssima ou de lajotas de pedra não menos superaquecidas... Também muito contribuiu para a falta de árvore na via pública a abundância das já citadas florestas e de chácaras, quintas, solares e mansões (-com seus jardins, parques e quintais, repletos de árvores) e de fazendas, fazendolas, engenhos e engenhocas, em cujos terrenos as árvores também não faltavam, pois constituíam partes ou restos de bosques.

Foi, pois, uma novidade a arborização mandada fazer pelo Senado da Câmara no largo do Paço em 1820, a fim de *sombrear os embarcadiços e a maruja.* Em 1833, a Câmara Municipal faz que o fiscal da freguesia de Santana procedesse ao alinhamento e demarcação dos pontos em que os moradores do campo da Aclamação poderiam plantar árvores. Era na época julgada necessária igual providência para o Aterrado, o Rossio Grande e os cais do largo do Paço e da Glória. Depois, um dos logradouros públicos da cidade que recebeu arborização foi o largo do Rossio Pequeno. Grandjean de Montigny, ao projetar o belo chafariz que ali ficou erguido em 1845, concebeu cercar o vasto retângulo, em cujo centro o mesmo estava colocado, por uma corrente de ferro apoiada, de espaço em espaço, em frades de pedra. Pois bem, no interior desse cordão de isolamento, porém aberto nas suas quatro faces, foram plantadas belíssimas *casuarinas,* destruídas mais tarde.

A arborização das ruas do Rio de Janeiro é obra do 2º reinado do Império, porquanto foi somente entre 1860 e 1870 que se realizaram, em conseqüência da presença entre nós do arquiteto paisagista Auguste-François-Marie Glaziou, os primeiros trabalhos dessa espécie. Relembre-se que Félix Emílio Taunay — o grande artista que sacrificou os seus sonhos de arte para tornar vitorioso o ensino oficial de belas-artes no Brasil — muito se esforçou para que fosse realizada a arborização da capital do Império. Não foi ouvido e, muito menos, compreendido. Por sua vez, Grandjean de Montigny pretendeu resolver a proteção ao transeunte, contra o sol e a chuva, fazendo longos pórticos, como os de Paris e como aqueles que atualmente existem na grande avenida Almirante Barroso, conforme sugestão nossa feita em 1922. Grandjean traçou esses pórticos ou galerias no seu formidável projeto de remodelação do campo da Aclamação. Também não foi ouvido. É o triste destino dos precursores.

Os Parques Públicos

O vice-rei Luís de Vasconcelos e Sousa, desejoso de melhorar a cidade e verificando que a mesma não possuía um recreio público, incumbe Mestre Valentim da Fonseca e Silva de organizar o respectivo projeto. Atuava no espírito do vice-rei a recordação da existência de idênticos jardins nas principais cidades do mundo. O arquiteto, inteligente e hábil, concebe um projeto que obedece a um plano de conjunto urbano-técnico. Para executá-lo, procede preliminarmente, com material do monte das Mangueiras, ao aterro da lagoa do Desterro, fronteira aos Arcos da Carioca, não só como medida higiênica, como também para conquistar terreno necessário à expansão da cidade; e ao aterro do Boqueirão da Ajuda. Foi, pois, sobre o vasto espaço que este ocupava que Valentim fez surgir o *Passeio Público do Rio de Janeiro* ou *Jardim do Passeio Público*. E completa a composição técnica daquela zona ao traçar as ruas do Passeio e das Belas Noites, ou das Boas Noites, dotando esta última de edificação uniforme, e, por fim, construindo, fronteira àquela última via pública, isto é, na rua dos Barbonos, a fonte das Marrecas. Havia, dessa maneira, um eixo longitudinal de composição que ia do sopé do morro de Santo Antônio ao mar. Estava criada uma bela perspectiva.

Iniciadas as obras do jardim em 1779, ficam concluídas em 1783. Valentim deu à planta a forma de trapézio isósceles, sendo a base menor voltada para o mar. Nesse lado criou um belo terraço ou terracena, alçado de uns três metros sobre o nível geral do jardim, o que constituía a maneira de afrontar as fúrias do mar. Suas dimensões eram aproximadamente de cinqüenta metros de comprimento por quinze de largura. Construído, em todo o seu contorno retangular, sobre grossa muralha de granito, possuía quatro escadarias do mesmo material, que o punham em comunicação com o jardim. O parapeito apresentava, em certos trechos, muros, nos quais estavam engastados bancos forrados de belíssimos azulejos coloridos; e, em outros trechos, balaustradas de ferro. Sobre o respaldo do parapeito havia, de distância em distância, vasos de mármore. O piso era constituído de lajotas de mármore, de várias cores, dispostas em xadrez. Quase nas extremidades do terraço havia dois pavilhões quadrados, com duas portas e duas janelas cada um, sendo o da direita encimado por um Apolo e o da esquerda por um Mercúrio. A decoração pictórica do interior dos mesmos fora feita, em 1787, por Leandro Joaquim, com vistas panorâmicas, fainas agrícolas, e cenas marítimas peculiares ao Rio de Janeiro. Não julgamos, como alguns autores, que se tratasse de *afrescos,* gênero de pintura que jamais foi aqui praticado naqueles tempos, pois exige técnica especial e adequada preparação da parede. O que julgamos, dada a analogia entre as referências de historiadores e os painéis existentes no Museu Histórico Nacional, é que as pinturas de Leandro Joaquim feitas nos pavilhões são justamente as daqueles painéis. Militam a favor dessa suposição os seguintes fatores. Primeiro — a forma elipsoidal dos mesmos, isto é, a que melhor se adaptava a um forro de maceira, como foi certamente o dos referidos pavilhões. Assim, cada painel ocuparia a parte mais larga do trapézio isósceles constituído pelos lados do forro de maceira. Segundo — a identidade entre os assuntos que nos mesmos foram pintados e os que estão representados nos painéis do citado museu.

Para completar a decoração dos forros de maceira, o pavilhão de Apolo recebeu ornatos de escamas de peixes, pássaros indígenas e ramalhetes de flores secas — feitos por Francisco Xavier Cardoso, alcunhado, em virtude daquela sua habilidade e pelo fato de ser conservador da Casa dos Pássaros, de *Xavier dos Pássaros.* Por sua vez, o pavilhão de Mercúrio recebeu ornatos de conchas e penas — de autoria de Francisco dos Santos Xavier, cuja mestria em dispor os moluscos lhe valeu ser cognominado de *Xavier das Conchas.*

Em 1817, os pavilhões quadrados foram postos abaixo, sendo

substituídos por outros de planta octogonal e telhado piramidal com igual número de faces. Assim os descreveu Luccock, ao mesmo tempo que minuciosamente se referia às pinturas neles existentes. Isso prova que os trabalhos de Leandro Joaquim foram mantidos nos novos pavilhões. Entretanto, como não fez referências aos trabalhos de Xavier das Conchas e de Xavier dos Pássaros, tem-se a impressão de que os mesmos não tivessem sido reaproveitados.

O jardim, propriamente dito, ocupava dois hectares, sendo cortado por dez aléias: uma central, constituindo o eixo longitudinal da composição; as de contorno, isto é, paralelas aos lados do trapézio; e as secundárias, ou de ligação. Dessa sorte, foi adotado o traçado paisagístico francês, em que predominam os alinhamentos retilíneos, os encontros claramente determinados, os pontos de vista judiciosamente escolhidos, os horizontes amplamente descortinados. As aléias, muitas delas ensombradas, apresentavam muitos exemplares de mangueiras, jaqueiras, jambeiros, árvores da fruta-pão, pinheiros, grumixamas, paus-ferro, palmeiras. Também houvera tempo em que abundaram as roseiras e as trepadeiras.

De encontro ao centro do paramento da muralha do terraço, na parte voltada para o jardim, estava feito um montículo cercado na base por uma bacia, cujo gracioso e granítico muro de contorno obedecia ao traçado barroco. Uma calçada, tão recortada quanto esse muro, completava o conjunto. Está hoje desaparecida, pois as pedras que lá podem ser vistas não são as primitivas. A própria bacia está enterrada de uns dois pés, tendo perdido grande parte da sapata. Entretanto, quem observar a recortada planta do frontal da bacia, verificará que a calçada circundante, ao acompanhar seu desenvolvimento, se assemelha à calçada que rodeava o chafariz do largo do Paço. E a conclusão a que se chega é que a mão que traçou ambos os desenhos foi a mesma. Na base do montículo, isto é, próximo ao espelho de água, dois enlaçados jacarés de chumbo deitavam água pela boca para a bacia. Por isso foi e continua a ser conhecida como *fonte dos Jacarés*. Fronteira à mesma, tinham sido erguidas, em 1794, por ordem do vice-rei conde de Resende, duas altas pirâmides de base triangular — agulhetas — de granito, tendo expressivos dísticos: *A Saudade do Rio; Ao Amor do Público*. A forma triangular das respectivas bases correspondia à dos canteiros que as rodeavam. Ao pé dessas pirâmides existiam dois tanques construídos quase ao nível do terreno, destinados a recolher as sobras da água da fonte. À direita e esquerda, respectivamente, de cada uma das pirâmides, isto é, no encontro da aléia em que estavam situadas com as aléias extremas laterais, havia bancos, e mesas de granito, cobertos por caramanchões cheios de trepadeiras.

Aos lados da citada fonte, duas escadarias retas, de degraus de granito e grade de ferro com corrimão, permitiam galgar a diferença de nível que havia entre o jardim e o terraço. Ao chegar ao mesmo, deparava-se com muro de recorte barroco que servia de espaldar da fonte. Estava encimado pelo escudo de armas de Luís de Vasconcelos e Sousa, feito em mármore. No centro do painel havia uma risonha estatueta de Cupido, também em mármore, tendo os pés apoiados numa tartaruga que deitava água para um barrilote. Uma concha permitia que os sedentos pudessem beber a fresca e límpida água. Enroscado no braço direito da estatueta estava disposto um panejamento onde — segundo Luccock — podia ser lida a legenda: *Ainda brincando sou útil*. Outros viajantes afirmaram, entretanto, que o Cupido sustinha na mão esquerda um jabuti e que este é que deitava água pela boca.

No século XIX não mais existia, no montículo da fonte, o alto coqueiro de ferro ali colocado, com muito mau gosto, por Mestre Valentim, pois tendo sido carcomido, em boa hora, pela ferrugem, fora mandado retirar pelo conde dos Arcos. Houve quem afirmasse que, em substituição ao coqueiro, Valentim fizera por ordem daquele vice-rei um busto de Diana e que este fora colocado no alto do montículo da fonte. De fato, ele lá se acha, dando porém a impressão de que não está nem técnica nem convenientemente colocado. Falta-lhe, até, a base que todo busto costuma possuir. O fato de não parecer que o mesmo pertence ao conjunto da fonte traz à memória a afirmação de alguns historiadores de que havia sobre o peitoril do terraço, na parte voltada para o Cupido, dois bustos de mármore: Diana e Febo. Seja-nos, entretanto, permitido dizer que não cremos que tal ocorresse. E a justificação é simples: a colocação desses bustos romperia a unidade da composição do terraço. E assim como não acreditamos que aquela Diana estivesse sobre o montículo da fonte, nem sobre o peitoril do terraço, somos levados a pensar, depois de atenta observação, que o busto que ainda ali pode ser visto não seja o de uma Diana e, sim, o de Febo: representação mitológica do homem dotado de beleza feminina. Dessa forma se poderia concluir que sendo Febo a expressão afeminada de Apolo, o Apolo colocado no alto de um dos pavilhões era Febo. Há, também, outro argumento contra a colocação de tal busto no peitoril do terraço. E esse é que Valentim não iria colocar no mesmo recinto duas representações de Apolo: uma no alto do pavilhão; e outra no parapeito. Por sua vez, a provável hipótese de que o Mercúrio que se achava sobre o outro pavilhão fosse uma Diana é destruída pelo padre Luís Gonçalves dos Santos, que não se refere, em seu livro, a nenhuma Diana. Afirma que num pavilhão estava: "Mercúrio com o caduceu", e no outro: "Apolo tocando a lira". O deplorável é que o padre Perereca não fosse suficientemente claro, pois fez menção a *figuras*. Melhor teria sido que as definisse, isto é, que dissesse se eram estátuas ou bustos. Se vulgar e pouco acertadamente se dá a um busto ou a uma estátua a denominação genérica de *figura,* a verdade é que isso técnica e artisticamente está errado.

O portão de entrada estava situado no centro do lado maior do trapézio, isto é, na rua do Passeio, voltado para a rua das Belas Noites, ou das Boas Noites. Felicíssima composição barroca, ele estava formado de dois pilares encimados por graciosos vasos de mármore branco, onde se engastavam os batentes de ferro e a respectiva padieira. Nessa havia um medalhão oval de bronze dourado, tendo na face anterior as efígies em alto relevo de d. Maria I e de d. Pedro III, com a legenda em volta: *Maria I et Petrus III Brasiliæ Regibus 1783.* Na outra face do medalhão estavam dispostas as armas de Portugal.

O perímetro do jardim estava primitivamente cercado, pelos lados das vias públicas, de muro, interrompido em alguns lugares por vãos guarnecidos de grades de ferro. Assim, quem passava por fora podia ver o jardim. Dois desses vãos ladeavam o portão principal.

Aquele belo recreio público passou por muitas reformas, ficando não poucas vezes abandonado por mero descuido das autoridades ou por falta de recursos do erário. Assim, em 1810 o governo lança mão da fixação de imposições de carceragem para custear as despesas de sua manutenção... Quatro anos depois, é ali instituído um curso de botânica e agricultura, sob a direção de frei Leandro do Sacramento.

No ano de 1817, a muralha do terraço estava arruinada pelos embates do mar. Procedeu-se a uma reforma geral, sendo construídos no interior do jardim mais dois pavilhões octagonais, destinados ao funcionamento das aulas de botânica de frei Leandro do Sacramento.

Em virtude da lei de 1º de outubro de 1828, o custeio das despesas do Passeio deveria passar para a Câmara, mas isso não teve lugar, porquanto outra lei, de 15 de dezembro de 1830, cogitou novamente dessa transferência de responsabilidade.

No ano de 1831, o povo, sob o império dos acontecimentos decorrentes da abdicação de d. Pedro I, arrancou o medalhão da entrada e o brasão de Luís de Vasconcelos e Sousa. Em 1835 iniciou-se a colocação de gradil no contorno do jardim, serviço esse que ficou incompleto. Na mesma ocasião foram reparados os pavilhões e a muralha do terraço. A 16 de abril de 1838 ficou ali criado um pequeno jardim botânico, sendo-lhe reservado terreno especial.

Ocorre em 1841 a reforma levada a efeito pelo inspetor geral das Obras Públicas, coronel Antônio João Rangel de Vasconcelos. Ao executá-la, conservou o traçado, respeitou as árvores, fez os consertos necessários, repôs o medalhão da entrada, substituindo as armas de Portugal pelas do Império, e fez voltar o brasão de Luís de Vasconcelos e Sousa ao seu primitivo lugar. Entretanto, não foi feliz quando, ao atender a reclamações, fez colocar no lugar do antigo Cupido uma estatueta de chumbo representando um menino, com a legenda: *Sou útil ainda brincando*. Tal estatueta não só era muito maior que a primitiva, como também não apresentava na mão direita o jabuti, e sim um inexpressivo cano. E o barrilote, devido à maior proporção dada à estatueta, o que fazia que a mão direita da mesma se afastasse da primitiva prumada, foi — segundo provou José Mariano Filho — aumentado em altura, para que, sendo sua abertura maior, a água nele caísse.

Pelo decreto n.º 264, de 18 de janeiro de 1843, é dado regulamento à administração do jardim botânico estabelecido no Passeio. O respectivo pessoal ficou composto do diretor, do administrador e de três guardas. As funções do diretor eram complexas. Cabia-lhe desde a fiscalização do plantio e classificação das espécies vegetais até a manutenção de um diário especializado de observações, do serviço de permutas e o de correspondência com as instituições congêneres do estrangeiro.

Em 1854, o Passeio foi dotado de cem lampiões de iluminação a gás, procedendo-se, outrossim, à reconstrução dos pavilhões, cujas janelas passaram a ser ogivais (!), sendo colocadas, nos vasos de mármore da cimalha, umas pinhas de ferro lindamente pintadinhas! Um horror! Pois bem, caro leitor — não faltou quem atribuísse tudo isso a Mestre Valentim. Quatro anos depois, a 1.º de dezembro, era lavrado o contrato entre o governo imperial e o comendador Francisco José Fialho para reforma integral do jardim. Em 23 de janeiro de 1861, era o jardim fechado, a fim de que o arquiteto paisagista francês Auguste-François-Marie Glaziou — contratado pelo comendador Fialho —

113

levasse a efeito a transformação. Foi desfeita a composição retilínea de Mestre Valentim e adotado o traçado curvilíneo, também conhecido como pitoresco, ou inglês. A 2 de dezembro daquele mesmo ano estavam concluídas as obras.

Ao terminar estas notas sobre a evolução do Passeio Público, acentuaremos que não há certeza da época em que desapareceram as estatuetas de Apolo e de Mercúrio, os originais trabalhos de Xavier dos Pássaros e de Xavier das Conchas, e os painéis pictóricos de Leandro Joaquim. Destes últimos se sabe unicamente que foram ter a Lisboa, onde foram adquiridos há alguns anos passados para o Museu Histórico. A retirada de tais trabalhos somente poderia ter ocorrido nas reformas por que passou o jardim em 1835, 1841 ou 1854. As janelinhas ogivais feitas na última das reformas constituem, entretanto, um indício de que então ocorrera o fato.

Por sua vez, o *Jardim Botânico,* situado entre a lagoa de Rodrigo de Freitas e a serra do Corcovado, tivera a sua origem no pequeno jardim criado junto à Fábrica de Pólvora pelo diretor da mesma, João Gomes da Silveira Mendonça, mais tarde agraciado com o título de marquês de Sabará. Desenvolvido pelo tenente-general Carlos Antônio Napion com as espécies e sementes exóticas trazidas do exterior pelo chefe de divisão Luís de Abreu Vieira e Silva, a sua existência fica virtualmente amparada, moral e cientificamente, pela resolução governamental de 27 de julho de 1809, que autorizava a Junta de Comércio a conceder prêmios e isenção do recrutamento militar e do serviço de milícias às pessoas que se dedicassem a aqui aclimatar árvores de especiaria da Índia e a introduzir a cultura de outros vegetais úteis à agricultura, ao comércio e à indústria. Assim, aquele jardinzinho se converte no *Viveiro da lagoa de Rodrigo de Freitas.*

O príncipe regente resolve, em 1810, por decreto de 25 de maio, tomar a seu serviço o botânico Kancke, que lhe fora recomendado por Lord Coledon, governador do Cabo da Boa Esperança. A esse diretor das culturas dos jardins e quintas reais competiria estabelecer o lugar onde pudesse ser criado um jardim botânico e realizar explorações no interior do continente americano. Além da retribuição anual de 800$000 réis, o referido botânico seria indenizado das despesas que fizesse com as suas viagens, teria casa de moradia, instrumentos de trabalho e escravos para auxíio. Tudo fornecido e pago pelo erário real.

Em 1819, d. João VI amplia oficialmente, por decreto de 11 de maio, o "jardim para plantas exóticas", isto é, o citado viveiro, criando "um novo estabelecimento anexo ao museu real". Desde então passou a ser conhecida como *Horto Real* e, também, *Real Jardim*. Preocupado com a introdução de especiarias, o rei determinava, outrossim, que se destinasse lugar para uma plantação de cravo. Nomeia dois diretores: João Gomes da Silveira Mendonça, "*a cujo cargo está a* (direção) *do jardim, que já aí se acha estabelecido*", e João Severino Maciel da Costa, mais tarde 1º visconde e marquês de Queluz. Foi, cremos, a maneira que d. João VI teve de empregar o seu dedicado amigo que, naquele ano, deixara o cargo, exercido desde 1809, de governador da Guiana Francesa.

D. Pedro I, seguindo o exemplo paterno, procura desenvolver o jardim, com o objetivo de criar naquele recinto maravilhoso um centro de estudos botânicos. Processa-se, assim, a sua transformação de centro distribuidor de sementes e espécies exóticas em um instituto misto, em que as pesquisas desinteressadas também teriam lugar. Isso sem esquecer a sua função, anexa, de horto florestal. Para isso, o entrega a quem já dirigira o curso botânico no Passeio Público: o carmelita fr. Leandro do Sacramento, verdadeira sumidade em assuntos de botânica. Com a morte do autor da *Flora Fluminense*, o Jardim Botânico entrou em franco declínio. Mas, nomeado para dirigi-lo fr. Custódio Serrão, o trabalho e o progresso ali se tornaram normais.

Pelo decreto de 22 de fevereiro de 1822, o Jardim passa a ser subordinado à Secretaria de Estado dos Negócios do Reino. Três anos depois, são dadas providências a bem de sua administração. Em 1827, ali havia treze mil pés de chá. E no ano de 1838 a sua dotação orçamentária estava fixada em dez contos de réis. Nesse ano — a 18 de janeiro — é decretado o seu regulamento policial.

É no interior desse, hoje, lindíssimo parque — com mais de 300 mil metros quadrados e milhares de variedades vegetais — que se acha, em lugar de destaque, a *Palma mater,* denominada *Palmeira real,* de altíssimo cocar. Mater, porque dela provêm todas as do mesmo gênero existentes no Brasil; e real, visto como foi d. João VI quem plantou com as suas próprias mãos a *Areca* de Lineu ou *Oreodoxa-oleracea,* de Martius. Luís de Abreu, o citado marinheiro, náufrago da fragata *Princesa do Brasil,* em Goa, e prisioneiro dos franceses, na Ilha de França — descoberta em 1505 pelo navegador português Mascarenhas e situada no mar das Índias, ao oriente de Madagascar — quando conseguiu evadir-se para o Brasil, carregou consigo, entre outras espécies botânicas, a que viria a ser crismada de *Palmeira real*. Plantada em 1809, vinte anos depois ela abria a sua longa *spatha* e deixava cair o fruto propagador da espécie. Acontece, porém, que o diretor Bernardo José da Serpa Brandão, desejando que o exemplar fosse único, fazia recolher todos os frutos antes da maturidade e ordenava a sua queima, operação a que pessoalmente assistia. Somente em 1843 é que foram semeadas as vistosas palmeiras que presentemente formam a alameda de 240 metros do nosso majestoso parque botânico.

Em 1815 teve início, por ordem do príncipe regente, a construção de um passeio no campo de Santana. O idealizador desse recreio público foi o ministro Tomás Antônio de Vilanova Portugal. E a execução do melhoramento coube ao intendente geral de polícia Paulo Fernandes Viana. Pretendia-se, assim, sanear e melhorar o aspecto do maior descampado que existia em toda a cidade. Era até então um esterquilíneo, lavanderia e coradouro público, quartel-general de malandros sempre dispostos a promover arruaças e depredações. O melhoramento foi iniciado plantando-se arvoredo num espaço quadrangular, com cem braças de comprimento, que ia desde a rua Nova do Conde até a do Areal, de um lado, e a do Hospício, do outro lado. Havia, também, um vasto espaço para a cultura de amoreiras. Surgia, dessa forma, o chamado *Passeio do Campo*. O popular intendente, que morava ali perto, muito carinho dedicou a esse empreendimento. Entretanto, quando d. João VI embarcou para Portugal, o príncipe d. Pedro, que não gostava do intendente, mandou destruir a machado todas as árvores. E o pretexto apresentado foi que o intendente queria fazer do passeio seu jardim particular... Daí por diante o campo ficou ao abandono, servindo nos domingos para exercício dos batalhões da Guarda Nacional. Foi somente em 1871 que a Câmara Municipal resolveu converter o campo em um parque, entregando a execução da obra de arquitetura paisagística ao arquiteto Glaziou. Iniciados os trabalhos em 1873, tiveram termo com a inauguração do parque a 7 de setembro de 1880.

Jardins Oficiais

Segundo Moreira de Azevedo, houve um jardim junto à sacristia da capela real e imperial para uso e gozo da família imperante.

Schlichthorst assim o descreve: "Num pequeno jardim rodeado por todos os lados de altos muros, uma arcada chinesa conduz à exígua capela, que encerra entre grades douradas o lugar destinado a receber os restos mortais de d. Pedro e sua esposa. Dos arcos lavrados em concheados pintados a têmpera pendem lâmpadas douradas. Pelas colunas sobem trepadeiras floridas, plantadas em jarrões postos simetricamente entre elas. Aqui e ali bancos de pedra. Um simples monograma, com as letras P. L., Pedro e Leopoldina, entrelaçados, encima a entrada do jardim. No gradil da capela, as iniciais M. I., Mausoléu Imperial, sob a coroa do Império, indicam o lugar escolhido por d. Pedro para sua sepultura. Em conchas, nas paredes, as datas memoráveis do Brasil".

Ainda existe, estando reduzido a um pequeno porém gracioso pátio. Quanto à "arcada chinesa" da descrição do aludido oficial, cremos que não passou de chinesice arquitetural...

A Quinta da Boa Vista, quando pertencia a Antônio Elias Lopes, não tinha jardins. Depois que passou a ser propriedade real, grandes trabalhos de terraplanagem permitiram a conversão do caminho que ligava o portão ao palácio em uma extensa aléia. As grandes inundações do rio da Joana, em 1811, também tornaram premente o alteamento de grande parte dos terrenos. Começou-se, pois, o trabalho de ajardinamento, sendo criadas numerosas aléias, dentre as quais sempre se destacou, pela sua beleza, a dos bambus. Quando Maria Graham residiu no palácio, no seu papel de governanta da que viria a ser rainha de Portugal, os ajardinamentos já se apresentavam belos. Por isso chegou a dizer que "nunca esquecerei" quando abrindo as janelas do sótão em que habitava "deparei com os lindos jardins do palácio". E a curiosa inglesa, que também era escritora e artista pintora, isso relatou entre 1821 e 1823, época em que viveu no Brasil. Em 1850, a vegetação do já conhecido como parque da Boa Vista apresentava vegetação luxuriante, aléias bem cuidadas, muros de arrimo artisticamente feitos à margem dos regatos e não poucas fontes. Uma das ilustrações desta nossa obra proporcionará ao leitor uma visão do estado do parque naquela época. Incumbido Glaziou da remodelação do parque, na época em que aqui realizou as antes citadas remodelações, ali implanta o traçado pitoresco inglês, tendo, porém, o bom gosto de não destruir duas ou três aléias retilíneas e infindáveis, como a já citada dos bambus.

A Iluminação

Durante o período colonial e uma parte do vice-reinado, a iluminação pública estava constituída de candeeiros de azeite de baleia e de velas de cera. Havia, no governo do vice-rei Luís de Vasconcelos e Sousa, 72 lampiões espalhados pelas freguesias, da seguinte forma: Sé, 22; Candelária, 26; São José, 12, e Santa Rita, 12. No governo do vice-rei d. José Luís de Castro, conde de Resende, a iluminação pública, por meio de lampiões alimentados de azeite de peixe, passou a ser oficialmente subsidiada. Esses lampiões estavam suspensos em braços de ferro, havendo quatro lampiões nas ruas de maior trânsito e dois nas menos importantes.

Em 1810, o aviso nº. 39, de 4 de dezembro, mandava cobrar impostos nas capitanias para fazer frente ao custeio das despesas da iluminação pública do Rio de Janeiro. Somente em 1827 é que as então províncias ficaram livres desse encargo, podendo aplicar as contribuições arrecadadas à iluminação das respectivas cidades e vilas. Paulo Fernandes Viana, o famoso intendente de polícia, aumenta consideravelmente a iluminação pública até 1828. A 1º de outubro daquele ano, o serviço deixou de pertencer ao Ministério do Império, porquanto passara a ser mantido e dirigido pela Câmara Municipal. E a 23 do mesmo mês, um decreto ampara a primeira tentativa para a iluminação a gás da cidade, ao conceder a um tal Antônio da Costa a faculdade de organizar uma companhia que se encarregasse dessa exploração. A tentativa não teve, porém, nenhum êxito. Entretanto, essa iniciativa aqui não se apresentara muito tardia, visto como somente dez anos antes a iluminação pública de gás fora implantada em Paris, vinda da Inglaterra, e Berlim só a teve em algumas ruas a partir de 1826. Por sua vez, a lei de 15 de dezembro de 1830 manda entregar à Câmara os fundos indispensáveis para manter adequadamente a iluminação. No ano de 1833, em virtude da lei de 8 de outubro, a cidade é dotada de mais cem lampiões. Acontece, entretanto, que se o serviço era deficiente e mau pelo material empregado, ainda pior se tornava pela sua defeituosa conservação, entregue a negros imundos. Os acendedores, não menos sujos, eram quase todos capengas. Talvez assim fossem em conseqüência de quedas, quando em serviço. Mas o trabalho dos mesmos cessava nas noites de luar, pois nessas ocasiões os lampiões não eram acesos. O Rio de Janeiro ficava *au clair de la lune*.

Não obstante fosse concedida, por decreto de 9 de maio de

1834, uma concessão por vinte anos a Carlos Grace e Guilherme Glegg Gover para a iluminação a gás da cidade e dos subúrbios, nada se fez. Pudera! A campanha contra tal sistema foi tremenda. Chegou-se ao ponto de duvidar que houvesse um processo de iluminação que dispensasse a torcida, ou grosso pavio de algodão embebido no azeite de peixe. E quem o pretendesse fazer era um impostor. Pelo menos assim o afirmou um desembargador chamado a opinar sobre a provisão do privilégio. Por isso, desde 13 de julho de 1835, a iluminação pública fica, conforme já se disse antes, a cargo da *Repartição das Obras Públicas e Administração da Iluminação da Cidade.* A 14 de abril de 1840, o governo aprova o contrato, celebrado entre o ministro do Império Manuel Antônio Galvão e o cidadão inglês João Jorge Young, residente nesta cidade, para estabelecer o serviço de iluminação a gás. Entretanto, nada se fez, visto como naquele mesmo ano mais cem lampiões de azeite de peixe foram postos a funcionar. Três anos depois, a partir de 21 de outubro, o serviço passou para o Ministério da Justiça. Finalmente, tem lugar, no ano de 1849, a abertura da concorrência pública para ser estabelecido o serviço de iluminação a gás. Preferida a proposta de Irineu Evangelista de Sousa, depois barão e visconde de Mauá, foi com o mesmo lavrado contrato a 11 de março de 1851, com privilégio exclusivo pelo prazo de 25 anos. Pelo decreto n.º 1.179, de 25 de maio de 1853, foram aprovados os estatutos da *Companhia de Iluminação a Gás,* fundada no Rio de Janeiro pelo referido concessionário. E, menos de um ano após, isto é, a 25 de março de 1854, eram iluminadas a gás as ruas Direita, Ouvidor, Rosário, São Pedro e do Sabão, bem como o largo do Paço. Naquele mesmo ano, o concessionário celebra com o governo, a 13 de outubro, novo contrato para ampliação do serviço a outras zonas da cidade; e a companhia aumenta seu capital, em virtude da aprovação dada pelo decreto n.º 1.495, de 20 de dezembro. Mas somente em 1861 é que a fiscalização do serviço de iluminação pública passou para a alçada do Ministério da Agricultura, Comércio e Obras Públicas.

Caminhos e Estradas

A *trilha* dos animais deu origem ao *caminho.* E este, nivelado e melhorado, recebeu o nome de *estrada.* Mas sempre o leito foi de terra ou de saibro.

Muitos foram os caminhos e estradas que existiram na cidade, a saber: estrada do Catete (atual rua do mesmo nome); caminho Velho de Botafogo (atual rua Senador Vergueiro); caminho Novo de Botafogo (hoje rua Marquês de Abrantes); caminho da Lagoa (rua Jardim Botânico); caminho de Santa Teresa (atual ladeira de Santa Teresa); caminho Velho do Morro do Nheco (hoje rua de Santa Teresa do Nheco), começando na rua da América e terminando na rua Santo Cristo dos Milagres, freguesia de Santana; caminho do Macaco (no Engenho Velho, atual avenida 28 de Setembro); caminho do Aterrado ou das Lanternas (canal do Mangue); caminho do Inglês, no morro do inglês Jorge Britain, nas Laranjeiras; caminho de Mata-Cavalos ou caminho da Bica, que vai para São Cristóvão (atual rua do Riachuelo); caminho de Mata-Porcos (depois rua do mesmo nome e, hoje, chamada do Estácio de Sá); caminho de Copacabana (transpondo a garganta da Babilônia); caminho do Corcovado ou do Aqueduto; caminhos do Leite e do Peixoto, que punham em comunicação o anterior caminho com as Paineiras; a trilha das Paineiras ao pico do Corcovado; estrada do Macaco (atual Dona Castorina), ligando o Jardim Botânico à Tijuca; estrada Velha da Tijuca, que começava na rua do Andaraí Pequeno (hoje Conde de Bonfim) e terminava no alto da Tijuca. Em 1850 é procedida a abertura de uma estrada ligando o bairro do Catumbi com o do Rio Comprido.

Nas freguesias de fora da cidade havia inúmeras estradas. Assim, na de Inhaúma estavam entregues ao tráfego os caminhos do Bonsucesso, de Catumbi, da Freguesia e dos Pilares, bem como as estradas da Pedra de Inhaúma, Nova da Pavuna e da Penha.

O viajante inglês Caldcleugh assinala que os caminhos e estradas não possuíam calçamento, sendo o leito de terra para que os negros não magoassem os pés... A afirmação era curiosa, mas não real. Se essas artérias de comunicação não eram pavimentadas, isso se devia ao hábito de não fazê-las assim e ao custo elevado da pavimentação. Ademais, ainda era muito recente o período em que a sua própria abertura não era permitida nem facilitada pelo governo real.

Por sua vez, as estradas de ligação com o sertão, isto é, de penetração, passam a ser descritas a seguir. A mais importante era a *estrada Real de Santa Cruz,* construída pelos jesuítas sobre o caminho dos Guaianases. Punha em comunicação a Quinta da Boa Vista, ou seja, São Cristóvão, com a Fazenda Imperial de Santa Cruz. Dali atingia Itaguaí e São João Marcos, penetrando no território paulista pela serra do Mar e atingindo Taubaté, Pindamonhangaba e São Paulo. Em

Guaratinguetá, por onde também passava, é que tinha lugar a bifurcação em direção a Minas, pela garganta do Embaú, da serra da Mantiqueira, o que constituía o antigo caminho dos Goitacases. Não deve ser confundido — em virtude de sua denominação — com o de igual nome que existia em Campos, no território fluminense. O caminho dos Guaianases estava unido em Itaguaí a outros caminhos que desciam para a costa fluminense e que tinham termo em Itacuruçá, Mangaratiba, Jacuecanga e Angra dos Reis. Por esses portos houve importante e ativíssimo comércio de negros escravos que, assim, eram encaminhados, encurtando distâncias, para São Paulo e, principalmente, para Minas Gerais.

Pelo *caminho Novo, caminho Novo para as Minas,* ou *caminho de Minas* — cuja construção foi iniciada em 1698 por Garcia Rodrigues Pais, filho do governador das esmeraldas Fernão Dias Pais, e somente terminada em 1725 pelo sargento-mor Bernardo Soares de Proença — ia-se de São Cristóvão ao rico território das alterosas montanhas, passando por Inhaúma, Irajá, Meriti, Iguaçu Velho, Pati do Alferes, Paraibuna, Matias Barbosa e Barbacena. E dali a ligação era feita com o arraial do Rio das Mortes, Cataguases, Congonhas do Campo e Vila Rica do Ouro Preto. Esse caminho foi construído como conseqüência do desenvolvimento da exploração aurífera no território mineiro. Era o meio de facilitar o transporte do ouro para o porto de seu embarque: o do Rio de Janeiro. Também podia atingir-se o caminho Novo navegando à vela até o fundo da baía e subindo pelos rios da baixada fluminense até o porto de Pilar, importantíssimo na época. Outros caminhos, para Minas, que partiam dessa mesma zona, eram: o *da Terra Firme,* assim chamado por contornar os alagadiços, e que subia o vale do Santana; e o *da Estrela,* partindo do porto do mesmo nome e atravessando a serra também assim denominada. Estes dois caminhos vieram auxiliar as comunicações, visto como o espraiamento dos banhados e a freqüente obstrução dos rios tornavam difíceis as comunicações entre a costa do fundo da baía e os portos de Pilar e do Iguaçu. Essas duas variantes, e mais uma terceira que existia desde o Iguaçu Velho, faziam junção na Fazenda do Guarda-Mor Geral, isto é, onde hoje existe a cidade de Paraíba do Sul.

Outra via de comunicação era a denominada de *estrada do Comércio,* ligando o presídio do Rio Preto (comarca de São João del Rei) ao Rio de Janeiro. Passava pela Vila de Iguaçu. A sua construção foi devida a uma sugestão da Real Junta do Comércio, feita em 1811.

A 14 de novembro daquele ano, o príncipe regente ordenava a construção. Onze anos depois estava terminada. Mal conservada, foi se estragando e, assim, dificultando o tráfego. Por isso, em 1842, o coronel de engenheiros Conrado Jacó de Niemeyer foi encarregado de reconstruí-la. Tornou-se importante, transpondo serras e rios por meio de 25 pontes e 44 pontilhões.

Somente em 1856 — 12 de abril — foram iniciadas as obras de construção da *estrada União e Indústria*; iniciativa de Mariano Procópio Ferreira Lage e construção, magnífica, do engenheiro Antônio Maria de Oliveira Bulhões. Seis anos depois estava concluída, medindo 144 quilômetros entre o Rio de Janeiro e Juiz de Fora. Essa modelar estrada — pois apresentava as melhores condições técnicas, permitindo que as diligências corressem a 20 quilômetros por hora — foi feita com capitais londrinos. Apresentava notáveis obras de arte, dentre as quais devem ser mencionadas as pontes sobre os rios Piabanha, Bom Sucesso, Paraíba e Santo Antônio, e um túnel a um quilômetro de Entre-Rios.

Pontes

Pedro Calmon assinalou, com extrema agudeza, que o Brasil viveu sem pontes durante muitos séculos. E diz, corroborando a sua asserção, que o padre Antônio Vieira ao recitar, em 1690, na cidade do Salvador, seu sermão de São Gonçalo, lembrara que havia 190 anos que a terra era possuída pelos portugueses e que esses ainda não tinham cogitado da construção de pontes. Assim foi, pois tirando as pontes, muito bem planejadas e construídas pelos engenheiros de Maurício de Nassau no Recife, a metrópole portuguesa nada fez nesse sentido. A explicação é simples. A ponte serve para que homens, animais e veículos transponham os obstáculos naturais: vales, grotões e cursos de água. Difundida, que fosse, serviria para ligar o litoral ao interior. Mas a Corte portuguesa só se interessou, de começo, pelo que estava sobre a costa, pois constituía renda imediata. O interior somente traria despesa. Quando, porém, apareceu o ouro é que o governo real procurou, por meio de caminhos e de pontes, trazê-lo à beira-mar. Foram, assim, construídas algumas pontes em Minas Gerais, como as de São João del Rei e Vila Rica. Entretanto, as estradas que comunicavam com o território mineiro estavam geralmente desprovidas de pontes e as que existiam eram de pequeno vão. Saint-

Hilaire (exemplo apresentado por Pedro Calmon) faz sentir, na sua *Voyage dans les provinces de Rio de Janeiro et Minas Gerais,* que seria de desejar a construção de uma ponte sobre o rio Paraíba. E logo acrescenta: *"Mais les Brésiliens sont encore presque étrangers à ce genre de construction".*

No Rio de Janeiro aconteceu que, sendo os rios de pequena largura e pouco fundo, a construção das pontes não se tornou de necessidade imediata. O saneamento da cidade exigiu, entretanto, o alteamento das margens e, dessa forma, as pontes tiveram de ser feitas. Uma das mais antigas, senão a mais velha da zona urbana, foi a ponte do Salema, no Catete, sobre o rio da Carioca. Comunicava a estrada do Catete com os caminhos Velho e Novo de Botafogo, estando, portanto, situada na atual praça José de Alencar. Era de arco abatido e construída com alvenaria de pedra. Nela se cobrava o pedágio a todo veículo ou animal que a atravessasse. Somente em 1886, por decreto de 17 de janeiro, é que essa tributação deixou de ser cobrada. Também existiu, na época colonial, uma outra ponte ligando o caminho dos Arcos da Carioca com o largo da Ajuda. Sob o arco da mesma é que passava o córrego de ligação da lagoa de Santo Antônio com o boqueirão da Ajuda. É o lugar onde está a entrada da rua 13 de Maio, entre o Templo Anglicano e o Teatro Municipal. Por sua vez, houve na rua do Cano duas pontes; sendo que uma ficava próxima da rua da Quitanda. Sobre a *vala* da cidade e sobre o próprio *cano* não faltaram, também, pontes e pinguelas. Estas últimas, abundantíssimas, livravam os transeuntes dos lamaçais, dos terrenos inundados e das valas. Tanto essas pontes como as pinguelas eram construções de madeira, quase sempre mal conservadas e, portanto, precárias e perigosas.

No século XIX, depois da criação da Intendência de Polícia, é que o número de pontes foi aumentado, sendo muitas em alvenaria de tijolo e outras em alvenaria de pedra. Uma que foi feita denominava-se *dos marinheiros* (alusão à *bica dos marinheiros*), em São Cristóvão, junto à aguada. Ocupava o lugar da atual: no cotovelo do canal do Mangue. Num lugar do caminho de Mata-Porcos (atual largo do Estácio de Sá) havia três pontes, denominadas, pelo povo, de *Aperta a goela, Cala a boca* e *Não te importes.* A primeira era assim chamada porque apertar a goela era o primeiro ato dos ladrões que ali assaltavam as lavadeiras ou os escravos que transportavam mercadorias; a segunda denominação correspondia à intimação que os malfeitores faziam às vítimas para que não gritassem; e a terceira constituía avisado conselho aos assistentes de tão deprimentes cenas. Mais adiante havia a ponte da *Segunda-Feira* (no atual largo do mesmo nome), assim conhecida porque naquele dia da semana, em tempos passados, fora morto e enterrado em suas proximidades um indivíduo. Permanentemente ali havia uma cruz e uma caixa de esmolas. Muito conhecidas também eram, naquele meado de século, as pontes: do Bastos (na Cidade Nova); de Manuel Caetano de Andrade Pinto (em São Cristóvão); do caminho de São Cristóvão (fronteira à rua Dona Januária); do Maracanã, na rua São Francisco Xavier (em frente à atual avenida 28 de Setembro); de São Cristóvão, na estrada do mesmo nome (transpondo o rio da Joana); do caminho do Macaco (próxima à fazenda do mesmo nome, no atual bairro de Vila Isabel); do Viegas (que não conseguimos localizar); as três da zona do Jardim Botânico: do Rio Branco, do Macaco (transpondo o rio do mesmo nome) e de Tábuas (fronteira à estrada de Dona Castorina); as de alvenaria das ruas do Rio Comprido e da Boa Vista; bem como os pontilhões do mangue da Cidade Nova e do Catumbi. Correspondendo a cada portão de chácara, havia nas Laranjeiras pequenas e não poucas vezes belas pontes sobre o rio da Carioca, com bancos de azulejos ou revestidos de conchas — embrechados —, formando curiosíssimos desenhos. Fora da zona da cidade devem ser citadas, como mais importantes, outras quatro pontes. A mais antiga era a construída em alvenaria de pedra e cantaria pelos jesuítas em 1732, sobre o rio Guandu, em Santa Cruz. Outra era a de alvenaria de pedra, de arco abatido, lançada sobre o rio Taquara. Como de grande utilidade podia ser apontada a da Paciência, na estrada de Santa Cruz. E, por fim, havia a chamada *do 51,* por ter sido feita, em 1851, sobre o rio da Carioca, no lugar exato em que as respectivas águas entravam no aqueduto.

Cais e Muralhas

Como as praias eram muito longas e bem largas, necessidade não houve nos primeiros tempos da vida citadina de proteger as construções das fúrias do mar. Mas o homem, imprevidente e eminentemente utilitário ou comodista, desejou que o mar ficasse a seus pés e, para isso, se socorre da construção palafita. Essa se desenvolve e o homem deseja fazê-la com materiais mais sólidos que a madeira, definitiva, sobre o salso elemento. Aparece a necessidade do enrocamento e do paredão de alvenaria ou da muralha de cantaria — construções, essas, que se às vezes não defendem a edificação, propriamente dita, protegem a rua, traçada muito à beira-mar. Foi erro de ontem e constitui erro de hoje.

Se as primeiras muralhas feitas no Rio de Janeiro foram as do recinto fortificado do morro por isso denominado do Castelo, o mais antigo paredão marítimo foi o da praia de Nossa Senhora do Ó, que ia desde o largo desse nome até a praia de Santa Luzia. Foi obra devida ao governador Duarte Correia Vasqueanes. Com o tempo, a parte desse paredão abrangida pela então praça do Carmo foi substituída por um cais — chamado do Carmo — mandado fazer pelo vice-rei Luís de Vasconcelos e Sousa. Ficando, porém, as obras incompletas, o 2º conde de Resende fez continuá-las, lançando mão para custear as respectivas despesas de um habilíssimo expediente: concedia, aos ricaços e comerciantes que pagassem valiosa taxa, a patente de *Oficiais do Cais*. A seguir, o referido cais recebeu as denominações de: cais do largo do Paço e cais Pharoux. Por sua vez, a outra parte do paredão da antiga praia de Nossa Senhora do Ó, próxima à de Santa Luzia, foi substituída por uma muralha tão solidamente construída que permitiu a criação do forte de Santiago. Nele ficava a temida masmorra, conhecida sob a denominação genérica de Calabouço. Outro dos mais antigos cais da cidade foi o de Brás de Pina, mais tarde chamado dos Mineiros. O que atualmente tem a mesma denominação foi construído de 1867 a 1868. Muralha muito bem feita e resistente, dominando sobranceira o mar, era a que sustentava o terrapleno onde estava o terraço ou terracena do Passeio Público. Foi feita em 1783. Prolongada a rua da Lapa, conseqüência do desenvolvimento do Catete, houve necessidade de fazer na Glória a muralha que ainda lá existe. Nem a indispensável rampa para a descida dos cavalos, que no mar eram banhados, foi esquecida. Um desenho da época nos revela como era a sólida construção, conhecida como cais Novo da Glória. Hoje ela se inicia onde esteve até bem pouco tempo o Hotel Guanabara e termina no relógio da Glória. Claro é que nem a balaustrada de bronze, as duas escadinhas, e os lampiões são daquela época.

A 10 de janeiro de 1811, o príncipe regente ordena a demolição das muralhas do antigo castelo de São Sebastião, que ameaçavam ruir, como conseqüência do desmoronamento de parte do morro do Castelo, provocado pelas chuvas.

Outras muralhas subsistiam, entretanto, apesar de sua longevidade. Tais eram: as das fortalezas, dentre as quais devem ser mencionadas as da Conceição, São Tiago e ilha das Cobras; as dos fortes dos caminhos de Copacabana (chamado forte do Leme, ainda existente por cima do túnel Novo) e da lagoa de Rodrigo de Freitas (forte de São Clemente, onde hoje é a rua de Humaitá); e as das terracenas dos conventos de Santo Antônio e São Bento e da igreja de Nossa Senhora da Glória do Outeiro.

Em 1820 é concluído o cais da praça do Comércio, necessário para proteger o edifício e para uso dos comerciantes. No ano de 1842 fica inaugurado, por sua vez, o cais do largo do Valongo. Ficou oficialmente conhecido como cais da Imperatriz. Na mesma época existiam mais: o cais do Arsenal de Marinha, em volta do morro de São Bento; e o cais do Francês, em São Cristóvão, também conhecido como cais Lajoux.

Em virtude da execução de obras sem licença no litoral do porto, ficou estabelecido a partir de 1846 que tais empreendimentos não poderiam ter lugar sem autorização da Câmara Municipal e da Capitania do Porto. Aliás, a culpa daquele abuso recaía à repartição de Marinha, que concedia, desde 1820, qualquer porção de praia a particulares.

Somente em 1853 é que fica concluído, pelo abalizado engenheiro inglês Charles Neate, o primeiro projeto de doca de comércio. Esse trabalho, verdadeiramente grandioso para a época, compreendia um cais corrido, unindo os extremos dos arsenais de Marinha e de Guerra, com três bacias interiores. A primeira iria do Arsenal de Marinha ao trapiche Maxwell; a segunda, dali até o cais Pharoux; e a terceira desde esse cais até o Arsenal de Guerra. Charles Neate começou as duas primeiras partes, mas essas, depois de passarem pelas direções dos engenheiros André Rebouças e Borja Castro, só ficaram concluídas em 1877. Faltando, pois, a terceira bacia, as duas outras ficaram constituindo as docas da Alfândega e do Mercado e o cais das Marinhas, que substituiu a antiga praia do Peixe. Ainda existem, atestando a competência dos engenheiros que nelas intervieram.

A profundidade das fundações das muralhas marítimas e dos cais estavam subordinadas à variação máxima e mínima da maré da baía, que era de dois metros e trinta. Na construção, costumava-se empregar lajões brutos de granito nos alicerces e lajões mal apicoados no paramento. A cantaria, propriamente dita, isto é, o paramento lavrado, somente foi empregado na parte do cais do largo do Paço onde estava engastado o chafariz e, depois, nos cais da Imperatriz, da praça do Comércio, das Marinhas, dos Mineiros, e nas docas da Alfândega.

A argamassa primeiramente empregada foi a cal hidráulica. Depois, foi empregado, mais, o cimento.

Outros cais eram de madeira, ou seja, sobre estacaria. A denominação que, por isso, conviria lhes fosse dada seria a de *molhes*. Normais à terra firme, tinham bastante extensão. Estavam conhecidos sob os seguintes nomes: da Alfândega, do Trapiche da Cidade, do Trapiche da Ordem ("junto ao qual podem se chegar com segurança navios de calado considerável" — segundo informação de Luccock), do Trapiche do Sal (junto ao morro de São Bento), do Trapiche da Gamboa e do Trapiche da Ilha das Enxadas.

Os Canais

O mais antigo dos canais era o denominado de Itá, construído no século XVII pelos jesuítas, com o objetivo de impedir a inundação dos campos de Santa Cruz, quando ocorria a enchente do rio Guandu. Obra importantíssima, media sete quilômetros de extensão. Inúmeras valas, principalmente naqueles campos, atestavam a existência, em tempos idos, de valiosas obras de engenharia: visando à drenagem de terrenos, a contenção de espraiamentos, a retificação de cursos de água e a facilidade das comunicações. Não menos útil se apresentava o canal da Pavuna, que começou a ser construído, em 1827, por uma comissão constituída do marechal Francisco Cordeiro da Silva Torres e do major Antônio João Rangel de Vasconcelos. Tinha início na povoação da Pavuna e terminava no lugar chamado das Três Barras, no rio São João de Meriti. Por sua vez, o canal de Benfica, embora de pequena extensão, prestava serviço, facilitando as comunicações entre o largo do mesmo nome e a praia Pequena, no saco de Manguinhos, ou de Inhaúma. Outra complexa obra desse gênero foi o canal que ficou conhecido como do Mangue. Tinha uma extensão de 600 braças, tendo sido aberto desde o largo do Rossio Pequeno, através do vasto pântano que ali existia, e terminando na ponte do Aterrado, isto é, bem defronte da rua do Aterro e do caminho de São Cristóvão. A obra foi iniciada, em suas primeiras 60 braças, por Irineu Evangelista de Sousa, depois que, a 21 de janeiro de 1857, foi lançada a primeira pedra da muralha. Havia, outrossim, os canais naturais, como: o que servia de sangradouro da lagoa de Rodrigo de Freitas; o que exercia igual papel na lagoa Camorim, ou barra da Tijuca; o canal da barra, separando a Marambaia do litoral; e os canais separando as ilhas do interior da baía de Guanabara do litoral.

A Repartição das Obras Públicas

Durante pouco menos de três centenas de anos, as obras públicas da cidade estiveram a cargo da Câmara e do Senado da Câmara. Por isso é que o aviso n? 29, de 8 de outubro de 1810, recomendava ao Senado da Câmara regularidade na abertura e construção das novas ruas. Com a criação da Intendência Geral de Polícia, ficaram-lhe afetos tais encargos. Pelo decreto de 26 de abril de 1811, outros serviços públicos, como os de abastecimento de água, foram entregues à mesma Intendência, que subordinada estava, por sua vez, ao Ministério do Reino.

Uma *Inspeção das Obras Públicas e Administração da Iluminação da Cidade,* dependente da Intendência, é virtualmente criada em 1825, 13 de julho, pela portaria n? 147 da Secretaria dos Negócios do Império, de vez que nessa data ficava aprovado o plano de seu funcionamento. A chefia do novo e necessário departamento público cabia ao inspetor. Esse, cujo vencimento era de 1:200$000* anuais, estava diretamente subordinado ao intendente geral de polícia, tendo, por sua vez, sob suas ordens ao engenheiro-diretor e ao caixeiro do armazém (ou almoxarife). O pessoal subalterno estava constituído de mestres, administradores, contramestres, feitores, apontadores, oficiais e serventes. Parece que a experiência do citado plano não foi satisfatória, pois dois anos após ficou determinado, pelo aviso de 29 de dezembro, que as obras públicas da cidade e dos respectivos subúrbios passavam a cargo do intendente geral de polícia, ficando, assim, suprimido o cargo de inspetor.

Em virtude da lei de 29 de agosto de 1828, foram estabelecidas regras para a construção das obras públicas referentes à navegação dos rios, abertura de canais e construção de estradas, aquedutos e pontes. Por sua vez, instruções são baixadas, sob o n? 123, de 29 de fevereiro de 1836, ao novo inspetor das Obras Públicas do Município da Corte, bem como especificadas as obrigações do tesoureiro da repartição.

Aumentando o serviço, cresceria fatalmente o pessoal. Por esse motivo, o regulamento para o pessoal da *Administração das Obras Públicas do Município da Corte* é mandado organizar pelo decreto n? 253, de 28 de abril de 1836, da Secretaria do Império. O chefe da repartição, cujo título oficial era o de inspetor, deveria ser oficial do

---

* Nota do editor: Lê-se 1 conto e 200 mil réis. O real, antiga unidade monetária de Portugal e do Brasil cujo plural é réis, em conseqüência da acentuada perda de valor foi substituído pelo mil-réis. Adotado em Portugal desde o século XII, o padrão mil-réis vigorou no Brasil até 1942, quando deu lugar ao cruzeiro. O conto de réis equivale a um milhar de mil-réis.

Imperial Corpo de Engenheiros. Dessa forma desapareceria na repartição, dali por diante, o cargo de engenheiro-diretor. O inspetor era assistido por um ajudante, que também deveria pertencer ao citado Imperial Corpo. Somente em 1º de dezembro é que foi baixado o regulamento, com as seguintes discriminações: o chefe passava a ser denominado de inspetor geral das Obras Públicas; o antigo caixeiro converter-se-ia, aliás como deveria ser, em almoxarife; haveria, mais, um administrador, tesoureiro, escriturário, mestres, contramestres, feitores e guardas. A estes últimos cabia a vigilância e a conservação dos mananciais, chafarizes e obras. A 1º de dezembro do mesmo ano um decreto dá por sua vez regulamento à repartição, propriamente dita.

Em 1840, dia 12 de março, o aviso nº 44 concede nova denominação ao departamento, que passa a chamar-se de *Inspeção Geral das Obras Públicas do Município da Corte.* Com a ampliação conseqüente, é restabelecido o cargo de ajudante do inspetor e criados os de fiel do depósito e de guarda-chefe. O cargo supremo continuava a ser o de inspetor geral das Obras Públicas, que deveria ser exercido por oficial superior do Imperial Corpo de Engenheiros, possuidor do curso completo da dita arma do Exército. Cabia-lhe, como aos seus antecessores, organizar os projetos de obras públicas e fazê-las executar, uma vez que autorizado pelo governo. Cumpria-lhe, também, fiscalizar e fazer conservar as matas, mananciais, chafarizes e aquedutos. Outra das suas incumbências era comparecer, acompanhado de pessoal, aos lugares de incêndio até a chegada do inspetor do Arsenal de Marinha, a quem competia, com a sua maruja e respectivo material, combater aqueles sinistros. As atribuições e responsabilidades do inspetor vão sendo dali por diante aumentadas, de vez que a repartição, além de diretamente subordinada à Secretaria do Império, deveria também subordinar-se às outras secretarias do Estado em tudo quanto fosse relativo a obras.

Um novo regulamento é dado à repartição pdo decreto nº 302, de 2 de junho de 1843. Poucas inovações trouxe. Mais uma vez transforma-se o lugar imediato ao de chefe. Assim, o cargo de fiscal é substituído pelo de ajudante. Parece ser que o fiscal desajudava.

Em 1859, as obras públicas e governamentais da cidade estavam a cargo, segundo a natureza das mesmas, do inspetor geral das Obras Públicas e dos diretores das Obras Municipais e das Obras Militares. Somente dois anos depois é que a Inspeção das Obras Públicas deixa de estar subordinada à Secretaria do Império para ser dependente da Secretaria da Agricultura, Indústria e Comércio.

129

2) ADMINISTRAÇÃO CITADINA

OS INTENDENTES GERAIS DE POLÍCIA — O SENADO DA CÂMARA
E AS POSTURAS — OBSERVAÇÃO INDISPENSÁVEL —
A DESAPROPRIAÇÃO PÚBLICA

Os Intendentes Gerais de Polícia

Desde 10 de maio de 1808, quando o príncipe d. João criou o cargo de *intendente geral da polícia da Corte e Estado do Brasil,* a governança da cidade passou a ser exercida pelos detentores desse cargo, e, como tais, chefes da *Intendência Geral de Polícia,* instituída cinco dias antes.

Daquele ano ao de 1822, foram intendentes o conselheiro Paulo Fernandes Viana e o desembargador Antônio Luís Pereira da Cunha.

O conselheiro Paulo Fernandes Viana, organizador da polícia — a cuja frente esteve de 10 de abril de 1808 a 21 de fevereiro de 1821 —, se tornou conhecido e estimado ao dotar a cidade de inúmeros melhoramentos, introduzindo novos costumes e estabelecendo necessárias disposições policiais e urbanas. Foi ele quem acabou — pelo edital de 1º de julho de 1809 — com as *urupemas* e as *rótulas*. As *urupemas* eram tecidos de palha montados em sarrafos ou em caixilhos de madeira. Colocados nos vãos das casas térreas, impediam que os transeuntes devassassem o interior das habitações. Sua abolição se impôs como medida higiênica. As *rótulas,* de origem árabe, eram engradados de finas réguas de madeira, com ou sem postigos, que tinham por fim resguardar as damas dos olhares dos conquistadores... E foram abolidas pelo receio de prestarem-se a acobertar um atentado contra o rei! Mas os que gostaram da proibição foram os transeuntes, uma vez que os postigos das rótulas dos pavimentos baixos, abrindo para fora, quebravam cabeças e narizes a valer...

Se dois foram os intendentes da cidade até que o Brasil foi elevado a Império, nada menos de onze ela teve a dirigir-lhe os destinos, até à abdicação de d. Pedro I. Tais foram: desembargador João Inácio da Cunha, desembargador Francisco da França Miranda, desembargador Estêvão Ribeiro de Resende, desembargador Alberto Teixeira de Aragão, bacharel José Clemente Pereira, bacharel Nicolau de Siqueira Queirós, desembargador Antônio Augusto Monteiro de Barros, desembargador Antônio José de Carvalho Chaves, desembargador Luís

130

Paulo de Araújo Bastos, desembargador José Pinto Gavião Peixoto e conselheiro Caetano Maria Lopes Gama.

Tanto esses intendentes do Brasil-Reino como os do 1º reinado do Império possuíam nomes sobejamente conhecidos como homens de valor que, de fato, eram. E o grande interesse de d. João VI e de d. Pedro I pela cidade fica também demonstrado pela escolha de bacharéis em direito para supremos dirigentes da mesma. Os soberanos compreendiam que, havendo necessidade de organização política, administrativa, judiciária e policial, nada se poderia conseguir nesses setores sem que os responsáveis fossem cultores do direito. A feição urbanotécnica só poderia ser abordada com o correr do tempo. E Grandjean de Montigny a põe em equação ao organizar o seu plano urbanístico.

No período imperial gozou de grande popularidade o intendente Aragão: Francisco Alberto Teixeira de Aragão. Na qualidade de intendente de polícia, demonstrou competência e raro zelo. Melhorou a capital do Império, reprimiu, energicamente, a mendicidade, a vadiagem e os bandos de negros criminosos que perambulavam pelas ruas, pilhando, assassinando e pondo, continuamente, a população em sobressalto, e instituiu, como medida de ordem, o toque português de *colhenza,* sinal dado às dez horas da noite pelo sino grande de São Francisco de Paula — crismado, pelo povo, como *toque do Aragão* — e depois do qual não mais era permitido o trânsito. Os seus grandes merecimentos e a perfeita exação no cumprimento dos deveres, o levaram ao Supremo Tribunal de Justiça.

Extinta em 1839 a Intendência de Polícia e criada a Chefatura da mesma, ficou entregue, de 29 de novembro por diante, ao presidente da Câmara Municipal tudo quanto dizia respeito ao município, menos, é claro, a segurança pública e o policiamento.

O Senado da Câmara e as Posturas

A 11 de março de 1757, o Conselho de Vereança, ou simplesmente a Câmara, recebe a denominação de *Senado da Câmara*. Por sua vez, o alvará de 6 de fevereiro de 1818 lhe concede o qualificativo de *Senhoria*. E a honra de a instituição ser *Ilustríssima* é estabelecida por decreto de 9 de janeiro de 1823. Era galardão concedido, por d. Pedro I, na ocasião do primeiro aniversário do *Fico*. Assim, demonstrava o seu reconhecimento.

A lei de 1º de outubro de 1828, ao reformar o Senado da Câmara, estabelece novo processo de eleição. Dessa forma, os *vereadores* eram eleitos pelo prazo de quatro anos, servindo de presidente o vereador que, pelo voto de seus pares, obtivesse maior número de votos. Como conseqüência do Ato Adicional, novo impulso recebeu a organização edilícia. O Senado da Câmara era transformado e vinha a constituir a *Câmara Municipal da Corte*. Continuava a ser uma corporação administrativa, sem função contenciosa, que tinha o encargo de regular a fiscalização, a economia, a urbanização e o progresso do município. Era composta de *vereadores,* eleitos de acordo com a lei de 1º de outubro de 1828. E o decreto nº 86, de 18 de julho de 1841, concede à Câmara Municipal os tratamentos de *Senhoria* e de *Ilustríssima.*

Para exercer as suas importantes funções, a Câmara organizava e votava as indispensáveis *posturas.* Postura era a sua lei e, portanto, a condição, o preceito, a regra que devia ser observada, em geral, pelos habitantes da cidade ou, em particular, por um determinado grupo dos mesmos. A postura constituía, por conseguinte, a lei da edilidade. Antigamente essa lei era promulgada pela Câmara — e, depois, pelo Senado da Câmara — de acordo com a *Nobreza* e *Povo.*

Um interessante edital sobre observância das posturas e leis municipais foi publicado nos jornais e proclamado pelas ruas, de ordem do juiz almotacel Francisco Xavier Pereira da Rocha, a 6 de outubro de 1824. Em síntese, obrigava: aos moradores a manterem limpas as suas testadas, não fazendo depósitos de imundícies nas ruas; a que nenhum cavaleiro andasse correndo pelas ruas da cidade, "nem devagar pelos passeios das mesmas"; os comerciantes a não amontoarem, nas vias públicas, mercadorias nem caixotes e barris vazios; a que não se perturbasse o sossego público com barulhos, devendo os carros de carga terem os eixos ensebados para que não rinchassem; a não haver ajuntamento de pretos nas tavernas; a que não se procedesse à venda de animais na porta da Alfândega; a que as experiências com animais de sela somente tivessem lugar no campo da Aclamação; os carniceiros a não roubarem no peso; a que na praia do Peixe não houvesse atravessadores, pois prejudicavam os donos das bancas; e, por fim, à colocação de uma lanterna durante a noite, nos locais das obras onde houvesse material depositado.

132

Em 1834, os novos edis da Câmara Municipal não se mostraram indignos da investidura, visto como em poucos meses organizaram um código de posturas. Entretanto, a promulgação do mesmo foi retardada. Naquele mesmo ano, a Câmara Municipal é autorizada a empregar um engenheiro na direção das obras a seu cargo. No ano seguinte — 16 de junho — um decreto concede à Câmara os terrenos de marinha necessários aos mercados, praças e demais logradouros públicos e autoriza a demarcação no mangue da Cidade Nova dos lugares de um canal e das ruas que fossem necessárias, podendo aforar o resto dos terrenos.

O primeiro *Código de Posturas,* promulgado em 1838, estabeleceu a *zona da cidade* e a *zona dos campos.* A primeira tinha como denominação: *A cidade e seu termo.*

Durante o Império, as posturas podiam referir-se: à urbanização (alinhamento, limpeza, higiene, iluminação e descongestionamento dos logradouros públicos); à construção e reconstrução de edifícios particulares; à construção de muralhas, estradas, calçadas, pontes, aquedutos, chafarizes e tanques; aos aterros e desaterros; às demolições de edifícios em ruínas; ao esgotamento de pântanos e canalização de rios; às feiras, currais e matadouros; ao estabelecimento de cemitérios; aos depósitos de inflamáveis e à fabricação dos mesmos; aos gêneros alimentícios e à matança de gado; aos pesos e medidas; aos incêndios; aos animais soltos nas vias públicas; e aos loucos e embriagados.

A Câmara — como todas as do Império — não gozava de autonomia. Dependia do governo. As das províncias estavam subordinadas aos presidentes das províncias. Dessa sorte, as criações de impostos e taxas, os orçamentos, as operações de crédito e a prestação de contas da Câmara Municipal estava sujeita à aprovação do governo imperial. Licença prévia ela deveria obter, toda vez que se tratasse de arrendamentos, permuta ou venda de prédios, terrenos ou bens municipais. Suas relações com o governo imperial se processavam por intermédio da Secretaria do Estado do Império. Por isso é que a dita secretaria arcava com uma parte das despesas do município. É o que se constata no orçamento do Império (Lei nº 108, de 26 de maio de 1840), onde se prefixavam as seguintes despesas meramente municipais: Instrução pública, 26:576$000; Passeio público, 2:400$000; Vacina, 1:750$000; Iluminação, 82:270$000; e Obras públicas, 90:500$000. Ou seja, um total de réis de 203:496$000, quantia bem vultosa para a época.

As obras públicas de iniciativa da Câmara eram feitas mediante concorrência pública. Por sua vez, os processos de arrecadação e de aplicação das rendas obedeciam aos mais rigorosos métodos e formalísticos processos. E para que suas determinações fossem observadas, o respectivo presidente dispunha, como auxiliares imediatos, de um *procurador* e de diversos *fiscais*.

Segundo o determinado no orçamento do Ministério do Império, em 1841, a zona da cidade foi constituída e caracterizada pela *décima urbana*. E a sua perfeita demarcação ficou regulada pela lei n.º 152, de 16 de abril de 1842. Três anos depois, essa demarcação era modificada pela lei n.º 409, de 4 de junho. Por sua vez, os subúrbios abrangiam a porção territorial denominada de *zona da légua*.

Observação Indispensável

Do que ficou dito e do que ainda se dirá relativamente à ação da Câmara citadina, resulta que a mesma constituiu poderoso fator para a continuação da vida caracteristicamente brasileira e, portanto, para a coesão do Brasil. Discordamos, portanto, daqueles historiadores ou comentadores, embora acatados ou mesmo consagrados, que consideraram secundário ou mesmo nulo o papel do poder municipal entre nós.

A Câmara — quer como Conselho de Vereança, quer como Senado da Câmara — soube congregar os habitantes ao sentir o perigo comum: o invasor, o pirata, o explorador; enfim, o inimigo. Congregando para a defesa, zelou. Zelo esse que, passada a ameaça, se voltou para os interesses da coletividade. O caráter eminentemente livre da instituição municipal, fazendo que na sua vida quase não se refletisse a vontade de outros poderes maiores (conselho ultramarino, governador, vice-rei ou rei), constituiu o maior esteio para a continuidade de sua ação e para a sua própria existência através do espaço e o tempo. Essencialmente particular, ela consegue a permanência do geral. Expliquemo-nos: particularista, pois se referia a uma região, sua ação ligada à das demais formou uma federação de vontades, de normas e de zelos pelas coisas públicas e coletivas. Foi essa federação sem presidente ostensivo, mas presidida pela vontade de servir ao Brasil, que preparou a eclosão da Província. Essa foi somente rótulo, pois a sua base e essência já estavam feitas pela existência e influência multissecular da Câmara. Criado o poder legislativo das povíncias, dá-se em pleno Império, a democratização das respectivas Assembléias. Era o corolário da genuína democracia que existia nas já então chamadas Câmaras Municipais. E daí começa o sentido democrático a introduzir-se na Câmara dos Deputados. Caminhava-se para a República, em que o sentido municipal foi suplantado pelo espírito estadual.

A Desapropriação Pública

A realização de melhoramentos esbarrava sempre com o direito ou com absurdas pretensões dos proprietários de terrenos ou de edifícios. Visando a remover esses entraves, a edilidade ficou armada em 1826 com a lei, de 9 de setembro, fixando os casos em que teria lugar a desapropriação, por utilidade pública, da propriedade particular e determinando as formalidades a que a mesma deveria obedecer. Logo a seguir — 1828 — um aviso faz com que seja posta em prática a *Ordenação* que obrigava restituir ao público as servidões usurpadas por particulares. Naquele mesmo ano, a lei de 29 de agosto autoriza a desapropriação por utilidade pública dos terrenos e benfeitorias indispensáveis à execução de obras relativas às estradas, pontes, aquedutos e à navegação dos rios e abertura de canais. Como conseqüência desse ato são tomadas providências para ser feita uma praça na Prainha, abrir uma estrada ligando a cidade a Jacarepaguá e rasgar um canal entre a ponte do rio Meriti e a Pavuna. E o decreto número 353, de 12 de julho de 1845, especifica os casos em que se procederia à desapropriação por utilidade pública geral ou por utilidade municipal.

3) MEIOS DE TRANSPORTE

AS CADEIRINHAS E LITEIRAS — ATRELAGENS DA NOBREZA — OS VEÍCULOS USUAIS — AS DILIGÊNCIAS, ÔNIBUS E GÔNDOLAS — CARROS DE CARGA — A REGULARIZAÇÃO DO TRÁFEGO — OS TRANSPORTES OFICIAIS — AS MONTARIAS — TRANSPORTES PARA O SERTÃO — A NAVEGAÇÃO — AS ESTRADAS DE FERRO — OS CARRIS URBANOS

As Cadeirinhas e Liteiras

No Rio de Janeiro do século XVIII o transporte de pessoas era feito por meio de cavalos, mulas, *cadeirinhas* e *liteiras*. Segundo assinala o professor e historiador Pedro Calmon, somente a mulher de reconhecida nobreza podia andar na rua de cadeirinha. De tração animada, havia a *sege*.

Com a transformação que a cidade sofre no começo do século seguinte, os meios de transporte melhoram e se ampliam. A *cadeirinha de arruar* passa do tipo singelo para o aperfeiçoado. E assim aparece a de luxo: armação ricamente entalhada, porta decorada, pintura a capricho, cortinas de seda e, até, vidros nas janelinhas. O povo a denomina, pitorescamente, de *gaiolinha*. As pessoas de posses possuíam *cadeirinhas* para seu uso privativo. Quando não estavam em uso, ficavam suspensas por meio de cordas e roldanas ao teto do vestíbulo das mansões, ficando, dessa forma, livres de estragos, de encontrões e da traquinagem das crianças. Até d. João VI possuiu uma cadeirinha, riquíssima, de madeira primorosamente pintada a óleo e cuja porta apresentava, no centro do painel, a figura de Apolo. Era uma verdadeira obra-prima.

A exploração de transportes por meio de *cadeirinhas,* isto é, a frete, teve grande desenvolvimento desde a chegada da Corte. O dono do negócio era branco e os carregadores eram negros escravos de sua propriedade ou alugados. Depois, negros forros passaram a dedicar-se a esse gênero de negócio. Diz Noronha Santos que foi no triênio 1829-1831 que apareceu a exploração mercantil por negros libertos possuidores de recursos próprios. Concomitantemente, muitos açorianos, fugidos das lutas políticas de Portugal, passaram a dedicar-se ao mesmo negócio. Houve casas de aluguel de cadeirinhas em muitos *cantos* da cidade e nas ruas do Ouvidor, de São Pedro, dos Ciganos e da Imperatriz, que foi a última a subsistir. É quase certo que em 1870 já não havia mais cadeirinhas pela cidade.

Também muito utilizada foi a *serpentina,* ou cadeirinha mais simples, constituída de um estrado oblongo com teto de coruchéu e cortinado em toda a volta. Tirantes de ferro uniam o estrado à cobertura e a um varapau que, atravessado longitudinalmente, servia para que os negros a carregassem aos ombros. Como aquele grande lenho era encurvado ao centro e terminava, em ambas as extremidades, como cabeça de serpente, foi dado a tal modelo de transporte o nome já indicado. Resta dizer que a pessoa transportada assentava-se numa cadeira ou num tamborete colocado sobre o estrado. Foi modelo trazido da China pelos portugueses e que obteve grande sucesso no Norte, principalmente na Bahia.

Para as viagens entre as propriedades rurais e a cidade, era empregada a *liteira* comum, ou *liteira rasa,* que consistia em um estrado acolchoado sustentado por varais, nos quais ficavam atrelados dois animais, um à frente e outro na traseira. Como esse meio de transporte era incômodo, pois obrigava a pessoa transportada a viajar deitada ou sentada à maneira árabe, foi o modelo transformado, substituindo-se o estrado por uma cadeirinha, com ou sem cobertura. Era muito utilizado na subida das serras do Mar, de Petrópolis, Friburgo e Teresópolis. O povo deu-lhe o nome de *banguê.* Daí surgiu um pequeno carro forrado de couro, também denominado de *banguê.* À variante desse tipo deu-se o nome de *bangula.*

Atrelagens da Nobreza

Até à chegada da Corte, aqui foram usadas — além das referidas anteriormente — outras carruagens vindas de Portugal e vulgarmente conhecidas sob os nomes de *florão, estufa, estopim* e *carrocim.* Depois, as carruagens de quatro rodas, assentos almofadados, paredes e cobertura decoradas, portas laterais, janelas à frente e atrás, puxadas por cavalos — de modelo europeu — começam a trafegar pelas ruas da cidade. E as visitas em veículos atrelados entram em moda. Possuíram belas atrelagens os marqueses de Belas, de Torres, de Vagos e de Aguiar, os condes de Pombeiro (I e II), de Cadaval, de Redondo, de Anadia, de Caparica, de Cavaleiros e de Belmonte.

A mordomia da Casa Real recebe, em 1815, alguns carros de grande luxo, de origem espanhola e italiana, bem como os fabricados na Casa Martin, de Paris (para a coroação de d. João V), a fim de contribuírem para o esplendor das festas comemorativas da elevação da América portuguesa a Reino Unido. Todos apresentavam as características dos veículos principescos do século XVIII. Por isso, riquíssimos, tanto interna, quanto externamente. Segundo Araújo Viana, eram em número de quarenta e sete e também foram utilizados nas aclamações e coroações de d. João VI e de d. Pedro I, e nos dois casamentos deste último. Muitos aqui tiveram de ser retocados dos estragos da viagem por Manuel da Costa, pintor da Casa Real. Em 1822, Debret pinta não poucas figuras nos painéis dos mais importantes. E Francisco Pedro do Amaral, *Pintor-Chefe das Decorações da Casa Imperial,* teve, por sua vez, a seu cargo a restauração das velhas carruagens e a execução dos trabalhos decorativos das fabricadas no Rio.

137

Em 1841, no dia da sagração e coroação do segundo imperador, a cidade ficou deslumbrada com o valor e número das viaturas, beleza dos animais de tiro, custo dos arneses e riqueza das librés dos *cocheiros, trintanários, moços de estribeira, moços de sota, boleeiros* e *palafreneiros,* que constituíam as equipagens. Foram cento e tantas carruagens. Noronha Santos diz, em sua obra *Meios de transporte no Rio de Janeiro,* que naquele desfile muito se distinguiram as dos marqueses de Baependi e de São João Marcos; dos condes de Valença, de Lages e de Sarapuí; e dos viscondes de Barbacena, de Congonhas, do Rio Vermelho, da Cachoeira, de Baependi (II) e da Praia Grande. Por sua vez, as pertencentes a Francisco do Rego Barros — mais tarde feito conde da Boa Vista; a Antônio Paulino Limpo de Abreu — depois agraciado com o título de visconde de Abaeté; a Antônio Francisco de Paula Holanda Cavalcanti de Albuquerque — futuro visconde de Albuquerque; e a Antônio Carlos Ribeiro de Andrada: muito sobressaíram pelos seus ornatos e estilo do vestuário dos condutores.

Os Veículos Usuais

Com o desenvolvimento da cidade e melhoria de seu calçamento, aparecem outros veículos para serventia particular e pública. Tais foram: as *calèches,* os *cabs,* os *tílburis,* as *vitórias,* os *timons-balancés,* as *berlindas* e as *caleças ligeiras.*

A *calèche,* elegante viatura de origem francesa, é conhecida no Rio através da que foi trazida pela rainha Carlota Joaquina. O modelo cai no domínio público quando em 1820 são postas inúmeras a circular. A 6 de fevereiro de 1834, a Regência concede a João Batista Midosi o privilégio, por cinco anos, de invenção de quatro tipos de carros de duas rodas. Em 1843, surgem outras *calèches* mais aperfeiçoadas, importadas da França. Os seus diferentes modelos impressionam agradavelmente e o fabricante de carros Anacleto Fragoso Rhodes lança a seguir outro tipo a que denomina de *caleça.* As muitas encomendas que recebe demonstraram que a caleça carioca obtivera não menor aceitação. Carlos Augusto Taunay, homem de valiosos empreendimentos, muito ligado aos negócios de locomoção, obtém privilégio, em 1848, para um novo tipo de caleças menos pesadas, a que chamou de *urbanas.* Daí se originam — em 1851 — as *caleças inteiras* e as *meias caleças,* que foram muito bem aceitas.

O *cab* francês, pequeno carro de quatro rodas, tem aqui uma variante, passando a possuir somente duas rodas. O novo modelo recebe o nome de *carrinho fluminense*. O autor da inovação foi Antônio Pinto de Miranda, conhecido fabricante de viaturas, que obteve o respectivo privilégio em 1836.

O *tílburi*, inventado em 1818 pelo segeiro inglês Gregor Tilbury, veio ter ao Rio de Janeiro em 1830. Como meio popular de condução obteve grande aceitação a partir de 1846, só vindo a desaparecer com a grande reforma da cidade, operada no quadriênio Rodrigues Alves. Uma das pessoas que primeiro se utilizaram desse modelo de carruagem foi o padre Guilherme Paulo Tilbury, conhecido professor, que pelo sobrenome talvez fosse parente do inventor. Os tílburis estacionavam, por determinação da polícia, no largo do Rossio e na rua Direita. O preço, por hora, daqueles pontos aos limites fixados pela praia do Retiro Saudoso, Rossio Pequeno, chafariz de Catumbi e rua da Princesa, era de 1$000 réis. Mas, se chovia, o freguês pagava mais 500 réis. Até os limites determinados pelo Caminho Novo de Botafogo, Largo do Machado, Mata-Porcos, Curral Novo e Praia Formosa, o preço pela primeira hora era de 2$000 réis e pela segunda de 1$000 réis. Fora desses limites, considerava-se fora da cidade, e, então, a hora devia ser paga a 3$000 réis.

A *vitória* — de proveniência inglesa —, não menos elegante e leve carro para duas pessoas, circula na cidade em 1846. Era, na realidade, um tílburi grande, com quatro rodas (duas maiores e duas menores), boléia, dois lugares interiores, capota reversível e jogo de molas muito macio. Dois animais a puxavam.

O *timon-balancé*, maneiro carro de molas —, com duas rodas, dois lugares, capota móvel e tirado por um animal, foi introduzido, em 1848, pela fábrica de João Ludolfo Guilherme Röhe.

A *berlinda*, invenção do arquiteto Chièze, a serviço de Frederico Guilherme, eleitor de Brandeburgo, passa da Alemanha para a França, e dali para Portugal. Antes de 1850, é conhecida na Corte notavelmente diferençada do tipo primitivo. Veículo de luxo, ele manteve o seu prestígio até depois das obras de Passos e Frontin.

Em maio de 1850, o alemão João Guilherme de Suckow, conhecidíssimo dono da empresa de carruagens do largo de São Francisco de Paula, consegue ver revalidada uma concessão que lhe permitiria construir novos tipos de carros, inclusive umas *caleças ligeiras*. Nessa época o imperador d. Pedro II fazia suas viagens, pela estrada entre o Rio e Petrópolis, confortavelmente sentado em macia carruagem de construção americana, denominada *Alabama*, puxada por duas parelhas.

As Diligências, Ônibus e Gôndolas

Entretanto, todos os meios de transporte antes descritos se destinavam a pessoas de recursos e de certa posição social. O transporte coletivo não existiu durante longo tempo. Para remediar essa falta, tornando os veículos acessíveis ao povo, foi outorgado, em 1817, o privilégio exclusivo de linhas regulares de *diligências* (carros que vêm do tempo de Carlos Magno) entre o centro urbano e os palácios da Boa Vista e de Santa Cruz. Sebastião Fabregas Suriguê era o usufrutuário da concessão. Depois exploram serviços de diligências Joaquim José de Melo, Jacques Bourbousson e o espanhol Ramón Pérez. Em 1821, é concedida licença para que João Batista Bonneille estabeleça uma *mala-posta*.

O serviço público de comunicações é, a seguir, gradativamente ampliado com a *Companhia de Ônibus* e as *gôndolas*.

O *ônibus*, tipo de veículo para locomoção coletiva inventado pelo sábio Pascal, obteve grande sucesso na Europa a partir de 1662, tendo sido conhecido no Rio em 1837 devido à iniciativa de um francês, Jean Lecocq. Possuía dois pavimentos, sendo puxado por quatro cavalos. Estava inteiramente pintado de vermelho. Os alugadores de animais de montaria receberam a inovação com hostilidade. Mas o público muito apreciou os serviços que o veículo prestava na linha estabelecida entre o Rossio Grande e a praia de Botafogo, esquina do caminho Novo. Desta sorte, cogitou-se de organizar uma *Companhia de Ônibus*, da qual fizeram parte, entre outros, Aureliano de Sousa e Oliveira Coutinho, Manuel Odorico Mendes, Carlos Augusto Taunay e o capitalista Jerônimo de Mesquita. A empresa estabeleceu linhas contínuas para todos os bairros, contribuindo — como os atuais ônibus automóveis — para o crescente desenvolvimento da cidade. Privilegiada por uma concessão de dez anos, prorrogada por prazo igual, foi ela aumentando não só o número de linhas, mas, também, as viagens de cada uma. Havia linhas para Botafogo, Laranjeiras, Engenho Velho, Rio Comprido, Andaraí Pequeno (atual bairro da Tijuca), São Cristóvão e rua Nova do Imperador. O ponto de partida era a praça da Constituição, custando a passagem 400 réis. Para o Jardim Botânico, ponta do Caju e arrabaldes, podiam ser alugados ônibus no escritório da empresa, à rua do Senado.

As *gôndolas* — assim chamadas por possuírem um recinto fechado semelhante aos barcos venezianos desse nome — obtiveram acentuada preferência pública pela modicidade do preço das viagens: cento e vinte réis. A iniciativa de estabelecer esses tipos de coches — de quatro rodas, um pavimento, bancos laterais, capacidade para nove pessoas e puxados por parelhas de bestas — coube à firma Martin & C., que requereu e obteve, em 1838, uma concessão pelo prazo de dez anos. A sociedade organizada para a exploração do privilégio denominava-se *Companhia das Gôndolas Fluminenses.* Em 1842, era inaugurada a primeira linha: entre o largo de Moura e o Rossio Pequeno. Quatro anos depois existiam três linhas em tráfego, logo acrescidas de mais duas. Também depois explorava o negócio de *gôndolas* a firma Carvalho H. Cotrim & C.

Quem primeiro estabeleceu uma casa de alugar *seges* foi o lusitano Francisco Antônio Garrido. Montou-a na praia de Santa Luzia. O negócio prosperou e Garrido instalou, em 1822 e 1847, sucursais nas ruas da Lampadosa e da Imperatriz. A empresa que conservou o nome por mais tempo foi a *Moreau;* fundada, em 1820, pelo francês desse nome, e mantida pelos seus descendentes até depois da transformação da cidade em 1908. Mas casa de luxo, procurada pela gente elegante, era a do major João Guilherme de Suckow, que começou a funcionar em 1830. Em 1847, o número de cocheiras de carruagens atingia a quinze. Quase todos os proprietários de cocheiras eram estrangeiros: portugueses, franceses, ingleses e alemães.

Carros de Carga

O transporte de grandes cargas, primeiramente feito em carros de bois, postos a trafegar, no século XVII, na várzea de Nossa Senhora do Ó, foi sendo melhorado. Os *carros de carga,* de eixo firme e ferragem estreita nos rodeiros; os *carrões,* baixos e compridos, para materiais, mercadorias e bagagens; os *carros da Alfândega,* para grandes pesos e empurrados por seis pretos, havendo um sétimo ao varal, como guia; e as *pranchas,* ou *carretões,* de pouca altura, quatro rodas e puxadas a corda; constituíram os tipos de veículos de carga mais comumente empregados até à primeira metade do século XIX.

O transporte de móveis era feito, de começo, por ganhadores — os famosos *negros ao ganho* — que tudo conduziam à cabeça, marchando compassadamente ao som de cantorias ou de chocalhos.

Depois vieram os grandes *carros de bois,* até que em 1847 aparecem *os carroções,* tirados por muares, de Manuel José de Moura Bastos, que se estabeleceu com empresa de mudanças no largo da Ajuda. Dois anos depois, Ruffier Martellet & C. obtinham privilégio por dez anos para uma viatura especial de mudanças. Tinha a forma de uma grande sege, completamente fechada, possuía quatro rodas e era puxada por duas parelhas. Denominava-se *andorinha;* alusão ao pássaro que tanto se desloca. Existiu até bem pouco tempo.

A remoção de cadáveres, por meio de veículos, para o devido sepultamento, teve início em 1840. No ano seguinte ficava fundada, no largo de São Francisco de Paula, a *Sociedade de Coches para Enterros.* O negócio prosperou e em pouco tempo, além das *traquitanas* e *seges,* dessa empresa, adaptadas ao mister, são utilizados os *coches funerários* de uma outra estabelecida na rua do Fogo. Havia dois tipos: um maior para adultos e outro, menor, para menores e anjinhos. Todos se distinguiam pelo estrado para o caixão, coberto de tejadilho com coruchéu e colunas torneadas de sustentação. Os modelos dos carros fúnebres vão-se aperfeiçoando e aparecem então os denominados *churriões de defuntos.*

A partir de 1850, as casas exportadoras e importadoras passaram a adquirir veículos de transporte de cargas e de mercadorias, para seu uso e celeridade das transações.

A Regularização do Tráfego

Em 1847, a 26 de outubro, a Câmara Municipal toma providências para descongestionar o tráfego da cidade, estabelecendo *a mão* e a *contramão.* Era medida imprescindível à vista da estreiteza das vias públicas e dos incidentes, que a desordem da circulação dos veículos, cargueiros e montadas, provocavam a todo instante. A respectiva postura, baixada pelo presidente interino da Câmara, Gabriel Getúlio Monteiro de Mendonça, estabelecia que os veículos que se dirigissem para a rua Direita deveriam trafegar pelas ruas de São José, do Cano, Rosário, Alfândega e São Pedro. Isso era considerado como *descida.* E os que pretendessem, partindo da rua Direita, dirigir-se para o oeste — o que era considerado *subida* — deveriam trafegar pelas ruas da Cadeia, Ouvidor, Hospício e do Sabão. Por sua vez, as carroças de água ou pipas que fossem para o largo da Carioca haveriam de transitar pela rua dos Latoeiros, e as que dali voltassem deveriam fazê-lo

142

pela rua da Vala. O tráfego para a Lapa e o Catete estava regulado de maneira que a ida se fazia pela rua da Guarda Velha e a volta pela da Ajuda. Nessa postura se observa a curiosidade de que os ônibus e gôndolas não eram obrigados a trazer as lanternas acesas, à noite, quando houvesse luar... Quaisquer infrações eram castigadas com multas de 4$000 réis.

Os Transportes Oficiais

Até 1850, as repartições públicas não possuíam veículos privativos de transporte. Somente no ano seguinte é que foram adquiridos os primeiros veículos para o transporte de doentes.

As Montarias

Os homens de situação, os fazendeiros, os ricaços, enfim: os importantes da época, muito apreciavam montar a cavalo e em bestas. A respeito Noronha Santos escreveu em seu livro: "A obsessão dos ricaços em possuir esse ou aquele animal de montaria, ajaezado com arreios e artefatos de luxo, selas acolchoadas — cabeçadas, testeiras, peitorais rebrilhantes — a ostentar estribos de prata, guizeiras em volta do pescoço da cavalgadura, freios, rédeas, esporas, tudo que a arte da equitação exigia, passava de pais a filhos".

Os animais de montaria foram durante longo tempo muito utilizados, pois constituíam meio de locomoção rápida e cômoda. Por isso, fortes bestas eram empregadas, nos longos e acidentados percursos, pelos caixeiros viajantes, fazendeiros, comerciantes, correios oficiais e, até, pelos militares. Andavam de seis a sete léguas por dia. Numerosíssimas cocheiras alugavam animais, não só para viagens, como para passeios e ascensão às partes mais altas da cidade. Em 1843, existiam 47 cocheiras de animais. Quatro anos depois, ficaram reduzidas a quatorze. Constituía esse declínio uma conseqüência da aceitação, cada vez maior, que as carruagens iam tendo.

Transportes para o Sertão

O transporte da cidade para o interior ou para os lugares afastados do Município Neutro se fazia utilizando as já referidas montadas e, também, por meio de: *carros de boi,* para as cargas e não poucas

143

vezes para pessoas, principalmente mulheres e crianças, sendo para isso dotados de toldos, esteiras e colchões; *tropas de cargueiros,* formadas de récuas de bestas: sete quando a récua era fluminense e nove se fosse mineira —, cujo percurso diário não ia além de quatro léguas; *banguês,* ou liteiras, em cujos varais ficavam atrelados dois animais, um à frente e outro atrás; *cadeirinhas,* engastadas em dois animais e transportadas tal e qual os banguês; *redes,* transportadas por negros escravos pelos lugares onde os meios de transporte anteriormente mencionados não podiam ser feitos; *carregadores,* africanos ou ameríndios, que transportavam à cabeça mercadorias e coisas guardadas em caixas e fardos. Pelas facilidades que apresentavam, principalmente de passar por qualquer parte, as cadeirinhas e redes gozavam da preferência dos viajantes estrangeiros que se dedicavam ao estudo da natureza e à exploração científica da terra. As diligências, ou *mala-postas,* somente se generalizaram, como meio de transporte para o interior do país, depois da primeira metade do século XIX. Isso resultava da construção e melhoria de estradas.

A Navegação

As ligações marítimas estabelecidas na baía de Guanabara, desde o tempo da Colônia, tiveram grande importância.

Com a praia Grande (hoje Niterói); portos do recôncavo, isto é, dos rios que nela iam desembocar: Piedade, Magé, Inhomerim, Estrela, Mauá, São Gonçalo, Iguaçu, das Caixas e Meriti; — além daqueles das ilhas de Paquetá e Governador, a navegação era intensa. Da Saúde, Gamboa, praia D. Manuel, Valongo e praia de Botafogo, tinham início muitas das linhas de embarcações de carga.

As embarcações à vela e a remos, para o transporte de passageiros, partiam do cais dos Mineiros (assim chamado pela preferência que lhe davam os passageiros mineiros que embarcavam para Iguaçu e Estrela), do Valongo, ou da Imperatriz, da Prainha e do Pharoux. As principais linhas estabeleciam comunicação com a ponta do Caju, Botafogo, Penha, porto de Inhaúma, ilha de Paquetá, ponta do Galeão (na ilha do Governador), e ilhas do Bom Jesus, do Fundão, do Catalão, do Pinheiro e da Sapucaia. As linhas mais importantes eram, porém, a que unia a ponta do Caju a Botafogo e a denominada de *Carreira Diária de São Cristóvão,* feita em escaleres, ligando aquele ponto com o cais Pharoux, com escalas pelo cais da Imperatriz e com a Prainha.

A navegação a vapor só aparece no porto em 1819, quando é posto a trafegar o primeiro barco, o que se deve à iniciativa do marquês de Barbacena. Igual iniciativa tivera ele no recôncavo baiano. Realiza-se definitivamente em 1820 o primeiro grande esforço para estabelecer linhas de navegação a vapor no interior da Guanabara. Por isso, o barco a vapor *Bragança* inicia uma linha regular com a ilha de Paquetá. Provada a eficiência de tal serviço, procurou-se, em 1822, ampliá-lo, servindo outros pontos. Mas essa outra iniciativa não obteve êxito. Foi só em 1834 que se organizou a *Companhia de Navegação de Niterói,* a qual, amparada pelo decreto de 6 de março, passou a ter privilégio exclusivo de estabelecer linhas de navegação, por meio de barcos a vapor, entre o Rio de Janeiro e Niterói, assim como com todos os rios, recôncavos e baías da Guanabara O privilégio, concedido pela Regência Permanente, de que era ministro do Império o conselheiro Antônio Pinto Chichorro da Gama, foi pelo prazo de dez anos. O governo gozava do direito de transporte gratuito dos funcionários a serviço e dos volumes, com gêneros ou materiais, até o peso de doze arrobas. Em 1835, a Companhia recebe da Inglaterra as três primeiras barcas, armadas em iate, com lotação para duzentas pessoas: *Praia Grande, Niteroiense* e *Especuladora.* O tráfego regular entre o Rio e Niterói é inaugurado a 14 de outubro daquele ano, sendo cabeça da linha a estação da praia de dom Manuel. A passagem, por pessoa, custava 100 réis nos dias comuns e 160 réis nos dias de guarda, feriados e domingos. Os escravos somente lucravam nos últimos dias acima citados, pois nos comuns o preço das suas passagens era bem puxado: 80 réis. Em compensação podiam ir de pé no chão... Uma violenta explosão, ocorrida a 25 de março de 1844, destruiu a barca *Especuladora,* com o sacrifício de sessenta pessoas.

As ilhas de Paquetá e do Governador passam a ser servidas, regularmente, desde 1838, pelos barcos da *Companhia da Piedade,* e, dois anos depois, a *Companhia de Navegação do Rio Inhomerim* começa a exploração das linhas de navegação a vapor para os portos de Estrela e das Caixas, e, posteriormente, para São Domingos. Para aquele primeiro lugar havia uma barca diária que saía do cais dos Mineiros às 11 horas da manhã e voltava às 4 horas da tarde. O custo das passagens dependia de estar calçada ou não a pessoa transportada. Dessa forma, o passageiro calçado, sendo menor de 12 anos, pagava 800 réis, e sendo maior daquela idade, 1$500. Se estivesse descalço, os preços eram, respectivamente, de 500 e 320 réis. Não menos importante, a *Companhia de Navegação de Botafogo* mantinha uma carreira de barcas a vapor entre aquela baía e o cais Pharoux. Nos dias úteis, havia viagens para Botafogo às 6h30, 8h, 10h, 14h, 16h, 18h e 20h; e de Botafogo, às 7h, 9h, 12h, 15h e 17h30. As pessoas calçadas pagavam 240 réis, e as descalças 80 réis.

Por sua vez, o serviço litorâneo estava beneficiado, desde 1839, com os barcos da *Companhia Brasileira dos Paquetes a Vapor.* O *São Sebastião,* primeiro dos mandados construir em Liverpool, com 250 toneladas de deslocamento e 100 cavalos de força, obteve aqui o mais estrondoso sucesso, pelo seu arranjo interior, pequena vibração e velocidade. Em 1850, a empresa dispunha dos vapores denominados de *Imperador, Imperatriz, Pernambucana, Baiana, São Salvador, São Sebastião, Todos os Santos* e *Paraense.* Tocavam, para o Norte, nos seguintes lugares: Bahia, Maceió, Recife, Paraíba, Natal, Fortaleza e São Luís do Maranhão. E para o Sul, em Santa Catarina e no Rio Grande.

Outras empresas exploravam, também, o serviço de navegação entre pontos do litoral. Assim, a *Companhia de Navegação por Vapores — Macaé a Campos* empregava os vapores *Campista, Fluminense, Macaense* e *Paquete do Norte,* não só entre aqueles portos, como também entre os mesmos e o Rio de Janeiro. A *Companhia Ubatubense* ligava o Rio de Janeiro, por meio de barcas, com os portos de Mambucaba, Angra dos Reis, Ubatuba, Mangaratiba e Parati. E a *Companhia Itaguaiense de Navegação* mantinha regular serviço com Itaguaí e portos intermediários ou adjacentes.

O transporte de passageiros para o exterior, por meio de barcos a vela, era intenso com Portugal (Lisboa e Porto), França (Havre de Grâce), Inglaterra (Londres e Liverpool), Gibraltar, Hamburgo, Angola, Benguela, América do Norte e Rio da Prata. Os vapores *Sara* e *Princesa Isabel* encarregavam-se de rebocar navios a vela para dentro ou para fora da Barra.

Em 1843, fica organizada a primeira linha regular de *paquetes a vapor,* ligando o Brasil à França, isto é, os portos do Rio de Janeiro e do Havre. A companhia *L'Union* fazia esse serviço, em 1850, empregando oito navios novos, de 600 toneladas, de nomes seguintes: *Empereur du Brésil, Imperatrice du Brésil, Dom Pedro II, France, Brésil, Ville de Rio, Ville de Paris* e *Levaillant.* As saídas eram a 25 de cada mês.

As comunicações com Falmouth, Madeira, Buenos Aires e

146

Montevidéu estavam asseguradas, em 1847, pela *Companhia de Paquetes Britânicos*. Quatro anos depois a *Real Companhia Britânica* inaugurava uma carreira de *paquetes* entre o Brasil e a Europa, contribuindo, assim, para melhorar o serviço internacional de comunicações. Dessa sorte, a 7 de fevereiro de 1851 transpunha a barra o paquete *Teviot,* com 1.800 toneladas de deslocamento e 500 cavalos de força. Fizera a viagem da Inglaterra ao Brasil em 28 dias. O agente da companhia, Thomas Revers, vendia passagens aos seguintes preços: do Rio a Falmouth, em viagem direta, 52 libras na câmara e 27 na antecâmara; e em viagem tocando na Bahia e Pernambuco, 57 e 30 libras, respectivamente. Do Rio a Montevidéu ou a Buenos Aires a passagem custava 20 e 12 libras, também respectivamente. O curioso é que os passageiros deviam levar colchão e roupa de cama, e a bagagem não podia exceder de 400 libras de peso.

O embarque e desembarque dos passageiros transatlânticos se processava de preferência no cais Pharoux, pois o largo do Paço era considerado como de entrada à cidade.

As Estradas de Ferro

Em 1835, isto é, dez anos depois que a Inglaterra iniciara a construção de estradas de ferro, cogitou-se de estabelecer uma estrada de ferro no Brasil, partindo do Rio de Janeiro. Coube a iniciativa ao visconde de Barbacena, que trouxera de Londres uma proposta da companhia de estrada de ferro de Durham a Birmingham. O objetivo era ligar a capital do Império com a província de Minas Gerais. Isso provocou a promulgação, naquele mesmo ano, da lei nº 100, de 31 de outubro, por meio da qual o governo ficava autorizado a outorgar a uma ou mais companhias a concessão, por oitenta anos, de ligar por estrada de ferro a capital do Império com as capitais das províncias de Minas Gerais, Bahia e Rio Grande do Sul.

Aparecem, a seguir, iniciativas particulares para estabelecer estradas de ferro nas províncias do Rio de Janeiro e de São Paulo.

Por fim, em 1840, por decreto de 4 de novembro, o médico inglês dr. Thomas Cochrane consegue o privilégio por oitenta anos de uma ferrovia do Rio de Janeiro a São Paulo. Por diversos motivos, nada foi feito de prático. Dentre os principais sobrelevam de importância as revoluções de São Paulo e de Minas. Outro motivo foi a ausência de capitais no país. E outro foi a terrível oposição que, à implantação da estrada de ferro, fez sempre o *tropeiro;* o dono das tropas de animais de carga. O tropeiro era *um tudo:* transportava mercadorias, materiais, produtos, valores, correspondência, dinheiro, jornais, encomendas e pessoas. Foi o transmissor de recados políticos, o *leva-e-traz* das cartinhas amorosas, o disseminador de notícias e de boatos. Ouvia as coisas do sertão e as transportava para a Corte; trazia, dela para o interior, as *novidades,* às vezes bem velhas. O tropeiro, que monopolizava tudo isso, não podia aceitar o evento da estrada de ferro.

Em 1842, o decreto n? 641, de 26 de junho, autoriza o governo a conceder a construção de uma ferrovia entre o Rio de Janeiro e as províncias de Minas Gerais e São Paulo. Declarando a caducidade da concessão outorgada ao dr. Thomas Cochrane, o decreto também instituía a garantia de juros de 5% para o capital que fosse empregado na construção de estradas de ferro. Foi esse, pois, o ponto de partida para a série infindável de abusos que houve até à República sob o manto de garantia de juros. Daí surgiram as sinuosas estradas de ferro que ainda podem ser vistas pelo Brasil.

Não interessando a este nosso estudo a concessão provincial de São Paulo (de 1838), nem aquela outra, imperial (em 1852), para a construção de estrada de ferro em Pernambuco, notar-se-á que, focalizado novamente o assunto na Câmara dos Deputados, esta aprovou, em 1852, uma lei concedendo a construção total ou parcial de uma estrada de ferro entre o Rio, Minas e São Paulo. Aberta a respectiva concorrência, apresentaram propostas: Teófilo Benedito Ottoni e João Batista da Fonseca; o visconde de Barbacena; e o grupo formado de Joaquim José Teixeira Leite, Carlos Teixeira Leite e Caetano Furquim de Almeida. Entretanto a realização do empreendimento foi considerada impossível na ocasião. Não obstante, aquele ano devia ser decisivo para a implantação definitiva da estrada de ferro em nosso país, pois coube a Irineu Evangelista de Sousa construir a primeira, que também foi, cronologicamente, da América do Sul. Essa foi a *Estrada de Ferro Mauá.*

Os Carris Urbanos

As linhas de carris para o transporte urbano não existiam na metade do século XIX. Foi somente em 1856 que o governo autorizou a organização da *Companhia de Carris de Ferro da Cidade à Boa Vista.*

Telégrafos

Também não havia telégrafo terrestre, pois a primeira instalação citadina desse gênero foi posta a funcionar depois da metade do século, e a iniciativa de estabelecer o telégrafo submarino foi obra de Irineu Evangelista de Sousa.

CAPÍTULO III

OUTROS ASPECTOS

1) A EDIFICAÇÃO

AS CASAS DO CENTRO, AS RESIDÊNCIAS E A CONSTRUÇÃO —
OS JARDINS PARTICULARES

As Casas do Centro, as Residências e a Construção

Para bem avaliar o progresso da edificação no Rio de Janeiro, torna-se necessário fazer algumas observações. Embora ligeiras, pois de outra feita já tratamos do assunto, serão oportunas.

Até que o governo português se instalou na cidade, sua edificação era bem o reflexo do modo de viver de seus habitantes. Pouca coisa havia, pois, de notável, a não serem as construções religiosas e uma ou outra obra de caráter público. E a situação não melhorou depois, porquanto a compulsória obrigação de dar aposentadoria a todos quantos vieram da Europa naquela ocasião não permitiu a ereção dos novos edifícios de que a cidade, com a sua população aumentada, tanto necessitava. Essa e outras dificuldades, anteriormente apontadas em páginas desta obra, tornaram inócuas quase todas as providências oficiais para incrementar a construção. O mesmo ocorreu em relação às características de certa maneira uniformes que as edificações deviam apresentar. Assim, embora já em 1810 — 8 de outubro — o Senado da Câmara recomendasse a observância de regularidade nas edificações das ruas novas, nada de prático jamais se fez nesse sentido.

Visando a desenvolver, pela construção, a parte do Rio de Janeiro conhecida como *Cidade Nova,* isto é, do campo de Santana para cima, um decreto de 26 de abril de 1811 concede, a contar de dois anos dessa data, isenção do pagamento da décima durante dez anos às casas de dois pavimentos e de menos de cinco portas e durante vinte anos às casas que possuíssem mais de dois pavimentos ou de cinco ou mais portas ou janelas.

Em 1817, um curiosíssimo alvará obrigava os proprietários de terrenos não edificados mas cercados por muros a fazerem, nestes, vãos de portas e de janelas. Qual seria o intuito dessa providência? Certamente o de dar ao transeunte a impressão de uma cidade muito mais edificada do que era na realidade. Por sua vez, as edificações que só possuíssem rés-do-chão deveriam, caso fossem reparadas, altear as suas fachadas, com a adição de mais um pavimento ou mesmo com uma simples água-furtada.

Freycinet se deteve (entre 1817 e 1820) em observar as casas: geralmente de um pavimento, algumas de dois e poucas de três. Tinham, por via de regra, uma sala à frente e a seguir alcovas servidas por corredores. A exigüidade dos terrenos e a multiplicidade de cômodos de cada casa, para o completo aproveitamento do espaço disponível, o levou a observar que: "Para fazer uma habitação bonita, seria necessário o terreno de quatro casas ordinárias do Rio de Janeiro". Pela falta de "bons arquitetos" as casas de mais de um pavimento possuíam escadas defeituosas.

Também relata que o vigamento era constituído de peças de grande grossura, colocadas muito próximas umas das outras. Mas falhou ao explicar a razão dessa maneira de construir. Assim, para ele, isso era feito pelos proprietários para provar que não se preocupavam com economia. Ora, não é verdadeira a afirmativa. Em primeiro lugar, a mania de economizar na construção da própria casa foi hábito que subsistiu até bem poucos anos passados. Assim o afirmamos depois de trinta anos de experiência, como arquiteto, neste Rio de Janeiro. Em segundo lugar, a aproximação das grossas vigas era simplesmente a demonstração do desconhecimento completo da resistência dos materiais. Divertido é, pois, que ainda hoje aqui se façam casas "coloniais" com tal erro religiosamente copiado. Assinalaremos que até a própria secção quadrada que apresentavam as vigas daqueles tempos é também adotada nas casas que podem ser chamadas de *caluniais*!... Mas a pagodeira arquitetural dos tempos que correm permite até fazer vigas de concreto armado com revestimento imitando embrechados, calombinhos e reentrâncias que as vigas de antanho jamais apresentaram.

Foi depois da Independência que a edificação aumentou e melhorou.

Assim, Maria Graham assinala a existência naquela época de casas de campo no bosque do outeiro da Glória e diz ter passado a residir em "confortável casa" do Catete. Caldcleugh, contemporâneo de Maria Graham, achava que as casas eram feitas segundo o capricho dos mestres de obras.

Rugendas — que viveu na cidade de 1821 a 1826 — descreve as casas da zona próxima ao largo do Paço (rua Direita) da seguinte forma: *"Les maisons de ce quartier sont en général hautes et étroites; leur toit est pointu, et rien dans leur construction ne rapelle le climat du tropique. Elles ont presque toujours trois ou quatre étages et seulement trois croisés de face. Comme les fenêtres sont fort longues, la disproportion qui existe entre l'élévation et la largeur des maisons en devient plus choquante"*.

Castelnau afirma, por sua vez, que as casas eram construídas de granito e tinham raramente dois pavimentos. *"L'interieur en est vaste et disposé de manière à permettre librement la circulation de l'air"*. As chaminés das lareiras eram desconhecidas, e a esse respeito refere que uma senhora brasileira lhe contara que, numa visita feita a uma propriedade inglesa da serra dos Órgãos, muito admirada ficara com uma espécie de buraco, feito no salão, onde havia fogo. Henderson também faz observações, não menos curiosas, quanto às condições das casas.

Bougainville é severo, mas real, nas observações que faz em 1824, porquanto assevera que, no centro, "as casas, muito feias por fora, profundas e só recebendo a luz do dia por um pátio, interno, semelhante a uma cisterna, parecem-me de mortal tristeza".

O oficial alemão Schlichthorst, que aqui viveu de 1824 a 1826, diz em seu livro que a partir da ponte do Catete havia belas residências. Na praia de Botafogo: "As mais belas residências são construídas um pouco distantes da rua, no fundo dos jardins, ao pé dos morros e um tanto acima do nível da praia. A maioria, ao gosto mourisco, com cúpulas, arcos de forma estranha e uma escadaria ligeiramente inclinada à frente". Confirmando a existência de varandas abertas sobre o mar, escreve, em outra página de seu livro: "É preciso ter estado no Brasil para poder apreciar a conveniência de seu modo de edificar. A casa brasileira tem uma utilização inteiramente diversa da do norte da Europa. Deve proteger dos raios ardentes do sol e, ao mesmo tempo, dar livre passagem ao ar fresco da noite. Todas as casas genuinamente brasileiras correspondem mais ou menos a esse duplo fim, enquanto a vaidade nacional dos ingleses vai levantando edifícios que conviriam admiravelmente em Londres, mas não nos trópicos quase inabitáveis". Esteve em casa de "arejada varanda, cujo telhado sustenta colunas enrodilhadas de roseiras e jasmineiros floridos". E, satisfeito, acrescenta que gozou "a brisa fresca pela alpendrada fantasticamente enflorada".

Para o rev. Walsh, as casas apresentavam, em 1828, aspecto sólido, como feitas de alvenaria de pedra, tendo as vergas e ombreiras de granito preparado nas numerosas pedreiras. O seu estilo — acrescenta — poderia ser bastante melhorado. E dizia ainda mais que: "As casas são geralmente construídas sem nenhum respeito pela uniformidade, quer no tamanho, quer no plano".

Abel Du Petit-Thouars diz que, depois de passar na *Vênus* pela fortaleza da barra, avistou uma angra semicircular bordada de uma praia (do Flamengo) e tendo no lado da terra "uma fila de belas casas de campo; acreditar-se-ia — acrescenta —, vendo-as, que aí devem encontrar-se a felicidade e o repouso". Avançando com o navio para o interior da baía, "descobrem-se bonitas casas nas praias". Observa, outrossim, que na margem oposta ao Rio de Janeiro se achava a praia Grande, que "é uma aldeia de casas elegantes, cercadas de pórticos com colunas'.

Em 1830, a Câmara Municipal determina que todo edifício, muro ou tapamento que se apresentasse em estado de ameaçar ruína deveria ser demolido à custa do proprietário, quando pelo exame feito pelo seu fiscal e mais peritos se constatasse ser impossível qualquer reparação.

Mas nem todos os viajantes dedicavam loas à edificação. Laplace estranhava, em 1832, as "casas de altos muros, janelas pequenas e portas ainda mais estreitas". Referia-se naturalmente às casas do centro. Aliás, a sua observação era justíssima. Aquele mau vezo de fazer os quartos e salas com exagerada altura e dar exígua largura aos vãos, veio até nossos dias. Somente com a remodelação da cidade, feita por Francisco Pereira Passos e Paulo de Frontin, é que tais despropósitos foram sendo sanados. Ainda nos lembramos da exigência municipal que obrigava a levantar "o pé direito à altura da lei", o que significava dar ao compartimento da casa a altura prefixada nas posturas.

Após o 7 de abril, verifica-se um novo e grande incremento nas edificações.

As casas particulares da zona central ou aproximadas ao centro urbano eram térreas ou de sobrado. As térreas tinham geralmente uma porta, central ou ao lado, e duas janelas. No interior, vestíbulo de entrada e à direita ou esquerda do mesmo uma ampla sala, a seguir do vestíbulo um longo corredor que estabelecia comunicação com dois quartos internos, ou alcovas, sem ar nem luz direta. Algumas vezes, esses quartos tinham janelas para uma pequena área. Mas isso era bem raro. Ao fundo do corredor estava a ampla sala de jantar, ocupando toda a largura do lote, com uma ou duas janelas para um pequeno pátio ou área, e porta para estreita passagem, onde havia, em lugar oposto à área, uma copa. Da pequenina passagem se ia para a cozinha, que tinha luz direta recebida do terreno dos fundos. Fronteira à cozinha existia mais um quarto ou, então, a despensa. O banheiro e a latrina estavam quase sempre fora do corpo da casa. Em geral, havia somente um degrau entre a calçada e o piso da casa. Dessa maneira, quem passava pela rua via o que ocorria no interior. O recurso para evitar o devassamento era o emprego de venezianas.

Outras vezes, a casa tinha um corpo superior que, entretanto, não ocupava toda a largura do lote. Estava, pois, mais para um lado. Era o que se chamava *sobrado:* isto é, o que sobra, o além do necessário. Esse sobrado tinha uma estreita e empinada escada e estava constituído de dois quartos: um à frente e outro aos fundos, ou, então, de três quartos. A esquisita solução de fazer o sobrado mais para um lado, isto é, não chegando até um dos limites laterais do lote, tem a justificação de permitir a existência de mais um quarto com luz direta. E não poucas casas tinham, em lugar do sobrado, uma água-furtada ou *camarinha,* isto é, pequena câmara. Essa solução apresentava a

155

vantagem de permitir que esse corpo central estivesse isolado das paredes das casas vizinhas. Depois, o sobrado ocupou toda a frente do lote.

Por sua vez, as casas residenciais urbanas de amplas proporções: as *mansões,* ou *solares,* ocupavam lotes retangulares de dimensões maiores que as dos anteriormente descritos. Tinham dois pavimentos ou *andares.* No primeiro, ficava logo à entrada a cocheira, servindo também de vestíbulo. O leitor não se espante com isso, pois a cocheira não era outra coisa que o depósito da sege. Às vezes, em lugar da sege lá ficavam as cadeirinhas. Ao fundo do vestíbulo existia uma porta-cancela, de entrada para a escada que comunicava com o segundo andar, e ao lado daquela porta um arco que comunicava .com os fundos da casa, onde estavam a estrebaria, os depósitos de capim e de lenha, os alojamentos dos escravos, o paiol de comestíveis, a adega. Por sua vez, o quarto dos arreios ficava à direita ou à esquerda do vestíbulo-cocheira. No andar superior havia: grande sala, ou *salão,* dormitórios (quase todos eram alcovas), sendo que alguns estavam iluminados por luz zenital, grande sala de jantar, varanda anexa, copa, cozinha e despensa. Esse tipo de residência sofria algumas alterações no pavimento térreo ou *rés-do-chão,* quando o vestíbulo ficava reduzido a uma entrada estreita, a sala dos arreios era abolida e, assim, quase toda a frente da mansão estava ocupada por um comércio ou uma oficina.

Das casas de chácara ou das quintas e de outros solares e mansões não nos ocuparemos nestas páginas, de vez que já fizemos referências a essas tão características edificações noutras páginas deste mesmo livro e em não poucas da obra que escrevemos sobre Grandjean de Montigny. Acentuaremos, somente, que Debret reproduziu no seu livro a excelente residência do bispo e a planta de um solar de quinta, com caráter pompeiano, que é uma verdadeira jóia. Mas a análise demorada da arquitetura daquela época ficará para outra ocasião.

Grandes dificuldades eram, porém, freqüentemente encontradas pelos arquitetos, engenheiros e construtores para executar suas obras, devido à má natureza do subsolo. Este apresentava, comumente, até que fosse encontrada rocha, as seguintes camadas: aterro, lodo, lodo e areia, areia, moledo e pedra decomposta. As espessuras das camadas eram variáveis, predominando às camadas de aterro e de lodo. Isso ocorria, é claro, nos terrenos que não fossem saibrosos ou naqueles, das encostas, onde predominava a rocha.

Por sua vez, as construções de taipa — que predominaram no Rio de Janeiro colonial — e também o vulgar *pau-a-pique* cedem gradativamente o lugar à alvenaria de tijolo, que, impondo-se desde o século XVIII, muito se generaliza no século seguinte. Exemplos frisantes de como se trabalhava bem com esse processo construtivo são os arcos e abóbadas das naves dos templos e as arcarias das cisternas das fortalezas.

A cantaria, tão usada nas fortalezas coloniais, não foi empregada senão depois que Grandjean de Montigny, seus assistentes e discípulos tornaram conhecida e aplicada a estereotomia. Por isso, antes da generalização do emprego da cantaria, as paredes feitas de alvenaria de pedra apresentavam senões irreparáveis. A pedra era retirada das pedreiras em grandes blocos mal desbastados e assim mesmo colocados uns sobre os outros. Havia, pois, tanto externa quanto internamente, saliências nos paramentos, que hoje muitos arquitetos imitam gostosamente... A movimentação dos blocos de granito tambem se tornava difícil e, assim, quase que não havia, interiormente, quer nos quartos quer nos próprios corredores, paredes que estivessem em esquadro.

Se as paredes externas eram bem grossas, tendo sempre mais de cinqüenta centímetros, o que se explica pelas razões antes expostas quanto às dimensões dos blocos de granito, as paredes interiores ou de divisão não possuíam menores dimensões. E a razão é a mesma, aliada à barateza da mão-de-obra. Quando as paredes eram feitas de alvenaria de tijolo, apresentavam como elementos constituintes fiadas de tijolos de barro, secos ao sol, chamados vulgarmente *adobes*. Apresentavam forma paralelepipédica, mas achatada, pois a altura não ia além de quatro polegadas e a sua largura era de um palmo e o seu comprimento tinha um pé e meio. Não obstante, as grossuras das paredes não diminuíam. Acontecia, porém, que a preferência se manteve pela parede de alvenaria de pedra, não porque o barro de que os tijolos eram feitos deixasse de ser bom, mas porque a fabricação visava a produzir muito e barato. Daí as deficiências que o tijolo apresentava em sua contextura e na sua própria forma. Acresce a circunstância que muitas das excelentes barreiras que existiam estavam situadas próximas ao mar e, assim, o barro estava carregado de salitre, nelas depositado pela ação do vento. Outras barreiras eram muito ferruginosas.

157

A areia doce empregada nas construções era boa. Provinha dos abundantes rios, das lagoas de água doce próximas ao mar e de antigos areais, como os da ilha do Governador. Isso não impedia que inconscientes construtores empregassem areia tirada das partes dos rios próximas às suas embocaduras e, portanto, impregnada de salitre depositado pela água salgada na maré cheia, ou mesmo areia salgada tirada das praias. Daí a umidade das paredes.

Como argamassa se empregava a cal de marisco, o saibro e a areia doce. As proporções da mistura variavam. Acontecia que a cal de marisco, também mal fabricada, se apresentava muito salitrada em virtude da areia do mar que envolvia os mariscos. A cal de pedra — cuja indústria foi primeiramente iniciada em Minas Gerais — só começou a ser empregada no Rio de Janeiro no último quartel do século XIX.

O resultado do emprego de tais materiais carregados de umidade não podia ser mais nefasto. Sentia-se frio no interior das habitações, o bolor tudo invadia, os emboços e rebocos se desagregavam, grandes painéis de parede se apresentavam permanentemente nus, as doenças faziam a sua aparição, os moradores sofriam ou pereciam.

A exigüidade das áreas interiores ou pátios também prejudicava as habitações e os próprios moradores. O mal era bem mais grave nas casas do centro urbano. Isso constituía mais uma prova de que as questões ligadas à iluminação, ventilação e insolação não entravam em linha de conta quando se tinha de construir casa.

Se a já antes indicada excessiva espessura das vigas se fazia notar, não menor era a das pranchas que constituíam os soalhos, pois tinham três polegadas de espessura. Eram colocadas de junta e com pregação visível. Sua grossura provinha: primeiro, da abundância e barateza das madeiras e quase gratuidade da mão-de-obra; e segundo, do processo manual empregado para serrar peças de madeira. Somente quando apareceram as serrarias mecânicas, e a madeira começou a encarecer, é que os pranchões cederam lugar aos tabuados.

As esquadrias, muito mal feitas de começo, apresentaram pouco a pouco melhor aspecto, mormente quando na sua construção intervinham carpinteiros franceses e alemães. As ferragens de portas e de janelas, principalmente as avantajadas dobradiças e os fortes e práticos fechos, é que eram insuperáveis. Mas incomodíssimas para transportar — o que ninguém fazia, aliás — eram as chaves.

Os forros das casas foram-se também aperfeiçoando, de sorte que os havia lisos, isto é, horizontais, ou de *saia e camisa,* e de caixões, chamados de *maceira.*

As salas de visitas tinham o teto e as paredes pintadas de cores claras, pois não se apreciavam os matizes escuros. Muitas vezes eram forradas a papel, o qual, estragando-se facilmente, pois era diretamente colocado sobre o reboco, recebia a umidade das paredes e, criando bolor, ainda mais aumentava o mau aspecto dos cômodos das casas. A pintura inglesa empregada pelos artífices estrangeiros e uma inigualável caiação contribuíram, depois, para melhorar e sanear as habitações. Nelas não havia à noite outra iluminação além das candeias de metal onde ardia óleo de baleia ou, então, nas salas, serpentinas ou candelabros com velas de cera, cuja chama era protegida da ação do vento por graciosas e altas mangas de vidro trazidas dos Estados Unidos, ou, ainda, lustres dotados de mangas menores.

E, assim como muito se apreciava a *alcova* como quarto de dormir — apesar de seus notórios inconvenientes —, também muito difundido foi o uso dos sótãos. Geralmente, muito enfeavam as fachadas. Entretanto, quando o sótão era alto, permitindo a existência de uma camarinha, já o partido da fachada se apresentava melhorado por um balcão, dotado quase sempre de grade com peitoril.

A cobertura das casas era de telhas de canal, ou romanas, tendo dois pés de comprimento, oito polegadas na parte mais larga, seis polegadas na parte mais estreita e seis linhas de espessura. Havia não poucos graciosos telhados, sendo todos de beiral saliente, sustentado pela cornija moldurada. Não se usaram as calhas e os condutores senão nas proximidades da metade do século XIX. A construção de terraços não se generalizou, tendo sido Grandjean de Montigny o primeiro arquiteto que os fez em duas mansões que ainda existem, uma na rua do Catete e outra, próxima à anterior, na rua Correia Dutra.

Convém acentuar, por fim, que o combate ao calor se caracterizava construtivamente na simples casa, como no solar ou na casa da chácara, pela grossura dada às paredes; pelo balanceado beiral do telhado; pelas camarinhas ou *águas-furtadas*; pelas galerias, varandas, pórticos e alpendres — que respondiam à denominação genérica de *copiar*; pela veneziana, que amortecia, coava a luz; pela janela gradeada, que permitia o perene arejamento do compartimento; pela ventilação transversal imposta ao telhado e a certas peças da casa ou pro-

159

vocada pelos longos corredores; pelo pátio, sombrio e acolhedor; e pela parede cega oposta à insolação excessiva.

A cidade teve os seus arquitetos privativos. Grandjean de Montigny formou mais de cinqüenta arquitetos. Morto em 1850, o número de novos arquitetos diminuiu, mas aumentou a quantidade de mestres de obras empíricos e analfabetos. Por isso, em 1857 o diretor das obras municipais da Corte, conselheiro dr. Manuel da Cunha Galvão, chamava a atenção da Câmara Municipal sobre os mestres-de-obras que "sem peias, nem sujeição a provas ou exames, sobre causarem grandes prejuízos a particulares a quem lesam, muitas vezes com os erros devidos à sua ignorância, prejudicam o público e entorpecem o embelezamento da cidade". Sugeria, pois, a nomeação de um arquiteto para a cidade e a exigência de prova de idoneidade para os mestres-de-obras.

Muitos engenheiros militares também se dedicaram à arquitetura, conforme já ficou antes assinalado.

Os Jardins

O jardim particular surgiu na clareira da mata, onde erguida foi a mansão, o solar, a casa da chácara. De sua existência houve inúmeros testemunhos. Não é, pois, verdadeira a afirmação contrária. Assim, há o depoimento do negociante inglês John Luccock, que viveu no Brasil de 1808 a 1818, transcrito mais adiante. Por sua vez, Maria Graham, a ilustre governanta da princesa Maria da Glória, que aqui viveu de 1821 a 1823, classificou os jardins da Quinta da Boa Vista de "lindos" e revelou ter verificado que o padre francês Renato Pedro Boiret, capelão-mor do Exército e mestre das princesas imperiais filhas de d. Pedro I e de d. Leopoldina, — possuía uma "vila com um agradável jardim". Note-se, para dar valor a essas afirmações, que Maria Graham não possuía extensas relações na sociedade carioca e freqüentava pouco os seus patrícios.

Outra confirmação da existência de jardins em época anterior à da abdicação de d. Pedro I está contida no livro de Schlichthorst, relativo ao Rio de Janeiro de 1824 a 1826. Segundo escreveu, nos jardins "predomina um gosto que chamam francês e que preferiria fosse mourisco por se adaptar melhor à paisagem. A natureza oferece parques à inglesa que tornam qualquer imitação pueril. O estupendo colorido das flores e a maravilhosa forma das árvores e arbustos, reunidos num conjunto regular, tornam-se um tanto artificiais. Um jardim dessa espécie é como um desses grandes xales em que cada flor muitas vezes se repete sem cansar a vista. Pequenos repuxos atiram um jato prateado para o céu noturno, brancas estátuas surgem como fantasmas entre o arvoredo e os perfumes embalsamam o ar". Diz, também, que as residências da praia de Botafogo se destacavam não só pela sua bela situação como "pela beleza dos jardins". Ali morou ele, tornando conhecido que, onde outrora o mato imperava, surgiam brancas casas "rodeadas de floridos jardins". As flores, na sua quantidade e magia de cores, o surpreendiam, pelo que, ao observar a cidade do alto do Silvestre, escreve: "Nos jardins, é tal a profusão das flores que até lá do alto se sente seu ofuscante esplendor".

Por sua vez, o artista João Maurício Rugendas, contemporâneo de Schlichthorst, assinalou que as ruas do Catete e de Botafogo eram "interrompidas constantemente por jardins e até por plantações. Os vales que descem em direção à costa se ligam à cidade por inúmeras chácaras e jardins".

O grande desenvolvimento dos jardins ocorreu depois de 1830, isto é, quando, serenadas as convulsões políticas da Independência, a aristocracia imperial se afirmava e o requinte social se impunha. E, assim, jardins esplêndidos podiam ser vistos nas Laranjeiras, em Botafogo, no morro da Glória, no Catete, no Rio Comprido e na Tijuca. O seu traçado não obedecia, porém, a um único tipo, como se verá a seguir. Por sua vez, uns eram feitos nas planícies e outros em zonas montanhosas.

Havia os jardins de tipo andaluz, com a sua característica topiaria, os murinhos de arrimo, os numerosos vasos de barro escalonados ou enfileirados por toda parte, as fontes e vertedouros, as largas calçadas de passeio revestidas de tijolos justapostos (as chamadas *tijoleiras*) ou de lajotas, os canteiros com gramados e árvores ou cheios de arbustos. Jardins de repouso, frescos, agradáveis, de penumbra, como coadores de luz e protetores da ação do sol. Jardins de sombra, pois até as aléias que ligavam os solares aos portões eram túneis de copadas árvores. Como eram construídos em platôs ou terracenas, as muralhas que os sustentavam é que fixavam o seu traçado. Em alguns, os

161

parapeitos eram constituídos de grades de ferro colocadas entre pequenos pilares de alvenaria, os quais eram encimados por peças de louça do Porto, branca ou amarela, representando quimeras, as estações do ano, um esbelto Apolo, uma não menos bela Diana Caçadora ou uma puríssima Vesta. Outras vezes o motivo decorativo estava constituído de uma pinha, um vaso ou um globo, muito decorativos, pois neles aparecia a tricromia. Rampas ou escadarias, dotadas de muros de contorno, completavam esses jardins. Modelares jardins desse tipo eram: os de Santa Teresa; os que existiam no alto do morro da Glória, na face voltada para o mar; os da Muda da Tijuca (alguns, verdadeiramente belos); alguns da zona do Rio Comprido e Itapagipe; o de Carvalho de Sá (onde depois Eduardo Guinle fez o seu palácio), nas proximidades do largo do Machado; o da chácara Taylor, na Lapa (que ainda pode ser visto); quase todos os situados na parte mais alta das Laranjeiras; e o de Joaquim Marques Batista de Leão — atual largo dos Leões —, em situação belíssima, descortinando inigualável panorama, e dotado das palmeiras que ainda existem naquele local. Realizava-se assim — no segundo quartel do século XIX — a aspiração de Schlichthorst de que houvesse, com razão, o jardim de tipo mourisco.

Não poucas vezes, o jardim andaluz era no pátio. No centro, a fonte circular ou barroca de água cantante, pois tinha o seu repuxo. Nos quatro ângulos, os canteiros, com um lado arredondado para permitir a existência do passeio em volta da fonte. Outro passeio isolava os canteiros da galeria, pórtico ou alpendrada, isto é, do brasileiríssimo *copiar*, que contornava ou ladeava o pátio. Como protótipos desses jardins interiores podem ser indicados o da excelente reprodução feita na obra de Debret, o da residência do bispo, e os dos conventos. Sobre os que existiam no Convento de Santo Antônio, assim se expressou Luccock: "Os jardins são mantidos em tal apuro que é difícil que outro no Rio os iguale". O emprego do plural, ao referir-se a tais lugares de recreio, se justifica, pois ali havia dois: um no pátio e outro numa terracena, que dominava a cidade, situada à direita do edifício do convento. Outro jardim de convento que apresentava excelente aspecto, sendo planejado da mesma forma, era o do Convento da Ajuda, em cujo centro havia a bela fonte de granito chamada das Saracuras, obra de Mestre Valentim da Fonseca e Silva. E relativamente aos do Convento de Santa Teresa, assim Luccock informa: "Os jardins acham-se sobre um declive que se volta para o oeste e goza das vantagens de possuir água do aqueduto público que por ele atravessa". Ainda hoje podem ser apontados como daquele modelo: o que foi feito no solar de Monjope, na atual rua do Jardim Botânico, pelo historiador e crítico de arte dr. José Mariano Filho; e o que existe próximo àquele, na mesma rua nº. 182, residência da família Boa Vista, projetado pelo finado arquiteto Edgard Viana.

Como protótipos de jardins de planície, devem ser lembrados os que seguem. O do então visconde de Abrantes, Miguel Calmon du Pin e Almeida, no caminho Novo de Botafogo, ocupando a metade do trecho — do lado direito de quem entrava pela praia de Botafogo — daquela via pública, isto é, entre a praia e a atual rua Marquês de Paraná. Em largura estendia-se até o caminho Velho de Botafogo. Da longa e larga varanda que o solar retangular possuía nos fundos do primeiro pavimento avistavam-se as belas aléias retilíneas, pois o traçado paisagístico obedecia à escola francesa, os cruzamentos das aléias longitudinais com as transversais e o belo arvoredo, assim irmanando a concepção paisagística francesa com a exuberância e frondosidade da flora brasileira. Também nele se faziam notar as roseiras e grande quantidade de outras plantas florísticas.

Lindeiro com este estava o jardim do visconde com grandeza, conde e marquês de Paraná: Honório Hermeto Carneiro Leão. Ocupava trecho equivalente no mesmo caminho Novo de Botafogo. Ia esse terreno desde as divisas do visconde de Abrantes até um pouco além da atual rua Marquês de Paraná, aberta, aliás, na quase extremidade direita do lote. Além da grande frente que o jardim ocupava sobre o caminho Novo de Botafogo, ele se estendia até o caminho Velho de Botafogo. O solar, propriamente dito, era de frente de rua, tal e qual acontecia com o do visconde de Abrantes. Apresentava, porém, a planta em forma de *T*. Dessa maneira, certos salões e quartos tinham suas janelas sobre o jardim. Este estava traçado à moda inglesa, tendo, pois, seus caminhos curvilíneos. Um arvoredo riquíssimo e copado se estendia a perder de vista. Viveiros de plantas raras colhidas pelo próprio marquês na província do Rio de Janeiro e enviados à sua esposa, d. Maria Henriqueta Carneiro Leão, que delas cuidava com extremado carinho, chamavam a atenção de visitantes nacionais e estrangeiros.

Outros jardins de planície eram: os da zona do Flamengo, compreendida entre a rua do Infante (atual Dois de Dezembro) e a que depois foi chamada de Barão de Cotegipe (atual Tucuman) — todos

163

possuidores de terraços construídos na amurada que deitava sobre a larga praia que nessa época ali existia; os da parte alta de São Clemente e de que ainda existem modelos, como aqueles que pertenceram, em nossos tempos, às famílias Lynch (atual embaixada americana) e Oliveira Castro, o da atual embaixada de Portugal, o que está fronteiro ao quartel de polícia (verdadeiramente deslumbrante, com as suas ricas árvores ancestrais); o que pertenceu ao 2º barão e, depois, visconde do Rio Bonito, onde hoje está o Colégio de Santo Inácio (dos jesuítas), podendo-se ainda ver o respectivo solar; o jardim do Souto, o riquíssimo negociante e banqueiro da rua Direita, situado no Andaraí —, no qual até existia uma grande coleção de animais da terra e do estrangeiro e, por isso, considerado cronologicamente o primeiro dos jardins zoológicos da cidade carioca; e os da orla marítima de Botafogo, tão gabados pelos viajantes estrangeiros, como provamos em outras páginas.

Outro tipo era o jardim sem frondosas árvores, sem sombra. Terra, onde toda a vegetação fora destruída para dar lugar ao canteiro ou, melhor, à série de canteiros. Retangulares e alinhados, pareciam, quanto à forma, caixões de defunto. A planta do vasto conjunto que os continha também era retangular, cortada nos sentidos dos lados do mesmo por estreitos caminhos. Cada canteiro tinha gramado em volta e, no centro, na parte terrosa, flores e frutos. As árvores pouco aparecem, por prejudiciais à monótona disposição dos canteiros... Jardim que não era de passeio; somente servia para ser visto. Para coroar a vistosidade, principal objetivo do dono da propriedade, uma longa aléia de palmeiras marginava o largo caminho que, unindo o portão da estrada à mansão, permitia a passagem das carruagens. Esses jardins, impróprios para um país tropical, eram numerosos nas zonas hoje conhecidas como de Barão de Mesquita e de Conde de Bonfim.

Em outras propriedades, o verdadeiro jardim era a horta: bem plantada, muito cuidada; dando ótimos frutos. Motivo de orgulho do dono e de toda a sua respeitável família.

Junto à casa, como lugar de sombra, é que se fazia o caramanchão. A sua construção obedecia ao requisito da perenidade. Por isso, os elementos sustentantes eram constituídos de grossos vergalhões de ferro, embutidos pela base em blocos de granito, e tendo na parte superior um suporte com a forma de *U,* onde ficavam embutidos os barrotes de madeira. Formava-se o caramanchão com toda a sorte de plantas trepadeiras ou deixava de existir o caramanchão para dar lugar à latada de gostosas uvas.

Elegantíssimos e amplos bancos de azulejos, com braços sinuosamente dispostos ou terminados em voluta, e outros, não menos cômodos, com embrechados de conchas, serviam de lugares de descanso para os que passeavam pelos jardins. Também eram colocados à direita e à esquerda dos portões — fora dos muros da propriedade — para servir aos que esperavam ônibus e diligências. Quando não eram colocados do lado interno dos portões, ficavam situados num pavilhão construído como belvedere sobre a rua ou a estrada. Esse pavilhão era geralmente de quatro águas, construído com colunas dóricas romanas de alvenaria de tijolo e cobertura de telhas de canal.

Em alguns jardins e chácaras podiam ser vistos relógios de sol, chamados, na época, *pedras de agulha*.

O portão era, por via de regra, de ferro, um tanto trabalhado, com dois batentes, não faltando no centro de cada um dos batentes a data em que foi feita a mansão ou iniciais entrelaçadas. Como pontos de apoio dos batentes, duas altas pilastras de alvenaria de tijolo, molduradas e encimadas por trabalhos de louça do Porto: animais reais, como o leão; fantásticos, como o dragão ou o grifo; ou, ainda, por figuras: uma arisca Vênus de um lado e o tiritante Inverno do outro...

2) ASSISTÊNCIA

HOSPITAIS E RECOLHIMENTOS — CASAS DE SAÚDE — DOENÇAS — SEPULTAMENTOS E CEMITÉRIOS

Hospitais e Recolhimentos

Não havia assistência pública organizada. Apesar disso, bastantes foram as leis, decretos, alvarás e avisos por meio dos quais se pretendeu ampliar o auxílio aos desamparados.

Cabia à iniciativa particular, representada pelas irmandades da Misericórdia e da Candelária, ordens terceiras de São Francisco da Penitência, de São Francisco de Paula, do Monte do Carmo e da Imaculada Conceição, e Convento do Carmo, exercer, em toda a sua plenitude, aquela benemérita missão.

À Irmandade da Misericórdia estavam subordinados o *Hospital Geral da Cidade* (vulgarmente conhecido sob a denominação de *Santa Casa),* a *Roda dos Expostos* e o *Recolhimento das Órfãs.*

O *Hospital* fora virtualmente fundado em 1582 pelo Santo do Brasil, jesuíta canarino José de Anchieta, pois estabelecera uma enfermaria para curar os marinheiros doentes da esquadra espanhola comandada pelo almirante Diego Flores Valdez. Para manter seus serviços sempre teve auxílios, como o imposto de 40 réis por canada de bebidas alcoólicas, que lhe foi concedido em 1661. Pelo alvará de 27 de junho de 1808, passou a gozar da isenção da décima urbana. Era a maneira de aumentar-lhe a renda, tão necessária para o exercício de seus encargos. E a 28 de setembro do mesmo ano, outro alvará isentava de selo os legados feitos à mesma. Por sua vez, em 1811, em virtude do alvará de 20 de maio, todas as Santas Casas do Brasil e dos domínios ultramarinos ficavam isentas do pagamento de selo nas quitações dos legados que lhes fossem deixados. Como em 1823 o estado da Santa Casa era precário, necessitando de reforma urgente, o Governo nomeia, pelo decreto de 24 de outubro, uma comissão para proceder às necessárias sindicâncias e propor as melhorias que se tornassem necessárias. Três anos depois lhe é concedida, pelo aviso número 75, de 12 de maio, a extração de uma loteria. Em 1829, ela entra na posse de um terreno que pertencia ao Hospital Militar. É o que lhe autoriza o decreto de 24 de setembro.

Pelo decreto n? 24, de 30 de agosto de 1834, os remanescentes das loterias que lhe tinham sido concedidas ficavam em seu poder, enquanto não fossem reclamados. E recebe a concessão de duas loterias extraordinárias pelo decreto n? 330, de 5 de fevereiro de 1844. Por sua vez, em 1847, o decreto n? 460, de 30 de agosto, autoriza a Santa Casa a continuar a possuir bens de raiz. Não obstante, o estabelecimento hospitalar deixava, em meado do século, muito a desejar. Aliás, o mesmo acontecia nos demais. Nele havia uma sala de repouso e duas amplas e bem ventiladas enfermarias: uma para brancos e outra para negros. Os doentes eram, porém, mal tratados e pior agasalhados. Por tudo isso, é que a 2 de julho de 1840 fora lançada a pedra fundamental do novo edifício. Mas somente a 30 de junho de 1852 é que foi franqueado aos doentes, sendo a direção interna entregue às irmãs de caridade de São Vicente de Paulo. Deve-se a monumental construção ao esforço e pertinácia do provedor José Clemente Pereira.

A *Roda dos Enjeitados,* estabelecida em 1738 numa dependência do hospital, devido à iniciativa de Romão de Matos Duarte, constituiu a concretização da idéia do rei de Portugal d. Pedro II, que em 1693 escrevia a respeito desse assunto ao governador da capitania do Rio de Janeiro. Em 1811, a instituição passou a funcionar em prédio especialmente construído no beco chamado de Corredor do Trem, próximo ao largo da Misericórdia. Em 1814, um alvará de 24 de outubro cogita de ampliar o amparo aos órfãos. Para isso, a carta régia de 14 de dezembro de 1815 determina não só que pela Casa de Suplicação fossem arrecadadas algumas contribuições para aquele benemérito fim, como também ordenava que os párocos deviam receber dez réis de cada um de seus jurisdicionados pela desobriga, tudo em proveito daquela criação. Era a única maneira de fazer face às despesas com o recebimento e manutenção das crianças expostas, segundo determinava a provisão n.º 16, de 26 de junho, da Mesa do Desembargo do Paço. Em 1822, a instituição estava instalada no largo da Misericórdia, bem defronte da igreja. É o lugar hoje ocupado pelo Ministério da Agricultura. Mas, em 1823, o senhor d. Pedro I disse na *Fala do Trono,* lida perante a Assembléia Constituinte, que constatara existirem, na então chamada *Roda dos Expostos,* sete crianças em miseráveis condições e que, das 12 mil ali recolhidas desde a fundação, somente mil tinham vingado. Dessas, a Misericórdia não tinha notícias... Em virtude disso, e atendendo às precárias condições de existência da instituição, o governo concedeu-lhe uma loteria. Assim, pôde ser mudada para a rua de Santa Teresa. A lei de 6 de novembro de 1827 estabeleceu que os legados que não tivessem sido cumpridos se destinariam à criação da Casa dos Expostos. Mas somente em 1831, pelo aviso n.º 190, de 22 de julho, é que foram baixadas instruções para a execução daquela medida. Em 1840, o provedor José Clemente Pereira lança a pedra fundamental do novo edifício a ser construído no beco do Império, na Lapa.

O *Recolhimento das Órfãs,* fundado em 1739, somente em 1838 é que teve o primeiro auxílio oficial da Câmara Municipal, constituído de quatro contos de réis concedidos durante dois exercícios financeiros. Foi o que dispôs a lei orçamentária n.º 60, de 20 de outubro. Em 1850, a mesa e a junta da Santa Casa elevam a sessenta o número de órfãs do Recolhimento, então funcionando em vasto prédio do largo da Misericórdia.

Por sua vez, *o Recolhimento de Nossa Senhora do Parto* estava situado na rua dos Ourives (ao lado da igreja da mesma invocação), destinando-se a guardar senhoras submetidas à prova de purificação de seus pecados. Eram chamadas de *recolhidas.*

Estavam sob a alçada da Irmandade da Candelária duas outras importantes instituições: os *Lázaros* e o *Hospício.* O *Hospital dos Lá-*

zaros, fundado em 1741 pelo conde da Cunha e entregue em 1763 à administração da referida irmandade pelo bispo frei Antônio do Desterro, funcionava novamente, desde 1833, depois de mil vicissitudes e transferências, no antigo local do morro da Gamboa. Os doentes eram todos brancos, apresentando, em geral, a variedade de lepra conhecida como elefantíasis. Assinale-se que desde o decreto de 25 de agosto de 1832 os coletores da décima urbana tinham ficado incumbidos de arrecadar a contribuição voluntária destinada aos lázaros e o governo obtinha autorização para efetuar as despesas necessárias à manutenção dos mesmos.

Ao *Hospício de Pedro Segundo*, atual Hospital Nacional de Alienados, criado pelo governo no dia em que foi coroado o segundo imperador brasileiro: 18 de julho de 1841 —, competia velar pelos insanos do cérebro. Considerado — durante todo o Império — como um anexo da Santa Casa, coube à Irmandade da Candelária erigir o grande edifício na praia de Santa Cecília (hoje chamada das Saudades), para o que foi lançada a pedra fundamental a 3 de setembro de 1842. Quatro anos depois, a propriedade foi valorizada com a posse da vasta chácara do vigário geral. A 5 de dezembro de 1852 realizava-se a inauguração do imprescindível estabelecimento. Antes de sua existência, os alienados eram recolhidos às prisões. Como essa prática era condenável, o aviso n? 91, de 3 de março de 1832, já tinha estabelecido que fossem tratados na Santa Casa os oficiais do Exército e da Marinha que sofressem das faculdades mentais. Por fim, a 10 de julho de 1850 o governo concedia, pelo decreto n? 566, vinte loterias em benefício da manutenção dos Lázaros e para o prosseguimento das obras do Hospício de Pedro Segundo.

Havia outros estabelecimentos hospitalares. Assim, o pertencente à Ordem Terceira de Nossa Senhora do Monte do Carmo, ou *Hospital do Carmo*, fundado a 2 de fevereiro de 1733, inaugurado em 1743 e posto a funcionar dois anos após, no local onde depois foi a secretaria da Ordem, veio substituir o ambulatório que desde 1648 prestava relevantes serviços aos irmãos enfermos. E a 3 de novembro de 1812 era transferido para o Recolhimento do Parto, à rua dos Ourives. Por sua vez, a Ordem Terceira de São Francisco da Penitência mantinha, desde 12 de abril de 1763, uma enfermaria no edifício hospitalar que lentamente se levantava no largo da Carioca, somente concluído em 1860. O Hospital da Ordem Terceira dos Mínimos de São Francisco de Paula, fundado em 2 de abril de 1814, funcionava, desde 21 de dezembro de 1828, no enorme edifício situado ao lado direito da igreja dessa invocação, entre o largo, a travessa e a rua Detrás de São Francisco, ou do Cano. Ocupava, pois, o lugar onde esteve o Parc Royal até agosto de 1943, quando a conhecida loja foi presa de um incêndio. No Convento do Carmo também havia enfermarias, onde eram aceitos doentes que pudessem pagar e, por isso, denominados de *doentes escolhidos*. Os protestantes possuíam seu estabelecimento hospitalar, situado, no dizer de uma notícia histórica, "no extremo setentrional da cidade, na encosta de uma colina banhada pelo mar". Por fim, o Hospital da Beneficência Portuguesa, fundado à rua de Santo Amaro, em 1853, somente franquearia suas enfermarias aos sócios a 7 de janeiro de 1859.

Os mendigos, a maioria dos quais era constituída de antigos escravos estropiados ou envelhecidos, de marinheiros estrangeiros que tinham abandonado seus navios e de colonos de ultramar pouco afeitos ao trabalho, atulhavam as ruas da cidade, choramingando, incomodando e atropelando. Tal foi a sua quantidade que se cogitou, em 1837, de aproveitar diversas salas desocupadas do antigo Hospital Militar do Morro do Castelo para albergá-los. Somente em 1853 é criado, pelo decreto nº 1.213, de 29 de julho, um Asilo de Indigentes Inválidos. Recebeu o nome de Santa Isabel, foi instalado no local da enfermaria de São João Batista (rua do Hospício de Pedro II, atual General Severiano) e ficou a cargo da Empresa Funerária da Santa Casa. E a Ordem Terceira da Imaculada Conceição mantinha, desde 1782, um pequeno asilo, de trinta leitos, para mulheres de idade avançada.

Casas de Saúde

As pessoas de posses preferiam cuidar-se em sua própria casa. Havia certa ojeriza contra tudo quanto dissesse respeito à hospitalização. Era freqüente dizer-se: *como estava doente e não tinha posses, foi recolhido ao hospital*. Portanto, ninguém queria que isso lhe acontecesse. Não obstante, existiam em meado do século algumas casas de saúde como a do dr. Antônio José Peixoto, na Saúde; e a do Saco do

Alferes, onde o quarto particular custava 4$000 rs. diários, a cama em enfermaria era de preço de 3$000 rs. e cada escravo lá podia ser tratado por 2$000 rs.

Doenças

Os verdadeiros médicos — que não eram abundantes, bastando como exemplificação o fato de existirem em 1799 somente doze esculápios formados em todo o Brasil — viam o exercício de sua profissão entorpecido pelas superstições. Com orações, benzeduras, figas, despachos, invocações, bebidas, chás, pulos, saquinhos (com terra, arruda, alecrim ou sal), estrume, fumo mastigado, cinza quente, bolas de barro, cauda de cobra, sangue de galinha, sabugo de milho, resina de pau-santo, banho em rio, folhas orvalhadas, chaves ou alianças aquecidas, cauda de gato ou de gata, piolhos, carrapatos, pêlo de sapo e purgantes, ou com o auxílio de curandeiros ou de feiticeiros, todo o mundo julgava que podia curar os males. O mesmo acontecia com as pestes e doenças que atacavam os animais.

Acreditava-se em *quebranto,* ou *mau olhado,* em *coisas feitas,* em *feitiços,* em *mãe de corpo virado,* em *males de mula sem cabeça.*

As purgas, as sangrias, os vomitórios e os sinapismos constituíam a medicina corriqueira. Morria-se — segundo era voz corrente — de febre, de forte dor de cabeça, de ventos empestados, de tumor maligno, de congestão...

As doenças mais comuns eram: reumatismo, erisipela, febre intermitente, opilação, tuberculose, bronquite, pneumonia, gastrite, gastroenterite, disenteria, sarampo, angina e epilepsia. Havia muitas moléstias dos olhos, ouvidos e garganta. As feridas de toda sorte e tamanho (impigens, eczemas, antrazes, frieira, carne esponjosa e furúnculos) e as inúmeras dores (reumáticas e nevrálgicas) demonstravam que a sífilis era um fato. Ao lado dela, formava a blenorragia. Cobreiros, unheiros e panarícios eram também comuns. E males africanos: havia a disenteria, o escorbuto, a varíola, as boubas e o terrível verme da Guiné.

Muita gente morria de comer terra: escravos, moleques e crianças. Epidemias, tinham havido algumas. O cólera, o tifo, a escarlatina, o sarampo, a varíola e a febre amarela haviam feito, em diversas ocasiões, grandes estragos entre a população. Os mais castigados eram os negros. A referência à febre amarela é baseada no testemunho de

Xavier Sigaud, que afirmou tê-la observado nos anos de 1828, 1839 e 1842. Houve, entretanto, quem afirmasse que a febre amarela somente surgiu no Brasil a 28 de dezembro de 1840. No fim de 1849 ou começo de 1850 é que aparece no Rio de Janeiro. De acordo com uma informação, em 1850 houvera, na cidade, 3.827 óbitos causados pela mesma. Em 1851 — segundo o testemunho do médico dr. Lallemand — foram vitimadas 475 pessoas; em 1852, houve um aumento, ou seja: 1.942; em 1853, o número de vítimas decresceu: 853; e, em 1854, somente quatro. O que dá um total de 7.201 óbitos; cifra, essa, positivamente baixa para os quase 300 mil habitantes que a cidade tinha entre 1850 e 1854.

Entretanto, no *Projeto de alguns melhoramentos para o saneamento da cidade do Rio de Janeiro,* apresentado, em 1886, ao governo imperial pelo inspetor geral de Higiene, barão de Ibituruna, existe um quadro estatístico relativo à mortalidade causada pela febre amarela que difere do anterior. Assim, verifica-se pelo mesmo que: em 1850, houvera 4.160 casos fatais; em 1851, ocorreram 471 mortes; em 1852, o número ascendeu a 1.943; em 1853, não tinha havido morte provocada pelo vômito negro; em 1854, somente 21 mortes; e nos anos de 1854 e 1855, não houve mortes pela febre amarela, mas apareceu o cólera-morbo.

A mortalidade infantil era verdadeiramente espantosa. Muita criança nascia morta e muita vivia poucos dias. Isso era devido, principalmente, à falta de cuidados domésticos e higiênicos, idade precoce das mães, doenças venéreas, tratamento inadequado do cordão umbilical, alimentação insuficiente e imprópria, aleitamento proporcionado por amas doentes e contacto com adultos portadores de doenças. Segundo o barão de Lavradio, as crianças do Rio de Janeiro pereciam de fraqueza congenital e das seguintes doenças: tétano, convulsões (idiopáticas ou sintomáticas), aparelho digestivo, tubérculos mesentéricos, aftas e meningo-encefalitis. E a conclusão a que chegou foi que morria uma para 12, 13 nascidas. A ignorância de muitos pais e a crença nas bruxarias também contribuíram para a elevada porcentagem de crianças que morriam. Preferia-se chamar uma *comadre* ou um *curandeiro* a solicitar os serviços de um médico ou cirurgião. A salvação de muita casa foi a *mãe-preta,* antiga escrava alforriada que era o faz-tudo. Foi a dona virtual de não poucas mansões cariocas. Por isso, digna de respeito e de consideração de todos.

Equiparada a uma doença existia, também, a bebedeira. Já antes ficou assinalado quanto se bebia na cidade. A abundância e barateza do álcool espirituoso e a proliferação dos botequins, tascas e tavernas da pior espécie fizeram que os devotos de Baco formassem legião. Por isso não faltava quem se propusesse curar a bebedeira. Dentre os proponentes se destacou um tal Elias Coelho Martins, que se dizia possuidor de um remédio milagroso. Até março de 1840 já tinha aplicado — afirmava, num anúncio — nada menos de 753 curativos. O tratamento se destinava aos negros escravos, pois solicitava aos senhores que os enviassem na véspera da aplicação, mas em estado de completo jejum... A coisa não ia com barriga cheia! Para tanto benefício, o custo era pequeno: 8$000 rs. pelo curativo.

Segundo Martius, os índios dos arredores do Rio de Janeiro sofriam a influência dos ventos fortes, o que lhes acarretava mialgias agudas, pleurisias e pneumonias. Outras doenças que os afetavam eram: catarro, diarréia, reumatismo, fígado, erisipela, sarcocel e hidrocele. Porém, a varíola, o sarampo, a sífilis e o abuso da aguardente é que constituíam os grandes flagelos que dizimavam os ameríndios.

Embora as questões relativas à higiene pública empolgassem os médicos do Rio de Janeiro, uma Junta Central de Higiene, primeira instituição desse gênero, somente foi criada pelo decreto n? 828, de 29 de setembro de 1851. Foi seu primeiro presidente o dr. Paula Cândido.

Sepultamentos e Cemitérios

O primeiro cemitério que houve, nestas terras da Carioca, foi nas proximidades da Vila Velha, isto é, na várzea entre o Pão de Açúcar e o morro da Cara de Cão. Ali tiveram sepultura Estácio de Sá e muitos dos seus companheiros de refregas contra os tamoios.

Transferida a cidade para o morro do Castelo, para lá foram removidos os ossos daqueles combatentes a prol da Coroa de Portugal. E as sepulturas foram feitas na Igreja Matriz, mais tarde elevada à categoria de primeira Catedral desta Sebastianópolis. Quando a cidade se espraiou pela várzea que rodeava o morro do Castelo, a incumbência de enterrar os mortos passou a ser da Irmandade da Misericórdia. Era nos fundos da Igreja da Misericórdia que existia a pequena necrópole.

Fundada a Santa Casa de Misericórdia, houve necessidade, com o tempo, de ampliar esse cemitério e, assim, ela continuou a exercer a santa missão. Obtido o monopólio do serviço de enterros, ficaram estabelecidas quatro espécies de tumbas: a primeira, rica, para os irmãos; a segunda, para as pessoas que podiam pagar; a terceira, para os indigentes que não fossem de cor; e a quarta para os negros escravos. Essa última era conhecida, não sabemos por que, como *lancha.*

Acontecia, porém, que era hábito enterrar os escravos em qualquer lugar da cidade ou dos arredores. Abria-se uma cova e lá ia o corpo do africano para o fundo da mesma! Condoídos dos cativos, os franciscanos do Convento de Santo Antônio obtiveram licença para estabelecer um cemitério no largo de Santo Antônio, atual da Carioca, no lugar onde depois veio a funcionar o Hospital da Ordem Terceira da Penitência. Ali, os corpos dos pobres seres eram atirados à *vala comum:* escravo não tinha direito a sepultura particular. Essa horripilante e infecta vala foi tradicionalmente conservada em todas as necrópoles, mas para os indigentes, até bem poucos anos passados deste século XX. Além desse cemitério de escravos, existiram mais outros pela cidade, a saber: o contíguo à Santa Casa de Misericórdia, o dos pretos novos, no largo de Santa Rita (removido para a Gamboa por ordem do marquês do Lavradio); o existente nos fundos da Igreja de N. S. da Conceição e Boa Morte; o situado ao lado da Igreja de Santo Antônio dos Pobres; e os da Irmandade do Rosário e da Ordem de São Domingos, também anexos às respectivas igrejas.

As pessoas de recursos pertenciam às ordens terceiras e irmandades, as quais tinham como uma das suas mais importantes finalidades a de dar sepultura condigna aos seus *irmãos, zeladores* e *ministros.* Era nas *covas* e *catacumbas* dos recintos, corredores, claustros, adros e subterrâneos de igrejas, conventos e ordens que os sepultamentos tinham lugar. Os mais importantes lugares de enterramento eram os pertencentes às ordens da Penitência, Carmo e São Francisco de Paula.

As catacumbas dos templos e conventos também encerravam os corpos dos varões mais ilustres falecidos nesta cidade.

A histórica Igreja do Castelo guardava, desde 1583, o corpo de Estácio de Sá, *Primeiro Capitão e Conquistador desta Terra e Cidade,* transferido da Vila Velha.

Na Igreja do Colégio dos Jesuítas, também situada na colina lendária da cidade, estavam depositados os corpos de alguns dos governadores do Rio de Janeiro: Luís Barbalho Bezerra, Duarte Correia Vasqueanes, Antônio Pais de Sande, Antônio Brito Freire de Meneses e Rodrigo César de Meneses.

Na capela do noviciado da Igreja da Ordem de São Francisco da Penitência foi sepultado, no rico mausoléu de mármore ainda ali existente, o infante de Espanha d. Pedro Carlos de Bourbon e Bragança Nessa mesma igreja, havia um ossário, por baixo da sacristia, e seis túmulos para os ministros da Ordem.

Na igreja do convento das religiosas de Nossa Senhora da Conceição, vulgarmente conhecida como da Ajuda — estiveram guardados os corpos da infanta de Espanha d. Mariana, irmã da rainha d. Maria I, e, portanto, tia do então regente d. João; da rainha d. Maria I; dos príncipes d. João e d. Paulo Mariana, filhos de d. Pedro I e de d. Leopoldina; e do príncipe d. Afonso, filho de d. Pedro II. Ali também foram depositados, durante longo tempo, os restos mortais da imperatriz Leopoldina, ora no Convento de Santo Antônio.

As freiras do Convento de Santa Teresa guardavam o corpo de Gomes Freire de Andrade, conde de Bobadela.

Na Igreja de Nossa Senhora do Monte do Carmo — que possuía um jazigo especial, na capela-mor, para os priores — estavam inumados os antigos governadores Martim de Sá e Salvador de Brito Pereira; d. Tomás José de Sousa Coutinho Castelo Branco e Meneses, 4º conde de Redondo e 1º marquês de Borba; o regente do Império João Bráulio Muniz; um dos patriarcas da Independência: José Bonifácio de Andrada e Silva; e o visconde de Cairu, cujas cinzas ora se acham em poder do Instituto Histórico da Bahia.

Na de São Pedro jaziam o poeta Inácio da Silva Alvarenga, o bispo de Azoto d. Antônio Rodrigues de Aguiar, os célebres padres José Maurício Nunes Garcia e Luís Gonçalves dos Santos, e o que fora notável diretor do Museu Nacional, frei José da Costa Azevedo.

A Igreja de São Francisco de Paula era rica em sepulturas de homens ilustres. Ali dormiam o sono eterno: o conde da Barca, d. Antônio de Araújo de Azevedo; o marquês de Belas e conde de Pombeiro, d. José de Vasconcelos e Sousa; o marquês de Vagos e conde de Oliveira, d. Nuno da Silva Teles de Meneses Corte Real; o conde das Galveias, d. João de Almeida Melo e Castro; o conde de São João das Duas Barras, tenente-general Joaquim Xavier Curado.

Na capela de São Pedro, da Igreja da Candelária, estava enterrado desde 18 de março de 1710 o capitão Jean-Francisque Duclerc, chefe da expedição militar francesa daquele ano.

No templo da Conceição e Boa Morte permaneciam os restos de um dos maiores toreutas do Brasil, o sargento-mor Martinho Pereira de Brito, discípulo de Mestre Valentim e comandante do 4º Regimento de Milicianos, denominado: Regimento dos Pardos, e os do pintor Francisco Pedro do Amaral. Ali também houve, de 1813 a 1843, no terreno dos fundos da igreja, um cemitério com catacumbas, pertencente à Ordem.

Os restos mortais de muitos bispos jaziam na Capela Arquiepiscopal da Conceição: d. Francisco de São Jerônimo, d. José Justiniano Mascarenhas Castelo Branco, d. José Caetano da Silva Coutinho e d. Manuel do Monte Rodrigues de Araújo (conde de Irajá).

Na Igreja do Rosário estava sepultado, desde 1813, o grande Mestre Valentim.

A do Sacramento possuía o jazigo do artista pintor português Simplício Rodrigues da Silva ou de Sá, ex-professor da Academia de Belas-Artes e mestre das princesas imperiais, filhas do primeiro imperador.

O claustro do Convento de São Bento continha, até 1849, nada menos de 232 corpos de monges beneditinos, ali enterrados desde o século XVI. Alguns tinham sido célebres, como frei Ricardo do Pilar, o bispo de Areópoli d. João de Seixas da Fonseca Borges, o provincial fr. Mateus da Encarnação Pina, o bispo d. Antônio do Desterro, padre mestre fr. Antônio de São Bernardo, fr. Francisco de Paula de Santa Gertrudes Magna e fr. Policarpo de Santa Gertrudes Silveira. Ao centro da igreja, estavam as sepulturas dos que doaram o morro à ordem beneditina: Diogo Brito de Lacerda e Vitória de Sá.

Os franciscanos do Convento de Santo Antônio custodiavam, na casa do capítulo, o corpo do general Forbes, natural da Escócia, que acompanhara a família real portuguesa e aqui falecera em 1809, e, no claustro, os corpos das personalidades mencionadas a seguir: freis Fabiano de Cristo, José Mariano da Conceição Veloso, Dionísio de Santa Pulquéria, Antônio de Santa Úrsula Rodovalho, Miguel de Santa Maria Frias, Joaquim de Santa Leocádia, Fernando Antônio de São José Meneses, Francisco de São Carlos, Francisco de Santa Teresa de Jesus Sampaio, Francisco de Monte Alverne e d. Antônio de Arrábida, bispo de Anemúria; cônegos Antônio de Sá Pereira, Gaspar Ribeiro Pereira e Francisco da Costa Curvenil; padre Antônio Ferreira Velho, capelão do 1º imperador; padre Antônio Pereira de Sousa Caldas; monsenhor Bernardo Soares Pereira da Silva, diácono da Catedral; cardeal Lourenço Callepi; d. João Rodrigues de Sá e Meneses, conde de Anadia; almirante Manuel da Cunha Souto Maior, conde de

175

Sesimbra; dr. Rodrigo de Sousa Coutinho, conde de Linhares e sua esposa; d. João Carlos de Sousa Coutinho, segundo conde de Linhares; d. Henrique José de Carvalho e Melo, segundo marquês de Pombal e sua consorte; Caetano Pinto de Miranda Montenegro, 1º visconde e 1º marquês de Vila Real da Praia Grande; visconde de Mirandela; chefe de esquadra Paulo José da Silva Gama, barão de Bagé; José Egídio Álvares de Almeida, marquês de Santo Amaro; conselheiro Joaquim Pereira Valente, conde do Rio Pardo; dr. Antônio Pires da Silva Pontes Leme, governador da capitania do Espírito Santo; conselheiro Fernando Delgado Freire de Carvalho; Diogo de Sá da Rocha, ouvidor do Rio de Janeiro; mestre de Campo Gregório de Castro Morais, irmão do governador Francisco de Castro Morais; d. Francisco José Raimundo Chichorro da Gama Lobo, marechal, ex-comandante do regimento de Estremós; d. Francisco Manuel da Cunha Souto Maior, comandante da nau *Rainha de Portugal;* Alexandre de Resende, sargento-mor dos Pardos; poeta Antônio José Osório de Lima Leitão, autor de odes pindáricas, poemas heróicos, elegias e de traduções em versos soltos; maestro Marcos Antônio Portugal; capitão Francisco Monteiro Mendes de Carvalho, fidalgo da Ordem de Cristo, familiar do Santo Ofício; Lobo Gago de Câmara e seus irmãos, fidalgos da Casa de S. Majestade; e do senador Antônio José Duarte de Araújo Gondin. Ali também teria de repousar o corpo de Grandjean de Montigny. Lembrando, com emoção, a figura do mestre francês, Moreira de Azevedo escreve, ao referir-se à sua obra e ao seu sepultamento naquele convento: "Sejam estas nossas palavras, tristes goivos desfolhados nesse sepulcro, uma lembrança, uma saudade, que a terra de Santa Cruz consagra à memória de tão afamado artista".

E sob a soleira da porta da Igreja da Misericórdia estava a sepultura de Tomé Correia de Alvarenga, antigo governador.

Muito embora se houvesse tentado, no começo do século XIX, determinar que nas capitanias da América fosse proibido o sepultamento nos templos, devendo os governadores entrar em acordo com os bispos para a construção de necrópoles, a verdade é que nada se fez nesse sentido. Foi pelo decreto nº 3, de 8 de janeiro de 1809, que o príncipe regente inicia a secularização dos lugares de sepultamento, ao destinar na Gamboa um vasto terreno para enterramento de ingleses. O aviso nº 42, de 26 de janeiro de 1832, faculta às câmaras municipais o estabelecimento de cemitérios, não podendo, porém, impedir a fundação de cemitérios particulares, de vez que o fossem nos lugares por elas indicados. Entretanto, nada de prático foi feito. Por sua vez, o Código de Posturas, de 1838, mantém a proibição de sepultamento nos templos. Somente em virtude da circular de 16 de março de 1850 — que proibia os enterramentos nas igrejas e conventos ou nos respectivos recintos, foi que se começou a cogitar seriamente do assunto. Aquele ato oficial ficava reforçado pelo decreto número 583, de 5 de setembro do mesmo ano. Em virtude do mesmo, o governo ficava autorizado a determinar o número e a localização dos cemitérios públicos. Não obstante, poderiam subsistir cemitérios particulares que se destinassem ao sepultamento dos prelados diocesanos, dos membros das comunidades religiosas, dos estrangeiros que não professassem a religião católica e dos componentes das irmandades que estivessem na posse de jazigos. Para esses *irmãos,* as respectivas irmandades podiam estabelecer quadras especiais nos cemitérios públicos.

Naquela época, os cemitérios públicos eram os adiante discriminados. O *Cemitério dos Ingleses,* situado no lugar denominado *Forno de Cal,* da antiga chácara da praia da Gamboa, mandada comprar, em 24 de dezembro de 1808, pelo príncipe regente e incorporada no ano seguinte aos bens da Coroa, se destinava aos estrangeiros que não professassem a religião católica. Foi seu fundador Lord Strangford. O *Cemitério da Misericórdia,* onde eram anualmente sepultados 3.000 corpos de indigentes e de falecidos na Santa Casa, estava situado entre a mesma e o Recolhimento das Órfãs. E o *Campo Santo do Caju, Campo Santo da Misericórdia,* ou *Cemitério do Caju,* fundado em 1839 por José Clemente Pereira e aberto no ano seguinte nos terrenos da praia de São Cristóvão pertencentes à fazenda do Morundu, obedecia ao projeto do engenheiro francês Péssis. Em 1851, passou a denominar-se *Cemitério de São Francisco Xavier,* em virtude do disposto no decreto n.º 842, de 16 de outubro, que o considerava de caráter público e que fundava, com a mesma feição, o de São João Batista da Lagoa de Rodrigo de Freitas. Os demais cemitérios, depois abertos, foram: da *Ordem de São Francisco de Paula,* no Catumbi (1850); do *Hospício de D. Pedro II* (1851); de *São João Batista da Lagoa de Rodrigo de Freitas,* também administrado pela Santa Casa de Misericórdia (1852); da *Ordem de São Francisco da Penitência,* na praia de São Cristóvão (1858); e da *Ordem do Carmo,* na mesma praia (1859).

Os enterros realizavam-se ao cair da tarde ou mesmo noite fechada. Os defuntos pobres eram envolvidos em esteiras, colchas ou lençóis e transportados em rede. Os defuntos ricos ou remediados tinham direito a caixão e a transporte em sege. Os anjinhos eram levados à mão ou à cabeça, em caixão aberto.

Naqueles tempos, o enterro de alguém era cerimônia à qual compareciam os moradores da cidade com um certo prazer... Ali se encontravam os amigos e inimigos do morto, contavam-se anedotas, falava-se mal da vida alheia, conversava-se em voz alta, exaltavam-se as qualidades do recém-falecido ou desancava-se, de rijo, na sua pele ainda quente, e comentava-se a pobreza ou fortuna deixada pelo mesmo...

Os negros que faziam enterros com mais aparato eram os moçambiques. O transporte dos corpos era feito em redes alvíssimas, cobertas de cortina preta com grande cruz branca ao centro. O acompanhamento era sempre numeroso: negros e negras vestidas de luto, que batiam palmas cadenciadas segundo o ritmo do tambor-mor, coro de lamentações e peditório. O cerimonial — minuciosamente regido por um mestre-de-cerimônias — terminava por uma prece geral, ao baixar o corpo à terra. O sepultamento tinha lugar na *Lampadosa,* templo pertencente a uma irmandade de mulatos e servida por clero negro.

Diga-se, por fim, que a licença para a fundação e manutenção de uma empresa funerária, encarregada do fornecimento de caixões e demais objetos e alfaias peculiares ao serviço dos enterros, foi concedida com privilégio, pelo prazo de meio século, à Santa Casa de Misericórdia, pelo decreto nº 843, de 16 de outubro de 1851.

3) ASSOCIAÇÕES E INSTITUIÇÕES PARTICULARES

POLÍTICAS — DE CARÁTER INDUSTRIAL — BENEFICENTES — RELIGIOSAS — AGRÍCOLAS —COMERCIAL — PROFISSIONAIS — ARTÍSTICAS — CULTURAIS — RECREATIVAS — TURFISTAS — LOJAS MAÇÔNICAS

Políticas

Capital importância teve para a proclamação da Independência o *Clube de Resistência,* fundado na casa do conselheiro José Joaquim da Rocha, na rua da Ajuda. Nele, esse precursor da independização brasileira congregou, desde 9 de dezembro de 1821, um pugilo de homens de valor, dominados pela mesma ardente e patriótica aspiração, como fossem: Joaquim Gonçalves Ledo, cônego Januário da Cunha Barbosa, frei Francisco de Santa Teresa de Jesus Sampaio, José Mariano de Azevedo Coutinho, Antônio de Meneses Vasconcelos de Drummond, Luís Vasconcelos de Drummond, frei Antônio Maria de Arrábida, Luís Pereira da Nóbrega, Inocêncio Maciel da Rocha, Juvêncio Maciel da Rocha, Pedro Dias Pais Leme (depois marquês de Quixeramobim), Paulo Barbosa da Silva, tenente-coronel Joaquim José de Almeida, padre Belchior Pinheiro de Oliveira e coronel Francisco Gordilho de Barbuda. Com a energia e dinamismo de José Joaquim da Rocha e o entusiasmo de seus companheiros de jornada a prol da liberdade nacional, esse clube preparou o ambiente para o dia do Fico — 9 de janeiro de 1822 —, pois organizou a representação do povo do Rio de Janeiro ao príncipe d. Pedro, de 29 de dezembro de 1821, contendo mais de oito mil assinaturas e obrigou, virtualmente, o juiz de fora José Clemente Pereira a pôr-se à frente do Senado da Câmara para fazer entrega da mesma.

Para dar o decisivo passo da libertação nacional, o clube desenvolvera fantástica atividade. Aqui, no Rio, mantivera a efervescência nacionalista e provocara o mesmo nas províncias de São Paulo e Minas Gerais. Para isso foram despachados o tenente Paulo Barbosa da Silva para Minas Gerais e o capitão Pedro Dias Pais Leme para São Paulo. A carta de José Joaquim da Rocha, entregue por Pais Leme a José Bonifácio, convenceu a este, pois "como é sabido" — diz Salomão de Vasconcelos, em sua obra *O Fico: Minas e os Mineiros na Independência* — "era ainda contrário à Independência, por achar que disso resultaria a desunião das províncias". E assim tem origem a representação de São Paulo, feita no palácio do governo, dirigida ao príncipe, solicitando a suspensão de sua ida à Europa. Por sua vez, Paulo Barbosa da Silva obtivera igual êxito em sua missão a Minas Gerais. As câmaras de Barbacena e Queluz deram imediatamente apoio às idéias do clube, não acontecendo o mesmo em Vila Rica, até que, realizada a eleição do governo provisório da província, Paulo Barbosa da Silva obteve, em sua segunda viagem, a vinda ao Rio de Janeiro do vice-presidente em exercício desembargador José Teixeira da Fonseca Vasconcelos (que depois veio a ser visconde de Caeté). Assim sendo, o emissário obteve logo a seguir não só a adesão de Vila Rica, como também das câmaras de Sabará, Caeté e São José de

179

El-Rei. E, dessa forma, d. Pedro, diante da representação promovida pelo Clube do Rio de Janeiro, da adesão da junta governativa de São Paulo e da demonstração de apoio decisivo da gente mineira, resolveu permanecer no Brasil.

Dado esse grande passo de resistência às ordens de Lisboa, o núcleo nacionalista da rua da Ajuda se converteu, automaticamente, em *Clube da Independência.* Ali não se descansou de janeiro a setembro de 1822. A publicação de um órgão próprio: *O Constitucional,* a afixação de cartazes, o labor jornalístico, a pregação em todos os lugares das idéias de definitiva independização, a coragem de afrontar as próprias tropas de Avilez — foram ações e fatos que enobreceram a coorte de José Joaquim da Rocha. Recorde-se, por fim, que um membro do clube, o padre Belchior Pinheiro de Oliveira, estava ao lado do príncipe d. Pedro, na colina do Ipiranga, no glorioso dia de 7 de setembro.

Uma outra associação — o *Clube da Guarda Velha* — de que faziam parte, entre outros, Ledo, Justiniano da Rocha, Alves Branco e frei Sampaio — igualmente muito trabalhara a favor do Brasil independente. E houve, também, funcionando no largo de São Francisco de Paula, um *Clube de Caramurus,* que obedecia, segundo era corrente, às ordens de José Bonifácio.

Para obstar a qualquer movimento de recolonização do Brasil, ou de restauração do trono português, foi fundada a 19 de maio de 1831, num prédio da rua de São Pedro, a *Sociedade Defensora da Liberdade e Independência Nacional.* Foi seu primeiro presidente Odorico Mendes. Mas a alma da instituição foi Evaristo da Veiga, que exercia o cargo de secretário. Depois foi presidida por Martim Francisco, chegando a possuir mais de cem sócios, dentre os quais se notavam: José Bonifácio, Vergueiro, Luís Alves de Lima e Silva, Evaristo da Veiga, Francisco de Paula e Sousa, Sebastião Fabregas Suriguê, Caetano Maria Lopes Gama, Jerônimo Francisco Coelho, Cláudio Luís da Costa, Francisco Moniz Barreto e José Maurício Nunes Garcia. Até 1836, ela exerceu enorme influência política, promovendo a criação de sucursais nas províncias, apresentando à Câmara dos Deputados — em 1º de junho de 1831 — uma representação no sentido da criação da guarda nacional, publicando um jornal: *O Homem e a América,* e intervindo em tudo que dissesse respeito à consolidação da liberdade, à justiça, à coibição da prepotência, ao combate às sedições e ao progresso do país.

As oposições à Sociedade Defensora não poderiam faltar. Assim, a 13 de dezembro de 1831 era fundada a *Sociedade Federal* que, obedecendo à presidência de Epifânio José Pedroso, visava a combater quaisquer propósitos nacionalistas.

Filiada aos mesmos desígnios da Federal, mas sob a capa de movimento restaurador de d. Pedro I no trono do Brasil, funda-se em 1831 a *Sociedade Militar,* passando a funcionar no largo de São Francisco de Paula. A ação da mesma irrita o povo que, a 5 de dezembro de 1833, invade a sede da mesma e despedaça, atirando pelas janelas, tudo quanto lá existia.

Depois, coube ao senador José Martiniano de Alencar lançar, em 15 de abril de 1840, os fundamentos de uma sociedade que contribuísse para declarar maior o então príncipe d. Pedro. Era a maneira de congregar as vontades e os esforços dos adeptos da decretação dessa medida pela Assembléia Legislativa. E, assim, a 15 de abril ficava instalada a *Sociedade Promotora da Maioridade do Imperador D. Pedro II* na própria residência do senador Alencar, à rua do Conde número 55. Em pouco tempo a sociedade — mais comumente conhecida como *Clube da Maioridade* — contava com elementos que se obrigavam a tudo empenhar, pessoalmente ou por intermédio de seus correligionários, colegas e amigos, para atingir aquele fim. Assim, o núcleo inicial de obreiros da causa ficou constituído, além de Martiniano de Alencar, dos senadores Holanda Cavalcanti, Luís Francisco Paula Cavalcanti de Albuquerque, Costa Ferreira e Ferreira de Melo e dos deputados Antônio Carlos Ribeiro de Andrada, Martim Francisco de Andrada, Peixoto de Alencar, Teófilo Ottoni, José Feliciano Pinto Coelho, José Antônio Marinho, Acaiaba Montezuma e Limpo de Abreu.

O projeto de declaração da maioridade surgiu, pois, ali, tendo sido redigido por Martiniano de Alencar e apresentado ao Senado, a 13 de maio, por Holanda Cavalcanti. Na Câmara Alta do Império, o projeto, muito embora contasse com os votos favoráveis e prestigiosos do respectivo presidente marquês de Paranaguá e do senador Manuel Inácio de Melo e Sousa, foi derrubado por dois votos, pois somente dezesseis foram a favor, num total de trinta e quatro. O mesmo ocorreu na Câmara dos Deputados, onde o projeto caiu porque somente trinta e sete deputados foram favoráveis, dentre os setenta e

181

nove presentes. Mas o fato é que no mês seguinte d. Pedro II era considerado de maior idade. Acabara-se com o último regente imperial do Brasil.

De Caráter Industrial

Visando ao desenvolvimento dos conhecimentos e tendo outros objetivos, úteis e patrióticos, existiam, além, não poucas entidades de caráter particular.

A mais importante de todas essas, mesmo porque no seu seio se organizaram algumas outras, foi a *Sociedade Auxiliadora da Indústria Nacional*. Fundada em 1824, foi somente instalada no ano de 1827, a 19 de outubro, dia de São Pedro, e, portanto, onomástico do imperador, sob a presidência de João Inácio da Cunha, visconde de Alcântara. Ficavam, assim, coroados do mais completo êxito os perseverantes esforços de Inácio Álvares Pinto de Almeida, que, desde 1816, procurava fundar uma instituição particular que fomentasse o desenvolvimento da indústria, protegesse as artes, premiasse as iniciativas úteis e divulgasse a instrução técnico-profissional. Os seus estatutos foram aprovados em 15 de setembro de 1825, tendo sido reformados seis anos depois: a 5 de agosto. Nova alteração sofreram em 1848, sendo aprovados a 10 de abril. Entre as suas valiosas iniciativas, se contam: a tentativa de manter de cursos normais a fundação de uma escola primária e profissional para adultos e do Instituto Fluminense de Agricultura, bem como a publicação, a partir de 1833, de um órgão oficial intitulado de *Auxiliador da Indústria Nacional*. Os 300 membros que a compunham em 1850 subdividiam-se em três classes: efetivos, honorários e correspondentes. A diretoria estava composta de seis membros. Naquele ano, os principais postos eram exercidos pelo visconde de Abrantes (presidente), conselheiro Paulino José Soares de Sousa (vice-presidente) e dr. Frederico César Burlamaqui (secretário-perpétuo). O valor dos seus membros, e o prestígio que ela rapidamente adquiriu, tornaram possível a fundação de outra valiosíssima instituição: o *Instituto Histórico*. Para o bom exercício de suas funções, a instituição estava subdividida em numerosas comissões: de indústria agrícola e colonização, de indústria comercial e navegação, de indústria manufatureira e artística, de análise e ensaios químicos, e de redação. Havia, também, um certo número de conselheiros sem comissão determinada. Dentre esses se achava Manuel de Araújo Porto Alegre.

Beneficentes

Não poucas instituições de amparo social espalhavam seus benefícios. Muitas delas ainda existem. Sejam, pois, passadas em revista as mais importantes. A *Sociedade Filantrópica Suíça,* fundada em 1821, é a mais antiga da cidade. Muito embora continue a exercer a beneficência, passou a chamar-se *Sociedade Suíça.* A *Sociedade Jovial e Instrutiva,* estabelecida em 5 de setembro de 1829, e inaugurada um mês depois, para manter um asilo de órfãs, teve o nome mudado para o de *Imperial Sociedade Amante da Instrução,* a 15 de agosto de 1831, quando foi reorganizada. Os seus estatutos foram modificados em 1840, dia 30 de julho. A *Sociedade Alemã* foi instalada em 1831.

Notável instituição, o *Montepio Geral de Economia dos Servidores do Estado,* autorizada a funcionar pelo decreto de 10 de janeiro de 1835, com caráter quase estatal, espalhava seus benefícios aos funcionários públicos.

Fundada a 25 de março de 1835, a *Sociedade Auxiliadora das Artes e Beneficente dos Sócios e suas famílias* fez fusão, a 8 de setembro de 1840, com a *Sociedade Mecânica,* adotando o novo título de *Sociedade Auxiliadora das Artes Mecânicas, Liberais e Beneficente.* Oito anos depois, mereceu o título de Imperial, anteposto àquela denominação. A sua finalidade era beneficiar artistas nacionais e estrangeiros. Com o mesmo objetivo existia a *Sociedade Animadora da Corporação dos Ourives,* que concedeu a d. Pedro II o título de protetor a 12 de agosto de 1840.

Por sua vez, a *Sociedade Portuguesa de Beneficência* era fundada a 17 de maio de 1840, pela iniciativa do diplomata português Joaquim Figanière Mourão. Os homens que mantinham, desde 1837, o Gabinete Português de Leitura se associaram à idéia, dando-lhe grande impulso. Dentre os mesmos muito se destacou o dr. José Marcelino da Rocha Cabral. Dessa sorte, já a 12 de julho estava eleita a primeira diretoria. Em 19 de dezembro de 1853, foi lançada a pedra fundamental do hospital. Se o desejo de ser levantada essa construção foi expresso pelo sócio Hermenegildo Antônio Pinto, a sua concretização foi feita pelo conde português da Estrela: Joaquim Manuel Monteiro. Cinco anos depois, era inaugurado o Hospital São João de Deus, na rua de Santo Amaro. Com as mesmas finalidades filantrópicas tinham, também, existência: a *Sociedade de Auxílio Mútuo dos Empregados da Alfândega,* a *Sociedade Francesa de Beneficência,* e o

British Benevolent Fund (Sociedade Inglesa de Beneficência). Pouco depois da metade do século, seriam fundadas a *Sociedade União e Benificência* (1852), a *Sociedade Brasileira de Beneficência* (1853) e a *Sociedade Francesa de Socorros Mútuos* (1856).

Religiosas

A *Sociedade Paternal,* que datava de 1841, protegida pelo imperador d. Pedro II, difundia os ensinamentos religiosos e proporcionava a instrução primária às crianças pobres. Era mantida pela ação e contribuição de pessoas católicas, cabendo a presidência perpétua da mesma ao bispo capelão-mor, conde de Irajá. Outra importante associação de caráter religioso que existia em 1843 era a *Associação Paternal,* filiada à congênere existente em Lyon e visando à educação católica da mocidade. Ela muito se tinha destacado pela ação do padre Fournier. A respectiva diretoria estava composta do cônsul francês Teodoro Taunay, dr. Xavier Sigaud, Mr. Berthe, Mr. Villeroy, Leopoldo de Geslin e do referido padre.

Agrícolas

Também havia associações que visavam ao desenvolvimento da agricultura e o encaminhamento para o Brasil da imigração branca. Assim, em conseqüência de uma proposta do conde de Gestas ao conselho diretor da Sociedade Auxiliadora da Indústria Nacional, veio a ser criada, em 13 de dezembro de 1835, a *Sociedade de Colonização.* Foi seu primeiro presidente Francisco Cordeiro da Silva Torres e Alvim, então à frente da Sociedade Auxiliadora. E o *Imperial Núcleo Hortícola Fluminense,* fundado a 21 de julho de 1849, tinha como fim elevar a horticultura à maior perfeição possível e divulgar, ao mesmo tempo, a respectiva instrução teórico-prática. Mantinha um mostruário, diariamente renovado, na *Loja da China,* conhecido estabelecimento comercial que funcionava bem defronte da Igreja da Candelária.

Comercial

O comércio possuía uma entidade para defender os seus interesses. Chamou-se, primeiro, de *Corpo do Comércio* e teve a iniciativa de construir, como já se disse antes, suntuosa sede: a *Praça do Co-*

mércio. Perdendo essa instalação, pelo motivo já apontado, tratou-se, em 1834, pela iniciativa de Felipe Néri de Carvalho, de levantar outro edifício. Obtida a boa vontade de Alexandre Mariz Sarmento (diretor do Tesouro), de Saturnino de Sousa e Oliveira Coutinho (inspetor da Alfândega) e de Cândido José de Araújo Viana (ministro da Fazenda), conseguiu-se o local onde seria erigida a segunda Praça do Comércio. Organizadas, com autorização governamental, diversas listas de subscrição, apurou-se, de início, a importância de 10:130$000 réis. Em 9 de setembro daquele ano uma portaria do ministro do Império aprovava o Regulamento da Praça do Rio de Janeiro, que fora organizado por uma comissão de negociantes, tendo sido relator Marcelino José Coelho. Em virtude desse regulamento ficava fundada a *Sociedade Assinantes da Praça do Rio de Janeiro*. Sua diretoria, ou *comissão,* estava composta de nove membros, que representavam sete nacionalidades, a saber: dois brasileiros, dois ingleses, um português, um francês, um norte-americano, um alemão e um espanhol. A presidência cabia sempre a um brasileiro, escolhido na renovação anual, que tinha lugar a 2 de dezembro, conjuntamente com o secretário e o tesoureiro. Havia, em cada mês, um diretor em serviço. Cabia a chefia dos serviços internos ao guarda da Praça. Era da competência da comissão diretora zelar pelos interesses comerciais, representar o comércio, manter em dia as informações mercantis, zelar pela sede, manter a biblioteca ou livraria comercial e um montepio para benefício das famílias pobres de membros da entidade. Não obstante os relevantes serviços que a mesma prestou ao país, veio a perder a sua segunda sede, pois o governo apoderou-se dela. Em virtude da reforma de seus estatutos, aprovada pelo decreto n.º 4.042, de 11 de dezembro de 1867, a Sociedade Assinantes da Praça passou a denominar-se de Associação Comercial.

Profissionais

Inspirado nos estatutos da Associação dos Advogados de Lisboa, o advogado conselheiro Francisco Alberto Teixeira de Aragão reúne em sua própria residência, à rua dos Barbonos, um grupo de colegas a fim de constituir aqui uma associação semelhante àquela. Mas, em lugar de uma simples sociedade que congregasse os causídicos do foro da capital do Império, surge a *Ordem dos Advogados Brasileiros*. É o que fica determinado nos respectivos estatutos, organizados por uma comissão de que fizeram parte os advogados Augusto Teixeira de Freitas, Josino do Nascimento Silva, José Tomás de Aquino, Caetano Alberto Soares, José Maria Frederico de Sousa Pinto e Luís Fortunato de Brito Abreu e Sousa Meneses. Aprovados os estatutos, pelo aviso de 7 de agosto de 1843, assinado pelo ministro da Justiça Honório Hermeto Carneiro Leão, foi a 21 do mesmo mês a primeira diretoria eleita pelos vinte e seis bacharéis em direito que compareceram à residência do conselheiro Aragão. Os cargos da mesa couberam ao presidente Francisco Gê de Acaiaba Montezuma, ao secretário Josino do Nascimento Silva e ao tesoureiro Nicolau Rodrigues dos Santos França Leite. E o conselho diretor teve a seguinte composição: Augusto Teixeira de Freitas, Caetano Alberto Soares, José Maria Frederico de Sousa Pinto, Luís Fortunato de Brito Abreu e Sousa Meneses, José de Siqueira Queirós, Luís Antônio da Silva Nazaré, Fausto Augusto de Aguiar, Francisco Tomás de Figueiredo Neves, Francisco Inácio de Carvalho Moreira e Dias da Mota. A instalação solene teve lugar, a 9 de setembro de 1843, no salão nobre do *Colégio de Pedro Segundo,* com a presença dos ministros da Justiça (Honório Hermeto Carneiro Leão), dos Estrangeiros (Paulino José Soares de Sousa) e da Marinha (conselheiro Rodrigues Chaves). Desde então o título oficial da entidade ficou sendo o de *Instituto dos Advogados do Rio de Janeiro.* No ano seguinte, a 15 de maio, uma portaria do ministro da Justiça aprovava o respectivo regimento interno. E por decreto n? 393, de 23 de novembro, os membros do instituto podiam usar a veste talar e tomar assento no recinto dos tribunais, quando no exercício da profissão. Em virtude de solicitação do Governo, os membros da instituição e ela própria colaboraram na organização dos Códigos do Processo Civil e Comercial.

Por sua vez, os médicos partidários do método terapêutico imaginado pelo dr. Cristiano Frederico Samuel Hahnemann congregaram-se no *Instituto Homeopático do Brasil,* fundado em 1844 pelo dr. Bento Mure e dirigido sucessivamente pelos drs. João Vicente Martins e Thomas Cochrane. Outros médicos homeopatas se reuniram, depois, na *Sociedade Hahnemanniana* e na *Academia Médico-Homeopática do Brasil,* instalada a 4 de outubro de 1847 pelos drs. Thomas Cochrane, Duque Estrada, Marques de Carvalho, Maximiano Lemos, Bento José Martins e Amadeu Aguiar.

E no ano de 1851 fica fundada a *Sociedade Farmacêutica do Rio de Janeiro,* devido aos esforços do farmacêutico Ezequiel Correia dos Santos, membro da Seção de Farmácia da Academia Imperial de Medicina. Extinta, com pouco tempo de funcionamento, foi sucedida sete anos depois pelo *Instituto Farmacêutico do Rio de Janeiro*.

Artísticas

Fundada em 1827 — a 22 de abril —, existiu a associação de pintores nacionais e estrangeiros denominada de *Sociedade de São Lucas*. Deveu-se essa valiosa iniciativa, de caráter cultural e benefi-cente, ao notável pintor Francisco Pedro do Amaral. Realizava suas sessões na residência do pintor Antônio da Cunha Pereira, à rua Princesa dos Cajueiros. Os respectivos estatutos foram aprovados em 1835. Não há certeza do tempo que durou a entidade, mas é de crer que foi até 1839, ano em que veio a falecer seu grande animador, o pintor Amaral.

Uma *Sociedade de Pintores* teve existência em 1831, quando foi fundada por Constância Correia da Silveira. Funcionava em sua resi-dência à rua dos Pescadores e visava a amparar os artistas pintores em caso de necessidade.

A *Sociedade Beneficência Musical,* posta a funcionar desde 1834 e exercendo grande influência nos meios artísticos ligados à música, apresentava em 1850 segura situação financeira. Tinha a dupla finalidade de difundir a cultura musical e de amparar moral e materialmente os seus associados. Dentre os mesmos se destacaram o genial Francisco Manuel da Silva — que foi um de seus presidentes, Francisco Duarte Bracarense, Manuel Joaquim Correia dos Santos, padre Firmino Rodrigues da Silva e Fortunato Mazziotti.

Culturais

Durante a realeza não se cogitou de fundar instituições culturais. E as razões políticas, econômicas e sociais que contrariavam quais-quer propósitos nesse sentido estão definidas em diversas páginas desta obra. Por isso, somente depois da Independência é que começa-ram a surgir as intenções de alguma coisa realizar a prol da cultura desinteressada.

Assim, ao apresentar, em 1824, o *Projeto do Plano para a Aca-demia Imperial das Belas-Artes,* os professores franceses pertencentes à dita instituição sugerem, por intermédio de Debret, relator do trabalho, uma série de interessantes medidas. Deixando de lado as de caráter pedagógico, pois já foram estudadas em nosso trabalho apresentado ao 4º Congresso de História do Brasil, assinalemos que julgado era necessário dar à instituição um caráter misto, isto é, pedagógico-cultural. Por isso haveria um certo número de membros honorários, ou protetores, recrutados entre os sábios, os homens de fortuna ou de posição social, os diplomatas brasileiros acreditados no estrangeiro e "todas as pessoas distintas estimuladas pelo amor da pátria, e ansiosas de testemunhar sua adesão ao augusto chefe do governo". Os sábios contribuiriam com o seu preparo para o progresso científico da instituição; os homens de fortuna ou de situação, com os seus recursos e influência; e os membros da diplomacia nacional constituíam um valioso elo com a Academia, pelo amparo dispensado aos discípulos enviados aos países junto aos quais estivessem acreditados. Haveria, outrossim, um certo número de membros honorários nas capitais das províncias. A sua missão consistiria em convidar "os ricos proprietários daqueles lugares a enviarem para freqüentar (a Academia) um ou mais discípulos sustentados à sua custa". E o exemplo invocado era o dos habitantes da cidade do Salvador, estipendiando a ida de estudantes a Portugal e à França. Os membros honorários contribuiriam com donativos que, reunidos, deviam formar o fundo necessário ao amparo dos discípulos indigentes dotados de talento e aplicados ao estudo. Cada membro honorário, inscrito na "lista da fundação deste Corpo", receberia uma medalha, tendo no anverso a efígie do imperador e no reverso o seu respectivo nome.

E Debret justifica, com o exemplo francês, a formação de uma academia que fosse técnica e cultural ao mesmo tempo. De acordo com aquele modelo, o protetor da instituição seria o imperador, cabendo a direção, propriamente dita, ao ministro do Império, na qualidade de *presidente da Junta de Direção*. Essa estaria formada pelos diretores da Biblioteca Imperial, do Museu Nacional e do Jardim Botânico. Era a maneira de afastar da citada junta o diretor da Academia, Henrique José da Silva, que exercia o cargo desde 20 de novembro de 1820. Aos professores, propriamente ditos, constituindo o *Corpo Acadêmico* (a Congregação, de hoje), estava defeso exercer cargo de direção. Competia-lhes, tão-somente, lecionar. Tal é, em linhas gerais, a organização — incompleta e um tanto indefinida — que Debret, com a colaboração dos demais mestres franceses (Grandjean de Montigny, Zéphirin Ferrez, Marc Ferrez e François Ovide), apresentara de uma instituição semelhante às Academias das Belas-Artes da França e da Espanha. Foi publicada em folheto, raríssimo, no ano de 1827. Nada de útil, porém, foi feito, a não ser provocar Henrique José da Silva, que responde, desaprovando as idéias e orientações dos franceses, com outro opúsculo: *Reflexões abreviadas sobre o projeto do plano para a Academia Imperial das Belas-Artes que se diz composto pelo Corpo Acadêmico.*

A 16 de julho de 1826, o deputado cônego Januário da Cunha Barbosa apresenta, subscrito também pelos colegas José Cardoso Pereira de Melo e Antônio Ferreira França, todos da comissão de instrução da Câmara dos Deputados, um projeto completo de instrução pública. Para coroar o proposto sistema educacional, estava prevista a fundação do *Instituto Imperial do Brasil,* semelhante ao Institut de France. Para o exercício de sua missão de alta cultura deveria ser dividido em diversas classes e, estas, em seções. Assim, a primeira classe, ou das ciências matemáticas, abrangeria cinco seções, da forma seguinte: 1ª, análise matemática e geometria; 2ª, mecânica racional e astronomia física; 3ª, astronomia prática, ótica e navegação (verdadeiro amontoado de estudos díspares); 4ª, arquitetura hidráulica e naval (outro absurdo, pois a ligação entre uma matéria e outra é somente feita pela palavra arquitetura); 5ª, ciências militares (título muito lato e muito vago). Cada seção constaria de seis membros. A classe teria, portanto, trinta componentes.

A segunda classe, ou das ciências naturais, teria seis seções, a saber: 1ª, botânica, física vegetal, agricultura e economia rural; 2ª, química, mineralogia e farmácia (não se compreende por que a última deveria ter a companhia das duas primeiras; sempre a incongruência); 3ª, zoologia, anatomia e fisiologia; 4ª, física, mecânica prática, máquinas e instrumentos; 5ª, cirurgia animal e arte veterinária; 6ª, cirurgia humana e obstetrícia. As seções deveriam ter seis membros, sendo quatro internos (ou residentes na capital do Império) e dois externos (ou residentes fora da mesma). Por sua vez, a terceira classe, ou das ciências sociais, constaria de quatro seções: 1ª, ideologia e teoria dos sentimentos morais; 2ª, direito público, história das negociações, direito político; 3ª, direito natural e das gentes, filosofia jurídica e história da legislação; 4ª, economia política e estatística universal. Em cada seção haveria seis membros, quatro internos e dois externos. E a quarta classe — literatura e belas-artes, estaria formada de quatro seções, pela forma que segue: 1ª, análise e composição da linguagem;

2ª, antiguidade, monumentos e inscrições; 3ª, história civil e literatura; e 4ª, belas-artes. Oito membros (seis internos e dois externos) comporiam as seções. Ter-se-ia, pois, o Instituto com dezenove seções e cento e vinte e dois membros. Desses, noventa e quatro seriam internos e vinte e oito externos. Por sua vez, os membros correspondentes ordinários (homens de letras e artistas, notáveis), no estrangeiro, poderiam ser cento e vinte. Além dos estudos relativos a cada seção, o Instituto promoveria: o intercâmbio intelectual com as associações congêneres do estrangeiro; a publicação de uma revista e de trabalhos e obras de seus consócios; a realização anual de quatro concursos, sendo um peculiar a cada classe; a premiação dos melhores trabalhos apresentados aos mesmos; a seleção de estudos e a organização de resumos de obras cujo conhecimento fosse considerado útil; a organização de obras sobre economia rural e doméstica; e, por fim, a instalação de um observatório astronômico e meteorológico. Para a direção e administração do Instituto, haveria um presidente (vitalício), um vice-presidente (trienal), um secretário geral (vitalício), um secretário para cada classe (anual), um vice-secretário geral (trienal) e mais: bibliotecário, tesoureiro, guarda-mor (ou conservador) e diretor de impressões (todos vitalícios).

Na sessão da Câmara dos Deputados de 21 de junho de 1827, o deputado Deus e Silva apresenta uma indicação para que a comissão de instrução pública organizasse um projeto de lei criando, na capital do Império, a indispensável instituição de alta cultura, sob o nome de *Instituto Nacional.* Compor-se-ia de diversas classes: ciências exatas, ou matemáticas; ciências físicas, ou da natureza; belas-artes; belas-letras; história; e ciências positivas. Admitiria sócios nacionais e estrangeiros, célebres nas ciências e nas artes. A proposta não teve andamento, tal qual sucedera com a de Januário da Cunha Barbosa.

Associação científica de excepcional importância era a *Academia Imperial de Medicina,* fundada a 28 de maio de 1829 pelos drs. Joaquim Cândido Soares de Meireles, José Martins da Cruz Jobim, José Francisco Xavier Sigaud, Luís Vicente de Simoni e José Maurício Faivre. Instalada a 30 de junho daquele ano, teve aprovada a sua organização por decreto de 15 de janeiro de 1830. A instalação solene teve lugar a 24 de abril, ao meio-dia, num salão do Hospital da Ordem Terceira de São Francisco de Paula, à travessa de São Francisco nº. 1, perante seleto auditório e sob a presidência do ministro do Império, marquês de Caravelas. Logo a seguir, a instituição vê aumentar o seu quadro social, começa a formar a sua biblioteca com os livros de medicina doados pelo marquês de Maricá e cria o quadro de membros honorários, sendo nele incluídos os marqueses de Maricá e de Baependi, José Bonifácio de Andrada e Silva, Martim Francisco Ribeiro de Andrada, Antônio Ferreira França, Von Martius e Saint-Hilaire. Imediatamente o governo solicita a cooperação do instituto para a solução de muitos problemas. É assim estudada a origem das febres que assolaram as vilas de Macacu e de Magé e proposta a campanha para o seu debelamento. Também tem atuação brilhante na reforma do ensino médico, apresentando, por solicitação da Câmara dos Deputados, um plano de organização escolar. A comissão, que procedeu ao confronto dos diversos projetos apresentados à Câmara e que deu forma definitiva ao citado plano, estava constituída dos Drs. Soares de Meireles, Cruz Jobim, Joaquim Vicente Torres Homem, Otaviano Maria da Rosa, José Maria Cambuci do Vale, Joaquim José da Silva e José Maurício Faivre. Foi esse valioso trabalho que deu origem ao decreto de 3 de outubro de 1832.

Por decreto de 8 de maio de 1835, foi transformada a Sociedade em *Academia Imperial de Medicina*. Teve, então, novos estatutos. Mas a sessão, desde a qual passou a usar o novo título, somente teve lugar a 21 de dezembro, tendo sido realizada no Paço. A Academia teve a sua sede nos seguintes locais: no ano de 1829, nas residências do dr. Sigaud (rua do Rosário nº. 185) e do dr. Soares de Meireles (rua da Cadeia nº. 161); em 1830, na rua Larga de São Joaquim número 170 (também residência do dr. Meireles) e num prédio alugado, da rua do Rosário nº. 240; de 1831 a 1834, no consistório da Igreja do Rosário; e de 1834 a 1861, na Academia Militar, no largo de São Francisco de Paula.

Muitos foram os médicos e cirurgiões que dirigiram os destinos da Sociedade e da Academia. Na sociedade, os mandatos eram trimestrais. Dessa sorte, cada diretor mantinha-se no cargo durante noventa dias. De 1830 a 1831, foram os seguintes: dr. Joaquim Cândido Soares de Meireles, dr. José Francisco Xavier Sigaud, dr. Cristóvão dos Santos e cirurgião João Alves Carneiro. De 1831 a 1832: cirurgião Jacinto Rodrigues Pereira Reis e dr. José Francisco Xavier

Sigaud. De 1833 a 1834: dr. João José de Carvalho (1º trimestre) e dr. Joaquim Cândido Soares de Meireles (durante os restantes trimestres). De 1834 a 35: dr. Francisco de Paula Cândido (1º trimestre) e dr. José Martins da Cruz Jobim (2º trimestre). Em meado de 1835 têm início as eleições anuais para a presidência. É assim que desde então e até 1838 exerce o cargo o dr. Soares de Meireles. De 1838 a 1839, cabe o honroso posto ao dr. F. Freire Alemão. De 1839 a 1840 e a vez do dr. Cruz Jobim. De 1840 a 1842: o dr. Paula Cândido. De 1842 a 1848, permanece no cargo o dr. Soares de Meireles. De 1848 a 1851, o dr. Cruz Jobim exerce novamente a presidência. Depois, até o fim do Império, a importante associação teria muitos outros médicos de valor a dirigir-lhe os destinos. Estão no caso os barões do Lavradio (dr. José Pereira Rêgo) e de São Félix (dr. Antônio Félix Martins), o dr. Manuel Feliciano Pereira de Carvalho e o dr. Agostinho José de Sousa Lima.

A ação cultural da mesma se fez sentir pelas suas publicações: *Semanário da Saúde Pública* (de 1831 a 1835), *Revista Médica Fluminense* (de 1838 a 1841), *Revista Médica Brasileira* (de 1841 a 1843), *Anais de Medicina Brasiliense* (de 1845 a 1849), e *Anais Brasilienses de Medicina* (de 1849 a 1885). Depois é que aparecem os *Anais da Academia de Medicina do Rio de Janeiro.*

O *Instituto Histórico e Geográfico Brasileiro,* criado em 1838 e gozando da contínua presença e proteção do imperador d. Pedro II, estava em meado do século instalado no próprio Paço Imperial. Foi na sessão da Sociedade Auxiliadora da Indústria Nacional, realizada a 18 de agosto daquele ano, que o marechal Raimundo José da Cunha Matos e o cônego Januário da Cunha Barbosa tiveram essa valiosa iniciativa. A 21 de outubro estava oficialmente fundado, sob a presidência do marechal Francisco Cordeiro da Silva Torres e Alvim. A primeira diretoria interina ficara constituída do visconde de São Leopoldo (José Feliciano Fernandes Pinheiro), presidente; do cônego Januário da Cunha Barbosa, 1º secretário; e do dr. Emílio Joaquim da Silva Maia, 2º secretário.

Em 25 de novembro, estava o Instituto instalado na sala do Museu Nacional onde funcionava a dita Sociedade. Nessa ocasião foram lidos e aprovados os respectivos estatutos, e eleito o primeiro conselho diretor, cuja composição foi a seguinte: visconde de São Leopoldo, presidente; marechal Raimundo José da Cunha Matos, 1º vice-presidente; Cândido José de Araújo Viana, 2º vice-presidente; cônego

Desembarque de negros escravos na Saúde.

Cena de apreensão de contrabando no cais dos Mineiros. Desenhos de Rugendas.

As primeiras ocupações matinais.

O colar de ferro, castigo dos fugitivos. Desenhos de Debret.

Tração humana: negros puxadores de carro diante do portão da Alfândega. Jean-Baptiste Debret
(in *Viagem pitoresca e histórica ao Brasil*, Paris, 1834).

Lavadeiras no Rio de Janeiro. Desenho de Johann Moritz Rugendas
(in *Viagem pitoresca através do Brasil*, Paris, 1835).

Manifestações da alma musical dos negros: o lundu (acima) e o batuque. Rugendas.

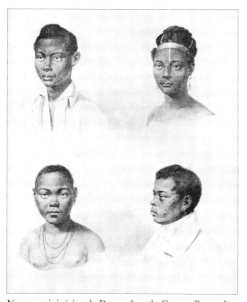
Negros originários de Benguela e do Congo. Rugendas

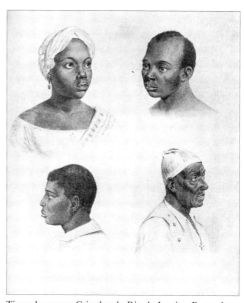
Tipos de negros Crioulos do Rio de Janeiro. Rugendas.

Acima, penteados e tatuagens de negros de canga. Ao lado, escravas de diferentes nações. Desenhos de Debret.

Interior de uma casa de ciganos no Rio, 1823.

Casamento de negros de uma casa rica. Desenhos de Debret.

Festa de Nossa Senhora do Rosário, padroeira dos negros. Rugendas.

Partia da Lapa a Festa do Divino, com batedores, músicos e, entre os porta-bandeiras, o jovem imperador. Henry Chamberlain (in *Vistas e costumes da cidade e arredores do Rio de Janeiro em 1819 e 1820*).

Serradores, quitandeira, aguadeiro e leiteiro no cais da Glória; ao fundo, ponta do Calabouço e morro do Castelo.

A barraca de venda de mercadorias — segundo Chamberlain, "ponto de encontro de escravos indolentes e tagarelas".

O largo da Glória e seis figuras típicas do Rio de Janeiro imperial. Desenhos do tenente inglês Henry Chamberlain.

A rede, muito usada por mulheres ciganas, como conta Chamberlain em seu livro, editado em Londres em 1822.

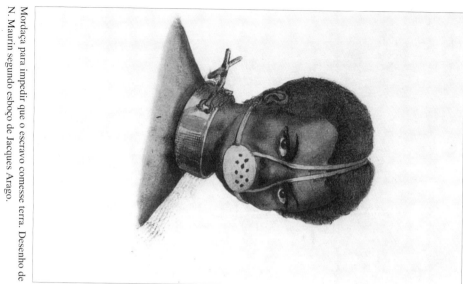

Mordaça para impedir que o escravo comesse terra. Desenho de N. Maurin segundo esboço de Jacques Arago.

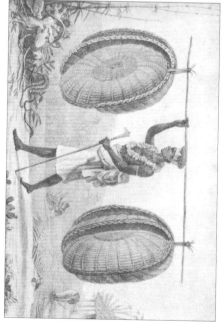

O vendedor de cestos e os vendedores de aves. Debret.

Jogando capoeira. Desenho de Rugendas (1821-1825).

Negros a serviço em tempo de chuva e transporte de telhas por escravos. Desenhos de Debret.

Negros carregadores de cangalhas. Debret.

Presos por pesadas correntes, os escravos condenados a galés trabalhavam no abastecimento de hospitais e repartições públicas. Chamberlain.

Escravos de um naturalista voltando da caçada, segundo Debret.

O regresso de uma venda de escravos no Rio, no traço irônico do francês Auguste François Biard (in *Deux Anées au Brésil,* Paris, 1862).

Negras do Rio de Janeiro (1821-1825).

Negro e negra numa plantação. Desenhos de Rugendas.

A agitada rua Direita em litografia de Rugendas.

Armazém de carne seca no Rio, 1829. Debret.

Do pintor francês Jean-Baptiste Debret se editou em Paris, em 1834, o primeiro volume de *Viagem pitoresca e histórica ao Brasil*.

Um ano depois, 1835, era lançado *Viagem pitoresca através do Brasil*, de outro estrangeiro: o austríaco Johann Moritz Rugendas.

Januário da Cunha Barbosa, 1º secretário; dr. Emílio Joaquim da Silva Maia, 2º secretário; major Pedro de Alcântara de Niemeyer Bellegarde, orador; e dr. José Lino de Moura, tesoureiro. As comissões ficaram assim compostas: de história — Emílio Joaquim da Silva Maia e Antônio Alves da Silva Pinto; de geografia — José Silvestre Rebelo e coronel Conrado Jacó de Niemeyer; de fundos — Tomé Maria da Fonseca e Alexandre Maria de Mariz Sarmento; da revista — Antônio José de Paiva Guedes e José Marcelino da Rocha Cabral. Vinte e sete foram os sócios fundadores. A maioria era de homens de extraordinário valor. Assim, além dos antes mencionados, devem ser relembrados os nomes: dos viscondes de Maranguape, de Sepetiba e de Jequitinhonha; do 2º barão de Cairu; dos conselheiros José Antônio da Silva Maia, Joaquim Francisco Viana, Rodrigo de Sousa e Silva Pontes, José Antônio Lisboa e José Clemente Pereira; do professor dr. Joaquim Caetano da Silva e do médico dr. João Fernandes Tavares.

Em 4 de abril de 1839, o governo aprovava os estatutos. Naquele mesmo ano ocorriam fatos auspiciosos: aparecia a publicação oficial do Instituto: a *Revista Trimensal de História e Geografia* ou *Jornal do Instituto Histórico e Geográfico do Brasil;* era obtida a proteção de dom Pedro II; e a Regência concedia permissão para que numa das salas do Paço tivesse lugar a sessão aniversária da instalação, o que se celebrou a 3 de novembro. Nessa ocasião a sede oficial era no pavimento térreo do edifício onde outrora funcionara a *Ópera* de Manuel Luís, no largo do Capim. Foi em virtude dessa péssima instalação que o monarca concedeu ao Instituto uma sala próxima à portaria das damas no Paço. Mas, estando assim mesmo mal acomodado, o imperador ordenou que lhe fosse dada melhor instalação na ala esquerda do terceiro pavimento do antigo convento dos carmelitas. Dessa forma, o imperador se utilizava do passadiço que ligava o edifício do Paço ao do convento, quando desejava estar presente às sessões.

No ano de 1842, o Instituto cria dois prêmios — medalha de ouro e medalha de prata — destinados a recompensar trabalhos que versassem sobre estatística e história e geografia do Brasil. Foram, assim, galardoados: Carlos Frederico Felipe von Martius, Francisco Adolfo de Varnhagen, Machado de Oliveira, Domingos José Gonçalves de Magalhães, Conrado Jacó de Niemeyer e Joaquim Norberto de Sousa e Silva. A 4 de dezembro, o Instituto concede ao visconde de São Leopoldo o título de presidente perpétuo. Gozou dessa alta distin-

193

ção até 6 de julho de 1847, quando faleceu. Segundo revelação de Max Fleiuss, o marquês de Sapucaí (Cândido José de Araújo Viana) foi o segundo presidente perpétuo. E acrescenta que, tendo-se processado a eleição a 1º de agosto de 1847, verificou-se, entretanto, a anomalia de ser o nome de Sapucaí sufragado em todas as assembléias para o cargo de presidente. Parece que, não tendo o imperador apreciado a concessão de tal honraria no mesmo dia em que se processara a segunda eleição para presidente, Sapucaí desejou sempre que a sua manutenção no cargo fosse uma conseqüência do resultado das urnas.

A 15 de dezembro de 1849, o imperador preside, pela primeira vez, a uma sessão do Instituto. Para comemorar esse fato é que desde 1850 as sessões aniversárias são realizadas naquele dia e mês. Em 1851 — 1º de janeiro — os estatutos foram refundidos e alterados, passando a revista a denominar-se: *Revista Trimensal do Instituto Histórico* e *Geográfico do Brasil, fundado no Rio de Janeiro debaixo da imediata proteção de S. M. I. Sr. D. Pedro II.* Até aquele ano, o Instituto tivera, como secretários, a Januário da Cunha Barbosa (1838-1846) e a Manuel Ferreira Lagos (1846-1851). No momento exercia o cargo Francisco Adolfo de Varnhagen. Por sua vez, os oradores foram: o major Bellegarde (1838-1840); o dr. Diogo Soares da Silva e Bivar (1840-1843); e Manuel de Araújo Porto Alegre, que vinha exercendo o cargo desde 1843, nele se mantendo até 1856.

Grande importância cultural também teve o *Ateneu Fluminense,* fundado na Escola Militar, em 1844, pelo barão de Tautphoeus e João Batista Calógeras. E com a mesma finalidade foi inaugurado em 12 de outubro de 1848 o *Ginásio Brasileiro.* Publicava duas vezes por semana a revista *Voz da Juventude.* Era seu presidente Manuel de Araújo Porto Alegre. Para o estudo da filosofia, desenvolvia profícua ação a *Episcopal Associação Ensaio Filosófico,* fundada a 30 de outubro de 1848. Tinha como diretor efetivo o dr. Joaquim Pinto Brasil, pois o presidente honorário era o bispo do Rio de Janeiro. Houve, outrossim, uma sociedade sem regimento nem diretoria, onde se reuniam os homens de letras, os jornalistas, os políticos, os palradores, os poetas. Era a denominada *Petalógica.* Funcionava na loja de Paula Brito, na praça da Constituição. Lá se reuniam, à tarde, Laurindo Rabelo, Teixeira e Sousa, Gonçalves de Magalhães, Manuel de Araújo Porto Alegre, entre outros.

Recreativas

A primeira grande sociedade dançante foi a *Assembléia Estrangeira*. Em 4 de outubro de 1845, é a mesma substituída pelo *Cassino Fluminense*, chiquíssimo clube daquela época. Tinha como finalidade, tal e qual a sua antecessora, divertir a sociedade carioca, oferecendo-lhe festas e bailes. A primitiva sede foi no largo do Valdetaro (atual praça, na rua do Catete, fronteira ao palácio presidencial). Os seus primeiros diretores foram: dr. Luís Fortunato de Brito Sousa e Meneses, dr. J. F. Muniz Barreto, Francisco Zacarias, L. A. Câmara Lima, Marcelino José Coelho, Cruz Lima, João Samuel, A. Aranaga, L. Limprinch, João Henrique Ulrich, Henrique Reidy, e Lallemand. O presidente era o primeiro acima mencionado e secretário J. H. Ulrich. Os imperadores muito freqüentaram o *Cassino*, sendo que a primeira vez que o fizeram foi justamente no dia da inauguração: 25 de maio de 1846. Mais tarde — em 1854 — o clube, dado o seu desenvolvimento, comprou o solar da rua do Passeio de propriedade do coronel Manuel Machado Coelho, construído segundo projeto do arquiteto Manuel de Araújo Porto Alegre. No ano seguinte têm início as obras de remodelação interna e de construção do magnífico salão de baile, sob a direção do arquiteto Luís Hosxe. Essa foi a origem do primeiro, por todos os motivos, clube social, cujos foros de distinção se transmitiram ao Clube dos Diários, já de nossos dias.

Além do Cassino Fluminense, outras associações congêneres, como o *Cassino Filorfênico Dramático*, a *Sociedade de Recreação Campestre* e o clube *Harmonia*, proporcionavam aos seus associados espetáculos teatrais, concertos, bailes e passeios. Depois de 1850 existiram, mais, outras associações recreativas: o *Cassino Médico*, em que se congregavam os estudantes de medicina, realizando seus saraus no *Teatro Paraíso* da praça da Aclamação; e a *Sociedade Recreio dos Militares*.

Turfista

O *Clube de Corridas*, que foi instalado em 1847, teve a sua primeira diretoria interina constituída da seguinte forma: presidente, o conde de Caxias; vice-presidente, James Hudson; secretário, J. P. Darrigue de Faro; tesoureiro, Alexandre Reid. Em 1850, realizava seus torneios sob a direção de João Pereira Darrigue de Faro e Mariano Procópio Ferreira Lage.

Lojas Maçônicas

Desde longa data existiam *lojas* da maçonaria na cidade. É bem conhecido o fato de um capitão francês aprisionado, em 1800, pela esquadra inglesa, ter sido recebido, na sua qualidade de pedreiro livre, numa *loja* maçônica de que faziam parte inúmeros sacerdotes, o que não deixou de causar-lhe enorme surpresa. Mas a explicação do fato é que naqueles tempos as lojas maçônicas eram verdadeiras associações políticas de caráter secreto.

Foi justamente devido a essa intervenção política que d. João VI fez baixar o alvará de 30 de março de 1818, proibindo o funcionamento de quaisquer sociedades secretas. Parece que essa medida — oficialmente abolida pela carta de lei de 20 de outubro de 1823 — não deu resultado, pois no próprio Paço Real houve, como se tem afirmado, uma *loja,* que congregava os empregados da Ucharia, sob a denominação de *São João de Bragança.* Porém, as mais antigas foram as denominadas de *Reunião, Constância* e *Fidelidade.* Depois, teve grande destaque a *Comércio e Artes,* chefiada por Moniz Barreto.

Fundado, em 28 de maio de 1822, o *Grande Oriente* brasileiro, em virtude da congregação das *lojas* maçônicas, tendo como principal objetivo aniquilar o absolutismo e, conseqüentemente, a obtenção da Independência do Brasil, nele se reuniram muitos homens de alto valor político. Estavam nesse caso o fundador do Grande Oriente, Gonçalves Ledo, José Bonifácio (primeiro *grão-mestre),* Antônio Carlos, Evaristo da Veiga, Hipólito da Costa, Acaiaba Montezuma, Torres Homem, José Clemente Pereira, João Caetano da Silva, Luís Gama, Miguel Calmon, os viscondes de Albuquerque e de Inhaúma, e inúmeros padres e frades, dentre os quais devem ser mencionados o padre Antônio Feijó, freis Sampaio, Monte Alverne e da Purificação Paiva, monsenhor Joaquim Pinto de Campos, cônego Januário da Cunha Barbosa e os bispos conde de Irajá e d. José Caetano. O próprio imperador foi o segundo *grão-mestre,* sob o nome de *Pedro Guatimosim,* tendo tomado posse a 14 de setembro de 1822. Foi na sessão de 20 de agosto daquele ano que Joaquim Gonçalves Ledo pronunciou um discurso em que afirmava dever-se proclamar a independência do Brasil e estabelecer a respectiva realeza constitucional.

Em virtude da fundação do *Grande Oriente,* a *Loja Comércio e Artes* (a que pertenceu o príncipe d. Pedro, pois ali foi admitido a 13 de julho de 1822) se subdividiu em duas outras: *União e Tranqüilidade* (no Rio de Janeiro) e *Esperança da Vitória* (em Niterói).

196

Verificando José Bonifácio que não poderia dominar no *Grande Oriente* — pois Ledo e os seus adeptos a isso se opunham —, funda a 2 de junho de 1822 o *Apostolado* ou *Nobre Ordem dos Cavaleiros da Santa Cruz*. Para não ficar em situação inferior relativamente ao *Grande Oriente,* esta *loja* outorgou a d. Pedro o título de *arconte-rei.* Não obstante, o Apostolado deixou de existir a 15 de maio de 1823. E a explicação é simples: não havia mais razão de perdurar porque a Independência — principal motivo das desavenças entre José Bonifácio e Ledo, visto que cada um deles desejava declarar-se fator máximo da mesma — já estava feita.

4) VALIOSOS DETALHES

O BRASÃO E A BANDEIRA — TÍTULOS CITADINOS — A NUMERAÇÃO DAS CASAS — OS CORREIOS E A DISTRIBUIÇÃO DA CORRES-PONDÊNCIA — CURIOSIDADES — EPIGRAFIA — BARULHÓPOLIS

O Brasão e a Bandeira

O brasão de 1567, isto é, aquele que, segundo a tradição, Estácio de Sá concedeu à cidade, era incontestavelmente belo: escudo no centro do qual se destaca a esfera armilar atravessada por flechas, uma em pala e duas cruzadas em aspa. A esfera armilar já representava o Brasil, por determinação de d. Manuel; e essa constituía a sua primeira aplicação. As flechas figuravam as batalhas travadas com o auxílio dos ameríndios para expulsar os invasores franceses da terra da carioca. Ficou sendo o brasão de armas do Rio de Janeiro o segundo do Brasil, porque a primazia coube à cidade do Salvador. As respectivas armas, doadas por Tomé de Sousa, significavam a aliança e a paz que deviam existir entre os habitantes, a saber: uma pomba tendo no bico um ramo com três folhas de oliveira. E como legenda: *Sic illa ad arcam reversa est* (Assim, a pomba voltou à arca).

Em 23 de abril de 1817, o Senado da Câmara oficia ao governo expondo que, devendo ser colocadas as armas da cidade na sua nova sede (no campo de Santana), não sabia como proceder pois o seu estandarte tinha de um lado as armas reais e de outro a efígie de São Sebastião, sendo o topo da hástea constituído de uma esfera com três setas (sic), "sem que conste da origem deste uso, nem que estas sejam as armas desta cidade". A resposta não se fez tardar. Pela decisão nº 13, do Ministério do Reino, de 21 de maio, assinada pelo conde da

Barca, o Senado da Câmara fica sabedor que na fachada do seu edifício "se coloquem somente as armas do Reino Unido de Portugal, Brasil e Algarves".

Ocorre em 1826 uma nova e nada feliz interpretação das antigas armas do Rio de Janeiro: uma esfera armilar encimada por um disco carregado de um feixe de três flechas; em torno da esfera dois ramos cruzados de café e tabaco. Subsistiu até 1856.

Bandeiras

Uma das mais antigas bandeiras de cidades do Brasil era a do Rio de Janeiro, isto é, a do Senado da Câmara. A sua forma é a de um trapézio retângulo, tendo o lado não paralelo ligeiramente inclinado. No centro do pano e posto ao *vallon,* um escudo barroco bordado a ouro, prata e seda amarela e vermelha. No centro do escudo, a característica imagem de São Sebastião, pintada a óleo; e firmado no mesmo um elmo emplumado. Como ornamento externo, ao alto e à sinistra, o punho de uma espada passada por trás do escudo. Essa foi a insígnia usada até depois da Independência.

De então de 1831, a bandeira citadina passa a ser má imitação da peculiar ao Império. Sua forma e colocação na hástea são as mesmas da bandeira do Senado da Câmara. O fundo é verde, mas o quadrilátero romboidal amarelo é substituído por um quadrado da mesma cor, cujos vértices da destra e da sinistra tocam as extremidades laterais do pano. Um pouco acima do centro do quadrado, as armas do Império. Entretanto, a coroa firmada no escudo não é igual à, alongada, das armas imperiais, mas achatada, ou real; muito semelhante à de d. João VI, quando príncipe regente.

Em 1831, a bandeira torna a ser uma quase que reprodução da do Senado da Câmara. A forma subsiste; a cor branca e as franjas douradas voltam a ser empregadas. E o escudo imperial é substituído por um painel elipsoidal, pintado a óleo, com a imagem de São Sebastião. Uns ornatos curvilíneos, sem expressão alguma, rodeiam o painel.

Títulos Citadinos

Com a restauração portuguesa, a ação e fidelidade do Rio do Janeiro à causa de Portugal é premiada por d. João IV, a 6 de junho de 1647, com a outorga, por decreto, do título de *leal.* Ficou sendo a *Leal Cidade de São Sebastião do Rio de Janeiro.*

Em 10 de abril de 1762, quando Bobadela toma conhecimento de sua nomeação para vice-rei, sendo rei de Portugal d. José I, a cidade passa a ser a capital do Brasil. Entretanto, a transferência do governo vice-reinol somente se torna efetiva a 27 de janeiro do ano seguinte. De 1809 a 1815 se transforma em sede do Reino de Portugal e Algarve. Dando-se a elevação do Brasil à categoria de Reino Unido, passa a constituir o pouso dos reinos lusitanos conjugados: Portugal, Brasil e Algarve. E com a Independência se converte em capital do Império do Brasil.

Por sua vez, dom Pedro I, em sinal de reconhecimento aos cariocas, que apelaram para que não voltasse a Portugal, concede à cidade, a 9 de janeiro de 1823, o título de "muito Leal e Heróica cidade imperial". Essa honraria foi confirmada por ocasião da sagração e coroação do 2º imperador.

Tais foram os títulos oficiais. Porém, mais alguns ela haveria de merecer. Assim, o padre Luís Gonçalves dos Santos, sempre tão ditirâmbico, escreve nas *Memórias* a seguinte loa à cidade — por ocasião da chegada do príncipe regente —, chamando-a de ditosa e de princesa: "Rio de Janeiro, cidade a mais ditosa do Novo Mundo! Rio de Janeiro, aí tens a tua Augusta Rainha, e o teu excelso Príncipe com a sua Real Família, as Primeiras Majestades, que o Hemisfério Austral viu, e conheceu. Estes são os teus Soberanos e Senhores, Descendentes e Herdeiros daqueles Grandes Reis, que te descobriram, te povoaram, e te engrandeceram, ao ponto de seres de hoje em diante a Princesa de toda a América, e Corte dos Senhores Reis de Portugal: enche-te de júbilo, salta de prazer, orna-te dos teus mais ricos vestidos, sai ao encontro aos teus Soberanos, e recolhe com todo o respeito, veneração e amor o Príncipe ditoso, que vem em Nome do Senhor visitar o seu Povo".

Também foi conhecida e chamada de cidade *fluminense*, derivação do latim *flumen, inis*, rio. E como a denominação dos habitantes destas paragens regadas por um rio — o Carioca — foi a de *fluminenses*, segue-se que os verdadeiros fluminenses foram os cariocas. Daí provém a existência de denominações, muito conhecidas até bem poucos anos passados, como foram as de *Cassino Fluminense* e *Biblioteca Fluminense*. Com a criação do Município Neutro, passaram a ser *fluminenses* os habitantes da província do Rio de Janeiro. E a Vila Real da Praia Grande recebeu, uma vez elevada à categoria de capital da província, a já antiga porém quase esquecida denominação de *Niterói*. Cidade de Niterói é, portanto, a cidade do remanso oculto do mar.

199

A Numeração das Casas

Durante longo tempo, as casas não tiveram numeração. Por isso, vinham de Portugal não poucas cartas endereçadas a Fulano *que mora perto da Igreja da Cruz,* a Sicrano *junto* à *loja de Beltrano,* a *Chico açougueiro da rua do Sabão.*

Depois, os prédios foram tendo números. Mas colocados a esmo. A mor parte das vezes, o número correspondia à ordem cronológica da conclusão das respectivas obras de construção. Não havia, assim, lado ímpar da rua, nem lado par. Dessa forma, o prédio número 8 podia estar ao lado daquele que tinha o número 3. Também não se sabia onde começava ou terminava a numeração, porquanto um número muito alto podia estar ao lado ou em frente de um número muito baixo. Era o que acontecia, pouco depois da Independência, na rua da Alfândega, onde a casa n.º 412 era fronteira à de n.º 1. A dificuldade em encontrar as casas pela numeração induzia muita gente a continuar usando o velho processo de indicação detalhada por escrito, por certo mais expedito. Dessa maneira, vinham cartas da França destinadas a *M. Petit chez M. Garnier.* O pior é que muitas casas não possuíam número, pois dessa forma o respectivo proprietário procurava eximir-se do pagamento da *décima.*

Com o desenvolvimento da cidade, essa desordem não podia continuar. E, assim sendo, pelo aviso n.º 113, de 21 de maio de 1824, do ministério da Justiça, ficava aprovado o plano de numeração da cidade oferecido pelo arquiteto Pedro Alexandre Cavroé à Intendência Geral de Polícia. Baseado no sistema adotado em Paris, o novo processo previa a colocação ordinal dos números, sendo os pares colocados à direita e os ímpares à esquerda. A numeração tinha início no Paço Imperial da Cidade, de maneira que nas ruas paralelas à marinha da cidade (desde São Bento até o Calabouço) os números eram verdes sobre o fundo amarelo. E nas ruas perpendiculares à marinha, os números eram amarelos sobre o fundo verde da placa. Nas praças e largos, a numeração começava na parte mais próxima do Paço ou do mar, terminando na parte mais afastada. As cores dos números e das placas correspondiam ao paralelismo ou perpendicularismo dos lados formadores de tais praças ou largos. Esse processo de numeração mereceu elogios do rev. Walsh em 1828, sendo que o achou superior ao sistema inglês.

Contemporaneamente com essa adoção, começam a aparecer

pintados os nomes das ruas nas respectivas esquinas. Com o aumento do tráfego, já em 1850 estavam generalizadas as placas de ferro com os nomes dos logradouros públicos e uma pequena mão indicadora no sentido da circulação dos veículos. Daí surgiu a *mão* e a *contramão*.

Os Correios e a Distribuição da Correspondência

O serviço de Correios do Brasil foi iniciado em 26 de janeiro de 1663, tendo sido nomeado *correio-mor* o alferes Cavaleiro Pessoa. No fim do século XVII o serviço continuava a ser explorado, com privilégio, por um tal Luís Homem, que, assim, foi o segundo *correio-mor*. Depois, a concessão foi outorgada à família Gomes da Mota, tendo sido um membro da mesma — Antônio Alves da Costa — o terceiro *correio-mor*. Em 18 de janeiro de 1797, ficou abolido o monopólio e, conseqüentemente, aquele cargo. Dessa maneira, já no ano seguinte ficam criados — pelo alvará de 26 de janeiro — os correios marítimos entre a metrópole e o Brasil. A 1º de abril de 1799, o serviço de correspondência fica distribuído em seções. São estabelecidas, outrossim, penalidades para os violadores do sigilo das cartas.

Pelo regulamento de 14 de maio de 1801, passam a existir caixas postais na sede da repartição para uso dos respectivos *assinantes*. Em 1805 — como conseqüência do regulamento aprovado em 8 de abril e das instruções baixadas a 20 de junho — o serviço recebeu, em Portugal, a denominação de *Administração das Postas, Correios e Diligências de Terra e Mar*. A partir de 1811 ficam devidamente organizados os serviços de valores declarados e de registrados para o interior do Brasil.

O correio diário entre a Vila Real da Praia Grande — hoje cidade de Niterói — e a capital do Império ficou estabelecido por aviso, de 19 de janeiro de 1825, do ministro do Império Manuel do Nascimento Castro e Silva.

Em 1829 — 5 de março — o ministro do Império José Clemente Pereira reorganiza o serviço dos correios, criando o cargo de diretor geral e as administrações nas capitais das províncias e normalizando o serviço das linhas marítimas e terrestres de permuta de correspondência.

A 22 de novembro de 1842 é posta a funcionar a agência dos Correios da Fazenda Imperial de Santa Cruz. O responsável pela mesma era um português apelidado de *Joaquim da Fazenda*. Tudo faz crer que essa foi a primeira sucursal dos Correios que aqui existiu. Mesmo porque, sete dias depois de ser inaugurada, o Brasil adotava o selo postal, invenção inglesa de dois anos antes. A taxa de franquia postal obrigatória foi fixada em 60 réis para cada meia onça (ou seja, quinze gramas) e mais 30 réis pela meia onça excedente. A 1º de agosto do ano seguinte tinha lugar a primeira emissão de selos brasileiros no valor de 30, 60 e 90 réis: os depois chamados — em virtude de seu feitio — de *olho-de-boi*. Foram gravados em Londres e impressos na Casa da Moeda. Em 1844 e 1846 circularam selos gravados e impressos no estabelecimento oficial acima mencionado, o qual lançava, em 1850, nova emissão dos denominados, pelo povo, de *olho-de-cabra*.

Somente em 1844 é que teve início a distribuição regular de correspondência a domicílio. Até então, as cartas dos que não possuíam caixa postal ficavam depositadas numa caixa geral da sede do Correio e quem quisesse que as fosse buscar ou mandasse alguém. Por sua vez, o próprio desembarque da correspondência estrangeira sofria grandes demoras. Maior era, porém, a dos jornais, pois a administração dos Correios se esquecia, freqüentemente, de mandar buscar nos navios a caixa que as continha. E os representantes das agências incumbidas de mandá-las vir agiam da mesma forma. Surgia, então, pelo *Jornal do Comércio*, o coro das reclamações. Um *assinante da Praça do Comércio* reclamava pelo número do referido jornal, de 28 de setembro de 1837, o envio de um bote a bordo nos barcos chegados, mesmo porque isso custaria tão somente 400 réis. E concluía: "Na verdade, sr. redator, receber dinheiro para fazer alguma coisa e não fazê-la é mais do que escandalosa chuchadeira".

Curiosidades

O *marco da cidade* estava erguido junto à igreja dos barbadinhos, no morro do Castelo. Era de pedra e fora trazido de Portugal. Apresentava a forma de um paralelepípedo, tendo numa face a cruz de Cristo e na outra as armas de Portugal. Hoje está depositado no novo templo dos capuchinhos, na rua Conde de Bonfim.

O *pelourinho* era uma coluna de pedra colocada nas praças públicas, à qual era amarrado um preso para escarmento ou para ser açoitado. No Rio de Janeiro, o pelourinho serviu, principalmente, para o açoitamento de negros criminosos. Os açoites eram tão brutalmente executados e em tão grande número que muitos dos castigados só podiam retirar-se dos lugares de suplício carregados em padiola ou redes. Não obstante, o bárbaro espetáculo atraía grande concorrência. O pelourinho da cidade esteve situado no campo da Lampadosa, que mudou, por isso, o nome para campo do Pelourinho. É a atual praça de Tiradentes.

A *forca* esteve levantada nos largos do Moura e do Capim, no campo dos Ciganos e na Prainha. Nesse último lugar ficou longo tempo armada, tendo sido desmanchada em virtude de decreto de 17 de junho de 1834. Assim, somente seria reposta quando se tornasse necessária. Relembre-se que foi na forca da Prainha que perderam a vida, em 1825, os revolucionários de Pernambuco: João Guilherme Ratcliff, João Metrowich e Joaquim da Silva Loureiro.

O *mangrulho* era outra coisa curiosa do Rio de Janeiro. Assim estava chamado o posto de observação situado nos altos da Ucharia, onde um empregado da Casa Real atento ficava ao sinal de navio à barra, arvorado no morro do Castelo, a fim de transmiti-lo ao rei d. João VI.

Também chamava a atenção o *Arco do Teles,* situado por baixo do casarão que fora de propriedade do juiz Francisco Teles Barreto de Meneses. Punha em comunicação o largo do Paço com o beco do Teles (atual travessa do Comércio). Ainda existe, podendo ser visto na, hoje, praça 15 de Novembro.

A sepultura de Estácio de Sá constituía valiosa curiosidade do Rio de Janeiro. Estava colocada na Igreja de São Sebastião do Castelo, para onde fora trasladada antes de 1583. Sabido é que a primitiva sepultura fora feita na Vila Velha. Em 1921, por ocasião do desmonte hidráulico do morro do Castelo, os restos mortais de Estácio e a lápide que cobria o túmulo foram levados para o novo convento dos frades capuchinhos, à rua Conde de Bonfim, onde ainda se acham.

Os numerosos frades de pedra, ligados ou não por correntes, constituíam outra das curiosidades da cidade.

Epigrafia

Interessantes eram as legendas apostas nos edifícios, nas obras públicas feitas em benefício da cidade e, também, em outros lugares. Mencionando nesta obra somente as que foram colocadas de 1808 a 1850 ter-se-á a relação seguinte.

Num dos chafarizes da rua de Mata-Cavalos podia-se ler, no painel central, a seguinte epígrafe, feita com letras de bronze:

O REY
POR BEM
DO
SEU POVO
M. F. E. O.
PELA POLICIA
1817

As iniciais *M. F. E. O.* queriam dizer: *Mandou fazer esta obra.*
No primeiro edifício da praça do Comércio, projetado por Grandjean de Montigny, havia dois dísticos:

PRAÇA DO COMMERCIO
JOANNE SEXTO REGNANTE ANNO MDCCCXX

O primeiro estava escrito na platibanda; e o segundo no friso. O edifício, que ainda existe, foi inaugurado a 13 de maio de 1820.

Na fachada do Museu Nacional (hoje Arquivo Nacional), na praça da Aclamação, ocorria a seguinte inscrição:

JOANNES VI
REX FIDELLISSIMUS
ARTIUM AMANTISSIMUS
A. FUNDAMENTIS EREXIT
ANNO D.M.D.C.C.C.XXI

Na fonte de água férrea da estrada Velha da Tijuca a inscrição é a seguinte: *Fonte de água férrea descoberta pelo imperador Pedro I, em 24 de dezembro de 1823.*

A fachada da Academia Imperial das Belas-Artes apresentava as seguintes inscrições em bronze: *PETRUS — BRAS — IMP. I — ARTI-BUS — MUNIFICENTIAM — CONSECRAVIT* (no friso); *ACADE-MIA — IMPERIALIS — BELLARUM — ARTIUM* (na arquivolta do portão da entrada). Foram inauguradas, com o edifício, a 5 de novembro de 1826.

No Mercado do Largo do Paço, projetado por Grandjean do

Montigny, os dois tímpanos dos frontões correspondentes às entradas tinham as inscrições:

A CAMARA MUNICIPAL A MANDOU
FAZER EM 1835

PRAÇA DO MERCADO: A CAMARA MUNICIPAL DE 1839.

No cais da Imperatriz, no antigo Valongo, hoje praça Municipal, havia quatro estátuas de mármore, dois golfinhos de bronze (os que hoje estão no chafariz da praça 15 de Novembro) e a seguinte legenda:

A CAMARA MUNICIPAL
POR BEM DO PUBLICO
MANDOU CONSTRUIR ESTE CAIS
NO REINADO DE S. M. D. PEDRO II
EM 1842.

Na fonte pública erigida no largo de Benfica, segundo o projeto de Grandjean de Montigny, podiam ser lidas as seguintes inscrições:

MDCCCXLVI
PARA BEM
DO
PUBLICO

A data figurava no friso e o resto da inscrição no painel central do pequeno templo, que constituía o citado chafariz.

No pórtico neoclássico do novo Matadouro, situado no largo do mesmo nome e que ainda pode ser visto na atual praça da Bandeira, uma cartela oval continha a seguinte legenda:

A ILLUSTRISSIMA
CAMARA MUNICIPAL
QUE SERVIO
DO ANNO DE 1844 AO DE 1848
FEZ CONSTRUIR
ESTE EDIFICIO

No lugar do Silvestre onde as águas do rio da Carioca entram no aqueduto, propriamente dito, existe uma ponte de alvenaria, feita em 1851, que tem a seguinte inscrição no interior de uma oval:

205

1851
F. V.

E a 5 de dezembro de 1852, por ocasião da inauguração do Hospício de Pedro Segundo, era desvendada a placa comemorativa, colocada na parede do fundo do vestíbulo, contendo a seguinte inscrição:

PETRO SECUNDO
BRASILIÆ DECORI ET PRÆSIDIO
NOSOCOMII HVIVS
FAVSTA NOMINIS SVI TVTELA MVNITI
CONDITORI
GRATI ANIMI TESTIMONIVM
MISERICORDIÆ HOSPITII SODALES
POSVERE
ANNO DNI MDCCCLII
NOMIS DEC.

Nas duas agulhetas do Passeio Público havia placas de mármore branco, ovais, com inscrições, uma poética, sentimental, bela: *A Saudade do Rio;* e outra, de confiança, de certeza no zelo do povo: *Ao Amor do Público.*

E em alguns corredores de entrada de mansões, podia ser visto um painel de azulejos representando um eriçado cão que mostrava os dentes em direção à porta de entrada. Uma inscrição esclarecedora — *Cave Canem* — prevenia o intruso para que tomasse cuidado com o cão. Tal representação constituía uma reminiscência romana. Ainda nos lembramos do belo painel quadrado, cercado de grega, representando formidável cão, com coleira cheia de espetos, que existia na antiga rua da Ajuda. Todos os ornatos, o cão e a legenda eram de cor de terra de siena. Desapareceu, como tantas curiosas esquadrias, ferragens e grades que havia naquela artéria, por ocasião da abertura da avenida Central, hoje Rio Branco.

Interessantes epitáfios podiam ser lidos sobre as sepulturas de homens ilustres.

Assim, sobre a lousa da sepultura que continha os restos mortais do eminente filósofo frei Policarpo de Santa Gertrudes estava escrito o seguinte:

"S. do Revm. padre mestre jubilado ex-abade
"prégador imperial membro da academia das
"sciencias e director das escolas primarias da
"provincia do Rio de Janeiro, Fr. José Polycarpo
"de Santa Gertrudes. Faleceu em 12 de Janeiro
de 1841".

E sobre o túmulo do ilustre dr. Scipioni Fabbrini, o epitáfio era do teor seguinte:

D. O.M.
Ex. D. Domi Scipioni Fabbrini
Domo Bia
Qui tum Invicta Animi
Fortitudine. Tum Scriptis
Sedis Apostolicæ Auctoritatem Sus
tinuit Defendit.
Gregorii XVI, Internuntius Apud
Petrum II Brasil.
Æternum victurus in pace
Decessit Die VII Jan. A. D. M. D. C.
CCXLI. Fratres et Amici Moerentes
Faventibus Abbat. Fr. Hujus
Monasterii.
P.

Na capela anexa à Igreja de São Francisco da Penitência, o sarcófago que conteve os restos mortais do infante espanhol d. Pedro Carlos de Bourbon e Bragança tinha a inscrição seguinte:

HIC IACET
D.   D.
PETRUS. CAROLVS. HISPANIARVM. INFANS GABRIELIS.
HISPANIÆ. ET. MARIÆ. ANNÆ. VICTORIÆ. PORTVGALIÆ.
INFANTIVM. FILIVS. MARIÆ. TERESIÆ. PRINCIPIS.
JOANNIS. PRO-REGENTIS. PORTVGALIÆ. PRINCIPIS.
CAROLATAÆQVÆ. HISPANIARVM; INFANTIS. FILIÆ.
CONIVX. NAVALIS. MILITÆ. IN. LVSITANIA. DVX.
SVPREMVS. OBIIT. VII. KAL. IVNII. ANND. XXV.
ÆTATIS. SVÆ.
A. D. CI, I, CCCXII.

Barulhópolis

A cidade foi sempre muito ruidosa. Os estrangeiros não podiam suportar a barulheira.

A mania dos dias de festa chegou ao exagero. Por isso, os *feriados e dias santos* eram inúmeros. Rara era a semana em que não havia dois ou três dias de vadiação, de foguetório e de salvas das fortalezas e navios de guerra. A folgança atingia a tais proporções que Castelnau dizia: *"Je crois que les jours feriés sont plus nombreux que ceux qui sont consacrés au travail"*. Assim era, de fato. Por isso, em 1842, a 12 de março, o imperador dom Pedro II baixou um decreto estabelecendo que somente seriam considerados como tais — exceção feita dos domingos, dias santos e de guarda, quinta e sexta-feira santas — os dias de festa nacional ou de gala.

Não obstante, sempre houve por toda parte procissões, bandeirolas, acolchoados nas janelas e sacadas, luminárias e fogos de artifício, desde as *bichas, traques, girassóis, pistolas* e *chuveiros* até a *rodinha* empunhada pelas senhoras e os *busca-pés,* as *bombas* e os *rojões* lançados pelos escravos. Era um tiroteio ensurdecedor. Essa mania tinha-se desenvolvido por tal forma que da China eram importadas grandes quantidades de fogos.

Gente alegre e barulhenta era vista no meio das ruas e praças ou nos quintais, pátios, terreiros ou jardins das casas. Bandas de música, cantores, fortes e prolongados repiques de sinos, estridentes gritos e uivos dos negros, estrondos e sinos dominavam dia e noite a mais importante *barulhópolis* do mundo, em comemoração do santo ou da santa do calendário. Em junho, então, durante as festas de Santo Antônio, São João e São Pedro, principalmente à noite, queimavam-se os mais chiantes fogos artificiais, explodiam abaladores morteiros e subiam pelo espaço afora *flechas* de estrondo. Os balões cortavam o espaço.

A mania do foguetório era tão grande que Castelnau chegou a classificá-la como bacanal, dizendo também que, dessa maneira, bem se poderia avaliar a insônia que deviam padecer e a irritação que empolgava os pobres visitantes estrangeiros.

CAPÍTULO IV

TOPONÍMIA

DENOMINAÇÕES ANTIGAS E ATUAIS

NOMES DO CENTRO URBANO E DOS ARREDORES —
NOMES DE FORA DA CIDADE — NOMES DAS ILHAS

Nomes do Centro Urbano e dos Arredores

Estudando a toponímia dos acidentes naturais e dos logradouros públicos, e grupando os nomes pelas zonas em que ocorrem — uma vez que o índice alfabético facilitará qualquer consulta —, ter-se-á o seguinte:

Carioca — do tupi: *cari,* branco, estrangeiro, homem superior; e *oca,* casa — isto é, casa do branco.

Carioca (rio da) — Rio da casa do branco. Foi chamado por Oviedo de *rio del sombrero* (rio do chapéu), pois o morro (o atual Corcovado) onde nascia tinha essa forma. Também foi chamado de rio das Caboclas, em lembrança das mulheres indígenas que, no seu curso, viveram; de rio das Laranjeiras, porque percorria esse vale; e Catete, visto um dos seus braços percorrer uma boa parte da zona do Catete, indo desaguar próximo ao morro da Glória.

Carioca (ilha da) — Assim se chamou a que, formada de areia, estava situada no estuário do rio da Carioca. Os seus limites, aproximados, eram o morro do Leripe, a zona do Catete onde está hoje a praça Duque de Caxias e o morro da Glória. Dois braços do rio da Carioca rodeavam essa ilha, separando-a, assim, dos morros acima citados. Um dos braços do rio, o meridional, sempre conservou o nome de Carioca. O outro braço, o setentrional, passou a chamar-se de rio do Catete. A bifurcação tinha lugar onde hoje está a citada praça. Com o tempo, o rio Catete foi aterrado, para dar lugar à existência das ruas do Catete e de Príncipe do Catete.

Carioca (ponta da) — Parte do morro da Glória voltada para a barra. Atualmente ocupada pelo Hotel Glória.

Ponta da Carioca (morro da) — É o atual morro ou outeiro da Glória.

Marinha da Cidade — Assim era denominada a zona litorânea que ia do cais Pharoux ao dos Mineiros.

Várzea da Cidade ou *Vargem da Cidade* — Sempre assim ficou conhecida a parte da cidade compreendida entre o litoral e os morros do Castelo, de Santo Antônio, da Conceição e de São Bento.

Cidade Velha — Parte da cidade do Rio de Janeiro que, em 1850, ia do mar até o campo da Aclamação.

Cidade Nova — Parte da cidade compreendida entre o campo da Aclamação e o fim do caminho do Aterrado.

Cara de Cão (morro da) — Assim foi denominado por Fernão Cardim o morro da entrada da barra onde se acha hoje a fortaleza de S. João. A denominação provinha de ser a ponta do morro semelhante, vista de perfil, à cabeça de um cão agachado. No século XIX era denominado de morro de São João, tomado da fortaleza.

Pão de Açúcar — Os ameríndios, que costumavam dar nomes aos acidentes naturais e até aos rios que não eram piscosos, se esqueceram de dar um nome ao majestoso Pão de Açúcar. Perderam, pois, a oportunidade de chamá-lo de Itabira, pois *ita-bir* quer dizer, em tupi, pedra que se ergue, empinada. Na ausência de nome, os franceses o denominam de *pot-de-beurre* e os portugueses de *pão de açúcar,* ou fôrma de barro onde se derretia o caldo de cana para ser reduzido a açúcar. Foi galgado, em 1838, por uma mulher que se chamava nada menos que dona América Vespucci. Em 1851, a proeza é repetida pelo dentista americano Burdell, acompanhado de mais quatro pessoas, sendo que, dessas, três eram do sexo feminino.

Praia de Fora — Entre o morro da Cara de Cão e o Pão de Açúcar, voltada para o alto mar. Também era conhecida como praia de São João, designação que lhe vinha da fortaleza do mesmo nome.

Urca — Montanha, contígua ao Pão de Acúcar, que recebeu esse nome por parecer-se a um tipo de barco, grande e muito largo, das marinhas portuguesa e espanhola nos tempos coloniais.

Vermelha (praia) — Assim chamada pela cor avermelhada que têm as suas areias. Situada entre a Urca e a Babilônia. Freqüentemente confundida com a praia do Suzano.

Praia Vermelha (azinhaga da) — Depois rua do Hospício de Pedro Segundo. Comunicava o caminho do Pasmado com a praia do Suzano. Atualmente tem a denominação de General Severiano.

Hospício de Pedro Segundo (rua do) — Denominação dada, em 1845, à azinhaga da Praia Vermelha. Vide esse nome.

Pasmado (caminho e rua do) — Nome proveniente do morro a cavaleiro da praia de Botafogo. Começava no fim da praia de Botafogo e terminava na subida do Leme, próximo ao forte desse nome construído no vice-reinado do marquês do Lavradio e que, portanto, nada tem que ver com a fortificação de igual nome, no morro do Leme, a atual rua da Passagem.

Suzano (praia do) — Ou de *Santa Cecília*. Fronteira ao Hospício de Pedro Segundo. Há quem tenha afirmado que teve o nome de porto de Martim Afonso, denominação, para nós, imprópria, pois ele jamais ali pousou. Depois da metade do século XIX foi denominada de praça das Saudades.

Santa Cecília (praia de) — Vide praia do Suzano.

Leme (morro do) — O professor da Universidade de Paris Georges Millardet, estudando a toponímia desse nome, não chegou a nenhuma conclusão. E aventou as seguintes hipóteses: ou se trata de menção da peça que guia o navio — governalho — ou, então, refere-se à forma de um grande leme que apresentam as escarpas desse morro ao mergulhar no mar, vistas da praia de Copacabana.

Leme (ponta do) — Assim era denominada a parte mais saliente dessa montanha sobre o mar.

Leme (praia do) — Adjacente à montanha acima referida.

Copacabana (praia de) — Termo da língua azteca que quer dizer: *praia que foi embelezada.* Ou termo da língua quêchua, composto de *copac,* azul, e *cahuana,* mirante, observatório. Logo, *copacabana* significa: mirante do azul, observatório do azul. E esse azul não pode ser outro que o céu. A denominação proveio da margem do lago de Titicaca, onde existe uma península com esse nome. Segundo a tradição, foi dali que saiu Manco Capac para fundar o império incaico de Cuzco. O conde de Lemos, vice-rei espanhol do Peru, fez construir nesse local um grande templo, onde acolhida foi, em meado do século XVII, a milagrosa imagem de N. S. da Candelária, feita pela mão de um devoto incaico. Desde então passou a ser a *Senhora* ou *Virgem de Copacabana.* Uma reprodução da imagem santa foi trazida para o Rio de Janeiro por algum *peruleiro,* sendo venerada num albergue de pescadores existente junto à fortaleza da praia de Sacopenapan. Em 1746, João Gomes de Paiva, desejoso de melhor situar a imagem, doou vasto terreno, de cem braças de largura por duzentas de comprimento, sobre o outeiro da península daquela praia — onde próximo estava um forte colonial — a fim de ser edificada uma igreja. Nela permanentemente ficaria a santa protegendo os pescadores, tal e qual ocorria na terra andina. Surgiu, assim, a igrejinha de Copacabana, que se manteve de pé até o governo do marechal Hermes da Fonseca, quando foi demolida para a construção do forte que ainda ali existe. A imagem está atualmente recolhida ao castelo de São Manuel, em Petrópolis, que pertenceu à família Teffé. Advirta-se que também houve no Suruí, nos arredores do Rio de Janeiro — hoje parte suburbana — uma capela de Copacabana, erecta em 1614, na sesmaria do cônego Antônio Duarte Raposo.

Arpoador (praia e ponta do) — Praia daquele que arpoa. Refere-se certamente ao profissional que arpoava as baleias. Ali morava ou ali tinha seu ponto de observação. É onde hoje está a estação de rádio da repartição dos Telégrafos, no começo da praia de Ipanema, vindo de Copacabana.

Gávea — Montanha da zona sul cuja cumiada, longa e achatada, dizem que apresenta o aspecto de uma gávea de navio a vela. Não atinamos como foi possível essa interpretação, pois, para nós, a semelhança não existe. Segundo o rev. Walsh, a parte posterior da pedra da Gávea que apresentava "o perfil grosseiro de um rosto humano voltado para cima, de barba e nariz recurvo", era chamada pelos ingleses de "rosto de Lord Hood". George Gardner, ao interpretar essa observação de seus patrícios, diz que a pedra da Gávea era chamada pelos marinheiros ingleses de *Lord Hood's Nose,* ou seja, o nariz de Lord Hood.

Gávea (caminho da) — Começava no largo das Três Vendas e terminava na subida da Gávea. Depois passou a ser considerado estrada do mesmo nome e rua da Boa Vista. É hoje Marquês de São Vicente.

Boa Vista (rua da) — Vide caminho da Gávea.

Três Vendas (largo das) — Ou *de Nossa Senhora da Conceição.* No início do caminho da Gávea, ou seja, na atual praça Santos Dumont, fronteira ao Jóquei Clube.

Dois Irmãos — Grupo formado por duas montanhas quase iguais, porém mais alta uma que a outra, situadas à beira do oceano, na Gávea.

Rodrigo de Freitas (lagoa de) — Assim foi e continua a ser conhecida porque aí Rodrigo de Freitas Melo e Castro tivera seu importante engenho de açúcar. Antes fora chamada de *Sacopenapã,* antiga *Saponipen,* ou das raízes chatas.

Lagoa (caminho da) — Ou *caminho do Jardim.* Começava na peaçaba da Lagoa e terminava no largo das Três Vendas ou de Nossa Senhora da Conceição. Hoje: rua do Jardim Botânico.

Jardim (caminho do) — A denominação referia-se ao Jardim Botânico da Lagoa de Rodrigo de Freitas. Vide caminho da Lagoa.

Praia Grande, ou *praia da Lagoa,* ou *praia Freitas* (segundo Debret) — Atual Ipanema.

Corcovado (pico do) — Não conhecemos a origem do nome. Como esse pico forma um conjunto com o morro que lhe fica à frente, como esporão (o conhecido, agora, como de Dona Marta), e como este se assemelha a uma corcova — talvez provenha daí a denominação. Assinalemos que Oviedo o chamou de morro *del sombrero* (do chapéu), conforme antes ficou explicado. A denominação talvez proviesse do fato de o morro, ao ser olhado de frente, assemelhar-se aos chapéus altos e afunilados daqueles tempos.

Silvestre — Zona da serra do Corcovado, a cavaleiro do vale das Laranjeiras.

Dois Irmãos — Assim eram conhecidas as pirâmides de alvenaria de tijolo colocadas, aos pares, sobre cubos do mesmo material. Os *Primeiros Dois Irmãos* estavam em Santa Teresa (no lugar depois chamado de Curvelo) e os *Segundos Dois Irmãos,* no Silvestre. Neles existiam registros e poços de inspeção dos encanamentos da água que descia para o largo da Carioca.

Peaçaba (lugar) — Ou *peaçaba da Lagoa.* Do tupi *apé,* caminho, e *açaba,* saída; o lugar onde vai ter o caminho, o lugar em que se desembarca. A primeira que existiu foi junto ao mar, na base do morro do Castelo, voltada para a ilha do Seregipe, depois de Villegagnon. A outra era a da lagoa de Rodrigo de Freitas e chamada, por isso, de *peaçaba da Lagoa.* É o lugar atualmente ocupado pela escola pública Pedro Ernesto, fronteiro à ladeira de Humaitá. Os produtos da lavoura e as telhas e tijolos das olarias das zonas que rodeavam a lagoa eram transportados em barcos até ali, onde passavam para os veículos que deviam trazê-los até Botafogo (para serem novamente embarcados) ou enviados diretamente para a cidade.

Saudade (praia da) — Começava no caminho do Jardim (na Peaçaba) e terminava na praia Funda. Sua denominação proveio do morro da Saudade, que lhe fica a cavaleiro. Não mais existe, pois foi convertida em rua.

Saudade (fonte da) — Na praia do mesmo nome, junto ao morro. Estava, pois, no interior de uma chácara. Ainda existe, podendo ser vista no jardim de bela propriedade que tem o n? 111 da rua da Fonte da Saudade.

Funda (praia) — Na lagoa de Rodrigo de Freitas; no fim da praia da Saudade. Confinava, pois, com um galho da montanha que mergulhava na lagoa. Hoje faz parte da avenida de contorno.

Botafogo (baía e praia de) — A primeira denominação que a bela baiazinha teve foi a de *le lac,* o lago, posta pelos franceses (Thevet). Depois quase sempre os nomes da baía e da praia andaram ligados. Assim, os portugueses lhes deram, respectivamente, os nomes de enseada e de praia de Francisco Velho (mordomo de Estácio de Sá), mantidos até 1641. A partir daquele ano tiveram o nome de Botafogo, por ter ali residido João de Sousa Pereira Botafogo, co-proprietário da fazenda que abrangia todo o litoral e se estendia, pelo interior, até à fazenda de São Clemente. Assinale-se que pelas proximidades do ano de 1753, a baía, propriamente dita, também fora denominada de lago de Botafogo.

Pedreira de Botafogo (caminho da) — Ligava a praia de Botafogo à do Suzano ou de Santa Cecília, pelo sopé dos morros do Pasmado e do Matias. Depois foi rua do mesmo nome. É a atual avenida Pasteur.

São Clemente (caminho e, depois, rua de) — Denominação dada pela invocação da capela que existia na fazenda do mesmo nome, no vale de Botafogo.

Real Grandeza (rua) — Em Botafogo. Aberta, em 1820, com o nome de Sergipe, por Joaquim Marques Batista de Leão.

Leões (largo dos) — Em Botafogo. Assim chamado porque foi aberto no antigo jardim de recreio de Joaquim Marques Batista de Leão, o qual, de combinação com seus irmãos Joaquim Marques Leão e Antônio Marques Batista de Leão, resolveu ampliar aquele ameno sítio, convertendo-o em logradouro público. Recorde-se que aquela propriedade outrora tinha formado parte da fazenda da Olaria, a qual era por sua vez uma porção da fazenda de São Clemente. O largo dos Leões não é, como geralmente se julga, o atual logradouro onde termina a linha de bondes desse nome. O verdadeiro largo dos Leões é o logradouro retangular que existe no fim da rua de São Clemente, dotado de lindas palmeiras e fronteiro à rua Marques. Deve ter sido aberto ao tráfego em fins do século XVIII ou nos primeiros anos do século XIX.

Marques (travessa) — Ligando o largo dos Leões com a rua de São Joaquim da Lagoa. Recebeu aquele nome como homenagem aos proprietários da fazenda da Olaria acima mencionados. Atualmente é rua do mesmo nome.

São Joaquim da Lagoa (rua de) — Teve o nome de São Joaquim como homenagem a quem a abriu em seus terrenos: o acima referido Joaquim Marques Batista de Leão, e da Lagoa, pelo fato de estar nessa freguesia. Também foi conhecida como rua Nova de São Joaquim.

Nova de São Joaquim (rua) — Denominação que também teve a rua de São Joaquim da Lagoa. Chamou-se de "Nova", para ser diferençada das antigas ruas Larga e Estreita de São Joaquim.

Berquó (rua) — Até o século XVIII. era caminho da Lagoa, pois constituía o único trajeto possível desde a praia de Botafogo até a peaçaba da Lagoa. Por isso é a mais antiga do vale de Botafogo. Depois recebeu aquele nome, porque ali teve grande chácara o ouvidor Francisco Berquó da Silveira. Hoje tem o nome de General Polidoro.

Lagoa (caminho da) — Vide rua Berquó.

Olinda (rua) — Em Botafogo, pondo em comunicação a praia com o morro do Mundo Novo. Atualmente é chamada de Marquês de Olinda.

Mundo Novo (morro do) — Entre Botafogo e as Laranjeiras.

Leripe (morro do) — A denominação de *leripe* significa (em tupi) ostreira. Não têm razão, pois, aqueles que afirmam que provém de Lery, pelo fato de este ter morado na *casa de pedra,* quase no sopé dessa granítica mole. É o atual morro da Viúva. Recebeu este nome depois de metade do século XIX, porque pertenceu à viúva de Joaquim Figueiredo Pessoa de Barros.

Flamengo (praia do) — Antiga do Leripe (vide significado de morro do Leripe). Depois uma parte da mesma (e não toda a praia, como se tem dito, mas as plantas da cidade desmentem) foi chamada de Sebastião Gonçalves: nome do sapateiro que morou nas proximidades da casa de pedra, visto ter aforado, em 26 de agosto de 1610, aquelas terras. Por isso a parte da praia entre o morro do Leripe e a embocadura do rio da Carioca ficou conhecida como de: Sebastião Gonçalves; Sebastião Gonçalves, o sapateiro; ou, simplesmente, do Sapateiro. Outros autores querem que ela se tenha denominado de Pedro Martins Namorado, pelo fato de esse primeiro juiz do Rio de Janeiro ter residido na aludida casa. O fato é que a partir de 1645 passou a chamar-se do Flamengo, não porque ali tivesse morado nenhum flamengo, mas pelo fato de ser freqüentada pelas aves aquáticas que são conhecidas como flamingos. Confirmando o que acima ficou dito, há o testemunho de Schlichthorst, que afirmou ter visto flamingos sobre as fortalezas de Villegagnon e das Cobras, pelo que escreveu: *Passam voando os flamingos com o esplendor de suas cores brilhantes.* E Gustavo Barroso, comentador do livro daquele ex-oficial estrangeiro do Exército imperial, acrescenta que no Brasil se chamava de flamengo à garça vermelha, isto é, a *guará-piranga* ou *guará-miranga,* dos ameríndios.

Aguada dos Marinheiros — Lugar da embocadura do rio da Carioca onde os marujos iam buscar água para os seus navios. Houve, também, uma outra aguada dos Marinheiros no mangue da Cidade Nova e o próprio chafariz do largo do Paço teve também essa denominação.

Caminho Velho de Botafogo — Comunicava o largo do Catete com a praia de Botafogo. A sua denominação provém de ser a mais antiga via de comunicação para Botafogo. Foi-lhe dada em 1796. Desde 1866 que se chama rua do Senador Vergueiro.

Caminho Novo de Botafogo — Via de comunicação entre o Catete e Botafogo. Existe desde os últimos anos do século XVIII. É atualmente a rua de Marquês de Abrantes.

Santa Teresa da Glória ou *Santa Teresa do Catete* (rua de) — Tinha início no caminho Novo de Botafogo e terminava no morro da chácara de Domingos Francisco de Araújo Roso (atual Palácio Guanabara). Mais tarde foi aberta até à praia do Flamengo. É a atual rua de Paissandu.

Roso (rua do) — Nas Laranjeiras. Transversal à anterior. Recebeu aquele nome por ter sido aberta na chácara de Domingos Francisco de Oliveira Roso.

Guanabara (rua da) — Nas Laranjeiras. Paralela à anterior. Ia da rua de Santa Teresa da Glória à de Laranjeiras. Foi aberta pelos herdeiros de Domingos Francisco de Araújo Roso. Guanabara significa o seio de água semelhante ao mar.

Laranjeiras (rua das) — Antigo caminho do mesmo nome. Ia do largo do Machado ao Cosme Velho.

Velasco (rua) — Nas Laranjeiras. Recebeu essa denominação porque foi aberta em terreno de propriedade de Antônio Pereira Joaquim Velasco. Depois chamou-se Nova das Laranjeiras. E, por fim, Conselheiro Pereira da Silva, que ainda conserva.

Nova das Laranjeiras (rua) — Vide rua Velasco, acima mencionada.

Águas Férreas — Lugar do vale das Laranjeiras que tomou esse nome porque ali existira uma fonte de água férrea conhecida, ainda hoje, como *Bica da Rainha.*

Bica da Rainha — Fonte, nas Águas Férreas, assim denominada visto ter constituído o termo do passeio favorito da rainha d. Maria I.

Cosme Velho — Lugar situado no alto do vale das Laranjeiras (zona hoje conhecida como das Águas Férreas). Recebeu essa denominação porque ali viveu, em começo do século XVIII, um rico negociante da rua Direita: Cosme Velho Pereira. Era possuidor de vastas terras marginais ao rio da Carioca. Daí se originaram a estrada e a rua do Cosme Velho; atual Senador Otaviano.

Pendurassaia — Lugar, colocado a montante do anterior, que deveu sua denominação ao fato de as lavadeiras pendurarem as saias nas cercas das propriedades ali existentes.

Inglês (morro do) — No Cosme Velho. Assim conhecido porque pertencera ao inglês Jorge Britain.

Boticário (largo do) — Situado no Cosme Velho (Águas Férreas). A denominação do largo (e do beco que lhe serve de entrada) provém de ter existido, naquele poético e ameno lugar, a propriedade do boticário Joaquim Luís da Silva Souto.

Catete (rua do) — Catete quer dizer mato fechado. Antigo caminho para a praia Vermelha, caminho do Boqueirão da Glória, caminho e Estrada do Catete. Em 1808 é que recebeu o nome de rua.

Catete (largo do) — Na confluência da rua do Catete e dos caminhos Velho e Novo de Botafogo. Atual praça José de Alencar.

Machado (largo do) — Antigo campo das Pitangueiras, campo das Laranjeiras, e largo do Machado: porque um açougueiro ali estabelecido mandara colocar na fachada de seu estabelecimento um enorme machado. Em 1843, recebeu o nome de praça da Glória, em homenagem à devoção da igreja ali erecta. Atual praça Duque de Caxias.

Candelária (pedreira da) — No Catete, assim chamada porque ali se extraía todo o granito para as obras da Igreja da Candelária.

Pedreira da Candelária (rua da) — No Catete. Foi assim chamada visto estar próxima da pedreira onde se extraía pedra para a construção do templo da Candelária. Também foi conhecida como rua do Quintanilha, por ter sido aberta nos terrenos pertencentes a Salvador Alves Quintanilha. É, hoje, a rua Conselheiro Bento Lisboa.

Cantagalo (morro do) — No fim da rua da Pedreira da Candelária.

Pedreira da Glória (rua da) — Ou da Pedreira de Cantagalo. Hoje: rua de Pedro Américo.

Valdetaro (largo do) — No Catete. Sobrenome do chefe da família que ali possuiu vasta chácara. É a atual praça fronteira ao palácio presidencial.

Princesa Imperial (rua) — No Catete. Tinha início na rua da Pedreira da Candelária e subia o morro. É, hoje, Tavares Bastos.

Bela da Princesa (rua) — No Catete. Aberta no começo do século XIX, da praia do Flamengo até à rua do Catete. Recebeu, então, o nome de rua do Valdetaro. Depois foi prolongada até à rua da Pedreira da Candelária, sendo esse trecho denominado de rua Nova de João da Cunha. Em 1808, teve por fim um nome único: rua da Princesa; talvez em homenagem a d. Carlota Joaquina. E pouco depois passou a ser Bela da Princesa e Princesa do Catete. Era a maneira de diferençá-la da rua da Princesa dos Cajueiros. Hoje é chamada de Correia Dutra.

Príncipe do Catete (rua do) — No bairro do Catete. Foi assim denominada para estabelecer diferença com a rua do Príncipe dos Cajueiros. É, na atualidade, rua de Silveira Martins.

218

Glória (morro da) — Antigo morro da Ponta da Carioca. Tomou o nome da igreja ali erecta: de Nossa Senhora da Glória do Outeiro.

Glória (ladeira da) — No morro do mesmo nome, tendo início no largo.

Glória (largo da) — Situado entre o fim da rua da Glória, a rua do Catete e a ladeira da Glória.

Glória (rua da) — Tinha início no fim da rua da Lapa e termo no largo da Glória. Outrora tivera as denominações de caminho da Glória e de rua do Boqueirão da Glória. Relembre-se, para evitar confusões, que a denominação de caminho do Boqueirão da Glória foi dada antigamente à rua do Catete.

Boqueirão da Glória — Antiga denominação dada à praia do Saco da Glória, isto é, entre o morro e o começo do caminho da Glória. A sua denominação de boqueirão provinha de ser uma grande boca, um vasto estuário dos rios e córregos que lá desembocavam. Hoje o espaço que o mesmo ocupava pode ser assinalado pela linha do bonde, desde o relógio da Glória, margeando o jardim e terminando no sopé do outeiro.

D. Pedro I (praia de) — Na Glória. É a rua hoje chamada do Russel — outrora praia do mesmo nome. A atual denominação lhe foi dada em 1867.

D. Luísa (rua de) — Também na Glória; tendo sido aberta em 1850, através da chácara de dona Luísa Clemente da Silva Couto. Hoje tem o nome de rua Cândido Mendes.

Frades (campo dos) — Assim foi chamado porque ali próximo estava, na Lapa, o convento dos frades carmelitas. Começava no largo da Lapa e terminava na praia desse mesmo nome, atual rua Augusto Severo.

Boqueirão (praia do) — Chamou-se, nos tempos coloniais, de *boqueirão:* grande boca — à zona inundada, junto ao mar, onde confluíam as águas das lagoas situadas nos sopés do morro do Desterro, do monte das Mangueiras e do morro de Santo Antônio. Ocupava uma vasta zona que depois foi aterrada, dando lugar à criação do Passeio Público. Desaparecendo o boqueirão, propriamente dito, subsistiu entretanto aquela denominação para a praia, ou, também, do *Boqueirão do Passeio.*

Boqueirão do Passeio (rua do) — Ao lado direito do Passeio Público. Chamou-se assim, porque estava junto do boqueirão do Passeio, que antes fora o desaguadouro das lagoas da Carioca, da Ajuda e do Desterro.

Passeio (rua do) — Começava no largo da Lapa e terminava na rua do Boqueirão do Passeio. Fronteira ao Passeio Público.

Desterro (morro do) — Recebeu essa denominação porque pertenceu a Antônio Gomes do Desterro, que ali construiu, no século XVII, a ermida de Nossa Senhora do Desterro. No século XIX era conhecido como de Santa Teresa.

Santa Teresa (morro de) — Antigo morro do Desterro. Assim como esta denominação provinha da capela de N. S. do Desterro construída por Antônio Gomes do Desterro antes de 1629 —, aquela outra denominação se originava do Convento de Santa Teresa, fundado em 1750 pelo conde de Bobadela. Vide morro do Desterro.

Santa Teresa (caminho de) — Começava junto aos Arcos da Carioca, isto é, no fim da rua dos Barbonos e terminava no alto do morro de Santa Teresa, no lugar que mais tarde foi conhecido como Curvelo. Em 1859 recebeu o nome de ladeira de Santa Teresa.

Santa Teresa (rua de) — Tinha início na praia da Lapa e fazendo uma grande volta ia terminar junto aos Arcos, justamente no encontro da rua dos Barbonos com o caminho de Santa Teresa.

Lapa (largo da) — Situado entre o campo dos Frades e as ruas do Passeio, das Mangueiras e da Lapa. Também era denominado de largo da Lapa do Desterro. A denominação provém da Igreja de N. S. da Lapa, ali situada.

Lapa (rua da) — Começava no largo da Lapa e terminava na rua da Glória. Foi denominada, igualmente, de rua da Lapa do Desterro.

Lapa (praia da) — Antiga praia das Areias de Espanha. Depois passou a chamar-se de cais Novo da Glória. Era a maneira de diferenciar essa construção do cais Velho da Glória, feito em frente do chafariz; ou seja, a atual muralha que separa a rua da Glória da rua Augusto Severo (denominação que, hoje, tem a praia da Lapa).

Cais Velho da Glória — Vide praia da Lapa.

Cais Novo da Glória — Vide praia da Lapa.

Taylor (rua) — Aberta na chácara, da Lapa, pertencente ao chefe de divisão da Armada João Taylor.

Império (beco do) — Na Lapa. Recebeu essa denominação porque nas festividades do Divino Espírito Santo era levantado, na sua esquina com o campo dos Frades, um coreto chamado de Casa do Império. É a atual rua Teotônio Regadas, ligando o largo da Lapa à rua Joaquim Silva.

Mosqueira (travessa do) — Na Lapa. Não foi chamada da Mosqueira como tem sido afirmado, e muito menos porque ali fosse um foco de moscas, mas, sim, do Mosqueira, em virtude de ali ter morado o desembargador José Pinto Botelho Mosqueira.

Mangueiras (rua das) — Recebeu essa denominação porque foi aberta em terrenos próximos da chácara das Mangueiras, na Lapa. Atualmente: rua Visconde de Maranguape.

Nova dos Arcos (rua) — Antiga dos Arcos. Recebeu esse nome por ter início nos arcos do Aqueduto da Carioca. Atual Francisco Belisário.

Barbonos (rua dos) — Antigo caminho dos Arcos da Carioca. A denominação de rua dos Barbonos lhe veio do fato de ali ter existido o convento dos frades barbadinhos. Manteve-a de 1742 a 1870. É a atual Evaristo da Veiga. O quartel de polícia que ali existe está situado no mesmo local daquele convento.

Marrecas (rua das) — Aberta em 1789 pelo vice-rei Luís de Vasconcelos e Sousa, foi poeticamente chamada de rua das Belas Noites ou das Boas Noites. Em meado do século XIX recebeu aquele nome em virtude do chafariz, ali próximo, onde havia umas marrecas de bronze. É a atual rua Barão de Ladário.

Santa Luzia (rua de) — Antigo caminho da Praia e caminho do Vintém. Constituiu parte da antiga praia do mesmo nome. Desde 1817, prolongada, que foi, até à rua da Ajuda, passou àquela categoria. O nome, que ainda mantém, adveio da igreja que ali ainda pode ser vista.

Santa Luzia (praia de) — Antiga praia da Forca. Ia desde o Passeio até a Santa Casa de Misericórdia. A denominação provinha do templo ali erguido.

Peaçaba (ponta da) — Assim era chamada a ponta de terra fronteira à ilha de Villegagnon pelo lado do mar. Pelo lado de terra ficava nas proximidades da Igreja da Misericórdia e, por conseguinte, da ladeira desse nome que conduzia para o alto do morro do Castelo. Hoje, esse lugar pode ser considerado na esquina do largo da Misericórdia com a rua de Santa Luzia. Com a construção do quartel do Trem, essa ponta, que foi também chamada da Misericórdia, desapareceu em virtude da área conquistada ao mar, por meio de aterro. No lugar em que esse aterro formava uma ponta construiu-se o forte de São Tiago, onde depois funcionou o Calabouço.

Calabouço (ponta do) — Pela grafia antiga chamava-se do Calhabouço. A sua denominação provinha de ser ali a prisão criada por d. Luís de Vasconcelos e Sousa em obediência às cartas régias de 20 e 23 de março de 1688, onde eram conservados presos e açoitados os negros escravos. Foi também vulgarmente chamada de ponta do Cafofo e ponta da Cafunda, denominações africanas que equivalem, em português, à de prisão. É o lugar onde está atualmente a estação do aeroporto Santos Dumont.

Cafofo (ponta do) — Vide ponta do Calabouço.

Cafunda (ponta da) — Vide ponta do Calabouço.

Música (beco da) — Teve essa denominação porque numa casa do mesmo, situada na esquina do largo de Moura, tinham lugar os ensaios das bandas de música dos regimentos portugueses do quartel de Moura.

Batalha (largo da) — Entre o largo de Moura e a rua da Misericórdia. Desapareceu por ocasião das obras para a Exposição Internacional do Centenário da Independência, em 1922. Recebeu aquele nome porque nele existiu um oratório consagrado a Nossa Senhora da Batalha.

Batalha (beco da) — Começava junto ao portão do antigo quartel do Trem, depois Arsenal de Guerra, e terminava no largo da Misericórdia.

Moura (largo do) — Teve essa denominação em vista de ter ali aquartelado o regimento de Moura, vindo de Portugal. É o lugar hoje situado entre o Ministério da Agricultura, Instituto Médico Legal, beco da Música e mercado municipal. Uma parte do referido quartel foi por nós demolida quando tivemos de construir em 1921-22 o Palácio da Fiação da Exposição Internacional do Centenário da Independência.

Moura (beco do) — Tinha início no largo da Batalha e findava no beco do mesmo nome, bem defronte do Arsenal de Guerra.

Misericórdia (rua da) — Uma das mais antigas da cidade, pois foi aberta no século XVI. Ligava o largo do Paço ao da Misericórdia. Recebeu o nome em virtude do Hospital da Misericórdia ou Santa Casa.

Misericórdia (largo da) — Talvez o mais antigo da cidade. Situado entre as ruas da Misericórdia e de Santa Luzia. Nele terminavam a travessa de Santa Luzia e o beco da Batalha.

Misericórdia (ponta da) — Vide ponta da Peaçaba.

Misericórdia (praia da) — Antiga da Peaçaba e de Manuel de Brito. Ocupava toda a frente do Hospital da Misericórdia.

Misericórdia (ladeira da) — Também conhecida como ladeira do Colégio. Começava no sopé do morro do Castelo voltado para o largo da Misericórdia e terminava no alto, junto ao antigo Hospital Militar.

Fresca (rua) — No bairro da Misericórdia. Das mais extensas e largas da cidade. Assim foi chamada por estar constantemente beneficiada pela viração que vinha da barra. Começava no largo do Paço e terminava no largo de Moura. É a atual rua Clapp.

Cotovelo (beco do) — Assim denominado porque, vindo em linha reta, quebrava para a direita, ao terminar junto à ladeira do Castelo. Na freguesia de São José.

Torre de São José (beco da) — Ou simplesmente beco da Torre. Assim chamado pelo fato de terminar junto à torre da Igreja de São José. O seu início era na praia de D. Manuel. Prestes a desaparecer, como quase todas as vielas e ruas da Misericórdia, pois desde 1943 esta sendo procedida a demolição do casario do bairro da Misericórdia, como conseqüência do plano de urbanização da zona conhecida como do Castelo.

Guindaste (travessa ou rua do) — No bairro da Misericórdia. A denominação proveio do lugar onde os padres jesuítas tiveram o guindaste que desembarcava do mar o que para eles vinha de fora. Por isso, também teve o nome de travessa do Guindaste dos Padres da Companhia. Conservou esses nomes até 1873, quando a Câmara Municipal a denominou de travessa Doutor Costa Velho.

Ferreiros (beco dos) — A denominação proveio de estarem ali instalados os ferreiros da cidade. Na freguesia de São José. Começava na rua do Cotovelo e terminava na de D. Manuel.

Castelo (morro do) — Assento definitivo da cidade, depois de sua transferência do morro da Cara de Cão, ele recebeu diversos nomes: do Descanso (querendo significar o pouso final), de São Januário (homenagem ao santo mártir e ao mês de janeiro), de São Sebastião (como tributo ao santo padroeiro da cidade), do Castelo (em virtude da fortaleza mandada construir no governo de Martim Correia de Sá). Também foi conhecido como morro de São Sebastião do Castelo.

Castelo (ladeira do) — Começava na rua de São José, em frente à do Carmo, e terminava no alto do morro do Castelo defronte do Hospital Militar.

São Sebastião do Castelo (largo de) — No alto do morro do Castelo; entre a travessa de São Sebastião e a ladeira do Seminário, isto é, junto ao convento dos capuchinhos.

São Sebastião do Castelo (travessa de) — No alto do morro do Castelo. Tinha início na rua do Castelo e terminava no largo de São Sebastião do Castelo.

Seminário (ladeira do) — No morro do Castelo. Recebeu esse nome porque ali funcionou o Seminário de São José. Começava na rua da Ajuda, junto ao largo da Mãe do Bispo, e terminava no largo de São Sebastião do Castelo.

Mãe do Bispo (largo da) — Tinha esse nome porque nele morou a progenitora do sétimo bispo do Rio de Janeiro, d. José Joaquim Justiniano Mascarenhas Castelo Branco. Esse logradouro público, limitado pela rua da Ajuda, ladeira do Castelo e rua dos Barbonos, desapareceu com a abertura da avenida Central (hoje Rio Branco). É o lugar atualmente ocupado pela Biblioteca Nacional.

Ajuda (rua da) — Recebeu esse nome por começar defronte de uma ermida da Conceição da Ajuda. Por isso, chamou-se, de começo: rua de Nossa Senhora da Conceição da Ajuda. No lugar da ermida surgiu o Convento da Ajuda, demolido depois da abertura da avenida Central, hoje Rio Branco. A rua da Ajuda quase toda desapareceu com as obras da cidade no governo Rodrigues Alves. Dela somente resta um pequeno trecho — chamado de rua Chile, entre as avenidas Rio Branco e Nilo Peçanha.

Ajuda (largo da) — Antigo campo da Ajuda. Constituía o logradouro compreendido entre o largo da Mãe do Bispo e o mar. Recebeu esse nome em virtude da existência no local do Convento de N. S. da Conceição da Ajuda. É a parte da atual praça Floriano fronteira aos cinemas, isto é, da estátua à rua de Santa Luzia

Guarda Velha (rua da) — Assim chamada por ter nela existido, no tempo de Bobadela, uma guarda encarregada da manutenção da ordem entre os escravos e galés que iam buscar água no chafariz da Carioca. O corpo de guarda estava situado no começo da rua, ocupando pequeno edifício voltado para a face lateral do chafariz. A reprodução do mesmo pode ser vista num quadro de Nicolas Antoine Taunay feito desde o alto do morro de Santo Antônio. Mais tarde esse corpo de vigilância foi extinto, passando o alojamento a ser ocupado por uma pequena estação de bombeiros, que veio até nossos dias. O atual refúgio triangular do largo da Carioca, situado nos fundos do Hotel Avenida, é o lugar exato que fora ocupado pelo citado posto. Para que se compreenda como a rua da Guarda Velha ficou diminuída em extensão, basta que se diga que ela ia do largo da Carioca (junto à rua de S. José) ao largo da Mãe do Bispo. Informe-se, por fim, que outro nome que a rua tivera, antes do de Guarda Velha, foi o de Bobadela. Hoje é a rua 13 de Maio.

Propósito (beco do) — Depois, beco do Bobadela; e, atualmente, beco do Cairu (entre a avenida Rio Branco e a rua 13 de Maio). A denominação de Cairu lhe foi dada em 1840, em vista de ter ali residido o visconde daquele título: José da Silva Lisboa.

São Gonçalo (rua Barão de) — Começava na rua da Ajuda e terminava na rua da Guarda Velha. À esquerda é que ficava o antes citado beco do Cairu.

Carioca (largo da) — Literalmente: largo da casa do branco. Um dos mais antigos e importantes da cidade. Chamou-se, de começo, campo de Santo Antônio; o que constituía uma referência ao convento do mesmo nome, situado no monte próximo. Depois, foi denominado de largo da Carioca, que ainda conserva. A ele confluíam as ruas da Guarda Velha, de Santo Antônio, de São José, dos Latoeiros, da Cadeia e da Vala.

Carioca (beco da) — Vide beco do Piolho.

Santo Antônio (morro de) — Assim chamado em virtude de ali estar edificado o Convento de Santo Antônio, dos franciscanos. Antes fora conhecido como outeiro do Carmo.

Santo Antônio (rua de) —Começava na rua da Ajuda e terminava na da Guarda Velha, esquina do largo da Carioca. Ficou muito reduzida em virtude da abertura da avenida Central, hoje Rio Branco. O pequeno trecho que subsiste tem, na atualidade, o nome de Bethencourt da Silva.

São José (rua de) — Estendia-se do largo do Paço ao da Carioca. O trecho entre a rua dos Ourives e o largo da Carioca tinha o nome de rua do Parto, em virtude de estar ali edificada a Igreja de N. S. do Parto.

Carmo (rua atrás do) — Assim chamada por passar pelos fundos da Igreja de N. S. do Carmo. Antiga de Luís Ferreira. Atual do Carmo.

São Domingos (campo de) — Denominação que teve a grande extensão de terra compreendida entre o campo de Santana e o que depois foi chamado de campo do Rossio. Mais tarde desapareceu, pois em grande parte foi ocupado por casas. Quando Tiradentes foi ali executado, ainda o local conservava a sua primitiva característica. Para que se avalie a área enorme que ocupava, bastará dizer que hoje ela compreende desde a praça da República (Arquivo Nacional e Instituto Eletrotécnico) até a entrada das ruas Sete de Setembro e da Carioca, na praça Tiradentes. É necessário não confundir aquele campo com o largo de São Domingos, fronteiro à igreja dessa invocação, erecta no recém-demolido trecho da avenida Passos.

Rossio Grande (largo do) — Ou simplesmente: *largo do Rossio.* Até o governo de Luís de Vasconcelos e Sousa foi chamado de campo da Lampadosa, em virtude da existência da igreja desse nome. A seguir recebeu as seguintes denominações: campo do Pelourinho, de São Domingos, dos Ciganos, do Rossio ou do Rossio Grande. Depois foi conhecido, indistintamente, como largo do Rossio, largo do Rossio Grande, rossio da Constituição e praça da Constituição. A denominação de Rossio Grande provinha de ser o maior da cidade pois ia até o campo de Santana. E sendo *Grande* diferençava-se de um outro denominado de *Pequeno.* Por sua vez, o nome de rossio da Constituição ou praça da Constituição lhe foi dado por portaria do ministro do Império de 2 de março de 1822, com o fim de comemorar o juramento à Constituição feito ali, no ano anterior, por d. João VI. É a atual praça Tiradentes.

Pelourinho (campo do) — Vide largo do Rossio Grande.

Ciganos (campo dos) — Vide largo do Rossio Grande.

Rossio da Constituição — Vide largo do Rossio Grande.

Rossio Pequeno (ou largo do) — Chamou-se, primeiro, de largo de São Salvador. Depois é que teve o nome acima, para diferençá-lo do Rossio Grande. Desde 1865 passou a ser praça Onze de Junho que acabou, virtualmente, de possuir, em 1942, com a abertura da avenida Presidente Vargas.

Caminho Novo — Começava no largo do Rossio Grande e terminava na praça da Aclamação. Ali, em 1792, foi Tiradentes enforcado. Até a abertura da avenida Gomes Freire, existia uma placa, no barracão da cocheira da empresa funerária, que rezava o seguinte:

21
DE
ABRIL
NESTE LOCAL SEGUNDO REZA FIDEDIGNA
TRADIÇÃO LEVANTOU-SE A FORCA EM QUE
NO DIA 21 DE ABRIL DE 1792
SOFREU HERÓICA MORTE PELA

LIBERDADE DA PÁTRIA O MAGNÂ-
NIMO E INTEMERATO ALFERES
JOAQUIM JOSÉ DA SILVA XAVIER
— O TIRADENTES —

"A Intendência Municipal em homenagem a tão sagrada memória ordenou a desapropriação deste terreno e mandou colocar esta inscrição no centésimo aniversário do glorioso martírio.
1792 — 1892".

Hoje está ali construída a Escola Tiradentes, sendo o logradouro público a rua denominada de Visconde do Rio Branco.

Ciganos (rua dos) — Assim denominada porque ali habitavam muitas famílias de ciganos. Começava no largo do Rossio Grande e terminava na praça da Aclamação. Tem na atualidade o nome de rua da Constituição.

São Jorge (rua de) — Assim denominada em virtude da capela de São Jorge que existiu na esquina da rua da Lampadosa. Tinha início no largo do Rossio Grande e terminava na rua da Alfândega.

Fogo (rua do) — Recebeu esse nome porque foi aberta através da chácara da mesma denominação. É a atual rua dos Andradas.

São Domingos (largo de) — Recebeu esse nome porque ali estava erecta a igreja daquela invocação; posta abaixo em 1942 para a abertura da avenida Presidente Vargas. Não deve ser confundido com o campo de São Domingos.

São Joaquim (rua Estreita de) — Teve primitivamente os nomes de rua da Conceição, do Coqueiro ou do Julião, e de travessa do Curtume. Ia da rua da Vala ao largo de São Joaquim. Foi alargada pelo prefeito Francisco Pereira Passos. Constitui, hoje, o trecho da rua Marechal Floriano compreendido entre a avenida Passos e o largo de Santa Rita.

São Joaquim (rua Larga de) — Ou de *São Joaquim,* simplesmente. Ia do largo de São Joaquim ao Campo da Aclamação. Forma, atualmente, o trecho da rua Marechal Floriano que vai da avenida Passos à praça da República.

Cano (rua do) — Atual 7 de Setembro. Recebera aquele nome pois por ali passava o cano que abastecia o chafariz do largo do Carmo (depois, do Paço). Até 1857 ia somente até à rua do Carmo. Foi então que se fez seu prolongamento até o largo, já então denominado de praça D. Pedro II. Na mesma ocasião foi inaugurado o passadiço que ligava o Paço (parte correspondente ao antigo Convento do Carmo) com a Capela Imperial.

Vala (rua da) — Recebeu esse nome porque o escoamento das águas do chafariz da Carioca se fazia, no tempo do conde da Cunha, em direção à Prainha, pela vala aberta em 1711 junto à muralha fortificada levantada entre os morros de Santo Antônio e da Conceição. Também foi conhecida como rua de Pedro da Costa e Fronteira à Igreja do Rosário. É a atual Uruguaiana.

Piolho (rua do) — A atual rua da Carioca teve outrora aquela denominação porque ali residia um velho solicitador, muito amigo de chicana, conhecido vulgarmente por esse apelido.

Piolho (beco do) — Onde estava o chafariz das Boiotas; transversal à travessa da Barreira. É o atual beco da Carioca.

Barreira (travessa da) — Foi assim conhecida porque constituía o caminho — vindo do largo do Rossio — para a barreira do morro de Santo Antônio, onde estava a olaria dos Franciscanos. Ainda existe com o mesmo nome, junto à praça Tiradentes.

Núncio (rua do) — Na freguesia do Sacramento. Antiga rua da Condessa, do Carmo, dos Coqueiros e segunda travessa de São Joaquim. Recebeu aquele nome, desde 1825, porque ali morou e faleceu, a 10 de janeiro de 1817, o núncio apostólico cardeal Lourenço Caleppi. É a atual rua José Maurício.

Belas-Artes (travessa das) — Antiga travessa Leopoldina. Recebeu aquele nome porque nela se distendia a fachada principal da Academia das Belas-Artes.

Leopoldina (rua) — Aberta, segundo projeto de Grandjean de Montigny, para ligar a travessa das Belas-Artes ao largo do Rossio. Hoje, tem o nome de Bárbara de Alvarenga.

Lampadosa (rua da) — Ligando o largo de São Francisco à rua do Regente. Teve aquele nome em virtude de estar próxima da igreja da Lampadosa. Também foi conhecida como Ilharga da Sé (referência à Sé que foi começada a construir onde hoje está a Escola de Engenharia); e como rua Detrás do Teatro (por passar pelos fundos do Teatro São João, depois São Pedro, hoje João Caetano). Na atualidade tem o nome de Luís de Camões.

Regente (rua do) — Antiga rua de Santa Teresa, travessa de Santa Teresa, primeira travessa de São Joaquim e travessa do Bandeira. Foi aberta em toda a sua extensão depois de 1808. Recebeu, em 1836, a denominação de rua do Regente, por ter ali vivido o regente do Império padre Antônio Feijó. A sua casa fazia esquina com o caminho Novo. É a atual Tobias Barreto.

Erário (rua do) — Chamou-se, também, do *Real Erário* e *rua da Moeda.* Começava no largo do Rossio e terminava nas fachadas de prédios da rua Senhor dos Passos. Em 1817 passou a chamar-se rua do Sacramento. Prolongada pelo prefeito Francisco Pereira Passos, constitui hoje a avenida Passos.

Sacramento (rua do) — Nome tirado da Igreja do Santíssimo Sacramento. Era uma rua que limitava com inúmeras freguesias, a saber: da Candelária, de Santa Rita, de Santana, de São José e de Santo Antônio. Vide rua do Erário.

Tesouro (beco do) — Estava situado entre o edifício do Tesouro do Império — antigo Erário — e a rua do Hospício. O povo o chamava de *beco do Tico-tico,* porque ali tinha existido uma escola pública primária.

Aclamação (praça da) — Antigo campo de Santana; assim chamado em virtude da igreja dessa invocação, que estava situada no lugar ora ocupado pela estação central da estrada de ferro. Em obediência à portaria do Ministério do Império de 22 de outubro de 1822, segundo determinação do imperador d. Pedro I, passou a chamar-se praça da Aclamação. A denominação relembraria, assim, aos pósteros não só a data de 7 de setembro, como também perpetuaria "por um modo público a lembrança do lugar em que recebeu d. Pedro dos seus fiéis súditos tão agradáveis provas de respeito e afeição". Em virtude dos fatos decorrentes da abdicação de d. Pedro, o povo passou a denominá-lo, depois de 7 de abril de 1831, de campo da Honra. Na mesma ocasião lhe foram dadas outras denominações, como campo da Regeneração e campo da Liberdade. Mas as denominações de campo ou de praça da Aclamação foram as mantidas até à proclamação da República. Desde então é praça da República.

Honra (campo da) — Vide praça da Aclamação.

Regeneração (campo da) — Vide praça da Aclamação.

Liberdade (campo da) — Vide praça da Aclamação.

Santana (campo de) — Vide praça da Aclamação.

Santana (rua de) — Do lado direito do quartel do Campo. Recebeu esse nome em virtude de ali ter sido erecta a igreja matriz da freguesia de Santana, depois demolida para dar lugar à estação da estrada de ferro Central do Brasil. Não deve ser confundida, pois, com a atual rua de Santana, que se chamava naquela época de rua das Flores. Hoje a antiga Santana se chama Doutor João Ricardo.

São Lourenço (rua de) — Ao lado esquerdo do quartel do Campo. Começava na esquina da praça da Aclamação com a rua Larga de São Joaquim e terminava na ladeira do Faria. Atual Visconde da Gávea.

São Lourenço (ladeira de) — Vide ladeiras do Barroso e do Faria.

Nova de São Lourenço (rua) — Denominação dada para diferençá-la das anteriores. Depois, foi rua dos Inválidos.

Rosário (rua do) — Fronteira à igreja do mesmo nome. Tivera antes as seguintes denominações: Matias de Freitas, André Dias e Domingos Manuel (desde a rua da Quitanda até a da Vala).

Rosário (largo do) — Ao lado esquerdo da igreja do mesmo nome. De 1750 em diante foi conhecido como campo de Nossa Senhora do Rosário, em virtude da existência da igreja dessa invocação. De 1807 a 1840, foi largo da Sé, porque a mesma esteve instalada na citada igreja. De 1840 em diante foi chamado de largo do Rosário. Também foi conhecido como rossio da Cidade.

Rossio da Cidade — Vide largo do Rosário.

Sé (largo da) — Vide largo do Rosário.

Ilharga da Sé (travessa da) — Ao lado direito da Igreja do Rosário, comunicando a rua da Vala com o largo de São Francisco de Paula. É a atual travessa do Rosário.

Fisco (beco do) — Viela, situada na freguesia do Sacramento, assim chamada porque ali esteve instalada a recebedoria do Senado da Câmara. Ainda existe, ligando a rua do Rosário à de Buenos Aires.

Capim (largo do) — Tinha esse nome porque nele funcionava o mercado oficial do capim-de-angola, comumente plantado na parte baixa das colinas que rodeavam a cidade. Depois foi chamado de praça General Osório e, na República, de praça Lopes Trovão. Desapareceu, com o mercado situado ao meio, no ano de 1943, para dar lugar à abertura da avenida Presidente Vargas. Ficava entre as ruas do Fogo (Andradas), São Pedro e Sabão (General Câmara). Foi ali que funcionou a primeira Ópera que houve no Rio: a do padre Ventura.

Imperatriz (rua da) — Situada no antigo Valongo, recebeu aquele nome, em 1842, porque por ali passara d. Teresa Cristina, após o seu desembarque, vinda de Nápoles. Essa denominação substituiu a de rua do Valongo. É a atual Camerino.

Imperatriz (largo da) — Vide largo do Depósito.

Depósito (largo do) — Na rua da Imperatriz, entre a rua do Príncipe dos Cajueiros e da Princesa dos Cajueiros. Depois foi chamado da Imperatriz. Hoje é ainda conhecido sob aqueles nomes, embora desde 1888 seu quase ignorado nome oficial seja o de praça da Redenção.

Prainha — Diminutivo de praia. Lugar de embarque que existiu onde hoje está a praça Mauá. Também foi conhecida como praia da Saúde.

Prainha (largo da) — Ou seja: largo da praia pequena. Estava situado na freguesia de Santa Rita, entre a rua da Prainha e a ladeira João Homem, de um lado; e o morro de São Bento, de outro lado. É mais ou menos, o lugar hoje ocupado pelo edifício de *A Noite,* na praça Mauá.

Prainha (rua da) — Isto é, rua da praia pequena. Começava no largo da Prainha e terminava na rua da Imperatriz, atravessando as ruas do Fogo e da Conceição. O trecho compreendido entre a rua dos Ourives e a da Imperatriz recebeu primitivamente o nome de rua da Valinha. Depois, toda a rua foi chamada do Aljube, em virtude da existência da prisão desse nome.

São Francisco da Prainha (rua de) — Chamou-se, antes, de Velha de São Francisco da Prainha. Começava na rua da Saúde e terminava na rua Pedra do Sal. Vide rua da Saúde.

Pedra do Sal (rua) — Tinha início na rua da Saúde e termo na do Jogo da Bola.

Jogo da Bola (rua do) — Assim chamada em virtude dos jogos de bola que ali eram praticados pelos capoeiras e vagabundos.

Valinha (rua da) — Chamou-se assim porque ali havia uma estreita vala por onde se escoavam as águas das chácaras existentes entre a rua dos Ourives e a do Valongo. Depois chamou-se do Aljube. Hoje é a rua Acre. Vide rua da Prainha.

Aljube (rua do) — Vide rua da Prainha.

Escorrega (ladeira do) — Situada no bairro da Saúde, recebeu essa denominação porque o seu leito era tão escorregadio que os transeuntes mal podiam suster-se de pé.

Gamboa (praia e, depois, bairro da) — Significa: aceiro para apanhar peixe. Com o tempo, a praia converteu-se em rua da Gamboa. Ainda existe.

Chichorro (praia do) — No fim da rua da Gamboa. A denominação provinha do fato de nela ter residido o conselheiro Antônio Pinto Chichorro da Gama. Não mais existe.

Cemitério (rua do) — Ou *caminho da Gamboa*. A primeira denominação lhe foi dada em virtude de nele existir um cemitério de negros escravos. É a atual rua da Harmonia.

Valongo (bairro ou zona do) — Antiga parte da cidade, entre a Gamboa e a Saúde, cujo nome constitui uma corruptela de vale longo, extenso. Era ali que ficavam situados os mercados de escravos. Desapareceu com as obras do cais do porto, no governo Rodrigues Alves.

Valongo (rua do) — Vide rua da Imperatriz.

Valongo (largo do) — Na freguesia de Santa Rita. Nele começavam a rua da Imperatriz e a ladeira do Livramento. É a atual praça Municipal.

Valongo (morro do) — Ou de João de Gatinhas, ou morro do Pina. Atualmente da Saúde.

Valongo (ladeira do) — Começava na rua do Valongo e terminava nas escadinhas do mesmo nome.

Valongo (escadinhas do) — Na ladeira do Valongo.

Valongo (praia do) — À frente do largo do mesmo nome. Desapareceu com a construção do cais da Imperatriz, hoje também inexistente devido às obras do cais do Porto, no governo Rodrigues Alves. Estava situada no atual limite da praça Municipal com a avenida Rodrigues Alves.

Valonguinho (zona do) — Nome também dado ao lugar onde estava situado o largo do Valongo.

Saúde (zona da) — Trecho da cidade compreendido entre o morro de São Bento e o Valongo.

Saúde (largo da) — Atual praça da Harmonia. No fim da rua da Saúde.

Saúde (praia da) — Ou Prainha.

Saúde (travessa da) — Atual de Felipe Néri: nome do antigo e rico negociante Felipe Néri de Carvalho, ali morador e assassinado.

Saúde (rua da) — Antiga praia do Valongo e rua de São Francisco da Prainha. Começava no largo da Prainha e terminava na antiga rua da Boa Vista. Nela começavam ou terminavam muitas vias públicas, como: os becos das Canoas (ou do Inferno), do Trapiche da Ordem, do Freitas, das Escadinhas e o Sem Saída; as ladeiras da Saúde e de João Homem; as ruas do Escorrega, Funda, do Adro de São Francisco da Prainha, de São Francisco, e o caminho da Gamboa;

os largos do Valongo e da Saúde. E atravessava as ruas da Pedra do Sal e Nova do Livramento.

Saúde (ladeira da) — Antiga rua da Boa Vista.

Saúde (morro da) — Situado à esquerda da rua do mesmo nome, sendo a subida feita pela rua da Boa Vista.

Canoas (beco das) — Ou *beco do Inferno*. Teve esta última denominação visto ser estreito e escuro. Atual beco do Cleto.

Freitas (beco do) — Na Saúde. Assim chamado porque estava situado ao lado do trapiche Freitas.

Trapiche da Ordem (beco do) — Na Saúde. Seu nome proveio do trapiche que ali estava construído, pertencente à Ordem Terceira de São Francisco da Penitência.

Nova do Príncipe (rua) — Assim era chamado o trecho compreendido entre a rua Formosa e a que depois foi chamada de rua da América. A seguir foi prolongada. Depois da metade do século XIX teve o nome de Príncipe dos Cajueiros. É a atual de Senador Pompeu.

Princesa (rua da) — Começava na rua da Imperatriz e terminava na rua Nova do Príncipe. Depois foi chamada de Princesa dos Cajueiros. Atualmente tem o nome de Barão de São Félix.

Formosa (rua) — Tinha início nas proximidades da rua da Princesa e terminava na rua do Senado. Hoje é General Caldwell.

Formosa (praia) — Começava no fim da praia do Saco do Alferes, no lugar conhecido como *ponta do Boticário,* e terminava na ponte dos Marinheiros, isto é, no mangue da Cidade Nova. Na freguesia de Santana.

Bom-Jardim (rua do) — Na freguesia de Santana. Começava na rua Nova do Príncipe e terminava na rua Nova do Conde. É atualmente Visconde de Sapucaí.

Conceição (morro da) — O seu nome teve origem na capela da Virgem Maria, erigida, no século XVI, por uma confraria de frades capuchinhos franceses. Tinha três subidas: as ladeiras da Conceição e de João Homem e a rua Pedra do Sal.

Conceição (ladeira da) — Subida, para o morro do mesmo nome, pelo lado da cidade.

Conceição (rua da) — Tinha início na rua da Lampadosa e terminava na do Príncipe dos Cajueiros. Seu antigo nome fora o de rua da Pedreira.

Pedreira (rua da) — Vide rua da Conceição.

Livramento (morro do) — Assim denominado porque ali foi levantada, em 1670, a capela do Livramento. Freguesia de Santa Rita.

233

Livramento (ladeira do) — No morro do mesmo nome.

Livramento (escadinhas do) — Começavam na rua da Saúde e terminavam na ladeira do Livramento.

Livramento (rua do) — Antes denominada de Nova do Livramento.

Livramento (travessa do) — Com início na rua do mesmo nome e terminação na rua do Monte.

Barroso (ladeira do) — Tinha início na ladeira do Faria e terminava no morro do Livramento. A subida era feita pela rua de São Lourenço. A denominação provém de ter sido aberta na chácara de Bento Barroso Pereira. Vide ladeiras do Faria e de São Lourenço.

Faria (ladeira do) — No morro do Livramento. Começava na rua de São Lourenço e terminava na ladeira do Barroso. Antigamente tanto a ladeira do Barroso como a do Faria eram conhecidas como ladeira de São Lourenço.

Flores (rua das) — Começava na rua de El-Rei e terminava na rua Nova do Conde. Depois foi chamada de rua de Santana, que ainda tem.

Santa Rosa (rua) — Começava na rua de El-Rei, depois chamada de São Diogo. É a atual Marquês de Pombal.

El-Rei (rua de) — Teve essa denominação até 1849, quando passou a ser de São Diogo. Hoje tem a denominação de General Pedra.

São Diogo (rua de) — Ou Velha de São Diogo, ou de São João. Na freguesia do Engenho Novo. Em 1849, foi-lhe anexada a rua de El-Rei, conforme se diz mais acima.

São Diogo (morro de) — Antigo de Manuel de Pina. Na praia Formosa. Hoje está bastante reduzido em virtude da exploração da pedreira que pertence à estrada de ferro Central do Brasil.

Aterro (rua do) — Fronteira à ponte dos Marinheiros, em São Diogo. É atualmente chamada de Miguel de Frias.

Alferes (saco do) — Ou praia do Saco do Alferes. Recebeu aquele nome porque ali residiu o alferes Diogo de Pina, valoroso combatente dos invasores franceses de 1711. Depois se converteu na rua de Santo Cristo dos Milagres.

Alferes (praia do Saco do) — Vide saco do Alferes.

Santo Cristo dos Milagres (largo do) — Fronteiro à igreja, de onde lhe vem o nome. Antigo largo do Gambá.

Santo Cristo dos Milagres (rua) — Vide saco do Alferes.

Retiro Saudoso (praia do) — Não conhecemos a origem do nome. Talvez proviesse das saudades que aquele ponto ameno da cidade proporcionava aos que ali tinham ido tomar parte nas festas dos pescadores, no dia de São Pedro. Não mais existe esse lugar, pois foi absorvido pelo cais do Porto. Começava na ponta do Caju e terminava na rua da Alegria.

D. Manuel (praia e, depois, rua) — A denominação foi dada em honra de d. Manuel Lobo, governador da cidade e vítima de sua malograda expedição à Colônia do Sacramento. O nome pois nada tem que ver com o de el-rei d. Manuel, como houve alguém que o afirmasse. Mas o seu nome primitivo era: rua do Porto dos Padres da Companhia.

Teatro (beco do) — Na freguesia de São José. O nome lhe veio de ter sido aberto nos fundos do Teatro de São Januário.

Pharoux (cais) — Assim foi chamado pelo povo em virtude do hotel que Pharoux, antigo guerreiro de Napoleão, estabelecera na extremidade direita do mesmo. Constituía, depois da Independência, o principal embarcadouro da cidade. Ficava situado entre o largo de Moura e a praça das Marinhas, e fronteiro ao Paço Imperial da Cidade. O seu nome oficial era cais do Carmo. Também era conhecido como cais do Largo do Paço. Atual cais da Praça 15 de Novembro.

Carmo (cais do) — Vide cais Pharoux.

Paço (largo do) — Antigamente tivera os seguintes nomes: várzea de Nossa Senhora do Ó (em virtude do oratório dessa santa), e terreiro da Polé (isto é, terreiro do moitão que servia para suspender os criminosos e deixá-los cair, depois, à terra). Não tem faltado quem o tenha chamado de largo do Ferreiro da Polé, o que não é verdadeiro, pois constitui uma cópia errada da denominação de *Terreiro*. Depois foi largo da Polé e largo do Carmo (em virtude do convento dos carmelitas). A denominação de largo do Paço fora dada ao logradouro desde que ali se construiu o paço dos Governadores. E quando este passou a ser dos vice-reis, o largo manteve a denominação. Depois da vinda da Corte, além de manter aquele nome foi também conhecido como terreiro do Paço e largo do Palácio. E, em 1870, foi chamado de praça Pedro II. É a atual praça 15 de Novembro.

Paço (terreiro do) — Vide largo do Paço.

Paço (travessa do) — Começava no largo da Assembléia e terminava na rua do Cotovelo, atravessando a rua de São José, a travessa da Torre e o beco da Fidalga.

Palácio (largo do) — Vide largo do Paço.

Teles (beco do) — No largo do Paço. Assim chamado porque no seu início, no referido largo, estava — e ainda está — o Arco do Teles, nome que recorda o do juiz de órfãos Francisco Teles Barreto de Meneses. Terminava na rua do Ouvidor. É a atual travessa do Comércio.

Cadeia (largo da) — Recebeu esse nome porque estava fronteiro à Cadeia Velha, isto é, entre as ruas da Cadeia, de São José, da Misericórdia e travessa do Paço. Depois teve o nome mudado para largo da Assembléia, visto ter funcionado no prédio da Cadeia Velha a Assembléia Constituinte.

Assembléia (largo da) — Vide largo da Cadeia.

Cadeia (rua da) — Antigo caminho de São Francisco, rua de São Francisco, rua Padre Bento Cardoso (antes de 1711), sendo que o trecho entre Misericórdia e Carmo foi conhecido como rua do Açougue Velho. Recebeu a denominação de rua da Cadeia, depois de 1711, em virtude da existência da prisão nos baixos do edifício onde funcionava o Senado da Câmara. Em 1853 (e não 1823) recebeu o nome de rua da Assembléia.

Marinhas (largo ou praça das) — Antiga praia do Peixe. Ficava entre o largo do Paço e o primeiro edifício da praça do Comércio. Ali tinha começo a rua do Ouvidor. Desconhecemos a origem do nome. Aventamos a hipótese de ele decorrer da contínua presença, naquele lugar, de marujos de diversas nacionalidades. Ou então: derivado de *marinha da cidade,* isto é, o lugar marítimo da mesma.

Mineiros (cais dos) — Antiga praia dos Mineiros e, antes, cais do Brás de Pina. Chamou-se dos Mineiros porque os naturais das Minas Gerais, ou os que para lá se dirigiam, embarcavam nesse ponto em demanda do fundo da baía. E a denominação de Brás de Pina lhe foi dada porque a sua construção foi devida a esse riquíssimo arrematador da pesca das baleias, que ali teve sua armação.

Adelos (beco dos) — Na freguesia da Candelária. Adelo significa indivíduo que vende coisas e móveis de segunda mão. Também pode significar: procurador ou homem de negócios. Depois, a referida artéria foi chamada de beco da Alfândega. Ainda existe; tem o nome de travessa do Tinoco.

Mercado (largo do) — A denominação provinha da existência do mercado da cidade. Ficava entre os largos do Paço e das Marinhas e as ruas do Ouvidor e do Mercado.

Mercado (rua do) — Antiga rua da Praia do Peixe. Desde 1849 tem aquele nome. Começava junto ao mercado e terminava ao pé da Alfândega.

Ouvidor (rua do) — Denominação dada pelo povo desde 1780 a esse logradouro por ter ali residido, em casa do domínio da Fazenda Real, o ouvidor Francisco Berquó da Silveira. Aliás, desde 2 de novembro de 1754 o governo nela mandara dar residência aos ouvidores. Antes de ter esse nome, fora chamada da seguinte forma: Desvio do Mar, em 1558; rua Aleixo Manuel, em 1590, quando foi aberta como rua ao trânsito público; rua da Santa Cruz (em virtude de ali estar erecta a Igreja da Cruz dos Militares); rua Padre Pedro Homem da Costa, em 1659; rua do Gadelha; e Quintã de Pedra da Costa. Chamou-se desvio do Mar, pois constituiu uma derivante do caminho do Mar, ou seja, o que existira ligando o morro do Castelo ao de São Bento.

Lapa dos Mercadores (beco da) — Começava na rua do Ouvidor, entre as ruas do Mercado e Direita, e terminava na rua do Rosário. A sua denominação provinha de estar fronteira à igreja daquela denominação.

Quitanda (rua da) — Assim chamada porque ali funcionaram a quitanda do marisco e a quitanda da cidade. Teve os seguintes nomes: Mateus de Freitas ou do Capitão Mateus de Freitas, Sucussarará, Quitanda do Marisco e Quitanda da Cidade. A denominação de Sucussarará tem origem um tanto escabrosa, pelo que indicamos ao leitor que recorra ao trabalho de A. J. de Melo Morais: *Crônica geral e minuciosa do Império do Brasil,* onde encontrará a explicação.

Ourives (rua dos) — Uma das mais antigas, longas e tortuosas da cidade. O seu nome provinha das casas de ourives que ali estiveram instaladas desde os tempos coloniais. Começava na rua de São José e terminava no largo de Santa Rita. Grande parte da mesma desapareceu com a abertura da avenida Central (hoje Rio Branco). Ficou, assim, reduzida à metade, indo da esquina da rua do Ouvidor ao largo de Santa Rita. No ano de 1944 ainda mais reduzida ficou, pois perdeu oitenta metros de comprimento para dar passagem à avenida Presidente Vargas. Mas seu nome é Miguel Couto.

Latoeiros (rua dos) — Antes de assim ser denominada, em virtude de lá terem esses artífices as suas oficinas, chamou-se de rua da Carioca. É a atual Gonçalves Dias, nome que possui desde 1856.

São Francisco de Paula (largo de) — Primeiro chamou-se de

praça Real da Sé Nova porque ali foram lançados em 1742 os alicerces para a nova Sé. Depois é que se chamou de São Francisco de Paula, em virtude da existência da igreja dessa invocação. Estava limitado pela rua do Ouvidor, beco do Rosário, rua do Fogo, rua da Lampadosa, rua do Teatro e travessa de São Francisco de Paula.

São Francisco de Paula (rua de) — Ligava o largo desse nome com o do Rossio Grande. Vide rua do Teatro, nome pelo qual também era conhecida.

São Francisco de Paula (travessa de) — Comunicava o largo desse nome com a rua Detrás de São Francisco de Paula. Está no momento que escrevemos prestes a desaparecer, pois, tendo-se incendiado o edifício do Parc Royal, em 1943, a prefeitura vai integrá-la no largo, ficando, assim, a igreja completamente isolada.

Detrás de São Francisco de Paula (rua) — Ia da travessa de São Francisco de Paula ao largo do Rossio. Constitui hoje o trecho superior da rua Sete de Setembro.

Teatro (rua do) — Nome pelo qual também era conhecida a rua de São Francisco de Paula. Começava no largo de São Francisco e terminava na ilharga do Teatro de São Pedro. Recebeu esse nome em virtude da construção, em 1832, de um teatro — o São Luís —, de propriedade do francês Jean-Victor Chabry. Projetado por Grandjean de Montigny, apresentou grandes melhoramentos em relação aos outros teatros da cidade. Dentre as melhorias, muito foi aplaudida a introdução de cadeiras com assento de palhinha.

Teatro (travessa do) — Nos fundos da Academia Militar, ligando a rua do Teatro com a da Lampadosa. Ainda existe, fronteira ao Gabinete Português de Leitura.

São Joaquim (largo de) — Na parte fronteira à igreja do mesmo nome, isto é, no ponto de ligação das ruas Estreita e Larga de São Joaquim. É o lugar onde hoje existe o Externato do Colégio de Pedro Segundo. Desapareceu com as obras de remodelação da cidade empreendidas pelo prefeito Francisco Pereira Passos.

Santa Rita (largo de) — Recebeu o nome da igreja matriz da freguesia de Santa Rita. Ainda existe, ficando situada entre as ruas Visconde de Inhaúma, Municipal, dos Ourives e o beco João Batista.

Santa Rita (travessa de) — Antiga rua do Beco ou beco dos Cachorros. Ligava a rua da Prainha à dos Pescadores.

Cachorros (beco dos) — Vide travessa de Santa Rita.

Pescadores (rua dos) — Assim denominada porque ali existiam cabanas de pescadores. Tinha início no cais dos Mineiros e terminava no largo de Santa Rita. Chama-se, agora, Visconde de Inhaúma.

São Bento (morro de) — Recebeu esse nome porque ali foi erecto o Mosteiro de Monserrate, da ordem beneditina.

São Bento (rua de) — Seu nome provinha do fato de ter sido aberta pelo abade de São Bento fr. Francisco de São José, em 1743. Foi uma das mais largas da cidade, pois possuía 33 palmos de largura. Durante longo tempo existiu um arco que, atravessando-a, sustentava o passadiço que permitia a comunicação entre o Mosteiro de São Bento e a respectiva horta. Tal construção foi demolida quando se tratou de abrir a rua dos Beneditinos.

Beneditinos (rua dos) — Recebeu essa denominação em 1843, e ainda a conserva. Começava na rua dos Pescadores e terminava na da Prainha.

Alfândega (rua da) — Primeiro foi caminho ·de Capueruçu, depois foi rua Diogo de Brito (1621), do Governador (1666). A seguir foi chamada de Quitanda do Marisco, o que trouxe uma certa confusão com a chamada da Quitanda; e travessa da Alfândega, desde o portão da Alfândega até à rua da Quitanda, propriamente dita. Os demais trechos da rua, seguindo na direção do interior, receberam as denominações: de Mãe dos Homens (da rua da Quitanda até à da Vala), dos Ferradores (até a da Conceição), de Santa Ifigênia (até à travessa de São Domingos) e de São Gonçalo Garcia e do Oratório de Pedra (daquela travessa até o então campo de Santana). Com a vinda da Corte e desenvolvimento de nossa Alfândega, tomou em toda a sua extensão o nome de rua da Alfândega. Tinha início defronte do portão da mesma e terminava no citado campo. Há quem afirme que antes de chamar-se de Diogo de Brito tivera os nomes de rua do Palácio e do Capitão Alexandre Castro, e que logo depois de ter o nome de Diogo de Brito fora denominada de Pero Domingues. A denominação de rua do Palácio não é improvável, pois em 1766 o governador ali residia. Por isso mesmo é que foi, como assinalamos, chamada do Governador.

Mãe dos Homens (rua da) — Vide rua da Alfândega. Referência à igreja.

Ferradores (rua dos) — Vide rua da Alfândega. Ali estiveram instalados esses artífices.

Santa Ifigênia (rua de) — Vide rua da Alfândega. Referência à igreja.

São Gonçalo Garcia — Vide rua da Alfândega. Referência à igreja.

Oratório de Pedra (rua do) — Vide rua da Alfândega. Referência ao oratório existente na esquina da rua do Regente.

Sabão (rua do) — Ou *do Sabão da Cidade Velha*. Assim chamada porque ali tinham sido instalados os estancos do sabão. Chamou-se, primitivamente, de rua dos Escrivães, no trecho compreendido entre a rua da Vala e o campo de Santana. Depois, foi conhecida como do Bom Jesus, visto estar ali instalada essa ordem terceira. Mais tarde teve o nome de General Câmara. Desapareceu em 1943, pois foi integrada na avenida Presidente Vargas.

Sabão na Cidade Nova (rua do) — Foi conhecida sob esse nome a artéria (parte da Visconde de Itaúna) compreendida entre o campo de Santana e o rossio Pequeno. Desapareceu, virtualmente, em 1942.

Sabão do Mangue (rua do) — Trecho da artéria·acima referida situado entre o rossio Pequeno e a rua do Aterro (atual Miguel de Frias).

Senhor dos Passos (rua) — Antigo caminho de Fernão Gomes. Teve o nome que ainda conserva por causa da igreja do mesmo nome.

Senhor Bom Jesus dos Aflitos (beco do) — Entre a rua do Sabão e a da Alfândega. Recebeu esse nome em virtude do oratório dedicado ao Senhor Bom Jesus. Chamou-se até 1943 de travessa do Bom Jesus, quando desapareceu para dar lugar à avenida Presidente Vargas.

João Batista (largo de) — O nome desse pequeno logradouro público da freguesia da Candelária adveio de ali residir um médico francês, o dr. João Batista Darrigue, que, casando-se com brasileira, teve numerosíssima prole. Foi o lugar também conhecido como Ilha Seca, porque outrora ali se constituíra uma porção de terra rodeada de mangue. Ainda existe tal pracinha na rua Teófilo Ottoni.

João Batista (beco) — Antigo beco da Ilha Seca e de João Gonçalves. Comunicava a rua dos Ourives com a das Violas.

Violas (rua das) — Ali estiveram instalados os violeiros da cidade. Daí o nome. Antigamente, antes de chamar-se das Violas, foi conhecida como: dos Três Cegos, de Serafim de Andrade, de Domingos Coelho e da Ilha Seca. É, hoje, chamada de Teófilo Ottoni.

São Pedro (rua de) — Antiga rua Antônio Viçoso (1662); depois, do Carneiro (referência a uma moradora de nome Ana Carneiro, pelo que devia ser rua da Carneiro); e, em 1817, do desembargador Antônio Cardoso. Teve o nome de São Pedro em virtude de ter sido ali erecta a igreja de São Pedro dos Clérigos. A rua desapareceu em 1943 e a igreja foi demolida em junho de 1944.

Candelária (rua da) — Seu início tinha lugar na rua do Hospício e seu termo na rua de Bragança, ou dos Quartéis. Seu nome provinha de passar pela frente principal da Igreja da Candelária. Em 1943 perdeu oitenta metros de sua extensão a fim de que se abrisse a avenida Presidente Vargas.

Hospício (rua do) — Denominações antigas: rua do Padre Manuel Ribeiro, rua Detrás do Hospício (da rua Direita até a da Vala) e do Alecrim ou da Vala do Alecrim (da rua da Vala até o campo de Santana). As denominações de rua do Hospício e de Detrás do Hospício lhe advieram do fato de terem os frades capuchinhos instalado um hospício na casa que ali ocupavam e que ficava próximo da rua Direita.

Direita (rua) — Antigo caminho do Mar. rua à beira-mar que ligava o morro do Castelo ao de São Bento. Sendo curva, segue-se que seu nome queria dizer ser direta, em direitura, caminho direto. É a atual 1º de Março. Foi nela que, em meado do século XIX, existiu o ponto chamado de Carceler (entre a Igreja do Carmo e a rua do Ouvidor). A denominação de Carceler se originou da confeitaria cujo proprietário tinha esse sobrenome. O ponto do Carceler constituiu, mais tarde, o início de uma das linhas da companhia Carris Urbanos. Ainda tivemos a oportunidade de ver os bondinhos, a tração animal, com a tabuleta de Carceler.

Lavradio (rua do) — Assim denominada por ter ali residido o 2º marquês do Lavradio.

Relação (rua da) — Recebeu esse nome em virtude do edifício da Relação, construído na esquina da rua do Lavradio. Tinha início nessa rua e terminava na dos Inválidos. Hoje está prolongada até à esplanada do Senado.

Inválidos (rua dos) — Antes Nova de São Lourenço. Chamou-se dos Inválidos em vista de ter ali existido o asilo dos militares invalidados no serviço. Vide rua Nova de São Lourenco.

Senado (ladeira, morro, beco, travessa e rua do) — Na freguesia de Santo Antônio. Houve quem afirmasse que a denominação de Senado provinha do fato de estar a travessa fronteira a um prédio que havia na rua do Conde, esquina do campo da Aclamação, onde funcionara o Senado da Câmara. Como nesse prédio não funcionou o Senado da Câmara, e sim a Repartição de Polícia, e como a rua do Senado foi aberta pelo Senado da Câmara, julgamos que desse fato é que se deve originar o nome, que se foi, com o tempo, espalhando pelas artérias vizinhas e pela ladeira e morro antes chamado de Pedro Dias. A denominação de Senado não tem, também, correlação alguma com a Câmara Alta do Império que funcionou ali perto, mesmo porque em 1808 já existia a rua do Senado, conforme prova Melo Morais.

Pedro Dias (morro de) — Recebeu esse nome porque pertencera ao dr. Pedro Dias Pais Leme. Vide morro do Senado.

Sentinela (lagoa da) — Assim se chamava a lagoa situada no extremo ocidental das terras que circundavam a Cidade Nova (entre a rua do Conde e a do Senado), pois ali permanecera, nos tempos coloniais, uma sentinela de prevenção contra os ataques dos indígenas.

Mata-Cavalos (rua de) — Antigo *caminho da bica que vai para São Cristóvão*. Recebeu a seguir o nome de *caminho de Mata-Cavalos* porque, sendo esburacado e lamacento e diariamente transitado pelas boiadas que iam para o matadouro de Santa Luzia, fazia que os cavalos dos viajantes caíssem e, não poucas vezes, morressem. Também foi conhecido como *azinhaga de Mata-Cavalos,* porquanto azinhaga é o caminho estreito, entre valados, fora da estrada real. Depois de melhorado e com bastantes prédios passou à categoria de rua. É a, atual, do Riachuelo.

Mata-Cavalos (azinhaga de) — Vide rua de Mata-Cavalos.

Mata-Porcos (rua de) — Assim conhecida por ter havido ali um matadouro de porcos para abastecimento da cidade. É atualmente a rua Estácio de Sá.

Mata-Porcos (travessa de) — Denominada, agora, de rua Machado Coelho.

Areal (rua do) — Antiga estrada do Areal ou vulgarmente: rua das *boas pernas,* querendo assim o povo aludir a quem somente as possuía fortes para poder atravessar tal zona arenosa. Ligava a praça da Aclamação à rua do Conde. É a atual Moncorvo Filho.

Conde (rua do) — Aberta em 1794 sobre os aterros da lagoa da Sentinela. Depois, chamou-se rua da Lagoa da Sentinela, do Conde da Cunha, e Nova do Conde. Em 1866, foi denominada de rua do Conde D'Eu, o que tem provocado não poucos enganos em virtude da identidade do título nobiliárquico. É a atual rua Frei Caneca.

Mangue da Cidade Nova — Vide caminho do Aterrado e caminho das Lanternas.

Aterrado (caminho do) — Chamou-se, assim, à parte do mangue da Cidade Nova onde existia um vasto pântano que se estendia do rossio Pequeno para cima. Para sanear um pouco aquela vasta zona e permitir a passagem das carruagens do serviço real que se dirigiam para a Quinta da Boa Vista, foi construído um longo e estreito aterro.

Lanternas (caminho das) — Depois de feito o caminho do Aterrado, a polícia colocou, ao longo do mesmo, inúmeras lanternas. Daí o nome. De maneira que o caminho das Lanternas é o próprio caminho do Aterrado. Com as obras do canal do Mangue, iniciadas em 1857, as duas denominações desapareceram. Ficou, porém, sendo rua de São Pedro da Cidade Nova. Foi, até pouco, chamada de Senador Eusébio.

São Pedro da Cidade Nova (rua de) — Vide caminho das Lanternas.

Aguada dos Marinheiros — Lugar onde os marujos se abasteciam de água dos rios que vinham desembocar defronte de São Diogo.

Bica dos Marinheiros — Situada no lugar acima indicado.

Ponte dos Marinheiros — No lugar onde o caminho do Aterrado ou das Lanternas transpunha os rios que desciam das serras. É onde está hoje a ponte do mesmo nome.

Segunda-Feira (largo da) — Situado no fim da rua do Engenho Velho e começo das ruas do Andaraí Pequeno e São Francisco Xavier. A denominação proveio de, naquele dia da semana, ter sido ali assassinado e enterrado um homem. Essa denominação de logradouro público correspondente a dia da semana faz lembrar a rua da Sexta-Feira que existiu em Londres, pois nela e neste dia da semana os pescadores vendiam os produtos que colhiam no mar.

Matadouro (largo do) — Teve esse nome porque ali foi edificado, em 1841, o novo estabelecimento de matança de gado. Hoje está integrado na praça da Bandeira.

Rainha (travessa da) — Parte da rua que, depois, veio a ser a do Matoso. Aquele nome aplicava-se ao trecho compreendido entre as ruas da Bela-Vista e do Engenho Velho.

Nova do Imperador (rua) — Importante via de comunicação, ligando o largo do Matadouro com a rua de São Francisco Xavier. Hoje tem o nome de rua Mariz e Barros.

Engenho Novo e *Engenho Velho* — Vastas zonas onde existiram as propriedades rurais dos jesuítas.

Engenho Velho (rua do) — Importante via de penetração, comunicando com o Rio Comprido, o Engenho Velho, o Andaraí Grande, a Fábrica das Chitas e a Tijuca. Começava no largo de Mata-Porcos e terminava no largo da Segunda-Feira. É hoje a rua de Haddock Lobo.

Bela-Vista (rua da) — É a atualmente conhecida como do Barão de Itapagipe.

Comprido (rio) — Também conhecido como Iguaçu, nome que provém do tupi: *I-guaçu,* água grande. Hoje, corre ao meio da avenida Paulo de Frontin.

Rio Comprido (rua do) — Antiga denominação derivada do nome do extenso caudal. Começava no largo do Bispo e terminava na rua do Engenho Velho. Em 1844, passou a ser denominada de rua do Bispo.

Cova da Onça do Rio Comprido (rua) — Na freguesia do Espírito Santo. Depois, rua da Conciliação e, atualmente, Barão de Petrópolis.

Bispo (largo do) — No Rio Comprido. A denominação relembra o bispo d. Antônio do Desterro, que foi dono das terras onde teve sua residência. Ali funcionou o Seminário, pois a referida propriedade passou ao poder da Cúria. Em 1875 é que teve a denominação de largo do Rio Comprido.

Bispo (rua do) — Vide rua do Rio Comprido.

Fábrica das Chitas — Esse lugar, da freguesia do Engenho Velho, deve seu nome ao fato de ali terem sido lançados, no tempo de d. João VI, os alicerces de uma fábrica de chitas. Depois, foi rua. Hoje tem a denominação de Desembargador Isidro.

Caxambi (caminho de) — É termo africano de etimologia incerta (Rodolfo Garcia). Estava situado no Engenho Novo.

Catumbi (lugar e largo do) — Designação africana de mato fechado.

Catumbi Grande (rua do) — No Rio Comprido. É a atual rua da Estrela.

Maracanã (rio e largo do) — Do tupi: *maracanhá,* papagaio.

Andaraí (zona, serra, bairro do) — Do tupi: *andirá,* morcego; e *i,* rio. Logo: zona, serra ou bairro do rio do morcego.

Andaraí Grande — Vasta zona que limitava com a do Engenho Novo.

Andaraí Pequeno — Era a zona da Tijuca, propriamente dita.

Andaraí Pequeno (rua do) — Atual Conde de Bonfim.

Araújos (rua dos) — Na freguesia do Engenho Velho. Começava na rua do Andaraí Pequeno e terminava na Fábrica das Chitas. A denominação provém, ao que parece, do fato de ter sido aberta através da chácara que pertenceu ao capitão-mor Manuel de Araújo da Cunha e a sua mulher, d. Mariana Clara Viana da Cunha, progenitores de Cândido José de Araújo Viana, visconde e, depois, marquês de Sapucaí.

Tijuca (serra e floresta da) — O mesmo que Tijuco: lama, lodo, lameiro, atoleiro. Provém do tupi: *Tuiuca*.

Muda da Tijuca — Lugar do sopé da serra da Tijuca, onde se procedia à mudança ou substituição dos animais das diligências e demais carruagens que deviam galgar a estrada, em direção ao Alto.

Velha da Tijuca (estrada) — Começava no fim da rua do Andaraí Pequeno e terminava no Alto da Tijuca (hoje, Alto da Boa Vista).

Trapicheiro (rio) — Não conseguimos saber a origem do nome. Aventamos, por conseguinte, diversas hipóteses. Ou o nome provém de um indivíduo dono de trapiche, isto é, de depósito de mercadorias; ou quer dizer que nesse rio havia trapiches, isto é, engenhos trapiches: almanjarras de tração animal. Essa hipótese nos parece ser a mais aceitável, porquanto houve à margem desse rio um lugar chamado de trapicheiro, encravado na fazenda de São Cristóvão dos padres da Companhia de Jesus.

Pedregulho — Assim ficou chamado o lugar, hoje bairro, situado nos terrenos do irmão e herdeiro do comendador Elias Antônio Lopes, próximo à Quinta da Boa Vista, comprados por d. Pedro I, não só para aumentar a área dessa propriedade do governo, como também para evitar as questões que surgiam pela passagem de animais do serviço das estrebarias do imperador. Como nessa vasta propriedade — tão grande que abrangia um morro, atual do Pedregulho — havia um relógio de sol, o povo chamava ao mesmo de *pedra da agulha*. Daí passou-se a abreviar a denominação e surgiu a pedragulha. E de pedragulha para pedregulho foi um passo.

São Cristóvão (campo de) — Antigo largo da Igrejinha. Recebeu o nome de São Cristóvão não porque ali estava situada a igreja matriz da freguesia de São Cristóvão, dedicada, aliás, a N. S. do Socorro, mas porque ocupava parte da antiga fazenda daquele nome, que pertencera aos jesuítas. É a atual praça Deodoro.

Campo de São Cristóvão (rua do) — Uma das mais extensas e tortuosas da cidade, pois começava no largo de Mata-Porcos e terminava no Barro Vermelho. Depois passou a denominar-se de rua de São Cristóvão, sendo prolongada ate à praia das Palmeiras. É a atual Joaquim Palhares.

São Cristóvão (rua de) — Vide rua do Campo de São Cristóvão.

São Cristóvão (praia de) — O seu início era no campo do mesmo nome e o seu termo na praia do Caju.

Feira (rua da) — Assim chamada por ser o caminho para a feira que se realizava no campo de São Cristovão. É hoje Coronel Figueira de Melo.

Cancela (largo da) — Situado em São Cristovão, foi de tal maneira conhecido por ter ali existido uma cancela que dava passagem ao gado de fazenda próxima

Retiro da Gratidão — Designação que teve, durante longo tempo, o terreno do Pedregulho doado por d. Pedro II a três serviçais de d. Pedro I.

Imperial do Príncipe (travessa) — Em São Cristóvão; ligando o campo à praia. Aberta por ocasião do nascimento de d. Pedro II pelo armador Pedro Ciríaco Pacheco, em terrenos de sua propriedade. Aquele riquíssimo personagem era tão amigo de d. Pedro I que dele conseguiu ser padrinho de seu filho, a quem deu além do nome de Pedro o sobrenome de Alcântara. Chamou-se, pois: Pedro Pacheco de Alcântara.

Boa Vista (quinta da) — A denominação provinha do belo panorama que se descortinava do monte onde estava o palácio real, e, depois, imperial.

Imperial Quinta (rua da) — Começava no portão lateral da Quinta da Boa Vista e terminava no largo da Cancela. É a atual rua Paraná.

Olimpo Imperial — Curioso nome dado a um monte encravado na Quinta Imperial da Boa Vista, em São Cristóvão.

Pituba (rio) — É termo tupi e significa bafo, sopro, exalação (Rodolfo Garcia). Foi depois denominado de rio dos Cachorros e da Joana, sendo hoje conhecido como Maracanã.

Cachorros (rio dos) — Vide Pituba e Joana.

Joana (rio da) — Antes rio Pituba e dos Cachorros. O nome de Joana proveio de uma mulher que morava em terras marginais ao mesmo e que as vendeu ao príncipe d. João em 1810. Margeava a

Quinta da Boa Vista. Ainda existe, canalizado, no centro da avenida Maracanã.

Joana (caminho e rua da) — Em tempos idos ladeava o rio da Joana. Depois da inundação de 1811 o referido rio foi retificado, ficando a rua bem afastada dele. Toda a vasta área foi sendo aterrada. O seu nome primitivo foi o de caminho da Cariola. Recebeu, depois de chamar-se da Joana, o nome de D. Januária, em homenagem à princesa. Posteriormente passou a chamar-se de Duque de Saxe. É a atual General Canabarro, funcionando nos terrenos do antigo palacete do duque de Saxe a Escola Técnica Nacional.

D. Januária (rua) — Recebeu esse nome em 1840. Antigo caminho da Cariola, caminho da Joana e rua da Joana. Parece que também teve o nome de caminho do Parque Imperial.

Imperador (rua do) — Em São Cristóvão, bem defronte do portão da Quinta da Boa Vista. Atual Pedro Ivo.

Portão Vermelho — Nos terrenos que pertenceram aos jesuítas, onde hoje está o Hospital Central do Exército, existiu uma vasta propriedade, em 1846, que tinha como entrada um portão pintado com aquela cor.

Portão da Coroa (rua do) — Situada no fim da rua do Imperador, em São Cristóvão. O nome lhe veio de estar defronte do grande portão da Quinta Imperial da Boa Vista

Portão do Trem (rua do), ou *rua do Trem* — Começava no largo de Moura e terminava no portão do Trem Real, depois Arsenal de Guerra. Desaparecido com as obras da Exposição Internacional do Centenário da Independência do Brasil, em 1922.

Trem (beco do) — Tinha início na rua do Trem e termo no largo da Misericórdia. Ainda existe, separando o Ministério da Agricultura do Museu Histórico Nacional.

Tambores (beco dos) — No bairro da Misericórdia. Recebeu essa denominação porque era nele que os tambores dos regimentos do quartel de Moura realizavam os seus ensaios.

Quartéis (beco dos) — Na freguesia da Candelária. Começava na rua Direita e terminava na da Quitanda. Depois foi chamado de beco do Bragança, nome do regimento de infantaria ali sediado. É a atual rua Conselheiro Saraiva.

Quartéis (rua dos) — Nas proximidades do quartel do campo da Aclamação. A denominação teve, assim, uma lógica justificação. É a atual rua de Marcílio Dias.

Quartéis (rua dos) — Com esse nome também existiu uma artéria pública em São Cristóvão. Veio-lhe a denominação por causa do quartel da guarda de d. Pedro I. É a atual Bela de São João.

Quartéis (travessa dos) — Também em São Cristóvão. É, hoje, a rua Escobar.

Caju (quinta do) — Propriedade real, situada em São Cristóvão, assim chamada porque nela abundavam os cajueiros.

Caju (ponta e praia do) — Assim chamadas por estarem situadas na quinta do mesmo nome, propriedade da família imperial. Note-se que a praia, antigamente chamada dos Calafates, começava no fim da praia de São Cristóvão e terminava no começo da praia do Retiro Saudoso.

Santo Amaro do Caju (rua de) — Na freguesia de São Cristóvão. Começava na praia de São Cristóvão e terminava na praia do Retiro Saudoso. A sua atual denominação é General Sampaio.

A existência de ruas com designações como as de Mata-Cavalos, de Mata-Porcos, do Jogo da Bola e do Escorrega e de outras vias públicas com nomes estapafúrdios — como o já citado de Sucussarará — não impediu que naquela época ou, mesmo, um pouco depois, houvesse no Rio de Janeiro uma estrada de Quebra-Cangalhas, as ruas do Capão do Bispo e do Capim Melado, o terrível beco dos Velhacos, a incompreensível travessa do Beco, o hilariante beco da Caçoada, o amoroso beco do Suspiro, o difícil beco Sem Saída, a reprovável rua Bilontra, o imundo beco Sujo, a curiosa ladeira do João de Gatinhas e o caminho e rio do Macaco.

Embora já se tenha assinalado o desaparecimento de certos logradouros, convém recordar que: o largo de João Batista perdeu a denominação, sendo conhecido, pelo vulgo, como Ilha Seca; também perdeu o nome o largo do Valdetaro; não mais existem os largos de São Joaquim, da Batalha, da Ajuda, do Capim, do Rossio Pequeno, de São Domingos, da Mãe do Bispo, de São Sebastião do Castelo, de Moura, e da Assembléia, ou da Cadeia. Conservam os mesmos nomes os largos de Santa Rita, de São Francisco de Paula, da Segunda-Feira e da Glória.

Por sua vez, quase desapareceram as ruas da Ajuda e de Santo Antônio, limitadas hoje aos pequenos trechos já discriminados. E, em conseqüência das obras da avenida Presidente Vargas, deixaram de existir, desde 10 de novembro de 1943, os seguintes logradouros: ruas General Câmara, São Pedro, Visconde de Itaúna, Senador Eusébio, travessa Bom Jesus, praças Lopes Trovão e Onze de Junho, e largo de São Domingos — cujos nomes antigos já foram antes enunciados.

Conservam os mesmos nomes as ruas do Ouvidor, da Alfândega, do Rosário, da Quitanda, do Carmo e de São José, além de outras de menor importância. A da Assembléia deixou de ter esse nome há alguns anos, passando a ser denominada de República do Peru. Mas atualmente a reposição do nome está feita.

As praias, virtualmente desaparecidas, foram: do Caju, de São Cristóvão, Formosa, do Retiro Saudoso, do Saco do Alferes, e a Prainha — absorvidas pelo cais do Porto; de Santa Luzia, do Boqueirão, da Lapa, da Glória, do Flamengo e de Botafogo — absorvidas pela avenida Beira-Mar. As do Flamengo e Botafogo conservam as denominações, muito embora sejam avenidas. A avenida Pasteur substituiu as antigas denominações da praia fronteira ao Hospital Nacional de Alienados.

De acordo com o que antes ficou exposto, muitas denominações eram repetidas em diversos pontos. Assim, houve a de *Águas Férreas* na rua de Mata-Cavalos, nas Laranjeiras (Cosme Velho), na estrada Velha da Tijuca e no Andaraí. *Bica* foi outra denominação muitíssimo repetida, pois houve muitas estradas e fazendas da Bica. *Andaraí* foi também nome difundidíssimo. A denominação de *Papa-couve* foi dada a terrenos no Catumbi e na Glória. Dois morros tiveram simultaneamente o nome de *Babilônia:* um, entre Botafogo e Copacabana, a cavaleiro da praia Vermelha de um lado e do Leme, do outro lado; outro, no Engenho Velho. Também houve dois morros do *Cantagalo.* Inúmeros lugares receberam o nome de *Olaria:* em Inhaúma, em Irajá, no Engenho Novo, em São Clemente e na Gávea. Outra denominação muito difundida foi a de *Pedreira.* Houve, assim: o caminho da Pedreira (em Botafogo); as ruas da Pedreira, na freguesia do Sacramento (atual Conceição), e em Inhaúma; a travessa da Pedreira, na freguesia de Santa Rita (hoje, travessa Oliveira); e as ruas Pedreira da Glória, da Pedreira da Candelária e da Pedreira Imperial. O mesmo ocorreu com a denominação de *Quartéis.* E com o nome de *Pedra* havia: uma enseada, uma estrada, e um lugarejo, em Guaratiba; a Pedra da Babilônia (Engenho Velho); o caminho da Pedra do Baiano, na lagoa de Rodrigo de Freitas; a rua da Pedra do Sal, na freguesia de Santa Rita; bem como o lugar do caminho do Jardim Botânico, por onde d. João VI receava passar.

249

E a título de curiosidade dar-se-á o significado de *ipanema* (lugar, bairro e praia de). Provém, segundo gentil nota de Rodolfo Garcia, de *i*, rio, água, e *panema*, ruim, imprestável. Ipanema é, pois: rio de peixe escasso ou rio de pesca escassa. Em meado do século XIX ainda não existia no Rio de Janeiro essa denominação. Ela proveio de uma rua Barão de Ipanema, que foi aberta, já na República, naquela zona. A denominação nada tem que ver, portanto, com rio tão imprestável.

Também, a designação de *Leblon,* dada à extremidade da praia de Ipanema, é relativamente recente. Aventamos a hipótese de que a mesma constitua uma corruptela do sobrenome Le Blond de um cidadão francês chamado Carlos — proprietário de um campo figurado no projeto de prolongamento da estrada da Restinga, executado, em 1851, pelo tenente-coronel José de Vitória Soares de Andréia e dr. João Luís de Oliveira Lobo. Acontece, porém, que dita estrada ficava em Jacarepaguá. Logo, o campo através do qual essa estrada seria prolongada não pode ser o *campo de Leblon,* que existiu na zona de Ipanema. Isso não provaria, entretanto, que Monsieur Le Blond não fosse, também, seu possuidor. O fato concreto é que, com o tempo, o nome do campo passou para a praia e, assim, surgiu a denominação de praia do *Leblon.*

Nomes de fora da Cidade

Nas freguesias de fora, também havia estradas, lugares ou acidentes naturais cuja origem e significação não eram menos curiosas.

Pelo que passamos à respectiva enunciação.

Santa Cruz (estrada real de) — A denominação de *real* provém de ser o caminho mais seguido, mais franco e, portanto, o que apresenta menos riscos ou dificuldades. É o oposto da azinhaga. Foi aberta pelos jesuítas, tendo início na Venda Grande (Engenho Novo) e termo na fazenda de Santa Cruz. Em tempos passados também foi conhecida como estrada real de Minas. O fato de ter sido muito freqüentada pelo rei d. João VI tem induzido muitas pessoas a julgar que a denominação de *real* estava ligada à realeza.

Nessa estrada, como em quase todas as outras, superabundavam as *vendas* de um pavimento, tendo na frente varandas, pórticos ou galerias, cuja cobertura, de canal, era sustentada por estípites de madeira ou, mesmo, por colunas de alvenaria de tijolo. Os viandantes, mascates, naturalistas e pombeiros costumavam ali apear-se e refazer-se das longas jornadas. Os animais de carga e de montaria eram amarrados em argolas colocadas no lado externo dos parapeitos que sustentavam os estípites e colunas. Hoje tem a denominação de avenida Suburbana.

Cascadura (localidade) — A denominação provém de *casca dura,* o que significa, segundo Max Vasconcelos, a "primeira resistência que encontrou a picareta dos trabalhadores na abertura do leito da estrada": estrada de ferro de Pedro II.

Campinho (localidade) — Perto de Cascadura. Significa campo pequeno. Era, assim, estabelecido o contraste com Campo Grande.

Campo Grande (localidade) — Tal qual como ocorreu em outros pontos do Brasil, a denominação proveio de campo extenso, próprio para pastagem.

Valqueire (morro do) — Vale do pau-ferro.

Realengo (localidade) — Importante lugar da freguesia de Campo Grande, assim chamado por significar ser patrimônio, conquistado, do rei. É o mesmo que *reguengo* ou *reguenga.* Sendo terra patrimonial e não adquirida, quem nela lavrasse e colhesse pagava a quarta parte ao rei. Era, naqueles tempos, uma vasta pastagem, com currais para descanso do gado que vinha do interior para o abastecimento da cidade.

Bangu (localidade) — Palavra indígena: *útang-û,* que significa anteparo escuro, barreira negra; alusão a montanha ou a serra.

Taquara (localidade e fazenda da) — Do tupi *ta-quara,* haste furada; bambu.

Jacarepaguá (localidade) — Vale dos jacarés.

Sapopemba ou sapopema (sítio, lugar) — Corruptelas de *cepô-a-piba,* raiz chata, ou melhor: alastrada. São raízes que se desenvolvem com o tronco da apocinácea *(Aspiderma excelsium),* formando em volta divisões achatadas. Essa árvore existia, em abundância, naquele lugar.

Sepetiba — Do tupi: *sapé,* arundácea (árvore); *tiba,* muito. Portanto: sepetiba é o lugar onde abunda a árvore do sapé.

Cumarim ou *Crumarim* (lugar) — Perto de Sepetiba. Significa o mesmo que *cumaru.* São termos tupis, que querem dizer: pimenta (Rodolfo Garcia).

Guaratiba (localidade e praia da) — Do tupi *gura-tiba,* aglomerado de garças.

Itapuca (serra da) — Situada na freguesia de Guaratiba. De *itá,* pedra, metal: *puca,* que soa, sonante. Também pode ter a acepção de pedra furada, pois *itá* é pedra; e *mbuca, ou puba,* significa furo (Rodolfo Garcia).

Marambaia (restinga) — De *mbará-mbai,* o cerco do mar, a restinga. Restinga de Marambaia é, pois, uma redundância.

Camorim (localidade, rio e lagoa do) — Provém do tupi *camuru,* o robalo. Assim também se chamou um sítio encravado nas terras dos frades da capela de São Gonçalo. Estava situado próximo à lagoa. A localidade, propriamente dita, fora conhecida outrora como Pirapitingui.

Ubaeté (lugar) — No Camorim. Quer dizer: grande árvore.

Pirapitingui (localidade) — Do tupi *pira,* peixe, e *tingui,* branco. Logo: peixe de alvas escamas. Antiga denominação da localidade chamada de Camorim.

Sernambetiba (localidade e campo do) — Marisco.

Itapuan (pedra) — Em tupi, quer dizer: pedra redonda. Estava situada no pontal de Sernambetiba.

Marapendi (lagoa do) — Do tupi *mbara-pendi:* o mar limpo.

Apicu (lugar) — Ou *apecum.* É tupi, *apé-cum,* superfície alongada, o que é chato em forma de língua. Tratos de terra, à beira-mar, que fornecem o barro branco para purificar o açúcar (Rodolfo Garcia).

Curicica (sítio da) — Em Jacarepaguá. De *curi,* pinhão, fruto do pinheiro, e *icica,* resina (Rodolfo Garcia).

Camocim (localidade) — Em Jacarepaguá. Corruptela de *cambuci.* De *cambuchi,* o vaso de água, o pote (Rodolfo Garcia).

Jericinó ou *Juricinol* (lugar e mata do) — Em Campo Grande. Do tupi *gari-cin-ó,* cacho liso e fechado, o perianto.

Mendanha (rio) — Em Campo Grande. É termo, ao que parece, africano.

Cabuçu (lugar) — Em Campo Grande. De *cab,* vespa; *uçu,* grande, o marimbondo (Rodolfo Garcia).

Maitaraca (serra da) — Em Campo Grande. O mesmo que *maetaca,* de *mbaetaca,* coisa barulhenta, ruidosa (Rodolfo Garcia).

Inhoaíba (lugarejo) — Em Campo Grande. Significa campo sem préstimos; de *nhu,* campo, *aiba,* mau, sem préstimo (Rodolfo Garcia).

Caroba (lugarejo) — Em Campo Grande. De *caá,* planta, folha, e *rob,* amarga; planta ou folha amarga (Rodolfo Garcia).

252

Irajá (localidade) — Nome indígena de uma abelha. Também tem o significado de cuia ou cabaça de mel.

Piraquara (lugarejo) — Em Irajá. Também existia um lugar com esse nome em Campo Grande. Corruptela de *piriquara.* De *piri,* junco, e *quara,* cova: cova dos *piris,* ou do junco assim chamado (Rodolfo Garcia).

Itá (riacho ou canal do) — Em Santa Cruz. De *i,* demonstrativo, o que, aquele que, *tã,* duro, forte: o que é duro, a pedra, o ferro, o metal em geral. Alterado em *itá* (Rodolfo Garcia).

Marangá (lugarejo) — Nos subúrbios. Talvez *maranguá,* de *marã-guá,* a baixada ou vale da batalha (Rodolfo Garcia).

Maruí (sítio do) — Nos subúrbios. De *mberuí,* mosca pequena, mosquito (Rodolfo Garcia).

Cabungui (morro do) — Do tupi. Há quem diga que significa vaso de água; e quem afirme que é rio do capim.

Covanca — Vale com entrada por um único lado.

Guandu (rio) — Limite do Município Neutro com a província do Rio de Janeiro. O seu nome provém do guandueiro, que é uma planta leguminosa. Há quem afirme que a palavra se origina do tupi: *cuandu,* o ouriço.

Guandu-mirim (rio do) — Guandueiro pequeno.

Guandu-açu (sítio do) — Situado em Santa Cruz. Significa guandueiro grande.

Muriquipari (lugarejo) — Em Inhaúma. Hoje ali existe uma rua com esse nome.

Piaba ou piava (sítio do) — Em Santa Cruz. Quer dizer, peixe escamoso de água doce.

Itaguaí (morro do) — Em Santa Cruz. Ou *taguaí,* rio dos barreiros (Rodolfo Garcia).

Murundu (morro) — Do quimbundo; morrote, pequena colina

Mulundu (morro) — Em Campo Grande. Talvez, corruptela do anterior.

Inhaúma (zona da) — Do tupi: *anhuma,* ave preta; pois *un* ou *una* é preto.

Engenho da Rainha — Situado no lugar denominado de Freguesia, em Inhaúma. Assim foi denominado porque fora mandado montar pela rainha dona Carlota Joaquina no ano de 1810. Estava encravado no fertilíssimo vale que outrora pertencera aos jesuítas.

Catete (serra do) — A oeste da freguesia de Inhaúma. Nela nasce o riacho Timbó, afluente do rio Farias. Significa: serra do mato fechado.

Timbó (riacho) — Em Inhaúma. Vapor, fumarada, uma planta que serve para matar o peixe (Rodolfo Garcia).

Cafunda (sítio da) — Lugar sem horizonte, entre vertentes.

Pavuna (localidade, vale, rio da) — Do tupi *pab-una,* a estância preta, o lugar escuro; ou *ipab-una,* lagoa escura (Rodolfo Garcia).

Meriti (rio) —Nos limites do Município Neutro com a província do Rio de Janeiro. Meriti significa, em tupi: água pequena.

Nomes das Ilhas

Laje (ilha da) — Denominada pelos franceses de *le ratier,* isto é, caprichoso, esquisito. Mas, se em lugar do adjetivo *ratier* fosse o substantivo *ratière,* ter-se-ia o significado de ratoeira: ilhota rasa situada na embocadura da baía que constituía um perigoso escolho para os navegantes. Os portugueses a denominaram de *Laje,* que ainda conserva.

Villegagnon (ilha de) — Antiga *Serigipe* (ferrão do siri); denominação que lhe foi dada pelos tamoios. Os portugueses a denominaram de ilha das Palmeiras. Passou a ser conhecida como de Villegagnon porque nela se estabeleceu, erguendo fortificações, aquele almirante francês. A grafia do nome foi muitas vezes deturpada, até mesmo em documentos oficiais. Foi, assim, chamada de Viragalhão, Viligalhon e de Vilagalhom. Também foi outrora conhecida como ilha dos Franceses.

Mocanguê Grande e *Mocanguê Pequeno* (ilhas de) — Mocanguê quer dizer, em tupi, dois. Logo: duas ilhas, ilhas gêmeas; sendo uma grande e outra pequena.

Paquetá (ilha de) — Nome indígena cujo significado é: lugar das pacas. Para Teodoro Sampaio, paquetá quer dizer: paca abundante, em grande número. Pelo que estabelece a derivação: *pac,* paca, e *etá,* abundante. Pereira da Silva (citado por Lemos Brito) era de opinião que a palavra se compõe de *pac,* paca, e *ita,* moradia. O que vale dizer: moradia, pedregosa (pois *ita* é, de fato, pedra), da paca. Nessa ilha havia o caminho de *Itanhanga,* nome que significa pedra sonante: de *itá,* pedra, e *nheenga,* sonante (Rodolfo Garcia).

Sapucaia (ilha da) — Do tupi *ia,* fruto de árvore, e *eçá pucá i,* que tem o olho saltado. Nome genérico dado às diversas espécies de lecitidáceas (Rodolfo Garcia).

Saravatá (ilha de) — Corruptela de garavatá, bromeliácea. Variantes: *caraguatá, carauatá, cravatá* e *gravatá.* Do tupi *caá-raguaatã,* erva, mato, de ponta dura. Outra interpretação: *carauá,* talo com espinhos; e *tá,* duro. Isto é: talo duro e espinhoso. Chamou-se antes ilha do Camarão, pois pertencera ao fabricante de cal Francisco Pires Camarão.

Caqueirada (ilha da) — Ou dos Frades. Atual do Bom Jesus. Caqueirada significa depósito de cacos. Logo: ilha dos cacos. Servia de depósito de lixo da cidade. Chamou-se dos Frades por causa do convento dos franciscanos, ali erigido em 1704.

Pombeba (ilha da) — Do tupi *po-ubeba,* a mão chata, a fibra.

Governador (ilha do) — Assim chamada por haver ali obtido uma sesmaria Salvador Correia de Sá, o velho. Foi denominada *do Gato Bravo* pelos portugueses que em primeiro lugar lá viveram; e *dos Sete Engenhos,* em virtude dos engenhos de açúcar que ali funcionaram. Nela existiam os seguintes lugares, com curiosas denominações: praia do *Galeão* — assim chamada porque no estaleiro ali existente fora construído o galeão real, isto é, o de d. João VI; caminho, riacho e praia do *Juquiá* — que significa a nassa (ou cesta de pescar) de boca larga: de *iqui,* nassa, e *à,* aberto; praia da *Tapera,* ou lugar abandonado, invadido pelo mato, isto é, onde outrora houvera fazenda ou lavoura; praia do *Zumbi,* ou *zambi,* que significa quilombo — proveniente do quimbundo *mzambi,* deus; praia do *Quilombo,* que quer dizer: habitação, no mato, de escravos fugidos; praia e ponta da *Tupiacanga:* a cabeça do tupi; praia do *Itacolumi,* de *itá,* pedra, e *comunum* ou *corumim,* menino — o menino da pedra, alusão ao fato de o grande penedo ter ao lado outro menor — logo: o grande junto do pequeno; e, por fim, o lugarejo chamado do *Calundu,* termo quimbundo que significa: mau humor.

Enxadas (ilha das) — Antiga de Vaz Pinto, pois pertencera ao governador Rui Vaz Pinto. Chamou-se das Enxadas, em virtude de terem sido ali depositadas tais ferramentas de lavoura, retiradas de uma barca arribada.

Flores (ilha das) — Deveria ser ilha do Flores, porque pertenceu (até 1870) a Ambrósio José das Flores. Também foi conhecida como ilha do Ambrósio. É onde está atualmente a hospedaria de Imigrantes.

Anhanga-itá (ilha de) — *Anhanga* ou *anhangá* provém do tupi: *aí,* mal, *ang,* demônio ou fantasma. E como *itá ou ita* é pedra, seguese que o nome significa: ilha ou pedra do demônio, do fantasma ou do ser malfazejo. Essa ilha também é conhecida como *Nhanquetá.*

Da Água (ilha) — Assim chamada por possuir boa nascente de água. Antes, chamou-se Jurubaíba de Cima.

Lobos (ilha dos) — A denominação proveio de ter sido propriedade de dois irmãos que tinham o sobrenome de Lobo. Cremos, porém, que é denominação relativamente recente. Damo-la, pois, como simples curiosidade.

Gatos (ilha dos) — Depois, do Fundão.

Ratos (ilha dos) — É a atual ilha Fiscal.

Jeribatuba (ilha) — Quer dizer: coqueiral. A denominação se derivou da existência de coqueiros plantados no século XVIII. Por isso, também foi conhecida como ilha dos Coqueiros. Atualmente é chamada do Boqueirão.

Ferreiros (ilha dos) — Na enseada da Ponta do Caju. Chamou-se, assim, visto ter ali existido uma oficina de ferreiros.

Catalão (ilha do) — Na enseada de Inhaúma.

Pinheiro (ilha do) — Teve esse nome porque pertenceu a um fabricante de sabão chamado Pinheiro.

Palma (ilha da) — Antiga Jurubaíba de Baixo.

Até as pedras existentes na baía tinham nomes curiosos, como: *Tapuamas, Taibacis, Taputeias, Tepitiguaçu, Tepiti, Ubus e... Salta Velhaco!*

CAPÍTULO V

TRABALHO

1) AÇÃO E EVOLUÇÃO

DIRETRIZ BRASILIANA — A MÃO-DE-OBRA

Diretriz Brasiliana

O primeiro "Diploma Régio, que a Real Mão do Príncipe Regente Nosso Senhor assinou no Brasil", foi — no dizer do padre Luís Gonçalves dos Santos — o de conceder ao Brasil comércio franco com as nações estrangeiras. Abolindo o velho sistema colonial de restrições ao intercâmbio comercial, iniciou o príncipe regente d. João a independência econômica do Brasil.

A carta de lei escrita na cidade do Salvador a 28 de janeiro de 1808, atendendo à representação feita pelo conde da Ponte, governador e capitão general da capitania da Bahia, tinha por objetivo incrementar as relações comerciais, suspensas em virtude dos acontecimentos da Europa, para o que estabelecia serem admissíveis nas alfândegas do Brasil todos e quaisquer gêneros, fazendas e mercadorias transportadas em navios das potências amigas, pagando 24% de entrada, sendo 20% de direitos grossos e 4% de donativo já fixado. A cobrança desses direitos obedeceria às pautas ou aforamentos em vigor nas aduanas. Entretanto, os gêneros chamados de molhados, isto é, os vinhos, as aguardentes e os azeites doces pagavam o dobro dos direitos até então estipulados. Por sua vez, ficava lícito aos vassalos e aos estrangeiros exportar para portos de ultramar quaisquer gêneros ou produções do Brasil, com exceção do pau-brasil e de outros produtos estancados, pagando, pela exportação, os mesmos direitos até então fixados. Porém, o mais importante desse ato governamental estava contido na declaração peremptória de que ficavam "como em suspenso, e sem vigor, todas as Leis, Cartas Régias, ou outras Ordens, que até aqui proibiam neste Estado do Brasil o recíproco comércio, e navegação entre os Meus Vassalos, e Estrangeiros". Depois, a 1° de abril do mesmo ano, tem lugar a revogação do alvará de 5 de janeiro de 1785, que proibia a fundação e funcionamento de qualquer indústria ou manufatura no Brasil. No documento que levava a rubrica do príncipe regente se declara que, com o intuito de "promover, e adiantar a riqueza nacional", ordenado ficava que dali por diante fosse "lícito a qualquer dos Meus Vassalos, qualquer que seja o País que habitem, estabelecer todo gênero de Manufaturas, sem excetuar alguma, fazendo os seus trabalhos em pequeno, e em grande, como entenderem que mais lhes convém", e que, para isso, ficava derrogado o citado alvará. E a 13 de maio, o príncipe d. João, comemorando dignamente o seu aniversário natalício, manda estabelecer no Rio de Janeiro a tipografia oficial, sob a denominação de *Impressão Régia,* e a *Fábrica de Pólvora.* Foram, todos, atos político-administrativos verdadeiramente transcendentais. Com a franquia dos portos estabeleceu-se o intercâmbio de mercadorias, aumentou-se a riqueza, melhorou-se a vida; com a faculdade de fundar indústrias, fomentou-se a produção, acabou-se com a ociosidade, barateou-se a vida, valorizou-se o trabalho; e, com a implantação da imprensa, permitiu-se o intercâmbio das idéias e a melhoria da cultura, iniciou-se o combate ao analfabetismo.

Compreendendo que as determinações escritas dos governos não são só por si suficientes, necessitando muitas vezes de órgãos especializados que promovam a realização prática das mesmas, o príncipe d. João, estando no firme propósito de desenvolver as transações comerciais, a agricultura e a indústria do Brasil, cria a 23 de agosto a *Real*

Junta do Comércio, Agricultura, Fábricas e Navegação. Sendo semelhante à *Junta de Comércio* que existira em Lisboa, ela foi a primeira instituição autárquica que existiu em nosso país. Com tal caráter podia entender e providenciar com a devida presteza e eficiência sobre os assuntos relacionados com o progresso comercial, industrial e navieiro. Especificadamente tinha por missão: instituir, de vez, a aprendizagem comercial por meio de aulas e cursos; estabelecer prêmios para serem concedidos a todos aqueles que inventassem máquinas, aparelhos ou dispositivos mecânicos que poupassem o trabalho braçal ou fossem úteis às artes, à agricultura e à navegação; conceder recompensas aos que procurassem aclimatar plantas e vegetais estrangeiros e árvores de especiarias da Índia, que vantajosas fossem às artes e ofícios, à tinturaria e à farmácia; adquirir máquinas e revendê-las aos lavradores e industriais; trazer sementes do estrangeiro, para aqui serem distribuídas; melhorar as estradas e os rios, facilitando, dessa maneira, o comércio interno; e outorgar concessões de isenção do recrutamento militar e do serviço nas milícias a todos que ocupados estivessem em fazer progredir o comércio, a indústria e a agricultura. No sentido de poder fazer frente a esses encargos, o alvará de 15 de junho de 1809 estabeleceu uma série de impostos, obrigatoriamente pagos em todos os portos do Brasil, sobre o açúcar, o algodão, o couro, e os navios, corvetas e bergantins. E por alvará de 28 de julho ficaram fixados os emolumentos que lhe cabiam. A Real Junta era dirigida por um presidente, assessorado pelos membros que a compunham, chamados, conforme o uso da época, de deputados. Todos escolhidos e nomeados pelo chefe virtual do Estado.

Em 20 de outubro de 1808, um decreto cogita dos direitos, nas alfândegas do Brasil, dos gêneros molhados que fossem importados de Portugal e de suas ilhas.

O progresso do comércio da cidade exigia maior quantidade de armazéns e de trapiches para servirem de depósitos dos gêneros de consumo e comércio. Por isso, o decreto de 21 de janeiro de 1809 mandava demarcar e aforar ou arrendar terrenos nas praias da Gamboa e do Saco do Alferes, onde arrendatários ou aforadores fizessem tais construções.

No mesmo mês, dia 28, um decreto isentava do pagamento dos direitos de importação as mercadorias vindas de Lisboa e do Porto, que já tivessem satisfeito tais contribuições naqueles portos. Uma outra resolução governamental do mais alto alcance foi tomada a 6 de outubro daquele mesmo ano: ficavam isentos dos direitos de entrada e saída todos os tecidos que fossem fabricados no Brasil.

Pelo alvará de 27 de março de 1810, foram derrogados o capítulo 18 da lei de 24 de maio de 1749 e o alvará de 21 de abril de 1751. Dessa sorte, foi facilitada a divisão comercial e industrial do trabalho pela escolha livre que cada qual podia fazer, de acordo com as suas habilitações e inclinações; ampliado o comércio urbano pela venda direta de mercadorias nas vias públicas e nas próprias casas; subdivididos os ganhos pelo maior número de indivíduos; aumentadas as rendas do Erário; e abolidos monopólios. Por decreto de 12 de abril fica organizada a relação dos gêneros que podiam ser despachados por estiva na Alfândega. No mesmo ano, a 5 de maio, foi revogada, também, a ordenação do livro 4º, título 57, e o alvará de 17 de janeiro de 1757, para que fosse lícito dar dinheiro ou outros fundos a risco para o comércio marítimo, pelo prêmio que bem ajustassem os interessados. Essa medida visava a aumentar o intercâmbio comercial, porquanto a taxa de cinco por cento ao ano estabelecida até então para os negócios dessa natureza não atraía os capitalistas. Não havendo restrição de quantia nem de tempo, claro é que os capitais eram atraídos para esse incipiente seguro marítimo. Aliás, era o que se praticava até então com o comércio marítimo entre a metrópole e a Ásia.

Outra útil disposição real, baixada no dia 13 do mesmo mês e ano, foi a de isentar dos direitos de entrada, nas alfândegas do Brasil, as mercadorias chinesas exportadas diretamente de Macau, de propriedade de portugueses e transportadas em navios lusitanos. A providência supra visava a fazer do Rio de Janeiro um entreposto das coisas e mercadorias chinesas. Assim, o que Cantão ou Macau possuíam podia ser adquirido no Rio de Janeiro ou na Bahia. Logo depois, a 7 de julho, outro alvará concedia isenção dos direitos de importação para as especiarias da Índia, da Ilha de França e de Caiena, como a pimenteira, a canela, o cravo e as plantas indígenas úteis ao comércio e à indústria. Conseqüentemente, a colheita, aqui, das ditas especiarias para o consumo interno gozava da isenção, durante dez anos consecutivos, do pagamento dos dízimos. E se as especiarias fossem exportadas, estavam isentas dos direitos de exportação. A contagem do tempo de isenção era feita a partir, respectivamente, da primeira colheita e do primeiro envio de produtos para o estrangeiro. Com essas providências, o governo real introduzia no país as especiarias que este não possuía e incentivava o respectivo cultivo, a tal ponto que previa a hipótese de tornarem-se, as mesmas, gêneros de exportação. Um mês depois — a 7 de agosto — um decreto era baixado acerca dos direitos das mercadorias que, tendo sido exportadas para Portugal, já tivessem satisfeito tais tributos nas alfândegas do Brasil. É a recíproca do ato de 28 de janeiro de 1809. Outro ato, importantíssimo, foi consubstanciado no alvará de 6 de outubro daquele mesmo ano de 1810, ordenando que ficassem isentos dos direitos de alfândega todos os tecidos de seda e lã, estampados ou não, e todo o fio de algodão que se fabricasse nesta cidade ou nas capitanias. A benéfica medida — conseqüência natural daquela adotada em 1º de abril — referia-se não somente às fábricas estabelecidas em virtude de provisão da Real Junta do Comércio, mas beneficiava também as fábricas montadas pelos particulares. E para que as manufaturas que tivessem obtido provisão não viessem a sofrer da falta de matéria-prima vinda do estrangeiro, era concedida entrada à mesma livre de direitos alfandegários. Naturalmente, os fabricantes ficavam obrigados não só a demonstrar que tinham especialmente comprado as matérias-primas para uso das suas indústrias, como também que esse uso tinha sido integral.

Depois, visando a abolir os entraves que asfixiavam o comércio e que dificultavam a livre e direta navegação com os mares da Índia e da China e portos de além do Cabo da Boa Esperança; e com os portos de Portugal, Brasil, Açores, Madeira, Cabo Verde, África Ocidental; com as enseadas, ilhas e rios estrangeiros ou sujeitos à Coroa de Portugal; tendo, ademais, em vista fazer o porto do Rio de Janeiro entreposto entre a Europa e a Ásia — foram derrogados, em 4 de fevereiro de 1811, nada menos de três alvarás e um decreto. Vejamos quais foram e as respectivas disposições. O primeiro a ser citado é o alvará de 8 de jameiro de 1783, que favorecia o comércio do reino, ilhas e Brasil, com os portos de Macau e Goa. Recorde-se que daquele ano em diante a louça amarela da Inglaterra recebida em Portugal gozava de pauta especial para pagamento de direitos. O segundo ato é o alvará de 17 de agosto de 1785, consolidando as providências estabelecidas no alvará anterior no sentido de animar o comércio e a navegação com a Ásia por meio de navios portugueses, para o que eram permitidas baldeações no Brasil, pagando as mercadorias e gêneros quatro por cento de direitos, tão somente. Por sua vez, o terceiro ato, — decreto de 29 de janeiro de 1789, favorecia o despacho de fazendas detidas na Casa da Índia, "não só das chamadas de Negro, mas de outras diferentes qualidades, e denominações". Por fim, o último ato,

261

o alvará de 25 de novembro de 1800: regulava e favorecia, ainda mais, o comércio entre Lisboa e Goa, Dio e Damão, uma vez que as providências anteriores não tinham dado resultado. Nele existia uma disposição que bem caracteriza os objetivos da realeza. É a seguinte: "III. Os galões de Ouro e Prata, que se despacharem para Goa, e mais Portos dos Domínios Portugueses da Ásia, constando serem tecidos na Real Fábrica e levando Provisão da Real Junta do Comércio, serão livres de pagar todo e qualquer Direito na sua Entrada em Goa".

E o virtual estabelecimento de um porto franco ficou decidido a partir de 26 de maio de 1812, pois foi permitida a permanência, durante prazo fixo, de cargas nos armazéns da Alfândega e a sua reexportação mediante o pagamento dos direitos de quatro por cento sobre o valor das mesmas, de aluguel das mercadorias, do aluguel do depósito e das demais despesas decorrentes das operações de desembarque e reembarque. Dessa forma completava-se o ato de 11 de junho de 1808, por meio do qual não só eram diminuídos os direitos de entrada das mercadorias, fazendas e molhados que, transportadas em navios lusitanos e pertencentes aos súditos da Coroa, dessem entrada nas alfândegas, — mas, também, aquelas que, importadas em navios portugueses ou estrangeiros por súditos da Coroa, se destinassem a serem reexportadas para países estrangeiros.

Nova disposição governamental, adotada para incentivar o comércio, foi o decreto de 18 de junho de 1815, permitindo a entrada dos navios de quaisquer bandeiras nos portos portugueses e a saída dos navios portugueses com destino a portos estrangeiros.

Em 1816, 2 de junho, foi ordenada a convocação de conferências onde se cogitasse de discutir tudo aquilo que dissesse respeito ao benefício e desenvolvimento das transações comerciais do país. E tendo-se verificado que navios estrangeiros se dedicavam, clandestinamente, ao comércio costeiro, foi tal abuso terminantemente proibido por ato de 29 de julho daquele ano.

Ainda sobre providências relativas ao comércio, mencionaremos: a criação, em 7 de outubro de 1819, do ofício de porteiro dos leilões do comércio e casas falidas; e do ofício de intérprete das línguas estrangeiras, o que teve lugar a 27 de julho de 1820.

O governo real, não contente com todas essas medidas, mandou, ainda, erigir um belo e grande edifício, defronte da rua do Sabão e ao lado da Alfândega, para sede do *Corpo do Comércio*.

A Mão-de-Obra

Com os primeiros capitães-mores, a mão-de-obra necessária aos incipientes comércios e indústrias da cidade provém da conversão da soldadesca em gente de paz. Cada qual com a sua tendência, isto é, com o seu *jeito, feitio* ou *queda* —, se dedica a um ofício, arte rudimentar ou escambo. Raros, porém, lavravam a terra. Compravam-se os alimentos que os índios traziam e quando isso não ocorria cada qual plantava o estritamente necessário para comer. Mas a cidade tem a sua população aumentada e o arroteamento da terra é insuficiente, por falta de braços. Eis quando, em 1615, uma grande leva de colonos é trazida para Araruama. Entretanto, o braço livre é afastado pelo braço escravo, ao dar-se, em 1678, a introdução de africanos na capitania da Paraíba do Sul. E o negro invade o Rio de Janeiro, convertendo a cidade num vasto mercado de gente escravizada. É aos escravos que cabe o abençoado trabalho manual, aquele que o homem realiza à custa do suor da sua fronte.

Dividida a sociedade, desde o descobrimento, em duas grandes classes — senhores de engenho e vassalos, fazendeiros e escravos, doutores e analfabetos — criaram-se entre elas, como aliás não podia deixar de ser, diferenciações de toda sorte. Em matéria de trabalho e de direção dos destinos econômicos do país, couberam sempre à primeira as posições de mando e de domínio pela força, pelo direito ou pelo cabedal; à segunda competia tão somente o maior esforço na produção. Enquanto uns tiveram, pouco a pouco, instituições de ensino, onde os estudos clássicos de uma pseudocultura ocupavam lugar de honra... nos programas, outros, nenhuma providência mereceram que visasse a tornar menos rude o árduo labor quotidiano, pela adoção de mais eficazes e menos penosos processos de trabalho. O escravo, o capataz ou o artífice que se aviessem com os rudimentares conhecimentos que possuíam e com o aparelhamento deficientíssimo que se lhes proporcionava. Imperava assim — ao tempo da colônia — um regime que cerceou o desenvolvimento econômico-industrial do torrão brasileiro. É daí que provêm as causas geradoras do nosso grande mal, do cancro social que corrói o organismo da nacionalidade: o analfabetismo.

Com a vinda da Corte e conseqüente necessidade que o comércio e a indústria tinham de prosperar, tornava-se necessário importar colonos livres. Em vista disso, o decreto de 25 de novembro de 1808 considerava dever público o incremento da agricultura e, daí, o aumento da população. Para atingir o fim proposto, seriam concedidas datas de terras aos lavradores estrangeiros que viessem residir no Brasil. Nada, porém, se obteve. Pelo decreto de 16 de fevereiro de 1812, o príncipe regente faz que sejam introduzidos, no Rio de Janeiro, Espírito Santo, São Paulo, Minas Gerais e Porto Seguro, inúmeros casais de açorianos, a fim de trabalhar na lavoura. Dessa forma, o príncipe real atendia à sugestão do intendente geral de polícia. E para que a vida dos novos colonos pudesse aqui ser bem iniciada, concediam-se-lhes terras, sementes, ferramentas, gado e recursos monetários durante os dois primeiros anos. O colonos e seus filhos gozavam, mais, da isenção de serviço militar, quer nas tropas de linha, quer nos corpos milicianos. Aliás, essa isenção de recrutamento ficava assegurada dali por diante a todos os ilhéus que viessem para o Brasil.

Mas essa providência não era só por si suficiente para dotar o Brasil dos braços indispensáveis ao aumento e progresso da agricultura e da indústria. Por isso, o único recurso mais expedito era continuar por mais algum tempo com a importação de escravos dos portos africanos. Procurava-se "por uma maior massa de trabalho, maior abundância, e riqueza, tanto das produções naturais, como da extração dos metais, que exigem um grande número de braços, dos quais há a maior falta neste extensíssimo país, que quase todo se acha deserto". Tal foi o objetivo do alvará de 24 de novembro daquele ano de 1813. Ao baixar esse ato, o príncipe nele também determina as providências necessárias ao tratamento, mais humano, a ser concedido nos barcos negreiros aos seres que eles transportavam. Ficava proibido o embarque a granel, sendo predeterminado o número de transportados de acordo com a arqueação das embarcações.

Pelos cálculos do professor e acadêmico Afonso d'Escragnolle Taunay, o Brasil recebeu, em quatro séculos de introdução de escravos, aproximadamente 3 milhões e 700 mil africanos, assim distribuídos: século XVI, 100 mil; século XVII, 600 mil; século XVIII, 1 milhão e 400 mil; e século XIX (até 1856), 1 milhão e 600 mil. Tal foi a massa de trabalhadores absorvida, em grande parte, pela indústria do açúcar, pela mineração e pela lavoura do café.

Coube ao cidadão suíço Sebastião Gachet introduzir — em 1818 —, de acordo com o governo, uma centena de famílias oriundas do cantão de Friburgo. Essa colônia de suíços fica estabelecida no distrito de Cantagalo, dando origem, assim, à cidade de Nova Friburgo. Naquele mesmo ano, o barão Busch estabelece uma colônia de alemães no rio Peruípe, em Porto Seguro, que recebe o nome de Leopoldina.

Em 1824, começa em São Leopoldo, no Rio Grande do Sul, a colonização feita por alemães. Isso se deve a d. Pedro I. Quatro anos após, um outro núcleo colonial fica formado na comarca de Ilhéus, na Baía, com duas centenas de irlandeses que tinham servido nas tropas mercenárias de nosso 1º imperador. Esse, em vista dos bons resultados dessas suas iniciativas, faz estabelecer outras colônias em Santa Catarina e no Paraná.

José Elói Pessoa da Silva organiza e publica em 1826 uma *Memória sobre a escravatura e projeto de colonização dos europeus e pretos da África,* em forma de opúsculo e hoje bem raro. A dedicatória ao imperador é bombástica. Ao justificá-la, diz, entre outras coisas, que o seu trabalho tem nexo "com as Preciosas e Imortais Qualidades que adornam a Augusta Pessoa de Vossa Majestade Imperial: Como Jovem Herói Fundador de um Império que assimilou de massas heterogêneas, cujos elementos como que sujeitos à variada força da eletricidade tendiam a pólos opostos". Começa fazendo um ligeiro estudo histórico sobre a escravidão no mundo, e depois passa a tratar do problema da introdução do braço escravo no Brasil. Diz que: "Os bens produzidos pela escravatura no Brasil são nenhuns, relativamente aos que poderiam resultar da introdução e colonização de homens livres, que tendo interesse próprio no trabalho, a que se dedicassem posto que mercenariamente, teriam muito mais aproveitado à indústria agrícola e fabril". E definindo o papel da população escrava, opina que a mesma "longe de dever ser considerada como um bem, é certamente grande mal. Estranha aos interesses públicos, sempre em guerra doméstica com a população livre, e não poucas vezes apresentando no moral o quadro físico dos vulcões em irrupção contra as massas que reprimem a sua natural tendência; gente que quando é preciso defender honra, fazenda, e vida, é o inimigo mais temível existindo domiciliado com as famílias livres; jamais se poderá contar como bem real, e nem ainda como simplesmente fazendo parte da população". Continua: "Não pequeno mal é a imoralidade no Brasil em conseqüência da escravidão; não só por o mau exemplo que os escravos oferecem diariamente por seus vícios, produto de seu estado de coação, violência, e miséria; como por a facilidade que encontra a mocidade brasileira em satisfazer suas paixões desordenadas, orgulho, e caprichos". E concluía: "A escravatura é a causa da pobreza do Brasil, de sua fraqueza, e imoralidade". Depois de tudo quanto escrevera aquele inimigo do tráfico e da escravatura, o lógico era que somente propugnasse a introdução, no Brasil, de europeus. Pois, não senhor. Achava que os mesmos deviam ser somente introduzidos por uma *Companhia de Capitalistas* que se entenderia com os "príncipes da África para a entrega dos infelizes que eles quiserem expelir de seu país". Outra providência que propunha era a de que somente atingisse a proporção de 25% o número de escravos homens. Não se compreende claramente qual o objetivo, porque muitas são as interpretações que podem ser aceitas. Quanto às providências sobre a colonização dos europeus, o autor apresenta uma série, bem interessante, visando a tratar com a Inglaterra o envio do excesso de sua população para o Brasil, protegendo o colono, retribuindo-o convenientemente, concedendo sesmarias aos proprietários que tivessem certo número de famílias nas suas lavouras, instituindo caixas de empréstimos aos donos das terras, doando terras às famílias colonas que apresentassem as devidas condições ou que possuíssem recursos para fazê-las prosperar, interessando os capitalistas da Europa na formação de companhias de emigração e criando uma comissão controladora de todo o sistema proposto.

Coube a Nicolau Pereira de Campos Vergueiro fazer, em 1830, a primeira tentativa para o contrato de mão-de-obra livre destinada ao trabalho das fazendas. Para esse fim, apresentou à Assembléia Geral Legislativa, naquele ano, um projeto, que foi aprovado. Dessa sorte, a prestação de serviços, por brasileiro ou por estrangeiro, ficaria regulada pela lei de 13 de setembro, mandada pôr em execução por dom Pedro I, sendo ministro da Justiça o visconde de Alcântara: João Inácio da Cunha. O contrato, por escrito, para trabalho por tempo fixo ou por empreitada, dentro ou fora do Império, se baseava nas seguintes normas. Competia ao prestador de serviços, ou contratado, não afastar-se do contrato, cumprindo com as suas estipulações, e não ausentar-se do lugar do trabalho. Se o fizesse, seria reconduzido preso por deprecada do juiz de paz. E quando se negasse a prestar os serviços contratados, sem razão justa, ficava compelido a restituir ao contratante os recebimentos adiantados que, porventura, houvera, e mais a metade do que viria a ganhar se cumprisse com o estipulado. De qualquer maneira, o juiz de paz poderia constranger o contratado, infrator, a cumprir o dever, podendo castigá-lo com prisão. Depois de três prisões ineficazes, tinha o juiz de paz a faculdade de impor-lhe trabalho na prisão até plena indenização do contratante. Em compensação teria direito, como prêmio de seu trabalho, ao recebimento do jornal, soldada ou preço que tivesse sido previamente fixado. O contratante gozava, por sua vez, da faculdade de transferir o contrato, caso no mesmo não houvesse proibição tácita de fazê-lo e, também, sempre que não piorassem as condições de prestação de serviço do contratado. Também não poderia afastar-se do contrato enquanto o contratado cumprisse com o seu dever. Caso contrário, ficava obrigado ao pagamento do serviço que fora prestado e mais a metade do preço global estipulado. Se por qualquer motivo, depois de ser ouvido pelo juiz de paz, não cumprisse com qualquer das condições fixadas, poderia ser preso se até dois dias após a condenação não fizesse o pagamento do salário, jornada ou preço devido, ou não depositasse a indispensável caução. Para simplificar a ação oficial, as deprecadas do juiz de paz seriam simples cartas — assinadas pelo mesmo e pelo escrivão — contendo a rogativa e as razões determinantes da prisão. A lei estabelecia, mais, que o contrato de trabalho não poderia celebrar-se "com os africanos bárbaros, à exceção daqueles que atualmente existem no Brasil". As exigências da lei, embora nada exageradas, tornaram inexequível a louvável iniciativa.

Em virtude do Ato Adicional (1834), as províncias ficaram com a faculdade de promover a fundação de núcleos coloniais. O governo da província do Rio de Janeiro sanciona um decreto, a 9 de maio de 1836, aprovado pela respectiva Assembléia, que autorizava a engajar, dentro ou fora do Império, os operários necessários às obras públicas. No ano seguinte, o major de engenheiros Júlio Frederico Koeler consegue do governo imperial que fossem enviados à fazenda do Córrego Seco os 238 alemães de viagem para a Austrália, mas que se tinham revoltado no brigue *Justina,* que, arribado, estava sobre âncoras na Guanabara.

A 10 de maio de 1840, o governo da província do Rio de Janeiro promulga a lei que tinha por objetivo o estabelecimento de núcleos estrangeiros de trabalho, com feição agrícola ou industrial.

Naquele mesmo ano, Campos Vergueiro resolve de maneira brilhante o problema ao admitir a colaboração de colonos portugueses em sua fazenda de Ibicaba, no município de Limeira, província de São Paulo. Custeia-lhes a viagem ao Brasil, instala-os, proporciona-lhes os recursos indispensáveis até à primeira colheita e estabelece com eles a parceria. Por esse sistema de contrato de trabalho entre o fazendeiro e o colono, uma vez deduzidas todas as despesas que acarretavam o plantio e a colheita, o líquido era dividido em partes iguais entre um e outro. Essa grande transformação na maneira de trabalhar nas propriedades agrícolas foi muito bem aceita, e grandes levas de imigrantes, espontâneos ou previamente contratados, começaram a introduzir-se no Brasil.

Aqueles colonos da fazenda do Córrego Seco fazem que outros 1.300 — oriundos da Prússia, Baden, Holstein, Tirol e Grão-Ducado de Hesse — se encaminhem para ali. E, assim, em 1843, a 16 de março, é virtualmente criada a cidade de Petrópolis. Depois, na mesma província, com o aumento da colonização, surge a cidade de Teresópolis. E na província de Santa Catarina também continuam a fundar-se importantes núcleos.

Um dos mais interessantes trabalhos escritos, naqueles tempos, sobre a introdução dos trabalhadores livres necessários às lavouras e às artes e ofícios rudimentares, foi a *Memória organizada sobre os meios de promover a colonização,* feita em 1846 pelo então visconde de Abrantes. Abordando o assunto em doze parágrafos judiciosamente escritos, ele denominou o último de *O que nos cumpre fazer para conseguirmos a colonização que desejamos.* Aconselhava que: por meio de lei fosse regulada a medição, divisão, demarcação e venda pública das terras nacionais e devolutas; o preço de venda fosse módico, gradativamente aumentado, de acordo com a valorização, e por isso jamais diminuído; a doação das terras não tivesse lugar, sendo as possuídas, mas não aproveitadas, oneradas de um tributo, a fim não só de valorizá-las, mas também de forçar a sua venda a quem as desejasse trabalhar. Considerava a lei de imigração em andamento na Câmara bastante boa. Mas, prático como era, sugeria a imediata adoção de medidas preparatórias, tais como: a concessão de prêmios e remunerações, conjuntamente com a venda das terras; concessão de passagens, sem obrigação de reembolso, aos imigrantes engajados pelos agentes do governo e embarcados pelos cônsules brasileiros em navios especialmente fretados; e colocação, pelo governo, dos colonos introduzidos. Ao organizar sua valiosa *Memória*, o grande Miguel Calmon du Pin e Almeida visava a combater os males que vinham atingindo a introdução de trabalhadores estrangeiros partidos de Bremen, Hamburgo, Antuérpia, Havre de Grâce e Dunquerque. Havia desde o indivíduo que para cá vinha sem condições de idoneidade moral até o que embarcava já com o propósito deliberado de faltar aos compromissos contraídos. Outros não possuíam habilitações e, assim, ficavam perambulando pelas cidades. Os agentes engajadores tinham, por sua vez, somente em mira aumentar os seus lucros, enviando amontoados, em pequenos navios, os colonos. Para evitar este último mal, Miguel Calmon julgava fácil fretar navios em Hamburgo, Bremen e Antuérpia, pelo preço de £ 8 por adulto e £ 6 por menor, reservando-se para cada passageiro duas e meia toneladas. Assim, um navio de 600 toneladas comportaria 240 imigrantes. Nesse substancioso estudo, que vimos sucintamente descrevendo, o autor explica as razões da desconsideração que havia na Europa acerca da imigração para o Brasil; o insucesso dos contratos realizados com colonos e a impossibilidade material de obrigar o engajado a cumprir com o tratado; o fracasso resultante não só da doação de terras a indivíduos e a famílias, mas também do fornecimento, até à primeira colheita, de víveres, sementes e instrumentos de trabalho. A este respeito diz que, sendo a terra doada e não tendo o colono a obrigação nem de pagá-la nem de prover-se de alimentos, adquiria o hábito de trabalhar pouco e mal. Daí se originavam os negligentes ou preguiçosos. E trazia em favor de sua tese numerosos exemplos estrangeiros e nacionais. Assinalava, assim, a decadência da colônia suíça de Nova Friburgo. Por sua vez, condenava — pelas mesmas razões que as apresentadas em relação aos indivíduos — a concessão gratuita de terras a companhias de colonização. Concluía que somente de acordo com o que indicava se poderia ir "lentamente organizando em diversos pontos do Brasil, e estabelecendo com solidez, o trabalho livre, que terá mais tarde de substituir ao trabalho escravo. Digo mais tarde, porque não me parece realizável o desejo, aliás patriótico e louvável, de suprir neste momento com braços livres, e na escala que se deseja, a falta de braços escravos que se vai sentindo nas fazendas já estabelecidas e em grande cultura nas diferentes províncias. São óbvias as causas que por enquanto obstam ao emprego simultâneo de trabalhadores livres, e escravos na mesma lavoura ou fazenda. Tenho para mim que só com o andar do tempo, quando se for aumentando o valor das terras, crescendo a população livre, melhorando os processos da indústria agrícola, avantajando os salários dos que vivem de seu suor, estendendo e propagando o trabalho livre, poderá ter lugar o amplo suprimento que se quer desde já".

Vão correndo os tempos e a imigração branca desenvolve-se. Assim, de 1850 a 60 entraram no Brasil 121.747 europeus. E desses, 6.403 foram para São Paulo.

Por sua vez, múltiplas causas sociais concorreram para a aversão ao trabalho. Dentre elas destacaremos as seguintes, que são as principais: a falta de instrução do povo, a pobreza do proletariado e o bacharelismo. A falta de instrução nas camadas populares fazia que elas desconhecessem as vantagens individuais e coletivas da preparação para a vida de trabalho; e assim não se compreendia que para ser simples operário se tivesse necessidade de freqüentar a escola primária. A pobreza do proletariado livre também contribuiu extraordinariamente para tal insucesso, pois lutando quase todos os chefes de família com sérias dificuldades para viver, o auxílio dos filhos era absolutamente indispensável; pelo que eram empregados sem saber nem sequer ler ou, quando muito, logo que mal sabiam soletrar. O bacharelismo, que contaminou todas as classes sociais, foi, sem dúvida, outro dos maiores males. Todo o mundo queria possuir um pergaminho; desejava ser bacharel. E, sendo-se *doutor,* procurava-se um emprego público.

Já no período republicano — em 1898 —, quando culminava a crise financeira, o deputado dr. Barbosa Lima, relatando um projeto da comissão de Instrução Pública, preocupado com as possibilidades econômicas decorrentes da aprendizagem técnica e do *"retour à la terre",* escrevia: "No dia em que se reduzir aos seus rigorosos limites regulares a classe hipertrofiada dos candidatos a empregos públicos, de que são vastos viveiros as academias e ginásios, ter-se-á reconhecido como nosso maior mal — a praga do bacharelismo. A mocidade brasileira aprenderá que um dos mais tristes legados do convívio com a escravidão dos africanos foi o aviltamento das mais dignas funções materiais, sempre entre nós exercidas pelo mísero cativo.

"E quando, regenerados os costumes, que já é tempo de purificar desse triste contágio, encaminharem-se para a enxada e para o arado as legiões que pejam os institutos de ensino oficial, não só estará reconhecida a dignidade de todas as funções habituais do proletariado, como também se terá dado o mais largo passo para a constituição moral da sociedade brasileira". E mais adiante acrescentava: "Bem sabemos quão difícil será romper a soma formidável de interessados egoístas acumulados por séculos de uma rotina sem generosidade. Mas preferiremos, por isso, que de dia a dia e cada vez mais tudo tenhamos a dever ao trabalho estrangeiro, como outrora devíamos ao trabalho servil, desde a alimentação e o vestuário até artefatos mais comezinhos, em vez de instruir o trabalho nacional dignificado e alicerçado sobre aquela larga base de justiça reta e sã previdência?".

Ser industrial, negociante ou lavrador era situação que não podia ser aceita pela maioria dos jovens. Essas profissões, segundo opinião generalizada, eram destinadas aos pouco inteligentes, aos que estivessem sofrendo algum castigo, ou aos deserdados da fortuna. E note-se que eram, até bem pouco tempo, justamente os filhos dos operários, dos industriais, dos comerciantes e dos lavradores aqueles que formavam os maiores contingentes de doutores.

A conseqüência lógica do desenvolvimento do trabalho, do comércio e da indústria, é a criação em 28 de julho de 1860 de uma nova Secretaria de Estado: a dos *Negócios da Agricultura, Comércio e Obras Públicas.*

Entretanto, profunda solução de continuidade sofreu a marcha ascensional daqueles importantes ramos da atividade nacional com a libertação em massa dos escravos, levada a efeito a 13 de maio de 1888. Ficou sendo, desta sorte, a abolição da escravatura outro grande motivo histórico que contribuiu para a decadência econômica do Brasil e para mais desenvolver a latente aversão que sempre existiu pelos trabalhos manuais — artes e ofícios. Assim, se a data de 13 de maio assinalou um movimento emancipador, nobre e generoso, ela marcou, por sua vez, o início de uma era de declínio para o comércio, a indústria e a lavoura do país. Movimento precipitado de estadistas ansiosos de glória, movimento que, se exalta um passado cívico, demonstra descaso para com as classes produtoras, movimento planejado por aqueles que viviam no fausto das cidades e que, por conseguinte, nada tinham a perder, o livramento dos escravos — repetimos — pela forma por que foi executado, espalhou pelo Brasil a desgraça, a desolação, a ruína... Foi a morte da lavoura e a ruína dos fazendeiros; foi a bancarrota do comércio e a falência dos negociantes; foi o desaparecimento da indústria e o desespero dos industriais; foi o aumento do latrocínio, da prostituição e da mendicidade. Melhor orientada S. A. a princesa Isabel, não teria de uma penada arruinado os donos de engenho e desgraçado os que ignorantemente julgavam que a libertação era segura garantia de futura felicidade! Leis complementares à do *Ventre Livre* teriam livrado o Brasil da grande ignomínia, amparado os libertos e proporcionado às classes produtoras o tempo indispensável para a substituição daqueles que atingissem a idade da emancipação. Foi assim que os velhos senhores de engenho e os fazendeiros de café — donos da escravatura e dos negócios —, pouco preparados intelectualmente, por via de regra, mas conhecedores práticos do que tinham em mãos, vieram a desaparecer; arruinados uns e ceifados pela morte outros. Com eles deixou de existir a forma tradicional de trabalho no país.

Foram os letrados, os homens formados, os doutores, enfim, que depois açambarcaram a direção econômica, ao ingressar nos negócios, como elementos de maior significação no preparo do país para as novas feições do trabalho. Juntamente com os *arrivistas,* eles ocasionaram aquele período republicano denominado de *encilhamento,* cujos erros causaram a ruína não somente das fantasias engendradas pelo entusiasmo nos grandes recursos da terra, como também das melhores e mais ponderadas iniciativas. Aquele desequilíbrio, aquele divórcio entre as concepções e as realizações, entre o que é factível e o que não pode ser, nem como tal deve ser considerado, fez surgir a característica época dos remédios e das panacéias oferecidas para debelar aqueles males e as suas inevitáveis conseqüências. Os diretores desse esforço nacional idealizavam mil coisas para sustentar as soluções que propunham. Mandavam mal e abstrusamente aquilo que desejavam fosse bem feito. Protótipos do cérebro desprovido de ação, seres representativos do divórcio mais completo entre a teoria e a prática, queriam construir sem materiais, ou antes, pretendiam aproveitar outros inapropriados, ou restos imprestáveis duma velha construção derruída. Todos ofereciam teorias, quando se precisava da constituição de um corpo de trabalho que remediasse o mal pela própria raiz, atingida pelo furor da demolição.

Por sua vez, os antigos servidores, que longos anos de inação moral, bem como vícios e moléstias adquiridas, condenaram completamente, foram substituídos ou por descendentes fisicamente depauperados ou por estrangeiros inábeis, arrebanhados (Deus sabe como!) nas mais diversas praias da Europa e atraídos pela sede do ouro para o novo *El-Dorado* que surgia, dignos representantes — uns e outros — da ação sem cérebro, personificação viva do mais absoluto automatismo. Executavam como bem podiam o que mal se lhes ordenava.

Foi somente depois da comoção intestina dos primeiros tempos republicanos que teve lugar, paulatinamente, a reabilitação do trabalho pela desaparição dos aventureiros tragados na voragem especulativa e introdução no país de melhor e mais valiosa imigração.

272

2) EVOLUÇÃO COMERCIAL

COMÉRCIO URBANO — COMÉRCIO INTERNO — COMÉRCIO COSTEIRO
— IMPORTAÇÃO E EXPORTAÇÃO — BANCOS — COMPANHIAS
DE SEGUROS

Comércio Urbano

A partir de 1808 aumentou o comércio, montaram-se lojas e comércios, chegaram mais mercadores e toda sorte de vendedores, circulou mais dinheiro, modificaram-se os costumes, alteraram-se as convenções.

Não pouco também contribuiu para o progresso citadino a abolição de retrógrados e asfixiantes alvarás, avisos e ordens régias.

Vejamos os principais atos daquela natureza.

Em 1810, a 15 de janeiro, um alvará mandava sustar a proibição de serem vendidas mercadorias, por meio de volantes, na via pública e pelas casas. Entretanto, no mesmo ano, a 4 de setembro, ficavam estabelecidas penas para serem impostas aos desencaminhadores dos gêneros sujeitos às contribuições que cabiam à Junta do Comércio. Pelo alvará de 28 de setembro de 1811, fica revogado o de 6 de dezembro de 1756, sendo, portanto, livre o comércio dos gêneros que não estivessem incluídos em monopólios ou concessões especiais. Por sua vez, o alvará de 20 de outubro de 1812 regula o lançamento do imposto sobre lojas e casas comerciais. E o livre trabalho dos ourives, bem como o direito de negociarem em ouro e prata, lhes foi facultado pelo aviso n? 16, de 2 de abril de 1813.

O calçado, que era pouco usado — pois os escravos andavam descalços e as pessoas livres só enfiavam borzeguins para sair à rua, preferindo, em casa, o chinelo ou o pé no chão —, passa, com o desenvolvimento da cidade e aumento da população estrangeira, a ser muito vendido. E então aparecem os vendedores ambulantes que, fugindo às tributações do fisco, faziam bons negócios. Mas a Real Fazenda coíbe o abuso, proibindo em 1813 apregoar e vender quaisquer mercadorias nas calçadas das vias públicas. Somente em 1821 foi derrogada essa determinação oficial.

O comércio urbano sofria a influência da ação política e da conseqüente reação representada pelas revoluções, motins e fecha-fechas contínuos e irritantes. O êxodo de muita gente, com a volta do rei d. João VI para Portugal, também diminuiu notavelmente as transações comerciais.

Em 1822 estavam espalhadas pela cidade 1.619 casas de negócio. Nesse número se contavam 1.032 tavernas! As demais compreendiam, principalmente, armazéns de comestíveis, vendas de carne seca, depósitos de café, molhados, queijos, toucinho, fumo, massame, louça, objetos de metal, cordoalha, materiais de construção. Os principais comerciantes eram 120, sendo que 22 se dedicavam a negócios de café. No ano de 1828, havia 1.400 negociantes franceses. Especializavam-se no comércio a retalho. O número de ingleses era justamente o de metade daquele total. Dedicavam-se ao comércio por atacado.

Em 1831, como reflexo da situação política, o comércio fica totalmente paralisado. Não havendo tranqüilidade, deixava de existir a confiança e, portanto, o crédito. A situação da indústria era a mesma. Por sua vez, o governo não dispunha de numerário e via diminuir a arrecadação fiscal. Não havia compradores para os títulos da dívida pública. O câmbio caíra da casa dos 50 para a dos 20! Os estrangeiros, desanimados, voltavam para seus países, carregando com o que podiam. Os leilões eram, assim, freqüentes e importantes. Os prédios não rendiam. E o valor da terra diminuía extraordinariamente. Um desastre!

Em 1840, estavam licenciadas 3.501 casas comerciais. Dessas, 2.417 pertenciam a brasileiros natos ou naturalizados e 1.084 a estrangeiros.

Com a ascensão ao trono do 2º imperador, a situação comercial melhora. Em 1843, o número de casas comerciais atingia a 4.734. No ano de 1844, a cidade estava inundada de mercadores de fazendas, que as traziam empilhadas em tabuleiros, atravancando praças e ruas e as entradas e corredores das mansões. Havia, então, 83 lojas de fazendas, 39 de armarinho e brinquedos, 21 de ferragens, 19 de modas, 15 de calçado, 33 padarias, 28 alfaiatarias, 13 barbearias, oito cabeleireiros, 10 tipografias, 10 livrarias, 10 confeitarias e seis cafés. Os leiloeiros eram nove.

A lei nº 396, de 2 de setembro de 1846, fixando a receita e a despesa do Império para os anos de 1846, 1847 e 1848, estabelecia, em seu art. 12, que as casas comerciais nacionais ou estrangeiras que tivessem mais de dois caixeiros estrangeiros pagariam 120$000 anuais de cada um que excedesse aquele número. Essa disposição visava ao comércio português, que tivera, em 1822, agravados de 24% os direitos dos gêneros importados. Acontece, porém, que o Conselho de Estado julgou que tal disposição não haveria de entrar em vigor em virtude dos tratados de comércio entre o Brasil, Portugal e França. O imperador fez a devida comunicação à Assembléia Geral, e esta revogou expressamente o imposto sobre os caixeiros estrangeiros. Outras províncias pretenderam pôr em vigor tributação semelhante, mas diante da ação dos cônsules estrangeiros não foi possível chegar a um resultado prático. Foi somente em 1931, pelo decreto nº 20.291, de 12 de agosto, sancionado pelo presidente Getúlio Vargas, que entrou em vigor a lei que obriga a existência nas casas comerciais de dois terços de empregados brasileiros natos.

Em 1847, os principais ramos do comércio estavam representados pelas seguintes cifras: 89 lojas de fazendas, 48 armarinhos, 40 padarias, 28 casas de ferragens, 18 lojas de calçado, 15 confeitarias e 12 hotéis. Os leiloeiros atingiam ao número de nove.

Na metade do século (1850) as casas comerciais se subdividiam em: lojas de fazendas ou *armarinhos* (corruptela de armariozinho, pequeno armário, pois tal peça, guarnecida de vidro, precedeu a *vitrine*, propriamente dita), confecções, rendas, bordados, flores, alfaiatarias, sapatarias, chapelarias, joalherias, perfumarias, cabeleireiros, ourivesarias, relojoarias, lojas de ferragens, armazéns de azeite de peixe, lojas de casquinhas (ou de objetos de metal revestido de prata), cafés, confeitarias, tavernas, padarias, armazéns de secos e molhados, depositários de vinhos, açougues, restaurantes ou *casas de pasto,* livrarias, drogarias, farmácias, depósitos de flora medicinal, hotéis, pensões e *armadores de enterro.*

O predomínio francês, assinalado pela cifra antes mencionada, era incontestável no comércio e na indústria da cidade. Desde que fora celebrada a paz entre Portugal e a França, tinham afluído negociantes franceses ao Rio de Janeiro, montando lojas de fazendas e de modas, cabeleireiros, casas de floristas e charutarias. E introduziram as *vitrines,* aqui chamadas de *vidraças* (grandes armários revestidos de vidros), em substituição ao hábito que existia de exibir as fazendas e demais mercadorias em cordéis estendidos nas fachadas e ombreiras de portas das casas comerciais. Começando a instalar-se nas ruas do Cano, dos Ourives e Direita, os franceses em breve tempo conquistaram a rua do Ouvidor, dali expulsando os ingleses, tendo à frente o irritado sapateiro Mr. William.

Mas, se o domínio do comércio francês era notável antes da Independência, o seu apogeu teve lugar no reinado de d. Pedro I, porquanto o requinte e elegância dos vestidos, roupas e uniformes, e a perfeição das cabeleiras e penteados femininos, foi alcançado *"grâce à la France"*. São desse tempo: as casas de modas de Saisset, Wallerstein e Masset e os *ateliers* de Mlle. Lucy e de Mme. Josephine, modista da 1ª imperatriz; a perfumaria de Desmarais, substituto de Catilino, que adquirira grande fortuna e se retirara para a França; a loja de flores de Mme. Finot; e a casa de fundas de M. Vannet. Tão grande era o francesismo da principal artéria da cidade que o príncipe de Joinville ao percorrê-la, em 1843, não pôde deixar de exclamar: *"On se croirait rue Vivienne"*, que era, em Paris, durante o reinado de seu progenitor Felipe I, rei dos franceses, o que foi, depois, a rue de la Paix. Da mesma opinião era Castelnau, que disse da principal artéria carioca: *"Nous visitons souvent cette rue qui nous rappellait un peu Paris par la beauté de quelques uns de ses magasins"*. Das lojas, as que mais lhe chamaram a atenção foram as das fábricas de flores feitas com plumas, onde *"nombreuses ouvrières se livrent sans cesse à ce travail, et on expose leurs produits, si remarquables par l'eclat des couleurs, dans des grandes armoires vitrées devant lesquelles flânent ordinairement de nombreux officiers de marine"*. E se a rua do Ouvidor era a rue Vivienne, a rua Direita representava a rue Saint-Honoré. Pelo centro da metrópole, se espalhavam as casas francesas. Não havia oficinas de modas e confecções mais afreguesadas que as de Delmas, Geuvrin, Gudin, Mlle. Aimée e Mmes. Pompom e Felicité Saint-Brisson; nem melhor armarinho do que a casa *Ao Bastidor de Bordar,* de Jacques Henri Roche, depois de Mme. Roche (extinta em 1933). Em fazendas, nenhuma loja as tinha mais finas que a ainda existente *Nôtre Dame de Paris,* fundada em 1848 por Noel Décap: francês, natural dos Pireneus, homem de invulgar atividade, viva inteligência e refinado bom gosto. Transformou, por isso, o comércio de armarinho, só vendendo artigos cuidadosamente escolhidos nas fábricas da Europa. Foi o introdutor das finas cambraias, do linho puro para roupa de cama, das sedas de novos padrões, de veludos fantasmagóricos, de rendas belgas e francesas, de bordados, de novas modas e confecções. Os seus balcões regorgitavam de gente e a sua casa foi sendo tão ampliada que comprou quase toda a frente da rua do Ouvidor, entre o largo de São Francisco de Paula e a rua da Vala. Ninguém calçava melhor do que o faziam as sapatarias de Ramel, Campagnac, Campas e de Mme. Bérard; cabeleireiro de homens superior a

276

Gérard não existia; Vincent Kronwnsky fabricava cabeleiras para senhoras *À imitação da natureza;* e Rondé *(entrançador da Casa Imperial),* Alexandre & Francisco Desmarais *(cabeleireiros da Casa Imperial)* e mais os cabeleireiros de senhoras Cassemajou e Loubière & Delpech não eram menos afamados e disputados pelas damas da Corte, embaixatrizes e ministras. Os coletes *"à la parisienne"* eram vendidos por Mme. Haugonté. Em nenhum estabelecimento se encontravam melhores móveis e tapeçarias do que na *Casa Costrejean;* Villan manufaturava excelentes chapéus de sol; Vincent Laurent produzia magníficos cofres; Fonson era conhecido pelas suas excelentes águas gasosas; Maurin tinha uma boa fábrica de cerveja. Por sua vez, os homens elegantes faziam questão de exibir roupas talhadas no Lacurte, Bailly, Ketele, César ou no Frédéric. Rouchon e Tanière, leiloeiros, batiam o martelo, a serviço de numerosa clientela; Brunet, com a sua padaria, introduziu no Rio o *brioche* e o *croissant,* e fiava tanto que ameaçava os devedores de publicar-lhes os nomes nas gazetas; e se na ourivesaria poucos podiam superar os peritos Guillobel, Richaud, Maurin, Chausse e Benassi, grande renome tinham adquirido os relojoeiros Simonard, Boulte e Favre. Gantois era sério concorrente dos portugueses no comércio de sebo, rapé e sementes. No antigo mangue da praia Formosa existia, desde 1821, o curtume do Joseph François Deremusson. Homem de iniciativas, ali construiu, em 1838, um embarcadouro que ficou conhecido pelo nome de *cais do Francês,* e uma estrada para o tráfego de *seges* através do aterrado. Louis Baptiste Garnier, chegado em 1844, tornou-se notável no comércio de livros. A sua livraria superou de importância às de Seignot-Plancher e Villeneuve e ombreava com a de Mongie, preferida pelos intelectuais. A sucursal de Firmin-Didot, de Paris, também gozava de grande renome. Em plena rua do Ouvidor (entre Gonçalves Dias e Ourives, ao lado do *Jornal do Comércio*) funcionava a cocheira do alsaciano Jean Guebel. O mestre organista mais afamado era Pierre Guignon, à rua da Ajuda nº 19. Fazia para as igrejas órgãos com mil e quinhentos canudos, três teclados pelas mãos e um pelos pés; e consertava realejos, serafinas, pianos e acordeões. Foi o introdutor dos pianos Pleyel no Brasil. Dominava o mercado. A fabricação de charutos era feita por escravos, sob a direção de estrangeiros. O francês J. Bouis era apontado como um dos bons produtores. Quando teve de vender a casa, por motivos particulares, possuía mais de 250 mil charutos em estoque. Vendeu isso, todos os utensílios necessários à fabricação e onze escravos. E a principal loja de *casquinhas* era a de Duvivier.

Além dos negociantes franceses, havia no comércio da cidade muitos outros de nacionalidade portuguesa, inglesa e brasileira. Assim o vestimenteiro, isto é, o negociante de alfaias e paramentos religiosos, mais acreditado era Inácio Joaquim dos Santos, estabelecido à rua do Hospício. Como *Armador de Anjos para Procissões,* era famoso José Rodrigues de Oliveira Lima. Joaquim da Silva Leitão e um tal Guimarães faziam, desde 1845, grandes negócios com o seu armarinho instalado no largo de Santa Rita. Essa foi a origem da conhecidíssima casa Leitão, Irmãos & Comp., que ali esteve aberta até bem poucos anos passados.

O negócio de charões da Índia obtinha êxito. Mateus Ramos, importador dos mesmos, aumentava as suas vendas ao promover periodicamente leilões. E vendia riquíssimas mesas redondas, caixas e mesas de jogos, escrivaninhas, secretárias e mesinhas de costura. Em tartaruga, oferecia leques e cestinhas. As ventarolas de penas e de seda constituíam uma das suas especialidades. Feitas em marfim, chamavam a atenção as caixas de voltarete e de xadrez e para guardar cartas.

Virtualmente cercada de florestas, a cidade teria forçosamente um vasto comércio de madeiras. Era o que ocorria. Desde antigos tempos, Portugal muito apreciava as madeiras brasileiras, empregando-as principalmente na construção de naus e de móveis. Não devendo repetir aqui o que já dissemos em outra obra sobre as ricas espécies de lenhos desta zona guanabarina, lembraremos tão-somente que a atual ilha das Cobras chamou-se em tempos passados de ilha da Madeira, tal a abundância que nela havia. O pau-brasil, que deu origem ao primeiro comércio e à primeira exploração industrial, teve, desde a entrada dos franceses por Cabo Frio, grande procura. Gabriel Soares de Sousa assinala que pelo pequeno rio desaguando na baía Formosa, perto do dito cabo, é que penetravam os franceses para carregar o precioso lenho. Apesar de muito extraído, havia abundância do mesmo, no começo do século XIX, em muitas ilhas que rodeavam a chamada sucessivamente de *ilha do Gato, dos Sete Engenhos* e *do Governador.* No tempo cujo estudo fazemos, os *madeireiros,* ou negociantes de madeira, ocupavam toda a praia D. Manuel.

278

Não faltavam confeitarias, como a de Antônio Francioni e as pertencentes a franceses: *Braço de Ouro* (de Castagnier), *Águia* (de Deroche), *Carceler* (de Carceler e Fournier) e *Cailtau* (na rua dos Ourives), onde se reuniam os políticos, literatos, artistas e boêmios da época. Porém, uma das mais importantes era a *Castelões,* fundada em 1846 num sobrado na rua de São Pedro por d. Francisca de Paula Cordeiro Castelões. Nela se preparavam os mais deliciosos doces e biscoitos, apetitosas *chuvas-de-amor,* uns reforçados *pastelões folhados* e umas *peças frias e guisadas,* capazes de satisfazer ao mais pantagruélico dos fregueses. Funcionou na rua do Ouvidor até bem poucos anos passados, de onde se transferiu para a avenida Rio Branco.

Segundo assinalaram os viajantes que escreveram sobre o Rio de Janeiro, os hotéis eram mais que medíocres e, também, em pequeno número. Quase todos eram no centro da cidade, a saber: *National Hotel,* de Augusto Prengel, no beco do Cotovelo; *da Boa Vista,* sem vista nenhuma, pois se achava entaipado na rua da Alfândega; *da Estrela,* à rua de São José; da *Itália,* na praça da Constituição; *da Marinha,* na rua Dom Manuel; *Soudray,* na rua do Ouvidor; *do Universo* e *Londres,* no largo do Paço. Em compensação, havia dois fora dos limites urbanos — na lagoa de Rodrigo de Freitas: o de Vitorino José de Medeiros e o *Hotel da Mangueira.* Entretanto, os melhores hotéis não eram esses. Os que apresentavam melhores acomodações, estavam dotados de mobiliário adequado e possuíam melhor tratamento de mesa pertenciam a franceses: o *Ravot* (canto do Largo de São Francisco e não canto da Rua da Vala, como se tem afirmado); o *dos Estrangeiros,* de François Lumar (ainda existente na praça José de Alencar); o *Parisiense,* à rua do Ouvidor; e o *da Europa,* de Augier e Connefroy, onde se introduziu o sistema de servir a mesa à francesa, isto é, cada prato sucessivamente, em substituição à moda até então em uso de serem colocados sobre a mesa todos os pratos de uma só vez, servindo-se cada pessoa como bem queria. Era, assim, bem clara a diferença, para melhor, entre esses estabelecimentos e o celebérrimo *Hotel Pharoux,* fundado por Louis Pharoux, entre 1815 e 1816, nos grandes prédios nº 1, 3 e 5 da rua aberta sob o nome de Fresca. O antigo guerreiro de Napoleão ali alugava aposentos para famílias e possuía "casa de pasto por cabeça e por mês". A designação de *Hotel Pharoux* deixou de existir em 1935, quando foi demolida a casa de hospedagem e restaurante que havia na praça 15 de Novembro, esquina da rua 1º de Março. A identidade dos nomes, existente entre o verdadeiro *Hotel Pharoux* e o que depois lhe adotou a designação, tem causado deploráveis enganos. A retificação se tornava, pois, indispensável.

Por sua vez, os cafés mais conhecidos tinham os seguintes títulos: *de Pharoux,* na rua Fresca; *da Praça* e *do Comércio,* situados na rua da Alfândega; *Cercle du Commerce,* na rua Direita; *Francês,* sito na rua da Assembléia; *Bordelaus,* na rua do Carmo; *da Fama* e *das Colunas,* na freqüentada praça da Constituição.

Os leilões particulares ou de casas de comércio eram freqüentes. Por isso os leiloeiros tinham muito trabalho. Além dos dois franceses, já antes citados, gozavam de boa reputação os seguintes: J. J. Dodsworth, Frederico Guilherme, Campbell & Greenwood. O curioso é que os leilões tinham lugar pelas 10 horas da manhã.

Pela lei nº 317, de 21 de outubro de 1843, ficou instituído o ofício de *corretor* de fundos públicos. Regulava-se, assim, a atividade dos antigos *zangões* que, desde 1790, existiam na praça. Competia-lhes a compra e venda de títulos da dívida pública, de ações de sociedades ou empresas, de metais preciosos e de câmbios, bem como dos negócios relativos aos descontos bancários, às mercadorias e aos navios. Não havia, como se vê, a corretagem especializada da atualidade. Diga-se, por fim, que os corretores se reuniam, para as suas operações, na *Bolsa,* que funcionava na *praça do Comércio.*

De longa data existiram feiras e mercados na cidade.

A quitanda do Marisco — *quitanda,* palavra africana que significa feira ou venda, e do *marisco,* porque aí se vendiam mexilhões, ostras e outros produtos do mar — passou com o tempo a denominar-se *quitanda da Cidade,* visto ser o mercado de frutas, legumes e outros vegetais. Esteve situada na estreita e tortuosa rua que ainda é chamada da Quitanda.

Ao lado esquerdo do cais do Largo do Carmo, depois chamado do Paço, existia a praia do Peixe (lugar do atual entreposto de pesca), assim conhecida visto ser ali o mercado do pescado. Era o dito entreposto constituído de infectas barracas de madeira com cobertura de telha de canal. Construído o cais do Largo do Paço, o vice-rei Luís de Vasconcelos e Sousa deu melhor ordenação a tais *cabanas de peixe.*

Ao lado destas, havia outras barracas onde se vendia sal, ou *cabanas do sal.*

Por provisão da Mesa do Desembargo do Paço, de 4 de janeiro de 1822, foram estabelecidas duas feiras para todos os gêneros e objetos e regularizados os mercados semanais.

Em 1834, cogitou-se de construir um edifício especial para o mercado do Rio de Janeiro. Mas somente em 1841 é que começou a funcionar no largo do Paço, com o título de *praça do Mercado.* Tal entreposto foi vulgarmente conhecido como *mercado da Praia do Peixe, e mercado da Candelária,* pelo fato de estar situado na freguesia desse nome.

Nos mercados e quitandas eram encontradas as grandes variedades de legumes e de frutas descritas em outras páginas. Também se vendia muita *cana-de-açúcar,* pois o hábito de chupá-la estava generalizado.

O sal era caro e pouco puro. Havia muito tempo que o erário régio monopolizara a produção do sal brasileiro. Houve salinas importantes no Maranhão e em Cabo Frio, mas isso não impediu que as salinas portuguesas enviassem sua produção para o Brasil. A tal ponto era bom esse negócio que ao findar o século XVII houve quem arrematasse o contrato do sal para o Brasil. Entre o regime de contratos feitos com os espertalhões da época e a intervenção direta da Fazenda Real, houve seqüências e alternativas. Isso deu como resultado que a exploração do sal fosse muito descuidada, chegando-se a comer sem sal no Rio de Janeiro.

Baltasar da Silva Lisboa afirma em seus *Anais do Rio de Janeiro* que, de 1782 a 1787, o Rio de Janeiro recebeu da metrópole 836.015 alqueires, que renderam mais de 600 contos! Em 1791, a administração e os serviços do Contrato do Sal comportavam o pessoal seguinte: administrador e caixa, guarda-livros, escriturário, caixeiros, cobrador e mestre-de-barca. Atingiu a 119.741 moios o sal entrado naquele ano. O monopólio do sal, que, pelo regime dos *estancos* e de impostos adicionais, servia para enriquecer muita gente e para custear não poucos serviços públicos, foi abolido a partir de 1801. Entretanto, foi só em 1822 que recomeçou a exploração de salinas em Cabo Frio. Referindo-se ao sal dessa região, Gabriel Soares de Sousa dizia que: "Por esta baía (a chamada de Formosa) entra a maré muito pela terra dentro, que é muito baixa, onde de 20 de janeiro até todo o fevereiro se coalha a água muito depressa, e, sem haver marinhas, tiram os índios o sal coalhado e duro, muito alvo, às mãos cheias, de baixo da água, chegando-lhe sempre a maré, sem ficar nunca em seco".

Vendedores ambulantes percorriam as ruas do centro e dos arredores. Havia os de *capim-de-angola,* excelente forragem para os animais; de sapê e de *capim seco,* para fabricação de colchões e enchimento de obras a serem cobertas de tapeçarias; de *milho,* verde e assado ou pipocas; de *aves,* trazendo-as penduradas dos ombros; de *cestos,* desde os pequeninos até os grandes ou *samburás,* e os de aves ou *balaios;* de *alho* e de *cebola,* amarrados em tranças; de *erva de arruda,* muito usada como amuleto e considerada como seguro preventivo contra os feitiços. Por sua vez, as negras *quitandeiras,* com o filho escanchado nas costas e seguro por uma faixa que o não deixava cair, vendiam, em seus tabuleiros trazidos ao alto da cabeça, frutas, doces, bugigangas e brinquedos. Tornavam conhecida sua presença por meio de altos gritos ou de pregões, como aquele que foi anotado pelo rev. Kidder:

> *"Chora menina, chora menino,*
> *Papai tem dinheiro bastante.*
> *Compra menina, compra menino".*

Outras negras vendiam nos logradouros públicos: *café torrado, limões doces, cana-de-açúcar, manuê* (folhado recheado de carne, servido quente), *sonhos, aluá, angu, pão-de-ló, puxa-puxa, pé-de-moleque, cuscuz, cocada* (branca, preta e de abóbora).

Por sua vez, popular vendedor ambulante não deixava de ser o *mascate.* Portugueses e italianos exerciam o mister de levar às próprias casas das freguesas tudo quanto lhes podia aguçar a cobiça ou provocar o encanto. Desde muito longe se faziam anunciar por meio do batimento de duas longas tábuas, uma maior e outra menor, presas, numa das extremidades, por uma correia, que servia de dobradiça. O pequeno espaço da régua maior que ficava livre servia de cabo. Dessa maneira, mantendo a mão aí presa, o *mascate* fazia por meio de pequeno movimento que a tábua menor fosse lançada ao alto. Ao descer batia na tábua maior e produzia ruído. O mascate, tendo numa das mãos esse aparelho rudimentar de produção de som — chamado de *côvado,* pois era também o pau de medir, isto é, o metro daquela época — sobraçava no outro braço uma pasta com dinheiro para troco e as indispensáveis amostras. Um, dois ou três reforçados negros transportavam, à cabeça, as caixas em que o mascate trazia o seu *sortimento.* Com a paciência própria desses mercadores, o *mascate,* sempre bem acolhido e geralmente já conhecido nas casas de suas *freguesas,* desmanchava as caixas e exibia, aos olhos deslumbrados e cobiçosos das mesmas, sedas e gazes, tafetás e cambraias, fitas e rendas, alfinetes, broches, espelhos, pó-de-arroz, sapatinhos, sandálias, meias, toalhas, sabonetes, água de colônia, roupa branca, botões e mil coisas mais. Vendia *fiado,* sem prazo de pagamento. O essencial era que a freguesa comprasse sempre, sempre comprasse...

O leite era vendido por negros montados em burricos. Tais vendedores estavam conhecidos como *pretos do leite.* Depois, começaram a aparecer os depósitos de leite. Um dos mais importantes depositários — informa Noronha Santos — foi o conhecido padeiro francês Luís Nicolau Masson, estabelecido na rua da Quitanda. Recebia o excelente produto da zona de Inhaúma. Depois, apareceu nas ruas o leiteiro que, fazendo-se acompanhar da vaca leiteira, parava à porta do freguês e a mungia. A aproximação da mesma e conseqüente chegada era conhecida pelo badalar da sineta, que trazia presa por meio de uma correia. E quando os fâmulos da mansão demoravam em trazer as vasilhas, o robusto condutor do animal soltava a estridente advertência de: *Olha o leiteiro!*

Comércio Interno

Do interior, isto é, de Minas Gerais, a cidade do Rio de Janeiro recebia, para seu abastecimento e para exportar, ouro em barra, pedras preciosas, algodão, café, fumo, queijos, rapadura, marmelada, pano grosseiro de algodão (para uso dos escravos e da gente pobre), farinha, feijão, toucinho e carne de porco. O Rio Grande do Sul enviava, por terra, gado para corte, cavalos, mulas. Porém, outros produtos vinham do mar, a saber: couros, chifres, carne seca e salgada, sebo, farinha de trigo e arroz. São Paulo também mandava, por via terrestre, gado para corte, algodão, açúcar e queijos. A província de Santa Catarina estava representada pelos seguintes produtos: couros, louças

283

de barro, peixe seco, cebolas, alhos e alguma madeira para construção. Da Bahia e do Espírito Santo vinham desde as mais ricas madeiras, para construção e para a feitura de móveis, até lenha, carvão vegetal, pau-brasil, pranchões para construção naval, tinas, pipas, cascas, cocos, fumo, açúcar, feijão, farinha, arroz, pimentas, azeites, hortaliças, peixes, louça de barro, cal de marisco e virgem, e uma infinidade de artigos manufaturados pelos negros africanos. Pernambuco se especializara no envio de sal, salitre e farinha. O Maranhão mandava algodão e sal. Deve-se revelar, como detalhe muito interessante, que o rum era muito consumido, sendo recebido de São Paulo e da Bahia. Também é conveniente deixar bem acentuado que nenhum dos produtos vindos da Bahia excedia em valor ao da importação de escravos, pois aqui era o centro distribuidor dos mesmos para Minas, São Paulo e o sul do país. Da província do Rio de Janeiro recebia-se café, sal, madeiras, lenha, carvão vegetal, bambus, fibras, plantas vegetais e medicinais, areia, legumes e leite. O gado de consumo, que outrora vinha, numeroso, pela antiga trilha dos Goitacases, não chegava mais à cidade em virtude do deplorável estado em que o dito caminho tinha ficado. Em compensação, o desenvolvimento da navegação dos rios da baixada e a inauguração do serviço de transportes marítimos no rio Inhomerim, em 1840, contribuiu para o incremento do comércio da província com a Corte.

Comércio Costeiro

Pela decisão nº 24, de 29 de julho de 1816, da Secretaria da Guerra e Estrangeiros, ficava proibido que as embarcações estrangeiras se dedicassem à navegação costeira. Por sua vez, a decisão número 22, de 22 de julho de 1817, autorizava os lavradores estrangeiros residentes no Brasil a enviar os produtos de suas lavouras para os portos da costa, contanto que o fizessem em navios portugueses. Um ano depois, determinado cidadão britânico, Mr. Chambelland, obtém pela decisão nº 23, de 25 de agosto, do Conselho da Real Junta de Comércio, Agricultura, Fábricas e Navegação, privilégio exclusivo "para poder navegar nos rios e costas deste reino por meio de um barco de sua invenção com certo aparelho de remos com maior velocidade e menos remeiros do que pelo modo até agora usado". O interessante é que a Junta, duvidando do sucesso da iniciativa, declarava que fazia a outorga "apesar de não ter confiança em que o suplicante desempenhará o novo aparelho de navegação, e que este corresponde perfeitamente ao desejado fim, depois de tantas experiências e tentativas feitas por sábios acadêmicos sobre o mesmo objeto".

O intercâmbio comercial com os portos do litoral era realizado, em 1850, por meio da *Companhia Brasileira de Paquetes a Vapor* e por uma série de embarcações de diversos tipos: *galeras, barcas, bergantins, brigues, escunas, brigues-escunas, iates, rascas, faluchos, polacas, sumacas, lanchas* e *barcas a vapor.* Havia 751 registradas na *Mesa do Consulado da Corte.*

Os nomes das embarcações eram bem curiosos. Os nomes poéticos, saudosistas ou simbolizando a felicidade não eram poucos. Também abundavam os de *Príncipe* e de *Princesa.* Citando algumas das designações, ver-se-á que se uma barca era *Triunfo da inveja* e outra *Pensamento feliz,* havia a que representava o contraste desta: *Desengano*, ou aquela que recordava o coração opresso: *Saudade.* Entre os brigues, o *Galgo* emparelhava com os denominados *Inspiração* e *Sem par.* E o airoso bergantim *Campeador* desafiava a delicada escuna *Faceirinha* e o rápido brigue-escuna *Andorinha.* A felicidade e a novidade caracterizavam os nomes dos patachos, pois existiam o *Feliz constante,* o *Constante feliz,* o *Novo temerário* e o *Novo sutil* (!). As denominações dos iates partiam de um que ostentava o título de *Águia do Brasil,* passavam pelo *Libertino feliz* (nada menos!) e terminava no enigmático *Rigorino.* As sumacas tinham, por sua vez, o privilégio das denominações agradáveis: da *Alegria dos anjos* à *Feliz aurora,* cra uma série divinal. Mas, em matéria de alegria, as lanchas também tinham o seu quinhão. Pois não havia uma denominada de *Alegria dos amigos?* E para levar os passageiros a porto e salvamento não existia outra chamada de *Vontade de Deus?* Mas a barca a vapor *Brasília* passava por todas deitando fumaça...

Com títulos pomposos ou sem eles, essas embarcações cumpriam rigorosamente as suas missões, transportando os gêneros de primeira necessidade, quais o café, o açúcar, o feijão, a carne seca ou charque do Rio Grande, o toucinho, as farinhas de trigo e de mandioca, a pimenta, as roscas e as bananas. Todas essas e mais outras mercadorias — principalmente o café, o açúcar, os couros, as peles, o algodão, os chifres e os fumos — eram depositados em trapiches, discriminados mais adiante.

Importação e Exportação

O ato que abriu os portos ao comércio estrangeiro, que também pode ser considerado como o primeiro realizado no sentido da emancipação política, provocou, como era natural, a vinda de maior número de navios ao porto do Rio de Janeiro. Assim — segundo o padre Gonçalves dos Santos —, tendo em 1805 entrado 810 navios portugueses, em 1806 foram em número de 642; e, em 1807 atingiram a 777. Já em 1808, chegaram 765 navios portugueses e 83 estrangeiros. Mas aumento considerável foi o constatado em 1810, quando transpuseram a barra 1.214 navios portugueses e 422 estrangeiros. Nessas cifras está implícito o maior elogio que se poderia fazer àquele ato governamental.

Não obstante o número elevado de navios chegados, em 1808, a exportação brasileira decresceu enormemente devido à situação européia, tendo sido de 1 milhão 368 mil cruzados, ou 547:200$000 rs. Em 1809, passou a subir, chegando a 12 milhões e 48 mil cruzados, ou 4.859:200$000 rs. E no ano de 1810 desceu para 9 milhões e 208 mil cruzados, ou 3.683:200$000 rs.

Desde a vinda da Corte, a Inglaterra passa a predominar comercialmente no Brasil. Para que isso acontecesse tinha-se fundado em Londres a *Association of English Merchants Trading of Brazil*, e a embaixada no Rio de Janeiro trabalhava a valer em favor de seus patrícios. Dessa forma, o conde de Linhares e Lord Strangford assinam a 19 de fevereiro de 1810, em nome de seus respectivos soberanos, os tratados de paz, aliança e amizade, e de comércio, bem como a convenção sobre paquetes. Pelo primeiro, ficaram ainda mais consolidadas as relações entre Portugal e a Grã-Bretanha, sendo que a aliança implicava novas obrigações mútuas. Em virtude do segundo, ficava adotado um novo sistema de negociar e, assim, as mercadorias inglesas não pagariam nas alfândegas do Brasil mais de 15% *ad valorem* como direitos de importação. E, pela convenção sobre paquetes, as relações comerciais ficariam melhoradas pelos barcos mensais, cuja primeira linha deveria ser entre Falmouth e o Rio de Janeiro, com escalas pelo porto da Bahia e pela Ilha da Madeira. Segundo assinala José Jobim, em sua *História das indústrias no Brasil,* o resultado do protecionismo concedido às mercadorias britânicas redundou em que, no ano de 1812, o Brasil importava 25% mais gêneros daquela procedência do que o fazia toda a Ásia! Recebíamos manufaturas de algo-

286

dão em colossais quantidades, casimiras, sedas, vestidos para senhoras, sapatos, botas, cartolas, chapéus, louça, espelhos, queijos, manteiga, presuntos, línguas, toucinho, azeite, vinho, sal, fósforos, latão, objetos de metal, artefatos de ferro, pólvora e medicamentos.

Por decreto de 18 de junho de 1814, ficavam definitivamente abertos os portos do Brasil à entrada de navios de quaisquer nações. Era o complemento do decreto de 1808 que abrira os portos aos barcos das nações amigas e uma conseqüência da paz feita com a França.

Em 1816, o comércio do Brasil apresenta as seguintes cifras: importação, 10.304:222$857; exportação, 9.663:642$640. Total do movimento: 19.967:865$497. Prejuízo — 640:580$217.

Segundo José Elói Pessoa da Silva, a média da exportação do Brasil para Portugal, de 1815 a 1821, fora a seguinte: açúcar, 45 mil caixas (de 1.200 a 1.500 libras cada uma); algodão, 70 mil sacas (de 120 a 180 libras); peles de boi secas e salgadas, 240 mil peças; ditas curtidas, 4 mil peças; pau-brasil, 20 mil quintais; arroz, 100 mil sacas (de 150 libras); cacau, 100 mil sacas (de 120 libras); salsaparrilha, 120 mil libras; curcuma, 60 mil libras; canela, 60 mil libras; óleo de copaíba, 200 pipas; baunilha, 6 mil libras; tabaco, 20 mil rolos (de 400 libras); anil, 180 mil libras; ouro, de 12 milhões a 15 milhões de cruzados; diamantes, de 2 milhões a 3 milhões de cruzados.

No ano da Independência, o Rio de Janeiro era o porto comercial mais importante do Brasil e da América do Sul. O comércio estava muito intensificado com o Rio da Prata, a Europa, a Índia, a China. A exportação era em média — segundo Vítor Viana — a seguinte: 23.100 toneladas de açúcar, 5.600 de algodão, 3.600 de couros, 1.500 de café, 1.500 de arroz e 1.200 de cacau.

Tendo terminado em 1825, o tratado de comércio com a Inglaterra foi substituído no ano seguinte — isto é, após o reconhecimento da Independência do Brasil pela Inglaterra e Portugal — por um outro, negociado por Sir Charles Stuart, com a mesma tarifa preferencial. Outros tratados comerciais foram celebrados: com a França, em 1826; e com as cidades hanseáticas, Áustria, Prússia e Estados Unidos, durante os anos de 1827 e 1828. O convênio com a Inglaterra findou em 1844, e o Brasil se recusou, pela ação do ministro da Fazenda Manuel Alves Branco, a prorrogá-lo, tendo, assim, sido considerado caduco a 9 de novembro daquele ano pelo ministro dos Negócios Estrangeiros.

Para que se possa ajuizar da importância da exportação da praça do Rio de Janeiro, bastará tomar, ao acaso, um ano do segundo quartel do século. Sendo o de 1834, por exemplo, obter-se-ão as seguintes cifras: 539 mil sacas de café, 439 mil quilos de chifres, 197 mil quilos de couros e 20 mil sacas e 16 mil caixas de açúcar. O movimento do porto orçou, naquele ano, em 131.500 toneladas de 583 barcos transatlânticos e 105 mil toneladas de 1.609 embarcações de cabotagem. Verificando o movimento do comércio externo do Brasil no exercício 1848-49, ter-se-á: importação, 51.570:000$000; exportação: 56.289:847$000. Total: 107.859:856$000. Saldo a favor do Brasil, 4.719:847$000. Para o exercício 1850-51, os algarismos são: exportação, 67.788 contos; importação, 76.918 contos. Saldo: 9.030 contos. Essas cifras dispensam comentários, tão evidente é o progresso geral do país no curto prazo de trinta e poucos anos. Deve-se, não obstante, assinalar que o saldo a favor do Brasil teria sido muito maior se não fosse a baixa pauta (15%) dos direitos aduaneiros cobrados às mercadorias importadas e de que gozaram, afinal, todos os países que se dignaram — por isso — reconhecer a emancipação política do Brasil. Essa situação se manteve até 1844, quando foram fixados direitos aduaneiros mais elevados, com o intuito de proteger as indústrias nascentes. O descaso dos governantes fez, porém, que essa política protecionista — mantida até 1879 — viesse a fracassar.

Curiosos são os números que as taxas de câmbio do Rio de Janeiro sobre Londres proporcionam, considerado o pence por mil réis. Assim, observando-as de dez em dez anos, ter-se-á: 1812: taxa mínima 72, máxima 74, média 76; 1822: taxa mínima 47, máxima 49, média 51 1/2; 1832, mínima 28 3/4, máxima 35 1/8, média 44 1/2; 1842: mínima 25, máxima 26 13/16, média 28 3/4; 1852: mínima 26 1/2, máxima, 27 7/16, média 28 1/2.

Segundo o diplomata belga Ponthoz, as flutuações cambiais de 1840 a 1847 foram as seguintes: 1840: 31 1/16 (Londres), 312 (Paris); 1841: 30 3/5 e 313; 1842: 27 1/6 e 352; 1843: 25 3/4 e 367; 1844: 25 1/6 e 374; 1845: 25 1/4 e 366; 1846: 27 1/6 e 346; 1847: 27 5/8 e 339.

E o movimento dos portos apresentava, de 1839 a 1846, os totais seguintes: 1839-1840: 1.417.491 toneladas; 1840-1841: 1.596.370; 1841-1842: 1.506.226; 1842-1843: 1.555.966; 1843-1844: 1.694.490; 1844-1845: 1.554.108; 1845-1846: 1.857.326. Dessas tonelagens, cabia a maior parte aos ingleses e aos americanos. Depois vinham os suecos e os franceses.

Do estrangeiro vinha, em 1850, muita mercadoria para o Rio de Janeiro.

A Inglaterra enviava, pelos portos de Londres e de Liverpool: chumbo, cobre, zinco, ferro, pólvora, ferramentas, ferragens, âncoras, barrilha, gesso, louça, porcelana, fazendas de lã e algodão, linhos e chitas, queijos, manteiga, cerveja preta e branca, cordame. E de New Castle: vinho, carvão de pedra e tabuado para soalho! O comércio e as transações oficiais com esse país eram tão importantes que o governo brasileiro mantinha em Londres uma filial do Tesouro, conhecida pelo nosso povo como *Caixa mágica, Cancro do Tâmisa* e *Sorvedouro das rendas do Império.*

Da França, pelos portos de Brest, Marselha e Havre, o Rio de Janeiro recebia: móveis, tapeçarias, espelhos, pinturas, gravuras, cristais finos, porcelanas, fazendas de seda, artigos de luxo, jóias, perfumarias, chapéus de palha, bonés, rendas e bordados, cartas de jogar, livros, batatas, manteiga, frutas secas, azeite, aguardente, genebra, champanhas e vinhos, sobressaindo as marcas Chateau Margot, Chateau Lafitte, Haut Brion, St. Julien e Sauterne, e, por fim, água de Vichy.

De Portugal (por Lisboa e Porto) recebia-se: azeitonas, cebolas, vinagre, azeite, sal, erva-doce, figos secos, frutas secas, drogas, manteiga, presuntos, salsichas, bacalhau, farinha de trigo, vinhos, aguardente, rapé, drogas, quinquilharia, remédios, algodão esterilizado, louça do Porto, azulejos, cordas, velas, lona, alcatrão, breu, massame, calçado, ferragens, panos grosseiros de lã, chapéus de homem, livros e munições de guerra.

A Bélgica exportava, pelo porto de Antuérpia, armamento, aço, alvaiade, fazendas de armarinho, papel, fósforos, queijos, louça, porcelanas, cristais e drogas. Hamburgo enviava móveis de mogno, como escrivaninhas de escritório, *mesas de escrever para senhoras,* mesas de chá, de jogo e para *intervalos de sala,* aparadores para sala de jantar, grandes e pequenos toucadores, *espelhos de vestir,* cômodas, armários para quarto e para livros, lavatórios, sofás, cadeiras, canapés, berços, *pianos fortes e fortes pianos de jacarandá muito ricos* (o que prova que o Brasil já então importava de torna-viagem o seu próprio material), relógios de música, linho, ferragens, latão, brinquedos, cristais. A Áustria fornecia estofos de lã, tecidos de lã e de seda, veludos, flanelas, relógios, pianos, cutelaria, arame, pregos, colas, mercúrio, sublimado, zarcão, espingardas, anzóis, escovas, sal amoníaco, arsênico. Através de Gibraltar, a Espanha vendia diversas marcas de vinhos, figos, passas, azeitonas e fazendas para senhoras. A Rússia estava representada na importação carioca por vasilhame de cobre, pano para velame, cordame, alcatrão e breu. A Suécia mandava muito ferro, peças de aço e objetos de cobre.

Do porto norte-americano de Baltimore recebia-se farinha de trigo, açúcar refinado, presuntos, biscoitos, licores, chumbo de munição, barras de ferro, vernizes, potassa, aguarrás, alcatrão, óleo de linhaça, tintas a óleo, velas de espermacete, betume, graxa, fumo da Virgínia, charutos, baús, sapatos, selins, couro de bezerro para calçado, cadeiras, móveis, mangas e objetos de vidro. De Montevidéu e Buenos Aires, em viagens que duravam mais de mês, vinha farinha de trigo, charque, peles, couros e sebo. Da Guiné, Moçambique, Angola e Benguela recebia-se, além de negros escravos, marfim, ébano, pimenta, cera, óleos de coco e de amendoim, sementes, enxofre e goma arábica. As ilhas de Cabo Verde mandavam muito sal. De Goa, Macau, Índia e China — após viagens de dez e doze meses, pois os navios passavam pelo Cabo da Boa Esperança —, musselines, sedas, tecidos impressos, tecidos de algodão, móveis de luxo (chineses e indo-portugueses), tintas e lacas, porcelanas, charões, marfins, chá, canela, pimenta, cânfora e fogos de artifício. Comércio intenso era, também, mantido com o Chile e Cuba.

Os fardos, caixas, barris, barricas, feixes, sacos e pacotes, em que as mercadorias eram envolvidas, vinham a bordo de *bergantins, galeras, barcas* e *escunas.* Desses barcos, as cargas passavam para as *alvarengas, barcaças, batelões* e *pranchas,* que as depositavam, por sua vez, nos molhes dos *trapiches.* Denominava-se *trapiche* ao depósito ou entreposto comercial. Havia inúmeros trapiches de café, cujo serviço era controlado por meio de casas exportadoras. Foi Joaquim Manuel Monteiro, 1º conde da Estrela, por Portugal, o fundador, em 1835, de uma das primeiras casas comissárias. Outros trapiches, alfandegados, eram: o da Cidade, próximo à Alfândega; o da Ilha das Cobras, para açúcar e peles; o do Sal, perto da ponta de São Bento, na Prainha; o da Companhia do Porto, para depósito dos vinhos do Porto, de Portugal; o do Colhete, quase contíguo ao da Companhia dos Vinhos do Porto; o da Ordem (antigo dos Açúcares e de São Francisco da Prainha), assim chamado por pertencer aos Terceiros de São Francisco da Penitência e que, segundo Luccock, era "excelente como armazém"; o da Saúde, na ponta do mesmo nome; e o da Gamboa, no fundo do saco assim também denominado. Outros trapiches estavam no Saco do Alferes e na Pavuna, sendo que estes últimos pertenciam à família Tavares Guerra. E não havia trapiche de gêneros consignados mais importante que o da firma Maxwell e Wright: o primeiro, de nome Joseph, era inglês; e Wright, norte-americano. Numerosos eram, por fim, os trapiches dos madeireiros, na rua de D. Manuel. Acontecia, porém, que tais negociantes atravancavam de toras e pranchões toda a praia de D. Manuel, impedindo, dessa forma, o desembarque de outras cargas, de produtos da lavoura e de passageiros. Os mais importantes negociantes e, portanto, os mais abusadores, foram Domingos de Sousa, Francisco José de Freitas e José Francisco Diogo. O abuso provocou protestos, dando origem a esporádicas providências da edilidade e da capitania do porto. Mas não houve melhoria porque, inexistindo pontes de atracação e, muito menos, um cais de comércio, os madeireiros se viam obrigados a encalhar suas embarcações na dita praia.

Para facilitar o intercâmbio comercial intervinham inúmeros despachantes aduaneiros (sempre às turras com os morosos funcionários da Alfândega), corretores de navio como os de nome Hudson e Weguelin, consignatários da importância de Henrique Reidy e importadores de destaque como é o caso dos seguintes: John Moore, Carrathers Irmãos, Hartley & Tully, Boog Pearson & Comp., Guilherme Harrison & Comp., Francisco José da Rocha & Sobrinho, Manuel José da Silva, Joaquim Val Tavares e F. Le Breton & Comp.

Vejamos, agora, os produtos naturais que o Brasil exportava para a Europa através do porto do Rio de Janeiro: café (principalmente para a Inglaterra), algodão (para Liverpool e Londres), açúcar, fumo, couros de bois, chifres, azeite de baleia, barbatanas, cacau, melado, ipecacuanha, pau campeche, aguardente, anil, quina, arroz e madeiras.

O café era ensacado e medido em *arrobas*. Uma *arroba* valia 32 libras portuguesas. O açúcar era enviado em caixas e o seu peso medido, também, em *arrobas*. O algodão era transportado em *fardos*. Os couros eram contados por *peças*. E o fumo, formando *rolos* e *pacotes,* era medido em *quintais*. Os principais consumidores do café estavam nos Estados Unidos da América do Norte, nas cidades hanseáticas, na Inglaterra, na Áustria e na França. Em menor quantidade era introduzido na Bélgica, Suécia e Noruega, Dinamarca e Portugal.

Como grande entreposto comercial, que era, o Rio de Janeiro enviava para a Europa tudo o que vinha da Ásia e da África. Por sua vez, para a África mandava o que vinha de Portugal e da Inglaterra.

Era hábito naqueles tempos — embora menos que no primeiro quartel do século — exportar barras de ouro e metal amoedado para as Índias.

Bancos

A fundação de *bancos* encontrou sérios entraves. Guardava-se o dinheiro na fazenda, na casa de negócio ou na própria residência: quer em móveis que tinham *segredos* (gavetas ocultas, partes ou molduras amovíveis, tampos duplos, escaninhos); quer em vasilhas de barro (que eram enterradas); quer em *arcas* de madeira, chapeadas de ferro; ou em cofres de ferro — as famosas *burras* —, reforçados por tirantes, bridas e pregos do mesmo metal. A gente humilde que possuía algum dinheiro o guardava no *pé-de-meia,* ou numa lata ou caixinha, muitas vezes colocada no forro da casa. Não se concebia entregar dinheiro a alguém para guardar e dele receber juros. Não havia nenhuma concepção das facilidades e vantagens que se poderiam auferir transacionando com os bancos. Fundados, estes, grandes desconfianças despertaram. Depositar dinheiro neles, pois sim...

Por isso, somente dois *bancos* e um estabelecimento bancário auxiliavam as transações comerciais. O mais importante era o *Banco do Brasil,* fundado a 12 de outubro de 1808, com um capital de três milhões de cruzados, ou um milhão e duzentos mil cruzeiros de hoje. A sua finalidade era: facilitar as transações comerciais e cambiais; arrecadar os impostos e fazer os pagamentos autorizados pelo governo; ter numerário em cofre para fazer frente à sua constante falta, pela citada mania dos capitalistas o guardarem pessoalmente e pela clandestina saída de ouro para o estrangeiro; servir de intermediário nas vendas dos produtos privativos da Real Fazenda, como os diamantes, o marfim, o pau-brasil e a urzela; e emitir papel-moeda. Em virtude dessa criação: os bilhetes do Banco tiveram livre curso; o Cofre do Depósito, existente no Senado da Câmara, foi extinto; os depósitos judiciais e extrajudiciais de ouro, prata, jóias e dinheiro passaram a ser ali feitos; o mesmo ocorrendo quanto aos empréstimos, efetuados até então pelos cofres das irmandades, das ordens terceiras e dos órfãos. Dificuldades sem conta houve para poder conseguir o seu capital nominal, em ações de um conto de réis. Os subscritores foram poucos, mesmo depois da promessa feita pelo príncipe regente de distribuir veneras entre eles. Recorreu-se, então, aos impostos e assim surgiram os denominados *do Banco,* conforme se poderá ver no lugar correspondente. Até 1828, as suas emissões de papel-moeda foram as que seguem: 1822: 9.171 contos; 1823: 9.994 contos; 1824: 11.391 contos; 1825: 11.941 contos; 1826: 13.391 contos; 1827: 21.575 contos; 1828: 21.356 contos. Ou seja, em sete anos, um total de 98.819 contos de réis. Em 1829, o Banco foi liquidado, responsabilizando-se o governo pelo débito do mesmo, representado por 18.301 contos de réis de papel-moeda em circulação. Hoje, essa liquidação é geralmente considerada como absurda. Um segundo Banco do Brasil somente foi criado em 1833; mas não chegou a ter organização. O outro banco era o *Comercial do Rio de Janeiro,* fundado, em 1833, por Francisco Inácio Ratton, com o capital de 2 mil contos. O verdadeiro segundo Banco do Brasil foi o de Mauá, em 1851, com o capital de 10 mil contos. O terceiro Banco do Brasil (1853) resultou da fusão do mesmo com o Banco Comercial. O capital foi de 30 mil contos, dividido em 150 mil ações de 200$000 réis. A emissão de notas de banco ficou sendo, desde então, monopólio desse estabelecimento. Naquele ano, reiniciando essas operações, lançou em circulação papel-moeda no valor de 15.531 contos. Bastante importante foi, também, o estabelecimento bancário denominado de *Casa Souto,* que girava sob a razão de A. J. Alves Souto. Fora fundado em 1834, pelo português Antônio Alves Souto, e estava instalado na rua Direita. Subsistiu até 1864.

Companhias de Seguros

Em 1808 — a 24 de fevereiro —, o príncipe d. João autorizava o conde da Ponte, governador e capitão-general da capitania da Bahia, a promover a fundação da *Companhia de Seguros Boa Fé,* de acordo com as *Regulações da Casa de Seguros de Lisboa.* Depois, são autorizadas a funcionar a *Companhia de Seguros Conceito Público,* naquele mesmo ano na própria cidade do Salvador, e a *Companhia Indenidade,* no Rio de Janeiro, a 5 de fevereiro de 1810. Somente passados oito anos é que fica fundada outra companhia: a denominada de *Sociedade de Seguros Mútuos Brasileiros.* Desde a Independência são abandonadas as *Regulações* de 1719, como normas diretoras, sendo daí por diante observados os estatutos sociais e os preceitos adotados no estrangeiro para as companhias seguradoras. Em 1826, passa a funcionar a *Companhia Britânica e Estrangeira Aliança,* de seguros de vida e de fogo. Dez anos depois existiam as companhias de seguros marítimos: *Permanente, Boa Fé* e *Retribuição,* estando em liquidação as denominadas: *Indenidade, Providente, Concórdia, Probidade, Restauradora, Segurança, Tranqüilidade* e *Bom Conceito.* Em 1850, tinham existência no Rio de Janeiro as seguintes empresas: *Companhia de Seguros Marítimos; Companhia de Seguros Regeneração, Companhia de Seguros Nova Permanente; Fênix Fluminense,* com um capital de mil contos, segurando móveis, mercadorias e prédios; *Argos Fluminense,* de seguro contra fogo e raios sobre bens móveis e imóveis e mercadorias depositadas em armazéns particulares ou em depósitos da Alfândega. Havia, também, muitos agentes de companhias estrangeiras. Assim, Henrique Reidy representava algumas dezenas delas, estabelecidas em Paris, Havre e Antuérpia; Buxareo, Romanguera & Comp. agenciavam para a importante *Companhia Ibérica de Seguros Marítimos,* de Barcelona; Carlos von Hochkofler representava o *Lloyd Austríaco de Trieste;* e J. H. C. Ten Brink era o chefe da *Agência dos Seguradores de Hamburgo.* O ano de 1851 vê surgir mais duas companhias, denominadas de *Nova Permanente* e *Recuperadora.* Três anos depois são acrescidas a essas mais duas: a *Companhia de Seguros Mútuos contra Fogo* e a *Previdência.* As companhias anteriores a estas operavam em seguros marítimos, mas a *Mútuos* se especializou nos seguros contra incêndios e a *Previdência* sobre as mortes dos escravos. Prova evidente que o negócio era bom! Só em 1855 é que novamente começa a funcionar uma empresa de seguros de vida de gente livre: a *Companhia Tranqüilidade.*

3) DESENVOLVIMENTO INDUSTRIAL

A INDÚSTRIA CITADINA — ARTES E OFÍCIOS ELEMENTARES

A Indústria Citadina

Muitas foram as disposições legais tomadas pelos governos real e imperial relativamente às indústrias da cidade. Umas, visando a monopólios; outras, fomentando o progresso; e não poucas, determinando o pagamento de impostos. O curioso é que uma das primeiras providências oficiais se referisse à isenção de direitos de importação da matéria-prima para uma fábrica de chapéus. Essa isenção dos direitos alfandegários, concedida pelo prazo de seis anos, por decreto de 18 de julho de 1808, viria beneficiar a fábrica estabelecida por José Joaquim de Brito.

A 21 de janeiro de 1809, era concedido, por alvará, aos donos de engenhos, fábricas e lavouras o direito de não serem executados nas suas propriedades, mas, sim, em uma parte dos rendimentos das mesmas. Esse era um meio de livrá-los da voracidade dos credores. E no intuito de servir de base à fundação das indústrias nacionais ou estrangeiras, introduzidas no Brasil, e, bem assim, amparar os armadores e importadores de madeiras úteis e aos industriais que as trabalhavam, ficou estabelecido, desde o alvará de 28 de abril, que as matérias-primas utilizadas para todos aqueles fins gozariam de isenção de direitos.

No ano seguinte, dia 6 de outubro, um alvará dispensa dos direitos de entrada os fios e tecidos de lã, algodão e seda fabricados no Brasil, e concede outros favores às fábricas.

Para monopolizar o fabrico e a venda da pólvora e, também, fiscalizar o seu uso, o governo declarou, em 1810, considerar como contrabando toda compra daquele explosivo que fosse feita fora da Real Fábrica da Lagoa de Rodrigo de Freitas ou das administrações reais. Os negociantes que procedessem em obediência a essa norma podiam vender livremente a dita pólvora. E, para melhor fazer progredir a Fábrica, ela ficava isenta, a partir de 1812, de quaisquer impostos. Outra providência real foi a de impedir o contrabando de pólvora estrangeira.

Em 1811, o decreto de 31 de outubro estabelecia que fosse incorporada à *Impressão Régia* a Fábrica de Cartas de Jogar, cabendo-lhe, outrossim, a venda dos respectivos produtos. Não obstante essa providência, as cartas de jogar de manufatura estrangeira dominavam por tal forma o mercado, que o governo viu-se na contingência de proibir, em 1815, o despacho alfandegário das mesmas. Essa situação perdurou até 1823, quando as cartas de jogar, estrangeiras, foram admitidas a despacho nas alfândegas. Era essa uma medida decorrente da Independência, como foi, da mesma forma, o decreto de 30 de dezembro de 1822, que mandava cobrar direitos de importação no valor de 24% *ad valorem* sobre os produtos da indústria e de manufatura portuguesa.

Uma das primeiras máquinas a vapor que vieram para o Brasil foi a mandada trazer, em 1815, para o engenho de açúcar da mata da

Paciência, pela sua proprietária d. Mariana Eugênia Carneiro da Costa, filha do coronel Brás Carneiro Leão e da, depois, baronesa de São Salvador de Campos dos Goitacases. Ao comprar essa máquina na Europa, o irmão de d. Mariana adquire outra para um engenho de sua propriedade.

No ano seguinte vêm, com a Missão Artística Francesa, diversas máquinas, alguns artífices e o professor de mecânica François Ovide, que, não sendo ocupado oficialmente, se dedica a instalar engenhos, rodas de água e máquinas pelos territórios carioca e fluminense.

Relembre-se, também, a ação do conde da Barca em prol do desenvolvimento da indústria, chegando ao ponto de instalar um laboratório na sua residência da rua do Passeio.

O governo imperial sentia a necessidade de serem criadas novas indústrias; compreendia que sem novas fontes de produção industrial o país não progrediria. Por isso estabelece, em 1830, a concessão de privilégios a todos aqueles que inventassem ou melhorassem uma indústria que fosse útil ao país, e de prêmios aos introdutores de indústrias estrangeiras. Em 1840, a indústria toma grande incremento, pois as famílias que tinham enriquecido na agricultura começaram a empregar capitais em fábricas de toda espécie. Instalam-se, assim, muitas movidas a vapor ou com motores hidráulicos. Para montar as máquinas e dirigir as fábricas, vieram da Europa inúmeros mestres especialistas.

Estabelecida a proteção oficial, claro era — segundo a praxe burocrática de todos os tempos — que se tornava necessário criar o lugar de inspetor das fábricas e indústrias que gozavam da proteção oficial. Foi o que determinou um decreto do ano de 1844. Naquele mesmo ano começou a proteção alfandegária à incipiente indústria nacional, com a taxação, que chegou a 60%, da mercadoria estrangeira cujo similar já começara a ser produzido no Brasil. Essa modificação das tarifas baseou-se numa nova nomenclatura, que abrangia quase três milhares de artigos. Com as medidas protecionistas — contrárias, portanto, ao livre câmbio até então implantado — procurava-se, também, equilibrar a balança comercial, quase sempre desfavorável ao nosso país, fomentava-se a fundação de novas indústrias e o desenvolvimento das existentes, animava-se a produção das matérias-primas e aumentava-se a receita do Tesouro com a criação de novos impostos. Ora, conforme Roberto Simonsen disse muito acertadamente: "Não era possível, até então, implantar aqui qualquer manufatura de valor, que pudesse, desde o início, competir, no preço e na qualidade dos artigos, com a indústria inglesa".

Grande indústria só existia, em 1850, a do açúcar — que estava, com a lavoura do café, nas mãos de brasileiros —, muito embora fosse feita, com caráter industrial, a exploração de pedreiras, barreiras e areais, a fabricação de telhas, tijolos e ladrilhos, o corte das madeiras, a manufatura de veículos, armas e munições. Tudo o mais vinha pronto — como já se disse — da Europa e dos Estados Unidos. As principais indústrias existentes nesta cidade eram de: mobílias, serrarias, fundições, cerâmica, marroquins e oleados, couros, cordoalha, cola, licores, charutos, cigarros, fiação e tecelagem de algodão, papel, tinta de escrever, velas, pianos, vidros, flores artificiais, chapéus, jóias e rapé. Naquela época havia no Brasil uns cinqüenta estabelecimentos industriais, sendo tidos como principais dez indústrias ligadas à alimentação, sete de produtos químicos, cinco de pequena metalurgia, duas de caixas e caixões. Isso sem contar algumas dezenas de salineiras e de engenhos de açúcar.

As primeiras telhas que aqui houve, isto é, as que cobriram as guaritas do baluarte da *Vila Velha,* vieram de São Vicente. Mas, depois, com a sede da cidade no morro do Castelo, a indústria da olaria sempre teve grande importância. É que na zona da cidade e nos seus arredores não faltava a matéria-prima. Os montes possuíam boas barreiras. O mesmo ocorria em não poucos contrafortes das montanhas graníticas. Ao longo do rio da Carioca foi que surgiram as olarias do Rio de Janeiro. Lembre-se, a esse respeito, a *briqueterie* montada por Villegagnon. Não sendo ali, a mais importante olaria, da época que é objeto de nosso estudo, pertenceu aos carmelitas, no Catumbi.

A argila, para cerâmica, era boa e abundante. Havia a da ilha do Governador, de que tanto se utilizou João Manso Pereira para fazer porcelana. Para o mesmo fim, existia a barreira dos franciscanos do Convento de Santo Antônio. Daí provém a denominação de travessa da Barreira, dada ao logradouro público que ainda existe junto à praça da Constituição. Argila muito rubra era encontrada nas proximidades da lagoa de Rodrigo de Freitas. Foi dessa que Grandjean de Montigny se utilizou na sua olaria da Gávea. Não menos notável era a argila roxa da ilha do Governador. A tabatinga do boqueirão do Passeio era excelente para modelar figuras. Nas proximidades do Rio de Janeiro também se encontrava argila. É o caso da fronteira Boa Viagem, de Parati, de Magé, de Macacu, de Maricá, de São João de Meriti e até da fazenda de Santa Cruz.

O gesso, o espato e o amianto também eram encontrados nos montes. Nas montanhas havia excelente granito, pedra-sabão, cristais, pórfiro e espato. Pedras roladas, algumas de grandes proporções, abundavam nos rios e córregos.

A indústria extrativa da areia doce estava muito desenvolvida. Todos os rios que desaguavam na baía possuíam excelentes areias. As do rio Meriti eram as preferidas. Também podiam ser encontradas, abundantes e boas, nos terrenos marginais aos confins da Guanabara e na ilha do Governador.

A exploração da cal de marisco não deixava de ter a sua importância. Já em 1587, Gabriel Soares de Sousa assinalava haver "grande aparelho para se fazer muita cal de ostras, de que neste Rio há infinidade".

Um produto cujo fabrico somtente pôde ser levado a efeito livremente, como conseqüência da Independência, foi o sabão. É que desde o reinado de d. João I, de Portugal, o seu fabrico constituía um monopólio real. Foi o infante d. Henrique o primeiro monopolizador. Coube ao marquês de Pombal reunir à Coroa as diversas saboarias cujos monopólios tinham sido concedidos a diversos nobres pelo rei d. Manuel. Aqui houve, como era natural, também esse monopólio. Por isso veio a chamar-se de rua do Sabão aquela em que funcionavam os armazéns do *contrato do sabão*.

O Rio de Janeiro quase ignorou a indústria do ferro até a centúria anterior à chegada da Corte. Por isso, nele nenhuma aplicação tiveram as iniciativas dos paulistas ao findar o século XVI, nem o *forno de cuba* introduzido pelos negros em Minas Gerais. A maior parte do material dessa espécie vinha do estrangeiro, principalmente da metrópole. A partir do século XVIII é que os arsenais do exército e da marinha e a fábrica de armas do morro da Conceição começam a fundir e a trabalhar, em maior escala, com ferro. E, dessa forma, muita coisa proveio do *forno catalão,* instalado em Itabira pelo sargento-mor Paulo José de Sousa. Com a vinda de d. João VI, lançam-se os alicerces da siderurgia em Minas e São Paulo. Assim, em 1809, o intendente Betencourt da Câmara inicia a construção da fábrica de ferro do morro de Gaspar Soares, no Serro Frio. Mas somente em 1815 é que começa a produção, que deu extraordinários prejuízos. Antes dessa, existira, em 1812, a fábrica do Prata de Congonhas do

Campo, em Minas Gerais, dirigida pelo barão Von Eschwege; ali funcionou o primeiro grande forno do Brasil. Cabe, por sua vez, a F. Monlevade, associado a Luís Soares de Gouveia, instalar no ano de 1817, também no território mineiro, em Caeté, o segundo importante forno. Depois é que vem — em 1818 — a fundição sueca de São João de Ipanema, perto de São Paulo, dirigida por Varnhagem.

Dentre os principais atos governamentais visando ao estabelecimento de fábricas de ferro devem ser citados dois. O da carta régia de 1811 — 5 de setembro —, que aprova a subscrição para que fosse estabelecida uma fábrica na capitania de Minas Gerais. E o de oito anos depois, quando a 29 de março era concedida, à Companhia de Mineração de Cuiabá, exclusividade de privilégio para extrair e fundir ferro na província de Mato Grosso.

Aqui, no Rio de Janeiro, foi serralheria e fundição afamada a estabelecida em 1828 por Miguel Couto dos Santos, possuidor do assaz honroso título de *mestre serralheiro da casa imperial*. Esse estabelecimento girou, já no regime republicano, sob a firma de Costa, Ferreira & Comp. Mas a primeira grande fundição de ferro, devida à iniciativa particular, foi a posta a funcionar nos primeiros dias de maio de 1841, pela firma inglesa Thomas White & Comp. No seu "estabelecimento de engenharia e fundição de ferro e bronze", esses industriais estavam aptos aos trabalhos desse gênero, inclusive fabricar âncoras, consertar máquinas a vapor, montar engenhos de açúcar, instalar caldeiras "segundo o princípio antigo e moderno", manufaturar ferramentas. E o melhor fundidor de bronze estava representado na pessoa do francês J. B. Antônio Marcandier.

O que primordialmente faltava para o desenvolvimento da indústria do ferro era o carvão. Isso preocupava o governo do Império, o qual faz partir para a Europa, em 1842, especialmente comissionado, o dr. J. Progot. Este douto no assunto descobrira, nas minas de carvão de Santa Catarina, camadas de limonite. E procedendo a experiências com o referido carvão, obtivera um coque que se lhe afigurava próprio para as grandes fornalhas. Mas o grande problema, a implantação da siderurgia, só foi possível — apesar dos esforços de tantos homens, dentre os quais devemos mencionar nosso progenitor, professor Adolfo Morales de los Rios — um século depois, pela ação decisiva do presidente Getúlio Vargas.

Continuando a discriminar as principais iniciativas industriais daqueles tempos, apontaremos como importante fábrica de móveis a de

Manuel José Martins, fundada em 1850, à rua do Sabão da Cidade Velha. Por sua vez, Francisco José Moreira, modesto mas hábil carpinteiro e marceneiro, estabelece naquele mesmo ano uma pequena marcenaria à rua Nova do Príncipe (atual Senador Pompeu), a qual se converteu, com o tempo, na importante e muito conhecida Fábrica Moreira Santos.

As fábricas de carruagens tinham a sua importância. A primeira grande oficina desse gênero aqui montada — em 1833 — foi a de João Ludolfo Guilherme Röhe, natural de Altona. Sabedor de que as carruagens do Brasil eram importadas da Europa, ele para aqui veio com o firme propósito de fundar a indústria de carruagens. E o conseguiu, pois trouxe material, máquinas aperfeiçoadas e idéias novas. A fábrica Röhe, instalada à rua de São Pedro, tornou-se popularíssima pelos tipos de carruagens que criou, de acordo com o meio brasileiro, anteriormente descritos quando tratamos dos serviços de transporte. Dinâmico ao extremo, Röhe não vacilou em trazer mais de 600 operários da Alemanha. Por tudo isso seu estabelecimento chegou a ser modelar. Constituiu, mesmo, uma escola de hábeis artífices, que se espalharam pelo Brasil e pela Argentina. Subsistiu até bem um quarto de século, quando o automóvel, invadindo as novas artérias do Rio de Janeiro renovado, delas expulsou a *caleça,* o *faéton,* a *vitória* e o *tílburi.* Depois da iniciativa de Röhe, coube a Anacleto Fragoso Rhodes fazer funcionar, a partir de 1835, uma oficina congênere na rua de São Joaquim n.º 155. Vendida, em 1847, a Luís Leroy, passou este para outra casa da mesma rua. Em 1850, havia seis grandes fábricas; quatro pertencentes a alemães: Röhe & Irmãos (nas ruas de São Leopoldo e Nova do Conde), João Guilherme de Suckow (na travessa de São Francisco de Paula), Frederico Strümpener (na rua Senhor dos Passos); e duas de propriedades de franceses: Jacques Bourbousson (na rua do Lavradio) e Francisco Balleydier (na rua dos Barbonos, fundos do Cassino Fluminense).

Estabelecimento de impermeabilidade chamava-se uma casa da rua da Candelária que tornava impermeáveis, "à água e não ao ar", panos e vestidos. A aplicação desse processo novo, curioso e difícil de compreender, custava pouco ao freguês. Assim, os panos de lã eram impermeabilizados a 500 réis o côvado, e a impermeabilização de um poncho ou capote orçava em 4$000 réis.

A indústria do frio, começada a ser explorada, em 1835, por N. Denis e Luís Bassini, que vendiam gelo e serviam sorvete no café *Cercle du Commerce,* à rua Direita, ia em franco progresso. Melhorada a fabricação do produto por Antônio Francioni, o gelo passou a ser vendido quer num depósito existente na Prainha, quer na Confeitaria de Deroche, à rua do Ouvidor. Uma libra custava 60 réis.

Havia, também, uma fábrica de asfalto: a da *Companhia Brasileira de Asfalto,* à rua da Conceição; uma de mármore artificial, pertencente a Hermenegildo Antônio Pinto, na rua de Mata-Cavalos; a de *Gás Hidrogênio Brasileiro,* de Carlos Gentil; e as seguintes indústrias: mobílias, pianos, curtumes, couros envernizados, oleados, marroquins, cola, cordoalha, charutos, cigarros, rapé, tinta de escrever, chapéus (de *patente* e de castor), licores, velas, vidros (a principal fábrica era a de F. A. M. Esberard, fundada em 1841 e que ainda existe), de tecidos de algodão (de Frederico Guilherme, fundada em 1841) e do papel (no Andaraí Pequeno, antiga fábrica de André Gaillard).

A mais importante fábrica de selins e arreios — indústria muito desenvolvida — era a da rua da Conceição, pertencente a Francisco da Silva Monteiro. Ela seguia, pela excelência dos produtos manufaturados, a tradição das antigas casas do francês César, do português José Joaquim da Silva (na rua do Ouvidor) e de Antônio Gonçalves Marinho (na rua do Sabão).

Tardia foi a implantação da tipografia no Rio de Janeiro. Não porque se ignorasse em que consistia essa arte, mas porque não convinha à Corte portuguesa que numa colônia americana circulassem notícias, jornais e livros dando a conhecer idéias novas ou divulgando as que lhe fossem contrárias.

A primeira tipografia estabelecida foi a de Antônio Isidoro da Fonseca, que iniciou os seus trabalhos no tempo de Bobadela, como conseqüência da fundação da Academia dos Felizes.

Com a transmigração da Corte portuguesa para o Brasil, fica estabelecida a Impressão Régia e a pouco e pouco, principalmente depois da Independência, as tipografias vão sendo instaladas e prosperam. E, assim, ficam conhecidas as seguintes: *Imperial,* de Émile Seignot-Plancher (à rua do Ouvidor n.º 95), que imprimiu o *Almanaque Nacional do Comércio do Império do Brasil*; de J. de Villeneuve; de Santos e Sousa; de Moreira e Garcez; de Silva Porto; a *Imparcial,* de Francisco de Paula Brito (no largo do Rossio), quartel-general dos românticos; a denominada de *Austral* (no beco do Bragança); do *Ostensor Brasileiro,* de J. J. Moreira; a do *Correio Mercantil;* de J. E. S. Cabral (à rua do Hospício), onde se imprimia a *Minerva Brasiliense;* a *Nova Oficina Tipográfica; a* do *Diário do Rio de Janeiro;* de Gueffier; de Torre; de René Ogier; de Lessa e Pereira; de T. Hunt & Comp.; e a dos irmãos Eduardo e Henrique Laemmert.

Eduardo Laemmert chega ao Rio de Janeiro em 1827, comissionado por uma livraria parisiense. Natural do Grão-Ducado de Baden, aprendera a arte tipográfica em Karlsruhe e possuía cultura, pois fora educado por seu pai, ministro protestante. Em 1833 funda uma livraria na rua da Quitanda n? 189 (transferida, após, para a rua do Ouvidor) e dois anos depois estabelece uma modesta oficina tipográfica. Desde então conta com a colaboração de seu irmão Henrique que, a seu chamado, viera da Alemanha. Em 1839, começam a publicar a popularíssima *Folhinha Laemmert,* que veio até nossos dias. Análoga iniciativa tiveram em 1844, com o lançamento do *Almanaque* do mesmo nome; não menos divulgado e valioso, pois constitui para o estudioso uma indispensável fonte de consulta. De oficina, o estabelecimento dos Laemmert se converte, em 1848, numa importante tipografia, estereotipia e encadernação. Fica instalada na rua dos Inválidos. Desde aquele momento, contribui para transformar e melhorar a arte tipográfica, formar inúmeros e hábeis artífices, e divulgar o pensamento brasileiro, ao lançar à venda centenas e mais centenas de livros e de publicações. Esse estabelecimento, cada vez mais desenvolvido e importante, ainda existe, pois passou a constituir a conhecida *Companhia Tipográfica do Brasil.*

Entre as empresas editoras de músicas, se destacou a firma V. Sydow & Cia., estabelecida à rua dos Ourives. Dos numerosos trabalhos que saíram de sua oficina, cabe mencionar um álbum de canto, romanças italianas, trechos de óperas e o *Álbum de Modinhas* de Laurindo Rabelo, com música de João L. de Almeida Cunha.

O estabelecimento de Laforge, montado à rua da Cadeia n? 89, se incumbia de imprimir as valsas de Strauss, todas as modinhas que apareciam, e músicas para cantar, com acompanhamento de flauta, tais como a recomendada para o "final de uma boa papança". Ei-la:

> *Coragem, ardor, folia*
> *Neste festim só queremos;*
> *Nossos copázios se esgotem,*
> *E seus fundos enxuguemos.*

302

Outro *modinheiro,* na adequada expressão de Mário de Andrade, foi Eduardo Laemmert, que imprimiu a *Lira Moderna, ou Coleção de modinhas brasileiras escolhidas e de um grande lundum para piano forte.*

O muito conhecido professor J. S. Arvelos, do Colégio de Pedro Segundo, foi, da mesma forma, compositor e editor de modinhas. Teve a sua oficina montada nas ruas da Assembléia e Carioca. Imprimiu a coleção de modinhas intitulada de *Bouquet de Rosas,* onde Mário de Andrade julga que apareceu pela primeira vez a popular: *Hei-de amar-te até morrer.*

Heaton & Rensburg, estabelecidos à rua da Ajuda, afamados pelos bons trabalhos litográficos que executavam, também eram editores, pois publicaram um jornal periódico para senhoras, denominado de *Ramalhete das Damas.* Outras litografias de real importância foram as de Luís Aleixo Boulanger (L. A. Boulanger, Risso & Cia.) e de Ludwig & Briggs.

Em 1850, havia vinte e cinco tipografias funcionando na cidade.

As oficinas e comércios congêneres costumavam estabelecer-se em determinadas ruas e lugares. Assim houve: as ruas dos Pescadores, dos Latoeiros, dos Ourives, dos Madeireiros, das Violas e da Quitanda; os becos dos Ferreiros, dos Calafates, dos Barbeiros e dos Adelos; e as praias dos Caixeiros (na ilha das Cobras) e dos Calafates, na ponta do Caju. E na rua dos Arcos trabalhavam os fabricantes de móveis. Do exposto ressalta que a iniciativa da Câmara Municipal, em 1837, visando a livrar o centro da cidade das fábricas e oficinas insalubres ou incômodas, pela remoção das mesmas para outras zonas, não fora coroada de completo êxito. De fato, a medida não obteve resultado senão parcial em virtude da oposição dos interessados em manter seus estabelecimentos sem ar, luz e higiene ou inundando a vizinhança de fumaça, como ocorria com a fundição montada defronte da Academia das Belas-Artes.

As *boticas* abundavam. Não obstante o decreto de 12 de abril de 1809 prever o ensino de *farmácia,* o fato é que essa palavra — então usada oficialmente pela primeira vez nesta cidade — não ficou generalizada. Pelo alvará de 22 de janeiro de 1810, que promulgou o novo

303

regimento para os delegados do físico-mor —, as boticas deviam ser periodicamente inspecionadas por *examinadores,* os quais, segundo as condições que as achassem, podiam outorgar certidões contendo as notas *B* (boa), *S* (suficiente) ou *R* (reprovada). Nesse tempo, as boticas estavam em mãos de práticos e, portanto, de empíricos. E, por isso mesmo, ousados. Pois sua audácia ia ao ponto de medicar. Em 1818, 30 de setembro, o físico-mor, barão de Alvaiazer, baixava instruções determinando que os boticários não se poderiam estabelecer nem mudar sem sua licença. Explicava que o objetivo dessa determinação era evitar que "se amontoem boticas umas ao pé das outras, de que ordinariamente resultam graves prejuízos à saúde pública". Não obstante, elas amontoavam-se nas casas que, na rua Direita, ocupavam toda a frente do quarteirão compreendida entre o largo do Paço e a rua do Ouvidor. Com o aperfeiçoamento dos estudos farmacêuticos, o nome de *botica* e de *boticário* foi caindo em desuso. E, assim, em 1850, é fundada, pelo dr. João Vicente Martins, a primeira farmácia homeopática.

A construção naval não deixava de ter certa importância. As antigas *teracenas,* ou *ribeiras das naus* do século XVII, se convertem em *estaleiros,* o que dá origem, em 1760 e 1798, à fundação dos arsenais de Marinha do Rio de Janeiro, Bahia, Pernambuco e Pará, e depois do de Mato Grosso. No vice-reinado do marquês do Lavradio foram instalados inúmeros estaleiros na ilha de Paquetá, que se incumbiam de construir *faluas, barcaças, catraias, barcos, botes* e *canoas,* necessárias ao transporte de pessoas, cargas, animais, produtos naturais e dos engenhos, cal e peixe. Na praia do *Estaleiro,* houve uma carreira onde foi construída a fragata *Estrela.* Mas não é somente essa denominação — do *Estaleiro* —, que faz lembrar o valor da construção naval de caráter privado que aqui existiu. Aí estão os nomes de *Galeão* e *Ribeira,* de praias da ilha do Governador, para acentuar aquela importância.

Entretanto, o desenvolvimento industrial teve — conforme assinala José Jobim — a tremenda oposição do comércio, quase todo estrangeiro. Isso ocorria porque os comerciantes estrangeiros preferiam o regime do livre câmbio concedido pelo governo imperial aos seus respectivos países para conseguir-lhes o reconhecimento da Independência. A Inglaterra era a nação mais prejudicada com a abolição do regime livre-cambista, pois a falta de cambiais na praça do Rio de Janeiro — conseqüência da desfavorável balança comercial do Brasil — obrigava o governo a realizar empréstimos em Londres. Era a maneira de cobrir o déficit.

A campanha contra as tarifas protecionistas, movida pelos negociantes estrangeiros com a ajuda de seus respectivos representantes diplomáticos, tornou-se tão pertinaz que as mesmas tiveram de ser modificadas em 1857, sendo então estabelecidas tarifas preferenciais, isto é, mais reduzidas, para certos artigos, como: matérias-primas, ferramentas agrícolas, gêneros alimentícios, etc. Só nisso o lucro do comércio estrangeiro foi enorme e tremendo o prejuízo do país, pelo adiamento do surto industrial.

Irineu Evangelista de Sousa — depois barão de Mauá — é a figura que aparece naquele período como excelso fomentador da grande indústria nacional: iluminação a gás, fundições, estaleiros, navegação a vapor, estradas de rodagem, fábricas de tecidos, exploração e construção de portos, extração de minerais. Tudo isso alicerçado em organização bancária, que obedecia a moldes novos e progressistas. Aconteceu-lhe o que aos precursores costuma suceder: foi incompreendido pelos patrícios, cuja mentalidade agrária é indicada pelo dr. Roberto Simonsen como sendo o maior obstáculo às suas iniciativas industriais; foi combatido pelos que, sendo negociantes estrangeiros, já se sentiam prejudicados pelo simples início de novas indústrias; e pouco ajudado pelo poder público, então geralmente contrário às grandes iniciativas de índole particular. Ademais como idealista, como homem que via onde outros nem sequer enxergavam, Irineu Evangelista foi além do que deveria ter ido. Não obstante, lançou benemeritamente os alicerces da era industrial da década que vai de 1880 a 1890. Aquela meia centena de estabelecimentos industriais do ano de 1850 ficaram suplantados pelos 636 estabelecimentos existentes em 1890. Houve, portanto, em 40 anos, um aumento de 586 estabelecimentos! E os mirradinhos 7.000:000$000 de réis — soma dos capitais empregados no meado do século em iniciativas industriais — ficavam ofuscados diante dos 400.000:000$000 de réis, aproximadamente, que estavam empregados até o ano seguinte ao da proclamação da República. O aumento, fantasmagórico, foi mais ou menos de 393 mil contos de réis!!!

Artes e Ofícios Elementares

Até pouco além de 1820, as artes e ofícios mecânicos estavam embandeirados, isto é, constituíam bandeiras dos ofícios: instituições que provinham dos tempos medievais. Os artífices portugueses sempre estiveram divididos em 24 *corporações* regidas por meio de regulamentos, ou *compromissos*. Cada *corporação* elegia o respectivo *juiz* e os 24 *juízes* escolhiam um presidente, denominado *juiz do povo*, e um *escrivão*. Ambos tinham assento nos Senados das Câmaras. No tempo do rei de Portugal d. Sebastião, esses grêmios profissionais foram anexados a sodalícios religiosos, adotando, cada um deles, um santo ou santa, sob cuja invocação funcionavam. De Portugal, essa organização — que diferia da peculiar às *corporações de ofícios* francesas — passou para o Brasil. Existiram, assim, inúmeras *bandeiras dos ofícios* — tal era a respectiva denominação — com juízes e escrivães privativos. Os juízes e escrivães faziam parte do grupo de personalidades chamadas *homens bons*, ou *bons do povo;* o que quer dizer, de categoria profissional, moral ou social. Os *oficiais*, ou *irmãos*, estavam congregados nas seguintes *bandeiras:* São José, São Gonçalo, São Miguel, São Crispim e São Crispiniano, São Jorge, Nossa Senhora da Conceição, Nossa Senhora das Mercês, Santa Justa e Santa Rufina, Senhora das Candeias, Senhora da Encarnação e Senhora da Oliveira. A presença das mesmas nas procissões era obrigatória. Cada uma se apresentava com a respectiva e rica bandeira de damasco, cheia de franjas, galões e borlas de ouro. A relativa proteção governamental aos ofícios embandeirados fica evidenciada pelo aviso n.º 16, de 2 de abril de 1813, assinado pelo conde de Aguiar dirigido ao presidente do Senado da Câmara, Luís Joaquim Duque Estrada Furtado de Mendonça, do teor seguinte: "O príncipe regente nosso senhor, tomando na sua real consideração o que pelo requerimento incluso lhe representaram o juiz e mesários da Irmandade de S. Crispim e S. Crispiniano desta Corte e outros que têm lojas abertas de ofício de sapateiro, é servido mandar declarar como abusiva a liberdade que se tem introduzido de se fazerem ocultamente, e se venderem pelas ruas desta Corte, sapatos e todo o mais gênero de calçado, com o pretexto da franqueza permitida pelo alvará de 27 de março de 1810, o qual somente é aplicável ao calçado que vem de fora, e se despacha na Alfândega, e que por isso Sua Alteza Real há por bem que a venda dela subsista franca, como até agora, e não a de semelhantes obras aqui fabricadas, e próprias de um ofício embandeirado, sujeito às leis municipais, e regulado por um compromisso. O que Vm. fará presente nesse Senado da Câmara, para que assim a fique entendendo, e o faça executar, passando para este efeito as ordens necessárias".

Pouco a pouco, as prerrogativas que esses grêmios possuíam — como a de verificar a capacidade dos aprendizes que se apresentassem ao *exame de ofício* e conceder a respectiva carta de *oficial* — foram sendo abandonadas. E as *bandeiras* desapareceram. Talvez também tivessem contribuído para isso os ônus e as severas obrigações a que todos os *irmãos da bandeira* estavam sujeitos. Também teve existência, na Casa da Moeda, a *Ordem dos Moedeiros,* que congregava todos os artífices fundidores, cunhadores e gravadores que trabalhavam naquele estabelecimento. O ingresso na Ordem obedecia a um ritual, ainda existindo, na dita Casa, o capacete de metal e a espada que eram utilizados no momento da consagração.

Em 1850 as tarefas vulgarmente denominadas de mecânicas, muito se tinham desenvolvido: eram em grande número. É bem interessante a sua discriminação. Artes do metal: ferreiros, serralheiros, fundidores de cobre, bate-folhas (atuais funileiros), latoeiros de folha amarela (atuais caldeireiros), picheleiros (os que faziam vasos de estanho e objetos de folha-de-flandres), latoeiros de fundição, bainheiros, cutileiros, espingardeiros, armeiros e freeiros (fabricantes de freios). Artes da madeira: marceneiros, torneiros, entalhadores, sambladores, carpinteiros de construção de carruagens, de jogos de carros e de móveis, coronheiros. Artes do couro: curtidores e surradores, correeiros, seleiros, odreiros e sapateiros. Artes do vestuário: alfaiates, algibebes (alfaiates que vendiam roupas feitas), sombreireiros, carapuceiros, luveiros e sirgueiros de agulha e de chapéus. Artes de construção: pedreiros, ponteiros (atuais canteiros), carpinteiros, ladrilheiros, azulejadores e vidraceiros. Artes gráficas: compositores de caixa, tipógrafos e gravadores. Artes de precisão: ourives, lapidários e relojoeiros. Outros ofícios: tanoeiros, cordoeiros de linha, tecelões, tapeceiros, estofadores, empalhadores, albardeiros, tosadores, oleiros, serradores e... chocolateiros!

Entre os entalhadores, dois tinham grande renome na cidade: Manuel Francisco dos Santos Devesa e Manuel Narciso de Figueiredo; grandes artistas, que muito colaboraram na melhoria decorativa dos templos da cidade. Como estucadores se faziam notar José Gory e um tal Very. Torneiros conhecidos eram Antônio Augusto Coelho

Lobão e Antônio José Marques, que trabalhavam o metal e a madeira, e o francês Delacroix, exímio na torneação em osso e marfim. Dentre os tintureiros, destacava-se François Amedée Salingre, estabelecido com loja à rua do Cano nº 29, defronte da travessa do Ouvidor e com oficina à margem da lagoa de Rodrigo de Freitas. Foi o inovador de pintar os portais com faixas de todas as cores, o que ainda hoje identifica as tinturarias. Essa casa veio até os nossos dias, permanecendo ainda no mesmo local. Outro francês tintureiro era Lebarbachon, com casa na rua de São José. Tinturaria que, com o tempo, se tornou muito conhecida e procurada foi a denominada de *Ao Guilherme Tell,* fundada, em 1850, pelo cidadão suíço Fernando Reyhner. Ainda existe. Os mais afamados tapeceiros e estofadores chamavam-se: Francisco Júlio Leger, *tapeceiro da Casa Imperial,* estabelecido à rua dos Ourives; Raimundo de Andrade Leite, *armador da Capela Imperial,* à rua do Hospício; e, mais, Brot & Filho, Dominique & Cia., Costrejean, e Manuel Dias & A. Rougemont. Os espingardeiros eram numerosos. A mais importante firma desse gênero era a da Viúva Laport & Irmãos, que existiu até bem pouco tempo.

Depois de levantada a proibição da existência de ourives e de lojas de ouro e de prata, muitos foram os artífices e negociantes dedicados a essas especialidades. Sejam, pois, apontados os principais, a saber: Antônio Gomes da Silva, ourives da Casa Real; Bernardo Alexandre da Silva, contramestre das obras de prata da Casa Real; Vicente Savi, ourives; Bento Marques Fortuna, ourives; Joaquim José de Siqueira, ourives de d. Carlota Joaquina; Daniel José Pereira, também ourives, que confeccionou as primeiras condecorações da Ordem da Torre e Espada; João Armando Ferreira, bate-folha de ouro; Charles Marin, joalheiro, autor da coroa imperial de d. Pedro II; Antônio Joaquim de Azevedo, ourives, que executou em ouro a *Mão da Justiça* (mão direita de d. Pedro II), de autoria de Marc Ferrez; Augusto Contans Benassi, joalheiro, que fez as insígnias da Ordem do Cruzeiro ostentadas por d. Pedro II no dia da sua ascensão ao trono; Manuel Teodoro Xavier, joalheiro da Casa Imperial e avaliador da Junta do Comércio; João Francisco Moreira, ourives; Francisco de Sousa Barbosa, prateiro; Patrício Ricardo Freire, negociante de ouro, prata e brilhantes; e Manuel Ribeiro da Silva Porto, ourives.

Houve, em 1846, setenta e oito joalherias e ourivesarias, das quais vinte pertenciam a franceses. Sessenta e seis estavam estabelecidas na rua dos Ourives, mantendo assim a tradição da carta régia que fixou taxativamente aquela via pública para localização dos mercadores de ouro e prata. Duas lojas, de franceses, já eram afamadas: de Charles Marin & C. e Chaussé & C.; ambas estabelecidas na rua do Ouvidor. Grande casa de jóias tinha, na rua dos Latoeiros, o joalheiro espanhol João André Cogoy, que a estabelecera em 1810. Como esmaltadores e, também, ourives, se destacavam naquele ano o francês Frederico Richard (estabelecido na rua da Ajuda) e o português Vitor Guilherme Resse (com casa na rua dos Ourives), que se especializara no fabrico de condecorações.

Em 1850, os prateiros muito trabalhavam, produzindo inúmeras, variadas e artísticas peças, como todas aquelas que ornavam os altares (banquetas, jarras, palmas, crucifixos, castiçais, lampadários, jogos de sacra, custódias, sinetas) e mais: os castões de bengalas, as caixinhas de rapé, as correntes, os penduricalhos, os argolões, as pulseiras, os tinteiros, as campainhas, os centros de mesa, os interessantíssimos paliteiros, os castiçais, os botões, as medalhas, os terços de rezar. Os mais afreguesados eram: o já citado Manuel Teodoro Xavier, Tomás Aquino Pereira, João Francisco Moreira, Domingos Farani, F. L. dos Santos e Manuel Ribeiro da Silva Porto & Companhia — estabelecidos na rua dos Ourives; e o conhecido e antes mencionado Marin. Constata-se, pois, que havia abundância de prata — muita dela vinda do Peru, através do rio da Prata. Por isso, não se deixará de dizer, como detalhe muito interessante, que no saque que sucedeu ao espingardeamento da praça do Comércio, no dia 21 de abril de 1821, os soldados "saquearam os móveis de prata do serviço da casa". Assim o afirmou José Domingos de Ataíde Moncorvo, testemunha presencial dos acontecimentos.

Os lapidários mais conhecidos chamavam-se Domingos Encrennaz (de vidros e cristais), Augusto José de Carvalho (de brilhantes, *lapidário da Casa Imperial)* e Antônio José da Costa Herreiro (de pedras de cor). Abridores em metais, havia muitos. Citemos os principais: Brito & Braga, H. Schereder, Jorge Leuzinger, H. Domère, Carlos Custódio de Azevedo, C. H. Furcy, João Batista Bissum, Henriot, Aranha & Cia., Renkin e Joaquim Antunes de Leão. Na gravura em pedra, ocupavam lugar de destaque os artistas Pedro Rambert e R. Rollenberg. Perrin, escultor em marfim, consertava leques na sua loja da rua do Ouvidor.

A daguerreotipia, invenção francesa, é em 1843 introduzida comercialmente pelos artistas Morand e Emith, que, a 30 de junho, inauguram no Hotel Pharoux o primeiro *atelier* dessa nova arte. Em meado do século, a daguerreotipia está em franco sucesso. O mais conhecido daguerreotipista é, então, Gaspar Antônio da Silva Guimarães, estabelecido na rua da Alfândega. E a seguir, começam a instalar-se os fotógrafos. Cristiano Júnior & Pacheco, estabelecidos à rua da Quitanda, foram muito procurados pela novidade que a fotografia apresentava entre nós. Tiveram como sucessores, no mesmo local, a Pacheco, Menezes & Irmão.

4) A LAVOURA

Fazendas e Engenhos

Os jesuítas foram os pioneiros do amanho da terra e da exploração de indústrias correlatas. Estabelecendo em S. Vicente o primeiro engenho de açúcar — como no-lo revelam: o marinheiro Antônio Knivet, da armada de Cavendish; o padre Fernão Cardim; frei Gaspar da Madre de Deus; o padre Simão de Vasconcelos, na sua interessantíssima *Crônica da Companhia;* e o próprio Anchieta — eles conseguiram possuir, em alguns anos, nada menos de sessenta e nove desses *engenhos* ou *monjolos.* Desde a partida dos jesuítas, ficaram abandonadas não só a fazenda de Santa Cruz, onde havia mais de 1.500 escravos, como também as demais propriedades rurais a eles pertencentes e situadas na região carioca, a saber: a do Engenho Velho (ou Engenho Pequeno, da bica dos Marinheiros, fazenda de São Cristóvão ou quinta dos Padres da Companhia), de vastíssima extensão, onde se procedia ao fabrico de açúcar e havia grande quantidade de cabeças de gado e inúmeros escravos empregados na lavoura, fundada entre os anos de 1582 e 1586; e a do Engenho Novo (assim chamada para diferençá-la da outra, e ulteriormente denominada: fazenda do Engenho de Dentro), que possuía uma grande usina de açúcar, tendo sido propriedade dos jesuítas desde os primeiros anos do século XVII até 14 de março de 1760, quando se retiraram.

No vice-reinado do marquês do Lavradio cultivou-se, nas terras que rodeavam a cidade, a cochonilha, o anil, o arroz e o café. Mas, enviados o primeiro, o segundo e o quarto, desses produtos, para Lisboa, por conta da Real Fazenda, os produtores não viram uma prata... A tentativa de iniciar a cultura do tabaco em Santa Cruz, Marapicu e ao longo do rio Guandu, também fracassou.

Dos lavradores do tempo de d. João VI, o mais rico era o visconde de Asseca, que possuía importantes lavouras na Tijuca, em Jacarepaguá, Gávea, Iguaçu e Campos dos Goitacases.

Em 1850, a produção agrícola das terras fluminenses e cariocas era suficiente para o abastecimento da população. Constava de feijão, mandioca, taioba, mangarito, aipim, araruta, batata, inhame (de origem asiática), abóbora, alface, celga e couve (vegetais oriundos de Portugal). A produção de Jacarepaguá era constituída de ervas, legumes, frutas, milho, aguardente, carvão vegetal e lenha. A da região de Santa Cruz compreendia arroz, feijão, milho, mandioca, amendoim, café, cana e anil. E a zona de Inhaúma, dotada de pequena lavoura, fornecia aos mercados boas batatas, hortaliças, laranjas e bananas.

Os morros da cidade apresentavam vastas plantações de café. E assim ocorreu — como ensina o prof. Afonso d'Escragnolle Taunay — porque foi no Rio de Janeiro que, em 1760, se realizaram as sementeiras dos cafeeiros trazidos do Maranhão por ordem do chanceler da Relação João Alberto Castelo Branco. Havia pequenos cafezais na cerca dos frades barbonos, na fazenda de Mata-Porcos, pertencente ao holandês Hopmann (na atual rua Haddock Lobo, próximo ao largo do Estácio) e na chácara das Mangueiras (contígua à dos frades, sede da Legação Britânica, na atual rua Evaristo da Veiga).

Grandes cafezais vicejavam nos morros de Santa Teresa e de Botafogo e nas encostas dos vales das Laranjeiras, do Andaraí, da Tijuca. Nas Laranjeiras, importante era a plantação do general Hogendorp; e nas Águas Férreas, de não menor valor estava considerada a do cônsul Chamberlain. Na Tijuca, os cafezais pertencentes a franceses tinham bastante importância. Assim, podiam ser apontadas as plantações da condessa de Roquefeuville, na Cascata Grande, e de Hippolyte Taunay, filho de Nicolas Antoine, na Cascatinha. Este lindo recanto, conhecido como Cascatinha Taunay, onde se plantava café Bourbon, era freqüentado por nobres franceses exilados, viajantes célebres e membros da Missão Artística Francesa, estando hoje assinalado por um monumento que o prefeito Antônio Prado Júnior fez erigir. No alto da Tijuca também existia o importante cafezal de 30 mil pés plantado nas terras do visconde de Asseca. Constituía a fazenda denominada da Grande Cascata. Possuía: enorme terreno, plantações de café (que podiam dar de três a quatro mil arrobas), laranjeiras de enxerto e da China, bananeiras, macieiras, figueiras, pereiras, cajueiros, pessegueiros, jabuticabeiras e parreiras; novo e bom engenho de

311

socar café, outros de mandioca e farinha, sendo os pilões movidos a água, que era abundante; armazéns para depositar café e para guardar mantimentos; e casa de vivenda com bons cômodos e grande cozinha. Pelas redondezas, Mrs. Moke, rica inglesa, possuía cafezal avaliado em 10 mil pés. O café ali produzido era considerado o melhor. E um brasileiro e vedor de d. Pedro II, José Maria Correia de Sá — casado com dona Leonor de Saldanha da Gama, filha dos condes da Ponte e dama honorária da imperatriz —, tinha na mesma zona uma fazendola de café denominada de Cantagalo.

Nos longínquos sítios disseminados em volta do Rio de Janeiro, a lavoura cafeeira foi-se desenvolvendo. Assim, a fazenda do Mendanha, em Campo Grande, pertencente ao padre Antônio Lopes da Fonseca, foi um centro de cultura e de disseminação do café, aproveitando as sementes da plantação dos barbadinhos. Na Gávea, não faltavam fazendolas com cafeeiros. Na zona de Jacarepaguá se distinguia um grande plantador: o médico francês dr. Lecesne, que possuía 60 mil cafeeiros. E o alemão Duffles era dono de 40 mil pés, plantados em sua vasta propriedade situada entre Santa Cruz e Itaguaí.

Da cidade do Rio de Janeiro, o café foi levado nos primeiros anos do século XIX para o riquíssimo vale do Paraíba. Isso se deveu ao bispo d. José Joaquim de Castelo Branco, que cedeu algumas mudas de sua fazenda do Capão, em Inhaúma, ao padre Antônio Couto da Fonseca, que as plantou em Resende. A partir de 1821, o café invade toda a região. E assim como a descoberta das minas foi a subida da gente de toda a parte, a exploração do café foi a descida da gente das Minas Gerais e a subida da gente da Carioca. Criaram-se, dessa forma, na terra fluminense núcleos de população de grande importância, como Resende, Valença, Vassouras e São João Marcos. Mas o café foi derrubando a mata fluminense e penetra no território de São Paulo. O paulista vem ao seu encontro e surge muito depois, já em pleno regime republicano, o respectivo surto cafeeiro. Tem-se, assim, que o século XIX, brasileiro, foi o do café.

Muito embora não se pudesse, naqueles tempos, distinguir entre uma *quinta* e uma *fazenda,* assinalemos que a denominação da primeira se aplicava mais a uma propriedade de recreio, casa de campo — como ficou antes dito —, onde, é claro, havia lavoura. Ao passo que derivando-se a palavra *fazenda* de *fazer,* ela significava a ação de executar qualquer coisa, o procedimento, a lida, a labuta. Daí, dizer-se *fazenda de canas, fazenda de gado, fazenda de café.* Como em lojas

312

da cidade se vendia o que produzia a fazenda, surgiu a designação de *loja da fazenda.* E sendo os tecidos grosseiros ou as rendas e bordados feitos nas fazendas também vendidos na *loja da fazenda,* esta passou a ser a *loja de fazenda,* isto é, a loja dos panos e dos tecidos. Derivados de *fazenda,* originaram-se as palavras *fazendinha* où *fazendola,* pequena propriedade rural ou de pequeno rendimento; e *fazendeiro,* dono, proprietário da fazenda. E derivado de *fazer* se tem, também, o *feitor,* isto é, o que fez executar e, portanto, braço direito do fazendeiro.

Uma *fazenda* era constituída da residência do fazendeiro: *casa da fazenda,* quando importante; *casa da roça,* no caso de ser de menor importância ou com o intuito de demonstrar modéstia. Geralmente, a casa da fazenda era de sobrado ou com dois pavimentos; outras vezes possuía um lanço térreo e outro de sobrado. Também não faltava a que, sendo térrea, tinha uma água-furtada ou pequena câmara e, por isso, chamada de camarinha. Em qualquer dessas residências rurais o mobiliário era sempre o mesmo: redes, catres, camas do espaldar, cadeiras rasas, cadeiras de espaldar ou *de estado,* tamboretes, bufetes de cedro ou de jacarandá, avantajadas malas, enormes baús ou arcas (revestidas de couro de boi liso ou de couro com o respectivo pêlo, e pregação de metal em relevo), escrivaninhas de lei com tampo de correr, e longas mesas para as refeições, vasilhas de louça (lisboeta, espanhola ou indiana), vasilhame de estanho, castiçais de metal ou de prata.

A seguir, vinha a residência dos escravos. Com o tempo, os ranchos ou palhoças, com cobertura de sapê, que a constituíam, foram substituídas pela *senzala,* construção de taipa de pilão e de taipa de mão, coberta de telha de canal, formada de uma série de cubículos térreos, dotados de uma única porta ou de uma janela e porta. Mas tanto a janela quanto a porta estavam dotadas de rótula. Em construções semelhantes viviam os agregados livres. Depois, se notava a fábrica: o monjolo para pilar milho ou o engenho para moer cana. Rodeando tudo isso e espalhando-se pelas terras, as lavouras. Essas eram variadas, contrariamente ao que ocorria em outros pontos do Brasil. Havia, assim, lado a lado, as culturas do café — sempre com o seu grande terreiro —, da cana-de-açúcar, da mandioca e das frutas, principalmente a da bananeira.

Outras fazendas importantes foram: a Imperial de Santa Cruz; a da Taquara, em Jacarepaguá, que fora da casa do visconde de Asseca e pertencia, naquele meado do século XIX, aos Fonseca Teles; a do

Pau-Ferro; as de Camorim, Vargem Pequena e Vargem Grande (em Jacarepaguá), pertencentes aos beneditinos; a do Rio Grande, também em Jacarepaguá; as de Iuari e das Capoeiras, em Campo Grande; a de Nossa Senhora da Conceição, na Pavuna; a do Capão do Bispo, em Inhaúma; a da Pedra, em Guaratiba; a dos Macacos, na Gávea, convertida em horto florestal; a de N. S. da Paz, que depois se converteu em fazenda de Dona Clara, origem do hoje importantíssimo subúrbio; a da Olaria, desmembrada da quinta de São Clemente, em Botafogo; a também denominada da Olaria, pertencente a Grandjean de Montigny, na Gávea; a do Engenho Novo, então na posse de Manuel Araújo Gomes, Manuel Joaquim da Silva e Castro e Manuel Teodoro; a do Macaco, no Engenho Velho, que pertenceu à Coroa, tendo mais tarde dado origem ao bairro de Vila Isabel; e as, magníficas, pertencentes aos fazendeiros franceses César e Valais, situadas no Pedregulho, que foram visitadas em 1844 pelo inspetor geral das alfândegas francesas Jules Itier, de passagem pelo Rio de Janeiro.

Pela discriminação acima, constata-se que a maioria das fazendas estava no *sertão*. O sertão era a terra que ficava ao longe. Uma vez, fora terra de ninguém; outras vezes, latifúndio. Nele, a fazenda representava: economicamente — terra de trabalho; geograficamente — ponto isolado na própria solidão; socialmente — ilha feudal, em que habitavam três classes: a de cima, constituída do fazendeiro e da família; a classe média, formada pelos agregados: feitores, capatazes, mestres, artífices; e a de baixo, constituída dos escravos. O sertão foi sempre uma terra que se transmudou, pois o que numa época o constituía, noutra deixava de ser. Os seus limites não eram fixos. Nos termos de aforamento e em outros, era freqüente registrar-se que tal porção de terra teria tantas braças de frente "e o que houvesse de sertão". O sertão começava no limite suburbano das cidades e vilas, nos lugares por onde passavam afastados rios, nas florestas espessas, nos vales cercados pelas altaneiras montanhas; principiava no desconhecido que tanto se desejava conhecer. *Sertão* era e é mistério; o incomensurável. Por isso não tem termo, ou melhor, termina no longo caminho do sol, no rumo de todos os ventos que sopram para a terra ou a varrem; na direção do além.

O fazendeiro era chamado *senhor de engenho* quando, na sua propriedade, a finalidade era industrial. O *engenho,* grande fábrica

314

agrícola, destinava-se a moer cana. Até a introdução, ou melhor, até a generalização do uso da caldeira a vapor — o que somente ocorre na década 1840-50 —, os engenhos eram geralmente movidos por meio de rodas de água. Havia os *engenhos copeiros,* assim chamados porque as respectivas rodas recebiam, nos cubos ou compartimentos em que estavam divididas, a água caída do alto. Um tubo ou calha despejava a água e esta, enchendo os cubos, fazia que, pelo peso da água neles depositada, a roda girasse e despejasse o líquido no momento em que cada cubo passava da posição vertical para a inclinada e desta para a posição horizontal. Mas os engenhos podiam ser *meio-copeiros,* ou *rasteiros,* quando as respectivas rodas eram movidas pela água que sobre elas incidia abaixo do respectivo eixo. Era um movimento exercido pela exclusiva pressão da água sobre cada um dos cubos dispostos em volta da roda, propriamente dita. Quando o engenho era de pequenas proporções ou de pequeno rendimento, recebia a denominação de *engenhoca.* Tal era o caso das *engenhocas* de três paus, ou *engenhos trapiches,* ou simplesmente *trapiches.* Eram almanjarras — grandes peças de madeira — a que estavam atrelados os animais que faziam funcionar a moenda. E como as almanjarras eram muito grandes, atravancantes, costuma-se hoje dar, por analogia, tal denominação a tudo quanto é grande demais, atravancador, incômodo por ocupar muito lugar.

Dentre os importantes engenhos que houve nas cercanias do Rio de Janeiro, tornou-se assinalado o Engenho da Rainha, montado em 1810, no lugar denominado Freguesia, em Inhaúma. Em 1835 existiam oito engenhos de açúcar e aguardente em Jacarepaguá. Entre 1840-50 havia nessa região alguns bem importantes, como: o de Água, à margem da lagoa, pertencente ao já citado Correia de Sá; o de Fora, fundado em 1600 no vale chamado do Marangá, pertencente à família Fonseca Teles; e o da Serra. Bastantes eram também os de Inhaúma, onde se destacava o Engenho da Pedra, e os de Irajá. E na província do Rio de Janeiro, eles não faltavam em Campos, Cabo Frio e Ilha Grande. As espécies de cana-de-açúcar mais comumente plantadas eram as denominadas de *caiena* e *crioula,* sendo que esta fora trazida, em 1531, por Martim Afonso de Sousa, da Ilha da Madeira.

O algodão dava, em pequena quantidade, nos arredores do Rio de Janeiro. Para suprir a falta que do mesmo havia, recebia-se algodão de Minas Gerais e do Maranhão. Relembre-se que o algodão brasileiro começou a ser exportado na primeira metade do século XVI. Em 1808, a exportação andava em pouco mais de 400 mil arrobas ao preço de 4$000 rs. E dez anos depois já rendia mais de 2 mil contos de réis. O fumo era cultivado em toda a zona litorânea, principalmente nas ilhas da baía de Guanabara, em Parati e em Angra dos Reis.

O chá, plantado por chineses nos contrafortes do Corcovado, completava as refeições dos estrangeiros. As frutas nativas: caju, abacaxi, cambucá, jenipapo, maracujá, bacuri, jabuticaba, cajá-manga, cabeluda, grumixama, butiá, goiaba, pitanga, araçá, jamaxi, buriti, banana *(Musa paradisíaca),* laranja e coco da Bahia; emparelhavam, na procura, com aquelas outras provenientes de regiões da América: fruta-de-conde, mamão, cajá, sapoti, abacate, abricó e abiu; ou com as da Europa e já aclimatadas: a maçã, os figos, a pera, a romã, a ameixa, o melão, a melancia, os morangos e as uvas brancas e pretas. Não menos procuradas eram: a lechia, a longana, a amora, a tangerina e a laranja-da-china; o sapoti preto, a manga, o jambo e o pêssego — da Índia; a lima-da-pérsia; o marmelo e o limão doce da Ásia Menor; o tamarindo e as bananas anã (nanica ou caturra) e roxa das Índias Orientais; a fruta-pão, a jaca e a carambola — cujas sementes eram provenientes das Molucas. Em menor escala se consumia a tâmara (originária da África) e a ameixa de Madagáscar. As iniciativas de franceses muito contribuíram para o desenvolvimento da fruticultura. Assim, o conde de Gestas, que também exercera o cargo de cônsul da França no Rio, foi um grande horticultor e plantador de frutas européias. Até 1837, quando pereceu afogado junto à ilha do Viana, ao pretender salvar um negrinho que viajava com ele num bote, o conde conseguiu aclimatar o morango, a ameixa, o abricó e a maçã. E Mr. Maçon, padeiro francês, aqui procurou, outrossim, transplantar as frutas da Europa Meridional e da França.

5) A CRIAÇÃO

Os Currais

A exportação de alguns centos de milhares de quilos de chifres, matéria-prima indispensável a inúmeras e valiosas indústrias, demonstra sobejamente que o gado e os produtos dele derivados ocupa-

316

vam lugar importante no comércio e na indústria carioca. De fato, os rebanhos existentes nos currais de Campo Grande e da cidade não eram pequenos, posto que o primitivo carregamento de bois e vacas trazido, por Tomé de Sousa, de Cabo Verde para a Bahia, se tinha desenvolvido por forma tal que permitira não só a formação dos grandes núcleos de criação baianos, mineiros, fluminenses e vicentinos, como até a exportação de gado em pé para o vice-reinado do Rio da Prata. Tomé de Sousa no Brasil e o *Adelantado* Martínez de Irala são os marcos que assinalam a introdução do gado nessas terras da América.

Entretanto, a criação de gado não existia próximo à cidade por falta de boas pastagens. Longinquamente e excelentes é que podiam ser encontradas: nos Campos dos Goitacases. O gado vinha dali e do sul através de São Paulo. O vaqueiro não era, pois, figura familiar às terras da carioca. Ele desaparecera antes de 1800, quando deixou de existir a criação bovina na antiga fazenda de Santa Cruz.

Não se julgue, porém, que a carne verde era muito consumida. Bem pelo contrário, visto ser cara e ruim. E o comércio de carnes verdes se caracterizou pela luta entre o produtor e o atravessador. Este sempre venceu. Assim, em 1842 existia o monopólio desse comércio. O matadouro, situado na praia de Santa Luzia, era infectíssimo. Por isso, a Câmara Municipal fora autorizada pela lei orçamentária de 1845 a despender 300 contos de réis, com a construção do novo estabelecimento desse gênero.

6) A PESCA

Baleias e Peixes

A pesca da baleia foi, no Brasil, um ramo de indústria que grandes resultados proporcionou a todos que a ela se dedicaram. O iniciador da pesca do valioso cetáceo foi, em 1602, o biscainho Pedro de Urecha, que veio ter ao Brasil em companhia do governador Diogo de Botelho. Foi ele quem ensinou o processo de arpoar aos pescadores portugueses que habitavam as zonas marítimas. A quantidade de cetáceos que as percorriam, chegando ao ponto de penetrar nos remansos, baías e barras dos rios, era tal que a Coroa portuguesa chamou a si a exploração, convertendo-a em monopólio. Assim sendo, a Coroa fez o mesmo que com o pau-brasil: concedeu a exploração mediante contrato; e surgiu o *contratador* da pesca da baleia. Realizada a arrematação, em virtude da qual o arrematante pagava, pelo espaço de três anos, a quantia a que se obrigara, somente faltava erigir a *armação*. Sob esse nome era conhecido o entreposto, constituído de oficinas de caldeiras, dos depósitos de azeite, dos indispensáveis estaleiros, das casas da administração, do almoxarifado e depósito de barbatanas e, até, da capelinha e das residências do pessoal empregado na indústria. Era uma vila em miniatura.

As armações espalharam-se pela costa, ficando as principais instaladas na Bahia, Rio de Janeiro e Santa Catarina. A do Rio de Janeiro, que começou a trabalhar no século XVII, abrangia todo o litoral até Santa Catarina. Fechou as portas — como se verá mais adiante — nos primeiros decênios do século XIX, em virtude da dizimação infligida aos, antes, numerosíssimos cetáceos. Dos mesmos, aproveitava-se a carne, as barbatanas, e fazia-se azeite e cola. Em cada ano, somente se trabalhava de dois a três meses: sendo um no oceano, para arpoar; e os outros, para desfazer as baleias, arrancar as barbatanas e extrair e purgar o azeite. As embarcações empregadas eram as baleeiras, tripuladas por onze homens: um arpoador, um timoneiro, um moço de armas e oito moços. Aprisionava-se anualmente uma média de 250 baleias, que produziam mais de 3 mil pipas de azeite e 1 mil quilos de barbatanas. O *Contrato da Pesca da Baleia* — tal era o nome da empresa — também empregava muitos homens como chefes de serviço, guarda-livros, escriturários, caixeiros, operários e artífices. Um dos mais ricos arrematantes da pesca da baleia foi, nesta zona, Brás de Pina, cuja armação estivera montada no lugar onde viria a existir o cais dos Mineiros, antes chamado com o nome daquele armador, pois o construíra para seu serviço. A armação da carioca estava, pois, fronteira à atual rua Visconde de Itaúna. Brás de Pina se tornou riquíssimo, o que aliás acontecia com todos os arrematantes daquela exploração, tendo sido sesmeiro de vasta zona dos subúrbios ainda conhecida com o seu nome. Existe, mesmo, uma estação da estrada de ferro Leopoldina assim chamada. Informa Gustavo Barroso que a extração do azeite das baleias, para a iluminação pública, deu origem ao nome de rua do Azeite de Peixe, que outrora tivera a, depois, chamada do Sabão e de General Câmara. Com a construção do edifício para a Alfândega, a armação passou para a margem oposta da baía. Depois de Brás de Pina houve outro contratante, até que em 1801 o governo da metrópole ficou com a exploração. O resultado foi o fracasso, e

318

assim, em 1816, foi novamente entregue aquela exploração a um particular. Com a bárbara perseguição que os cetáceos sofreram, essa exploração estava, em 1822, virtualmente extinta. Dois anos depois foram vendidos os utensílios empregados na fabricação do azeite. E o governo do Império se apossa dos terrenos e benfeitorias da armação, convertendo os edifícios em depósitos de imigrantes. O curioso é que, tendo sido instalada a armação em São Lourenço, na margem da Guanabara fronteira à cidade do Rio de Janeiro, no lugar que ainda guarda esse nome, ora ocupado pela diretoria de armamento da Marinha de Guerra, não faltou quem afirmasse que a denominação de armação provinha de *armamento de guerra!...*

A pesca de peixes era praticada em toda a costa do Município Neutro. Acontece que as redes de malha muito fina prejudicavam as crias, pois arrebanhavam tudo que nelas caía. Daí a diminuição da piscosidade de certas zonas marítimas. A medida foi proibir o uso de tais redes. Isso foi determinado em 1823, mas, como não fosse observada essa ordem, outra teve de ser expedida mandando pôr em vigor a proibição. Tem seu ridículo essa segunda determinação, pois, confessando um fracasso, prepara outro não menor. As qualidades mais conhecidas e apreciadas naqueles tempos foram: as garoupas, os robalos, os namorados, os dourados, os bijupirás, as tainhas, os linguados, as enchovas, as pescadas, as pescadinhas, as sardinhas, os meros, as lulas, os caranguejos e os siris.

7) OS TRIBUTOS

OS DÍZIMOS, SUBSÍDIOS E QUINTOS — A DÉCIMA URBANA — PAPEL SELADO E IMPOSTOS SOBRE HERANÇAS E LEGADOS — TRIBUTAÇÃO COMERCIAL — O IMPOSTO DO BANCO — A TAXA DO GADO — IMPOSTOS SOBRE BEBIDAS ALCOÓLICAS — OUTROS IMPOSTOS — A TAXA DE ÁGUA — AS FONTES DE RENDA DO MUNICÍPIO EM 1850

Os Dízimos, Subsídios e Quintos

Dentre os numerosos tributos que, nos tempos coloniais, recaíram sobre os produtores e negociantes da cidade, houve o *dízimo*, que consistia no pagamento da décima parte da importância dos frutos colhidos da terra e dos produtos da criação e da pesca. Antiga concessão da Santa Sé, esse imposto foi estabelecido com o propósito de propagar a fé católica, custear o culto religioso, construir igrejas e pagar as côngruas dos sacerdotes. Exercendo o padroado sobre as igrejas da metrópole e dos domínios de ultramar, os reis de Portugal tinham a faculdade de impô-lo e de o mandar arrecadar. E rendia tanto que foi estendido a tudo, permitindo, assim, que a arrecadação fosse arrendada a uns felizardos que recebiam a denominação de *arrematadores do dízimo*. O tabaco, o açúcar, a aguardente, o café e o gado pagavam o dízimo no caso de serem exportados. O açúcar contribuía, além, com o imposto de quinhentos réis por caixa. Mas o açúcar e o tabaco também estavam sujeitos ao *donativo* de 1662, ao *subsídio* do terremoto de Lisboa (1755) e ao subsídio de 1799. E o gado pagava, outrossim, o *quinto* dos couros, muito embora os animais estivessem vivos! Antes do Brasil Reino também existiu o *subsídio real,* ou *nacional,* que incidia sobre a carne fresca, as peles, o açúcar de cana e os tecidos grossos de algodão fabricados no Brasil.

A Décima Urbana

Os proprietários dos prédios estavam obrigados ao pagamento anual do imposto predial, taxa de dez por cento sobre a renda das casas, conhecido sob o nome de *décima urbana*. Originário de Portugal, onde foi criado em 1762, para o Brasil foi transplantado pelo alvará de 27 de junho de 1808, do teor seguinte: *"PRÍNCIPE COM GUARDA. — D. FERNANDO JOSÉ DE PORTUGAL — Alvará com força de lei pelo qual Vossa Alteza Real há por bem determinar que se imponha décima nos prédios urbanos desta Corte, Cidades e Vilas e lugares notáveis situados à beira-mar deste Estado e mais Domínios, menos os da Ásia, na forma acima exposta. Para Vossa Alteza Real ver — João Álvares de Miranda Varejão o fez."*

Desde então, diversos alvarás, leis, avisos, portarias, decretos resoluções regularam o lançamento dessa tributação — com a qual sempre contaram as administrações para fazer frente às despesas municipais — e a respectiva arrecadação. Vejamos os principais atos oficiais. Em 1809, pelo alvará de 3 de junho, se determina que todos os prédios urbanos paguem a décima. Nesse mesmo ano, o Conselho de Fazenda determina o prazo necessário para início da cobrança do mesmo nas províncias do interior. Em 1815, em virtude de abusos praticados pelos lançadores, é recomendada toda a moderação nas

A entrada do Rio de Janeiro tomada da Glória, c. 1854. Óleo sobre tela de Pieter Godfred Bertichen (acervo Museu Imperial, Petrópolis/RJ).

O bairro da Glória, com sua igreja, visto da praia de Santa Luzia. Litografia do francês Alfred Martinet, paisagista que morou na rua do Lavradio.

O Rio visto do outeiro da Glória. Maria Graham in *Diário de uma viagem ao Brasil e de uma estada nesse país durante parte dos anos de 1821,1822 e 1823* (Londres, 1824).

Aqueduto da Carioca e Lapa. 1858. Victor Frond, litografia a partir de foto original (acervo Biblioteca Nacional).

Vista do Rio de Janeiro em 1817. Óleo sobre tela do austríaco Thomas Ender.

Três vistas panorâmicas tomadas do Corcovado. No alto, entre Botafogo e Flamengo, com a baía de Guanabara e Niterói ao fundo. No centro, fundo da baía com São Cristóvão e adjacências. Por fim, entre Glória e São Cristóvão, em destaque o Pão de Açúcar. Martinet, 1849 (acervo Museus Castro Maya/RJ).

A lagoa Rodrigo de Freitas em desenho de Maria Graham, em 21 de dezembro de 1821.

O mesmo local, retratado por J. M. Rugendas.

Palácio imperial da Quinta da Boa Vista, em São Cristóvão, meados do século XIX. James C. Fletcher e D. P. Kidder (in *Brazil and the brazilians*).

De outro ângulo, o palácio de São Cristóvão, residência da família imperial, retratado pela governanta inglesa Maria Graham, que nele morou.

Praia de Botafogo, c. 1865, foto de George Leuzinger (acervo MAM/RJ).

Vista do vale das Laranjeiras desde a casa de von Hogendorp. Maria Graham.

Vista do Corcovado e do Catete tomada da pedreira. Rugendas.

O Catete visto do alto de Mata-Cavalos por Thomas Ender, c. 1818.

O largo da Carioca em 1816 tomado do morro de Santo Antônio. Óleo sobre tela de Nicolas Antoine Taunay.

Glória e entrada da barra vistas do alto de Santa Teresa. Anônimo, datado de setembro de 1841.

Vista panorâmica: morro do Castelo e Hospital Militar, 1858. Victor Frond, litografia a partir de foto original (acervo Biblioteca Nacional).

Entrada da barra e porto do Rio de Janeiro, 1867. Fotografia de George Leuzinger (acervo Museu de Arte Moderna / RJ).

Panorama da cidade com Hospital da Misericórdia, 1858. Victor Frond.

Vista do Rio de Janeiro tomada próximo ao outeiro da Glória. Rugendas.

Acima, entrada da barra a partir da rua Aprazível, em Santa Teresa, 1859. Óleo sobre tela de Emil Bauch (acervo Museus Castro Maya/RJ). À esquerda, o Corcovado visto de Botafogo. Desenho de Maria Graham, gravura de Edward Finden.

Mercado perto da praia atrás do trapiche da Alfândega. Thomas Ender.

Cais Pharoux, c. 1900, foto de Luiz Musso (in *Vues de Rio de Janeiro, Brésil*, acervo Biblioteca Nacional).

Ao lado, cascatinha na floresta da Tijuca no traço de Rugendas. Abaixo, montanha da Tijuca vista do caminho de São Cristóvão, por Biard.

Vista da Gamboa em 1852. Óleo sobre madeira de Abraham Louis Buvelot (Museu Nacional de Belas-Artes/RJ).

Plantação de chá dos chineses trazidos pelo conde da Barca, no Jardim Botânico. Rugendas.

A serra dos Órgãos e o caminho para Teresópolis.

Rio Inhomirim na baía de Guanabara. Desenhos de Rugendas.

A bela enseada de Botafogo sob a ótica de J. M. Rugendas.

A casa de Hogendorp em Laranjeiras e a bica da Rainha. M. Graham.

operações de lançamento. E são isentados do imposto os casebres ocupados pelos mendigos. Depois da Independência, isto é, em 1826, é incumbido o desembargador José Bernardo de Figueiredo de organizar um novo sistema de lançamento e cobrança. Quatro anos depois são criadas as *coletorias,* em substituição às *superintendências* e *juntas de lançamento,* que até então tinham estado à frente do importante serviço arrecadador. Mas, em 1836, as coletorias são substituídas, em suas funções, pela *Recebedoria do Município.* No ano anterior, tinham sido expedidos três atos bem importantes: isentando da décima as vilas e povoações que não tivessem mais de cem prédios em logradouros arruados; dispondo sobre o pagamento da décima das sublocações dos prédios; e fixando a décima que deviam pagar os prédios pertencentes ao Episcopado. Uma *décima* adicional é instituída por decreto de 23 de outubro de 1832. Era a maneira de fazer face às despesas com o pagamento de juros e amortização dos compromissos (apólices) do governo para pagamento de presas. É o cúmulo! O ano de 1838 é caracterizado pela medida tendente a verificar a medição da légua além dos limites urbanos, para pagamento da décima. Em virtude do decreto nº 151, de 11 de abril de 1842, esse imposto é virtualmente reduzido para 9%. Mas, cinco anos após, é aumentado. Em 1850 ficam fixadas as normas para lançamento de prédios de caráter nacional. Alterado e sofrendo muitas isenções, esse imposto é, ainda hoje, um dos maiores arrecadados pela municipalidade.

Papel Selado e Impostos sobre Heranças e Legados

Desde 1804, tinham sido estabelecidos, pelo alvará de 24 de janeiro, impostos relativos ao papel selado e às heranças e legados. Em virtude da transferência do governo real para o Rio de Janeiro, ambos os impostos foram revigorados pelo alvará de 17 de junho de 1809. Entretanto, já no ano seguinte a Santa Casa de Misericórdia obtém, pelo alvará de 26 de setembro, isenção de selo para os legados que lhe fossem deixados. Igual favor é concedido, em 20 de maio de 1811, a todas as santas casas de misericórdia do Brasil e dos domínios ultramarinos. Em 1825, o aviso nº 215, de 30 de novembro, dispõe sobre a cobrança do selo de papel. Reinando a maior confusão na arrecadação desse tributo, são baixadas instruções esclarecedoras em 1833, pelo aviso nº 693, de 14 de novembro. Por fim, em 1843, fica determinado pela lei nº 317, de 21 de outubro, que o imposto do selo seria proporcional e fixo. O proporcional, cobrado de 50$000 rs. para cima, corresponderia à tabela então aprovada. E o fixo era de 60 a 160 rs. por meia folha de papel, e de 1$000 rs. a 100$000 rs. para as *cartas* de formatura. Em 1844, pelo decreto nº 355, de 26 de abril, é posto em vigor, em caráter transitório, o regulamento para arrecadação do selo. Esse regulamento é periodicamente alterado de 1850 em diante.

Tributação Comercial

Em virtude do aviso nº 2, de 5 de janeiro de 1811, são baixadas instruções para a cobrança do novo imposto das tavernas e botequins. No fim desse ano, o alvará de 28 de setembro permite o livre comércio dos gêneros ou produtos que não estivessem oficialmente proibidos. Era a explícita revogação do alvará de 6 de dezembro de 1755. O imposto sobre lojas, em geral, é estatuído pelo alvará de 20 de outubro de 1812.

Segundo o determinado pelo aviso nº 18, do ano de 1830, o imposto de 16$000 rs., cobrado às boticas e tavernas pela Câmara, passa a ser arrecadado pela Junta de Fazenda.

Em 1831 é recomendado, pelo aviso nº 274, de 2 de setembro, que não fosse concedida renovação de licença das boticas e tavernas sem a prova de pagamento do respectivo imposto no exercício anterior. E a lei de 15 de novembro do mesmo ano manda cobrar o imposto anual de 40$000 rs. às casas de modas. Dessa forma, no ano seguinte, o aviso nº 46, de 28 de janeiro, dá regulamento para arrecadação daquele imposto e do relativo às casas de leilões. Pouco tempo depois — lei de 24 de abril — o imposto das casas de leilões é aumentado para 400$000 rs. anuais. Ainda no ano de 1832 fica estabelecido, pela lei de 24 de outubro, que os impostos existentes passavam a pertencer à receita provincial, salvo os que, peculiares à receita geral, estavam enumerados naquela lei.

Em virtude do aviso nº 760, de 22 de março de 1833, as boticas e tavernas situadas fora dos limites urbanos ficam compelidas ao pagamento do imposto anual de 12$800 rs. Aos devedores do imposto desde 1824 ficava facultada a quitação por meio de prestações. E em obediência à lei de 8 de outubro, os impostos de polícia, que eram provinciais, passam para a Câmara Municipal.

Por lei de 22 de outubro de 1836, fica confirmado o imposto sobre lojas instituído em 1812.

O aviso n? 301, de 25 de maio de 1841, ordena a fixação da quantia de fundo que deviam possuir as lojas para o pagamento do imposto, e declara, outrossim, que os escritórios dos advogados, dos escrivães e dos tabeliães não estavam isentos do pagamento de impostos.

Em 1843 é elevado ao dobro o imposto das lojas, de acordo com o que determinara a lei orçamentária n? 317, de 21 de outubro. As tipografias ficavam sujeitas ao imposto de 20$000 a 1:000$000, segundo fosse o seu valor industrial. Os corretores pagavam patente de 200$000 a 500$000 rs. E a patente anual de uma botica era igual à de uma taverna: 12$000 rs. Essa extravagância não deve causar estranheza, pois aquela era a patente mínima das lojas. A patente máxima das mesmas orçava em 40$000 réis.

Pelo decreto n? 361, de 15 de junho de 1844, é mandado executar o primeiro regulamento, perfeitamente organizado, para o lançamento, fiscalização e arrecadação dos impostos municipais. Naquele mesmo ano, o decreto n? 362, de 16 de junho, regulamenta a arrecadação do imposto de patentes dos despachantes da Alfândega.

Em 1845, o decreto n? 417, de 14 de junho, cogita da arrecadação da patente dos corretores. Por sua vez, a lei de 18 de setembro extingue a tributação sobre as tipografias. E o aviso n? 145, de 22 de dezembro, fixa as normas para o lançamento e cobrança do imposto sobre açougues, vendedores ambulantes de fazendas (mascates), cartórios, títulos de pensão e demais licenças não previamente especificadas.

Conforme já antes se assinalou, em virtude da lei n? 396, de 2 do setembro de 1846, são fortemente taxadas as casas comerciais que empregassem mais de dois caixeiros estrangeiros. E no ano seguinte, o decreto n? 508, de 10 de março, regula a cobrança desse imposto.

Somente em 1867 é que os antigos impostos sobre lojas, casas de modas, de móveis e de leilões, e sobre despachantes e corretores, são substituídos por um único: o de *indústrias e profissões,* que ainda subsiste.

O Imposto do Banco

Assim era chamada a tributação que servia para formar o fundo do Banco do Brasil. A sua criação remonta ao ano de 1812, quando o príncipe regente, verificando ser pequeno o capital inicial do Banco, resolveu que a Real Fazenda entrasse como acionista, com cem contos de réis durante dez anos consecutivos. Para fazer frente a esse encargo, eram criados novos impostos: sege de quatro rodas, 12$800 rs.; sege de duas rodas, 10$000 rs.; lojas de mercadorias, oficinas e armazéns, 12$800 rs.; navios de três mastros, 12$800 rs.; navios de dois mastros, 9$600 rs.; embarcações de um mastro, de barra fora, 6$400 rs.; embarcações de menor porte, 4$000 rs.; e pela compra de navios ou embarcações, cinco por cento do valor. É interessante observar como era pesado o imposto que recaía sobre as seges, pois equivalia ao dos comércios e indústrias. É que o erário real certamente considerava que a posse de uma sege era luxo, quem tivesse *luxo* era rico, e quem abastado fosse, que pagasse...

Outros atos governamentais relativos a esse imposto são os seguintes: aviso n.º 82, de 17 de maio de 1823, dando aplicação ao seu produto; lei orçamentária de 15 de dezembro de 1830, estabelecendo que ele também incidia sobre as embarcações de quaisquer países, mesmo aqueles que tivessem celebrado tratado com o Império; aviso n.º 105, de 14 de abril de 1835, em que se declarava que o imposto era devido pelas lojas de modas e casas de leilão quando ao mesmo estivessem sujeitas, independentemente da contribuição anual devida ao município; aviso n.º 112, de 30 de abril de 1835, relativo ao pagamento do dito imposto sobre lojas, carruagens e barcos; e aviso n.º 127, de 21 de maio de 1835, determinando ficasse a cargo da Recebedoria do Município o lançamento e a arrecadação dos impostos do Banco e outros.

A Taxa do Gado

O imposto que recaía sobre o gado a ser consumido, isto é, do gado abatido nos açougues ou nas chamadas oficinas de salgar e secar, teve a sua origem no alvará de 10 de novembro de 1772, que criou o *subsídio literário*. De começo, a sua finalidade foi custear a manutenção das escolas primárias. Era de um real pelo arrátel de carne verde e de 10 réis pela canada de aguardente aqui fabricada. Em 1785, o alvará de 23 de agosto reduz o imposto a 320 réis pela rês de dez arrobas que fosse abatida para vender. Mas, como aquele peso não podia ser absolutamente fixo, isto é, mais ou menos, conseguia o fisco que pelo imposto de um real, estabelecido no alvará anterior, passar-se-ia a pagar 350 réis. A 3 de junho de 1809 foi estabelecida a contribuição de cinco réis pelo arrátel de carne fresca de vaca abatida. Dois anos depois, pelo aviso n.º 12, de 12 de fevereiro, ficava determinado que as

324

carnes secas não pagavam o imposto estabelecido para as carnes verdes. A partir de 1821 foi feita administrativamente a cobrança dos rendimentos do subsídio literário e o de cinco réis pelo arrátel de carne verde. Duas leis, uma de 1833 (n? 58, de 8 de outubro) e outra de 1834 (n? 36), estabeleceram que a renda do subsídio literário pertencia ao Império, menos na sua capital. E em 1835 (lei n? 99, de 31 de outubro) aqueles dois impostos foram fundidos num só: *imposto sobre o gado de consumo*. Cobrado por cabeça e na entrada para o consumo, era do valor seguinte: 2$000 réis pelo gado vacum; 800 réis pelos porcos; e 400 réis pelos carneiros. Depois de baixado, em 30 de abril de 1836, o respectivo regulamento para arrecadação do imposto, foi em 1841 criada a repartição controladora: a *Agência do Imposto do Gado,* com o indispensável séquito de guardas e vigias. Mas o interessante é que as apreensões do gado eram feitas pela Recebedoria do Município Neutro. Imagine-se a dificuldade que a mesma teria ao apreender uma vaca. Onde colocá-la? A Agência diria, certamente, que nada tinha com isso. O Depósito Municipal alegaria que não possuía verba para alimentar a dita. O diretor da Recebedoria se entenderia com o presidente da Câmara e este se veria em apuros. Afinal, o grave assunto talvez se resolvesse com a permanência da vaca, a título precário, num estábulo próximo ao Paço Municipal. Essas e outras complicações não impediram, entretanto, que a Agência fosse encarregada de arrecadar (e a Recebedoria?) o imposto nas freguesias de fora da cidade.

Impostos sobre Bebidas Alcoólicas

Já se viu antes que a aguardente pagava o *dízimo* no caso de ser exportada. Agora acrescentaremos que cada pipa de aguardente dada a consumo estava onerada de um *subsídio fixo,* além do *subsídio literário.* Essas taxações, do tempo colonial, foram mantidas durante longo tempo. Em 1812, em virtude da resolução do Conselho de Fazenda, de 13 de fevereiro, foram mantidos, por sua vez, os direitos alfandegários até então impostos aos vinhos estrangeiros. Entretanto, a lei orçamentária de 15 de novembro de 1831, ao abolir os impostos existentes sobre a aguardente nacional e a respectiva fabricação, cria os de 20% no consumo e de 2% na exportação.

Em 1835, a lei n? 99, de 31 de outubro, estabelece a taxa de 40 réis sobre a canada de aguardente, licores e demais líquidos espirituosos consumidos na cidade, ficando a respectiva renda pertencendo à Câmara.

A lei orçamentária nº 243, de 30 de novembro de 1841, traz uma série de inovações sobre impostos relativos à aguardente e aos líquidos espirituosos. Assim, o anterior imposto de 20% sobre a aguardente fica substituído, no Município Neutro, pelo de patente. Ao mesmo ficavam sujeitas as casas comerciais que a vendessem a retalho. Para serem consideradas casas retalhistas, era necessário que as pipas vendidas fossem inferiores de 180 medidas. O valor da patente era igual ao produto de 20% sobre o preço de cada pipa vendida. Entretanto a patente não podia ser inferior a 30$000 réis, nem superior a 300$000 réis. Cabia à Recebedoria do Município estabelecer, para a cobrança do imposto de patente, a lotação das casas, que vendiam o produto, pelo preço da pipa previamente arbitrado. Outra disposição da citada lei era a que autorizava a substituição da renda que a Câmara percebia, pela venda de líquidos espirituosos, por um imposto de patente que recairia sobre os estabelecimentos que negociassem com os mesmos.

Em 8 de abril de 1842, o decreto nº 149 dá regulamento para a arrecadação do imposto de patente no consumo da aguardente nacional.

Em obediência ao disposto na lei orçamentária nº 317, de 21 de dezembro de 1843, a arrecadação do imposto de 40 réis sobre canada de aguardente nacional passou a ser feita pela Recebedoria do Município na mesma época e pela mesma forma que fora feito em relação ao imposto de patente sobre o mesmo produto. E a Recebedoria passava a entregar à Câmara o referido imposto à medida que o arrecadasse, sem dedução alguma.

A seguir, o decreto nº 415, de 12 de junho de 1845, estabeleceu um regulamento que veio substituir o expedido em 1842.

A lei nº 566-A, de 25 de setembro de 1848, orçando a receita e fixando a despesa para o ano municipal seguinte, discriminou os impostos em duas classes: imposto de patente sobre o consumo da aguardente, imposto de patente sobre a importação de bebidas espirituosas, e mais além: foros sobre as tavernas. O mesmo ficou determinado pela lei nº 704, de 28 de setembro de 1850, fixando a receita e a despesa da Câmara Municipal para o ano municipal 1850-51.

Outros Impostos

Outro imposto cobrado era o de transmissão de propriedade, ou de *sisa* da compra e venda de bens de raiz. Diversos alvarás expedidos de 1809 a 1849 fixaram as normas da respectiva cobrança e pagamento, sendo que uma provisão do Conselho de Fazenda estabeleceu, em 1819, de maneira clara, o que se compreendia sob a denominação de bens de raiz para os efeitos de pagamento da sisa. Foi sempre do valor de dez por cento até 1849, quando ficou reduzido a seis por cento, pago à vista. E a *meia sisa,* ou taxa de cinco por cento, era a cobrada sobre a venda de escravo ladino. Os serventuários da Justiça (tabeliães e escrivães) pagavam um imposto anual de dez por cento sobre seu salário anual. Chamava-se essa tributação de novos *direitos.* É denominação que não deixa de ser curiosa. E havia *selos, taxas, foros* e *vistos,* os mais diversos e todos eles pagáveis ou cobráveis. Esses e outros tributos não foram uniformes em todo o país. Assim, cada cidade, comarca ou província, criava os que se lhe antolhavam. Também houve *impostos de luxo* (sobre as carruagens), *impostos de indústria* (sobre engenhos e alambiques) e *direitos de entrada,* cobrados pelas províncias. No direito de entrada tudo pagava: desde o escravo até o passaporte e o respectivo *visto!*

A Taxa de Água

Até 1840 não havia taxação para o consumo de água, pois a mesma era fornecida gratuitamente. Em virtude, porém, do regulamento nº 39, de 15 de janeiro daquele ano, a respectiva concessão era obtida mediante o donativo de 100$000 rs., que revertia a favor das obras do aqueduto que fizesse o fornecimento. No ano de 1843, em obediência ao disposto no regulamento que baixou com o decreto número 295, de 17 de maio, fica criada a taxa anual de 24$000 rs. pela concessão, prorrogável por seis anos, de consumo de água a domicílio. A contribuição devia ser paga no mês de junho na Recebedoria do Município Neutro.

As Fontes de Renda do Município em 1850

As antes citadas leis nº 556-A de 1848 e nº 704 de 1850 prestaram, como orçamentárias do Município da Corte, o relevante serviço de estabelecer de maneira clara as fontes de renda peculiares ao mesmo. Isso não tinha ocorrido até então, sendo freqüentes as confusões e, ainda mais, as eternas complicações decorrentes de um imposto geral passar, de um momento para outro, a municipal ou vice-versa. Tais coisas aconteciam porque o custeio de serviços públicos — baseado em impostos especiais — era transferido de uma esfera para outra. E não poucas vezes, depois de terem sido mudados, retornavam aos pontos de partida. Daí o emaranhado das disposições governamentais e da legislação que perturba quem se abalança a desmanchá-lo.

O ano municipal era considerado de 1º de outubro de um ano ao último dia de setembro do seguinte. A receita e a despesa do ano 1848-49 foram avaliadas em 237:323$000. Para o ano 1850-51, a avaliação foi menor, visto como somente atingiu a 218:626$200.* A receita constava de: imposto de patente sobre o consumo da aguardente; dito sobre a importação de bebidas espirituosas; dito de polícia; foros de armazéns, tavernas, quitandas, carros, carroças, terrenos da Câmara, terrenos de marinhas; arrendamento de terrenos de marinhas e mangues; laudêmios de terrenos da Câmara e de marinhas; emolumentos de alvarás, termos e registros; indenizações por medições de terrenos de marinhas e mangues; arruações; juros de apólices; prêmios de depósitos; rendimentos de talhos; dito de aferições; dito da praça do Mercado; gratificação de vender peixe pela cidade; dita de naturalizações; gratificação de festividades; produto de gêneros vendidos; donativos; multas policiais; ditas por infrações de posturas; restituições e reposições; cobrança da dívida ativa. As principais despesas com a conservação e melhoria da cidade eram: limpeza da cidade, dos subúrbios e das valas, 8:000$000; calçamentos, 48:000$000; aterros, 10:000$000; desmoronamento do morro do Senado, 1:500$000; reparação e reconstrução de pontes, 3:000$000; reparação e construção de muralhas para segurança de aterros, 1:500$; reparação de cais, 1:500$000; reparação de próprios municipais e do matadouro de Santa Cruz, 400$000. O que, somado, dava rs.: 72:900$000. Cabiam ao governo imperial as seguintes despesas no Município da Corte, de caráter estritamente municipal: escolas menores, 48:386$000; passeio público, 4:026$000; obras públicas, 70:679$000; e iluminação pública, 120:380$000.

---

* Nota do Editor: Lê-se 218 contos 626 mil e 200 réis.

CAPÍTULO VI

A SOCIEDADE

1) EVOLUÇÃO SOCIAL

A CONFORMAÇÃO — VIDA DOMÉSTICA; A COZINHA — SALÕES CARIOCAS — CHÁCARAS E QUINTAS — ONDE OUTROS MORAVAM — OS ALUGUÉIS.

A Conformação

Com a instalação da Corte no Rio de Janeiro, a família inicia a difusão das suas relações. O número de matrimônios aumenta consideravelmente, pois muitíssimas foram as mulheres e moças que vieram de Lisboa como fugitivas. Os homens brancos assanham-se. Pois se não se tinha visto até então tanta mulher alva... As numerosas fugitivas, depois dos terríveis padecimentos físicos e morais por que passaram na travessia, não hesitam e se casam. Pois havia tanta gente para querê-las... E a mulher, que era somente *a mulher*, passa a ser *a dama*. Introduz-se nas reuniões, nos salões, na Corte. Surgem as senhoras cortesãs, as condessas, as marquesas.

É aquela a época em que tem lugar a exploracão cafeeira do vale do Paraíba, tornada possível pela fixação definitiva de homens ousados para além das serras dos Órgãos e da Mantiqueira. Aí, sim, é que surge a verdadeira aristocracia rural fluminense. Confirmado fica que a gente destas terras se aristocratizou muito depois da gente de Pernambuco e da Bahia, pois ali a aristocracia teve a sua origem no engenho de açúcar (século XVII) e aqui na *fazenda de café* (século XIX).

Vida Doméstica; a Cozinha

As mulheres do Rio de Janeiro Real não eram, apesar de sua gordura, desgraciosas nem feias. Tinham tudo e podiam mandar à vontade. Para que fazer? Por que incomodar-se? Qual a vantagem de atarefar-se? O seu comodismo chegava a tal ponto que não se espartilhavam e estavam sempre deitadas ou sentadas. E tinham filhos a granel. Casavam-se muito moças, não intervindo seu coração na escolha do esposo. Os progenitores é que combinavam, entre si, e com os progenitores da outra parte, os enlaces dos filhos. Havia, dessa sorte, muitos casamentos de consangüíneos, cujas nefastas conseqüências não é necessário detalhar. Sendo o interesse dos pais ou dos parentes a mola real desses casamentos, pode-se imaginar a indiferença que existia em não poucos casais. O marido tratava a mulher com extrema severidade. E, assim, qualquer suspeita ou pequena leviandade da mesma era castigada pelo marido com a reclusão, durante algum tempo, num convento. É bem certo que o marido podia estar tranqüilo ao partir para o trabalho, pois em casa ficava uma *tia,* real ou de adoção. E a vigilância de tal tia era sempre implacável. A jovem esposa nem podia *chegar à janela.*

O cuidado com os filhos também não muito as preocupava, pois era hábito serem os mesmos criados pelas amas pretas. E o resultado da displicência das mães somada à incapacidade das amas era tornarem-se *malcriados.* As crianças melhor educadas pertenciam às famílias onde existiam *titias* solteironas ou zelosas *mães pretas.*

Uma vez que as mulheres eram fugazmente vistas pelos homens, esses procuravam amanhecer nas igrejas, onde as podiam apreciar melhor. Nas casas, isto nunca acontecia, pois quando um visitante aparecia, elas se retiravam. Nas janelas, jamais eram vislumbradas. Elas é que viam, através da rótula, a rua e quem por ela passava.

Com o aumento do número de senhoras estrangeiras residentes na cidade, a mulher carioca põe o pé na rua. Mas, como acontecia desde priscas eras, não podia mostrá-lo a quem quer que fosse, nem deixar que, mesmo sem querer, fosse visto. Pé, visto ou mostrado, era imoral...

Saindo à rua, a mulher passa a aceitar o braço do marido. Este, tímido ou contrafeito, não quebra o braço esquerdo (e não o direito, como hoje se usa), para que a mulher se apóie melhor. Mantendo-o esticado ao longo do corpo, a mulher é que segura na manga da véstia. Com essa atitude, que muito também tinha de displicente, o homem pretendia demonstrar que dava pouca confiança à mulher. Depois, a moda francesa faz que o braço do homem seja melhor oferecido à mulher. Mas sempre o braço esquerdo, porque em tudo e por tudo o homem devia ficar à direita, que era o lugar de honra... Andando o casal na rua ao par, formando os filhos e filhas também pares, seguiam à frente dos progenitores. Tudo isso representava um progresso, pois anteriormente, isto é, até 1815, quando a família saía à rua desfilava em linha indiana... À frente, as crianças; depois as mucamas com as criancinhas; e a seguir as moças e moços, as tias solteironas, a dona da casa. No fim: o dono de tudo aquilo.

Nas proximidades da Independência, o pé e o tornozelo já podem ser vistos. E apreciados. Pois, com justiça, poucas são as mulheres do mundo que têm pé e tornozelo tão proporcionados e tão bem modelados quanto as brasileiras.

No primeiro reinado do Império, as coisas domésticas melhoram de aspecto. A mulher se cuida mais e começa a educar-se, no verdadeiro sentido do termo, e assim a intervir na educação dos filhos. É o resultado da presença de numerosos estrangeiros, da Corte, dos maridos que se educaram na Europa, de maior riqueza, de um comércio muito desenvolvido, da fundação de escolas, de professoras com outra mentalidade e preparo. A casa passa a ser melhor arranjada. Tudo se aprimora. Da ignorância anterior a mulher passa a possuir uma relativa cultura. Já casa por amor, lê jornais, gosta de revistas de modas e de novelas e romances.

Quando as senhoras esperavam ter filhos eram assistidas pelas *curiosas,* ou *comadres,* ou, então, pela prática e prestativa *mãe preta* que tinha visto nascer toda a família. Com o Império, a cidade se enche de *parteiras,* quase todas francesas. Eis alguns nomes das mais afamadas. Relembre-se Madame Stephanie, "mestra parteira da Santa Casa de Misericórdia", que inaugurou, em 1834, na sua casa à rua da Alfândega nº 158, "quartos muito decentes prontificados para sras.", onde as mesmas eram tratadas com asseio, desvelo e "melindres que exigia a sua situação". A moda de as senhoras da sociedade serem assistidas por parteiras daquela nacionalidade ficou implantada, de sorte que, em 1850, havia as seguintes: Maria Vitória Meunier, *parteira de S. M. a Imperatriz;* Maria Josefina Durocher, a primeira diplomada pela Faculdade de Medicina; e mais madames Cadirau, Berthou, Gault, Somjean, Pourtois, Hautefeiulle e Landrau. Entretanto, uma colega, dona Joana Bárbara, haveria de assustar as parturientes pelo sobrenome que tinha. Para sossego relativo das clientes ela declarava, nos anúncios, ser "parteira examinada".

Nos dias de festa, santificados ou de aniversário, a azáfama nas casas, principalmente nas copas e cozinhas, era de entontecer. Era hábito *levar as crianças* àqueles festejos caseiros. Esse detestável costume, provocado pelo dono da mansão quando ao convidar o amigo lhe dizia: *traga a criançada, não venha sem a filharada, conto com a sua meninada* — perdurou até à República. Ainda são lembradas as dificuldades que teve o barão do Rio Branco para coibir esse abuso nas festas oficiais do Itamarati.

Presentear era um dos prazeres que a boa gente daquela época gostava de fazer. Enviavam-se presentes por ocasião de aniversários e casamentos, pelas comemorações de bodas, em determinados dias santos e, infalivelmente, no dia de ano-bom. Os presentes eram quase sempre coisas comíveis e bem gostosas: um peru recheado, um leitãozinho assado, patos e marrecos vivos (enfeitados com fitas de cor), uma rechonchuda galinha, uns franguinhos, um vistoso capão, dúzias de ovos de qualidade, um soberbo pastelão, bolos fantasmagóricos, biscoitos finíssimos, doces (de toda espécie, aspecto e paladar), licores, vinhos, flores, escolhidas frutas. Tudo isso magnificamente arrumado em bandejas ou salvas de prata, cobertas, quando necessário, de gaze colorida ou de panos rendados. Não faltava, é claro, quem fosse magnificente! Então os presentes consistiam para os homens em: bocetas de rapé cravejadas de brilhantes, bengalas riquíssimas, abotoaduras de prata, botões com pedras preciosas ou caixas de bom vinho europeu. E para as senhoras: colchas da Índia, aparelhos de louça de Macau ou da China, leques, baixelas, anéis, pulseiras, adereços. Os portadores dos presentes eram negros escravos devidamente vestidos ou uniformizados, que levavam, também, um cartão com a oferenda. Mas outras vezes os presentes eram os próprios escravos. Isso ocorria quando alguém, desejando ostentar riqueza, oferecia moleques ladinos, negras quituteiras e até mesmo parelhas de carregadores de cadeirinhas...

Ficando-se em casa, os divertimentos e passatempos das famílias consistiam nas recepções nas amplas *salas de visitas,* nas comezainas que tinham lugar em não menos amplas *casas de jantar,* nos jogos de cartas e de gamão, nos intermináveis mexericos, nas brincadeiras de salão (como os *motes*) e na permanência, horas seguidas, nas janelas que deitavam para as vias públicas. As *moças janeleiras* datam da metade do século XIX e essa mania de olhar para a rua, com os cotovelos apoiados em almofadas e o cachorro de estimação ao lado, no peitoril da janela, se prolongou até depois da transformação da cidade por Francisco Pereira Passos e Paulo de Frontin. O aparecimento às janelas, das moças casadoiras, deu origem à *linguagem das flores,* espécie de código de comunicação entre os namorados. Cada flor tinha um significado, expressava um sentimento, possuía o seu simbolismo. Assim, o miosótis queria dizer: *não te esqueças de mim;* o cravo rosa representava *fidelidade;* o cravo amarelo, *desprezo;* o cravo branco rajado, *suspirar;* o cravo branco, *inclinação;* o cravo-da-índia, *portador seguro;* o cravo rosa rajado, *alento;* o jacinto, *dor, pesar;* o jasmim amarelo, *vergonha;* o jasmim miúdo, *paixão;* o jasmim-da-itália, *zelos;* o jasmim-do-cabo, *pretensão;* o lírio branco, *ardor;* o lírio roxo, *confiança;* o lírio-dos-vales, *leviandade;* o lírio escarlate, *já não posso mais,* a açucena, *candura;* o amor-perfeito, *existo para ti só;* o amor-perfeito roxo, *lembrança expressiva;* o amor-perfeito amarelo, *esquecimento;* o botão de rosa-amélia, *esperança;* o botão de rosa cheirosa, *meus olhos só vêem a ti;* o botão de rosa branca, *casamento;* o botão de rosa encarnado, *perfeição;* o botão de rosa-da-índia, *não posso;* o botão de cravo branco, *espero resposta;* o botão de cravo encarnado, *atrativo;* o botão de cravo rosa, *união.* Por sua vez, a dália escarlate queria dizer: *és um portento;* o heliotrópio representava o *delírio* ou o *abandono;* o goivo amarelo, *preferência;* o goivo encarnado, *enfados;* o goivo roxo, *solidão;* o goivo branco, *não sei quando será;* o gerânio-triste, *espírito melancólico;* o gerânio-limão, *capricho;* a perpétua branca, *mistério;* a perpétua roxa, *constância eterna;* a margarida dobrada, *estou de acordo com vossos sentimentos;* a sem-

333

pre-viva, *hei de amar-te até morrer.* As rosas tinham infindos significados. Assim, a branca expressava a *afeição;* a capuchina, *brilhantismo;* a da-índia, *estimação;* a cheirosa, *laços indissolúveis;* a de cheiro encarnado, *sou assaz feliz;* a amélia, *murmuração;* a dobrada, *esplendor;* a de-jericó, *graças;* e a de-todo-o-ano significava: *continua, e vencerás.* Mas a reunião das rosas também tinha o seu simbolismo Dessa sorte, duas rosas-amélias queriam dizer: *tu serás meu bem.* Mas se fossem três a interpretação era: *hoje ou amanhã.* Três rosas-daíndia podiam ser traduzidas como: *suspirar pela companhia.* E duas violetas: *quero ficar solteira.* Por fim, diga-se que os malmequeres representavam sempre tristeza ou sofrimento. Assim, o malmequer singelo queria dizer: *tristes lembranças;* o malmequer com folhas, *amor oculto;* e o malmequer inglês, *cautela.* Quando os malmequeres eram colocados no peito, havia *cruéis tormentos;* e quando postos sobre os cabelos, a interpretação era: *não digo o que sinto.*

As folhas também simbolizavam palavras ou expressões. Assim, o alecrim representava as *saudades,* a *firmeza* ou os *ciúmes,* segundo fosse, respectivamente, seco, verde ou desfolhado; a alfazema murcha significava a *vaidade;* a arruda, *guarda a carapuça;* a avenca, *chamar;* folha de louro, *premiar;* folhas de cipreste, *separação forçada;* folha de rosa rubra, *sim;* e folha de rosa branca, *não.*

O gosto pelas flores, essa verdadeira mania da época, se reflete, outrossim, na poesia. Por isso, Antônio Francisco Dutra e Melo, o melancólico poeta tão prematuramente roubado à vida, organiza nada menos que um *Ramalhete de flores oferecido às jovens fluminenses.* São desse livro, publicado em 1844, as seguintes poesias:

CAMPAINHA

Quando amor co'a turma airosa
De Flora aos prados descia,
E o níveo regaço enchia
Do jasmim, do cravo e rosa,
A trombeta clangorosa
E a CAMPAINHA sonora
Soavam acordando Flora
Que vinha ao Deus castigar,
Mas ele por se vingar
As tornou mudas agora.

FLOR-DE-CERA

Céu de estrelas recamado
Como um eco de estrelas cheio
Produz a terra em seu seio,
Matizando a veiga, o prado.
Surge em manto acetinado
Duma estrela a imagem vera;
Pelo mimo é FLOR-DE-CERA
Geralmente intitulada;
Mas fora melhor chamada
ESTRELA-DA-PRIMAVERA.

MIMO-DE-VÊNUS

Como houvesse um dia a rosa
Maltratado o deus do amor
Desprezou VÊNUS a flor
Que mais amara extremosa.
Pelo prado vagarosa
Vai meditando em vingança,
Até que a vista lhe alcança
Esta flor livre de espinhos,
A qual faz ternos carinhos,
E com ela enfeita a trança.

MIMONETTE

O MIMONETTE engraçado,
Ao resedá semelhante,
Tem da prata a cor brilhante,
De escarlate é ponteado;
Seu cheiro delicado,
Ativo, grato e durável;
Por isso acha amigável
Casto peito de donzela,
Que trazendo-o em cautela,
O faz assim mais amável.

NÃO-ME-DEIXES

Por que, formosas donzelas,
Esta flor tanto prezais ?
Por que o nome lhe dais
De NÃO-ME-DEIXES, ó belas?
Nas vossas lindas capelas
Se vê sempre entrelaçados
Os lindos jasmins nevados,
A cecém, a maravilha,
A rosa, o cravo, a baunilha,
E os NÃO-ME-DEIXES dourados.

RAINHA-DO-PRADO

E tu não reinas no prado,
E RAINHA te chamaram
Esse nome que usurparam
Como em ti mal sentado
Ó flor, se um rosto corado
Basta a marcar primazia,
Olha a rosa, pasma, envia;
Se o cheiro, atenta o jasmim;
Se o mimo, o cravo; e por fim
Perderás nome e ufania.

Porém o mais prosaico é que até as raízes, as ervas, os produtos da terra e as frutas entravam, com o seu simbolismo, nas coisas de amor ou na linguagem amorosa à distância. Dessa maneira ter-se-á que a vaidade era representada pela *alface;* o alho significava *fogo de amor;* a amêndoa, *reflita bem;* a banana, *languidez;* o caju, *paixão desgraçada;* o cambucá, *és meu prazer;* a canela, *aceito com gosto;* o coco-da-baía, *não seja ingrato;* o coco-de-catarro, *chegue à janela;* a datura (erva moura), *atrativos falazes;* a grumixama, *ausência que me mortifica;* a erva-cidreira, *posse;* a malva cheirosa, *acautela-te;* a manga, *ora não me fale nisso!;* o mamão, *impertinência;* a hortelã, *consolação;* o marmelo, *arrependimento;* a pimenta cheirosa, *cilada;* as passas, *estar pesaroso;* os nabos, *não me faltes;* o melão, *nós nos queremos;* o maxixe, *libertar-se;* o pêssego, *docilidade;* a pitanga, *passeio;* o rabanete, *repreensão;* o pimentão, *ofensa;* a tangerina-da-índia, *desdém;* a tangerina miúda, *cumprimentar;* os tomates, *querer;* a uva moscatel, *contentamento;* a uva preta, *abusar;* a laranja branca, *fazer as pazes;* a laranja-da-china, *basta de mortificar-me;* a laranja seleta, *gosto;* a laranja-de-umbigo, *feliz quem o visse;* a laranja-da-terra, *amargura;* o limão, *crueldade;* o limão doce, *é tua boca mimosa flor;* a lima-branca-de-umbigo, *teu rigor me mata.* Por sua vez, a flor da macieira era sinônimo de *aprovação;* a de maracujá, *voluptuosidade;* a do pessegueiro, *prazer;* e a da romeira, *generosidade.* Mas, se as folhas de laranjeira eram a representação da *raiva,* as da limeira estavam consideradas como representantes dos *mexericos,* e as de tomates constituíam a mais clara negativa: *não quero.*

Em breve, tal meio de comunicação à distância foi substituído pelo *gargarejo,* ou conversa às ocultas entre a adorada — lá em cima, na janela ou na sacada — e o adorador, cá em baixo, na calçada. O apaixonado percorria, coitadinho, de cima a baixo as calçadas, espreitando — devido à severidade dos costumes da época — as oportunidades de travar tal colóquio, bem amoroso, por certo, mas incômodo para si em virtude da posição da cabeça voltada para o alto. E como nessa posição lançava os madrigais pela boca, a gente galhofeira chamou ao ato de gargarejar, fazer gargarejo. Esses namoricos tinham lugar ao cair da tarde, pois naqueles tempos acordava-se com o dia e dormia-se com a noite, quando se ceiava de garfo, pois o almoço era às oito horas da manhã e o jantar à uma hora da tarde.

Nas casas, chácaras e solares, os serviçais se dividiam em: *mucamas,* ou arrumadeiras — confidentes, conselheiras e protetoras de namoros das donzelas românticas; *amas-de-leite;* crioulinhas, para brincar com as crianças ou para *serviços leves;* crioulos, para *serviços pesados; pajens,* ou *escudeiros,* para acompanhar nas viagens e excursões; *cocheiros, palafreneiros, estribeiros* e *sotas; moleques,* para brincar com os meninos, para *ir à venda,* para leva-e-traz, e para limpar as gaiolas dos pássaros, varrer o quintal ou dar milho às galinhas; *moleque de estimação,* geralmente cria da casa e por isso pernóstico e mandão — uma espécie de príncipe entre os de sua classe. Na copa, despensa e cozinha, imperavam as *copeiras* e os *copeiros.* Mais ao longe, em galpões ou à beira dos córregos, trabalhavam as excelentes *lavadeiras.* As *cozinheiras* e os *cozinheiros* gozavam de grande prestígio.

337

Muitas e muitos eram especialistas em feições especiais da arte culinária: *cozinha à mineira, cozinha baiana* — ou em pratos regionais. Havia a cozinheira de *forno e fogão* — verdadeiro *cordon bleu* — a *quituteira,* a *doceira.* Outras se tornavam famosas pelo preparo da *galinha de molho pardo,* do *arroz de forno,* da *feijoada completa,* dos excelentes *bolos* e *biscoitos,* e da gostosíssima goiabada. Os cozinheiros se destacavam no *porco à mineira,* nos *perus recheados,* no *pato assado,* na *galinha de Angola assada,* nos *franguinhos ensopados,* no *peixe frito,* no *siri recheado,* no *caruru* ou no *mocotó.*

A cozinha africana proporcionava, também, muitos pratos gostosíssimos e quitutes, como o *angu,* o *anguzó,* a *moqueca,* o *vatapá,* o *ambrozó,* o *acassá,* a *quenga,* o *cucumbe,* o *aberém,* o *bobó,* o *carajé,* o *abará,* o *xiu-xiu,* o *efó,* o *arroz-de-hauçá,* a hoje brasileiríssima *feijoada,* o *tutu de feijão,* e uma outra série de coisas saborosas: *pamonha, fubá, quibebe, gergelim, cuscuz, pé-de-moleque, cocada, doce de batata, arroz doce, manjar branco.* Aos cozinheiros africanos é também devido o preparo do *mugunzá* ou canjica branca, da canjica de milho verde, do milho assado, da *pipoca,* do *inhame,* do *amendoim torrado,* do *içá* torrado, das *empadas* de peixe e de camarão, e do *pirão.* Mas a feitura de muitos pratos só foi possível depois de serem trazidas da África diversas culturas especiais e já, então, perfeitamente aclimatadas no Brasil, tais como as do *feijão* preto, dos *guandos,* dos *maxixes,* da *malagueta,* do *chuchu, dos quiabos e* do coqueiro de *dendê.*

A população dava, em geral, preferência às carnes secas e de porco. A de carneiro só podia ser obtida por encomenda antecipada. Durante a quaresma, só se consumia bacalhau seco. E, uma vez que as galinhas eram caríssimas, a gente do povo muito apreciava as carnes de lagarto, macaco, gambá, paca, veado e tatu. Comia-se pouco peixe, relativamente à abundância do mesmo, em virtude da especulação dos atravessadores; mas, em compensação, muita ostra, e mexilhões, a granel. O prato popular era a feijoada. À sobremesa, o carioca se empanturrava com a goiabada, os doces, as geléias, os pudins. Tudo acompanhado de queijo-de-minas. Entretanto, o leite era escasso e inacessível à bolsa do pobre.

Salões Cariocas

No tempo de d. João VI, as propriedades em que havia reuniões, pois para isso as suas proporções e instalações estavam adequadas, foram: os solares do conde de Cavaleiros, de Antônio de Araújo de Azevedo (conde da Barca), com a sua vasta biblioteca e galeria de quadros, da duquesa de Cadaval (nas Laranjeiras), do visconde de Vila-Nova da Rainha (em Botafogo); as mansões de Luís José de Carvalho e Melo (depois, 1º visconde de Cachoeira com grandeza), de todos os Carneiro Leão, do visconde do Rio Seco (que chegou a possuir nada menos de três residências na cidade), do conde de São João da Palma (d. Francisco de Assis Mascarenhas); e os palacetes do conde dos Arcos, do intendente de polícia Paulo Fernandes Viana, do brigadeiro Manuel Luís Ferreira, de Luís Joaquim Duque Estrada, do cirurgião-mor Teodoro Ferreira de Aguiar, do 2º marquês de Pombal, do conde de Anadia, do tenente-coronel Antônio José da Costa Braga e do visconde de São Lourenço.

Confirmando a existência, no Império, de uma sociedade culta e elegante, diz Ferdinand Denis: "Na alta sociedade os estilos são absolutamente os mesmos que os da mesma classe nos Estados civilizados da Europa: uma sala no Rio de Janeiro ou na Bahia oferece, com pouca diferença, a aparência de uma sala de Paris ou de Londres; ali se fala, em geral, francês, e os usos se ressentem da influência inglesa".

Durante o 1º. reinado do Império as mansões residenciais da viscondessa e marquesa de Santos acolheram o que havia de mais seleto na sociedade carioca. Primeiro, no vasto prédio de dois andares da atual rua Barão de Ubá, depois na casa *amarela* da rua Nova do Imperador, e definitivamente no palacete que resultou da ampliação e embelezamento do sobrado vizinho, comprado ao cirurgião-mor do Exército Teodoro Ferreira de Aguiar. Essa valiosa propriedade foi em breve aumentada com a aquisição da chácara contígua, pertencente a Francisco Joaquim de Lima. Ficava, assim, arredado o obstáculo que se interpunha entre a propriedade da marquesa e o parque do imperador. O autor da transformação e ampliação da casa de Ferreira de Aguiar foi o arquiteto da Casa Imperial Pedro Alexandre Cavroé, que teve a colaboração de Marc Ferrez nos tetos estucados e na decoração esculpida, de Francisco Pedro do Amaral nas pinturas murais, de Taunay e de Debret nos painéis pictóricos dos tetos e de José Simeão nos candelabros e lustres. O belo solar — ainda existente na avenida Pedro Ivo —, de feição renascentista italiana, apresenta harmoniosa fachada, na frente da rua, ladeada de dois gradis com portões de entrada para o parque. Planta quadrada, dois pavimentos: térreo e nobre. São, nela, dignas de menção: as grades das janelas do pavimento baixo; a bela porta de entrada; as sacadas do pavimento alto; o vasto vestíbulo de entrada revestido de mármore; a escadaria, em cujo início se acham dois leões jacentes de mármore; a bela galeria de contorno que, do pavimento alto, domina a escadaria, os vastos quartos pintados a óleo — num dos quais d. Pedro I desenhou a lápis uma mosca; a belíssima e original sala de jantar existente no pavimento baixo, de forma elipsoidal e com todas as portas olhando para o parque; e os grandes salões. Quatro painéis a óleo, lindíssimos, representando as partes do mundo, com figuras de tamanho natural, decoram as paredes do salão de recepção. A mesma perfeição e delicadeza de composicão apresenta o forro. Os apainelados e a sanca do forro do salão de baile não podem ser mais felizes nem mais finos. No quarto da *Favorita*, uma grande águia napoleônica se destaca, esculpida, no teto. A pintura a óleo das paredes e tetos de todas as demais salas e quartos é perfeita, e de cores muito felizes. As portas interiores e os respectivos guarnecimentos são de cedro, peroba e vinhático, com duas ou quatro folhas apaineladas. As maçanetas, de cristal veneziano, com decoração de pequenas rosas, chamam a atenção. Os soalhos são de ricas madeiras brasileiras embutidas, formando desenhos e entrelaçados. O banheiro, espaçoso e inteiramente revestido de azulejos coloridos. A banheira, propriamente dita, é embutida e possui o mesmo guarnecimento cerâmico. Ricas tapeçarias, móveis dourados de diversos estilos, espelhos em quantidade, candelabros e lustres de pingentes de cristal ornavam alguns salões. Em outros, se destacavam os móveis *império*: mesas de centro, redondas, feitas de acaju, com decorações e figuras de bronze; outras em forma de trípode, com tampo de mármore, em que os motivos decorativos e as figuras eram de bronze dourado a fogo; pequenos consolos de mogno, com aplicações de metal; tremós de vinhático e mogno com aplicações douradas; e poltronas, cadeiras e tamboretes, com águias douradas e forração de finíssima seda. Ali realizaram-se suntuosas festas, exibiram-se modas da Europa, declamaram-se poesias sentimentais, intrigou-se à vontade, resolveu-se muito assunto político, tiveram lugar ágapes servidos em custosíssimas baixelas e ouviu-se música sedutora, maviosa e original.

Teve, também, grande destaque a mansão do conde dos Arcos, no caminho do Areal, que serviu de residência a esse titular até 1821 e depois foi a sede do Senado do Império e da República. Tinha: dois pavimentos (térreo e alto), grande fachada, bela escadaria de mármore de três lances, altos e enormes salões e quartos, casa de jantar olhando para o retangular pátio interno e vastas cocheiras e depósitos.

Não menor importância possuiu, pelas suas grandiosas proporções, a casa da chácara de Francisco Alberto Teixeira de Aragão, o intendente de polícia, nas proximidades do morro da Babilônia, defronte do chafariz do Engenho Velho. Tinha água corrente nos cômodos, banhos com caldeira de vapor, rio atravessando a propriedade, cocheira, cavalariças, muito terreno, horta, capinzal, tanques cobertos, cascata, repuxos e jardim.

A casa apalaçada de Miguel Calmon, no caminho Novo de Botafogo, maciça de proporções, de fachada ao gosto do renascimento francês, em cujas platibandas existiam uns belíssimos grifos de bronze colocados nos cantos, com uma varanda situada nos fundos e servindo de desafogo para as salas que lhe ficavam próximas, como a de jantar, constituía um outro belo tipo de residência da época. Os salões daquele grande personagem da aristocracia baiana — onde dominava, pela graça e distinção de que era dotada, a futura marquesa de Abrantes, d. Maria Carolina da Piedade Pereira Baía — constituíram um fino ambiente em que a elegância e bom-tom predominaram. Eles acolheram os imperadores e os grandes do Império e viram desfilar os mais notáveis ministros e parlamentares, os representantes diplomáticos estrangeiros, os homens de saber e de situação, as mais belas damas, as senhoras elegantes e os jovens *leões* da moda.

Não menos apreciadas eram as recepções que o marquês de Inhambupe dava em seu amplíssimo solar do largo do Rossio (local do antigo Derby Club e, atualmente, do Centro Paulista). Nas paredes e sancas dos salões havia primorosas pinturas de José Leandro de Carvalho e de Francisco Pedro do Amaral, inspiradas em motivos nacionais. Dentre todas se destacava a que representava uma fogueira de São João, de autoria do último acima mencionado.

Outro palacete onde acorriam os aristocratas e se realizavam suntuosíssimas festas no dia de Nossa Senhora da Glória, presididas pela Corte, era o *Baía,* construído no interior de vastíssima chácara que marginava o largo da Glória — onde depois foi aberta a rua Santa Isabel, hoje Benjamin Constant. Pertencia ao opulento negociante Manuel Lopes Pereira Baía, comendador das ordens de Cristo e da Rosa, grande do Império, barão e visconde de Meriti e progenitor de d. Maria Carolina, esposa de Miguel Calmon.

Solar onde também se reunia gente fidalga e importante era o de

Aureliano de Sousa e Oliveira Coutinho (feito, mais tarde, visconde de Sepetiba), ministro do Império, da Justiça e dos Negócios Estrangeiros. Foi em 1834, numa das seletas reuniões realizadas na propriedade da marquesa de Santos, por ele adquirida, que se serviu sorvete pela primeira vez no Rio de Janeiro. O sucesso obtido pelo delicioso refrigerante revelou o nome do seu introdutor: Luiggi Bassini, confeiteiro napolitano.

José de Aguiar Toledo, depois 2º barão de Bela Vista e visconde de Aguiar Toledo, deputado, senador e muitas vezes ministro, conselheiro e gentilhomem, possuía uma rica residência na rua do Conde.

O barão do Rio Seco tinha casa no largo do Rossio, esquina da rua do Conde da Cunha (atual Visconde do Rio Branco), onde depois funcionou a Secretaria do Império e, na República, o Ministério da Justiça. Essa vasta mansão, que ainda existe, foi construída pelos jesuítas.

As recepções da casa fidalga do visconde de Olinda (Pedro de Araújo Lima), desse todo-poderoso do Brasil, na rua dos Arcos, se notabilizaram pela sua rigidez protocolar. Quem atenuava um pouco essa severa norma de conduta social era a viscondessa: distinta e amável.

Rivalizavam com esses, pela situação social dos donos, elegância com que estavam montados e importância das personagens que os freqüentavam, os salões: do barão do Passeio Público e visconde do Rio Comprido (José de Oliveira Barbosa), na rua do Passeio esquina das Marrecas; do marquês de Baependi (Manuel Jacinto Nogueira da Gama) no campo da Aclamação; do marquês de Valença (Estevão Ribeiro de Resende), na rua do Lavradio; do conde de Iguaçu (Pedro Caldeira Brant), na ponte do Catete; do 2º visconde de Baependi (Brás Carneiro Nogueira da Costa e Gama); do visconde de Congonhas do Campo (Lucas Antônio Monteiro de Barros), à rua da Bela Vista, no Engenho Velho; do 3º visconde de Cachoeira (Pedro Justiniano Carneiro Carvalho e Melo), à praia de Botafogo; do visconde de São Salvador de Campos (José Alexandre Carneiro Leão), à praia do Flamengo; do visconde de Macaé (José Carlos Pereira de Almeida Torres), no caminho Velho de Botafogo; do barão de Itamarati (Francisco José da Rocha), na rua da Quitanda; do barão de Ipanema (José Antônio Moreira), à rua Direita; do barão de Bonfim (José Francisco de Mesquita) e do barão de Guaratiba (Joaquim Antônio Ferreira), na rua dos Pescadores.

Também devem ser mencionados os salões: do 1º barão de Alegrete (João José de Araújo Gomes); do barão de Ubá (João Rodrigues Pereira de Almeida); do marquês de Santo Amaro (José Egídio Álvares de Almeida); do filho deste, 2º visconde de Monte Alegre (José Carlos Pereira de Almeida; do 1º barão e visconde de Monte Alegre (José da Costa Carvalho); do marquês de Cantagalo (João Maria da Gama Freitas Berquó); e os de Luís Pedreira do Couto Ferraz (depois barão e visconde do Bom Retiro), Honório Hermeto Carneiro Leão (depois visconde, conde e marquês de Paraná), Amaro Velho da Silva, Manuel Guedes Pinto, coronel Felipe Néri de Carvalho, Antônio de Saldanha da Gama, Almeida Portugal, Moller, Magessi, Magarinos, Delfim Barroso, Delfim Pereira, Ribeiro Monteiro, Beaurepaire-Rohan e Paulo Barbosa da Silva.

A propósito da residência deste, cumpre recordar que foi pitorescamente chamada de *Clube da Joana*. A denominação de clube, dada ao salão do grande mordomo da Casa Imperial, proveio de ser o mesmo considerado como um importante centro político. A mexeric
quice emprestava a Paulo Barbosa da Silva desígnios de domínio em relação a d. Pedro II, o que, pode-se afirmar, jamais teve. O que havia é que gozava de prestígio. E à denominação de clube os maldosos acrescentaram *da Joana,* em virtude da situação do edifício, nos terrenos da Casa Imperial, marginais ao rio da Joana. Mais respeito deveria merecer a casa em que dominou, serena, digna e elegante, dona Francisca de Paula dos Reis Alpoim, esposa de Paulo Barbosa da Silva. A dita residência ainda pode ser vista, pois está situada na rua General Canabarro bem defronte da rua Barão de Ibituruna. Está sendo reformada neste momento, sendo felizmente respeitada nas suas proporções e composição e mantida a curiosa varanda do primeiro pavimento, com as grades, colunas e arcos mouriscos — tudo finamente feito em ferro.

E havia famílias que possuíam mais de um salão acolhedor e confortável. Tais eram os casos dos marechais Lima e Silva, dos Carneiro Leão (riquíssimos e possuidores de jóias de alto valor) e da família Rio Seco.

Por sua vez, o cônsul de Portugal, comendador João Batista Moreira, dava em sua residência, à pedreira da Glória (atual rua Bento Lisboa), suntuosos bailes, sendo os intervalos das contradanças preenchidos por números de música e de canto.

As casas de residentes ingleses que chamavam a atenção pelo

seu conforto foram as do cônsul Chamberlain, da consulesa Lady Amherst, dos ricos negociantes Johnson, Jorge Marck, Clarck e T. Hardy. Nelas, os móveis obedeciam aos estilos *Adam, Chippendale, Hepplewhite, Sheraton* e *Queen Anne.*

Damas houve — além da marquesa de Santos — que muito se destacaram pela distinção com que recebiam suas visitas. Tais foram: a baronesa de Sorocaba, d. Maria Benedita de Castro Couto e Melo; a viscondessa do Rio Seco, d. Mariana da Cunha Pereira, filha do marquês de Inhambuque, segunda mulher do 1º barão e visconde do Rio Seco, depois marquês de Jundiaí: Joaquim Antônio de Azevedo — que possuía, segundo Maria Graham, £150.000 em jóias; a 1ª baronesa e condessa de Itapagipe, d. Ana Romana de Aragão Calmon, esposa do desembargador e conselheiro Francisco Xavier Cabral da Silva; d. Maria Henriqueta Carneiro Leão, que veio a ser viscondessa com grandeza, condessa e marquesa de Paraná; d. Maria Eufrásia de Lima, esposa do conselheiro José Antônio Lisboa, e progenitora dos que viriam a ser barão de Japurá (o diplomata Miguel Maria Lisboa) e marquês de Tamandaré (o almirante Joaquim Marques Lisboa); a viscondessa de Cachoeira, d. Ana Vidal Carneiro da Costa, terceira filha de Brás Carneiro Leão e da baronesa de São Salvador de Campos dos Goitacases, casada com o 1º visconde de Cachoeira: Luís José de Carvalho e Melo; d. Carlota Cecília Carneiro de Carvalho e Melo, prendada filha do 2º visconde de Cachoeira: Luís José Carneiro de Carvalho e Melo; as irmãs da viscondessa de Cachoeira: d. Maria Josefa, d. Luísa Rosa, d. Rosa Eufrásia e d. Francisca Mônica; d. Maria Eugênia Carneiro da Costa, filha do visconde de Cachoeira, casada com João Francisco da Silva e Sousa, senhor da quinta de Mata da Paciência; d. Mariana Laurentina da Silva e Sousa Gordilho, marquesa de Jacarepaguá, esposa de Francisco Maria Gordilho Veloso de Barbuda: 1º barão do Pati do Alferes, visconde de Lorena e marquês de Jacarepaguá, e filha dos senhores da quinta da Paciência, acima referidos; d. Gabriela Maria Inácia Azinari de S. Marsan, ilustre dama turinense, filha dos marqueses de Caraglio e de S. Marsan, viúva do conde de Linhares e progenitora do marquês de Maceió; d. Isabel Cochrane Burnier; Mme. de Saint-Georges, distinta e elegante consorte do ilustre ministro francês desse sobrenome; e a fulgurante ministra da França, Mme. de Gabriac.

Tais eram — de 1822 a 1850 — os principais lugares de reunião, situados nos bairros de Mata-Cavalos, Catumbi, São Cristóvão, Glória, Catete, Laranjeiras, Botafogo, Gávea e no centro da cidade.

344

Havia, nessas propriedades, salões de visita, de música e de baile (com reposteiros de damasco e de veludo, tapetes, curiosidades de marfim procedentes de Macau, *bibelots* franceses, lustres e arandelas de pingentes), desafogadas salas de jantar (com baixelas de prata, louça de porcelana da China, e finíssima louça inglesa), enormes dormitórios e dependências grandes e numerosas. As salas e salões estavam mobiliados com peças que pertenciam aos mais variados estilos: *chinês, filipino, florentino, império francês, império brasileiro, indoportuguês, joanino, josefino, D. Maria I, Luís Felipe, restauração, renascença espanhola,* bem como ao estilo batizado por Ernesto da Cunha de Araújo Viana e Adolfo Morales de los Rios (Pai) como *manuelino.* Notava-se, igualmente, a existência de móveis procedentes dos Estados Unidos, de estilo *regência* simplificado, manufaturados na Virgínia. Servem como exemplo desses móveis de estilo virginiano: as mesinhas de encosto, com duas pernas posteriores retas e duas anteriores curvilíneas; as cadeiras de assento estofado e espaldar muito vazado e linha superior recortada; as cadeiras de balanço com braços terminados, junto ao assento, em voluta; as cadeiras, hoje tão comuns entre nós, de modelo igual ao da platéia do demolido Teatro Lírico; as longas mesas de sala de jantar, sustentadas por duas colunas, cujas três terminações inferiores se abrem como se fossem dedos; os espelhos de parede, terminados por duas chatas volutas afrontadas; e as mangas de vidro, de pequenas ou de grandes proporções. Também pela influência dos móveis virginianos é que aparecem, na metade do século XIX, os móveis de assento e de espaldar de palhinha. Assim, ao lado da simples cadeira de assento de palha, surge a cadeira de braços com assento e espaldar forrado com o mesmo material. São móveis mais frescos que os de assento de couro e, assim, a preferência por eles é grande. E surge, dessa forma, a ampla e vistosa *marquesa.*

O leito, igualmente, muito tinha evoluído: do couro de boi estendido no chão, passou à esteira e depois ao catre. Este já era, na verdadeira acepção do termo, um leito. A seguir, o catre foi substituído pela cama. Umas, maravilhosas, como foram as de Garcia d'Ávila, na Bahia, ou as da Vila Rica de Ouro Preto, ou, então, como os leitos de damasco de Pernambuco. No Rio de Janeiro colonial o luxo da cama não chegava a tanto. Quem possuía cabedais, possuía o seu leito guarnecido de colcha da Índia. Somente no 2º reinado é que a cama usada nas mansões e solares da capital do Império apresenta características de estilo. E esse é sempre um daqueles já antes enumerados.

345

A rede do índio — transformada, pois era feita de fio de algodão — é muito empregada por ser cômoda, higiênica e balouçante. Servia de assento e podia *mexer* a pessoa da frente para trás. Esse movimento proporcionava uma sensação de agrado, combatendo, pelo deslocamento do ar, o calor. Empregada como leito também podia causar essa sensação, uma vez que impelida por uma segunda pessoa. A rede tinha a vantagem, sobre o colchão de capim, de que não era quente como esse. Portanto, o balanço na rede, colocada nos quartos ou pendurada nos copiares ou alpendrados, era um dos hábitos herdados da época colonial. No refrescar o corpo, a rede tinha como concorrente a cadeira de balanço, espalhada nas salas, quartos, galerias, varandas e alpendres. O movimento oscilatório que se fazia com a mesma era frontal: para frente e para trás. Mas o fato é que tanto na rede como na cadeira de balanço os personagens da época passavam horas inteiras... E, apesar de tudo, ainda havia quem preferisse, para sentar-se, a esteira, posta sobre o quente lajedo ou em cima do tabuado do soalho. Duas posturas eram geralmente as adotadas: cruzando as pernas à frente do corpo, isto é, à moda árabe; ou sentando-se sobre uma delas, à moda da terra.

Tudo isso — móveis de palhinha, cadeiras de balanço, redes e esteiras representavam lógicos recursos para o adequado combate ao calor. Uma infinidade de bilhas, moringas, copos e recipientes de barro servia para guardar em lugar fresco a água a ser bebida. Por isso, não faltavam, atrás das pançudas grades das janelas, tábuas perfuradas, horizontalmente colocadas, onde descansavam tais recipientes.

O banho era outro recurso para o eficaz combate às condições climáticas. Seguia-se, nisso, o exemplo dos indígenas. Geralmente, era tomado à noite, o que é bastante lógico. Mais facilidade de banhar-se tinha quem morava perto dos inúmeros rios e riachos ou, então, à beira-mar. Outras vezes, o banho era tomado em grandes bacias ou em banheiras de folha e, ainda, em banheiras inteiriças de mármore, que apresentavam a particularidade, interessantíssima, de possuírem duas alças fingidas, lavradas no próprio mármore. A água era trazida do córrego mais próximo por uma derivação obtida numa elevação do terreno ou provocada por uma roda de água. A canalização era sempre uma calha da madeira ou de bambu serrado ao meio no sentido longitudinal. A água assim transportada era levada a depósitos, mas, como esses estavam dispostos abaixo do nível do terreno, acontece que os negros escravos deviam levá-la em barrilotes até à banhei-

346

ra. Tomava-se também banho quente. Para isso a água era aquecida no vasto fogão da enorme cozinha e depois despejada na banheira ou na grande bacia. Acontece, porém, que em outras casas havia uma calha ligando uma pia da cozinha à banheira. Por aí é que se deitava a água. O problema era despejar a banheira quando essa, sendo de mármore, não possuía o indispensável orifício de despejo. A solução era retirar a água com cuias e terminar a operação com panos que, depois de embebidos, eram espremidos.

A gente rica de Vassouras — os Teixeira Leite, Leite Ribeiro, Furquim de Almeida, Leite de Carvalho, Correia e Castro, Gomes de Carvalho, Ribeiro de Avelar; os personagens importantes de Barra Mansa; os não menos conceituados da vila de Valença — como os Nogueira da Gama e os Resende; e de Paraíba do Sul, com o barão das Palmeiras: Francisco Quirino da Rocha e Hilário Joaquim de Andrade (futuro barão de Piabanha) à frente; constituíram no 2º. reinado o elemento que, enriquecido no plantio e colheita do café nas regiões montanhosas da província do Rio de Janeiro, haveria de constituir a nobreza fluminense, digna herdeira da gente formada junto aos canaviais da baixada. O ciclo do café sucedendo ao do açúcar. Uma gentocracia genuinamente rural, de origem e caráter colonial, substituída por uma nobreza de origem e caráter imperial. A primeira quase insulada; a segunda unindo o sertão à cidade mais importante da região e esta à Corte.

Nela haveriam de destacar-se os títulos de numerosos aristocratas: barões de Amparo, de Tinguá, do Avelar, de Campo Belo, de Vassouras, do Ribeirão, de Cananéia, de Benevente, do Pati do Alferes, de Santa Maria, de Capivari, de Potengi, de Palmeiras, de Avelar e Almeida, de Santa Mônica, de Juparaná, do Pilar, do Ribeiro de Avelar, e das Flores; viscondes de Barra Mansa, de Araxá, da Paraíba, de Ipiabas, de Entre-Rios e do Rio Preto; condes de Baependi e do Rio Novo; e marquês de Baependi. Toda essa coorte de fidalgos vivia em fazendas do território fluminense, cujas sedes eram verdadeiros *solares*. Se as mansões eram simples no seu aspecto exterior, o seu interior era nobre e rico. Constituíam — segundo prova D'Araújo Guimarães — modelos de conforto e opulência, com os seus móveis de jacarandá lavrado, as belas tapeçarias orientais e francesas, as baixelas de ouro e prata, os cristais venezianos, as ricas porcelanas, a fina louça marcada com escudos e monogramas, com aves e folhagens ou com simples filetes de ouro e de azul, os copos e taças lapidadas, os grandes espelhos emoldurados a ouro, as banheiras de mármore, os quadros de pintores de renome, os soalhos de ricas madeiras, os tetos trabalhados pelos estucadores trazidos especialmente da Europa, os candelabros e os arandelas. A lavoura do café dava para isso e para que quase todos os titulares mantivessem, permanentemente postas, outras belas mansões no Rio de Janeiro: nessa Corte com que todos sonhavam.

Não se creia, porém, que os *grands-seigneurs* brasileiros estavam concentrados no Rio de Janeiro ou nas suas proximidades. Nas províncias também existiam, e de bom quilate. Assim, em Pernambuco muito se notabilizaram os salões do barão de Suassuna; de Pedro Francisco de Paula Cavalcanti de Albuquerque, depois barão e visconde de Camaragibe; de Manuel Francisco de Paula Cavalcante, barão de Muribeca; de Francisco do Rego Barros, barão, visconde e conde da Boa Vista; e de Jacinto Pais Moreira de Mendonça, Sizenando Nabuco, e Félix Peixoto. Na Bahia, famoso foi o salão de Francisco Gonçalves Martins, deputado à Assembléia Geral, senador, presidente da província e, mais tarde, barão e visconde de São Lourenço. E, em São Paulo, destacavam-se o conforto da propriedade do 1º barão, com grandeza, de Pindamonhangaba: Manuel Marcondes de Oliveira e Melo.

Nos salões, generalizados estavam os recitativos de *versos* (quebrados ou não), de *sonetos* (em geral excelentes e excelentemente ditos) e de *poemas*.

Exemplo magnífico de soneto, conhecido mas sempre apreciado, é o de Maciel Monteiro:

Formosa, qual pintor em tela fina
Debuxar jamais pôde ou nunca ousara;
Formosa, qual jamais desabrochara
Na primavera a rosa purpurina;

Formosa, qual se a própria mão divina
Lhe alinhara o contorno e a forma rara;
Formosa, qual jamais no céu brilhara
Astro gentil, estrela peregrina;

Formosa, qual se a natureza e a arte,
dando as mãos em seus dons, em seus lavores,
Jamais soube imitar no todo ou parte:

Mulher celeste, ó anjo de primores!
Quem pode ver-te, sem querer amar-te?
Quem pode amar-te, sem morrer de amores?!

A seguinte nênia é de Gonçalves Dias:

SOBRE O TÚMULO DE UM MENINO

26 de outubro de 1848

O invólucro de um anjo aqui descansa,
Alma do céu nascida enfre amargores,
Como flor entre espinhos; — tu, que passas,
Não perguntes quem foi. — Nuvem risonha
Que um instante correu no mar da vida,
Romper da aurora que não teve ocaso,
Realidade no céu, na terra um sonho!
Fresca rosa nas ondas da existência,
Levada à plaga eterna do infinito,
Como of'renda de amor ao Deus que o rege;
Não perguntes quem foi, não chores: passa.

A cantiga de Bernardo Guimarães, que abaixo vem transcrita, não tem menor valor poético:

Aqui deste arvoredo
Das sombras no segredo
Oh! vem.
Por estes arredores
O bosque outras melhores
Não tem.

O ruivo sol da tarde
Já nas montanhas arde
Dalém.
A lua alvinitente
Nas portas do Oriente
Lá vem...

A viração fagueira
A rápida carreira
Detém.
E dorme, preguiçosa,
No cálix da mimosa
Cecém.

Ninguém na sombra escura
Verá nossa ventura,
Ninguém.
Somente os passarinhos,
Ocultos em seus ninhos,
Nos vêem.

Do bosque entre os verdores,
Se ocupam só de amores
Também.
E a lua que desponta,
Jamais segredos conta
De alguém.

Debaixo do arvoredo
Na grama do vargedo,
Oh! vem
À sombra deste abrigo
Falar a sós comigo,
Meu bem.

E que dizer desta obra-prima de Manuel Antônio Álvares de Azevedo?

SE EU MORRESSE AMANHÃ!

Se eu morresse amanhã, viria ao menos
Fechar meus olhos minha triste irmã;
Minha mãe de saudades morreria,
Se eu morresse amanhã!

Quanta glória pressinto em meu futuro!
Que aurora de porvir e que amanhã!
Eu perdera chorando essas coroas,
  Se eu morresse amanhã !

Que sol! que céu azul! que doce n'alva
Acorda a natureza mais louçã!
Não me metera tanto amor no peito,
  Se eu morresse amanhã!

Mas essa dor da vida que devora
A ansia de glória, o dolorido afã...
A dor no peito emudecera ao menos,
  Se eu morresse amanhã!

E esta? — do mesmo — também esplêndida:

MEU SONHO

Eu

Cavaleiro das armas escuras,
Onde vais pelas trevas impuras
Com a espada sangrenta na mão?
Por que brilham teus olhos ardentes
E gemidos nos lábios frementes
Vertem fogo do teu coração?
Cavaleiro, quem és? o remorso?
Do corcel te debruças no dorso...
E galopas do vale através...
Oh! da estrada acordando as poeiras,
Não escutas gritar as caveiras
E morder-te o fantasma nos pés?

Onde vais pelas trevas impuras,
Cavaleiro das armas escuras,

Macilento qual morto na tumba?...
Tu escutas... Na longa montanha
Um tropel teu galope acompanha?
E um clamor de vingança retumba?
Cavaleiro, quem és? — que mistério,
Quem te força da morte no império
Pela noite assombrada a vagar?

O Fantasma

Sou o sonho de tua esperança,
Tua febre que nunca descansa,
O delírio que te há de matar!...

Insuperáveis são as duas composições de outro grande romântico: Junqueira Freire.

MARTÍRIO

Beijar-te a fronte linda:
Beijar-te o aspecto altivo:
Beijar-te a tez morena:
Beijar-te o rir lascivo:

Beijar-te o ar que aspiras:
Beijar-te o pó que pisas:
Beijar-te a voz que soltas:
Beijar-te a luz que visas:

Sentir teus modos frios:
Sentir tua apatia:
Sentir até repúdio:
Sentir essa ironia:

Sentir que me resguardas:
Sentir que me arreceias:
Sentir que me repugnas:
Sentir que até me odeias:

Eis a descrença e a crença,
Eis o absinto e a flor,
Eis o amor e o ódio,
Eis o prazer e a dor!
Eis o estertor de morte,
Eis o martírio eterno,
Eis o ranger de dentes,
Eis o penar do inferno!

TEMOR

Ao gozo, ao gozo, amiga. O chão que pisas
A cada instante te oferece a cova.
Pisemos devagar. Olha que a terra
Não sinta o nosso peso.

Deitemo-nos aqui. Abre-me os braços,
Escondamo-nos um no seio do outro:
Não há de assim nos avistar a morte,
Ou morreremos juntos.

Não fales muito. Uma palavra basta
Murmurada em segredo ao pé do ouvido.
Nada, nada de voz — nem um suspiro,
Nem um arfar mais forte...

Fala-me só co'o revolver dos olhos.
Tenho-me afeito à inteligência deles.
Deixa-me os lábios teus, rubros de encanto,
Somente pra os meus beijos.

Ao gozo, ao gozo, amiga. O chão que pisas
A cada instante te oferece a cova.
Pisemos devagar. Olha que a terra
Não sinta o nosso peso.

Chácaras e Quintas

Os terrenos firmes, secos e férteis ou os de encosta estavam ocupados pelas *chácaras* e *quintas*.

Ao tempo da Colônia, a chácara das Mangueiras, que pertenceu ao conde de Bobadela, podia ser considerada como das de maior valor. Esteve situada nas vizinhanças do antigo monte das Mangueiras, isto é, próxima aos Arcos da Carioca. Não dizemos, como outros autores, que estava no lugar da atual rua Visconde de Maranguape porque ali foi a lagoa do Desterro. Depois a dita propriedade serviu para sede da embaixada inglesa. Por sua vez, até que foi aberta a rua do Piolho, existiu a vasta chácara da Carioca que ocupava toda a área compreendida entre o morro de Santo Antônio e os atuais logradouros públicos: largo da Carioca, rua Sete de Setembro e praça Tiradentes. Também valiosas foram as chácaras que no século XVIII possuiu, nas zonas hoje conhecidas como Lavradio e Senado, o dr. Pedro Dias Pais Leme. Não menos conhecidas se tinham tornado as da Conceição e de Manuel Casado Viana, através das quais foi aberta a rua de São Pedro.

E as chácaras mais importantes que existiam na cidade, na primeira metade do século XIX, passam a ser mencionadas a seguir.

Na zona Jardim Botânico-Gávea, havia as chácaras do barão de Langsdorff, dr. Pereira Rêgo, Duque Estrada, Francisco Rodrigues Ferreira, Manuel dos Santos Dias, da Bica (de Ribeiro de Carvalho, atual Solar Monjope), Martins Lage, da Fonte da Saudade (do conselheiro João Soares Lisboa Serra), Corte Real e Pádua (estas duas junto ao mar).

Em Botafogo, sempre chamou a atenção a chácara do Berquó, que pertenceu ao ouvidor Francisco Berquó da Silveira. Estendia-se por toda a vasta zona da atual rua General Polidoro ocupada pelo cemitério. Também se destacava, pela sua situação privilegiada, a chácara de José Ferreira da Rocha, edificada na encosta do Corcovado. Ali, nessa belíssima situação, estava a casa do proprietário, construída antes da chegada da Corte, na qual esteve hospedado Darwin quando passou pelo Rio de Janeiro na sua viagem de volta ao mundo. Ainda pode ser vista, tendo, é claro, um aspecto arquitetônico diferente do primitivo. Não menos importante e extensa era a chácara do conselheiro José Bernardo de Figueiredo, que abrangia boa parte da praia de Botafogo, o lado par da rua de São Clemente e as vertentes dos morros próximos. Constituía um desmembramento da quinta da Olaria. E deve-se mencionar, igualmente, a chácara do Vigário Geral, no sopé do morro da Babilônia. Foi nos terrenos dessa valiosa propriedade que vieram a ser instalados o Hospício Nacional de Alienados (praia Vermelha) e o Asilo de Santa Maria.

Nas Laranjeiras, se destacavam as chácaras da duquesa de Cadaval, de Domingos Francisco de Araújo Roso, de Antônio Joaquim Pereira Velasco, de João Coelho Gomes, a conhecida como *chácara do Jardim das Laranjeiras* (antiga de Domingos Rebelo Pereira), do sargento-mor Fernando José de Mascarenhas, de Brás Gonçalves Portugal e do conselheiro José Antônio Lisboa.

No Catete, importantes foram as do Valdetaro, de Manuel Guedes Pinto, de Cláudio José Pereira da Costa, de João José de Faria, de Inácio Ratton (próxima à ponte do Catete), de Amaro Velho da Silva (onde hoje fica o Asilo de São Cornélio) e de Domingos Carvalho de Sá (onde está aberta a rua desse nome). Numa casa de chácara desse bairro, situada no campo do Machado, residiu o sr. Cerqueira Lima, encarregado de negócios do Brasil na Colômbia e Bolívia. O anúncio do leilão que o mesmo fez, em 1840, dá bem idéia de como estavam instaladas essas mansões. O leiloeiro era Frederico Guilherme. E o ato começaria às três horas em ponto do dia 13 de abril. Ao correr do martelo seriam vendidas as seguintes coisas: magnífica prataria, riquíssimas jóias, aparelhos de porcelana para jantar e almoço, peças de casquinha, cristais, móveis de salas de visitas e de jantar, de quarto de dormir e de gabinete, e caleça de rodas com arreios completos. Entre os artigos de que constava esse leilão deviam ser apontadas as seguintes: a prataria, feita de encomenda e principalmente um aparelho para chá e café, do célebre Lewis de Londres, provavelmente o único no Brasil pela riqueza e acabamento admirável do bordado em relevo; as jóias, todas de ouro de lei, com riquíssimos brilhantes, rubis, pérolas finas, esmeraldas e outras pedras raras; bela caixa de mogno, contendo infinidade de belas peças de prata lavrada, em relevo e dourada, com escovas de marfim pertencentes a toucador; e todos os utensílios para coser, bordar, escrever, tudo de aço com cabos de madrepérola e incrustações de ouro fino,

No bairro da Glória havia: a chácara do Baía — Manuel Lopes Pereira Baía (depois Ministério das Relações Exteriores, onde hoje está o Palácio do Cardeal); a do Papa-Couve, ao lado da anterior (isto é, entre as atuais ruas de Benjamim Constant e Dona Luísa); a do major João Cesarino Rosa, onde se abriu a rua Dona Luísa, nome de sua filha Luísa Clementina da Silva Couto; a do Rangel, no morro da

Glória; as demais existentes no mesmo morro, dentre as quais deve ser relembrada aquela em que viveu Joachim Lebreton, chefe da Missão Artística Francesa. Como exemplo da excelência das propriedades daquele morro, bastará revelar o anúncio da venda, em 1840, de uma lindíssima *chacrinha* na ladeira da Glória nº 19. O anunciante discriminava que estava muito bem plantada de flores e arvoredos de diferentes frutas da América e da China. Situada "na mais rica vista possível", possuía casa pintada a óleo e forrada de papel, cavalariça para quatro animais, pavilhão chinês, quatro caramanchões feitos à moda francesa, grande cisterna com abundante água, labirinto semelhante ao do Jardim de Plantas de Paris e dois portões que ficavam perto do mar, permitindo assim tomar banhos salgados.

Entre a Lapa e o outeiro da Glória, nenhuma chácara excedia em valor à de Fonseca Costa, situada nas proximidades da atual rua Taylor. A cavaleiro desta existira, outrora, a enorme chácara de Santa Teresa. Tendo chegado ate o mar, foi através duma parte dela que foi aberta a rua da Lapa.

Outra chácara, que possuía magnífico solar, foi a que pertenceu até 1844 ao coronel Felipe Néri de Carvalho. Estava situada no largo da Prainha, canto da ladeira de João Homem. Possuía terraço revestido de mármore e de azulejos, sendo que o caminho que conduzia à mansão estava guarnecido de balaustrada de cantaria com artísticos vasos.

A chácara da Gamboa deu lugar ao Cemitério dos Ingleses. Mas houve uma outra do barão da Gamboa que estava situada na freguesia de Santana, onde também podiam ser apontadas, como boas, as chácaras do coronel Bento Barroso Pereira (no morro de São Lourenço), a do conde dos Arcos (onde estava o seu solar), a denominada de Pinto Sayão e a pertencente à família Mascarenhas.

As chácaras de Mata-Cavalos e de Mata-Porcos podiam ser consideradas das maiores. Assim bela chácara e residência possuía em Mata-Cavalos, defronte da rua do Lavradio (onde hoje está o Hospital do Carmo), o encarregado de negócios da França, Eduardo Pontois. Móveis de estilo, riquíssimos armários de charão, porcelanas, cristais, pratas e gravuras davam conforto e beleza à mansão. Para seu transporte e serviço da legação, Mr. de Pontois dispunha de sege, de carrinhos ingleses de duas e de quatro rodas, e de cavalos e bestas. Na mesma zona e na rua do Conde também existiu a extensa chácara de Manuel dos Passos Correia, comprada em 1834 para ali ser construído o edifício da Casa de Correção.

Não menos valiosa foram as chácaras do governador das Armas da Corte, marechal de campo Francisco Xavier Cabral da Silva (depois 1º. barão de Itapagipe), e a, enorme, chamada do Agrião (pertencente a dona Maria do Amaral, onde foi aberta mais tarde a rua Sousa Neves): na freguesia do Espírito Santo.

Em São Cristóvão, quase todas as chácaras se estendiam até às praias do fundo da baía, possuindo os respectivos solares amplas varandas de onde se descortinava belíssimo panorama. Dentre as chácaras verdadeiramente notáveis não devem ser esquecidas as dos Veigas, dos Araújo Bastos, de Brás Antônio Carneiro, a do rico armador Pedro Ciríaco Pacheco (que possuía muitos navios no serviço de cabotagem e de alto mar, pois era um grande traficante de escravos) e a chamada do Veado, que pertenceu a Martiniano de Alencar. Muitas tinham a entrada voltada para o campo de São Cristóvão. Entretanto, nenhuma sobrepujava a que ficava lindeira com a Quinta da Boa Vista, de propriedade do irmão de Elias Antônio Lopes, vendida a d. Pedro I. Possuía belíssima residência, com um pórtico de colunas. O historiador A. G. Pereira da Silva classificou essa mansão como *bela casa de colunas*.

No Engenho Novo, existiam importantes chácaras, como as de Teodoro de Beaurepaire-Rohan, de d. Mariana Carlota de Verna de Magalhães Coutinho (mais tarde, condessa de Belmonte) e de Luís Pedreira do Couto Ferraz (depois, visconde de Bom Retiro). No Engenho Velho, próximo à serra do Andaraí, importante era a de Angelo Muniz da Silva Ferraz, depois barão de Uruguaiana. Na zona Catumbi-Rio Comprido existiam numerosas, extensas e viçosas chácaras: das Palmeiras (de propriedade do conselheiro Sousa Fontes); da Mangueira (próxima do atual largo do Rio Comprido); a de José Francisco Gonçalves (que era enorme); a da família Navarro de Andrade; a conhecida como dos Coqueiros; e a, famosa, do Bispo. Aliás aquela era a parte dos arrabaldes onde abundavam as chacrinhas, ou pequenas chácaras. Em Santa Teresa, se destacavam pela sua extensão e beleza as chácaras do comendador Francisco José Fialho e de Guimarães. Outras chácaras: do Vintém, onde havia a gostosa água, vendida a gente de prol (na rua do Conde da Cunha); do Trapicheiro (no Maracanã); as inúmeras e belas de toda a Tijuca; e do Boa Vista (em Irajá). E no centro urbano podia ser vista a chácara da Floresta, cujo portão estava na rua da Ajuda, bem próximo do largo da Mãe do Bispo. Estendia-se desde aquela rua até o morro do Castelo. Existiu até à abertura da avenida Central, hoje Rio Branco.

357

Como no sentido figurado a palavra *quinta* significa o essencial, segue-se que a mesma, aplicada à terra de granjearia, queria dizer: a melhor, a excelente. Ela é originária de Portugal, onde tem a significação de casa de campo em granja, o que vale dizer: casa campestre, residência campestre.

Não existindo, verdadeiramente, diferença entre a chácara e a *quinta,* deve-se fazer notar que aqui, no Rio de Janeiro, a segunda denominação se aplicou à propriedade rural de extensão quase ilimitada. Por isso, houve muito poucas: da Boa Vista, de São Clemente, de Cosme Velho Pereira, da Olaria, do Caju, do Valongo e de Mata da Paciência. A primeira, que pertencera ao rico comerciante Elias Antônio Lopes, foi doada ao príncipe regente d. João a fim de ali instalar a residência oficial. A de São Clemente fora de propriedade, em 1685, do vigário geral do bispado dr. Clemente Martins de Matos. Estendera-se, outrora, da praia de Botafogo até à lagoa de Rodrigo de Freitas. Nessa área, colossal, é que foram abertas as ruas de São Clemente, Berquó, São Joaquim, dona Mariana, Sorocaba, São João Batista, Real Grandeza, Palmeiras, Matriz, Todos os Santos, Santa Isabel, Oliveira, Fernandes e as travessas do Leandro, dos Marques, e do Pegado. A quinta da Olaria, desmembramento da anterior, pertencera a Francisco de Araújo Pereira — que fora, também, proprietário de fazenda na Gávea —, ao conde dos Arcos e a Joaquim Marques Batista de Leão. A quinta do Caju, em São Cristóvão, de propriedade da Casa Real, que a adquirira de particular, para servir de recreio, foi vendida pelo governo republicano ao comendador Casimiro Costa. A quinta de Cosme Velho Pereira estava situada no alto das Laranjeiras. A quinta do Valongo, na Freguesia de Santana, ficava com testada voltada para o mar. E, por fim, importantíssima era a quinta de Mata da Paciência, fora da cidade, pertencente a João Francisco da Silva e Sousa

Onde Outros Moravam

Curioso é saber onde habitavam algumas outras personagens de destaque na Corte. Vejamos, por conseguinte, os lugares de residência dos artistas mais conhecidos. Henrique José da Silva, segundo diretor da Academia de Belas-Artes, tinha a sua casa à rua dos Inválidos; Debret morou na rua da Ajuda e no Catumbi; Félix Emílio Taunay, 2º barão de Taunay, quarto diretor da Academia de Belas-Artes, professor de paisagem, à rua de São Diogo; o escultor João Joaquim Alão, professor de escultura da Academia, à rua do Sabão; Auguste Henri Victor Grandjean de Montigny, professor de arquitetura da Academia, residia na sua bela mansão pompeana da estrada da Gávea, próxima à lagoa de Rodrigo de Freitas; Zéphirin Ferrez, gravador, professor da Academia, na rua do Ouvidor; Marc Ferrez, irmão do anterior, escultor e também gravador, morou primeiro na rua do Sacramento e depois em Mata-Cavalos; o pintor José de Cristo Moreira, na rua Detrás da Lapa; Simplício Rodrigues de Sá, ou da Silva, pintor da Casa Imperial, tinha sua residência na rua do Fogo; Manuel de Araújo Porto Alegre, o grande brasileiro e artista, à rua da Lampadosa; o arquiteto Job Justino de Alcântara Barros, à rua da Imperatriz; Joaquim Inácio da Costa Miranda, pintor, à rua da Carioca; o paisagista Abraham Louis Buvelot, à rua dos Latoeiros; o escultor Fernando Pettrich, no Paço Imperial da Cidade; os retratistas Cláudio José Barandier e Ferdinando Krumholtz, à rua dos Ourives; o exímio retratista e nobre artista Augusto Muller, num lugar nada prazeroso, apesar do nome: à rua da Saúde; José da Silva Santos, professor de gravura de medalhas da Academia, na praia da Gamboa; José Correia de Lima, pintor premiado, à rua do Príncipe dos Cajueiros; o paisagista Alfredo Martinet, na rua do Lavradio; o escultor Debordieux, na rua da Alfândega; Joaquim Lopes de Barros Cabral Teive, pintor, à rua do Conde; Francisco de Sousa Lobo, também pintor, à rua de São Jorge; o escultor Honorato Manuel de Lima, na rua do Passeio; François René Moreau, pintor, e o miniaturista Pereira Dias, residiam na rua do Rosário. Outros artistas e suas residências: paisagista Afonso Galot (em Niterói); retratista Agostinho José da Mota (com habitação na rua Senhor dos Passos e *estúdio* à rua do Ouvidor); pintores: Tomás de Almeida (rua do Conde), F. N. Bautz (rua do Cano), João Batista Borely e João Maximiano Mafra (rua da Assembléia), João Batista Froys Silva (rua de Mata-Cavalos), Luís Aleixo Boulanger (rua dos Barbonos), Lasagna (rua do Sabão) e Penha (beco dos Barbeiros); escultor em marfim Perrin (rua do Ouvidor); maestros Francisco Manuel da Silva (rua do Conde), Marcos Antônio Portugal (morava entre aristocratas na, então elegante, rua do Lavradio) e o padre José Maurício Nunes Garcia, glória musical daquela época, teve seus penates na rua das Marrecas e na travessa de São Joaquim.

Passemos a ver onde habitavam outros homens muito conhecidos na cidade e Corte. Assim: o dr. Emílio Joaquim da Silva Maia residia na rua de São Joaquim; João Batista Calógeras, em Mata-

Cavalos; Antônio Gonçalves Dias, à rua da Assembléia; o barão de Tautphœus, detrás da Lapa; o oficial maior da Câmara dos Deputados Teodoro José Biancardi, na rua do Lavradio; o presidente da Câmara Municipal, Gabriel Getúlio Monteiro de Mendonça, vivia em prédio da rua da Glória; o vedor conselheiro José Maria Velho da Silva, na quinta da Joana, à rua Dona Januária; o rei de armas José Maria da Silva Rodrigues, no pátio da Ucharia; o presidente do Tribunal da Junta do Comércio, Agricultura, Fábricas e Navegação, conselheiro José Antônio Lisboa, na rua de Santa Teresa; o juiz dos Feitos da Fazenda, dr. Antônio do Couto Brum, na rua de São Pedro; o chefe de polícia, conselheiro desembargador Antônio Simões da Silva, na Secretaria de Polícia, à rua do Conde; o conde de Langsdorf, vice-cônsul da Rússia, na praia de Botafogo; Antônio Moreira, rico negociante, com residência mourisca, naquele mesmo lugar; o juiz da Alfândega, conselheiro José Fortunato de Brito Abreu Sousa e Menezes, em Mata-Cavalos; Francisco de Penha Brito, na praça da Constituição; o Padre Antônio Feijó, na rua do Conde; Bernardo Pereira de Vasconcelos, na rua do Areal; e Maria Graham, que morou primeiro na Quinta da Boa Vista, de onde se mudou para a rua dos Pescadores, e, depois, até partir para a Inglaterra, no vale das Laranjeiras, na chácara da família do conselheiro José Antônio Lisboa. Em 1850, os ministros de Estado residiam nos seguintes lugares: o do Império, visconde de Monte Alegre (José da Costa Carvalho), na praia do Flamengo; o da Justiça, conselheiro Eusébio de Queirós Coutinho Matoso da Câmara, na rua do Sacramento; o de Estrangeiros, conselheiro Paulino José Soares de Sousa, na dos Inválidos; o da Fazenda, conselheiro Joaquim José Rodrigues Torres, na rua do Príncipe dos Cajueiros; o da Guerra, conselheiro Manuel Felizardo de Sousa e Melo, na dos Barbonos; e o da Marinha, conselheiro Manuel Vieira Tosta, na rua do Resende.

Os Aluguéis

Por curiosidade, vejamos os valores dos aluguéis mensais das casas no primeiro quartel do século XIX. Assim: um sobrado na rua Direita (atual 1º de Março), que era importantíssima, valia 19$600 rs. Um sobrado e loja na rua dos Ourives custavam 33$800 rs. Uma casa térrea na rua da Vala (atual Uruguaiana) era paga por 5$760 rs.! Houve casas térreas nas ruas do Ouvidor, do Sabão (hoje General

Câmara), dos Latoeiros (hoje Gonçalves Dias), que custaram, respectivamente, 6$400 rs., 8$000 rs. e 4$800 rs. Mas um sobrado e loja da rua da Quitanda ainda custavam menos, em conjunto, pois o seu preço era de 10$000!

Uma casa térrea no beco do Cotovelo valia em 1842 menos de dois contos. Em compensação, sendo de sobrado, no mesmo local, tinha o preço de avaliação de 3:000$000. Já nas proximidades, isto é, na rua de São José, duas casas de sobrado eram avaliadas, ambas, em 5:400$000. Mas na rua da Alfândega, lá em cima, uma casa podia ser comprada por 1:600$000. Todas pagavam 320 rs. de foro anual à Câmara Municipal.

2) DIVERSÕES

OS PASSATEMPOS — AS PREDILEÇÕES — O CARNAVAL

Os Passatempos

Grande sucesso sempre tiveram as festividades religiosas, os desfiles militares e as cerimônias da Corte.

Não obstante, as *manias,* ou divertimentos populares, eram as *brigas de galo e os jogos da bola.* Havia rinhas de aves por todos os cantos e *boliches* na praia de Santa Luzia, no morro da Conceição, na rua Detrás do Hospício, no beco dos Cachorros e na rua e terreiro do Jogo da Bola. Em todos, muito se apostava a dinheiro.

Jogava-se, também, muitíssimo nas loterias, pois não foram poucas as que existiram. Quando uma irmandade, a Santa Casa ou qualquer ordem terceira estava em dificuldades, o governo concedia uma ou mais loterias. Começando a serem anuais, as concessões chegaram a abranger períodos de alguns anos. Mas o principal fim das loterias foi permitir a construção e reconstrução de teatros e o amparo dos artistas. O Teatro D. Pedro foi o mais beneficiado. Seu proprietário, coronel Fernando José de Almeida, obtève três em 1824 e outras tantas, quatro anos depois, para conclusão das obras ali iniciadas. José Bernardes, outro diretor, consegue igual número em 1830. Entretanto, os insaciáveis diretores do mesmo não descansam: conseguem em 46 mais quatro loterias, durante o prazo de seis anos. Seguindo esse exemplo, os teatros São Januário e Fluminense obtêm, em 1837, duas extrações durante quatro e seis anos, respectivamente. Em 1841, chega a vez da Companhia Francesa, que trabalhava no São Januário. Essa é mais modesta: contenta-se com uma. O sucesso alcançado por todas — e também sob o pretexto de auxiliar o grande João Caetano, empresário do Teatro São Francisco, com a importância de dois contos mensais, durante seis anos — fez que o governo resolvesse autorizar o Tesouro, em 1847, a extrair anualmente nada menos de dezoito. A importância e número das loterias tornou necessário criar o cargo de inspetor de teatros. Essa criação, levada a efeito em 1849, constituía o corolário da censura teatral e da fiscalização a que os mesmos estavam obrigados desde 1829.

A sociedade carioca se eletrizava quando a companhia era francesa. Assim, quando um grupo de franceses amadores resolve realizar a 27 de junho de 1840, no Teatro de São Januário, uma festa a favor da Sociedade Beneficente Francesa, a sala do mesmo se enche literalmente. E o espetáculo decorre com aplausos gerais e do próprio imperador. Três peças são representadas: *Le mariage de raison,* vaudeville de Scribe; *La jeune femme colère,* comédia; e *L'Artiste,* peça muito divertida e engenhosa. Para terminar, um dos amadores recita, em cena aberta e rodeado de todos os seus companheiros, os seguintes versos:

> *Si pour quelques larmes amères*
> *Un fol orgueil a pu nous égarer,*
> *Daignez, Messieurs, vous montrer peu sevères.*
> *Songez au but qui sut nous inspirer;*
> *Par des bravos prouvez votre indulgence.*
> *Passez, passez quelque chose aux bons coeurs;*
> *Rappelez-vous que c'est la bienfaisance*
> *Qui fait de nous aujourd'hui des acteurs.*
> *N'oubliez pas qu'une auguste presence*
> *À nos plaisirs a daigné concourir;*
> *Temoignon-nous-en notre reconnaissance,*
> *Et dans nos coeurs gravons ce souvenir,*
> *France et Brésil, vous que l'amitié lia,*
> *De votre accord nous chantons le bonheur*
> *Nous adressons des voeux pour la patrie,*
> *Pour le Brésil et pour son Empereur.*

Essa sociedade também freqüentava o Teatro São Pedro de Alcântara, onde naquele mesmo ano se representou a comédia *Casanova no forte de Santo André*, de autoria de Arago, Varin e Desverges; assistia ao benefício da atriz Maria Cândida de Sousa; ouvia árias de Donizetti e Rossini cantadas pela atriz Margarida Lemos; e apreciava as fantasias musicais de autoria de Antônio Luís Miró, mestre da orquestra do Teatro de São Carlos, de Lisboa. Ou então: assistia a dramas sacros, como os intitulados de *Santa Cecília* e de *A exemplar caridade de Santa Isabel rainha de Portugal;* aplaudia João Caetano com a sua coorte de comparsas; freqüentava os espetáculos da companhia cômica portuguesa dirigida pela atriz Ludovina Soares da Costa; muito apreciava o elenco francês do Teatro São Francisco de Paula; gostava da companhia dramática espanhola de Adolfo Ribelle; e não deixava vazios os teatros onde funcionavam as companhias de comédias, dramalhões e variedades, formadas de artistas de diversas nacionalidades residentes na cidade.

Em 1843, o teatro de ópera já está definitivamente firmado no conceito e no apreço do público. É nessa ocasião que a ópera italiana, com a atriz Augusta Candiani à frente de um elenco respeitável, obtém êxito sem igual. Três anos depois, surge a ópera francesa no Rio de Janeiro.

Já então o Teatro D. Pedro é chamado de São Pedro de Alcântara. Continuavam muito concorridos o São Francisco, o São Januário, o Santa Leopoldina e o Santa Carolina. Curiosa é a escolha de nomes de santos para casas de espetáculos. Outros teatros: o do Comércio e o Teatro Lírico Francês.

As obras musicais de Donizetti, Bellini e Mercadante eram interpretadas ao pianoforte pelas senhoritas daqueles tempos. Também tinham grande preferência trechos das óperas: *Norma, Sonâmbula, Lucia de Lamermoor, L'elisir d'amore, Anna Bolena* e *Lucrécia Borgia.*

E os *pot-pourris,* os divertimentos, as sonatinas, os mosaicos, os rondós e as polonesas, igualmente agradavam. Os livreiros Laemmert inundavam a cidade de cadernos musicais, vendidos muito em conta, pois o seu preço ia de 1$600 a 2$000 réis.

Nos concertos, as sinfonias eram muito apreciadas. E tudo quanto fosse tocado em rabeca obtinha grande sucesso. Por isso o êxito dos rabequistas Francisco de Sá Noronha, C. Berlot e Carlos Bassini foi completo. O primeiro fazia coisas surpreendentes quando executava uma famosa marcha militar. Berlot, *primeiro rabeca de S. M. el-rei dos Países Baixos e de S. M. el-rei de França,* não era menos perito nas árias, com acompanhamento de piano. Por sua vez, o italiano Bassini, que aqui esteve em 1834, 1837 e 1843, era dotado de talento verdadeiramente raro, deixando, por isso, perduráveis recordações. Também o artista Vicente Ayala obtém grande sucesso ao interpretar em violão francês as mais difíceis e variadas fantasias. E não menos conhecido e apreciado foi o artista espanhol d. José Amat.

A dança constituía outro passatempo da gente socialmente bem colocada. Ela tomara grande incremento desde a instalação dos colégios franceses e da ação, na Corte, de Lourenço Lacombe. Também os mestres Milliet e Chevalier, chegados em 1839, grande influência exerceram para modificar os hábitos sociais, implantando a boa música de orquestra. Milliet, principalmente, era o mais solicitado. Empunhava, pois, a batuta nos saraus mais importantes. Desde então grande êxito obtinham as contradanças de Musard, de Tolbecque e de Dufrène; as valsas de Strauss, de Labittzki e de Lanner; as quadrilhas, mormente a espanhola, que causou sensação, pois era executada pela orquestra francesa com acompanhamento de castanholas. Os nomes das valsas eram curiosos. Havia desde uma chamada *Os foguetes* até as denominadas de *As rendas de Bruxelas,* de *Lembrança de Almanaque* e de *Plomela.* Não faltavam, também, as sentimentais: a *Consolação,* a *Amizade,* a *Separação,* e, até, a *Saudade de Niterói*

Mestre Lourenço Lacombe vê com a chegada à Corte, em 1840, do francês Philippe Caton e sua esposa, sérios concorrentes no ensino da dança. Mas os receios de Lacombe não se confirmam, porquanto os Caton não pretendem chegar à aristocracia, mas se popularizam, ensinando em sua casa, à rua da Constituição, ou nas residências dos alunos as mais lindas danças do costume, os boleros de salão e os minuetos, tudo à moda de Buenos Aires e Montevidéu. Outro professor de dança muito conhecido foi José Maria Toussaint.

Associações festivas, como a *Estrangeira* e o *Cassino Fluminense,* eram grandes centros dançantes, freqüentados pelos estrangeiros, aristocratas, pessoas de prol e pela Corte. Também se podia dançar a valer, quer nos bailes mascarados do *Pavilhão Paraíso* (antigo *Tivoli),* no campo da Aclamação, quer no estabelecimento congênere situado na rua Fresca. Em ambos, alugavam-se fantasias para os dois sexos.

Sempre surgiam, para divertimento público, animais curiosos ou deconhecidos, gentes esquisitas e coisas exóticas.

Assim, no ano de 1837 aqui se exibe pela primeira vez um elefante. Fora trazido para trabalhar num redondel que se chamava fantasmagoricamente — segundo o hábito circense — de *Circo Olímpico!* Foi o sucessor do famoso circo do largo da Ajuda. Anos depois, uma zebra da África era mostrada em casa da rua Nova do Ouvidor, das quatro horas da tarde às nove horas da noite, aos basbaques que pagassem 160 réis. Mas a curiosidade que a zebra despertou foi ofuscada pelo sucesso do cão *Sfop,* vindo da Europa e exibido na rua do Conde. Era um assombro, o tal cachorro.

Das gentes esquisitas, muitos sustos pregaram a mulher decapitada — precursora da famosa *Inana,* da rua do Ouvidor — e o famoso equilibrista Manuel Marques, que, segundo afirmam Melo Barreto Filho e Hermeto Lima, foi o primeiro que aqui andou na corda bamba... Outras vezes aparecia, exibindo as suas habilidades, um *Mr. Mathevef, grand alcide français, ex-artiste du Théâtre de la Porte St. Martin, premier modèle des academies royales et imperiales des cinq grandes puissances de l'Europe, maître de gymnastique de la famille royale d'Espagne, ayant eu l'honneur de représenter devant leurs m. m. l'empereur d. Pedro I, le roi des Français, le roi d'Angleterre, l'empereur de Russie, le roi d'Espagne.* E um famoso hércules, Henrique Walter, assombrava todo o mundo com as proezas que realizava no Circo de São Cristovão, instalado, em 1842, por uns tais Levrero e Macerata.

Das coisas que provocaram grande curiosidade devem ser citadas o *Cosmorama* da rua do Ouvidor, canto da rua dos Latoeiros, de propriedade de um espanhol, exilado político. Essa casa de ilusionismo obteve, durante mais de três lustros, o mais retumbante êxito. Por sua vez as *Fantasmagorias de Robertson,* ou seja, o planetário instalado na mesma rua, n.º 123, divertia a população das sete às nove horas da noite, com os eclipses, o sistema solar, os planetas e satélites, as fases da lua, e, também, com objetos medonhos *que cresciam e diminuíam produzindo estranhas sensações.* Os adultos pagavam 320 réis e as crianças 100 réis.

E deixou renome a *Praça de Touros da Rua das Flores,* onde figuravam primeiros *máscaras, capinhas, cavaleiros* e *forcados.*

Outro divertimento público que chamou a atenção foi a primeira regata realizada, a 25 de julho de 1849, na praia de Botafogo. Houve cinco corridas, ou páreos. Nuns tomaram parte somente ingleses e noutros, pretos remadores. Os botes se distinguiam pelas cores pintadas nas quilhas: branca e escarlate, branca e azul, branca e verde, e completamente branca. Os nomes dos mesmos eram curiosos e respectivamente os seguintes: *Atalanta, Mistério, Esmeralda* e *Pérola.*

Durante as festas de São João e São Pedro, havia inúmeros divertimentos: fogos, fogueiras, paus de sebo, danças, cantorias, sortes, histórias. Os fogos tiveram sua origem na Espanha. Naquele país as cavalhadas de junho ficaram célebres, pois, partindo nas vésperas de São João das cidades, vilas e aldeias para os lugares onde se veneravam São João e São Pedro, os componentes das mesmas queimavam durante o trajeto, para iluminar o caminho, inúmeros fogos. As fogueiras aqui feitas eram colossais, havendo o hábito de moças e moços transpô-las correndo. Os paus de sebo eram mastros besuntados, no cimo dos quais se colocavam objetos, presentes ou dinheiro. A molecada dava preferência a essa brincadeira, no decorrer da qual reinava a algazarra e a alegria. As danças e cantorias animavam os terreiros das chácaras e jardins. As *sortes* eram provas de bom ou mau augúrio, ensinadas, geralmente, pelos serviçais das mansões. Havia muitas, destacando-se as denominadas de: *prova da bacia, prova dos dez réis, queima dos defeitos* e *sorte das agulhas.* Os *jogos de prendas* estavam, nessas ocasiões, muito em uso. Nas casas, era freqüente empregar jogos em que entravam as flores. Houve, assim, um denominado de *finezas de flores;* outro, chamado de *loteria das flores;* e o conhecido como *oráculo das flores.*

Os passeios favoritos eram a praia de Botafogo, a Tijuca, as ilhas do Governador e Paquetá, a lagoa de Rodrigo de Freitas, o Jardim Botânico, a *Vista Chinesa* (na Tijuca), a *Bica da Rainha* (no Cosme Velho), a Penha, a *Igrejinha* de Copacabana, o Corcovado e o Silvestre. Nesse último passeio, muito concorrido aos domingos, havia, junto às grandes pirâmides de alvenaria: os Dois Irmãos — a *varanda de Pilatos,* de onde se descortinava belíssima vista da baía; além de outros lugares pitorescamente denominados, como: a estreita e íngreme *escada dos enforcados,* ou *escadinha;* a *abóbada escura,* recinto formado por colossais árvores, cujas ramagens entrelaçadas constituíam a cobertura; e a *fonte do beijo,* pedra banhada pelo cristalino lençol da *mãe de água, ou* Carioca. E, por fim, como recreação e uti-

366

lidade: os banhos de mar nas praias do Flamengo, de Botafogo, da Glória, da Lapa e de Santa Luzia.

As Predileções

Gostava-se de *histórias* fantásticas; de *narrações* inverossímeis; de *fábulas* de sabor francês; das *lendas* romanas e dos *mitos* gregos; das *tradições* religiosas ou históricas; dos expressivos *provérbios;* das *máximas* moralistas; dos *apólogos,* que fossem os mais alegóricos possíveis; de *adivinhações* difíceis; dos *pensamentos* de feição sentimental.

Os pernósticos desencavavam dos tempos passados uma *égloga,* alguma *elegia* ou um *madrigal.* E assim como abundavam os que escreviam *epitalâmios,* em louvor de pares jovens e velhos que se casavam, não menos numerosos se apresentavam os lançadores de *odes* e de *hinos,* a todos os ventos, nos dias de júbilo nacional.

Entre os homens sempre foram apreciadíssimas as *anedotas.* E não se diga nada quando tinham feição picante ou picaresca. E tanto os cavalheiros e as senhoras, os políticos e os funcionários, os pobres e os ricos, os serviçais e os escravos, os moços de sota e os policiais eram competentes e dedicados cultores da *intriga* e do *mexerico.* O Rio de Janeiro sempre foi uma *intrigolândia* (!) formidável e a cidade mais mexeriqueira do mundo... Assim, surgiam e se divulgavam vertiginosamente os *apelidos,* os *chistes,* os *nomes feios...*

Sempre havia bom público para apreciar a luta verbal ou musical travada entre duas pessoas. Assim ocorria com os *diálogos,* ou *parolagem*; e com os *descantes,* ou *desafios.* Ainda não se conhecia a denominação de *embolada,* para estes últimos torneios músico-verbais.

Era a época em que estavam em moda as *melopéias,* a *copla,* o *bolero,* a *canção,* a *cantiga,* as *chácaras,* os *romances,* os *rondós,* as *cantafas,* os *lundus* e as *modinhas.*

Estas últimas obtinham a preferência de grandes e pequenos. Por isso os seus compositores foram numerosos. Um deles era o professor de piano J. Beviláqua, que as mandava imprimir, em 1841, na imprensa de música de Pierre Laforge, e depois as vendia a 200 réis. Para mostrar que o professor não quebrava a cabeça em compô-las, transcrevamos o primeiro verso de sua *Modinha Nova.* Ei-lo:

Minha Pircia é tão bela
Que quantos viu cativou;
Eu só a vi, fugi dela,
Assim mesmo me encantou.

Os títulos das modinhas descambavam sempre para o sentimentalismo. Eis uns exemplos: *Teus lindos olhos encantadores — Ah! meu bem! onde te escondes? — Deus! meus ais escuta — Se o modo de ser livre pudesse um dia achar — Perjura, com meu pranto exulta embora.*

Tudo quanto, naquela época romântica por excelência, dissesse respeito à flor, obtinha êxito. Portanto, o amor-perfeito era apontado como:

Roxa florinha engraçada
Que tens o nome de amor
Que da mimosa ternura
És o emblema encantador.

A saudade merecia, por sua vez, o seguinte verso:

Vem cá, minha companheira,
Vem, triste e mimosa flor,
Se tens de saudade o nome
Da saudade eu tenho a dor.

Até a efemeridade das coisas terrenas era descrita através da vida da rosa. Eis o verso descritivo:

Bela rosa, ainda há pouco
Eras botão mal fechado
Rubra cor, fragrâncias tinhas,
Que me haviam encantado.

Dentre as verdes folhas tuas,
Como rainha brilhavas!
E, o próximo fim, ó flor,
Como que não esperavas.

Mas agora a cor sumiu-se...
O cheiro se esvaeceu...
E reclinado, oscilante,
A tua haste abateu!

Caiu-te uma folha, e logo
Duas, três, todas por fim...
De ti só resta a lembrança!
Linda Flor, é tudo assim.

Outra modinha, bem antiga porém bela, assim definia a *Cruel saudade:*

Cruel saudade
de meus amores,
que dissabores
me faz viver!
Melhor me fora
antes morrer!

Subo aos montes,
desço aos vales,
lá me persegue,
lá me vai ter!
Melhor me fora
antes morrer!
Mesmo dormindo
por entre sonhos,
casos medonhos
me vem trazer!
Melhor me fora
antes morrer!

Tenho perdido
a doce esp'rança
de ver mudança
no meu padecer!
Melhor me fora
antes morrer!

Modinha de grande voga foi a que teve por título: *Hei de amar-te até morrer.*

> *Ingrata que me foges*
> *Porque me fazes sofrer*
> *É inútil fugires*
> *Hei de amar-te até morrer*
>
> *Em paga de meus extremos*
> *Dás-me cicuta a beber*
> *Em paga de teus desprezos*
> *Hei de amar-te até morrer.*
>
> *Onde quer que vás ingrata*
> *A tua sombra hei de ser;*
> *Hei de morrer por amar-te*
> *Hei de amar-te até morrer.*
>
> *No céu hei de amar-te, enquanto*
> *Lá o espírito viver*
> *Na terra, onde a vida acaba,*
> *Hei de amar-te até morrer.*

Outra *modinha* muito aceita na metade do século XIX foi a denominada de *Se os meus suspiros pudessem,* transcrita adiante:

> *Se os meus suspiros pudessem*
> *Aos teus ouvidos chegar*
> *Verias que uma paixão*
> *Tem poder de assassinar.*
>
> *Não são de zelos*
> *Os meus queixumes*
> *Nem de ciúme*
> *Abrasador;*
>
> *São de saudades*
> *Que me atormentam*
> *Na dura ausência*
> *De meu amor.*

370

As crianças apreciavam as *cantigas*. E havia, naturalmente, as de *acalentar*, ou de ninar; as de *entreter*, *ou* de passatempo; e as de *brincar*, ou de folgar.

O Carnaval

A origem do Carnaval — dessa festa dos instintos — se perde no tempo. Os festejos de *Ísis* e *Ápis*, no Egito; a festa das *sortes*, a comemoração da deposição de Aman e as folganças dos Furin, dos judeus; as *dionisíacas*, dos gregos; as *saturnais*, dos romanos; as festas invernais dos gauleses; as cavalgatas mitológicas e o desfile dos deuses olímpicos do século X, na França; os grosseiros e perigosos bailes à fantasia da Idade Média; as mascaradas italianas dos séculos XVI e XVII; o carnaval veneziano da República dos Doges, que durava oficialmente seis meses, isto é, do primeiro domingo de outubro até o Natal, e do dia de Reis até a quaresma; os bailes da Ópera de Paris, instituídos pela Regência, a partir do século XVIII; a *festa dos loucos*, dos teutos; as festanças dos *inocentes*, generalizadas, como a anterior, na Europa; os *bailes dos açougueiros* de Munique e os dos *tanoeiros* de Frankfurt; os carnavais romanos e napolitanos; o carnaval da Baviera que, desde o século XVI, se caracterizava pelo emporcalhamento dos transeuntes com cinza peneirada lançada por grupos de mascarados; os carnavais vienenses, com os seus bailes de encantadoras valsas; aqueles outros promovidos, na França, por Henrique II; as correrias pelas ruas, sob disfarce, no reinado de Henrique III; as fantasias da nobreza e corte de Luís XIV; os outros grandes bailes parisienses da Ópera, a partir de 1815, com os cavalheiros de casaca e máscara e as senhoras de dominó e *loup;* os bailes de 1811 a 1813, mandados organizar por Napoleão nos palácios do príncipe de Neuchatel, de Cambacérès, do conde de Marescalchi, da rainha Hortênsia e das Tulherias; as longas festividades espanholas, que começavam no dia de Reis e só terminavam na terça-feira de Carnaval; as batalhas de laranjas da cidade de Nantes, iniciadas em 1806; as farândulas dos feiticeiros da África Equatorial; os desfiles norte-americanos e os carnavais de Nice e do Rio de Janeiro: demonstram que esse tipo de folguedo coletivo existiu em todas as épocas, regiões, povos e raças. Os excessos que ele permite trouxeram, como conseqüência, o desejo de que fosse extinto. E dentre os seus maiores adversários e partidários de sua abolição se destacaram os papas Sisto V, Clemente XI e Benedito XIV.

A etimologia da palavra que designa essa festa universal não está isenta de controvérsia. Geralmente se aceita que Carnaval provém de *currus navalis:* carro naval, ou seja, um barco transportado em carruagem. E, dentro da embarcação, dançarinos, cantores e lançadores de flores. Mas há quem afirme que a designação da diversão popular tem a sua origem em *carne vale:* liberdade de carne; isto é, permissão de comer carne durante a quaresma. Outros dizem que significa justamente o contrário, isto é, *despedida da carne (carnis,* carne, e *vale,* adeus): abstinência obrigatória de carne no decorrer da quaresma.

O primeiro Carnaval do Rio de Janeiro teve lugar em 1641 — 31 de março — e consistiu no desfile de 161 cavaleiros *encamisados,* isto é, fantasiados, seguidos de dois carros ornados, onde tocavam os únicos músicos então existentes na cidade. Com essa passeata, chamada na época de *encamisada,* tiveram começo as festas comemorativas da aclamação de d. João IV ao trono, restaurado, de Portugal.

Em 1810, para *aplaudir os Reais Desposórios,* isto é, o aniversário de casamento dos príncipes regentes do Brasil, houve festas durante sete dias consecutivos na praça do Curro, erigida no campo de Santana. Pela polícia, foi permitido "vestir-se de máscara, formar danças, apresentar-se no Curro e discorrer pelas ruas públicas". O Curro, a que acima se faz referência, era a praça (ou redondel) que precedeu a, mais tarde, projetada por Grandjean de Montigny.

Desde então é o divertimento máximo do *povo.* Pagão e livre, ele simboliza a igualdade. O disfarce nivela a todos e esconde mágoas e tristezas, rancores e vinditas, amores e paixões. Dançar, cantar, folgar; dar ao corpo e ao espírito a maior independência. Sons, cantos, frenesis, cores, cheiros, fedores, príncipes, bruxos, índios, diabos, pierrôs, cupidos, palhaços, burros, bufões, máscaras alegres e tristes, terríveis carantonhas, namoros e noivados, pilhérias e os conseqüentes *estouros* de mau humor dos visados ou ofendidos, comodidade dos largos dominós, ridiculez das vestes curtas, surpresa das grotescas. Assim é hoje; assim foi ontem. Com a diferença de que, antes, o barulho dos pandeiros, violas, chocalhos, reco-recos, trombetas e, principalmente, das zabumbas ou enormes bandos de tocadores de bombos, ensurdeciam os pobres mortais, aumentando o escarcéu. Deve-se ao sapateiro luso José Nogueira de Azevedo Paredes haver transplantado para o Brasil o costume português de atroar os ares com os soturno sons dos bombos. E como o bombo era conhecido em algumas localidades de Portugal como *Zé-Pereira,* o ruflar do mesmo recebeu esse nome no Brasil. Foi hábito que persistiu, aqui, desde o fim do primeiro reinado até bem uns vinte anos passados.

Outro divertimento carnavalesco da população era o *entrudo:* ora praticado por meio de ovos e limões de cera colorida cheios de água perfumada com essências de canela e benjoim, lançados sobre os transeuntes; ora com o auxílio de seringas e bisnagas manejadas através das gelosias; ou com baldes de água suja arremessada dos corredores e vestíbulos das casas, e jarras, canecas, caçambas, bacias e demais recipientes despejados dos sobrados. E, para completar a brincadeira, eram besuntados com farinha, alvaiade ou vermelhão aqueles que já estavam molhados, sendo vítimas prediletas os de epiderme escura. As cartolas eram, por sua vez, amarrotadas a pau, dando origem a muita cabeça quebrada. Durante três dias era uma lavagem ou... emporcalhamento dos transeuntes e dos que caíam na tolice de fazer visitas. Saíam delas aguados!... Não havia quem deixasse de tomar parte no divertimento: o imperador, os príncipes, os respeitáveis ministros, os empertigados cavalheiros, as dengosas senhoritas, os pelintras, os travessos pequenotes e os endemoninhados escravos. Também os estrangeiros apreciavam e praticavam com entusiasmo o entrudo, o qual foi de funestas conseqüências para Grandjean de Montigny. Com as doenças contraídas e os acidentes e incidentes provocados pela prática do apreciadíssimo encharcamento dos cariocas, houve uma reação e o Carnaval foi sendo gradativamente mais apurado.

A máscara — introduzida em 1834 — muito contribuiu para esse resultado, visto como os indivíduos fantasiados gozavam do privilégio de não serem atingidos pelo *entrudo*. A influência francesa também aí se fez sentir, porquanto era por meio de importadores daquela nacionalidade que entravam no Rio de Janeiro — vindas de Paris e de Veneza — as máscaras graves e jocosas de cera superfina, as de papelão fino e ordinário, como caras de cão, de gato e de porco, os narizes postiços e os de papagaio, os *"peitos de senhoras para vestir-se de mulher"* (segundo rezava um anúncio da época), e as cabeças articuladas, com bigode e barba, olhos que piscavam e queixos que se moviam. No comércio de máscaras e de artigos de Carnaval muito se distinguiram as casas Buis e do Eugênio. A primeira ficava na rua do Ouvidor nº 128, esquina dos Ourives; ou seja, na atual confluência da rua do Ouvidor com avenida Rio Branco. A segunda, mais afamada e melhor sortida, estava instalada no prédio n.º 87 da rua dos Latoeiros, atual Gonçalves Dias. Esse inteligente, rico e careca negociante anunciava por meio de versos.

Com a máscara, desenvolve-se o gosto pelas boas fantasias, e assim as de *pai João, dr. mula-ruça, morte, macaco, urso, velho,* feitas grosseiramente de aniagem, são substituídas por outras mais interessantes e bem talhadas. Aparecem as de *soldado, príncipe, pajem, dançarina, dominó, pierrô, palhaço, marquês, diabinho, general, chinês, turco, fidalgo, polichinelo, vivandeira* e *guerreiro.*

O terreno estava preparado para os bailes públicos. Assim, em 1846, quando os foliões depararam, nas gazetas de 18 de fevereiro, com o anúncio de um baile, no Teatro São Januário, promovido pela conhecida atriz Clara Delamastro, ficaram contentíssimos. No sábado de Carnaval havia, ali, mais de um milhar de pessoas, divertindo-se a valer. Considerada como festa de gente de prol, ela não fez desaparecer, entretanto, os bailes de caráter popular que tinham lugar no Hotel da Itália e no Café Neuville, a dois mil réis por pessoa... Depois, com o decorrer do tempo houve bailes nos teatros Provisório e São Pedro e o, famoso, do *Paraíso,* no *Hotel do Nicola,* onde a ceia custava tão-somente 1$600, apesar de compreender três pratos, uma garrafa de vinho e pão.

Em 1852, a polícia, no intuito de defender a saúde pública e de coibir abusos, resolveu acabar com o *entrudo.* Nada conseguiu. No ano seguinte, a 4 de fevereiro, as *gazetas* estampavam um edital do fiscal da freguesia da Candelária impondo, aos que praticassem o entrudo, a multa de doze mil réis, ou prisão de dois a oito dias. Sendo escravo o infrator, sofreria oito dias de cadeia, ou cem açoites mandados dar, no calabouço, pelo senhor. Entretanto, foi só em 1855 que o *entrudo* terminou, porquanto no domingo, 18 de fevereiro, aparece nas ruas do Rio de Janeiro o primeiro préstito, ou cortejo carnavalesco: o organizado pelo *Congresso das Sumidades Carnavalescas.*

3) COSTUMES BEM BRASILEIROS

NOMES —DESIGNAÇÕES E APELIDOS — TRATAMENTOS CORTESES

Nomes

Com o raiar do sol da Independência, o nativismo explode definitivamente e muita gente muda de nome, abandonando o que possuía, português ou africano, e adotando outro, indígena. Aparecem os *Carapeba, Araripe, Jurema, Juraci, Guaraciaba, Muriti, Coaraci, Buriti, Jaci, Guaraci, Jutaí, Araribóia, Caramuru, Guaraná, Xavantes, Cambuci, Tibiriçá* e o famosíssimo *Gê de Acaiaba Montezuma.* O provincialismo também teve a sua representação. Surgem, dessa forma, os sobrenomes de *Maranhão, Pernambuco, Pernambucano, Recife* e *Porto Alegre.* Manuel José de Araújo, arquiteto e, depois, grande figura nacional, passa a assinar-se Manuel de Araújo Porto Alegre. E não falta quem adote o nacionalíssimo sobrenome de *Brasileiro.*

Mais tarde, as famílias começam a escolher nomes indígenas para as moças. Vão sendo conhecidas, pouco a pouco, as *Iraci* (que significa, literalmente, a *mãe do mel,* ou fonte de doçura); *Jurema* (a *adormecedora,* ou seja, a mulher atraente, sedutora); *Araci* (a *alvorada); Jaci* (a *mãe dos viventes); Graciema* (que quer dizer: *ave fatigada de voar)* e *Paraguaçu* (a *majestosa como o oceano).*

Designações e Apelidos

Esses nomes, de caráter essencialmente brasílico, não destronaram, entretanto, os vulgarmente dados a filhos e filhas e tirados dos santos e santas da religião católica. Verdade é que os apelidos familiares os substituíam mais do que fora de desejar. Assim, as Marias eram designadas como *Mariquinha, Mariazinha, Maricota* e *Cocota.* As Rosas, como *Rosinhas.* E assim por diante: de *Ana* formava-se *Aninha, Naninha;* de Beatriz, *Titiza;* de Alaíde, *Lalá;* de Cármen, *Carmita;* de Leonor, *Loló;* de Carolina, *Carola;* de Eugênia, *Geninha;* de Aurora, *Lola* e *Lolóia;* de Florisbela, *Belinha;* e de Margarida, *Guida.* Mas os nomes indígenas não escaparam à corruptela. Tal é o caso do nome de *Jurandir,* do qual resultou o apelido de *Juju.* Com os homens, dava-se o mesmo. Os José eram: *Zeca, Zequinha, Juquinha* e *Juca.* Os Manuel: *Neco, Mané, Maneco, Manuelzinho.* Os João: *Jão, Janjão* e *Joãozinho.* Os Antônio: *Toninho, Totônio, Tonico* e *Antoninho.* Por sua vez, de Luís provinha o apelido de *Lulu;* de Carlos, *Carlitos* e *Carlinhos;* de Pedro, *Pedroca* e *Pedrinho;* de Afonso, *Afonsinho;* de Francisco, *Chico* e *Chiquinho;* e de Gustavo, *Tatavo.*

As designações e apelidos — em que preponderava o tom bem brasileiro e carinhoso dos diminutivos — não tinham, porém, termo aí. Aqueles eram os tempos em que se costumava chamar às meninotas de *sinhazinhas;* às senhoritas, de *sinhás-moças;* às senhoras, de *sinhás-donas,* ou de *nhanhans;* e às matronas de *sinhás-velhas.* Época boa, em que um meninote era o *ioiô,* um jovem cavalheiro tinha direito a ser chamado acariciantemente de *sinhozinho,* e o dono da casa estava conhecido, simples e gravemente, como *Sinhô.* Longínqua era do *Seu* Manuel, do *Seu* Doutor, do *Seu* Joaquim, de *Sia Dona,* das dedicadas *babás* e das excelentes *mães-pretas...*

Tratamentos Corteses

Não obstante, o tratamento entre filhos e progenitores era cerimonioso. Os primeiros chamavam os segundos de *Vossa Mercê.* O mesmo ocorria entre as mocinhas e os rapazes. Assim: as moças se dirigiam aos moços tratando-os de *Vossa Senhoria;* e estes àquelas, um tanto exageradamente, como *Senhora Dona.* O tratamento entre pessoas que não pertenciam à mesma família era, também, extraordinariamente respeitoso. Conseqüência da sisudez dos homens. O mais comum era o de Vós, *Senhor, Sua Senhoria, Vosmecê* (corruptela de *Vossa Mercê).* As pessoas de alta situação recebiam o qualificativo correspondente à sua categoria: *Vossa Excelência, Senhor Conselheiro, Senhor Ministro, Senhor Desembargador.* Entretanto, os serviçais mais antigos ou de idade avançada tomavam confiança e abusavam da mesma com as visitas ou com as pessoas mais íntimas das casas de seus patrões. E, então, escapava de suas bocas o hoje tão difundido *Você.*

4) A INDUMENTÁRIA

A ELEGÂNCIA CIVIL — UNIFORMES, VESTES E HÁBITOS — O LUTO

A Elegância Civil

Na passagem do século XVIII ao XIX, o pelote é substituído pela casaca de veludo, seda ou lã, com a frente de traspasse e abas compridíssimas. Era grande, antiestética. Suaviza um pouco o seu doloroso aspecto o colete, que, aumentado de comprimento, é de cetim. O calção não é mais tufado, embora com folga, e fechado abaixo do joelho. A meia era de seda branca ou de cor. O sapato, de pestana. O chapéu podia ser um bicórnio de feltro, verdadeiramente colossal, ou um tricórnio. A espada é, pelo nobre, posta à margem, pois em seu lugar aparece o espadim. O burguês não o possui. Por isso, empunha o bengalão. A peruca vai encurtando. Há quem a polvilhe, como também existe quem a meta numa rede ou num saquinho.

A moda quase sempre fora, até então, de inspiração francesa. Vinda através de Portugal, ela aqui se apresenta mais atenuada nos seus detalhes e riqueza. Foi, portanto, desde o período dos quinhentos que aquela influência se fez sentir. Assinalando-a, em Portugal, e também demonstrando a versatilidade dos elegantes ao escolher modas, um poeta lusitano daquele tempo, Simão Machado, escreveu os seguintes versos:

Vê-los-ei à francesa,
Depois disso à castelhana;
Hoje andam à bolonhesa,
Amanhã à sevilhana.

Cumpre recordar que os vice-reis marquês do Lavradio, d. Luís de Vasconcelos e Sousa, o conde de Resende, o marquês de Aguiar e o conde dos Arcos de Val-de-Vez foram homens elegantes. E, antes desses, não houve quem mais imponente ficasse, em sua armadura, que o conde de Bobadela.

Depois da chegada da família real a indumentária melhora, pois muitos eram os personagens que se vestiam bem. Como distintos no trajar podiam ser apontados os condes da Barca, de Loulé, de Linhares e de Cavaleiro, e os marqueses de Marialva e de Belas. Desde então, a casaca é mais bem feita, isto é, menos rodada, mais ajustada no corpo, com abas mais curtas e melhor cortadas. O calção passa a ser usado mais justo. O tricórnio é menos espalhafatoso. O homem de posses, do Rio de Janeiro, fazia todo o possível por ostentar. Assim, segundo escreve Pedro Calmon, em seu livro Espírito da Sociedade Colonial: "Quanto mais numerosa a escravatura, mais respeitável era a guarda de que se acompanhava, dos passeios e viagens, o fidalgo da terra ou o negociante rico. Apresentava a sua famulagem como o barão feudal apresentara as suas lanças. Orgulhosamente fardava os seus negros de cores gritantes, agradáveis à admiração do povo mestiço. E gabavam-se, os mais abastados, de possuir a sua banda de música de escravos, indispensável às tocatas, danças, procissões, e quantos festins a devoção e a alegria promoviam."

Pouco a pouco, a influência francesa no vestuário começa a ser desbancada pela moda inglesa, conforme se verá mais adiante. Tudo fica mais discreto. A bota começa a reinar. Mas, quando se calça sapato, esse é de verniz. Tudo era uma conseqüência do afluxo de ingleses, acompanhando o príncipe regente. E devido à transformação material, econômica e política que a cidade vai experimentando, a indumentária, cada vez mais apurada, modifica sensivelmente o aspecto social. Neuwied achava que: *"La mise, les modes, y rassemblent entièrement à celles des capitales d'Europe"*. O comandante Laplace diz, no seu livro sobre a viagem da *Favorita,* que no Rio de Janeiro existiam "numerosas e ricas equipagens" e que não só "a vista das opulentas habitações dos negociantes ingleses", mas, também, o aspecto dos "brancos que, não obstante o intenso calor do sol, a pé circulam pelas ruas" contribuía para estabelecer a dúvida de que "realmente se está nas terras do novo mundo".

Com o alvorecer da Independência, foram sendo postos à margem os calções e as meias de seda, os coletes de cetim de peito aberto e os sapatos de entrada baixa com fivelas. A calça comprida — adotada na França, depois da Revolução — só então começa a generalizar-se no Brasil. Do *chapéu de patente,* casaca preta e gravata branca, que tinha constituído o supremo *chic,* passou-se gradativamente às casacas coloridas e de diversos formatos, e às cartolas de tipo *tromblon* ou de modelo *Bolívar.* Desde a casaca verde com botões dourados dos colegiais, até as agaloadas dos gentis-homens e ministros, havia — segundo Vieira Fazenda — outras de múltiplos feitios e tamanhos: "largas, justas, curtas, compridas de peito chanfrado ou não, de bolsos para fora ou por dentro das abas e até algumas com portinholas". Quem se prezasse haveria de possuir nada menos de quatro: verde com botões amarelos, para os dias solenes; uma, preta, para as missas e enterros; e duas outras, azuis e de cor de rapé, para os passeios e as conquistas... Os coletes eram, para estes dois últimos figurinos, de seda, veludo ou cetim da cor da flor do alecrim, com ramagens! Calças brancas ou de casimira de cor, muito colantes, esticadas por presilhas e justas sobre as botinas de verniz, podiam combinar-se com os figurinos destinados a passeios. Os pés dos homens, muito bem calçados, eram pequeníssimos; verdadeiros pés de mulher. Embora ainda houvesse quem usasse capotes com capuz — imitação dos albornozes marroquinos —, esse modelo foi geralmente substituído, a partir de 1825, pelo *carrick:* capa inglesa sem manga e com uma ou várias sobrepelizes. Os homens distintos ou de respeitabilidade não usavam bigodes, mas tinham barba em colar — a denominada de *passa-piolho* — ou grandes suíças. O cabelo era anelado, com uma risca ao lado. O penteado do primeiro imperador era o modelo adotado por quem se prezasse de elegante e de freqüentar a Corte.

A indumentária se torna cada vez mais romântica. Não havia homem elegante que não desejasse parecer-se com Armand Duval. Alguns até lhe adotam o nome e o sobrenome. Por sua vez, Lamartine, modificando os padrões dos tecidos, perturba o sono dos elegantes da época. A casaca vai-se transformando; é mais um *fraque*. A sobrecasaca não tardaria em aparecer. A *gôndola,* de merinó cor de azeitona, é a jaqueta dos homens. A calça é de xadrez ou de ganga amarela, sem presilhas; continua estreita e pousando sobre o peito do pé. Colete mais fechado, claro, e não poucas vezes branco, de fustão. A gravata, branca e de voltas (duas ou três) em redor do alto colarinho de duas pontas e terminando por um laço grande. Os sapatões então usados eram de verniz preto; sem cordões, mas com elásticos. O chapéu comum, com ou sem pêlo, é, umas vezes, de modelo afunilado — *à Murillo* —, outras vezes completamente cilíndrico: canudo, ou *cano*. Os cabelos encaracolados são, com o tempo, substituídos por um topete negligentemente ondeado. As costeletas continuam, porém, a ser usadas, assim como as barbas *passa-piolho,* mas para homens maiores de sessenta anos. Foi só em 1845 que o *paletot* entrou no Parlamento. Daí por diante, os alfaiates cariocas tinham os olhos postos nos modelos do *Piccadilly* e da *Regent Street* de Londres, da *Rue Vivienne* de Paris, do *Paseo de Gracia* de Madri ou nos do *Chiado,* de Lisboa.

Havia alguns homens verdadeiramente elegantes. Dentre eles se destacava, sendo alvo de todas as atenções, Antônio Peregrino Maciel Monteiro, depois barão de Itamaracá. Dotado de belo físico, de requintada elegância, de fulgente inteligência e de irradiante simpatia, dominava onde quer que se apresentasse. Foi o favorito das damas, pois ninguém o excedia em polidez e atração. Maciel Monteiro, o elegante carioca — ou *almofadinha,* como se diz hoje —, foi para o Brasil o mesmo que Petrônio representou em Roma; o que o casquilho Marialva, os *gandins ou leões* de Lisboa: conde de Ávila, marquês de Niza, Rodrigo da Fonseca, Henrique James, o duque de Loulé e os não menos *alfacinhas* e *janotas* Garret e Augusto Rosa —, foram para Portugal; aquilo que o *dandy* ou *fashionable* George Bryan Brummel, o seu imitador Byron, Disraeli, Oscar Wilde e o príncipe de

Gales e rei Eduardo VII — personificaram para a Grã-Bretanha; o que os *mignons*, os *petit-maîtres*, os *muscardins*, bem como os *incroyables*, os *viveurs* e os *lions:* duque de Lauzun, príncipe de Sagan, barão de Talleyrand-Perigord, Alfred de Musset, Murger, Dumas Filho, conde d'Orsay, Baudelaire, Barley d'Aurevilly e, modernamente, Charles Le Bargy, André Brulé, Edmond Rostand e René de Fouquières — vieram a ser para a França; e o que o *marqués* de la Ensenada e os duques de Ossuna e de Tamames constituíram, como *elegantones*, para a Espanha. Pode-se dizer de Maciel Monteiro que seguia à risca o preceito de Baudelaire: *"Vivre et dormir devant un miroir"*. Não obstante, tinha concorrentes fortíssimos. Tais eram: Amaro Guedes Pinto, moço e belo, um dos mais belos do Brasil, elegante e distinto; Martim Francisco Ribeiro de Andrada, que aliava a beleza à distinção e elegância; José de Barros Pimentel, perfeito parisiense, cognominado "o rouxinol do Brasil" pela maciez de sua voz, e cujas calças amarelas e colete com botões dourados causavam sensação; e o ator João Caetano, não menos esbelto, elegante e amoroso. Também se destacaram pela sua elegância: Miguel Calmon du Pin e Almeida (visconde de Abrantes e, depois, marquês), Félix Emílio Taunay, Francisco de Sales Torres Homem (mais tarde visconde de Inhomerim), Pedro de Araújo Lima (visconde de Olinda e, depois, marquês), Antônio Paulino Limpo de Abreu (futuro visconde de Abaeté); Francisco Gê de Acaiaba Montezuma (depois visconde de Jequitinhonha), José Feliciano Fernandes Pinheiro (visconde de São Leopoldo), João Vieira de Carvalho (barão, conde e marquês de Lages), Domingos José Gonçalves de Magalhães (futuro barão e visconde de Araguaia), Debret, Grandjean de Montigny, Zéphirin Ferrez, Armand Julien Pallière e o ministro inglês Sir Robert Gordon. Esses tiveram, depois da metade do século XIX, dignos sucessores nos aprumados barão e visconde de Muritiba (Manuel Vieira Tosta), visconde do Rio Branco (José Maria da Silva Paranhos), visconde de Taunay (Alfredo Maria Adriano d'Escragnolle Taunay), barão de Cotegipe (João Maurício Wanderley), barão de Penedo (Francisco Inácio Carvalho Moreira), conselheiro Felipe Lopes Neto, ministro Sousa Dantas, conselheiro Zacarias de Góis e Vasconcelos e no prussiano conde de Hersberg. Por sua vez, todos os retratos de d. Pedro I atestam a sua suprema elegância ao fardar-se.

Era hábito, desde o século XVIII, que os homens elegantes tomassem *rapé canjica* em bocetas de ouro cravejadas de diamantes.

380

O uso das pitadas de rapé foi-se difundindo de tal forma que, com o decorrer do tempo, caiu no exagero. Muito comentado foi o fato de que, achando-se preso na ilha das Cobras o dr. Mariano José Pereira da Fonseca (vulgo *dr. Biscouto*), mais tarde marquês de Maricá, dirigira-se ao vice-rei conde de Resende pedindo que lhe fosse entregue alguma roupa de seu uso. Resende, que tudo podia negar, mandou entregar ao detido o que pedira e ainda mais, pois não esqueceu de enviar-lhe os óculos, a boceta e duas garrafas com rapé! E tomavam rapé tanto os velhos como os moços. Se havia quem pitasse rapé por vício, não deixava também de existir quem o fizesse por elegância ou, então, como tônico para o cérebro. Quando a pitada era muito forte e o pitador espirrava, era costume dizer: *"Dominus tecum"*. Os espirros podiam ser discretos, ou pequenos; graves, ou senhoriais; estrondosos, ou brutais; e conquistadores: somente para chamar a atenção da esquiva beldade que ao lado passava na rua...

As mulheres cariocas dos tempos coloniais e da realeza, preguiçosas e sem cultura, mas vaidosas ao extremo, se compraziam em ostentar luxo. As fazendas ricas eram sempre as preferidas. E as cores berrantes, também. Tal e qual acontecia aos homens, elas adoravam as coisas brilhantes, as lantejoulas... A chegada de um vendedor de fazendas à sua casa representava um dia de festa... Aquela foi a época da enorme *saia-balão,* dos decotes desgraciosos, dos estrambóticos penachos dos penteados!

Com o Império, as modas femininas experimentaram apreciáveis modificações. Primeiro, a fonte inspiradora é o estilo império francês. Os vestidos de Corte são principalmente dessa feição. Depois, cai-se no romantismo e os modelos são fornecidos pelas personagens da *Dama das Camélias.* Todas as senhoras de recursos ou de posição pretendiam assemelhar-se a Marguerite Gautier. Aparecem: a *crinoline,* grande decote caído para baixo dos ombros; o corpinho em forma de V; os penteados *à polca;* os véus, que melhor emolduravam os rostos; as *mitaines;* os leques de renda, de madrepérola, de plumas, e não poucas vezes com pedras preciosas; as jóias de ouro — delicadamente trabalhadas —, dentre as quais se destacavam as pesadíssimas correntes e pulseiras; as meias de seda; e os sapatos de cetim. A moda francesa se refletia, da mesma forma, nos belos, variados e claros vestidos de rua. A *cambraia,* o *tafetá,* a *pelúcia,* a *seda,* o *damas-*

381

co, o *chamalote,* o *cetim* e a *chita,* assim como os *metins* riscados, os brins de xadrez e mesclados, os lapins finos e as casas eram as fazendas mais usadas. O emprego das grandes mangas, com a forma de presunto, obriga as senhoras a não usarem capas. Para obviar os inconvenientes oriundos da falta de agasalho, as casas de modas francesas lançam *xales* e *véus* maiores e mais ricos. Eis aí diversos elementos da indumentária feminina, de origens as mais diversas, prestando-se ao adorno e ao agasalho da mulher.

Por fim, as incômodas mangas armadas foram substituídas pelas completamente justas ao braço. A saia também se torna mais arredondada e em lugar de lisa se apresenta com pregas e laçarotes. O corpo dos vestidos continua sendo uma basquinha pontuda. As senhoras começam a apertar-se com coletes de fortes barbatanas; daí o estufamento dos seios e das ancas... As fazendas vaporosas são substituídas por outras mais pesadas: *veludos, damascos* e o *moiré.* Nos vestidos de noite, o decote permanece quase o mesmo: deixando ver bem os ombros. Mas a cintura se vai arredondando gradativamente. Quando decotadas, as senhoras se agasalham com *boás.*

Se os vestidos variam, o mesmo ocorre com os penteados e chapéus. Primeiro, os penteados se assinalam pelos cachos colocados na testa, depois se usam os inteiramente lisos, mas com trança muito alta sustentada por grandes pentes, o que denota influência espanhola. A seguir, voltam os cachos pendentes, mas colocados aos lados da cabeça; a trança enrolada e os pentes ainda subsistem. A risca ao centro se mantém imutável, dando origem aos *bandeaux.* Esses penteados eram quase sempre emoldurados — na rua — por graciosas e longas *mantilhas.* A mantilha — de origem espanhola — foi sempre um sinal de distinção, de elegância, de situação social. Por isso, as mulheres se distinguiam. E as que não possuíam mantilhas punham na cabeça panos coloridos ou xales, à moda das mantilhas. As mulheres eram, pois, *de mantilha* e *sem mantilha.* Alguns viajantes estrangeiros elogiam o uso das mantilhas, mas achavam impróprios, por muito quentes, os xales ou panos. O uso das mantilhas se tinha imposto de tal forma, principalmente depois do afluxo de senhoras hispano-americanas que tinham vindo ao Rio de Janeiro acompanhando seus maridos — exilados políticos —, que inspirou a Joaquim Manuel de Macedo o romance histórico *As mulheres de mantilha.* Da moda de andar sem chapéu, as senhoras cariocas passam a usar toucas muito armadas e afuniladas, substituídas, por incômodas e quentes, pelos grandes chapéus redondos de palha de Itália, com decoração de fitas e flores. As sombrinhas também protegem as damas contra a inclemência do sol.

Por sua vez, os vestidos de baile eram de *tafetá, nobreza, seda, filó, chamalote, veludo, damasco, cetim, crepe, escumilha, garça, grenadina* ou de *moiré*. Muito rodados, tinham *tabliers,* isto é, saias sobrepostas, também chamadas de *sobressaias*. Umas eram lisas, terminadas com renda; outras ficavam arregaçadas, ou com *bandeaux,* por meio de laços ou de pequenas flores. Outras vezes, eram babados recortados; ou então as franjas tinham a preferência. Também se usavam saias sem *tabliers*. O corpo ajustado podia ser liso, com cabeção, ou berta; ou, então, levando enfeite de grinalda, de ramo de flores, de camélias, de tulipas, de fita de ouro ou de fazenda idêntica à do vestido. As rendas também estavam muito em moda, principalmente as de Bruxelas e as de ponto de Inglaterra. Para dar realce e riqueza aos vestidos, usava-se, não poucas vezes, o vidrilho e a pluma. As cores dos vestidos eram geralmente discretas e belas: rosa, pêssego, azul, branca, amarela, ouro, grená, preta, pérola e verde-esmeralda. Os enfeites de cabeça consistiam em plumas (douradas, brancas, azuis, negras, rosadas), grinaldas, flores, laços e brilhantes verdadeiros.

Além dos nomes franceses mencionados linhas acima, as modistas e negociantes de nacionalidade francesa generalizaram as palavras: *corsage, corselet, corset, corsetière, modiste, toilette, fichu, ruban, jupe, negligé, peignoir, soulier, chaussure, pantoufle, bas, chapeau*. Por sua vez, os cabeleireiros e entrançadores difundiram as palavras *boucles, natte, coiffeur* e as expressões *coiffure en cheveux* e *en papillote*. E os substantivos *monsieur, madame* e *mademoiselle,* difundidíssimos, são, tal como aconteceu com muitas das antes citadas palavras, mal pronunciados pela gente ignorante ou pelos fâmulos. E, assim, diziam *mussiú, madami* e *mazeli...*

As moças costumavam bordar versos nos lenços, para o que as lojas de Laemmert e de Paula Brito vendiam coleções de versinhos com letras maiúsculas "para evitar os erros". Podiam ser bordados em lenços brancos ou naqueles em que houvesse dois cupidos, rosas entrelaçadas, vasos com flores ou "círculo com coração dentro". Os anunciantes das coleções esclareciam que os lenços assim bordados eram úteis para presentes e para uso próprio, podendo servir também como símbolo do ciúme, da amizade, do amor ou representar o carinho filial.

Não se julgue, porém, que as senhoras brasileiras, tão amantes do luxo e da elegância, não fossem capazes de um sacrifício patrióti-

383

co. Deram provas de amor à causa nacional quando, a 26 de setembro de 1822, compareceram à presença da imperatriz Leopoldina e lhe ofereceram as suas jóias para manter o Brasil livre.

E além das donas de pele branca que luxavam, muitas eram as negras e mulatas — *et pour cause* — que cuidavam de seu vestir. Usavam jabões de seda ou bordados, saias rodadas de lavar, chinelos de salto alto, argolões, braceletes e cordões de metal amarelo, de prata e — em certos casos — de ouro, e penteados cuidadosamente feitos, bastante complicados e regularmente ensebados. Dessa maneira, as pretas protegidas voltavam a ostentar o luxo proibido, no século XVII, pelo governador Vasqueanes.

Veja-se, agora, a indumentária popular, propriamente dita.

Os escravos vestiam-se pobremente: camisa e calça, de fazenda ordinária. Mas apreciavam extraordinariamente as cores. E, assim, envergavam calças de ganga azul ou de riscado e japonas de baeta vermelha ou de baetão azul. Não raro, a sua vestimenta se reduzia a simples tanga. Aliás, o operário ou o trabalhador tirava a camisa na ocasião de executar suas tarefas. Um cadarço ou corda prendia a calça à cintura. Cabeça descoberta ou defendida por um chapelão de palha, ou por um velho chapéu usado. Muito apreciavam as cartolas, os bonés militares e os gorros fora de uso.

O que diferençava notavelmente os negros era o corte do cabelo e o ornato feito na testa e no próprio rosto. Debret nos faz conhecer muitos desses curiosíssimos detalhes. Traziam os pés descalços. Isso não impedia que aqueles que pertenciam a patrões mais bondosos não usassem sandálias ou, mesmo, chinelos.

As negras muito gostavam de decotar-se. E o faziam, as mais das vezes, a valer. As que já estavam libertas apreciavam sobremaneira os vestidos brancos engomados, com muita roda, cheios de franjas e mais franjas superpostas e abundantemente bordadas. O bordado em ponto era o preferido. Longos brincos, muitos colares, pulseiras nas mãos e nos tornozelos, completavam a indumentária das negras sestrosas. Mas não usavam calçado. A maneira de pentear-se era variada e sumamente interessante. Pode-se dizer que a inventiva não tinha termo. O marido também, liberto, procurava imitar, na sua indumentária, a que ele vira o antigo patrão usar. Por isso, não prescindia do bicórnio, nem da bengala. Com tudo isso ficava muito prosa.

As negras baianas se distinguiam pelo turbante e pelo xale, que representavam reminiscências muçulmanas. A baiana, vinda para o Rio de Janeiro, não se mesclou com as outras negras originárias de diversas regiões da África. Estas se distinguiam pelo vestuário e, principalmente, pelos variados e curiosos penteados, conforme se poderá ver nas ilustrações deste livro.

A indumentária dos ciganos era curiosa: casaca azul ou de cor de rapé, botões de latão, colete de cor berrante ou com ramagens, calça curta, de ganga amarela, meias compridas brancas, sapatos pretos com fivelas de metal, chapéu alto de castor e de cor branca. Nos dedos, argolões de ouro; nas orelhas, argolinhas de ouro; no pescoço, corrente de ouro prendendo o relógio trazido num bolso da véstia; e pulseiras, com figas, amuletos e bugigangas, do mesmo metal. Os menos afortunados só possuíam uma ou duas ordens desses penduricalhos e, assim mesmo, em prata ou metal ordinário. As mulheres usavam a sempre característica e colorida indumentária: blusa folgada, saia rodada e lenço à cabeça. Traziam as indefectíveis tranças. E exibiam argolões, argolinhas, pulseiras e correntes, de metal comum ou rico. Quando as ciganas eram ricas, procuravam exibir indumentária diferente e mais rica, constituída de amplos vestidos brancos ou de cor, fita colorida ao longo da cintura, e capa bem longa, com sobrepeliz, toda debruada de bordados. O penteado passava a ser bem esticado, de coque na parte posterior da cabeça e dois cachos bem anelados, pendentes aos lados da fronte. Ao alto, um ornato constituído de flores e fitas. Nas mãos, o leque e o lenço.

As indumentárias dos negociantes paulistas de cavalos, a dos mineiros e a dos naturais do Rio Grande também não deixavam de ser curiosas, conforme se pode ver nas estampas dos livros dos viajantes daqueles tempos.

Uniformes, Vestes e Hábitos

Muitos e decorativos fardões, uniformes diplomáticos e ministeriais, togas, vestes religiosas e librés contribuíam para dar mais brilho às festividades da diplomacia, da sociedade e da religião.

Dentre as vestes dos funcionários públicos, chamavam a atenção as dos *vereadores* e *almotacéis*. Usavam calção, colete e capa de cor preta, meias compridas e sapatos de entrada baixa, e chapéu de grandes abas, batido na frente, com plumas brancas. Nas solenidades, os *vereadores* traziam colete, meias e bengala brancas; e os *almotacéis* bengala vermelha. Quando o Senado da Câmara tinha de fazer qualquer comunicação ao povo, os *oficiais* e *almotacéis* saíam montados a cavalo e procediam, nas praças públicas ou nos lugares mais concorridos, à leitura do edital, ou *bando.*

No 2º reinado, os vereadores municipais tiveram — por decreto de 26 de agosto de 1857 — novo uniforme, que constava de: casaca verde com oito botões dourados e bordados na gola, no peito, nos punhos e nas costas junto aos botões; colete branco, com botões dourados; calça de casimira branca, com galão dourado; cinto de veludo verde bordado, com borlas de ouro; espadim; e chapéu armado, com plumas brancas.

Curiosas eram as capas, ou *balandraus,* usadas pelos membros das irmandades: avermelhadas, brancas, azuis, roxas, purpúricas, ligeiramente violáceas. Os membros das ordens terceiras usavam hábitos pretos, com capa da mesma cor e escapulário com as respectivas cores e armas. Excetuava-se a Ordem Terceira do Carmo, cujos confrades envergavam hábito marrom. E a vestimenta dos órfãos de São Pedro não deixava de ser curiosa: grande sotaina branca, com cruz vermelha de lã ao peito. O cônego Plácido Mendes Carneiro, que acabou as obras do Seminário de São Joaquim, deu às órfãs deste seminário um hábito, com barrete, meias pretas, cinto e murça roxa, trajando o gobinardo quando iam para as aulas. A garotada os apupava, chamando-os de *carneiros.*

Nas festas do Espírito Santo, muito se destacavam a indumentária do meninote que personificava o *Imperador do Divino:* casaca vermelha, debruada a ouro, com gola e punhos de renda branca, calção vermelho ou branco com fivela de prata, meias compridas brancas, sapatos pretos envernizados de entrada baixa, cabeleira branca, chapéu armado, espadim e medalhão da irmandade no peito. Era acompanhado de um bando ou rancho de rapazolas vestidos com jaquetas de chita colorida enfeitadas com laçarotes de todas as cores, calções geralmente brancos, meias inteiriças da mesma cor, sapatos pretos ornados de fitas iguais às da jaqueta, e chapelão de palha ou de papel de abas largas e copa afunilada, com fitas que caíam pelas costas. O *Alferes da Bandeira* empunhava a bandeira do Divino: toda de seda vermelha, tendo ao centro do campo um resplendor, em ouro, formado de raios solares. No meio desse, se destacava uma pomba branca, feita em prata. A orla da bandeira era de franjas de ouro. A rapaziada, pedindo esmolas, cantava a valer ao som de violas, pandeiros, chocalhos, ferrinhos, pratos e tambores.

Quando os negros serviam como *pajens* em casas nobres ou de gente rica, usavam uniforme constituído de uma véstia de cor escura, inteiriça, com o peito aberto (onde aparecia vasta gravata branca, de laço, com as pontas pendentes), gola larga, duas fileiras de botões de metal, largo cinturão com fivela, calça fina (terminando bem acima do tornozelo), mangas compridas. Nos punhos e nas extremidades das pernas da calça havia largos galões de cor clara, que também era a que existia no cinturão e na gola. Outras vezes, os ombros eram adornados com *chouriças* (dragonas) e a calça possuía, também, galão ao longo da costura. Traziam cartola enfeitada com largo galão de cor igual à dos galões da véstia e o brasão da casa fidalga (aposto ao lado esquerdo). Outras vezes, o brasão era substituído por um laço, semelhante a borboleta, feito na frente da cartola. De qualquer forma, o pajem andava descalço ou, então, trazia meias brancas e sapatos pretos de entrada baixa.

Uniformes semelhantes usavam os cocheiros ou palafreneiros da gente de prol. E quando alguma família desejava ofuscar as demais, fazia que o condutor de seu veículo usasse altas botas. Negro de botas! Que escândalo...

Os uniformes dos negros carregadores de cadeirinhas muito chamavam atenção pelas suas cores berrantes ou pela multiplicidade de galões que lhes ornavam as véstias. Mas sempre de pé no chão...

Os condenados à morte vestiam dominó branco, de longa cauda, com capuz, trazendo ao pescoço duas cordas de grossura desigual, formando um laço. As pontas dessas cordas e a cauda do dominó eram sempre seguras por um dos dois carrascos que acompanhavam a vítima. Os oficiais de justiça que assistiam às execuções envergavam casaca e calção de cor roxa, sendo o colete, os galões e as jarreteiras de cor amarela. Esses oficiais empunhavam, como símbolo, uma foice.

Os escrivães eclesiásticos se apresentavam nos atos religiosos com a seguinte indumentária: capa romana, calção de seda, meias compridas e sapatos de verniz; tudo preto.

Os professores da Faculdade de Medicina usavam, nos dias solenes, um vistoso uniforme constituído de: casaca preta fechada por botões dourados até à gola, que era bordada a ouro, a igual dos punhos, com ramagens e a correspondente cobra enroscada; bolsos de portinhola, com dois botões dourados; calça branca, com dois bolsos longitudinais próximos da borda da casaca; e chapéu armado, em meia lua, preto, com guarnecimento de plumas da mesma cor.

A música dos escravos da Quinta Imperial estava, por sua vez, assim uniformizada: chapéu de feltro de copa alta, cor da flor do alecrim, com aba quebrada à frente e presa à copa por um tope com as cores nacionais (verde e amarela); meia-sobrecasaca cinzenta, fechada no pescoço; calção azul com galões brancos; meias compridas de algodão branco e sapatos pretos, de entrada baixa, com grandes fivelas de prata. Outra música que ostentava original uniforme era dos negros barbeiros: chapéu alto branco, jaquetão com vivos de cor e calça comprida preta. Escusado será dizer que os seus componentes estavam descalços.

Em 1840, os guardas da inspeção das Obras Públicas passaram a usar uniforme verdadeiramente militar: jaqueta de polícia marrom com duas fileiras de botões e vivos pretos; calça branca; cinturão preto com fivela amarela; botinas pretas; e boné azul. Usavam espada e pistola, nos aquedutos; e espada e junco (certamente para castigar os moleques e os negros escravos quando brigavam disputando a vez de encher o barrilote), nos chafarizes. Havia outro uniforme mais pomposo: sobrecasaca, espada de oficial e galão dourado no boné, talvez fosse o do guarda-chefe. É o que se deduz do desenho aqui reproduzido, pois a própria posição da mão direita, com o indicador em riste, demonstra que o personagem ordena alguma coisa ao jaqueta.

Os grandes personagens do Estado também tinham os seus uniformes. Assim, os conselheiros podiam usar — a partir de 27 de julho de 1829 — uniforme igual ao dos camaristas, tendo porém nas mangas o timbre das armas imperiais encimado pela coroa imperial. E, a 1º de janeiro de 1843, o decreto nº 266 permite que os senadores usem uniforme especial. Por sua vez, severa e solene era a veste dos desembargadores, reproduzida por Debret.

O Luto

Era hábito observar rigorosamente o luto. Assim, no enterro de d. Maria I, de Portugal, o povo do Rio de Janeiro vestiu-se todo de preto. Faziam exceção, tão-somente, os escravos e os pobres. Os grandes do reino, os oficiais da Casa Real, os conselheiros, o corregedor do Crime, o comandante da Guarda Real e, enfim, todos os demais componentes da Corte traziam compridas capas pretas, estando montados em cavalos, também com mantos pretos. Os criados da Casa Real ou dos dignitários e personagens traziam pelizes com as respectivas armas e empunhavam velas. Aquela observância em envergar roupa preta também tinha lugar nos enterros particulares, nas missas fúnebres e nas solenidades da Semana Santa. E o luto não se tirava com facilidade. O de pai e mãe era de um ano, sendo seis meses *pesado,* e os outros seis, *aliviado.* O de marido ou de mulher durava dois anos, sendo *pesado* durante o primeiro ano, e *aliviado* durante o segundo.

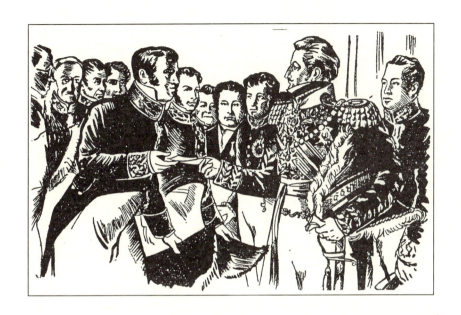

CAPÍTULO VII

A INSTRUÇÃO

1) PRIMÁRIA, SECUNDÁRIA E SUPERIOR

ENSINO PRIMÁRIO — ENSINO SECUNDÁRIO — A UNIVERSIDADE E O ENSINO SUPERIOR — O ENSINO MÉDICO — OS ENSINAMENTOS HOMEOPÁTICOS — A FALTA DE ESTUDOS DE DIREITO — O ESTUDO DA CIÊNCIA ECONÔMICA — O ENSINO DA ENGENHARIA CIVIL — INICIATIVAS FRACASSADAS — A QUESTÃO DOS DIPLOMAS E O EXERCÍCIO DAS PROFISSÕES LIBERAIS

Ensino Primário

Abolida a instrução primária proporcionada pelos jesuítas, nada se adiantou, em matéria de educação pública, com o regime Pombalino. Havia falta de recursos, de professores, de casas para escolas, de material. O Brasil ainda estava longe de Lisboa... E a Corte, lá sediada, não se mostrava muito ciosa da alfabetização da gente ignara do próprio território luso. No Brasil, os filhos da gente de prol, dos donos de engenho, dos negociantes, estudavam com os padres e com os frades. Quem tinha recursos, proporcionava um preceptor eclesiástico aos seus filhos. De modo que a escola pública do abecedário somente tinha a freqüentá-la quem *não podia:* isto é, quem era pobre. E mesmo depois que a Corte veio para o Rio de Janeiro pouco mais se fez, pois, aliados àqueles fatores, sérios problemas políticos não faltaram. Devido a tudo isso, o ensino público primário limitava-se a umas poucas aulas em cada freguesia. Na falta de aulas oficiais, as particulares começaram a desenvolver-se e multiplicar-se. Entretanto, para que funcionassem deveriam ter a competente licença oficial, o mestre tinha que provar idoneidade e a concessão de funcionamento obedecia a prazos previamente fixados.

O primeiro ato praticado no Brasil pelo príncipe d. João, relativamente ao ensino primário, foi a 17 de janeiro de 1809. Pelo decreto dessa data, incumbiu a Mesa do Desembargo do Paço de dirigir os estudos primários e as próprias escolas, bem como determinou que continuasse em vigor a anterior e precária maneira de provar as respectivas *cadeiras* no Brasil. O segundo ato teve lugar a 15 de março de 1816, quando foi criado o cargo de diretor geral dos estudos.

Devido à repercussão que o sistema lancasteriano de *ensino mútuo* tinha alcançado na Europa, d. João VI nomeou, por decreto de 13 de maio de 1820, a João Batista de Queirós para ir à Inglaterra, pensionado pelo Estado, a fim de aprender tal processo educativo *e vi-lo ensinar pelo Reino*. O mais curioso — segundo assinala Balbi, no *Essai Statistique sur le Royaume du Portugal et d'Algarve* — é que naquela época não havia em Portugal escolas de ensino mútuo.

A fim de que a instrução oficial pudesse ser desenvolvida, o Governo determinou, pelo aviso n? 25 de 9 de maio de 1821, que fossem cobrados administrativamente os rendimentos do *subsídio literário* à razão de cinco réis pelo arrátel de carne verde dada a consumo. Não obstante, continuou tudo como dantes. Más instalações; com medíocres professores, pessimamente remunerados. O desconceito que rodeava o ensino elementar oficial era completo. Pretendeu-se, então, por decreto de 30 de junho do mesmo ano, remediar a situação, ao permitir que qualquer cidadão abrisse aula ou escola elementar, independentemente de licença. A conseqüência foi o relaxamento do ensino primário particular. Depois, e até à Independência, os estudos elementares foram proporcionados: pelas poucas aulas oficiais; pelas particulares, que também não eram numerosas; por outras lecionadas aos milicianos e aos soldados de linha, nos respectivos quartéis; e pelas de noviços e de crianças, nos conventos dos frades carmelitas, beneditinos e franciscanos.

Com a emancipação política do Brasil, cogitou-se, entre outras coisas, de organizar a instrução primária. Assim, no projeto da Constituição de 1823 se determinava a fundação de uma escola primária em cada *termo,* um ginásio na sede de *comarcas* e de universidades nos lugares mais adequados do país. A essa grande utopia, a esse anelo lírico, juntou-se outro não menos irrealizável: que a instrução primária fosse outorgada gratuitamente a todos os *cidadãos.* Entretanto, como os negros não gozavam do direito de serem considerados como tais, o projeto deveria referir-se *a cidadãos brancos...* Mas, como as crianças não eram cidadãos, segue-se que o dito termo era tão vago quanto a idéia que o germinou e também quanto à possibilidade de sua realização. De maneira que a aparente grandiosidade do preceito constitucional era na realidade modestíssima.

Enquanto isso ocorria, a educação nacional jazia sem direção, uma vez que fora entregue ao Ministério do Império, o mais inadequado para esse mister em virtude de sua função essencialmente política. Não obstante, pela decisão nº 11, de 29 de janeiro daquele ano, já tinha sido deferida pelo então ministro da pasta, José Bonifácio de Andrada e Silva, a pretensão de Nicolau Dinis José Reynaud de estabelecer, na Corte, uma aula de *ensino mútuo.* E menos de dois meses depois, isto é, a 1º de março, o governo criava uma *escola de primeiras letras, pelo método do ensino mútuo,* para a instrução não só dos militares mas de todos aqueles que desejassem "aproveitar-se de tão vantajoso estabelecimento". Aquela era a época em que um professor primário ganhava anualmente 240$000 rs! Em 20 de outubro daquele mesmo ano, a Assembléia Constituinte resolveu por lei que a abertura de escolas primárias poderia ser feita, dali por diante, sem que precedesse licença ou autorização. Com essa medida, os homens da primeira Constituinte Nacional procuravam que o abandonado ensino primário — que definhava porque o governo não podia dele cogitar em virtude dos acontecimentos políticos decorrentes da partida de d. João VI para a Europa — fosse cuidado e desenvolvido pela iniciativa privada. Por fim, a lei de 15 de outubro de 1827 trata da fundação de escolas primárias em todas as cidades, vilas e lugares populosos do

Império. A primeira determinação oficial em matéria pedagógica aparecia cinco anos depois da Independência.

Dali por diante foi oficialmente adotado o *ensino mútuo,* ou *sistema de Lancaster,* que consistia na instrução proporcionada a um grupo de alunos mais adiantados, os quais se incumbiam de, por sua vez, instruir os demais colegas. Dessa forma se faria o estudo: da leitura e da escrita; da prática de quebrados, decimais e proporções; das noções gerais de geometria; da gramática da língua oficial; e dos ensinamentos da moral cristã e da doutrina católica. As meninas não precisavam dos quebrados, dos decimais e das proporções, e muito menos de geometria... Como leitura amena era recomendada a Constituição... E quando a leitura da mesma tivesse empanturrado o cérebro dos pobres meninos e meninas, podia-se recorrer à História do Brasil. Ainda se fosse o contrário... Tudo isso sob as vistas dos professores. Teoricamente, excelente; ou quase. Acontece, porém, que esse método de ensino, aceito com entusiasmo não só na Europa, mas sobretudo no Brasil, em vista do aspecto econômico que apresentava — estipêndios para poucos professores —, não deu resultado prático. Primeiro, pela inidoneidade dos mestres, que se pouco sabiam apesar dos compêndios adotados — preocupação dominante na época —, menos ainda estavam habilitados, pelo empirismo de sua formação, a transmitir pedagogicamente aos alunos as indispensáveis noções. Depois, porque, se isso acontecia aos mestres, forçosamente haveria de suceder aos alunos seus auxiliares, os famosos *monitores* ou *decuriões.* E, mais além: exigüidade dos vencimentos e falta de edifícios escolares, com as respectivas instalações. Dessa maneira, o *sistema monitorial* do educador inglês Lancaster, adotado com extraordinário sucesso na França até 1867, não teve igual sorte no Brasil. E tanto isso é interessante e digno de observação quando se constata que o ensino mútuo representava o liberalismo em matéria pedagógica, em contraste com o ensino simultâneo, representativo da educação religiosa, ou conservantismo. Não obstante as tendências liberais do Brasil de então, venceu o segundo. Mais um contraste, alucinante contraste, a ser acrescido aos muitos da brasílica terra. O insucesso desses primeiros ensaios da instrução imperial foi assinalado, sucessivamente, pelos ministros do Império José Lino Coutinho, Nicolau Pereira de Campos Vergueiro, Antônio Pinto Chichorro da Gama, Joaquim Vieira de Sousa e Silva, José Inácio Borges e Bernardo Pereira de Vasconcelos. Entretanto, deve-se dizer em favor dessa tentativa que ela visou a permitir que as aulas ou *cadeiras* avulsas pudessem, um dia, ser congregadas, dando origem às *aulas maiores.*

Havendo necessidade de fiscalização do ensino, foi determinado, pelo art. 70 da carta de lei de 1º de outubro de 1828, que aquela incumbência caberia às câmaras municipais. Como era de esperar, pois geralmente as disposições dessa natureza nunca foram regulamentadas, nada de prático se fez. E quando as determinações não eram cumpridas, julgava-se que com outro decreto o seriam. Assim, no ano seguinte, a 19 de novembro, um decreto determinava que organizada fosse uma comissão para regulamentar o ensino elementar. Nada, também, se fez.

O ensino continuava aos trancos. Não havia edifícios escolares. As aulas funcionavam em qualquer casa alugada pelo Governo. O material escolar tinha sido e continuava a ser quase nulo. Não havia método no ensino, e, muito menos, quadros negros, mapas, quadros murais; nem papel e lápis. Se alguma dessas coisas existia, era porque o professor a tinha adquirido. Os longos bancos pretos e as extensas e negríssimas mesas para quatro alunos serviam a cinco. Com o ensino lancasteriano, o progresso dos alunos foi nulíssimo; porquanto, após três anos de estudos, eles não estavam - como assinala Lino Coutinho - em condições de dedicar-se a estudos mais complexos. Mas havia muitos castigos: ficar de pé, voltado de encontro à parede; receber dúzias de bolos de pesadas palmatórias; *entrar* na vara de marmelo; e enfiar na cabeça um gorro com orelhas: *cabeça de burro*. Os professores eram, geralmente, improvisados e, como tais, não sabiam do empirismo de sua própria formação. Para o mister de ensinar servia qualquer pessoa (naquela época chamava-se *indivíduo*) como provado fica com a portaria de 29 de abril de 1823, determinando que o governo provisório de Minas Gerais enviasse ao Rio de Janeiro dois soldados a fim de aprenderem o método lancasteriano... Por isso, os professores não gozavam de conceito social, nem possuíam garantias, sendo, como já se viu, miseravelmente remunerados. Os melhores mestres eram os padres, isto é, os párocos das freguesias; mas esses não desejavam empregar o ensino mútuo. E como muitas aulas ficavam sem mestres e quase impossível era recrutá-los, julgou-se necessário um novo decretozinho! E zás!... o decreto nº 18 de 5 de agosto de 1833 determinou que o exame das pessoas que se destinassem ao ensino pelo método lancasteriano poderia ser prestado perante o presidente, em conselho, de qualquer província onde tal processo de ensino estivesse em uso ou na Corte... O mais interessante era que o novo decreto que o interesse público reclamava deveria ser o que determinasse o recrutamento de professores por meio do ensino normal, e não aquele visando à manutenção de um sistema pedagógico já, de há muito, definitivamente condenado no Brasil.

Antes do Ato Adicional, o ensino nacional dependia do governo do Império. Com aquela modificação da Constituição — a 12 de agosto de 1834 — deu-se a descentralização do que já mal andava, apesar de centralizado. Passando a ser da alçada das assembléias provinciais legislar sobre instrução primária e secundária dos respectivos territórios, ficara a cargo do governo central o ensino superior de todo o Brasil e o primário e secundário do Município Neutro. Visando a dar maior autonomia às províncias, tal resolução livrava o governo imperial dos encargos financeiros e das responsabilidades morais e pedagógicas relativas àqueles dois graus do ensino, mas prejudicava enormemente a instrução nacional.

Em relação ao Município Neutro, apesar da necessidade de providenciar-se com urgência a respeito, somente quase dois anos depois é que o regente Diogo Antônio Feijó baixa o decreto de 15 de março de 1836, por meio do qual ordenava que se observassem provisoriamente, como regulamento das escolas primárias, as instruções anexas ao mesmo. Além de umas determinações relativas à maneira de proceder dos mestres e de outras poucas sobre a cultura geral e intelectual dos discentes, o importante que nelas se continha consistia na criação do cargo de fiscal das escolas de primeiras letras do município com o pomposo título de *diretor dos Estabelecimentos Literários*. Coube ao visconde de Cairu ser um dos providos no referido cargo.

Na sessão da Câmara dos Deputados de 15 de julho de 1837, o deputado Antônio Ferreira França propõe a criação da *escola primária superior,* com uma infinidade de complexas cadeiras. E desejava que houvesse uma em cada paróquia da capital do Império. Talvez pela falta de justa medida na organização do currículo escolar, a iniciativa não foi adiante.

O problema do edifício escolar merece em 1843 a atenção do governo, que, tendo mandado organizar os respectivos projetos e os orçamentos, já escolhera os terrenos das quatro freguesias mais centrais onde tais edificações deveriam ser levantadas. Tais propósitos não foram convertidos em realidade. Somente muitíssimos anos mais tarde é que o governo imperial fez construir os primeiros edifícios escolares (largo do Machado e rua da Harmonia), projetados pelo arquiteto Francisco Joaquim Bethencourt da Silva.

Havia professores que recebiam quantitativo para pagamento da casa onde funcionava a escola e onde, também, residiam. Entretanto, aqueles que não podiam residir na casa alugada para escola, em vista da exigüidade dos cômodos da mesma, ficavam prejudicados, uma vez que pagavam a casa de residência de seu bolso. Visando a remediar essa desigualdade de tratamento, o governo mandou abonar, desde 1844, uma ajuda de custo anual na importância de 400$000 a todos os professores que não residissem em casas pagas pelo Tesouro.

A questão do provimento adequado dos cargos do magistério primário volta a preocupar o governo, o qual utiliza a lei de 18 de setembro de 1845, que lhe permitia criar os cargos de *adjuntos* de professores. E, pouco depois, pelo decreto n? 440, de 10 de dezembro, é regulado o concurso dos candidatos à regência das *cadeiras públicas de primeiras letras* do Município Neutro. O ato de realização das provas era considerado tão importante que devia ser presidido pelo ministro do Império. Os candidatos podiam ser classificados, segundo seus merecimentos, como: *ótimo, bom* ou *suficiente*. O mais estranho é que a reprovação estava expressa por um incompreensível: *esperado*. Esperado?!... Ainda se fosse adiado... Mas o pior é que, apesar do fracasso do *ensino mútuo,* os candidatos tinham que demonstrar, praticamente, o conhecimento desse processo educativo.

Diante dos abusos que se cometiam, fazendo funcionar escolas públicas sem que os respectivos responsáveis apresentassem condições morais, intelectuais ou pedagógicas; à vista do mercantilismo desenfreado que dominava os responsáveis de tais estabelecimentos; e em face dos castigos corporais que nos mesmos eram infligidos aos alunos, o ministro do Império Manuel Alves Branco resolveu intervir, em 1847, nomeando uma comissão a fim de que, visitadas as instituições públicas e particulares, o governo tivesse pleno conhecimento do verdadeiro estado do ensino elementar. Em lugar de aplausos, a iniciativa ministerial levantou grandes protestos, pois encarada fora como uma transgressão da lei que outorgara às corporações legislativas locais a faculdade de cuidar de tão magno assunto. E, assim, o ministro viu esse benemérito propósito completamente deturpado e levado com estardalhaço às Câmaras e às colunas dos jornais. Naquele mesmo ano, o deputado Torres Homem apresenta à Câmara dos

Deputados um projeto reformando o ensino primário do Município Neutro. Classificava as escolas em dois graus. Mas o curiosíssimo é que se esqueceu de propor a organização das escolas de 1º grau. E os estudos das escolas de 2º grau deveriam ser os seguintes: geografia e história nacional, aritmética, geometria elementar, noções elementares de física e história natural, desenho e canto.

Em 1850 havia dezessete *escolas públicas de primeiras letras,* distribuídas pelas seguintes freguesias: Santa Rita, Candelária, São José, Sacramento, Glória, Santana, São Cristóvão, Engenho Velho, Lagoa e Irajá.

Em flagrante contraste com o ensino primário oficial, os colégios para meninos e meninas, de caráter particular, prosperavam, chegando alguns deles a conquistar renome. Tais foram: o fundado na segunda década do século XIX pelo padre Felisberto Antônio de Figueiredo Moura; o *São Pedro de Alcântara:* muito conhecido como colégio do padre Paiva (José Mendes Paiva); o *Curiacio,* na rua do Lavradio; o *São José,* no Pedregulho; o reputado *Mateus Ferreira* (de Januário Mateus Ferreira); o *Boa União,* à rua de São Pedro, cujo professor de desenho chamava-se Camelo (José Bernardo Camelo); o *Amor das Letras;* o denominado *das Belas-Artes,* na praça da Constituição, dirigido pelo conhecido crítico de arte e antigo discípulo de Grandjean de Montigny, José Albano Cordeiro; o *Vitório,* de propriedade do dr. Adolfo Manuel Vitório da Costa (grande explicador de matemáticas, de osteologia e de ciências físicas e naturais), que esteve instalado na rua dos Latoeiros e no largo da Sé); um outro que se intitulava *Escolha da Mocidade;* o *Harmonia;* o *Inglês;* o *Palas;* os três que adotaram o título de *Francês:* Colégio Francês da rua tal ou da rua qual; o *Liceu de Minerva,* o *Colégio Preparatório* (para o comércio e as Academias do Império); o *Colégio Baía;* os colégios *Picot* (à rua dos Ciganos), e *Lacombe,* que muito cuidaram da educação, divulgando principalmente o conhecimento da língua e da literatura francesa e ensinando, também, a recitar e a dançar; a *École Primaire Française;* o *Ginásio Newtoniano;* e o *Colégio de Jorge Gracy* (na rua do Engenho Velho), que passou, em 1849, ao poder do conhecido educador M. F. da Cunha Graça, sob o título de *Liceu Comercial.* Ali ensinava-se: alemão ou dança, a 5$000 rs. por mês; flauta a 8$000 rs.; e piano ou canto a 10$000 rs. É bom que se advirta que muitos desses colégios também possuíam aulas de caráter secundário e de arte musical.

Quanto à estatística relativa a esse ensino, inexistentes ou falhos são os dados oficiais até 1836. Esse ano, as escolas públicas primárias eram em número de 20, sendo 14 do sexo masculino e seis do feminino. No ano de 1842, existiam 25 escolas, das quais: 17 para meninos e oito para meninas. Treze anos depois — 1850 —, o aumento verificado não fora grande, porquanto as escolas tinham passado a 29, sendo 18 masculinas e 11 femininas. Por sua vez, os números relativos à matrícula foram, de seis em seis anos, os seguintes: 1836 — 508 meninos e 132 meninas, total 640; 1842 — 876 meninos e 372 meninas, total 1.248; 1848 — 875 meninos e 481 meninas, total 1.356. Quanto à despesa, dir-se-á que, em 1833, isto é, seis anos depois da primeira lei nacional sobre instrução, era, com as escolas públicas primárias da capital do Império, de 20:000$000 de réis. No exercício de 1840-1841, a despesa com a instrução pública somava 26:576$000. Mas com as prisões gastava-se 88:000$000 de réis! E com a condução, sustento e vestuário de presos pobres despendia-se: 22:000$000! No ano de 1848, a despesa com 25 escolas não chegava a 50 contos de réis.

Ensino Secundário

O mesmo que se disse em relação à instrução elementar pode ser repetido quanto ao estudo das humanidades. Funcionavam na cidade, até à chegada do governo português, umas poucas *aulas régias*. O primeiro ato de d. João, nesta cidade, está consubstanciado na decisão, de 22 de junho de 1809, que faz funcionar a cadeira de aritmética, álgebra, geometria e trigonometria (instituída pela carta régia de 17 de agosto de 1799) e declara criadas *cadeiras* para o ensino das línguas francesa e inglesa. O pior era que, antes, para ingressar nas aulas maiores — isto é, de caráter secundário dos jesuítas — necessário era ter cursado as aulas menores, ou de catáter elementar, mas, então, para efetuar matrícula nas aulas públicas avulsas de gramática latina, de grego, de filosofia, de retórica ou de matemática — nada era necessário. Não se verificava a preparação preliminar, nem se avaliava a capacidade mental do aluno. Esse se apresentava ao professor e matriculado estava. Dali por diante, freqüentava a aula quando lhe convinha. E se por qualquer motivo não lhe interessasse fazê-lo, era o mesmo... Por sua vez, a própria instalação das aulas jesuíticas, ou as dos conventos que as substituíram depois da expulsão, era conhecida, facilmente achada. Ao passo que a sede das *cadeiras avulsas,* sendo a própria residência dos professores, devia ser descoberta pelo interessado. Imagine-se o que seriam esses estudos feitos em salas — abertas a todos os ventos e a todos os ruídos — de casas desconfortáveis e pequenas, a bel prazer dos mestres, sem horários nem programas, sem entrosagem mútua e sem nenhuma obediência a direção geral ou a fiscalização verdadeiramente eficaz.

Em 1813, o jurisconsulto, filósofo e economista José Silvestre Pinheiro Ferreira tem a iniciativa de realizar no Real Colégio de São Joaquim uma série de conferências filosóficas. Consegue vê-las inauguradas a 20 de abril. Os assuntos das mesmas abrangiam: 1º) *A teoria do Discurso e da Linguagem; devendo ser expostos os princípios da lógica, da gramática geral e da retórica. 2º) O tratado das paixões: primeiramente consideradas como simples sensações, e versando sobre matérias de gosto; donde se viam deduzidas as regras da estética, ou a teoria da eloqüência da poesia e das belas-artes, depois considerando-as como artes morais, compreendidas nas idéias de virtude, ou de vício, desenvolvidas as máximas ou Diceósina que abrange a ética e o direito natural. 3º) O sistema do mundo: em que, depois de tratar das propriedades gerais dos entes, ou da ontologia, e da nomenclatura das ciências físicas e matemáticas, seriam expendidas as noções elementares de cosmologia, e destas seriam deduzidas as relações dos entes criados com o Criador, nos princípios da teologia natural.* Cumprindo a promessa feita nessa ocasião, Silvestre Pinheiro Ferreira compõe muito mais tarde (1839), na cidade de Paris, o seu compêndio de filosofia, a que deu o título de *Noções Elementares de Filosofia Geral e Aplicada às Ciências Morais e Políticas, Ontologia, Psicologia e Ideologia.*

Embora houvesse aulas de filosofia, o príncipe d. João pretendia criar um *Curso de Filosofia* que servisse de preliminar aos estudos médicos e cirúrgicos. Por isso mesmo é que pelo decreto de 9 de dezembro de 1814 criou o curso de botânica e o entregou a frei Leandro do Sacramento.

Dentre as escolas particulares, merece especial destaque o *Novo Colégio dos Nobres,* fundado em 1811 ou 1812 por Joaquim Manuel de Faria. Nesse instituto, cujo título fazia lembrar o congênere que existira em Lisboa, ao qual parecia desejar substituir, atraindo os filhos dos nobres residentes na corte, ensinava-se português, francês, inglês, latim, desenho e princípios de matemática. Pela primeira vez é empregada a palavra *colegial* para designar os discentes. Aliás, o aludido diretor os chamava de "ilustres colegiais". E dentre as instituições de caráter eclesiástico deve ser mencionado o seminário para meninos pobres, autorizado a funcionar pela decisão de 14 de janeiro de 1814, na Fazenda de Jacuecanga, que fora doada, com os respectivos prédios, pelo tenente-coronel Manuel da Cunha Carvalho a frei Joaquim Francisco do Livramento.

Nos diferentes projetos apresentados à Constituinte de 1823, o estudo da filosofia é objeto da atenção dos deputados. O mesmo ocorre na *Memória* organizada por Martim Francisco e no projeto de Januário da Cunha Barbosa, onde a filosofia figurava como parte integrante das *escolas subsidiárias* (escolas complementares das escolas de 2? grau), ou liceus. A cadeira chamar-se-ia de filosofia especulativa, abrangendo a ideologia, a lógica, a cosmologia e a moral. O gosto que o autor do projeto tinha pela filosofia era tal que denominou a cadeira de gramática e retórica de *aplicação da filosofia à linguagem em geral.* Em virtude da lei de 3 de outubro de 1832, exigia-se para a matrícula no curso médico a filosofia racional e moral como estudo preparatório e não se fazia — o que é bem esquisito — tal exigência para a matrícula no curso jurídico.

Com a vinda de dez noviços da Bahia, inaugura-se em 1837 no Mosteiro de Nossa Senhora de Monserrat do Rio de Janeiro, da Ordem de S. Bento, um *colégio* de educação religiosa, o qual, sob a direção do ilustre carmelita padre-mestre e ex-provincial frei José de Santa Eufrásia Peres, muito progrediu. Esse colégio foi o embrião do externato posto a funcionar vinte anos depois, dividido em três cursos: primário, secundário e superior ou teológico. Compunham este último as matérias peculiares à instrução religiosa: história sagrada eclesiástica, teologia dogmática, teologia moral, direito canônico, liturgia e canto gregoriano. A filosofia passara, entretanto, para o curso secundário.

Outro instituto de educação religiosa existente no Rio de Janeiro era o *Seminário dos Carmelitas,* que funcionava no seu convento do largo da Lapa. Datava de 1751 e fora fundado no Convento do Carmo, outrora existente no largo do Paço. Ali se ensinava o latim e o cantochão, e se realizava a prática espiritual para os ordenandos.

Para a instrução da mocidade houve, também, os seminários de *São José* e de *São Joaquim,* instituídos, pela provisão régia de 27 de outubro de 1735, a instâncias do bispo frei Antônio de Guadalupe, que os fez funcionar em 1739.

401

O Seminário Episcopal de São José se destinava a meninos leigos e a seminaristas, acolhendo tanto os pobres quanto os ricos. Estes eram os únicos que pagavam. Os alunos leigos eram chamados *alunos do pátio* e obedeciam a um *comandante*. Os estudos ali proporcionados constavam de latim, grego, francês, inglês, português, retórica, geografia, matemática, filosofia e teologia. Em 1817 foi fundido com o de São Joaquim. Em 1825 já estavam novamente separados, sendo que no São José, dirigido por um reitor e um vice-reitor, ensinava-se: exegética, moral, dogma, liturgia, filosofia, latim, grego, francês, inglês e cantochão. Em meado do século as disciplinas ali estudadas eram: teologia moral, teologia dogmática, instituições canônicas, história sagrada e eclesiástica, filosofia radional e moral, gramática e língua latina, retórica, poética, geografia, francês, liturgia e cantochão. A instituição funcionava na ladeira do Castelo, fronteira à rua dos Barbonos (lugar hoje ocupado pela Biblioteca Nacional).

O *Seminário de São Joaquim,* vulgarmente também conhecido como Colégio de São Joaquim, esteve instalado, de começo, num sobrado da rua de São Pedro. A sua primitiva denominação foi a de Seminário dos Órfãos de São Pedro; criado pela provisão de 8 de junho de 1739 do bispo d. Antônio de Guadalupe. Em 1740, 15 de setembro, depois de consagrado e de instalado em melhor prédio de três andares ao lado da referida igreja, recebe o nome, bem provisório, de Recolhimento da Misericórdia. No mês de dezembro de 1766, foi a instituição transferida para a propriedade da rua do Valongo (atual Camerino), doada por Manuel Campos Dias. Além das terras, essa doação abrangia uma capela de São Joaquim, que deu origem à igreja da mesma invocação. Deve-se ao reitor padre Jacinto Pereira da Costa a ereção de edifício definitivo. Construída a Igreja de São Joaquim — pelos reitores da casa — no lugar da primitiva capela, ficou o estabelecimento, com dois pavimentos e dois belos pátios com arcadas, sendo conhecido como Seminário de São Joaquim. Engastado na igreja, cuja fachada estava voltada para oeste, tinha duas frentes: uma para a rua do Valongo e a outra para a rua Estreita de São Joaquim (atual Marechal Floriano Peixoto). Era, portanto, a partir da fachada da igreja que tinha início a rua Larga de São Joaquim. Os alunos já, então, se dividiam em pensionistas (que pagavam 60$000 rs. por ano), semi-pensionistas (que pagavam 30$000 rs.) e gratuitos. O povo costumava chamá-los de *carneiros,* pelo fato de terem sido dirigidos pelo cônego Carneiro. Esses seminaristas eram muito solicitados como acompanhantes de enterros e participantes de pompas fúnebres ou na qualidade de coristas, cantores e mestres-de-cerimônias de solenidades eclesiásticas. Em 1771, a propriedade da rua de São Pedro, conhecida como *Colégio Velho,* foi vendida à Irmandade de São Pedro. Com o tempo, a denominação do seminário é mudada para a de *Real Colégio de São Joaquim.* Assim se chamava em 1813. Extinto em 1818 e restabelecido em 1821, passou em 24 a denominar-se *Seminário Imperial de São Joaquim,* sendo criadas algumas cadeiras e praticadas diversas artes e ofícios. Dessa maneira, a sua finalidade foi profundamente modificada. Nem por isso prospera, pois sofre as conseqüências da agitada situação política daquela época. E se a instituição tivera reitores de alto valor do cônego Plácido Mendes Carneiro e de frei Pedro Nolasco da Sacra Família, houve um padre Salgueiro que nada fez pela mesma. Decadente, foi ela reerguida pelo ministro José Lino Coutinho, que lhe deu novos estatutos, sendo fixado o prazo de seis anos para o curso completo. Aí, então, os estudos eram: filosofia, francês, latim, desenho (entregue ao capitão Domingos Monteiro) e primeiras letras. Dentre os castigos que podiam ser aplicados aos alunos, havia o da diminuição de alimentos para os que se mostrassem gulosos, e o da execução de trabalhos braçais para os que fossem preguiçosos. Não obstante essa reforma, a instituição ia definhando e, assim, a Regência resolveu transferi-la à municipalidade. Foi pior ainda. Somente em 1837, pela ação do regente do Império Pedro de Araújo Lima e do ministro da Justiça e interino do Império Bernardo Pereira de Vasconcelos, é que teve lugar a transformação do seminário em uma escola de instrução secundária, sob o nome de *Colégio de Pedro Segundo.*

Até então, os homens públicos formados na Europa, ou leitores de livros dali vindos, agiram em matéria de ensino apresentando projetos bombásticos, reveladores de seus estudos, demonstrativos de suas capacidades, mas irreais e sem base econômica para a sua execução. Dir-se-ia que era mais a vaidade pessoal ou o romantismo que impelia os autores. Dessa sorte se chega à criação do Pedro Segundo quinze anos após a maioridade nacional! Não obstante tardia, representa o primeiro grande passo para a regularização e sistematização do ensino secundário. Entretanto, se parece excessivo o prazo de três lustros do Brasil livre para a ordenação oficial desse ensino, que dirá o leitor quando constatar que o acontecimento não era novo, pois constituía a repetição daquele que tivera lugar 263 anos antes, quando

403

fora inaugurado o colégio secundário jesuítico do Rio de Janeiro! A inauguração do Colégio teve lugar na data natalícia do imperador: dia 2 de dezembro. O ato foi soleníssimo, comparecendo dom Pedro II, as princesas imperiais dona Januária e dona Francisca, o regente, o Ministério: Maciel Monteiro, Miguel Calmon du Pin e Almeida (futuro visconde e marquês de Abrantes), José Joaquim Rodrigues Torres e Bernardo Pereira de Vasconcelos, o tutor do imperador (marquês de Itanhaém), o corpo diplomático, a nobreza e muitas pessoas gradas. Sua instalação foi feita no próprio edifício do seminário, devidamente adaptado, por ordem de Bernardo Pereira de Vasconcelos, pelo grande arquiteto da Missão Artística Francesa Auguste-Henri-Victor Grandjean de Montigny. Pondo de lado suas tendências neoclássicas, Grandjean conservou o caráter colonial que o edifício apresentava. Essa obra valeu-lhe, não obstante, críticas e censuras, aliás descabidas. E a prova é que o *Jornal do Comércio* dizia, referindo-se a ele e à sua obra: "Mr. Grandjean é um artista de cunho, um homem de arte que sabe o que faz, reunindo o útil ao agradável, e a grande atividade que ele empregou na restauração do Seminário antigo, assim como o bem acabado da obra, prova em seu abono as qualidades que deve possuir um arquiteto."

A abertura das aulas teve lugar a 25 de março de 1838. Dirigido por um reitor: dom Francisco Antônio de Arrábida, e possuindo um síndico, ou vice-reitor, professores e substitutos, e os indispensáveis capelão e médico, o colégio proporcionava o estudo da gramática nacional, das línguas latina, grega, francesa e inglesa e os princípios elementares de geografia, história, zoologia, mineralogia, botânica, física, química, astronomia, filosofia, retórica e poética, aritmética, álgebra, geometria, desenho e canto. Ficava estabelecida, assim, a unidade pedagógica, cuja falta se fazia sentir, e a indispensável seriação na marcha dos estudos. O curso completo era realizado em seis anos. Para o ingresso, exigia-se que o candidato soubesse ler, escrever e contar. As punições abrangiam uma série de privações, castigo corporal, prisão, até... vestir roupa às avessas. Chame-se a atenção para o fato de, com aquele currículo escolar, ficar instituído o ensino oficial da filosofia no tempo do Império. Tal disciplina figurava na tabela V (ou 5º ano), com dez lições semanais. O mesmo ocorria na tabela VI (ou 6º ano).

Naquele mesmo ano, o deputado Paulo Barbosa da Silva, ao propor a criação de um liceu de humanidades no Rio de Janeiro, inclui a filosofia moral e racional entre as disciplinas obrigatoriamente ensinadas. Esse liceu constituiria o externato do colégio. E quando, dois anos depois, a Câmara dos Deputados toma conhecimento, em sua sessão de 25 de agosto, de um ofício do Senado capeando a proposição de que haveria "em todo o Império cursos de estudos elementares em círculos para esse fim destinados", verifica que entre as disciplinas figurava a de metafísica, lógica e filosofia moral. Em 1838, Domingos José Gonçalves de Magalhães abre um curso de filosofia no Colégio Emulação. Isso ele o fazia já prevendo o que lhe iria ocorrer no Pedro Segundo. É o que se deduz da informação prestada — a 14 de fevereiro de 1839 — pelo vice-reitor padre Leandro Rebelo Peixoto e Castro ao ministro do Império Bernardo de Vasconcelos. Nesse documento o reitor em exercício transmitia ao responsável pela instrução o desejo manifestado pelos professores para que fossem postas a funcionar as cadeiras de filosofia e de retórica. Receavam que o professor da primeira, Gonçalves de Magalhães, considerado por eles como *gênio da filosofia,* não tendo até então lecionado a disciplina, procurasse outro destino.

Em 1840, é instituído no Pedro Segundo o ensino da língua alemã. Ainda não tinha sido posta a funcionar a cadeira de filosofia quando, em 1841, por decreto de 1? de fevereiro, a seriação das disciplinas passou a abranger sete anos, figurando no último uma cadeira dc filosofia e outra bombasticamente chamada de zoologia filosófica. A nova tabela de estudos abrangia, além das anteriormente mencionadas, mais as seguintes: grego, retórica e poética, trigonometria retilínea, e caligrafia (chamada de desenho caligráfico). Por sua vez, o estudo do desenho ficou subdividido em linear e figurado; o canto passou a ser denominado de música vocal; e a geografia mnemônica foi substituída pela descritiva.

Se bem que pela lei de 30 de agosto de 1843 fosse suficiente a apresentação de diploma de conclusão de estudos no colégio, para a matrícula nas escolas superiores, o decreto de 20 de dezembro daquele ano fixava as normas para a expedição do diploma e colação do grau de *bacharel em letras.* A primeira turma que colou grau o fez a 21 daquele mês e ano, na *Sala Grande,* isto é, no Salão de Honra.

A procura que o colégio tinha por parte da mocidade tornou patente a necessidade de ampliá-lo ou de criar uma instituição congênere. Por esta segunda solução foi que optou, em 1840, a comissão de instrução pública da Câmara dos Deputados, composta de Francisco de Sales Torres Homem, Domingos José Gonçalves de Magalhães e Dias de Carvalho. Pretendeu-se criar um Liceu Nacional. Nos 5º e 6º anos do mesmo seria feito o estudo da filosofia. O pior é que o professor da disciplina ficaria muito sobrecarregado, porquanto teria de ensinar a psicologia, a lógica, a moral, a estética, o direito natural e a história comparada dos sistemas filosóficos. Ufa!

No ano seguinte, João Batista Calógeras fora indicado ao Governo pelo não menos sábio Joaquim Caetano da Silva, reitor do Pedro Segundo, para reger a cadeira de história e geografia descritiva, em virtude de seus vastos conhecimentos, prática de ensino, facilidade de elocução, talento e, também, pelo fato de possuir "uma cabeça filosófica". Os estudos filosóficos começavam a impor-se. Por isso, o deputado pernambucano Bernardo José da Gama, visconde de Goiana, sugeriu, naquele mesmo ano de 47, a criação de uma *Faculdade de Filosofia,* como parte integrante de seu projeto de universidade apresentado à Assembléia Geral Legislativa. O curso deveria ser feito em quatro anos, abrangendo: filosofia, ciências físicas e naturais, e matemática. Para a matrícula, o aluno deveria provar que fora aprovado nos exames de latim, grego, francês, metafísica, lógica e ética. As três primeiras disciplinas seriam indispensáveis para quem quisesse doutorar-se. E por que não as duas últimas?

Outro professor de filosofia do Pedro Segundo foi o dr. Joaquim Pinto Brasil, nomeado interinamente a 15 de maio de 1848. No ano seguinte é substituído por frei José de Santa Maria Amaral.

De acordo com o decreto de 25 de março de 1849, houve no Pedro Segundo desdobramento de disciplinas, dilatação ou diminuição do tempo de estudo de algumas delas e fixação de preceitos para o julgamento dos exames e concursos escolares. Dessa forma vai-se processando uma reação relativamente ao ensino das línguas. O latim, que tinha — até a fundação do Colégio — a primazia no ensino da mocidade, pois a aprendizagem da língua portuguesa não o superava, começa a ser desbancado desse exclusivismo pelo ensino do francês e do inglês. O próprio ensino do português melhora. E assim temos o primeiro embate entre as línguas vivas e as mortas. O mesmo ocorrera nas regiões hispano-americanas em relação às línguas estrangeiras e também relativamente ao próprio castelhano. E a explicação daquele exclusivismo concedido ao latim e do desleixo do ensino do próprio idioma pátrio é o seguinte: todos os regimes absolutistas visaram, impedindo o conhecimento das línguas estranhas, o intercâmbio das

406

idéias, ou melhor, de idéias outras que não fossem as que lhes convinham. A propaganda pelo ensino das línguas vivas era feita pelos letrados e doutores vindos da Europa: isto é, pelos que estudaram em Paris, viveram em Coimbra, passearam em Londres. E muitos deles foram dos primeiros a lecionar no Pedro Segundo. Tornou-se *chic* falar francês e a admiração pelo *honorable,* pelo *lord* e pelo *money* deixou de cara à banda o *ora, orae..* .

O Colégio teve até 1850, como reitores e professores, inúmeras personalidades. Reitores foram: frei d. Antônio de Arrábida, bispo titular de Anemúria (nomeado a 5 de fevereiro de 1838), e o dr. Joaquim Caetano da Silva, e vice-reitores: padre Leandro Rebelo Peixoto e Castro e frei Rodrigo de São José. Por sua vez, exerceram o magistério: Emílio Joaquim da Silva Maia, Domingos José Gonçalves de Magalhães, Manuel de Araújo Porto Alegre, Joaquim Caetano da Silva, Justiniano José da Rocha, Januário da Silva Arvelos (primeiro professor de música), Carlos Roberto (barão de Planitz), Tibúrcio Antônio Ciraveiro, cônego Marcelino José da Ribeira Silva Bueno, Guilherme Augusto de Taube (primeiro professor de ginástica), frei Rodrigo de São José, Santiago Nunes Ribeiro, Francisco Maria Piquet, Diogo Macz, José Luís Alves, Fernando Francisco Lessa, Medeiros Gomes, Frederico Hoppe, João Batista Calógeras, Francisco de Paula Menezes, José Manuel Garcia Ximenea, Guilherme Fairfax Norris, Joaquim Pinto Brasil, Bernardo José Falleti, Joaquim Manuel de Macedo, Antônio Gonçalves Dias, Antônio de Castro Lopes, frei José de Santa Maria Amaral, José Hermann de Tautphoeus (barão de Tautphoeus), Jorge Gade, frei Camilo de Monteserrate e Jorge Furtado de Mendonça.

O governo ligava, naqueles tempos, grande importância aos exames, procurando que os mesmos fossem seriamente feitos. E, para dar prestígio a essas provas de seleção, criou o cargo de *comissário do governo* junto às mesas de exame, nomeando para exercer esse posto de confiança homens de destaque, de critério e de saber, como foram os casos do dr. Joaquim Cândido Soares de Meireles, desembargador Rodrigo de Sousa da Silva Pontes e do visconde de Abrantes: Miguel Calmon du Pin e Almeida.

Por tudo quanto ficou dito relativamente ao Pedro Segundo, esse era o colégio preferido pelos filhos da gente aristocrática, dos militares de alta patente, dos mais importantes comerciantes e da gente que tinha destaque na sociedade. Dessa sorte a turma de bacharéis de

407

1850 possuiu nomes que se mantiveram vivos até nossos dias, como: Antônio Ferreira Viana, Paulino Soares de Sousa e Caetano José de Andrade Pinto.

Deve-se deixar bem acentuado que naquele ano, e não obstante a fundação do Colégio, ainda havia professores públicos de filosofia, retórica, grego, latim, inglês e francês.

A Universidade e o Ensino Superior

A primeira iniciativa oficial no sentido de ser criada uma universidade no Brasil haveria de caber a d. João VI, que incumbiu um sábio membro da Academia das Ciências de Lisboa — general Francisco de Borja Garção Stockler — de apresentar-lhe um estudo completo sobre o assunto. Pelo plano que organizara, haveria *Liceus e Academias*. As primeiras instituições proporcionariam os conhecimentos científicos básicos, bem como os necessários ao estudo da literatura e a aquisição da erudição. As segundas ficariam dedicadas ao ensino das ciências abstratas, morais e políticas. A magnitude da concepção, pois o projeto de Stockler também visava à organização dos ensinos de caráter primário, secundário e profissional — para o que haveria *Pedagogias* e *Institutos*; a falta de recursos ; a oposição do elemento político lusitano; e a falta de professores foram os motivos que fizeram fracassar o primeiro e mais completo esforço que se fez no Brasil para, formando a universidade, dar organização a todo o ensino.

Não obstante, o comércio ofereceu ao soberano, em 1816, por intermédio de uma comissão que tinha à frente Amaro Velho da Silva e Fernando Carneiro Leão, uma regular quantia para que, comemorando sua elevação ao trono, se tornasse um fato a fundação da sonhada *Universitas*! Também nada foi feito, tendo d. João VI empregado grande parte da quantia arrecadada na construção do edifício da *Escola Real das Ciências, Artes e Ofícios* e no pagamento do estipêndio dos artistas franceses contratados para nela lecionarem.

Em 1818, dava-se mais um passo para trás. É que no dia 11 de maio o rei d. João prestava juramento de *Protetor* da Universidade de Coimbra!

A tentativa seguinte haveria de caber ao deputado brasileiro às Cortes de Lisboa Francisco Muniz Tavares, que ali apresenta um projeto de organização de universidade peculiar ao Brasil. Nada conseguiu.

Depois, logo que o Brasil se tornou autônomo, cogitou-se, em vista do interesse despertado pelas questões pedagógicas, de executar a idéia da universidade. A sua criação empolgou os membros da Assembléia Constituinte e Legislativa. O deputado José Feliciano Fernandes Pinheiro almejava que se fundasse ao menos uma. Para José da Silva Lisboa, fácil era fundar uma no Rio de Janeiro, porquanto havia inúmeras instituições que poderiam ser aproveitadas. O deputado Manuel Ferreira da Câmara de Bettencourt Sá pretendia resolver o problema do ensino superior com a criacão do *Instituto Brasílico,* verdadeira universidade, aliás muito mal constituída. O colega Manuel Jacinto Nogueira da Gama opinava que fossem fundadas tantas universidades quantas fossem necessárias. Ao que retorquia Pedro de Araújo Lima, dizendo que, se era bom criar, não menos necessário se tornava decretar os meios indispensáveis para sustentar as universidades propostas. Outros, como Antônio Ferreira França, desejavam não uma nem muitas, mas duas: em São Paulo e Olinda. Assim concorda a comissão de instrução, da qual faziam parte Martim Francisco Ribeiro de Andrada, Antônio Rodrigues Veloso de Oliveira, Belchior Pinheiro de Oliveira, Antônio Gonçalves Gomide e Manuel Jacinto Nogueira da Gama. A idéia de ser São Paulo sede de uma universidade, vinha, aliás, ao encontro dos desejos do deputado paulista José Arouche de Toledo Rendon, que propusera ser a quantia arrecadada pelo comércio e entregue a d. João VI utilizada na fundação da mesma naquela província. Santa ingenuidade do ilustre homem... Onde estaria o saldo daquele dinheiro depois de sete anos de ofertado e depois de ter o rei voltado para Portugal?... Enfim, não se passa da discussão, nela intervindo os deputados já mencionados e outros, como: Manuel Caetano de Almeida e Albuquerque, José Martiniano de Alencar, Luís José de Carvalho e Melo, Francisco Gê de Acaiaba Montezuma, Pedro de Araújo Lima, Francisco Muniz Tavares e Miguel Calmon du Pin e Almeida.

Outras valiosas contribuições para a melhoria da instrução apresentadas à Constituinte de 23 foram: a interessante *Memória* do deputado Martim Francisco Ribeiro de Andrade; a *Memória e regime das universidades do Império,* de José Bonifácio de Andrada, oferecida na sessão de 15 de outubro daquele ano da comissão de instrução pública da Câmara dos Deputados, para ser publicada; e o projeto do padre Belchior Pinheiro de Oliveira propugnando pela publicação de um tratado de educação física, moral e intelectual para uso da mocidade. A esses estudos deveria vir juntar-se, em 1826, o completíssimo plano do deputado cônego Januário da Cunha Barbosa, que constituiu mais uma demonstração da capacidade intelectual e pedagógica do ilustre brasileiro. Resultado: nenhum. As preocupações e questões políticas absorviam a atenção dos legisladores. O projeto da Constituição só contém três vagos artigos relativos à educação nacional... Daí por diante, continua no parlamento a chuva de projetos.

Entretanto, o governo imperial não ficou inerte. Conhecendo a deficiência do ensino superior oficial, avaliando a necessidade da fundação de novos institutos e necessitando de homens devidamente preparados para o magistério e nos diversos ramos do saber, resolveu enviar ao estrangeiro grande número de brasileiros. Após as indispensáveis negociações, Borges de Barros obteve, em 1825, que o governo francês admitisse em suas escolas trinta e tantos patrícios, dos quais quinze eram militares. Os civis faziam a sua educação secundária nos liceus Henrique IV, de Paris, de Caen e de Fontenalaux-Roses; estudavam medicina nas faculdades de Paris e de Montpellier; preparavam-se em direito, matemática e economia política nas diversas escolas superiores de Paris; e se dedicavam à arte nas escolas de pintura (João Leocádio de Melo e Teodolino José da Silva), de arquitetura (tenente Peixoto) e no Conservatório das Artes (Amaral). Os militares estavam matriculados nas escolas de Estado-Maior, de Pontes e Calçadas, de Minas, de Engenheiros Geógrafos, de Aplicação de Engenharia e Artilharia (em Metz) e na Politécnica. Outros freqüentavam os arsenais e as fundições. Ao tomar a providência da realização das viagens de estudo ao estrangeiro, como indispensáveis à aquisição de alta cultura, o governo tinha bem presentes as vantagens antes obtidas pelos advogados brasileiros que cursaram a Universidade de Coimbra, reformada, aliás, em 1770, por um ilustre conterrâneo, d. Francisco de Lemos Pereira Coutinho, segundo a ordem que recebera do marquês de Pombal. O diploma de doutor em leis pela citada universidade foi, assim, conquistado por muitos brasileiros que souberam dignificá-lo, honrando seu país. Eis a lista dos mesmos, certamente incompleta: Antônio José da Silva, Antônio Carlos Ribeiro de Andrada Machado e Silva, Antônio de Morais Silva, Baltasar da Silva Lisboa, Bernardo Pereira de Vasconcelos, Cláudio Manuel da Costa, Francisco Gomes Brandão, Gregório de Matos, Honório Hermeto Carneiro Leão, Inácio José de Alvarenga Peixoto, José Basílio da Gama, José Bonifácio de Andrada e Silva, José da Costa Carvalho,

José Feliciano Fernandes Pinheiro, José Joaquim Carneiro de Campos, José da Silva Lisboa, Manuel Inácio da Silva Alvarenga, Manuel Odorico Mendes, Miguel Calmon du Pin e Almeida e Pedro de Araújo Lima.

Naquele mesmo ano de 1825, o governo, coerente com o envio de jovens brasileiros à Europa, declara, ao criar os Cursos Jurídicos de Olinda e São Paulo, que ainda era cedo para fundar-se a universidade. Somente *com o andar do tempo* — rezava o citado ato oficial. A partir de 1835, as cogitações sobre a universidade voltam a dominar os dirigentes. Assim, os ministros do Império Joaquim Vieira de Sousa e Silva e Bernardo Pereira de Vasconcelos se mostram favoráveis — em 1835 e 1838, respectivamente — à criação da universidade. Entre eles se interpõe, porém — em 1836 —, com propósitos contrários, o ministro José Inácio Borges. Em 41, o marquês de Sapucaí forma entre os adeptos. Dois anos depois, o Conselho de Estado aceita um projeto que, examinado pelo Senado, merece aprovação. Seria criada no Rio de Janeiro a *Universidade de Pedro Segundo,* com seis faculdades: *Teologia, Direito, Matemática, Filosofia, Medicina* e *Letras.* A Faculdade de Letras seria formada pela incorporação do *Colégio de Pedro Segundo.* Como conseqüência da fundação da universidade nesta cidade e Corte, seriam extintos o Curso Médico da Cidade do Salvador e os Cursos Jurídicos de São Paulo e Olinda. Um *Curso de Ciências Físicas e Matemáticas,* um de *Farmácia* e outro de *Obstetrícia* funcionariam anexos à universidade. No mesmo ano de 1843, o senador Manuel do Nascimento Castro e Silva apresenta outro projeto, em que eram incluídas na Universidade da Capital do Império, a ser criada, as academias Militar e de Marinha. O projeto é posto abaixo porque se temia que a universidade faria fechar as faculdades situadas nas províncias. A de Medicina da Bahia foi a que mais se destacou na tremenda oposição ao projeto. Por sua vez, o visconde de Goiana, Bernardo José da Gama, apresentou em 1847, à 3ª legislatura, um projeto refundindo a educação nacional.

Depois de quase uma vintena de tentativas oficiais, justo era que o assunto ficasse no esquecimento durante 23 anos. Coube a iniciativa de revivê-lo ao conselheiro Paulino José Soares de Sousa. O seu projeto era bastante bom. Nele se cogitava, pela primeira vez, de erigir um edifício para a universidade. Mas, pela época, o assunto excede os limites cronológicos que nos impusemos ao escrever este livro: a metade do século XIX. Não deixaremos, entretanto, de frisar que

411

somente em 1920, isto é, depois de passados 328 anos da primeira iniciativa dos jesuítas, é que o governo Epitácio Pessoa adotou o rótulo de *Universidade do Rio de Janeiro* para o conjunto das escolas e faculdades aparentemente reunidas, mas efetivamente desligadas de qualquer vínculo material, moral ou intelectual e sem nenhum espírito universitário.

O Ensino Médico

Segundo a mentalidade da época, só era considerado em 1850 como ensino superior o proporcionado pela *Faculdade de Medicina do Rio de Janeiro.* Isso na capital do Império, porquanto existia o ensino médico na cidade do Salvador e o ensino jurídico em Olinda e São Paulo. A dita Faculdade da Corte resultara da reforma e ampliação dos estudos da *Escola Anatômica, Cirúrgica e Médica,* que o príncipe regente d. João instituíra em 5 de novembro de 1808.

A finalidade da *Escola Anatômica* fora a de formar cirurgiões civis, militares e navais. Dessa forma pretendia-se acabar com os cirurgiões que não tinham estudos teóricos, nada conheciam de anatomia e de fisiologia, não sabiam diagnosticar, nem freqüentavam enfermarias. A prática se baseava no empirismo e a ação operatória beirava quase sempre a brutalidade. Desconhecedores dos mais elementares princípios higiênicos, operavam, por via de regra, sobre a própria cama do doente. Nem tiravam a casaca, e quando arregaçavam as mangas já era coisa digna de espanto. Assepsia, limpeza, ar, luz eram coisas desconhecidas nos *quartos* em que, nos hospitais, operavam. Assim, fácil era que um enfermeiro passasse a cirurgião. Pois não era aquela a época em que as sangrias (muito em moda) eram feitas, geralmente, pelos barbeiros?

A medicina, a cirurgia e a saúde pública estiveram sujeitas, no Brasil-Colônia, à *Real Junta do Proto-Medicato.* Depois de quatro anos de prática, o cirurgião empírico requeria exame no Rio de Janeiro perante o cirurgião-mor, pois esse tinha jurisdição sobre os *cirurgiões, sangradores* e *parteiras.* Após o exame, feito perante uma junta em que figurava um delegado do cirurgião-mor, o interessado uma vez aprovado (o que quase sempre ocorria) solicitava a *carta,* que lhe era passada em Lisboa, pagos, está visto, os respectivos emolumentos. Daí por diante, estava oficialmente habilitado a sangrar, sarjar, aplicar ventosas e sanguessugas, pensar feridas, colocar aparelhos e

412

tratar as luxações, contusões e fraturas. Não podia, porém, cuidar das moléstias internas, pois considerava-se que a cirurgia era inferior à medicina. Assim, onde houvesse um médico, o *cirurgião* passava para segundo plano. Mantinha-se, dessa forma, uma situação excepcional para os médicos, todos formados em Portugal e quase todos de nacionalidade portuguesa. E, como eram poucos, imagine-se a mina que representava um consultório daquela época!

A autoridade sobre os *médicos, boticários* e *curandeiros* era exercida pelo *físico-mor do Reino,* por meio de licenças anuais. Quer dizer, quem fosse inimigo do *físico* ou opositor ao governo não podia clinicar e, também, que o curandeirismo estava oficializado. O pretexto para licenciar curandeiros era a falta de médicos! Mas, na realidade, não havia desejo de que aumentasse o número de verdadeiros esculápios, pois, sendo eles poucos, os doentes, fartos dos curandeiros, vinham, com o tempo, consultá-los.

Quando a *Escola Anatômica* foi fundada, exerciam, respectivamente, os cargos de *físico-mor* e *cirurgião-mor* Manuel Vieira da Silva (barão de Alvaiazer) e José Correia Picanço (depois barão de Goiana). Este, natural do Brasil, era homem de valor. Estudou cirurgia em Lisboa e Paris, sendo nomeado *demonstrador* e *lente* de anatomia e cirurgia da Universidade de Coimbra. Na qualidade de *cirurgião-mor do Reino* acompanha a família real ao Brasil, sendo-lhe entregue, na cidade do Salvador, a partir de 18 de fevereiro de 1808 — data que assinala o início do ensino superior oficial, em nosso país — a direção da *"escola de cirurgia",* posta a funcionar no hospital daquela cidade. Investido de plenos poderes, escolhe os professores e baixa instruções para o ensino, determinando que as lições de cirurgia fossem dadas "pelos princípios da cirurgia de Monsieur de La Fay". Essa recomendação constitui mais uma demonstração do domínio intelectual que a França exercia.

A Academia Anatômica Médica e Cirúrgica do Rio de Janeiro foi, pois, a segunda criada no Brasil, mas a primeira, de caráter superior, da cidade da Carioca. E bom que se assinale que a denominação escolar foi constantemente modificada, como era hábito, aliás, naqueles tempos. Vulgarmente foi chamada de *Academia Médico-Cirúrgica* e, também, em atos oficiais, de *curso de cirurgia, academia da cirurgia,* e academia médica. Começou a funcionar no Hospital Real Militar, que ocupava o edifício dos jesuítas, no alto do morro do Castelo. Dois cirurgiões foram os primeiros professores, ou melhor, *lentes:* o cirurgião-mor do reino da Angola Joaquim José Marques, que lecionou a cadeira de anatomia teórica e prática e fisiologia; e José Lemos de Magalhães, que ensinou terapêutica cirúrgica e particular. No ano de 1809, dois novos *lentes:* Joaquim da Rocha Mazarém e o médico da Real Câmara José Maria Bontempo — assumem, respectivamente, a direção dos estudos de medicina operatória e arte de obstetrícia, e de medicina, elementos de matéria médica, química e farmácia. Os vencimentos anuais do primeiro foram fixados em 480$000 rs. e os do segundo em quase o dobro: 800$000 rs. Essa diferença era razoável, visto lecionar tantas coisas, inclusive a indefinida "medicina". Não contente, esse acumulador-mor ainda foi alguns anos depois — 1812 — incumbido de administrar o laboratório químico-prático, criado pelo governo. Também, se chamava Bontempo...

Entretanto, se havia professores na Academia, o mesmo não ocorria quantos aos alunos, pois seu número era diminuto. Para remediar essa situação, o governo resolveu que os estudantes de medicina fossem considerados *cirurgiões-ajudantes,* com a graduação de *alferes* do Exército e o soldo de 15$000 rs. mensais. Essa remuneração era muito boa, pois representava um terço do que recebia um *lente.* Talvez por isso mesmo, ela foi rebaixada, sendo suprimidos, outrossim, o pomposo título e a flamante graduação.

Visando a valorizar a cirurgia, o príncipe regente toma, em 1812 e 1813, excelentes providências. Nomeia *diretor dos Estudos Médicos e Cirúrgicos da Corte e Estado do Brasil,* com honras de *físico-mor,* o médico da Real Câmara, conselheiro Manuel Luís Alves de Carvalho. Depois, ordena que venham ao Rio de Janeiro, sendo hospedados no aludido hospital, alguns jovens habilitados, para fazerem seus estudos médicos e depois de concluídos os mesmos voltarem às suas respectivas residências, nas colônias. Foi dessa forma que chegaram à Corte dois estudantes do reino da Angola e dois das ilhas de São Tomé e Príncipe. Com essa providência, d. João não só prestigiava a escola como procurava sanar a falta de médicos que havia nas suas possessões. E, por fim, estabelece no Hospital da Misericórdia o *curso de cirurgia,* dotando-o dos respectivos estatutos, isto é, de regulamento. O curso abrangia três anos: no 1º ano estudava-se anatomia, química farmacêutica e elementos de matéria médica; no 2º, anatomia e fisiologia; no 3º, higiene, etiologia, patologia e terapêutica; no 4º, cirurgia e obstetrícia; no 5º, cirurgia, obstetrícia e prática médica. Quem terminasse o último ano, com sucesso nos exames, obteria a *carta de aprovado em cirurgia.* Para ser considerado *formado em cirurgia* era necessário ter aprovação com o grau de plenamente em todos os exames do último ano, freqüentar novamente o 4? e o 5? ano, e ser aprovado, com distinção, no segundo exame. A situação dos cirurgiões tinha melhorado tanto que os *cirurgiões formados* podiam, mediante os requisitos indispensáveis, obter a *formatura* e o grau de doutor em medicina.

Não obstante, para ser matriculado no curso médico era suficiente saber ler e escrever. E para passar para o segundo ano bastava que o discente mostrasse conhecer o latim ou a geometria. O latim vá lá, mas a geometria... Determinavam os estatutos, referindo-se aos alunos, que: "Bom será que entendam as línguas francesa e inglesa, mas esperar-se-á pelo exame da primeira até a primeira matrícula do segundo ano e pela da inglesa até a do terceiro." A determinação contida nas duas primeiras palavras da citação acima deu origem a que esses estatutos fossem pilhericamente denominados de *Plano do Bom Será.*

Desde a aprovação dos estatutos, os cirurgiões portugueses moveram grande campanha contra a Escola, pois se sentiam magoados com o convite feito pelo conselheiro Manuel Luís Alves de Carvalho ao dr. Correia Picanço, para *chanceler* da mesma. Ora, sendo ele *cirurgião-mor,* isto é, a autoridade que referendava os diplomas, ficaria em situação inferior como *chanceler,* cuja única função era apor nos diplomas o selo real. Desse conflito resultou que os dois últimos anos do curso deixaram de funcionar. A realização dos exames ia-se tornando cada vez mais difícil, pois não havia pessoas em número suficiente para exercerem a difícil missão de examinador. O sistema adotado foi o dos alunos argüirem-se mutuamente em presença do professor.

Claro é que a oposição dos cirurgiões portugueses não era motivada pelo fato de ter sido o dr. Correia Picanço nomeado para o cargo de *chanceler.* Bastava a recusa deste e tudo estava solucionado. O que eles visavam era, em primeiro lugar, guerrear a nova técnica operatória e cirúrgica e os novos estudos de terapêutica cirúrgica, de matéria médica, de fisiologia e de higiene patológica. Por sua vez, as operações e a obstetrícia passavam dali por diante a ser *ensinadas,* na verdadeira acepção do termo. Isso não lhes convinha. A continuação da feição empírica era o que agradava. Em segundo lugar, visavam a entorpecer o funcionamento de uma escola que iria formar cirurgiões brasileiros, isto é, com outra mentalidade, outros processos, outras aspirações. A *carta*, obtida até então quase que graciosamente, passaria a ser conquistada por meio de estudos, de tirocínio, de esforços. Os exames supérfluos, ingênuos ou patuscos, seriam substituídos por provas de capacidade. Havia elementos brasileiros que desejavam a transformação e, por isso, a aplaudiram quando foi convertida em realidade. Era o início de uma cultura cirúrgica. E isso não convinha àqueles que só sabiam cortar carne humana, verdadeiros açougueiros.

O governo real, tão sábio e eficiente no que dizia respeito ao desenvolvimento do Brasil, não estava de acordo com os seus patrícios cirurgiões, que se esqueciam de que a terra brasileira já era um Reino Unido, politicamente idêntico a Portugal e igual, também, ao Algarve. E, por isso, entrega, em 1827, a inspeção dos estudos médico-cirúrgicos, que se realizavam no Hospital Real Militar, à respectiva direção.

Note-se, de passagem, que o médico, propriamente dito, começa a aceitar o cirurgião como colega. Era o resultado do título da Escola, da ampliação dos estudos, da modificação da metodologia, da admissão de professores com outra cultura e, mormente, com mentalidade progressiva e, por fim, da vida em comum que levavam os estudantes dos dois cursos. Quando existe convivência, surge a compreensão, o apreço, o desejo de colaboração; aparece a nova mentalidade.

Sabendo que o pauperismo afligia os estudantes, d. João decreta em 1º de dezembro de 1820 doze auxílios ou pensões de 9$600 rs., a serem outorgados a uma dúzia de jovens, de bons antecedentes, que provassem não possuir recursos. Terminados os respectivos estudos, eles teriam que servir nos corpos do Exército.

Uma vez que se tornara livre o Brasil, claro é que as condições do ensino médico teriam de melhorar. Assim, a lei de 9 de setembro de 1826 — que representava os esforços do deputado José Ribeiro da Costa Aguiar — ao revogar todas as leis, alvarás, decretos e regimentos relativos ao *físico-mor* e ao *cirurgião-mor,* determinava que haveria cartas de *cirurgião* e de *cirurgião formado.* Teriam direito às mesmas, respectivamente, os que já tinham concluído ou viriam a concluir os estudos do 5º ano ou do 6º ano das escolas da Corte ou da Cidade do Salvador. Os simples *cirurgiões* tinham o direito de exercer a cirurgia em todo o território do Império. O mesmo ocorria com os *cirurgiões formados,* que podiam exercer, além, a medicina. Regulando a concessão dos títulos, o governo acabava de vez com o nefas-

stumes do Rio de Janeiro. Johann Moritz Rugendas.

Arquiduquesa Leopoldina (primeira imperatriz do Brasil), rainha Carlota (mãe de D. Pedro I) e princesa D. Amélia (segunda mulher do imperador). Abaixo, vestidos de gala.

O rei D. João VI e o imperador D. Pedro I. Desenhos de Jean-Baptiste Debret.

Uniformes militares nos tempos imperiais: de oficiais e soldados que faziam a guarda dos vice-reis e do Regimento de Artilharia do Rio de Janeiro (acervo Museu Histórico Nacional).

Fardamento dos guardas da Repartição das Obras Públicas, imagem que o autor recolheu no arquivo do antigo Serviço Federal de Águas e Esgotos e é por ele comentada na página 388 deste livro.

Fac-símile da capa do exemplar de estréia da *Revista Illustrada*, desenhada por Ângelo Agostini, 1º de janeiro de 1876.

TRATADO
DE COMMERCIO

CONCLUIDO

ENTRE SUA MAGESTADE

O IMPERADOR DO BRASIL,

E SUA MAGESTADE O REY DE FRANÇA.

RATIFICADO

A' 7 de Junho de 1826, pelos Plenipociarios os Illustrissimos Senhores Viscondes de SANTO AMARO, de PARANAGUA, e o Illustrissimo Senhor Conde de GESTAS.

RIO DE JANEIRO,

NA IMPERIAL TYPOGRAPHIA DE PLANCHER, IMPRESSOR-LIVREIRO DE S. M. O IMPERADOR.

1826.

Tratado de comércio entre Brasil e França, ratificado no Rio de Janeiro a 7 de junho de 1826.

N. 1. (Vol. I.) 1827

SEGUNDA FEIRA
1 DE OUTUBRO.

SEXTO ANNO
DA INDEPENDENCIA.

JORNAL DO COMMERCIO.

De hoje por diante continuará-se-há a publicação deste JORNAL DO COMMERCIO.

Esta folha exclusivamente dedicada aos senhores Negociantes conterá diariamente tudo o que diz respeito ao Commercio, tanto em Annuncios, como em Preços Correntes exactos de Importação e Exportação, entrada e sahida de Embarcações, etc., etc.

Os Proprietarios bem ao facto de todos os ramos mercantis desta Capital não pouparão, nem despezas nem zelo para tornar esta empreza digna da acceitação publica, e rogão para melhor desempenho dos seus deveres a protecção e assistencia do honrado Corpo do Commercio.

As Assignaturas se farão na Rua d'Alfandega, N. 4, onde igualmente se recebem, antes do meio dia, todos os Annuncios mercantis, que devem sem falta ser inscriptos no dia seguinte. O preço da Assignatura he de 640 reis por mez pagos adiantados.

NOTICIAS MARITIMAS.

PARA SANTA CATHARINA.

O Bergantim Nacional ALLIANÇA, Capitão MARTINHO JOZE CALLADO. — Sahirá no primeiro Comboi. Quem quizer carregar dirija-se a bordo do dito Bergantim que se acha amarrado defronte do Dique, ou procure em casa do Senhor Balthazar Joze Martins loja de Ferragens, Canto de S. Pedro.

PARA MONTEVIDEO.

O Brigue Escuna Nacional VIGILANTE, sahirá no primeiro Comboi. Quem no mesmo quizer carregar dirija-se á Praia dos Mineiros N.º 71.

PARA SANTA CATHARINA.

O Bergantim Nacional BOM SUCCESSO, sahirá infallivelmente no proximo Comboi. Quem no mesmo Bergantim quizer carregar dirija-se á Rua dos Pescadores N.º 4.

PARA ANGOLA.

O Bergantim Nacional COMMERCIANTE, forrado de Cobre e muito velleiro, sahirá por todo o presente mez, quem nelle quizer carregar ou hir de passagem dirija-se á Rua Direita N.º 73, ou a bordo do mesmo.

PARA SANTA CATHARINA.

A Sumaca S. JOZE TRIUMFO, sahirá com o primeiro Comboi. Quem quizer carregar ou hir de passagem dirija-se ao mestre a bordo da dita Sumaca que se acha fundeada de fronte da Praia do Peixe ou á Rua dos Violas N.º 55.

PARA PORTO ALEGRE.

O Bergantim Nacional CONCEIÇÃO IMPERADOR. Quem nelle quizer carregar ou hir de passagem dirija se a bordo em frente do Largo do Paço ou á Rua Nova de S. Bento N.º 38.

PARA BENGUELLA.

O Bergantim Nacional BRILHANTE, que sahirá em poucos dias, quem nelle quizer carregar, dirija-se á Rua dos Pescadores N.º 4.

PARA ANGOLA.

Sahirá com toda a brevidade o Bergantim Portuguez VERA CRUZ TRIUMFO, Capitão J. DA FONSECA LUZ. Quem no mesmo quizer carregar, dirija-se aos Casas João Baptista Moreira e Irmão Rua Direita N.º 93.

PARA A BAHIA.

O Bergantim Nacional TRES AMIGOS. Quem nelle quizer carregar dirija-se á Rua dos Pescadores N.º 4.

PARA SANTOS.

A muito velleira Escuna Nacional TRINDADE. Quem quizer carregar ou hir de passagem, dirija-se á Rua Direita N. 132 ou a bordo da mesma defronte d'Vilandega.

PARA GIBRALTAR.

O Bergantim Americano ARGUS, Capitão J. BANTER. — He de huma marcha muito superior, sahirá com toda a brevidade para o dito porto, tem grande parte de sua carga prompta, quem quizer carregar ou hir de passagem, dirija-se ao Consignatario Dionisio Upiste ou aos Corretores de Navios Hudson e Weguelin, rua Direita, N. 136.

PARA LIVERPOOL.

A Escuna Ingleza UNDINE, Capitão CHARLES HENDERSON. — Sahirá com brevidade para o dito porto, quem ne la quizer carregar, ou hir de passagem, dirija-se aos Consignatarios Borg Pearson e C. ou aos Corretores de Navios Hudson e Weguelin, Rua Direita N.º 136.

PARA LONDRES.

Para Passageiros sómente. O Superior Bergantim Inglez GEORGE e WILLIAM, Capitão GEORGE MCKELSON. Forrado e pregado de cobre Ai tem superiores commodos para Passageiros. Quem quizer hir de passagem dirija se aos Consignatarios Samuel Phillips e C. ou aos Corretores de Navios Hudson e Weguelin Rua Direita N.º 136

PARA VENDER.

A Sumaca Nacional HARMONIA, chegada proximamente de Santos e se acha prompta dos necessarios pertences para seguir viagem he do lote de 5,000 arrobas pouco mais ou menos, e de boa e forte construcção, quem a quizer comprar dirija-se aos Consignatarios C. H. Melchert, Rua de S. Pedro N.º 100, ou ao Capitão a bordo.

PARA VENDER.

A Sumaca Nacional CONCEIÇÃO, de lote de 3,500 arrobas, chegada proximamente do Rio de S. João, muito boa de vela e prompta a entregar, quem a quizer comprar procure na Praia do D. Manuel N.º 16. ou a bordo da mesma, que se acha fundeada no já do Largo do Paço.

PARA O PORTO.

O Bergantim Portuguez FLOR DE ARMES, Capitão JOAQUIM JOZE BERNARDES. Forrado de cobre e muito velleiro, sahirá com brevidade quem no mesmo quizer carregar ou hir de passagem dirija-se ao Caixa na Rua de tras do Hospicio N.º 18 ou ao Capitão a bordo do mesmo.

Fac-símile da primeira página do número inaugural do *Jornal do Commercio*, em 1º de outubro de 1827.

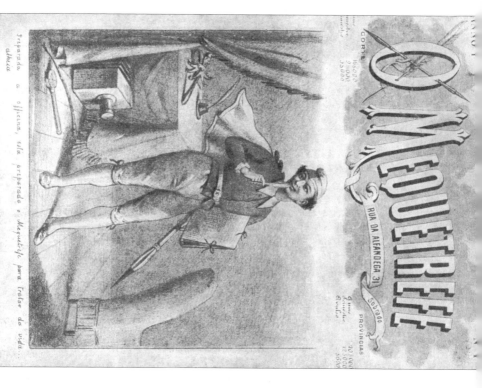
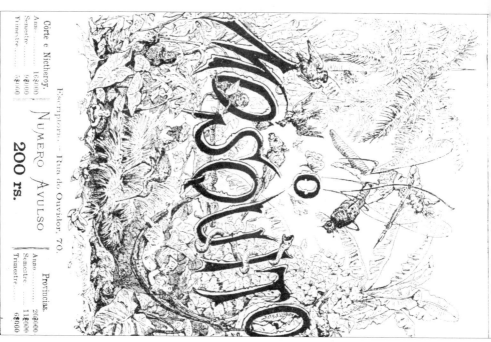

A imprensa no Império: fac-símiles da capa do número inicial de *O Mequetrefe* (1875-1893), desenhada por Vale (Antônio Alves do Vale Sousa Pinto), e de uma capa de *O Mosquito* (1869-1875), com desenho de Rafael Bordalo Pinheiro (in *História da Caricatura no Brasil*, de Herman Lima).

Aclamação de D. Pedro II no Rio a 7 de abril de 1831. Litografia de Debret (in *Viagem pitoresca e histórica ao Brasil*, Paris, 1834).

Sessão na Câmara dos Deputados, que funcionava na Cadeia Velha, na rua da Misericórdia, no terreno hoje ocupado pela Assembléia Legislativa (Palácio Tiradentes). Desenho de Arnout.

Praça do Palácio, 1808. Aquarela de Richard Bate (acervo Biblioteca Nacional).

A praça, também chamada de largo do Paço. Anônimo, água-tinta (acervo B. N.).

No mesmo local, com o Paço Imperial em destaque, o cortejo do batismo de D. Maria da Glória por Debret.

De outro ângulo, a beleza do largo do Paço em 1865. Óleo de Luigi Stallone (acervo Museu Histórico da Cidade/RJ).

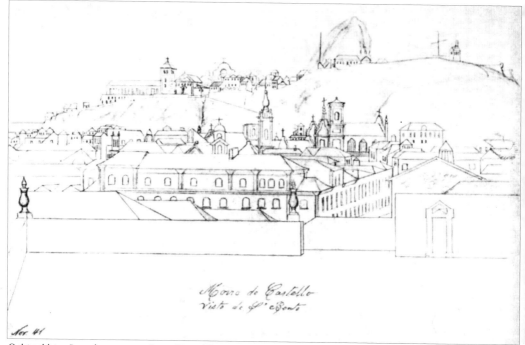

O desenhista não assinou, apenas datou (Nov. 41) este panorama do morro do Castelo visto de São Bento.

Vista tomada em frente da igreja de São Bento. Rugendas.

O portão do Passeio Público, ainda hoje ponto de referência no Centro do Rio. Litografia de Theremin.

Desenhado por Mestre Valentim em 1779, o Passeio Público foi reformado em 1862 por Glaziou. Martinet.

Em 1865, esta era a rua do Príncipe, hoje Silveira Martins. Foto de George Leuzinger (acervo MAM/RJ).

O antigo Museu Nacional, na praça da República, com o morro do Castelo ao fundo. Fletcher e Kidder.

Rua do Catete, caminho para a Glória. Abaixo, igreja de São Francisco de Paula. Desenhos de Maria Graham in *Diário de uma viagem ao Brasil e de uma estada nesse país durante parte dos anos de 1821, 1822 e 1823*.

Fonte da Saudade por Maria Graham. Os três originais pertencem à coleção do Museu Britânico.

Tradições do tempo do Império mantidas até hoje no Rio: a criança vestida de anjo nas procissões e festas religiosas e a malhação do judas no sábado de Aleluia.
James C. Fletcher e D. P. Kidder (in *Brazil and the Brazilians*).

Acima, largo, chafariz e igreja de Santa Rita em 1844, com procissão do Divino à direita. Ao lado, rua no mercado do Rio e as torres da igreja dos Mercadores da Lapa e da igreja de Santa Cruz dos Militares. Eduard Hildebrant (acervo do Staatliche Museen, Berlim).

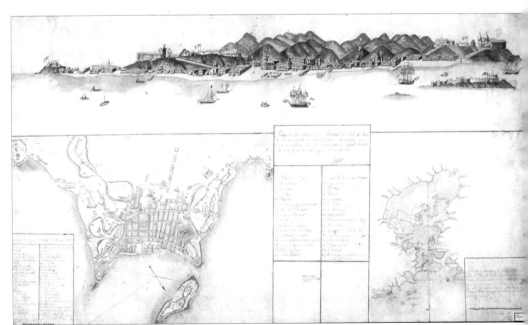

Duas perspectivas da cidade de São Sebastião do Rio de Janeiro: a primeira, em aquarela e nanquim de James Forbes, 1765; a segunda, em bico-de-pena aquarelado de Luiz dos Santos Vilhena, 1775 (acervo Biblioteca Nacional).

to processo de licenciar *práticos* em medicina. Por isso, esse ato governamental teve enorme repercussão, dando origem a demonstrações de júbilo e à feitura do quadro de Manuel de Araújo Porto Alegre, existente na atual Faculdade, em que se vê o imperador d. Pedro I, em grande uniforme, tendo ao lado o ministro do Império José Feliciano Fernandes Pinheiro (visconde de São Leopoldo), entregando o decreto moralizador ao diretor dr. Vicente Navarro de Andrade, que se acha rodeado dos membros da congregação. Esse quadro, mandado confeccionar pelos alunos, revela que os lentes possuíam uniforme próprio.

A preparação profissional dos discentes ressentia-se da deficiência dos conhecimentos preparatórios indispensáveis ao ingresso numa escola superior. E assim, como também por outros motivos de ordem pedagógica e material, o ensino era muito precariamente proporcionado no hospital. E um hospital daquela época só tinha o nome, pois era coisa de estarrecer. Dessa forma, enfermarias propriamente ditas não havia, mas alojamentos, ou melhor, empilhamentos de pobres seres. Doentes cujas camas se tocavam, doentes por cima dos de baixo, pois estavam arrumados em jiraus presos às paredes, como prateleiras; ausência de vãos de iluminação e de ventilação, e, quando existentes, sem vidros ou com esquadrias emperradas ou partidas; pisos de tijolo ou de ladrilho; paredes úmidas, deixando ver a alvenaria; latrinas comunicando diretamente com os compartimentos de empilhamento ou dentro dos mesmos (!); depósitos de material e de roupas em subterrâneos; material da cozinha, de cobre (!); lençóis, fronhas, coberturas, nem por acaso apareciam; imundície, fedores, lixo, promiscuidade, contaminação... — tal era o que se via no interior desses ambientes destinados à cura, mas onde a morte estava sempre a rondar. Era nesses lugares onde se processava o ensino médico. Imagine-se, por isso, como seria ineficaz a ação de José Maria Cambuci do Vale, precursor do estudo da higiene na escola médica do Rio de Ianeiro.

Diante da precariedade do ensino da medicina, diversos deputados apresentaram à Assembléia Geral Legislativa diversos projetos bem interessantes, propondo a sua melhoria, e revogando disposições ineficientes ou obsoletas. Essas não eram, entretanto, as primeiras contribuições para o aperfeiçoamento dos estudos médico-cirúrgicos, pois o primeiro trabalho escrito, desse gênero, fora organizado em 1812 pelo dr. Vicente Navarro de Andrade. Em todo caso a contribuição dos legisladores foi valiosa, provocando a atenção e uma solução

417

adequada. Dentre os projetos, se destacaram os apresentados, em 1827, pelos deputados drs. Antônio Ferreira França e José Lino Coutinho. O plano deste último foi atacado na Câmara pelo dr. José Avelino Barbosa, que também era seu colega na Academia Médico-Cirúrgica da Bahia, e fora da Câmara foi impugnado pelo não menos ilustrado dr. Joaquim Cândido Soares de Meireles.

Intervindo no assunto, outro grande médico, dr. José Martins da Cruz Jobim, apresenta uma outra organização, na qual seriam criadas muitas cadeiras. E a criação de mais cadeiras refletia as aspirações gerais de que por fim existisse uma escola de medicina. Em 1830, o deputado Paulo Araújo apresenta outro projeto à Câmara. Diante da diversidade de opiniões, o governo se socorre da Sociedade de Medicina, à qual envia todos os projetos. A comissão nomeada pela mesma: Joaquim Cândido Soares de Meireles, Otaviano Maria da Rosa, Joaquim Vicente de Simoni, José Martins da Cruz Jobim, Joaquim Vicente Torres Homem, José Maria Cambuci do Vale, João Maurício Faivre e Joaquim José da Silva —, depois de estudar devidamente o assunto, apresenta o seu parecer, relatado por Jobim. Trava-se entre os membros da Sociedade tão renhido debate que são necessárias três discussões para se chegar à aceitação. Por fim, com a data de 25 de junho de 1831, é o plano aprovado pela Sociedade e enviado ao governo. E este, por meio do decreto de 3 de outubro de 1832, reforma as Academias Médico-Cirúrgicas do Rio de Janeiro e da Bahia, que passam a denominar-se *Faculdades de Medicina.*

A organização escolar foi feita em grande estilo. O novo padrão do curso *médico* abrangia quatorze cadeiras, distribuídas em seis anos, da forma seguinte: 1º ano — física médica, botânica e elementos de zoologia; 2º ano — química médica e elementos de mineralogia, anatomia geral e descritiva; 3º ano — anatomia e fisiologia; 4º ano — patologia externa, patologia interna, matéria médica e farmácia; 5º ano — medicina operatória e aparelhos, partos, enfermidades de mulheres pejadas e paridas e de recém-nascidos; 6º ano — medicina legal, higiene e história da medicina. O estudo da cadeira de clínica externa e anatomia patológica respectiva era feito do 2º ao 6º ano. E o de clínica interna e anatomia patológica respectiva compreendia o 5º e o 6º ano. O professor de partos ficava incumbido de lecionar o curso de parteiras. E, para melhor entrosagem do ensino, as cadeiras afins foram agrupadas em três seções: ciências médicas, ciências cirúrgicas e ciências acessórias. Por sua vez, o *curso de farmácia* compreendia seis cadeiras, lecionadas em três anos: 1º ano — física médica, botânica médica e elementos de zoologia; 2º ano — botânica médica e elementos de mineralogia; 3º ano — química médica e elementos de mineralogia, matéria médica, farmácia e arte de formular. E o *curso de obstetrícia,* ou *curso de parteiras,* organizado somente para o preparo de mulheres que se destinassem a esse mister, obrigava ao trabalho, durante dois anos, na respectiva enfermaria, e a assistir às aulas do lente de partos. Os lentes catedráticos das novas cadeiras foram: Francisco Freire Alemão (botânica e zoologia), Joaquim Vicente Torres Homem (química), Domingos Ribeiro dos Guimarães Peixoto (fisiologia), Joaquim José Marques (anatomia), Joaquim José da Silva (patologia interna), Luís Francisco Ferreira (patologia externa), João José de Carvalho (matéria médica, farmácia e terapêutica), José Maria Cambuci do Vale (higiene), Francisco Júlio Xavier (partos), José Martins da Cruz Jobim (medicina legal), Manuel Valadão Pimentel (clínica médica), Tomás Gomes dos Santos (clínica cirúrgica) e Feliciano Ferreira de Carvalho (medicina operatória). Os lentes substitutos formavam a seguinte relação: Agostinho Tomás de Aquino e Antônio Félix Martins, futuro barão de São Félix (ciências médicas), Cândido Borges Monteiro, futuro barão de Itaúna, e José Maurício Nunes Garcia (ciências cirúrgicas). A congregação de professores ficou dotada de autonomia, podendo escolher, dentre os nomes de uma lista tríplice, o respectivo diretor. A situação material e moral dos lentes catedráticos também foi extraordinariamente melhorada, de vez que os seus vencimentos e honras foram igualados aos dos desembargadores da Relação. E a jubilação, com todos os vencimentos, poderia ser obtida após 25 anos de magistério. Desde então as *cartas* de *médico, cirurgião formado* e *cirurgião* e as licenças de *boticário* e de *comadre* deixam de ser concedidas, dando lugar aos *diplomas* de *doutor em medicina, farmacêutico* e *parteira*. O que caracterizou fundamentalmente essa reforma do ensino médico foi a exigência de melhor preparação humanista para os candidatos, melhor organização e seqüência dos cursos, e criação de novas cadeiras indispensáveis à faculdade de qualquer pessoa, nacional ou estrangeira, abrir cursos e lecionar qualquer dos ramos das ciências médicas e das acessórias. Foi com essa autorização que o ensino da homeopatia pôde ser iniciado no Rio de Janeiro, conforme se verá mais adiante.

Os primeiros doutorandos da Faculdade que defenderam tese, a 3 de dezembro de 1834, foram: Luís Carlos da Fonseca (sobre elefantíase-dos-árabes), e Silvério Augusto de Araújo Viana (sobre gangrena e pústula maligna). A Faculdade possuía, então, 173 alunos. E os primeiros diretor e secretário foram, respectivamente, os drs. Domingos Ribeiro dos Guimarães Peixoto e Luís Carlos da Fonseca.

O que se fez, depois, em matéria de ensino médico, cifrou-se à promulgação de decretos. Por meio deles as faculdades do Rio de Janeiro e da Bahia ficavam autorizadas a conferir o título de *doutor* aos lentes e substitutos que não o possuíssem (decreto de 16 de setembro de 1834); as mesmas faculdades podiam conceder o título de *farmacêutico* às pessoas que demonstrassem estar habilitadas ao exercício dessa profissão antes da lei que as reformou (lei de 29 de julho de 1835); ficavam dispensados de exame de revalidação e podiam exercer a profissão de médico os estudantes brasileiros diplomados pelas universidades da Europa (lei de 27 de outubro do mesmo ano); os exames de farmácia, estabelecidos pela lei de 1835, versariam sobre as matérias especificadas antes da lei que organizou as faculdades, sendo concedido às pessoas habilitadas o titulo de *boticário* (decreto de 4 de julho de 1836); os cirurgiões formados ou os aprovados depois de 1832 podiam doutorar-se se requeressem prestar exames das matérias acessórias (decreto de 30 de setembro de 1837). E, pelo aviso de 26 de outubro de 1842, assinado pelo ministro do Império Cândido José de Araújo Viana, depois marquês de Sapucaí, foi mandado pôr em vigor um *Regulamento Provisório*. Mas havia alguém muito interessado em que tal não acontecesse, pois o mesmo desapareceu...

Já se disse antes que a primeira sede da instituição fora no *Hospital Real Militar.* Daí passou para a Santa Casa de Misericórdia. Mas, dando-se a extinção daquele hospital do Exército, em virtude da criação, em 1832, dos hospitais regimentais, a Faculdade ocupou totalmente o edifício dos jesuítas até 1845. De lá haveria, então, de sair para dar lugar ao reorganizado *Hospital Militar da Guarnição da Corte.* Em tais circunstâncias, o governo cogitou de dar-lhe condigna instalação, num edifício projetado pelo arquiteto Manuel de Araújo Porto Alegre, então diretor da Academia das Belas-Artes. Apesar do orçamento mais do que razoável — rs. 247:724$120 — do custo da construção, nada se fez. A Faculdade se manteve num edifício da Santa Casa existente na rua dos Barbonos. Mas a distância entre a sede das aulas e a Santa Casa, em cujas enfermarias tinham lugar os estudos práticos e cirúrgicos, obrigou a sua transferência para o Recolhimento das Órfãs, sito à praia de Santa Luzia esquina da rua da Misericórdia. Até meado de 1943 funcionou naquele local o infecto Instituto Anatômico.

De 1808 a 1832, exerceram o cargo de diretor da Academia Médico-Cirúrgica os drs. Manuel Luís Alves de Carvalho, José Maria Bontempo e Vicente Navarro de Andrade. Depois, e até 1850, foram diretores da Faculdade de Medicina os drs. Domingos Ribeiro dos Guimarães Peixoto e José Martins da Cruz Jobim. E dentre os lentes e substitutos que serviram na Academia ou na Faculdade, ou em ambas, mencionaremos os doutores e cirurgiões seguintes: Antônio José Marques, José Lemos de Magalhães, José Maria Bontempo, conselheiro Manuel Luís Alves de Carvalho (médico da Real Câmara), Vicente Navarro de Andrade, Manuel Alves da Costa Barreto, Joaquim José Marques, Domingos Ribeiro dos Guimarães Peixoto, Joaquim da Rocha Mazarém, Jerônimo Alves de Moura, Manuel José do Amaral, Antônio Américo de Urzeda, Joaquim José da Silva, Manuel da Silveira Rodrigues, Mariano José do Amaral, José Maria Cambuci do Vale, Antônio Félix Martins, Lourenço de Assis Pereira da Cunha e Francisco Freire Alemão. Em 1850, o quadro de professores estava composto do diretor, dr. José Martins da Cruz Jobim; dos lentes catedráticos drs. Francisco de Paula Cândido, José Maurício Nunes Garcia, João José de Carvalho, Cândido Borges Monteiro, Tomás Gomes dos Santos, Manuel de Valadão Pimentel e Manuel Feliciano Pereira de Carvalho; e dos lentes substitutos drs. Antônio Félix Martins, José Bento da Rosa, Domingos Marinho de Azevedo Americano, Antônio Maria de Miranda e Castro e Francisco Gabriel da Rocha Freire.

Os Ensinamentos Homeopáticos

Em virtude do disposto no artigo 33 da lei de 3 de outubro de 1832, foi fundada, em 1844, *a Escola Homeopática do Brasil*. Pelo aviso do ministro da Justiça, de 27 de março de 1846, ela ficou autorizada a conceder *certificados de estudos* aos seus alunos. Primitivamente subordinada ao *Instituto Homeopático,* estava, em 1850, independente. O seu diretor era d. Moreira. E o curso completo constava de três anos, sendo as respectivas disciplinas professadas pelos drs. B. Mure, J. B. P. de Figueiredo, M. F. Soares de Sousa, Thomas Cochrane, José Vitorino dos Santos, João Vicente Martins, F. A. Moura, M. R. Costa, E. T. Ackermann, C. Chidloe, L. A. Vieira e M. Le Boiteux.

A Falta de Estudos de Direito

Na metade do século XIX, não havia no Rio de Janeiro nenhuma escola que proporcionasse o estudo das ciências jurídicas e sociais, não obstante se pretendesse em 1825 criar um Curso Jurídico, em virtude da grande falta de bacharéis formados para preencher os cargos da magistratura. Os estudos de direito eram efetuados nos *cursos de Ciências Jurídicas e Sociais* de São Paulo e de Olinda, fundados em 1827.

O Estudo da Ciência Econômica

Um fluminense ilustre, o bispo d. José Joaquim da Cunha Azeredo Coutinho, e um notável baiano, José da Silva Lisboa, foram os precursores do pensamento econômico no Brasil. Foi, pois, uma cultura brasileira especializada que nasceu em nosso próprio solo. O paralelismo da ação a prol da ciência econômica desses dois patrícios com a publicação da obra de Adam Smith — *Investigações sobre a natureza e as causas da riqueza das nações* — foi assinalado, com proficiência, pelo professor Luís Nogueira de Paula. E sendo a ciência econômica instituída pela escola clássica liberal, natural era que aqueles três grandes vultos se tornassem arautos dos princípios da mesma.

A obra de Azeredo Coutinho se evidencia, com profundo sentido brasiliano, em notáveis trabalhos: *Memória sobre o preço do açúcar* (1791) *e Ensaio econômico sobre o comércio de Portugal e suas colônias* (1794). Esta última, principalmente, representou a primeira reação nacionalista contra o intervencionismo e o protecionismo do Estado. Esse, para dominar economicamente, se baseava no monetarismo, isto é, na arrecadação de todo o ouro que o Brasil produzisse, e no mercantilismo, ou seja, na ausência de liberdade de produção, pois só se produzia o que fosse permitido pelo fisco.

Quando o príncipe regente chega à cidade do Salvador, lá trava conhecimento pessoal com o grande José da Silva Lisboa. Empolgado pelo seu extraordinário valor e reconhecendo a altitude de seus conhecimentos de ciência econômica, resolveu ali mesmo criar — a 23 de fevereiro de 1808 — uma *cadeira de aula pública de economia,* que passaria a funcionar no Rio de Janeiro. Ao explicar o motivo dessa criação, o príncipe d. João assim se expressava: *"Sendo absolutamente necessário o estudo da ciência econômica na presente conjetura (sic) em que o Brasil oferece a melhor ocasião de se pôr em prática muitos dos seus princípios, para que os meus vassalos sendo melhor instruídos nele me possam servir com mais vantagens",* etc. E fazia mercê da propriedade e regência da dita cadeira a José da Silva Lisboa (depois visconde de Cairu), uma vez que o mesmo tinha dado *"provas de ser mui hábil para o ensino daquela ciência, sem a qual se caminha às cegas, e com passos muito lentos, e às vezes contrários nas matérias do governo",* etc. O vencimento anual (chamado, naquele tempo, de *ordenado*) era polpudo: 400$000! Ninguém melhor do que Silva Lisboa para exercer o cargo, pois formado em direito e filosofia pela Universidade de Coimbra; fora professor em sua terra natal de filosofia nacional e moral; dedicara-se ao estudo do Direito da Economia Política; e publicara, em 1796, a notável obra *Princípios de Direito Mercantil,* a qual — na opinião de Nogueira de Paula — constituiu "o código mercantil para Portugal, até a publicação do Código Comercial Português". E em 1804 publicara os *Princípios de Economia Política,* obra não menos notável. Segundo valiosa informação do acima citado professor, aquela criação, ousada para a época, precedeu de dezesseis anos a instalação de igual disciplina na França e de vinte e oito anos a cadeira posta a funcionar na Universidade de Coimbra.

Os fundamentos econômicos do *deixar fazer, deixar vender* e *deixar produzir* também tiveram até 1850 — limite de nossas observações — grandes propugnadores. Tais foram — segundo Martins Gomide — o conde de Linhares, o desembargador João Rodrigues de Brito (ao escrever as *Cartas econômicas e políticas sobre a agricultura e o comércio na Bahia*), Januário da Cunha Barbosa, Hipólito José da Costa Furtado de Mendonça e Gonçalves Ledo. Mas foram os estudos de Azeredo Coutinho e de Silva Lisboa, as obras de Adam Smith, Malthus, João Batista Say e de Quesnay que converteram em grandes centros de irradiação da cultura e da ciência econômica as faculdades de Direito de São Paulo e de Olinda. Nelas, professando, muito se distinguiram: os drs. Pedro Autran da Mata e Albuquerque, Lourenço Trigo de Loureiro, Carlos Carneiro de Campos e João da Silva Carrão.

O Ensino da Engenharia Civil

Muito embora o estudo da engenharia militar fosse feito no Brasil desde o tempo da Colônia, foi somente com a criação da Academia Real Militar, a 4 de dezembro de 1810, que o conhecimento das ciências exatas e de observação teve, realmente, incremento. No ano de 1823 fica permitido que os civis freqüentem as aulas ali realizadas.

Em 1832, por decreto de 9 de março, é levada a efeito a primeira reforma, no Império, do ensino militar. Em virtude da mesma, haveria quatro cursos: matemático, de pontes e calçadas, militar e de construção naval, além do ensino de desenho peculiar a cada um deles. No curso matemático estavam discriminadas muitas disciplinas básicas para um curso de engenharia. Tais eram: cálculo diferencial e integral, geometria descritiva, mecânica, física, trigonometria esférica, topografia, química e mineralogia. Isso, além de outras que não têm correlação com a análise que se está fazendo. Chamar-se-á, entretanto, a atenção do leitor para o desenho de paisagem, que ali era praticado diariamente. Julgamos que não se tratava de trabalhos paisagísticos, propriamente ditos — pois não tinham correlação alguma com as ciências estudadas e as práticas levadas a efeito nos quatro anos do curso — mas sim de esboços gráficos relativos aos acidentes da natureza. O curso de pontes e calçadas revelava, desde o título até à organização, influência francesa. Abrangia dois anos de estudos. No 1º ano havia uma cadeira subdividida nas seguintes partes: propriedades gerais das madeiras, terras, pedras, cal, tijolo, areia, ferro e argamassas empregadas na construção de pontes, calçadas, portos, diques, fontes, aquedutos e canais navegáveis; resistência e elasticidade dos materiais; nivelamento, escolha de terrenos e traçado de estradas e de canais. Por sua vez, o desenho de arquitetura civil e hidráulica era diariamente ministrado. No 2º ano havia somente uma cadeira, assim subdividida: construção dos estacamentos e engradamentos dos alicerces; construção de abóbadas; construção de pontes, estradas, fontes, aquedutos, portos, diques e canais navegáveis; explicação do uso das máquinas. O curso militar — comum aos oficiais do exército e da marinha — será objeto de análise em outro trabalho nosso. O mesmo ocorrerá com o curso de construção naval que, diga-se de passagem, não foi posto a funcionar.

Em 1833, os estudos da Academia compreendiam o curso militar e o de engenheiros militares. Continuava o estudo do desenho de paisagem e havia, mais, os de desenho geométrico, de cartas geográficas, de construção civil e de arquitetura militar e civil. Além das ciências físicas e matemáticas, estudava-se a "arquitetura militar e as cinco ordens de arquitetura civil".

Uma nova reforma, levada a efeito pelo decreto n° 25, de 14 de janeiro de 1839, mudou a denominação do estabelecimento para o de Escola Militar, e permitiu o acesso dos oficiais das três armas à classe de engenheiros militares. Em virtude do decreto n° 140, de 9 de março de 1842, o plano de estudos foi ampliado e criado o grau de doutor, a ser concedido aos alunos que defendessem tese. Data daí a virtual criação do curso de engenharia civil. O curso completo de engenharia era de sete anos. Havia dezesseis cadeiras, sendo que no 7° ano a 1ª cadeira abrangia a arquitetura civil, hidráulica e militar, e a 2ª cadeira constava de geologia, montanística e metalurgia. Todos os alunos do 4° ano eram obrigados a freqüentar o observatório astronômico, mandado criar por decreto de 15 de outubro de 1827, anexo ao estabelecimento. Por sua vez, o decreto n° 404, de 1° de março de 1845, mandou executar provisoriamente os estatutos da Escola Militar. O curso continuava a ser de sete anos, sendo que no último havia duas cadeiras: a 1ª abrangendo a arquitetura civil, hidráulica e militar; e a 2ª, compreendendo o desenho de arquitetura e de máquinas hidráulicas. Nos seis anos anteriores havia a cadeira de desenho.

Em 1846, o decreto n° 476, de 29 de setembro, aprovando o regulamento para a execução do artigo 17 dos estatutos da Escola Militar, cogita longamente da defesa de tese para obtenção do título de bacharel em matemáticas e da concessão do respectivo diploma e anel simbólico em cerimônia pública. É também naquele ano aprovado o regulamento do Imperial Observatório Astronômico do Rio de Janeiro. Continuava, entretanto, anexo à escola e subordinado ao Ministério da Guerra. As suas finalidades podem ser sintetizadas da seguinte forma: realizar observações astronômicas e meteorológicas úteis às ciências e ao país; publicar um anuário astronômico; instruir os alunos militares na prática de observações astronômicas; e adestrar os alunos navais nas observações astronômicas aplicáveis à navegação. No ano de 1848 — dia 4 de abril — foi dada à escola um novo regulamento. Dez anos depois, passa a chamar-se Escola Central, tendo a seu cargo o ensino das ciências matemáticas, físicas e naturais e o de engenharia civil. E somente em 1874 é que a Central tem a sua denominação modificada para Escola Politécnica.

Assinale-se, por fim, que o decreto legislativo de 3 de outubro de 1832 mandava instalar na província de Minas Gerais um *curso de estudos mineralógicos.* Dessa forma, a Assembléia Geral Legislativa encampava a resolução, nesse sentido, do Conselho Geral daquela província. Mas a Escola de Minas só veio a ser estabelecida quarenta e três anos depois!

Iniciativas Fracassadas

Dentre muitas outras iniciativas, visando à melhoria do ensino superior, que não chegaram a converter-se em realidade, sejam mencionadas mais as seguintes propostas de criações: de um centro de administração do ensino (o já citado *Instituto Imperial do Brasil);* de um *colégio* ou *curso de Ciências Físicas e Industriais* (proposta do governo à Assembléia e encarecida nos relatórios dos ministros do Império de 1833 e 1834, para funcionar no Museu Nacional); da *Faculdade de Ciências Naturais* (em 1837, pelo deputado Paulo Barbosa da Silva); de *cursos de ciências* (lembrados, em 1842, pelo governo, para serem anualmente realizados pelas diversas seções do Museu Imperial); da *Faculdade de Letras* (em 1843, no projeto de universidade em estudo no Conselho de Estado); e de uma *Escola de Direito Administrativo e de Administração* (em 1854, pelo deputado Ferraz). Acrescente-se a essas iniciativas a do deputado Ferraz em 1827, incluindo no seu projeto de reforma do ensino médico o estudo da língua tupi, que figurava entre as disciplinas da primeira parte do curso. Iniciativa semelhante teve Francisco Adolfo de Varnhagen, ao propor ao Instituto Histórico, em sua sessão de 1º de agosto de 1849, que o governo estabelecesse escolas para o ensino das línguas dos indígenas brasileiros.

A Questão dos Diplomas e o Exercício
de Profissões Liberais

A fundação das escolas superiores do Império aumentou o desejo dos filhos da gente de prol de possuir um *canudo,* ou seja, o cilindro de zinco em que se guardava o diploma. Era o sonho!

Já antes foram discriminados os antigos títulos médicos. Como

426

houvesse confusões e, mesmo, começassem os mesmos a proliferar, houve necessidade de normalizar a respectiva nomenclatura e expedição, e também de regular o exercício das funções por eles outorgadas.

Quanto à medicina, pela lei de 9 de setembro de 1826 ficavam criados os títulos de *cirurgião* e de *cirurgião formado,* a serem concedidos aos que já tivessem ou viessem a concluir os estudos médicos oficiais. Os diplomados como cirurgião podiam exercer a cirurgia; e os cirurgiões formados ficavam habilitados ao exercício da cirurgia e da medicina. Isso ficou, antes, explicado. Em 1834, por decreto de 17 de dezembro, era concedido o grau de *doutor,* nas matérias que ensinassem, aos lentes e substitutos das faculdades de medicina que ainda não o possuíssem. Por sua vez, o título de *farmacêutico* podia ser concedido — em virtude da lei de 29 de julho de 1835 — às pessoas que provassem estar habilitadas a prestar exame antes da sanção da lei de 3 de outubro de 1832, que reformou o ensino médico. Dispensadas da freqüência às aulas, elas não ficavam, entretanto, livres da prestação de exames. A 27 de outubro do mesmo ano, o regente Feijó sanciona uma lei na qual se declara que os estudantes brasileiros que, idos à Europa para freqüentar os cursos das universidades, tivessem obtido o título de médico, não estavam compreendidos nas disposições do art. 14 do decreto de 3 de outubro de 1832. Podiam, portanto, exercer a profissão independentemente de exame de revalidação. Uma resolução da Assembléia Geral Legislativa, posta em vigor por decreto de 4 de julho de 1836, determinava que os exames de farmácia, exigidos pelo decreto de 29 de julho de 1835, versariam sobre as matérias do programa escolar anterior à reforma de 1832. Era, como se vê, uma revogação. Por sua vez, os que se submetessem a tais exames seriam chamados, como outrora, de *boticários!* Novo decreto é o de 30 de setembro de 1837. Pelo mesmo, as faculdades de medicina ficavam autorizadas a permitir aos cirurgiões e cirurgiões formados, que tivessem concluído os respectivos cursos depois da reforma de 1832, prestar exame das matérias chamadas de acessórias, se desejassem doutorar-se.

Quanto ao direito, a Regência (Francisco de Lima e Silva, João Bráulio Muniz e Antônio Pinto Chichorro da Gama) baixa um decreto, a 30 de agosto de 1834, mandando executar a resolução da Assembléia Geral Legislativa que habilitava para o exercício de cargos públicos os brasileiros que tivessem estudado e se graduado nos cursos de ciências jurídicas e sociais das universidades e academias estrangeiras — antes da fundação de idênticos cursos no Brasil —, uma vez que prestassem exame e fossem aprovados nas matérias ensinadas nos cursos do Império. Por sua vez, os brasileiros, doutores em direito, diplomados pelas universidades e academias estrangeiras, ficavam habilitados — independentemente de exames, mas provando ter um ano de prática forense — ao exercício de cargos públicos a que a lei admitisse os bacharéis formados pelos cursos jurídicos do Império. Esse ato não era outra coisa que a reprodução do decreto de 10 de maio de 1821, declarando que os bacharéis formados em leis ou em cânones ficavam habilitados para o exercício dos lugares da magistratura sem dependência da leitura, isto é, sem a obrigação de exame de competência.

Em virtude da carta de lei de 28 de agosto de 1828, o imperador d. Pedro I promulgou, com a assinatura do ministro do Império José Clemente Pereira, a resolução da Assembléia Geral Legislativa, que viria constituir o primeiro passo para a regulamentação da profissão de engenheiro. Pelo que o seu art. 1º. assim estabelecia: "As obras que tiverem por objeto promover a navegação dos rios, abrir canais, ou construir estradas, pontes, calçadas ou aquedutos, poderão ser desempenhadas por empresários nacionais ou estrangeiros, associados em companhia ou sobre si".

2) EDUCAÇÃO ARTÍSTICA

ENSINO DAS BELAS-ARTES — ENSINO DA MÚSICA —
APRENDIZAGEM DO DESENHO E DA CALIGRAFIA

ENSINO DAS BELAS-ARTES

A *Academia Imperial das Belas-Artes* teve a sua origem na fundação da *Escola Real das Ciências, Artes e Oficios,* mandada estabelecer, em 1816, por d. João VI no Rio de Janeiro. Para o funcionamento da mesma, foi contratada na França a coorte de artistas eminentes que historicamente ficou conhecida por *Missão Artística Francesa.* Quem desejar conhecer em detalhe o que ocorreu com a implantação do ensino artístico no Brasil poderá fazê-lo lendo os trabalhos do prof. Afonso d'Escragnolle Taunay sobre *A Missão Artística* e *Nicolas Antoine Taunay,* bem como os de nossa autoria: *O ensino artístico* e *Grandjean de Montigny.* Acentuaremos, entretanto, que até à vinda da Missão somente havia, no Rio de Janeiro, em matéria de belas-artes, uma aula de desenho e figura, criada por carta régia de 20 de novembro de 1800. Funcionava na rua do Rosário, esquina de Ourives (defronte da igreja do Hospício, atual N. S. da Conceição e da Boa Morte). Foi seu diretor e professor durante vinte e seis anos o artista Manuel Dias de Oliveira, alcunhado de "Brasiliense" ou de "o Romano".

A *Escola Real* recebe a designação de *Real Academia de Desenho, Pintura, Escultura e Arquitetura,* no mês de outubro de 1820, e a de *Academia das Artes,* em novembro do mesmo ano. Entretanto, em 5 de novembro de 1826 é que a instituição foi inaugurada com o título de *Academia Imperial das Belas-Artes.* As respectivas aulas tiveram começo no ano seguinte, sendo dadas no edifício projetado por Grandjean de Montigny e construído na travessa do Sacramento. Tendo o diretor Lebreton falecido, coube ao pintor português Henrique José da Silva a direção do estabelecimento. A marcha regular dos cursos muito sofreu com a luta travada entre esse segundo diretor e os professores. Com o falecimento de Henrique José da Silva, assume, em 1834, a direção interina o professor Grandjean de Montigny, que pouco tempo depois dá posse ao diretor efetivo, o pintor e professor de paisagem Félix Emílio Taunay.

Em 1829 e 1830, tiveram lugar as primeiras exposições escolares realizadas no Brasil. Em 1834, realiza-se a primeira distribuição de prêmios aos alunos. E em 1840 é inaugurada a 1ª Exposição Geral de Belas-Artes. Assim sucessivamente ocorre até o ano de 1848, quando essa mostra de arte não tem lugar. Em compensação, durante o ano de 1849 realizam-se duas. No ano de 1850, é a vez da 11ª Exposição.

Em 1845 foi enviado à Europa o pintor Rafael Mendes de Carvalho, em virtude de uma decisão, nesse sentido, da Assembléia Geral Legislativa. E no mesmo ano tiveram início os concursos de prêmios de viagem ao estrangeiro. Até 1850, realizaram-se mais cinco. Os alunos da Academia que obtiveram a maior láurea artística foram os seguintes: Antônio Batista da Rocha (arquiteto), Francisco Elédio Pânfiro (escultor), Geraldo Francisco Pessoa de Gusmão (gravador), Francisco Antônio Néri (pintor) e Agostinho José da Mota (pintor). Jean Leon Pallière Grandjean Ferreira, também pintor, que venceu o 5º concurso, isto é, o realizado depois do de Néri e antes do vencido pelo colega Agostinho da Mota, não foi aluno da Academia. A sua inclusão no concurso constituiu uma grave irregularidade.

429

Cumpre dizer que em 1831 a Academia teve, pela primeira vez, seu verdadeiro regulamento. E, por fim, que de 1840 a 1850 freqüentaram as aulas 687 alunos, sendo 573 matriculados e 114 amadores, ou alunos livres.

Em 1850, o *Corpo Acadêmico,* ou seja, a Congregação da Academia, era constituída dos professores mencionados a seguir, segundo a ordem de antiguidade de nomeação: arquiteto Auguste-Henri-Victor Grandjean de Montigny, cavaleiro da Ordem de Cristo e oficial da Ordem da Rosa (de arquitetura); pintor Félix Emílio Taunay, cavaleiro das Ordens de Cristo e da Legião de Honra (de paisagem); gravador e escultor Zéphirin Ferrez, cavaleiro da Ordem da Rosa (de gravura de medalhas); escultor Marc Ferrez (de escultura); pintor Joaquim Inácio da Costa Miranda (de desenho); pintor José Correia de Lima, cavaleiro da Ordem de Cristo (de pintura histórica); médico dr. Joaquim Cândido Soares de Meireles, dignitário da Ordem da Rosa (de anatomia). Por sua vez, os professores substitutos estavam dispostos, segundo o aludido critério, da forma que segue: arquiteto Job Justino de Alcântara Barros (arquitetura); pintor Augusto Muller, cavaleiro da Ordem da Rosa (paisagem); gravador José da Silva Santos (gravura de medalhas); arquiteto Joaquim Lopes de Barros Cabral Teive (desenho); médico dr. Luís Carlos da Fonseca, oficial da Ordem da Rosa (anatomia). O diretor era Félix Emílio Taunay e secretário, Job Justino de Alcântara Barros.

Ensino da Música

Já antes ficou assinalado que foram os jesuítas que em primeiro lugar ensinaram música no Brasil. E em nosso trabalho sobre *Grandjean de Montigny e a evolução da arte brasileira* nos ocupamos longamente da música e da dança no Rio de Janeiro. Portanto: limitando-nos ao período que vai de 1808 a 1850, verificaremos sinteticamente o que nele ocorreu de interessante quanto à educação musical.

Desejoso de dar grande esplendor às solenidades da Real Capela, o príncipe d. João logo aqui chegado toma as indispensáveis providências. Ao mesmo tempo que dava organização condigna à orquestra daquela capela, faz formar na Real Fazenda de Santa Cruz uma escola na qual fossem aproveitadas as propensões dos negros e negras, escravos, para a música e para o canto. Assim procedendo, aproveitava os remanescentes de idêntica escola que os jesuítas ali deixaram, isto é, os discípulos dos dois sexos que tocavam e cantavam na capela de

Santo Inácio de Loyola da antiga fazenda que fundaram e mantiveram até a sua expulsão do Brasil. Como tudo ali deixado revertera para a Coroa, o príncipe regente ao assistir a uma missa naquele local, e verificando a excelência dos instrumentistas, musicistas e cantores, resolveu aproveitar a todos nas solenidades das capelas subordinadas diretamente à Coroa: a daquela Real Fazenda, a da Quinta da Boa Vista e a *Real,* na rua Direita. E para a formação de novos artistas musicais mandou estabelecer aulas de instrução primária, composição musical, canto e de instrumentos de sopro e de corda. Foi essa modesta mas eficiente instituição a pomposamente chamada de *conservatório* por alguns apressados viajantes estrangeiros. Tais discípulos tiveram a dirigi-los, nas capelas já citadas, ao brasileiro padre José Maurício Nunes Garcia, ao lusitano Marcos Portugal, ao germânico Segismundo Neukomm e ao italiano Fortunato Fazziotti. Por isso, em muitas solenidades reais aparece — conforme assinala o padre Luís Gonçalves dos Santos — a *Sociedade de Música de Santa Cecília.*

Com a partida do rei d. João para Lisboa tudo ficou ao abandono, não obstante o gosto que d. Pedro I demonstrou pela música, ao ponto de compor e de bem aproveitar as lições de Neukomm, que viera ao Brasil em companhia do príncipe de Luxembourg-Montmorency, quando esse representante de Luís XVIII esteve no Rio de Janeiro em missão especial. Advirta-se que aquele dileto discípulo de Haydn figura nas listas organizadas por Lebreton para fazer parte — como músico e compositor — da Missão Artística Francesa.

De sorte que em 1833 surge o homem providencial — Francisco Manuel da Silva — que, para salvar a arte da música e do canto, funda a *Sociedade de Beneficência Musical.* A par da finalidade protetora, essa instituição promove, por meio de aulas, aquela iniciativa do genial artista e compositor carioca. Discípulo do padre José Maurício Nunes Garcia e de Segismundo Neukomm, ele foi um dos componentes da orquestra da capela oficial, onde chegou, pelo seu merecimento, a ser compositor e *mestre.* Violoncelista, violinista e pianista, muito deixou escrito, inclusive um compêndio de música, um *Te-Deum* e o magistral hino do Brasil.

O governo, aquilatando o trabalho fecundo e desinteressado desenvolvido pelos mantenedores e professores do instituto, dentre os quais se destacavam, ao lado de Francisco Manuel, os nomes de Gianini e Dionísio Veiga, concedeu duas loterias anuais a fim de que pudessem adquirir apólices, cujos juros serviam para formar o fundo e fazer frente ao modesto custeio. Isso era feito em virtude do decreto legislativo nº 238, de 27 de novembro do ano de 1841. E, pela primeira vez, também estava prevista a fixação das suas bases orgânicas. Foi o que se fez sete anos depois. Assim, o *Conservatório de Música*, cujo plano foi estabelecido por decreto de 21 de janeiro de 1847, abre desde sua instalação, feita a 13 de agosto do ano seguinte, novos horizontes ao estudo metodológico da música e do canto e ao preparo dos artistas que pudessem satisfazer as exigências do culto religioso e do teatro. Para poder cumprir com a sua missão educativa e artístca, o conservatório possuía seis cadeiras; rudimentos, preparatórios e solfejos; canto para o sexo masculino; rudimentos e canto para o sexo feminino; instrumentos de corda; instrumentos de sopro; e harmonia e composição. O ensino era inteiramente gratuito. Aí, então, o estabelecimento era dirigido por uma comissão administrativa.

Estando deficientemente instalado em uma casa particular, foi-lhe cedido um salão do pavimento térreo do Museu Nacional, na praça da Aclamação. Depois, foi para prédio na rua da Lampadosa e, dali, muito mais tarde para a rua do Passeio: constituindo o Instituto Nacional de Música. Francisco Manuel da Silva exerceu o cargo de diretor até o dia de sua morte, ocorrida a 18 de dezembro de 1865. Como acontece sempre aos precursores, não lhe coube assistir à vitória dos seus ideais. Mas seu nome ficou para sempre gravado na consciência nacional.

Aprendizagem do Desenho e Caligrafia

Depois da vinda da Missão Artística Francesa, o ensino do desenho toma grande incremento entre nós. Pratica-se o desenho geométrico com grande perfeição, o projetivo começa a impor-se, o de figura natural vai relegando para segundo plano o desenho copiado de estampa, e o estudo das sombras próprias e projetadas vai empolgando os alunos e os amantes das artes.

Portanto, falta não havia de bons professores. Além dos pertencentes à Academia das Belas-Artes, citemos os mais conhecidos de 1820 a 1850: Simplício Rodrigues de Sá (ou da Silva), pintor da Real e da Imperial Câmara, professor de desenho da rainha d. Maria II, das infantas e de d. Pedro II; Arnaud Julien Pallière, capitão de engenheiros — progenitor de Jean Léon Pallière Grandjean Ferreira —, professor de desenho da Academia Militar, tendo como substituto o exímio professor e também capitão de engenheiros Roberto Ferreira da Silva; João Leocádio de Melo; Philippe Garçon Rivière; Alphonse Diemer, professor de desenho e pintura; Eugène, professor de desenho e retratista; Antônio Pinto do Carmo de Figueiredo, lente de desenho e arquitetura naval prática, na Academia de Marinha; Manuel Peixoto de Azevedo, lente de desenho de paisagem, da Academia Militar; Joaquim Cândido Guillobel, lente de desenho descritivo e de arquitetura da Academia Militar; Domingos José Gonçalves de Magalhães, primeiro professor de desenho do Colégio de Pedro II; Manuel de Araújo Porto Alegre, substituto de Gonçalves de Magalhães naquele cargo e, depois, professor substituto de desenho da Escola Militar; Cândido Mateus de Faria Pardal, professor de desenho do Colégio de Pedro Segundo; Mr. de Storr, que habilitava a desenhar e a pintar por um novo "método mais fácil que todos que têm aparecido até hoje", dava aulas na sua oficina da rua da Vala; Timeleon Zalloni, ex-capitão de Estado Maior, ensinava a desenhar, a pintar a óleo sobre vidro e a fazer retratos com esfuminho. E, além desses, outros desenhistas existiam e foram mencionados naquele nosso livro sobre Grandjean de Montigny. Retifique-se, entretanto, o nome de Thomas Ender, que ali figura, por engano, como sendo Theodor.

A caligrafia era muito praticada naquela época, pois constituía o único meio de que se dispunha para redigir documentos oficiais, fazer a correspondência, manter os livros comerciais em dia, lavrar sentenças. Por isso os calígrafos, de incontestável valor, eram bastantes. Eis os nomes: J. A. Garcia Ximenes, que ensinava caligrafia pelo sistema *antiangular;* Louis-Alexis Boulanger, verdadeira notabilidade na matéria; Luís Gardial, não menos proveito na arte e no respectivo ensino; César e Manuel Clemente, especialistas na letra inglesa e que usavam e abusavam de arabescos.

3) ENSINO PROFISSIONAL

PARA AS ARTES E OFÍCIOS ELEMENTARES — PARA O TRABALHO DO CAMPO — PARA O COMÉRCIO — ESPECIALIZAÇÕES — EDUCAÇÃO DA MULHER

Para as Artes e Ofícios Elementares

Os primeiros trabalhos efetuados para o ensino, embora rudimentar, das artes e ofícios foram da iniciativa dos jesuítas. Conseguiram, por esse meio, dar grande impulso à obra colonizadora. Em contraste com os retrógrados fazendeiros das primitivas épocas, que maltratavam seus infelizes escravos, eles costumavam cultivar as aptidões e desenvolver as suas vocações, utilizando-as na agricultura e nas profissões manuais. O padre Cardim fornece, em seus escritos, bastantes informações, revelando que a instrução que os padres forneciam também abrangia o aprendizado, pelos escravos, da maior variedade de ofícios. Aliás, outras crônicas da época não só informam isso, como indicam que o mais afamado desses aprendizados fora o estabelecido nas Missões. Mas o alvará de 3 de setembro de 1759, obra do marquês de Pombal, eliminando a Companhia e fazendo-a sair de Portugal e seus domínios, fez cessar a benéfica influência por ela exercida para a colonizacão do Brasil. Por isso, o inventário da fazenda de Santa Cruz, efetuado em obediência à carta régia de 16 de outubro de 1761, que seqüestrou os bens existentes naquele engenho, deve ser considerado como documento duplamente valioso: sob o ponto de vista histórico e como testemunho insofismável da grande capacidade administrativa dos jesuítas.

Desde então pouco se fez de útil, a prol do aprendizado das artes e ofícios elementares, pela carência de mestres e de recursos pecuniários. Somente no fim do século XVIII é que começou a ser feita, de maneira empírica e excessivamente modesta, o aprendizado de diversas profissões rudimentares, principalmente daquelas que diziam respeito ao material bélico; ensino esse, entretanto, que só visava aos desvalidos, isto é, aqueles que falhos de recursos não podiam aspirar a outra coisa que ser obreiros. Era o *estudo* que se proporcionava à gente de condição modesta. Isso deu origem, mais tarde, à criação das Companhias de Aprendizes, conforme se verá adiante. Ali ou alhures, o aprendizado se baseava na adaptação imitativa: o artífice aprendia aquilo que faziam os mestres dos ofícios, *roubando* com os olhos.

Se a instalação material da *Real Impressão* foi relativamente fácil, o mesmo não se poderá dizer com relação ao pessoal, pois o seu recrutamento se tornou quase que impossível, obrigando, por isso, a recorrer aos tripulantes da Real Armada que possuíam predisposição para os ofícios elementares. Foi, portanto, no empirismo mais absoluto que a técnica dos ofícios foi ministrada aos primeiros aprendizes de composição, impressão e fundição de tipos. A 6 de fevereiro de 1811, a admissão dos aprendizes e a respectiva situação ficaram reguladas pelo alvará que leva a rubrica do príncipe regente, e a assinatura do conde de Linhares. Preferentemente eram admitidos os que sabiam ler

434

e escrever e tinham menos de 24 anos de idade. Ali permaneciam cinco anos, pelo menos. Recebiam jornal diário de 160 réis, durante os dois primeiros meses de aprendizagem, e depois percebiam 240 réis diários, até que completavam seis meses de trabalho. Depois passavam a obras, com a obrigação de darem ao mestre a quinta parte do lucro que auferissem. Isso durava dois anos, pelo menos. Ficando habilitados, tinham direito a receber a folha integral. O aprendiz que não se mantivesse fiel ao estipulado corria o risco de ser preso e obrigado a sentar praça nos regimentos de linha. Como recompensa ao zelo dos mestres, na sua missão educadora, cada um deles tinha direito a uma gratificação de 20$000 por cada aprendiz formado. Apesar de tudo isso, a aprendizagem continuou no mesmo pé — entregue aos mestres —, conservando-se desde então a tradição deixada pelo conhecidíssimo mestre Manuel José Manso, que, falecendo em 1879, com mais de 90 anos de idade, fora, até o dia de sua morte (ocorrida na própria repartição), o protótipo do funcionário ríspido e burocraticamente zeloso das suas prerrogativas e atribuições. Parece que foi em virtude do tratamento demasiado severo por ele dispensado aos seus discípulos que se determinava, no regulamento de 30 de abril de 1840 (no capítulo referente à organização de uma escola de composição), que o professor deveria "ensinar com toda a afabilidade a arte". A precária situação da aprendizagem — empírica, especializada e entregue à boa ou má vontade dos mestres — se manteve por mais de quarenta anos.

Uma carta régia datada de 25 de janeiro de 1812 determinava a fundação, no Rio de Janeiro, de um *laboratório químico-prático* "tendo em consideração as muitas vantagens, que devem resultar em benefício dos meus fiéis vassalos, do conhecimento das diversas substâncias que às artes, ao comércio e indústrias nacionais podem subministrar os diferentes produtos dos três reinos da natureza, extraídos dos meus domínios ultramarinos, as quais não podem ser exata e adequadamente conhecidas e empregadas, sem se analisarem e fazerem as necessárias tentativas concernentes às úteis aplicações de que são suscetíveis". Ficava o laboratório subordinado à Secretaria de Estado dos Negócios da Marinha e Domínios Ultramarinos. Aliás, essa era a segunda providência governamental relativa aos estudos de química, pois a primeira foi a criação, em 1810, de uma cadeira de química na Academia Militar. E a terceira teve lugar em 1817, ocasião em que foi instalada idêntica cadeira na cidade do Salvador.

O governo demonstrava esporadicamente certo interesse de que aqui, no Brasil, fossem formados artífices aptos. Por isso, em 1812 — 8 de junho — ao cogitar de estabelecer uma *Fábrica de Lapidação dos Diamantes,* estabeleceu que os dois mestres vindos de Lisboa com destino à mesma tinham que escolher dois aprendizes e fazê-los oficiais em seis anos, pelo que receberiam um prêmio. Se o fizessem em tempo inferior, isto é, em cinco ou quatro anos, a recompensa seria proporcionalmente maior.

E quando funda a *Escola Real das Ciências, Artes e Ofícios,* faz que os professores franceses de belas-artes, que constituíram a Missão Artística, sejam acompanhados de um certo número de artífices. Na carta régia que criou aquela valiosa instituição é que se encontram as primeiras referências oficiais acerca das vantagens decorrentes da aprendizagem de artes e ofícios. Lendo atentamente o muito conhecido mas precioso documento, verifica-se que se declarava tornar-se "necessário dos habitantes o estudo das belas-artes com aplicação e referências aos ofícios mecânicos cuja prática, perfeição e utilidade depende dos conhecimentos daquelas artes e difusivas luzes das ciências naturais, físicas e exatas". E, para terminar, nele se especificavam os deveres de cada um a prol "da proposta instrução nacional das belas-artes aplicadas à indústria, melhoramento e progresso das outras artes e ofícios mecânicos". O atraso de uns, a má vontade de outros e a falta de instrução do povo fizeram que aqueles artífices nada conseguissem realizar na Academia. Ela própria não esteve por perecer? É conveniente assinalar, entretanto, que eles foram os primeiros profissionais para aqui encaminhados com o fim de fundar indústrias novas e aparelhar tecnicamente as existentes. Nessa mesma ocasião pretendeu-se ali iniciar o estudo da mecânica aplicada às artes e ofícios. Mas a tardia inauguração do estabelecimento e a incompreensão que diretores e ministros tiveram da verdadeira finalidade da referida cátedra fizeram que o respectivo professor François Ovide, membro da Missão Artística, não exercesse sua tarefa, mas recebesse pontualmente seus vencimentos até o dia de sua morte...

Os primeiros projetos de lei visando a instituir, depois da Independência, o ensino de artes e ofícios foram apresentados à Câmara dos Deputados em 1826. O plano geral de ensino, organizado pela comissão de instrução, determinava que na terceira classe das escolas primárias deveriam ser dadas noções de geometria, mecânica e agrimensura, e que nas escolas do segundo grau se ensinaria o desenho aplicável às artes e ofícios. E o projeto do deputado José Lino Coutinho autorizava a abertura, nos conventos, de escolas primárias para o sexo feminino, nas quais se ensinasse a coser e a bordar. Somente no ano seguinte é que foi aprovado um outro projeto da comissão de instrução da Câmara que organizava, pela primeira vez, o ensino público primário e tornava obrigatória, para as meninas, a prática de costura e de bordados. No decorrer da discussão do projeto, o deputado José Lino Coutinho sugeriu que fosse incluída no programa a "geometria gráfica, aquela de saber escrever por via do compasso e régua, as primeiras e mais essenciais figuras da geometria". Por sua vez o deputado Cunha Matos apoiava a proposta do colega Antônio Fereira França — no sentido de ser incluída a geometria, como matéria indispensável —, dizendo que "os princípios de geometria são da última necessidade até para ser pedreiro, carpinteiro".

O apoio que a população dispensava aos que se dedicavam às artes e ofícios não era de grande valia. Por isso, já em 30 de abril de 1827 o governo se via na contingência de, por decreto dessa data, aprovar a fundação de uma sociedade de "socorros dos pintores indigentes". E, meses após — em 18 de julho — o imperador nomeava a diretoria da Sociedade Auxiliadora da Indústria Nacional, tendo em vista "promover-se, quanto antes, a aquisição e uso das máquinas a que ela se destina". Salvo a redação, estava certo.

Em maio de 1830, o deputado Antônio Ferreira França submete aos seus colegas um projeto de lei criando a *escola de artes,* isto é, a escola profissional. Em cada distrito com cem fogos funcionaria uma dessas escolas, anexa à de primeiras letras. Freqüentariam a aprendizagem nelas ministrada: os meninos, a partir de sete anos de idade; os maiores, que o desejassem; os enjeitados e os órfãos. Haveria dois turnos: um pela manhã e outro à tarde. Os alunos que freqüentassem a escola de artes pela manhã, aprenderiam à tarde na escola de primeiras letras. E vice-versa. Cada irmandade ficava obrigada a manter uma escola de cada tipo. Por sua vez, a realização de tais cursos era obrigatória para todos, sendo que os enjeitados ou os órfãos teriam o auxílio do respectivo protetor, padrinho, mestre ou empresário. Quem, sendo maior, não aprendesse a ler até quatro anos depois de promulgada a lei, perderia os direitos políticos! Felizmente, para a grande maioria de analfabetos, o projeto não foi avante. Imagine-se se fosse... Não haveria eleitores, nem cabos eleitorais.

Na reforma por que passou, em 1834, o Imperial Seminário de São Joaquim, ficou determinado que ali teria lugar o aprendizado dos ofícios de torneiro, entalhador, abridor e litógrafo. Em vista do pouco resultado obtido, uma vez que o estabelecimento não perdera a característica educacional que lhe fora imposta desde a fundação, cogitou-se em convertê-lo em verdadeira escola de artes e ofícios, estando contempladas entre as oficinas de aprendizagem as de ourivesaria e relojoaria. Tudo isso foi efêmero, porque, entregue aquela casa do ensino à Camara Municipal, foi substituída, em breve, pelo Colégio de Pedro Segundo.

Por sua vez, a comissão de instrução pública da Câmara dos Deputados ao organizar um plano geral de ensino, em 1836, cogitou — aliás absurdamente — de que se proporcionassem noções de mecânica e de agrimensura aos alunos da terceira classe das escolas primárias.

Mas, ao passo que certos legisladores procuravam difundir a instrução técnico-profissional, tornando-a apreciada e acessível a todos, a mentalidade de muitos governantes ainda não se tinha libertado do preconceito de que o trabalho manual era para gente pobre ou desvalida. Foi assim que, em 1837, o presidente da província do Rio de Janeiro ficou autorizado a mandar para o Arsenal de Marinha da Corte todos os menores órfãos e desamparados que houvesse no território sob a sua jurisdição, para naquele estabelecimento aprenderem artes e ofícios elementares. Essa providência tinha sido provocada pela fundação, em 35, com enorme êxito, do *Estabelecimento dos Aprendizes Menores do Arsenal de Guerra*. Os respectivos estatutos determinavam que a direção competia ao *pedagogo*. Os resultados mais do que satisfatórios alcançados com a instituição fizeram que o governo cogitasse, em 1842, de criar as *Companhias de Aprendizes Menores dos Arsenais de Guerra*. O alistamento não era concedido antes dos oito anos de idade nem depois de doze, só sendo admitidos os expostos, os órfãos, os menores abandonados e os filhos de pais paupérrimos. Os aprendizes recebiam: moradia, sustento, vestuário, tratamento médico e "uma educação tão desvelada como a que os bons pais de família devem dar a seus filhos". Havia, para isso, aulas de instrução primária, desenho linear e música instrumental. Quanto à aprendizagem, estava determinado que os alunos trabalhariam de acordo com a sua capacidade nos ofícios de sua predileção. Todos os menores eram conservados nas Companhias de Aprendizes "até poderem passar para a classe de mancebos"; recebendo essa qualificação, ficavam adidos às Companhias de Artífices. Por sua vez, em 1846, um decreto mandava estabelecer no Arsenal de Marinha da Corte uma "aula de geometria aplicada às artes".

Depois da primeira metade do século é que tiveram lugar as instalações, em 1854, dos *Imperiais Institutos dos Meninos Cegos* e dos *Surdos-Mudos* e do *Liceu de Artes e Ofícios* (1856). Assinale-se que essa primeira fase do ensino profissional — compreendendo a Colônia, o Vice-Reino e uma parte do Brasil Império — se caracterizava pela ausência completa de aprendizagem técnica, pois, não havendo escolas de trabalho propriamente ditas, existia tão somente o aprendizado baseado na adaptação imitativa: o artífice aprendia aquilo que faziam os mestres dos ofícios. Entretanto, foi sobre as bases das poucas iniciativas antes assinaladas que surgiu (em 1873) a primeira escola oficial destinada a proporcionar o ensino de ofícios elementares. Teve início, assim, a aprendizagem escolar, especializada por ofício ou arte industrial. Continuava-se a considerar a educação para o trabalho como somente aplicável à infância pobre ou desvalida, situação que se manteve durante longos anos, pois até o fim do Império o ensino profissional foi proporcionado quase que exclusivamente em estabelecimentos asilares.

Para o Trabalho do Campo

Muito embora o Brasil fosse por tradição um país essencialmente agrícola, a verdade é que o trabalho da terra tinha cabido unicamente à iniciativa privada, pois os governos coloniais e imperiais o deixaram sem os auxílios diretos e indiretos de que sempre necessitara: aparelhamento técnico, escolas profissionais e crédito agrícola. Assim, nosso país, onde os processos de trabalho rural foram em extremo primitivos, apresentava uma característica interessante, única no mundo: a conquista do solo fora realizada pela enxada — ao contrário do ocorrido em outras terras novas, como os Estados Unidos, onde o trabalho agrário sempre teve lugar por meio de processos mecânicos. Por isso o Brasil foi, incontestavelmente, um dos países que tiveram, nos seus registros de marcas de fábricas, maior quantidade de tipos de enxada...

Nos seus engenhos, os jesuítas proporcionaram aos seus escravos, a par da instrução primária, o aprendizado agrícola. Com a retirada da Companhia, termina a primeira fase do ensino e do trabalho agrícola, que bem poderemos denominar de período jesuítico. Dali por diante não se cogitou de aprendizagem, pois o manejo das ferramentas e o plantio e a colheita eram realizados empiricamente. Os escravos tinham de aprender, quisessem ou não, pois a chibata do feitor depressa os ensinava... Esse período rotineiro — caracterizado pela violência do branco, rico e boçal, contra o negro indefeso e espoliado, assinala outra fase das fainas agrícolas.

Considerando "que a agricultura, quando atendida e praticada, é sem dúvida a primeira e mais inexaurível fonte de abundância e da riqueza nacional", foi, pela carta régia de 25 de junho de 1812, estabelecido um *curso de Agricultura* na Bahia. Nesse documento, pelo qual se criava o primeiro estabelecimento de ensino oficial de agricultura, o príncipe d. João declarava que era do seu intuito "franquear e facilitar a todos os meus fiéis vassalos os meios de adquirirem os bons princípios de agricultura". Dois anos após — 9 de dezembro de 1814 — era criada na Corte uma *cadeira de Botânica e Agricultura,* e nomeado lente frei Leandro do Sacramento, carmelita calçado da província de Pernambuco e licenciado em filosofia pela Universidade de Coimbra; mais tarde diretor do Jardim Botânico do Rio. Nessa época — segundo relata Oliveira Lima, na sua magistral obra sobre dom João VI — "a paixão pela agricultura, por tudo quanto representasse progresso material e servisse de base à riqueza privada e pública, ascendera-se por forma tal que perdera a noção do meio e chegava pela ambição a tingir-se de ingenuidade". Não foi, pois, surpresa para ninguém que frei Leandro inaugurasse no Passeio Público, no dia 13 de março de 1815, um curso botânico-agrícola para alunos livres. Esses, que não eram obrigados a matrículas nem a exames, recebiam o "ensino de anatomia, fisiologia e classificação das plantas, princípios e prática da agricultura para instrução dos proprietários de engenhos e fazendas".

E quando, em 1816, pretendeu-se fundar o *Instituto Acadêmico,* ideado por Garção Stockler, tendo como base a Sociedade Real que d. João VI deliberara fundar na Corte com os donativos angariados pelo comércio para comemorar a sua aclamação, se declarava que aqueles que se destinassem à magistratura ou à religião deveriam possuir conhecimentos de história natural e de agricultura!

A campanha a prol do desenvolvimento dos estudos agrícolas teve novo impulso com a divulgação da "Memória" de José Bonifácio de Andrada e Silva sobre a *Necessidade de uma Academia de Agricultura no Brasil,* escrita em sua província natal entre os anos de 1819 e 1822, após a viagem à Europa. Depois de largas e judiciosas considerações, ele propunha as seguintes medidas: a) mandar vir do estrangeiro todos os instrumentos ou maquinismos agrícolas que mais conviessem à terra brasileira; b) estabelecer "imediatamente" um correspondente que enviasse "desde logo" as máquinas existentes nos países estrangeiros e as que viessem a ser inventadas; c) fundar no Jardim Botânico "uma escola regulada pelos princípios de mecânica e depois sucessivamente, em cada uma das cidades acadêmicas, para nelas se criarem oficiais e mestres capazes de fazerem todos os instrumentos e máquinas de que precisarem os lavradores"; d) instituir, nos jardins botânicos, demonstrações práticas da utilização de tais instrumentos e máquinas agrícolas; e) facilitar aos lavradores a aquisição dos instrumentos de trabalho, pelo preço de custo. Essas seriam, pois, as regras básicas da Academia que José Bonifácio desejaria ver fundada.

Mas, entre o lançamento da idéia e a sua efetivação, mediaram bastantes anos. Concedido, pelo decreto de 2 de agosto de 1837, à *Sociedade Auxiliadora da Indústria Nacional,* o usufruto dos terrenos adjacentes ao Jardim Botânico e dos edifícios ali existentes, para que fosse posta a funcionar uma *Escola Normal de Agricultura,* foi somente no ano seguinte — em 1º de abril — que teve lugar a criação do uma escola agrícola na Fazenda Nacional da Lagoa de Rodrigo de Freitas. O regente do Império Pedro de Araújo Lima estabeleceu, em nome do imperador, o regime teórico e prático da Escola, que constava do ensino da botânica, especialmente da agrícola, dos exercícios práticos de agricultura, da manutenção do serviço de observações meteorológicas (foi esse o embrião do atual serviço de previsão do tempo, do Instituto Central de Meteorologia), da confecção de um catálogo de plantas exóticas e indígenas, da formação de um museu de história natural, do serviço de informações mensais, bem como da troca de correspondência e de vegetais úteis com os países estrangeiros.

Depois, o *Imperial Instituto Fluminense de Agricultura* manteve, entre os anos de 1850 e 1865, na antiga chácara do Salitre (Jardim Botânico), um estabelecimento, verdadeira escola elementar teórico-prática de agricultura, onde menores de 10 a 16 anos aprendiam o amanho da terra. Fica, assim, assinalada outra fase da evolução do ensino.

Foi com a organização do Ministério da Agricultura (decreto de 28 de julho de 1860), pelo gabinete Ferraz (Angelo Muniz da Silva Ferraz, depois barão de Uruguaiana), que a confiança dos adeptos da instrução agrícola cresceu, pois não só então, como nas sucessivas reformas, sempre se cogitou de institutos agrícolas de aprendizagem. Mas na realidade aconteceu o contrário: seguiu-se uma fase de marasmo — período de estagnação, como se poderá chamar — porquanto nada se fez, ou por outra, muito se fez para pior; a extinção da escravatura trouxe como conseqüência o completo abandono dos campos.

Para o Comércio

Os estudos técnicos relativos ao comércio não tiveram durante longo tempo o necessário amparo oficial. Assim, não houve uma regulamentação que lhes determinasse as normas, nem diretriz estabelecida para o desenvolvimento da instrução. Durante o Brasil colonial e parte do Brasil imperial, inexistiu o ensino técnico, pois a mor parte daqueles que se dedicavam ao comércio fazia o seu aprendizado de maneira empírica. O que naquela época se convencionou denominar de *prática comercial* outra coisa não era senão o automatismo mais completo. Os empregados, fossem nacionais ou estrangeiros, tinham de obedecer cegamente ao que os patrões lhes ordenavam, mesmo sem saberem, a maior parte das vezes, da razão das coisas que lhes incumbiam. E não o fizessem que um bom empurrão ou uma vibrante bofetada os havia de chamar à realidade. Houve até um célebre retalhista do Mercado que manejava, por trás do balcão, umas temíveis esporas! Sob a ação das mesmas o serviço corria a galope... O patrão não era somente chefe do estabelecimento mas, também, dono ou senhor dos seus empregados — dos *vassourinhas* incipientes, sobretudo — dos quais dispunha como maquinismos enfeixados sob o seu guante. Assim, os jovens *caixeiros,* acorrentados à necessidade do emprego, eram verdadeiros servos, vivendo quase conventualmente recluídos, em verdadeiros cenóbios, nas casas patronais. Não tinham direito nem regalias, pois os patrões dispunham do seu futuro de maneira caprichosa ou de acordo com o parentesco. A verdadeira razão da existência dessas criaturas era fazerem de bestas de carga: trabalho, trabalho e mais trabalho. Quaisquer que fossem as suas categorias, findos os trabalhos diários não tinham o direito de recrear-se e muito menos o de instruir-se. Quando muito, podiam ficar às portas térreas que comunicavam com os sobrados onde habitavam, olhando com inveja para aqueles, mais felizes do que eles, que se dirigiam para os teatros ou para outros lugares de divertimentos públicos. Esse triste espetáculo, que é de ontem, ainda estará bem vivo na memória de todos os que, antes da transformação da cidade, passaram alguma vez à noite pelas ruas centrais como: Ouvidor, Ourives, Quitanda e Uruguaiana e... tantas mais. Lá, de quinze em quinze dias, ou melhor, de mês em mês, podia o pequeno caixeiro ou modesto empregado sair nos domingos à tarde, depois de ouvir missa do meio-dia em companhia dos seus chefes e de ter participado do almoço presidido pelos mesmos. Nesses repastos, em que o silêncio mofino dos empregados fazia contraste com a rude verborragia dos patrões, decidiam-se às vezes grandes interesses sociais, modificações de firma, aumento de capital, admissão de interessados e até casamentos... Pois tempo houve em que a condição, *sine qua non,* para que um *primeiro caixeiro* passasse a *interessado* era o seu casamento com uma *moça protegida, lá da casa do patrão.* Com tal orientação, a instrução dos empregados no comércio não era considerada como grandemente necessária; a famosa prática, que começava pelo cabo de vassoura, tudo pretendia proporcionar e tudo suprir. E como esse aprendizado era feito lentamente, pois o empregado, não tendo quem lhe ensinasse, tinha de aprender por si, isto é, imitando o que os outros faziam, acontecia geralmente que, com o pretexto da *falta de prática,* o patrão não retribuía os serviços dos seus caixeiros nos primeiros anos de trabalho. Davam-lhe (segundo era comum ouvir dizer) *uma boa cama e uma farta mesa.* Para quê dinheiro? Para quê instrução?

Com o correr do tempo, essa situação foi pouco a pouco sendo melhorada e os mais privilegiados, aqueles que tinham melhores patrões, podiam estudar à noite na *Aula do Comércio.* Fundada em 1809, estava sujeita à direção e inspeção do *Tribunal da Junta de Comércio, Agricultura, Fábricas e Navegação.* O curso era, primitivamente, de três anos, mas, havendo somente um *lente* e um *substituto,* acontecia que, quando esses passavam a ensinar as matérias de um ano, as do ano antecedente ficavam sem quem pudesse ensiná-las. Para obviar esse inconveniente, o curso foi, em 1838, reduzido para dois anos, ficando o substituto no primeiro ano lecionando os princípios da aritmética, a geometria e a álgebra, e o lente no segundo ano, ensinando a geografia, a escrituração mercantil e a contabilidade. Faltavam, dessa maneira, aulas indispensáveis, como a caligrafia, o francês, o inglês e a merceologia. Os professores ganhavam muito mal, isto é, 500$000 rs. por ano. Por sua vez, o provimento dos cargos docentes era arbitrariamente feito pela *Junta.* E, de outra parte, os discentes pouco adiantamento apresentavam, visto como não traziam de fora habilitações outras que não fossem as quatro operações, a leitura, a escrita e rudimentos de gramática.

Visando a melhorar as condições da instituição, o decreto de 31 de janeiro de 1842 estabelece as condições de provimento dos cargos de professores. Entretanto, como levasse uma vida precária, foi-lhe dada, a 6 de julho de 1846, novo regulamento e nova denominação: *Aula de Comércio da Corte*. Ficou dependendo, daí por diante, do Ministério do Império. O curso abrangia dois anos, durante os quais se estudava: aritmética, álgebra (até equação de 2º grau), geometria elementar, geografia geral, comercial e do Brasil, juros, descontos e abatimentos, regras de companhia e de liga, falsa posição, cálculo de anuidade, amortização, regra de conjuntada, moedas, pesos e medidas, câmbio, no 1º ano; história do comércio, comércio terrestre e marítimo, prática de letras de terra, de câmbio, de risco, seguros, suspensão de pagamentos, falências, concordatas e bancarrotas, bancos e operações bancárias e escrituração, então chamada de arrumação de livros, no 2º ano. Para ensinar tudo isso, nada mais que dois lentes e um substituto. Outras providências estavam fixadas naquele ato governamental. E, uma vez que os lugares de amanuenses e de praticantes das repartições só podiam ser preenchidos pelos candidatos que possuíssem o curso completo, houve necessidade de regular a concessão das cartas *de habilitação*. Foi o que se fez a 30 de dezembro daquele ano.

No ano de 1848, era freqüentada por 45 alunos, sendo admitidos ouvintes, em virtude da autorização concedida pelo aviso de 6 de junho. A praga dos alunos ouvintes, que em geral não compareciam às aulas e que se julgavam eximidos de todas as obrigações, mas com direito no fim do ano a todas as vantagens, era, pelo exposto, daninha ao ensino. Na metade do século, possuía certo renome, funcionando em prédio da rua da Conceição, próximo à da Lampadosa. Inspecionada durante longo tempo pelo comissário do governo, conselheiro Diogo Soares da Silva e Bivar — que foi homem de grande merecimento e honradez —, possuiu excelentes professores, dentre os quais devem ser destacados o de escrituração mercantil João Caetano da Silva, hábil e conhecido guarda-livros, e José Antônio Lisboa, cuja pessoa e ação sempre foram devidamente apreciadas.

Especializações

Por sua vez, a iniciativa particular procurava desenvolver o ensino de caráter especializado. Assim, funcionou durante longo tempo, na rua do Cano esquina da rua dos Ourives, uma *aula italiana e francesa, de matemática, navegação, astronomia, geografia, desenho geográfico e arquitetura,* fundada em 1821. Uma aula de taquigrafia funcionava numa das salas do Paço da Assembléia Legislativa, sendo professores da mesma João Caetano de Almeida e Pedro Afonso de Carvalho. O professor francês M. E. A. F. Soulier de Sauve dava lições de *química aplicada às artes* e de *astronomia aplicada à geodesia geral;* custando mensalmente cada curso a importância de 10$000. Madame de Balbi, senhora italiana, esposa do conhecido geógrafo desse nome, tão ligado a Portugal, tendo chegado da França em março de 1831, com a marquesa de Loulé, de quem fora mestra, propôs-se dar aqui lições de música e de dança; mas essa intenção certamente não foi levada avante, em virtude dos acontecimentos de abril daquele ano. Professores de esgrima também não faltaram. Um francês, Mr. Aubertin, a ensinava em sua casa à rua da Misericórdia. Entretanto, como a esgrima francesa sempre estava às voltas com a esgrima italiana, um professor dessa nacionalidade, P. Orlandini, concorria, no favor dos alunos, com o mestre gaulês. Para batê-lo, dava aulas em sua casa, à rua da Alfândega, pela manhã e à noite... Não se tem notícia sobre se a ginástica era, particularmente, ensinada. Sobre o assunto a única informação concreta é que a mesma começa a ser praticada, em 1841, no Colégio de Pedro Segundo. O primeiro mestre foi Guilherme Augusto de Taube. O seguinte foi o coronel espanhol Frederico Hoppe.

Educação da Mulher

Nos tempos coloniais, a ignorância era a característica das mulheres, no Brasil. Tirando a reza e a contagem dos números de cor, os conhecimentos limitavam-se à já citada *linguagem das flores,* espécie de "correspondência com os santos e com os namorados", segundo refere Oliveira Lima. As gravuras de Rugendas, hábil desenhista alemão, e de Debret, o famoso pintor francês que nos deixou o tão interessante livro sobre a vida e os costumes do Rio, nos revelam as atitudes verdadeiramente preguiçosas das mulheres de então. O aprendizado dos serviços domésticos e das tarefas de corte, costura e bordados somente era realizado no Recolhimento das Órfãs, fundado em 1793 e inaugurado no ano seguinte. Estava instalado em modesta construção do largo da Misericórdia.

Com a vinda do príncipe d. João, a educação feminina realizou alguns progressos. Assim, Debret já assinala a existência de colégios onde se ensinava português, contas, catecismo e trabalhos de costura e bordados; segundo menciona, havia junto ao Convento da Ajuda um colégio para meninas. Sob a influência dos membros da Missão Artística, e com a chegada de outros emigrados franceses, começou a ser estudada a língua francesa, tomando a instrução da mulher maior desenvolvimento com o estudo do desenho, da música, do canto, da poesia e da dança. Coube, dessa forma, às escolas particulares femininas a nobre tarefa, a partir de 1822, de disseminar a instrução fundamental. Dentre as mesmas se destacaram as de: Nísia Floresta Brasileira Augusta, baronesa do Geslin, Mmes. Tanière, Taulois, Halbout e Mallet, Mrs. Tootal, Wilfords e Donovan, Mr. e Mme. Lacombe, Mr. e Mme. Huet, Mr. e Mrs. Hitchings, d. Maria Ludovina Pestana Cipriano e d. Catarina Lopes Coruja.

Proclamada a Independência, esteve em grande voga no país a arte da confeitaria. O desenvolvimento que essa arte menor alcançou — mormente no Norte e na antiga Corte — foi assombroso, constituindo verdadeira especialidade das senhoras e mocinhas de então. A confeitaria carioca, diz-nos Araújo Viana, "cuidada com esmero, elevou-se à altura da pequena estatuária; embora efêmera e comestível, nela se revelaram aptidões artísticas e não aproveitadas..." Mestras notáveis dessa adocicada arte foram as freiras dos conventos, principalmente as do antigo convento da Ajuda, que chegaram a alcançar verdadeira fama, e a conhecidíssima *Mãe Benta* (inventora do doce com esse nome), de cujo rés-do-chão, à rua Estreita de São Joaquim, saía apreciada e fantasmagórica doçaria...

Em 1836, o deputado José Lino Coutinho propõe à Câmara que houvesse em cada convento uma escola de meninas onde se ensinasse a costura singela e a feitura de bordados. Quatro anos depois, o deputado Antônio Ferreira França apresentava um projeto dando preferência às mulheres para o exercício do magistério nas escolas públicas. E em 1837 o mesmo deputado pela Bahia pugna pela criação de uma sociedade pré-escolar, que serviria de amparo às meninas pobres ou desprotegidas. Haveria, assim, uma dessas instituições em cada paróquia no Município Neutro. Não contente com essa iniciativa, apresenta o projeto de criação da *escola primária superior,* para meninas. Nela haveria estudos especiais como: desenho, moral, economia doméstica e arranjos caseiros, ginástica, dança e música. Nada, entretanto, foi executado.

Caberia, então, à Santa Casa de Misericórdia instalar, em 1838, o *Asilo de Santa Maria,* na antiga chácara do Vigário Geral, situada no sopé da Babilônia, que lhe fora legada pelo cônego Antônio Rodrigues de Miranda. A sua organização profissional era a de uma grande lavanderia. Foi o primeiro estabelecimento desse gênero aqui posto a funcionar, a partir de 14 de março de 1840. A montagem dos maquinismos esteve a cargo do técnico francês Fleury, sob a direção do então major de engenheiros Pedro de Alcântara de Niemeyer Bellegarde.

Depois da primeira metade do século, a não ser a fundação do *Recolhimento de Santa Teresa (1852)* e do *Colégio da Imaculada Conceição (1855),* em Botafogo, pouco mais se fez relativamente à educação feminina. Foi nos últimos tempos do Império que, abrindo-se as primeiras escolas normais, a mulher passou a exercer o papel de educadora.

CAPÍTULO VIII

A DIVULGAÇÃO DO SABER E DAS IDÉIAS

1) APERFEIÇOAMENTO INTELECTUAL

AUTORES E LIVROS — AS LIVRARIAS

Autores e Livros

No terreno cultural, a preponderância francesa era evidente. E tanto isso era de notar quando o estudo do francês apresentou não pequenas dificuldades, não só pela falta de professores mas, outrossim, em virtude da perene recordação das invasões de Villegagnon, Bois-le-Comte, De Gennes, Duclerc e Duguay-Trouin. A língua francesa chegou a ser considerada, em certa ocasião, como a usada por ímpios e libertinos!

Na estante dos estudiosos não deixavam de existir as obras dos poetas Molière, Corneille, Racine, Boileau e Lamartine; do escritor, poeta trágico, filósofo e historiador Voltaire; do poeta e fabulista La Fontaine; dos dois Alfred, poetas românticos: de Musset, *"le plus grand poète de l'amour"*, e de Vigny. E também as do precursor do romantismo, Delille.

O pensamento francês estava representado pelos autores de *Gargântua* e *Pantagruel:* Rabelais; de *Lettres Persanes:* Montesquieu; *de Génie du Christianisme:* Chateaubriand; de *Paul et Virginie:* Bernardin de Saint-Pierre; de *Eugenie Grandet:* Balzac; ou por historiadores como Saint-Simon.

E o *Barbier de Seville* e *Le Mariage de Figaro,* de Beaumarchais, ombreavam com as obras de Alexandre Dumas.

A ciência francesa já avassalava o Brasil. Eram os tratados dos naturalistas Buffon, Lamarck, Geoffroy Saint-Hilaire e Cuvier, precursor de Comte, ou os dos matemáticos Lagrange, Legendre e d'Alembert. Era Haüy com a sua *Physique,* Francoeur com a *Mecanique.* Era Bourdelin, o químico; Jussieu, o botânico; Hanauld, o anatomista: contemporâneos de Buffon. Ou então: Volney, na filosofia; Chaptal, na química industrial; e o conde de Fourcroy, também na química.

Os livros dos pregadores Bossuet, Fléchier, Fénelon, Massilon e Bourdaloue não estavam desconhecidos dos homens cultos do Brasil, como ignoradas não eram as obras dos reformadores Diderot e Rousseau.

E nas escolas secundárias eram consultadas as tábuas de Price (incluídas no tratado de Saint-Cirau, sobre pensões vitalícias) e se estudava na *Geometria* de Lacroix, no *Atlas* de geografia de Delamarche, na *História Romana* de Derozoir e Dumont, na *História Antiga* de Poirzon e Caix, na *Física* de Barruel, na *Géologie* e *Minéralogie* de Beaudant, na *Gramática Francesa* de Sevenne, nos *Eléments de chimie* de Guerrin-Varrin, no *Cours élémentaire de philosophie* de Barbe, nas *Leçons de littérature allemande* de Ermeller, nas *Raízes gregas* de Lancelot et Reginer, no *Télémaque* de Fenelon, no *Théâtre Classique* de Bossuet ou no *Manual du Baccalauréat.*

Para tão grande difusão da cultura francesa muito contribuiu a tipografia oficial, que imprimia não poucas traduções. Outras versões portuguesas vinham de Lisboa, como se deu com a de *O Contrato Social,* de Rousseau, ali feita em 1821 e aqui bastante divulgada.

Por sua vez, François Picot, progenitor de Francisco Antônio Picot, que dirigiu o *Jornal do Comércio* de 1851 a 1890, divulga extraordinariamente o conhecimento da língua francesa por meio de um curso a 6$000 réis por mês e de um livro denominado: *Construção, sintaxe e tradução em Português e Francês do primeiro livro das Fábulas de Fedro*. E devido a Lhemand, *professeur émérite de l'Université de Paris*, aqui é divulgada a obra *Eléments de la Grammaire Française*. O anúncio do aparecimento da mesma prevenia que se tratava de nova edição à qual *"on a ajouté les mots où l'E est aspiré"*.

Acrescente-se que o intercâmbio cultural com a França era facilitado pela concessão do governo daquele país de serem transportados cidadãos brasileiros em navios de guerra. Assim foram à França, entre outros: Manuel de Araújo Porto Alegre e Freire Alemão.

Para formação cultural dos brasileiros, existia uma plêiade de professores, cientistas e matemáticos de altíssimo valor. Uns já foram citados nas páginas que antecederam. Outros o serão novamente, para menção de suas obras. E não poucos surgirão do esquecimento em que deploravelmente estão mergulhados.

Dentre os matemáticos, o marquês de Baependi fulgura com três importantíssimos trabalhos: *Teoria das funções analíticas, Reflexões sobre a metafísica do cálculo infinitesimal* e *Ensaio sobre as correntes do rio*.

O 1º marquês de Paranaguá, Francisco Vilela Barbosa, produz outras três obras não menos importantes para a época. Tais foram: *Elementos de geometria, Breve tratado de geometria esférica* e a *Memória sobre a correção das derrotas de estima*.

Martim Francisco Ribeiro de Andrada, que era notável matemático, escreve um *Manual de mineralogia* e o *Tratado sobre o cânhamo*.

Aos assuntos e às lições de história pátria se dedicam: Baltasar da Silva Lisboa, que escreveu os importantes *Anais do Rio de Janeiro;* José de Sousa Azevedo Pizarro e Araújo, organizador dos dez volumes das valiosas *Memórias históricas do Rio de Janeiro;* Agostinho Marques Perdigão Malheiro, pacientíssimo elaborador do *Índice cronológico dos fatos mais importantes da história do Brasil ocorridos até 1849;* João Manuel Pereira da Silva, cujas obras mais importantes foram: *Varões ilustres do Brasil, História da fundação do Império brasileiro* e *História do Brasil de 1831 a 1840;* José Feliciano Fernandes Pinheiro, visconde de São Leopoldo, a quem se deve uma *His-*

451

tória nova e completa da América, os *Anais da capitania de São Pedro*, e a obra intitulada *Da vida e feitos de Alexandre de Gusmão e Bartolomeu Lourenço;* e o general Abreu Lima, com a sua *História Pátria*.

Para o estudo completo da geografia universal, o conde de Beaurepaire faz editar um compêndio. Os conhecimentos geográficos e históricos do mundo são também divulgados pelas obras traduzidas por Justiniano José da Rocha, que muito se destaca com uma memória sobre a história do tráfico e um trabalho relativo à política brasileira no Uruguai. O barão de Tautphoeus divulga noções de *"história moderna"* (1815-1856), em um bem escrito manual.

O conhecimento da língua nacional tinha lugar por meio da *Gramática portuguesa* de Cirilo Dilermando, das *Cartas seletas* do padre Antônio Vieira e dos *Sinônimos* de frei Francisco de S. Luís.

O estudo das línguas estrangeiras, vivas ou mortas, era facilitado pelos seguintes livros: *Novo curso prático, analítico e teórico da língua inglesa, History of Rome* (de Goldsmith), *Trechos escolhidos* (de Milton), *Gramática alemã* (de Gros), *Manual dos estudantes de latim* (de Antônio Álvares Pereira Coruja), *Epitome Historice Sacræ* (de Castro Lopes), *De bello Gallico* (de César), *Metamorfoses escolhidas* (de Ovídio), *Cyropoedia* (de Xenofonte), *Eneida* (de Virgílio), *Orações contra Catilina* (de Cícero), *Guerra Catilinária* (de Salústio), *Excerpta* (de Tito Lívio), *Diálogos* (de Luciano), *Odes* (de Horácio), *História e crítica da língua latina* (de Dutra e Melo), *Dicionário de palavras empregadas nas obras de Salústio* (organizado por Luís de Beaurepaire Rohan), *Novo método da gramática latina* (do padre Antônio Pereira, da Congregação do Oratório de Lisboa); *Gramática grega* (de Bournouf); *Aritmética, álgebra e trigonometria* (de Ottoni); *Compêndio de geografia* (de Pompeu); *Lições de literatura* (de Paula Menezes); *Novo curso de língua inglesa* (de T. Robertson, traduzido e aplicado à língua portuguesa por A. F. Dutra e Melo e J. Mafra).

Como livros didáticos, também obtiveram grande sucesso: o trabalho de Nereu Boubée, intitulado *Geologia elementar aplicada à agricultura e indústria com um dicionário dos termos geológicos ou Manual de geologia;* as *Lições de história do Brasil*, de Luís Vicente de Simoni; o *Resumo de história do Brasil*, organizado por Pedro de Alcântara de Niemeyer Bellegarde; a *Arte da gramática da língua portuguesa*, de Antônio José dos Reis Lobato, muito reeditada; a *Arit-*

mética, de Francisco de Paula Leal; as *Postilas de gramática, o Curso de literatura brasileira e portuguesa* e a *Gramática,* de Francisco Soteiro dos Reis; o *Compêndio de aritmética,* de Cândido Batista de Oliveira; o *Curso de física e química,* de Mousinho de Albuquerque; o *Compêndio científico para a mocidade brasileira,* do desembargador José Paulo de Figueiroa Nabuco de Araújo; os *Elementos de economia política,* de Pedro Autran da Mata e Albuquerque. Por sua vez, os engenheiros militares que estudaram na Academia Militar ou na sua sucessora, a Escola Militar, seguiam sem pestanejar o *Tratado das cinco ordens* de Vignola e as teorias de Bélidor consubstanciadas em seu livro *La science des ingénieurs.* Mas os militares, que tinham estudado com os mestres franceses da Academia Imperial de Belas-Artes, adotavam os processos neoclássicos de composição. E os arquitetos civis não dispensavam os mesmos ensinamentos para projetar, como não deixavam de mão o tão mal interpretado e servilmente copiado Vignola. Os seus livros-mestres eram o *Précis des leçons d'Architecture* de J. L. N. Durand, o *Dictionnaire d'Architecture* de Quatremère de Quincy e o *Dictionnaire des Beaux-Arts* de Boutard.

De grande valor para a reconstituição do Rio de Janeiro dos primeiros cinco lustros do século XIX foi a obra em dois tomos, editada em 1825 pela Impressão Régia, de autoria do padre Luís Gonçalves dos Santos, intitulada *Memórias para servir à História do Reino do Brasil divididas em três épocas da Felicidade, Honra e Glória; escritas na Corte do Rio de Janeiro no ano de 1821 e oferecidas* a S. Majestade *El-Rei Nosso Senhor o Senhor D. João VI.* Apesar do seu estilo empolado e do flagrante desejo de agradar ao príncipe, as *Memórias* constituem preciosos mananciais de úteis e valiosas informações.

Hipólito José da Costa Pereira Furtado de Mendonça, erudito como poucos, enche as páginas dos 29 volumes do *Correio Brasiliense* com os seus artigos e ainda lhe sobra tempo para organizar *diários, memórias e cartas,* descrever a árvore açucareira ou uma máquina para tocar bomba, organizar um *Tratado sobre a Maçonaria* (geral e erradamente dado como relativo à arquitetura), uma *História de Portugal,* uma nova gramática portuguesa-inglesa, e para traduzir os *Ensaios políticos, econômicos e filosóficos* do conde de Rumford.

Aliás, no terreno das traduções também se destacam João Cardoso de Menezes e Sousa, com as versões de *Jocelyn* de Lamartine, as *Fábulas* de La Fontaine e as *Tragédias* de Ésquilo; e Caetano

Lopes de Moura, que verteu para o português diversos trabalhos de Chateaubriand, La Rochefoucauld, Marmontel, Walter Scott, Finimore Cooper e de outros.

Nas ciências médicas não foram poucos, por sua vez, os cultores. Eduardo Ferreira França, com os seus valiosíssimos estudos sobre a influência dos alimentos e das bebidas na moral do homem, as investigações psicológicas, as conseqüências das emanações pútridas e a influência maléfica dos pântanos sobre a saúde; Cruz Jobim, escrevendo uma dissertação sobre a vacina, uma tese relativa à hidrofobia, um estudo sobre hidropisia ou organizando um plano pedagógico para as escolas médicas; Xavier Sigaud, que, não contente de escrever o seu famoso livro *Du climat et des maladies du Brésil ou statistique médicale de cet Empire,* publica outra obra não menos demonstrativa de seu amor ao Brasil: *Sur les progrès de la géographie au Brésil et sur la nécessité de dresser une carte générale de cet Empire* — são nomes que honram as letras médicas. Mas não foram únicos. Ombreando com eles, devem ser relembrados os nomes ilustres do barão de Iguaraçu, de Lourenço de Assis Pereira da Cunha, de Manuel Feliciano de Carvalho, de Domingos Marinho de Azevedo Americano, de Manuel de Valadão Pimentel (depois barão de Petrópolis), de José Maria Cambuci do Vale.

Também fora muito bem aceita nos círculos médicos a obra relativa à *Higiene da vista e do ouvido,* do dr. Ramaugé. Mas o que excedeu a tudo, no êxito, foi o *Formulário ou Guia Médico do Brasil,* de autoria do dr. Chernoviz, aqui residente, que pertencia à Academia Imperial de Medicina e à Sociedade Médico-Cirúrgica de Montpellier e fora, na França, chefe interno dos Hospitais. Esse formulário, que saiu a lume em março de 1841, teve inúmeras edições e foi muito citado até bem uns vinte anos passados. Grosso, pois tinha seiscentas páginas, custava 4$000 rs. para os assinantes e 6$000 rs. na venda avulsa. Bons tempos... Continha: a descrição de todos os medicamentos e das propriedades dos mesmos; a maneira de empregá-los segundo as idades e os sexos; as incompatibilidades segundo a natureza e idade dos pacientes; as indicações dos socorros a serem aplicados aos envenenados, afogados ou queimados; a relação das plantas medicinais e águas minerais do Brasil; a discriminação das fórmulas mais comumente empregadas; as indicações convenientes ao combate das doenças peculiares à Europa e ao Brasil; e, por fim, um índice alfabético luso-francês, das substâncias medicinais.

Outro livro muito curioso foi o *Manual do fazendeiro ou Tratado doméstico sobre as enfermidades dos negros,* do antigo médico da Marinha de Guerra francesa dr. João Batista A. Imbert, traduzida para o português por José Maria Frederico de Sousa Pinto.

A multiplicidade de conhecimentos não foi apanágio tão-somente de muitas das personalidades até agora citadas. Outras também possuíram vasta ilustração. Assim, o doutor em direito Inácio Francisco Silveira da Mota, agraciado, mais tarde, com o título de barão de Vila Franca, se destacou tanto com os apontamentos jurídicos que organizou e os estudos sobre as plantas úteis, medicinais e industriais, quanto na tribuna de conferências, discorrendo sobre os problemas de instrução pública. O visconde de Abrantes se faz notar pela facilidade com que escreve sobre os mais variados assuntos, o que lhe permite ser conhecido através de importantes ensaios, memórias, monografias e relatórios. Miguel do Sacramento Lopes Gama aborda, da mesma maneira, diversas especialidades. E com extraordinária competência. Do seu profundo preparo têm origem os *Princípios gerais de economia política,* o *Novo curso de filosofia,* as *Lições de eloqüência nacional,* uma *Seleta clássica* e até um livro de *Poesias sacras.*

Como autores de obras de direito, podem ser apontados José Maria de Avelar Brotero, Francisco de Paula Batista, Joaquim José Rodrigues Torres e o já mencionado Perdigão Malheiro. Assim: Avelar Brotero é autor dos *Princípios de direito natural, Princípios de direito público universal* e de uma *Filosofia do direito constitucional.* A Paula Batista se devem dois compêndios de grande valor: um sobre a *Teoria e a prática do processo,* outro peculiar à *Hermenêutica jurídica.* Rodrigues Torres contribui para fixar as normas do direito administrativo com um *ensaio.* E Perdigão Malheiro mantém o seu renome de advogado com o *Comentário à lei nº 463, de 2 de setembro de 1847, sobre a sucessão dos filhos naturais e sua filiação.*

O direito eclesiástico e a teologia moral são divulgados na língua vernácula pelos *Elementos* e *Compêndio* organizados pelo rev. visconde de Irajá.

Em outras searas se destacaram: frei Conceição Veloso, com a monumental *Flora fluminensis;* José Saturnino da Costa Pereira, que elaborou uns *Elementos de cronologia;* João Caetano dos Santos, facilitando a aprendizagem dos futuros atores com dois livros: *Reflexões* e *Lições dramáticas;* Ezequiel Correia dos Santos, farmacêutico, que muito escreveu sobre sua especialidade e foi um dos primeiros a ocupar-se, cientificamente, da flora medicinal brasileira; Antônio de Morais Silva, com as suas gramáticas, traduções históricas e, principalmente, com o *Dicionário da língua portuguesa;* Manuel Aires do Casal, o erudito da *Corografia brasílica* e da *Introdução da geografia brasílica;* Nísia Floresta Brasileira Augusta, excepcional professora, que deixou, entre outras obras, as seguintes: *Direito das mulheres* (tradução), *Dacir ou a jovem completa, Dedicação de uma amiga* (romance).

E os militares do exército e da guarda nacional muito procuravam nas lojas da cidade o *Guia portátil militar,* contendo a coleção completa das continências, honras fúnebres, salvas, práticas de guardas e manejo da espada para uso dos oficiais, aqui posta à venda desde 1841.

As Livrarias

Do exposto, verifica-se que a vendagem de livros não era pequena. Durante a primeira metade do século XIX, as principais livrarias foram as de Paul Martin (1799-1810), Seignot Plancher (1823-1834), Garnier (fundada em 1844), J. Villeneuve, Mongie, Girard & Christen, Firmin Didot, Laemmert, Albino Jordão, Sousa & Comp., Bender, Guimarães, Paula Brito e a denominada do Livro Azul. Tinham oferecido ou ofereciam ao público ledor o que foi anteriormente mencionado e mais outras obras de grande aceitação. Estavam no caso os trabalhos de Bocage, o *Orlando Furioso,* as *Mil e uma noites, a Recreação filosófica,* a *Ilha incógnita, Paulo e Virgínia, Bertoldo* e *Bertoldinho,* o *Pensador matritense,* o *Dicionário do bom gosto* ou *Genuína linguagem das flores,* as *Leis militares,* as *Notícias de Portugal,* a *Dedução cronológica,* as *Cartas de Ganganelli,* o tratado sobre o tabaco de autoria do dr. Emílio Joaquim da Silva Maia, os versos de Belmiro, as poeias de Dinis ou o poemeto heróico do beneditino fr. Francisco de Paula de Santa Gertrudes Magna, intitulado *O Amor divino ao Ente Sumo contemplado como Um na Essência e Trino na Pessoa.* E as *Memórias* de Carlos Magno e de não poucos personagens mínimos, bem como os livros de sortes, tais como *A roda do destino, Oráculo das senhoras* e os *Dados da fortuna,* obtinham enorme sucesso, acompanhados de perto, nesse favor do público, pelos romances de capa e espada, da espécie de *Os amantes do deserto, Leocádia ou a inocente vítima do crime* e *Os assassinos mis-*

teriosos ou a paixão dos diamantes. Grande aceitação também tinham: a *Psyché des jeunes personnes; a Encyclopédie des jeunes étudiants et des gens du monde; O resumo da história universal dos principais quadrúpedes, aves, peixes, répteis e insetos;* o tratado, em quinze volumes, de todas as ciências, denominado *Maître Pierre ou le savant du village;* a *História da Revolução Francesa;* o *Museu universal das famílias brasileiras;* e o *Brésil,* de Ferdinand Dénis.

Nas livrarias ainda podiam ser encontrados outros livros em português. Assim, havia as *Histórias do Brasil,* de Beauchamp e de Constâncio; a *História da Restauração de Portugal;* a *História da América,* por Campe; as *Máximas, pensamentos e reflexões,* do marquês de Maricá; as *Modulações poéticas,* precedidas da *História da poesia brasileira,* por J. Norberto de Sousa e Silva; os *Suspiros poéticos e saudades,* de D. J. Gonçalves de Magalhães; os *Primeiros cantos,* de Antônio Gonçalves Dias; o *Florilégio da poesia brasileira,* de Francisco Adolfo de Varnhagen; a *História da Revolução Pernambucana,* de Francisco Muniz Tavares; *Os bancos do Brasil,* de Bernardo do Sousa Franco; a *Memória sobre o Rio da Prata,* de Manuel Alves Branco; o *Ensaio sobre o fabrico do açúcar,* de Miguel Calmon du Pin e Almeida; a *Memória histórica sobre a fundação da fábrica de ferro de São João de Ipanema na província de S. Paulo,* de Nicolau Pereira de Campos Vergueiro; e os *Conselhos a minha filha,* de Nísia Floresta Brasileira Augusta.

Às vezes, uma obra era impedida de circular. Assim, pela decisão número 37 da Secretaria dos Negócios do Reino, de 14 de novembro de 1816, ficou proibida a divulgação do folheto *O preto e o bugio no mato,* escrito em forma de diálogo e considerado, pelo governo, como pouco próprio para ser conhecido "neste Reino onde há muitos escravos". O curioso é que fora impresso em Lisboa na Impressão Régia e reeditado pela mesma no Rio de Janeiro.

Para uso dos estudantes das escolas primárias, eram procurados: o resumo de *Aritmética,* do major Ávila; a *História Universal, de* Parley (tradução do desembargador Lourenço José Ribeiro); as *Fábulas,* do dr. Justiniano José da Rocha; as *Harmonias da criação,* do dr. Caetano Lopes de Moura; o *Catecismo,* do cônego Fernandes Pinheiro; a *Doutrina cristã,* de Fleury; e os cadernos de *Caligrafia,* de Cirilo Dilermando.

Os livros de autores estrangeiros obtinham sucesso não pequeno. Assim aconteceu, mormente entre a colônia inglesa, com o livro em dois volumes, de Alexander Caldcleugh: *Travels in South America, during the years 1819-20-21; containing an account of the present state of Brazil, Buenos Ayres and Chile.*

Outro curioso livro foi o escrito por H. M. Brackenridge: *Voyage to South America, performed by order of the American Government in the years 1817 and 1818, in the Frigate Congress.*

Outra obra, bem curiosa e hoje raríssima, saiu da pena da viajante inglesa Maria Graham, sob o título de *Journal of a Voyage to Brazil, and Residence there, during part of the years 1821, 1822, 1823.*

E a Tipografia Imperial e Constitucional de J. Villeneuve lança, em 1837, ao público a tradução da obra de outro inglês, John Armitage, sob o título de: *História do Brasil, desde a chegada da real família de Bragança, em 1808, até à abdicação do imperador d. Pedro I em 1831.*

Era hábito naqueles tempos dar às obras, principalmente àquelas dedicadas à história e à geografia, títulos e subtítulos bem extensos.

Pela sua curiosidade, apresentamos a nomenclatura da obra, bem conhecida, de Balbi: *Essai Statistique sur Le Royaume de Portugal et d'Algarve, comparé aux autres États de l'Europe, et suivi d'un coup d'œil sur l'état des sciences, des lettres et des beaux-arts parmi les portugais des deux hémisphères, dédié a Sa Majesté Très-Fidèle, Par Adrien Balbi, ancien professeur de géographie, de physique et de mathématiques, membre correspondant de l'Athénée de Trévise, etc., etc. Paris, Chez Rey et Gravier libraires, Quai des Augustins, n.º 55, 1822.*

Da autoria de franceses eminentes foi a obra, impregnada de poesia quando trata do Rio de Janeiro, também possuidora de extenso título: *L'Amérique Septentrionale et Méridionale ou Description de Cette Grande Partie du Monde, comprenant: L'Amérique Russe, la Nouvelle Bretagne, le Labrador, Terre Neuve, le Canada, Les États Unis du Nord, Les États Unis Mexicains, etc., etc., tiré ou traduit des historiens et des voyageurs français et étrangers les plus célèbres jusqu'à nos jours, et mis en ordre par une Société de Géographes et d'Hommes de Lettres.*

De autor alemão, não menos importante, é o livro que contém uma série de estudos sobre o ouro, os diamantes e as riquezas minerais, a história, existência e exploração das jazidas, bem como sobre a respectiva legislação, que tem por título: *Pluto Brasiliensis. Eine Reihe von Abhand lungen über Brasiliens Gold, Diamanten — und anderen mineralischen Reichtum, über die Geschichte seiner Entdeckung, über das Vorkommen seiner Lagerstätten, des Betriebs, der Ausbeute und die darauf bezügliche Gesetzebund u. s. w. von W. L. von Eschwege, Königl. Portugies. Ingenieur — Oberst und Oberghauptmann w. s. w..*

Outra obra a que faremos menção é a de Freycinet, publicada em 1825 por Pillet Ainé, livreiro editor estabelecido na Rue des Grands-Augustins em Paris, sob o título de: *Voyage Autour du Monde, Entrepis par Ordre du Roi, sous le Ministère et Conformément aux instructions de S. Exc. M. le Vicomte de Bouchage, Secrétaire d'État au Département de la Marine, Exécuté sur les corvettes de S. M. l'Oranie et la Physicienne, pendant les années 1817, 1818, 1819 et 1820; Publié sous les Auspices de S. E. M. le Comte Corbière, Secrétaire d'État de l'Intérieur, pour la partie historique et les Sciences naturelles, et de S. E. M. le Comte Chabrol de Crouzol, Secrétaire d'État de la Marine et des Colonies, pour la partie Nautique; Par M. Louis de Freycinet, Capitaine de Vaisseau, Chevalier de Saint-Louis et Officier de la Légion d'honneur, Correspondant de l'Académie royale des sciences de l'Institut de France, Commandant de l'Expédition.* É uma obra magistral, em doze volumes.

As Voyages e *Voyages Pittoresques,* de todos os sábios e cientistas que perambulavam pelo globo, eram, da mesma sorte, recebidas com agrado. O pior é que demoravam muito a vir da Europa e, assim mesmo, em pequenas remessas.

Transcreveremos a seguir e propositadamente os títulos bem detalhados de algumas obras mais notáveis e difundidas, pois são bem curiosos.

Devido aos livreiros parisienses Grimbert et Dorez — Rue de Savoie n.º 14 —, a colônia francesa do Rio de Janeiro e a sociedade carioca tomam conhecimento, desde 1830, da valiosa e proba obra, em dois tomos: *Voyage dans les Provinces de Rio de Janeiro et de Minas Geraes, par Auguste de Saint-Hilaire, Chevalier de la Légion d'honneur, membre de l'Académie royale des sciences de l'Institut de France, des Sociétés diplomatique et d'Histoire Naturelle de Paris, de la Société Linnéenne de Londres, de l'Académie de Lisbonne, de la Société des Sciences Physiques de Genève, de l'Académie Léopoldine, de la Société des Sciences Physiques d'Orléans.* Dedicada ao duque de Luxembourg-Montmorency, que convidara o sábio a acompanhá-lo na sua viagem diplomática ao Brasil, ela contém, depois da página de rosto do 1º tomo, uma grande folha com a vista da casa que o duque ocupou no Rio de Janeiro.

Outro trabalho, notável no gênero, foi a: *Voyage Pitoresque dans le Brésil par Maurice Rugendas, traduit de l'Allemand par M. de Colbery, Conseiller à la Cour Royale de Colmar, Correspondant de l'Institut, Membre de plusieurs Sociétés savantes, Cher. de la Légion d'honneur. Publié par Engelmann & Cie., à Paris, Cité Bergère, nº 1, Mulhouse (Haut-Rhin) — 1835.*

Outro exemplo típico é a obra de Dumont d'Urville, editada em 1839, em Paris, pelos livreiros-editores Furne et Cie., estabelecidos à Rue Saint-André-des-Arts, nº 55. O seu título completo era: *Voyage Pittoresque autour du Monde. Résumé Générale des Découvertes de Magellan, Tasman, Dampier, Anson, Byron, Wallis, Carteret, Bougainville, Cook, Lapérouse, G. Bligh, Vancouver, D'Entrecasteaux, Wilson, Baudin, Flinders, Krusenstern, Porter, Kotzebue, Freycinet, Bellinghausen, Basil Hall, Duperrey, Paulding, Beechey, Dumont d'Urville, Lutke, Dillon, Laplace, B. Morrel, etc. Publié sous la Direction de M. Dumont d'Urville, capitaine de Vaisseau. Accompagné de Cartes et de nombreuses Gravures en taille-douce sur acier, d'après les dessins de M. de Sainson, dessinateur du Voyage de l'Astrolabe.*

Depois deve ser citada, como curiosa, a *Voyage dans l'Amérique Méridionale (Le Brésil, la Republique Orientale de l'Uruguay, la République Argentine, la Patagonie, la République du Chili, la République de Bolivie, la République du Pérou), exécuté pendant les années 1826, 1827, 1828, 1829, 1830, 1831, 1832 et 1833, par Alcides d'Orbigny, Chevalier de l'Ordre Royal de la Légion d'honneur, Officier de la République Bolivienne, membre de plusieurs Académies Nationales et Etrangères. Ouvrage dedié au Roi, et publié sous les auspices de M. le Ministre de l'Instruction publique (commencé sous M. Guizot).*

E em março de 1840 é que F. e H. Laemmert, livreiros estabelecidos na rua da Quitanda nº 77, lançam ao público a obra de Jean-Baptiste Debret: *Voyage Pittoresque au Brésil.* O anúncio respectivo, publicado no dia 23 daquele mês, dizia que: "A reputação de que goza a presente obra na Europa, e o conhecido nome do seu autor, dispensam todos os elogios".

Original, curiosa e, portanto, valiosa foi a *Notice Historique et Explicative du Panorama de Rio de Janeiro,* organizada em Paris, no ano de 1824, por Hippolyte Taunay e Ferdinand Dénis.

Não menos apreciado foi, aqui, o livro do barão de Bougainville: *Journal de la navigation autour du globe de la frégate la Thétis et de la corvette l'Espérance pendant les années 1824, 1825 et 1826, publié par l'ordre du roi, sous les auspices du département de la marine.* Foi publicada em Paris, por Arthur Bertrand, no ano de 1837.

Em 1841 obtém grande sucesso o primeiro fascículo da *Galeria Contemporânea Brasileira* ou *Coleção de trinta retratos de brasileiros célebres,* contendo os retratos dos então viscondes de Olinda e Abrantes e de Antônio Carlos Ribeiro de Andrade Machado e Silva. Era autor dos mesmos o reputado artista François René Moreau.

No mesmo ano, o conhecido livreiro Paula Brito, estabelecido à praça da Constituição n? 64, lança ao público um interessante trabalho do tenente-general Domingos Alves Branco Muniz Barreto, sobre o comércio de escravos. O folheto, que continha 46 páginas, custava tão-somente 240 réis. Abrangia seis partes, que o autor denominava de demonstrações. Com pleno conhecimento no assunto, tratava das leis que, regendo os régulos africanos, davam cunho lícito ao tráfico; dos inconvenientes e prejuízos experimentados pela agricultura e pela indústria em virtude da repentina paralisação do comércio de escravos; dos prejuízos advindos dos direitos que recaíam sobre as fazendas e coisas consumidas pelos escravos e, também, pela cessação dos respectivos impostos de entrada; da maneira de extinguir, paulatinamente, a escravidão sem prejuízo público e privado; e, finalmente, dos meios de compensar a estagnação dos negócios negreiros, não só por meio de auxílios aos prejudicados — que homem generoso! —, como também aumentando a população nacional por meio da introdução de imigrantes estrangeiros.

Depois, deve ser citado o livro de Tardy de Montravel: *Exploration du fleuve Amazone depuis Para jusqu'à Obydos* (sic), aparecido em 1844.

Cabe a P. Bertrand (Libraire-Editeur, Rue Saint-André-des-Arcs, 53, Paris) lançar em 1850 a obra em seis volumes de Francis de Castelnau: *Expédition dans les parties centrales de l'Amérique du Sud, de Rio de Janeiro à Lima, et de Lima au Para; executée par Ordre du Gouvernement Français pendant les années de 1843 a 1847.* Foi uma das mais procuradas nas livrarias desta capital e Corte do Brasil.

Outros livros sobre os mais diversos assuntos e aspectos relacionados com o Brasil, escritos por estrangeiros, eram encontrados nas livrarias e nos alfarrabistas. Ficaram, assim, conhecidas as obras: de Charles Robert Darwin *(Voyage d'un naturaliste);* de Duguay-Trouin *(Relación que haze el señor Du Gue Trouin de lo ejecutado en la Costa del Brasil, en el puerto y Ciudad del Rio de Janeiro)*; de Charles Gaudichaud *(Voyage autour du monde);* de Thomas Dickinson (*A narrative of the operations for the recovery of the public stores and treasure sunk in H. M. Thetis, at Cabo Frio, on the coast of Brazil, on the 5th December, 1830* — publicada em Londres no ano de 1836); de M. E. Gallés *(Du Brésil* — Paris, 1828); de Andrew Grant *(Histoire du Brésil* — aparecida em São Petersburgo no ano de 1810); de J. Théodore Descourtilz *(Oiseaux brillants du Brésil* — Paris, 1832); de Ferdinand Dénis *(Histoire géographique du Brésil* — Paris, 1833); de James Henderson (*A History of the Brazil; comprising its geography, commerce, colonization, aboriginal inhabitants),* posta à venda, em Londres, no ano de 1821.

E havia preciosidades bibliográficas. Sirva de exemplo a obra denominada *Nobiliarchia PORTUGUEZA — Tratado da Nobreza, HEREDITARIA, e POLITICA — Autor Antonio de Villas Boas, E Sampayo, de Villa de Barcellos, Agora Novamente Correcta, emendada, e accrescentada có as Armas das Familias, e Cidades principais deste Reyno, e outras cousas curiosas — Offerecida ao Excellentissimo Senhor D. RODRIGO Annes de Saa, Almeyda, E. Menezes. Marquez de Fontes, Conde de Pennaguião, Camareyro mór da Casa Real & C.* Outra foi a de Jean-Baptiste Aublet: *Histoire des Plantes de la Guyane Française, rangées sur la méthode sexuelle* — Paris, 1775. Ou então a de Antonio de Herrera: *Historia de los Hechos de los Castellanos;* a de Richard Flekno: *A relation of ten years travels in Europe, Asia, Africa and America;* a do padre Ives d'Evreux: *Voyage au Brésil,* e a de Gaspar Barleus: *Rerum in Brasilia.* No terreno da medicina as raridades também tinham lugar. Assim, havia: um livro para conservar a vida com saúde, chamado *Âncora medicinal* (Lisboa, 1730); outro clássico e muito estimado: *Atalaia da vida contra as hostilidades da morte, fortificada e guarnecida com tantos defensores quantos são os remédios que no decurso de cinqüenta e oito anos experimentou João Curvo Semmonedo* (Lisboa, 1720); a *Cirurgia reformada,* de Feliciano de Almeida (Lisboa, 1738); e o

Desengano para a medicina ou botica para todo pai de família, do médico alemão Gabriel Gkiley (Lisboa, 1714).

2) A PROL DA CULTURA

AS BIBLIOTECAS — O MUSEU NACIONAL — O MUSEU DE BELAS-ARTES

As Bibliotecas

A principal das instituições públicas de difusão do saber era a *Biblioteca Nacional e Pública da Corte,* organizada em 1810 com a livraria trazida por dom João VI, e enriquecida com o valioso espólio de frei José Mariano da Conceição Veloso e com as bibliotecas do conde da Barca, dos drs. Manuel da Silva Alvarenga e Francisco de Melo Franco, e de José Bonifácio, além do arquivo de documentos do marquês de Santo Amaro. Teve na sua direção homens do valor de frei Gregório José Viegas, padre Joaquim Damasco, frei Antônio de Arrábida, cônego Januário da Cunha Barbosa e dr. José de Assis Alves Branco Muniz Barreto.

Além dessa, os habitantes da cidade podiam consultar as bibliotecas: da *Faculdade de Medicina,* da *Associação Germânica* (estabelecida em 1832), do *Instituto Histórico,* de *Marinha* (que funcionava desde 1846 no Arsenal), *Fluminense* (fundada por uma associação particular em 1847, chegou a ser uma das mais importantes do Brasil, não só pelo grande número e qualidade dos livros que possuía, como também pelos jornais, cartas geográficas, manuscritos e valiosos opúsculos), do Convento de Santo Antônio, do Convento de S. Bento, dos Jesuítas, o *Gabinete Português de Leitura* e, por fim, a da *Imperial Associação Tipográfica* (que teve seu início em 1854).

Museu Nacional

A antiga *Casa de História Natural,* fundada pelo vice-rei Luís de Vasconcelos e Sousa, conhecida pelo povo como *Casa dos Pássaros,* foi, primeiro, dirigida por um inspetor, Francisco Xavier Cardoso Caldeira, apelidado de *Xavier dos Pássaros.* Teve, depois, a dirigir-lhe os destinos o diretor, dr. Luís Antônio da Costa Barradas. Com o falecimento deste, dá-se a extinção daquele centro de trabalho e de prática da taxidermia. A seguir tem lugar a criação do *Museu Real,* em 6 de junho de 1818, sendo instalado em prédios do campo de Santana. A sua direção é entregue a frei José da Costa Azevedo, chefe do gabinete mineralógico da Academia Militar. A seguir foram seus diretores, até 1850: dr. João da Silveira Caldeira, dr. frei Custódio Alves Serrão, dr. Emélio Joaquim da Silva Maia, arquiteto Manuel de Araújo Porto Alegre, dr. Luís Riedel, dr. Frederico César Burlamaqui e dr. Guilherme Schuc de Capanema. Foi devido aos esforços desses diretores, todos cientistas de valor, que o já então *Museu Nacional* pôde prestar relevantes serviços à cultura por meio de suas coleções zoológicas, botânicas, mineralógicas, numismáticas, e de objetos relativos às artes e ofícios, de intrumentos e aparelhos de física e química, de máquinas industriais, de coisas relativas aos usos e costumes e de quadros.

Museu de Belas-Artes

Somente em 1843 é que, pela iniciativa de Félix Emílio Taunay, então diretor da Academia de Belas-Artes, é organizada a pequena pinacoteca do Brasil, com as obras trazidas da Europa por Joachim Lebreton, chefe da Missão Artística Francesa, e com as que pertenceram ao conde da Barca. Até então já tinham sido levadas a efeito quatro exposições gerais de belas-artes, a saber: em 1840, 1841, 42 e 43. Isso sem contar, é claro, com as duas primeiras exposições escolares, promovidas em 1828 e 1830 por Debret.

Desenvolveu-se tanto a pinacoteca que houve necessidade de ampliar o edifício escolar. Teve, assim, lugar a 2 de dezembro de 1854 o lançamento da pedra fundamental da parte a ela destinada. Completava-se, dessa forma, o projeto de Grandjean de Montigny.

3) A IMPRENSA

GAZETAS E DIÁRIOS — AS REVISTAS — ANUÁRIOS, ALMANAQUES E FOLHINHAS — OS PASQUINS — OS ANÚNCIOS — OUTROS ASPECTOS JORNALÍSTICOS — OS PREÇOS — CARICATURAS E CARICATURISTAS

Gazetas e Diários

Com o assento da corte portuguesa no Rio de Janeiro, surge a imprensa. Até então a propagação das idéias, a manifestação das vontades, a intercomunicação das aspirações estava virtualmente impedida. Mesmo em Lisboa, a única folha que corria de mão em mão era a nada perigosa *Gazeta de Lisboa*. Aqui também circulava, em companhia de *O Almocreve das Petas*.

A 13 de maio de 1808 é criada a *Impressão Régia*, com os prelos trazidos para a Secretaria de Estado dos Negócios Estrangeiros e da Guerra. A 10 de setembro aparecia o primeiro jornal do Rio de Janeiro, sob o título de *Gazeta do Rio de Janeiro*. Era redigido por frei Tibúrcio José da Rocha. Aparecia às quartas e sábados, custando o exemplar 80 réis. A assinatura semestral era do preço de 3$800 réis. Desde agosto de 1821 passou a sair às terças, quartas e sábados. Em 1822 teve o seu título transformado para *Gazeta do Rio*. Manteve essa denominação até 31 de dezembro. Até então o governo desejava que fosse considerada como oficiosa. Mas, não sendo essa a verdade, o nascente império resolveu tornar clara a situação e a citada gazeta passou a ser o *Diário do Governo,* desde 2 de janeiro de 1823. Publicava de vez em quando números especiais sob o título de *Gazeta Extraordinária do Rio de Janeiro*.

Até 1821 esse fora o único jornal propriamente dito que circulava no Rio de Janeiro. Em maio daquele ano aparece o *Jornal dos Amigos,* impresso na tipografia oficial. E a 1º de junho surge o jornal de circulação diária. Por isso tinha o título de *O Diário do Rio de Janeiro*. Era redigido por Zeferino Vito de Meireles. O povo o chamava de *Diário do Vintém,* pois custava 20 réis, ou de *Diário da Manteiga,* pelo fato de trazer a lista de preços dos gêneros alimentícios.

Foram postos à venda, no mesmo ano, mais os seguintes jornais: *Amigo do Rei e da Nação* (de um tal Saraiva), *O Conciliador do Reino Unido* (de José da Silva Lisboa), *Despertador Brasiliense* (de Francisco França Miranda). Também saíram naquele ano quatro números da gazeta semanal *Sabatina familiar dos amigos do bem comum* (de José da Silva Lisboa).

Visando a facilitar a campanha jornalística a prol da Independência, o príncipe d. Pedro fez abolir a censura prévia da imprensa por decreto de 12 de julho de 1821. Durara tal censura somente quatro meses, pois fora estabelecida a 2 de março em conseqüência da tremenda repercussão que tivera no Brasil a revolução liberal portuguesa de 1820.

De 1821 a 1822 tiveram circulação: o *Correio do Rio de Janeiro,* a *Verdade Constitucional,* o *Constitucional,* o *Brasil,* o *Revérbero Constitucional Fluminense* (de Joaquim Gonçalves Ledo e Januário da Cunha Barbosa) e o *Diário de Notícias*.

Depois da Independência, o número de jornais aumenta extraordinariamente. Houve, assim, uma folha que tudo pretendia harmonizar com o estrambótico nome de *Regulador Brasílico-Luso*. Os demais tinham os seguintes títulos: *Semanário Mercantil, Diário do Comércio, Despertador Constitucional, Verdadeiro Liberal, Luz Brasileira, Diário Fluminense, Analista, Tribuno, Moderador, Espelho da Justiça, Voz Fluminense, Estrela Brasileira* (que circulou de 1823 a 1824 e que antecedeu ao *Spectador Brasileiro*), o *Spectador Brasileiro* (fundado por Emílio Seignot Plancher), o *Jornal do Comércio* (sucessor, desde 1º de outubro de 1827, do *Spectador*), a *Astréia*, a *Aurora Fluminense* (de Evaristo Ferreira da Veiga) e o *Tamoio* (de José Bonifácio de Andrada e Silva). Outros jornais daqueles tempos devem ser mencionados, a saber: o *Correio Brasiliense* ou *Armazém Literário*, fundado em 1808, na cidade de Londres, por Hipólito José da Costa Pereira Furtado de Mendonça e redigido por ele durante 14 anos, isto é, até 1822; o *Jornal de Debates* (de Pereira da Silva), e o *Courrier du Brésil*. E para mostrar que a alerta era constante, houve inúmeras sentinelas, a saber: *Sentinela da Liberdade à beira do mar da Praia Grande (1823); Sentinela da Liberdade no Rio de Janeiro* (1832); *Sentinela da Monarquia* (1840); *Sentinela Monstro* (1844); e *Sentinela do Trono* (1849).

Os partidos políticos possuíam jornais próprios. Assim, a *Aurora Fluminense,* a *Astréia* e o *Independente* eram órgãos do partido *chimango.* O *Exaltado,* o *Jurujuba* e a *Nova Luz Brasileira* constituíam os porta-vozes do partido *jurujuba.* E as opiniões do partido *caramuru* chegavam ao público através do já citado *Tamoio.*

Cessadas as lutas políticas, durante as quais proliferaram os pasquins mais adiante discriminados, deu-se o quase desaparecimento dos mesmos e circulam outros jornais de certo conceito na opinião pública. Assim, em 1840 é lançado *O Brasil,* redigido por Justiniano José da Rocha, e publicado até 1852.

Em 1843 aparece o *Farol,* que passou no ano seguinte a ser denominado de *Mercantil* e em 1848 teve o título de *Correio Mercantil.* Naquele ano de 48, os jornais mais importantes do Rio de Janeiro foram o *Jornal do Comércio,* o *Diário do Rio de Janeiro* e o citado *Correio.*

Com caráter oficial, existiram: o *Diário do Governo* (que deu origem ao atual *Diário Oficial),* o *Diário da Assembléia Constitucional e Legislativa do Império do Brasil* e o *Jornal da Câmara dos Deputados.*

Em 1850, circulavam vinte e sete jornais, sendo dezenove escritos na língua vernácula e um na inglesa. Ao lado do *Jornal do Comércio,* do *Correio Mercantil,* do *Correio da Tarde,* do *Diário do Rio de Janeiro,* de *O Brasil* e do *Rio Mercantile Journal,* havia publicações especializadas como *A Religião,* o *Brasil Musical,* e a *Nova Gazeta dos Tribunais.* A denominação desta última indicava que houvera a *Gazeta dos Tribunais.* Assim foi, tendo sido a mesma dirigida de 1843 a 1845 pelo conselheiro Aragão. Faça-se, por fim, referência ao *Messager du Brésil,* que circulou durante alguns anos.

As Revistas

Foi em 1813 que apareceu a imprensa literária no Rio de Janeiro. Chamava-se a primeira revista então aparecida *O Patriota* e tinha como subtítulo: *Jornal literário, político e mercantil.* Fora fundado pelo coronel Manuel Ferreira de Araújo Guimarães, tendo durado dois anos. Circulou, primeiro, mensalmente e, depois, de dois em dois meses.

Outras publicações desse gênero foram: a *Publicação Literária e Noticiosa* (da qual não foi possível obter outra qualquer informação); os *Anais Fluminenses de Ciências, Artes e Literatura* (1822); o *Jornal Científico, Econômico e Literário* (1826); a *Revista Brasileira de Ciências, Artes e Indústrias* (mensário que apareceu em agosto de 1830); os *Anais Brasilienses de Ciências, Política, Literatura* (1830); o *Beija-flor* (anais de ciência, política e literatura, que também apareceu em 1830); a *Revue Brésilienne* (primeira revista francesa no Brasil, feita na "Imprimerie de Gueffier e Ce., Rue da Quitanda, 79", aparecida em setembro de 1830); o *Semanário Político, Industrial e Comercial* (revista econômica aparecida na 2ª feira, 10 de outubro de 1831, tendo sido impressa na Tip. de Lessa & Pereira; um dos raríssimos exemplares, ora existentes, pertence ao historiador Francisco Marques dos Santos); *Auxiliador da Indústria Nacional* (publicação, de 1833 a 1898, da Sociedade Auxiliadora da Indústria Nacional); *Nitheroy* (revista brasileira de ciências, letras e artes, publicada em 1836, na cidade de Paris, por Domingos José Gonçalves de Magalhães, Francisco de Sales Torres Homem, Manuel de Araújo Porto Alegre e o francês Eugênio de Monglave).

A partir de 1839, o Instituto Histórico começa a publicar a sua revista. Também circula naquele ano a *Revista Nacional e Estran-*

geira, primeira e única no gênero, publicada mensalmente em folhetos de oitenta páginas, por uma associação de literatos composta de Pedro de Alcântara de Niemeyer Bellegarde, João Manuel Pereira da Silva e Josino do Nascimento Silva. Continha matéria valiosa e variada, tendo subsistido até 1845.

De 1839 a 1840, circula a revista de crítica teatral editada pelo francês Cremière, proprietário de uma tipografia e litografia na rua do Ouvidor.

De 1843 a 1845, é muito apreciada a *Minerva Brasiliense,* revista de ciências, letras e artes, publicada por outro grupo de literatos constituído de Domingos José Gonçalves Magalhães, Francisco de Sales Torres Homem, Januário da Cunha Barbosa, Joaquim Caetano da Silva, Emílio Joaquim da Silva Maia e Joaquim Norberto de Sousa e Silva. Foi, incontestavelmente, a revista mais importante daquele tempo. Em 1844, surge a revista *Lanterna Mágica.* Por sua vez, o *Ostensor Brasileiro, Jornal Político e Pictorial,* publicado por Vicente Pereira de Carvalho Guimarães e João José Moreira, começa a ser publicado em 1845. O mesmo ocorre com a revista *Nova Minerva.* No ano de 1846 é a vez da *Revista Universal Brasileira.* Em 1849, apareceu a *Biblioteca Guanabarense* e a nova revista *Guanabara:* mensal e ocupando-se de ciência, arte e literatura. É o mesmo grupo de homens de letras da *Minerva* que a dirige. Foi publicada até 1856, quando aparece a *Revista Brasileira,* de literatura, teatro e indústria, dirigida pelo dr. Francisco de Paula Menezes, que somente circulou aquele ano. Em 1857 é que a *Minerva Brasiliense* passa a constituir a nova *Revista Brasileira,* cabendo a direção ao dr. Cândido Batista de Oliveira. Durou até 1861.

As senhoras brasileiras também tiveram as suas revistas. E devemos apontar como tais: o *Espelho Diamantino,* que tratava de literatura, de teatro, das modas e de... política; o *Ramalhete das Damas,* de feição musical; o *Brasil Musical,* do mesmo gênero; e a editada pelos irmãos Laemmert, sob o título de *Novo Gabinete de Leitura,* publicada aos sábados. Trazia artigos e resenhas sobre os acontecimentos, as modas e os teatros, além de um figurino colorido, um desenho para bordar, ou uma gravura histórica.

E como primeira revista médica, de propriedade particular, aparece em 1827 e muito se destaca a pertencente ao dr. Xavier Sigaud: o *Propugnador das Ciências Médicas* ou *Anais de Medicina e Farmácia.* E além da revista da Academia de Medicina, citada no lugar competente, também houve a denominada *Arquivo Médico Brasileiro,* que durou de 1844 a 1848, sendo redigida pelo dr. Ludgero da Rocha Ferreira Lapa; e a revista homeopática *A Ciência* (1837), redigida pelos drs. Mure, João Vicente Martins e outros.

Anuários, Almanaques e Folhinhas

Excelentes publicações, abrangendo esses três gêneros, circulavam no Rio de Janeiro, prestando os mais relevantes serviços naquela época e, também, nos dias que correm àqueles que desejam com amor e espírito de brasilidade estudar o passado de nossa terra e de sua gente. Tais eram: o *Almanaque Imperial do Comércio e das Corporações Civis e Militares do Império do Brasil,* publicado, em 1829, por Pedro Plancher-Seignot; o *Almanaque Nacional do Comércio do Império do Brasil,* de Emílio Seignot Plancher, editado em 1832; o *Almanaque Laemmert,* publicado a partir de 1844; o *Anuário Político, Histórico e Estatístico do Brasil,* editado, em 1846, por Firmin Didot Irmãos; e o *Almanaque Administrativo, Mercantil e Industrial da Corte e Província do Rio de Janeiro,* para o ano de 1850, organizado e dirigido por Eduardo Laemmert. A época também foi das folhinhas, devendo ser mencionadas, como principais, a *Folhinha Nacional Brasileira e Pitoresca,* de J. Villeneuve, e a *Folhinha Laemmert,* que subsistiu até bem poucos anos passados.

Os Pasquins

A ação dos jornalecos, a maioria dos quais era oposicionista, agradava ao povo. Ou melhor, agradava aqueles que liam pelo povo, pois este não podia fazê-lo em virtude de sua crassa ignorância. Mas, não podendo ler, o povinho se comprazia em ouvir o que diziam as gazetas.

Os de tipo escandaloso possuíam títulos condizentes, como: o *Malagueta,* o *Burro Magro,* o *Rusguentinho,* o *Malagueta Extraordinário, A Mutuca Picante, A Marmota na Corte, O Periquito da Serra dos Órgãos, Matraca, O Papagaio Volantim, O Macaco Brasileiro, Paraíso dos Pobres, O Coelho, O Ladrão, O Velho Casamenteiro, Filho de Joana, Belchior Político, O Pai José, O Sapateiro Político, O Exaltado, O Limão de Cheiro, O Escalado.*

De título e feição chula, também circularam na Corte: um impu-

469

dico *Par de Tetas*, o irreverente *Babosa*, um perigoso *Cabrito*, uma temível *Mulher do Diabo*, um desagradável *Esbarro*, o temível *Capadócio*, o incômodo *Barriga*, a cínica folha *Meia Cara*, o (certamente abnegado) *Médico dos Malucos*, um (talvez não menos dedicado) *Enfermeiro dos Doidos*, um traiçoeiro *Busca-Pé*, e os inconvenientes *Idade de pau*, *O Doutor Tira-teimas (Alveitar de Bestas e Médico de Imprudentes, com exercício na Casa das Palhas)* e *O Corretor de Petas* aparecido no ano de 1841, em cujo cabeçalho lia-se: *"Vivam as Petas, Vivam as Tretas"*. E, além do *Simplício*, de *A Filha do Simplício*, do *Simplício da Roça*, do *Simplício Rigorista* (certamente era o avô...), houve outros jornalecos que completavam a família: *A Simpliciazinha*, *A Filha Única da Mulher do Simplício*, *A Verdadeira Mãe do Simplício*, e o *Novo Simplício Poeta!*

Outros periódicos e pasquins se tinham apresentado ao público com títulos sisudos ou esquisitos. E os exemplos são os seguintes: *O Sagitário*, *Pirilampo Popular, Lustre do Teatro, Observador das Galerias da Assembléia Geral*, o *Instinto, Gazeta dos Domingos, A Urtiga, O Anônimo, O Ônibus de Niterói, A Trombeta Constitucional, O Caramuru, Torre de Babel, O Carijó, O Catão, O Novo Censor, O Triunvir ou a Lima Surda, O Evaristo, O Profeta, O Saturnino, O Cometa, O Novo Tamoio, A Matraca dos Farroupilhas, O Lince, O Cidadão Soldado, O Cometa, Os Dois Compadres, Jurujuba dos Farroupilhas, O Martelo, Arca de Noé, Andradista, Adotivo, Restaurador, Paraquê, O Permanente, Papeleta, Pardo, Lafuente, Bem-te-vi, Moderador, Liceu Liberal, Recompilador, O Regente, O Constitucional, Voz da Razão, Tamoio Constitucional, O Mensageiro, Vigilante, Veterano*, o *Voto Livre* e o *Novo Domingueiro*.

Outros tinham títulos ferrenhamente nacionalistas: *Grito Nacional, Brasileiro Resoluto, Caboclo, Campeão Brasileiro, Brasileiro Ofendido, Filho da Terra, Brasileiro Imparcial, Patriota Brasileiro, Verdadeiro Patriota, Grito da Pátria contra os anarquistas, O Filho do Brasil, Novo Brasileiro Imparcial, Espelho dos Brasileiros, Regenerador do Brasil, O Brasil Aflito, Indígena do Brasil e Honra do Brasil.*

A liberdade constituía uma verdadeira obsessão. Por isso não faltaram alguns porta-vozes da mesma. Acontecia, porém, que a confundiam com a licenciosidade. Chamavam-se: *Bússola da Liberdade, Voz da Liberdade, Clarim da Liberdade* e *Defensor da Liberdade*. Alguns dos outros jornalecos apresentavam feição popular, tal qual: a

Tribuna do Povo, o *Amigo do Povo*, o *Homem do Povo*, o *Homem do Povo Fluminense*. Por sua vez, os de feição monárquica eram chamados de: *O Monarquista do Século XIX, O Monarquista, O Filho da Sentinela da Monarquia, O Propugnador da Maioridade, Dois de Dezembro, O Sete de Abril* e *O Instinto Monarquista do Século 19*. Os nitidamente republicanos eram conhecidos como o *Repúblico* (que pretendia, com as suas pregações, abolir a monarquia e implantar a república) e *Republicano da Sempre-viva*.

Em 1849, a temerosa legião dos jornalecos livres mantinha-se numerosa, pois atingia a quarenta e quatro. Os nomes de dois já foram mencionados. Tais são: *Marmota* e *A Filha do Simplício*. Os nomes dos demais não eram, em geral, menos extravagantes ou curiosos. *A Borboleta Poética* esvoaçava ao lado do *Maribondo*, receosos ambos do *Cascalho* ou do *Diabo no Mundo*. A lúgubre *Sineta da Misericórdia* era abafada pelo *Sino da Lampadosa*, pelos tiros do *Fuzil* e pelo *Grito Nacional*. *O Teatrinho* aliava-se ao *Pagode*, seguidos de *O Moleque* e do inconveniente *Catuca*. Por sua vez, o *Forricouco* era pouco claro, a começar pelo título. Necessitava de explicação a extravagante folha *Filomela*: nome mitológico da filha do rei de Atenas chamada Pandiom. Conta a lenda que Filomela fora transformada em rouxinol. Teria canto de rouxinol o citado jornaleco carioca?

O antagonismo, que tão geralmente se estabelece entre os homens, estava representado pelo *Constituinte*, pelo *Liberal* e pelo que tinha o nome de quem jamais deixa de emendar as faltas alheias ou de restringir opiniões: *O Censor*. Em compensação os que dirigiam a *Torre da Candelária* fingiam, apesar de tão supostamente colocados no alto, não avistar e muito menos compreender o *Cosmorama*. E se existiam outros com títulos regionalistas como o *Fluminense* e o *Gaúcho*, ou nacionalistas, como os já citados, havia os de denominação com caráter americanista, como era o caso do *Americano* e do *Califórnia*. Um denominado de *Recreio* representava o oposto em relação ao *Carranca*. Entretanto *A Rosa* conjugava-se bem com o *Amor-Perfeito*. O mesmo acontecia ao *Guarda Nacional*, que não ficava mal ao lado da *Paz*. Mas, como não há felicidade completa, vendia-se também o periódico que recolhia e revelava as amarguras: *Contrariedade do Povo*.

Disputando os vinténs do público, achincalhadores e intrigantes, circulavam mais, de mão em mão, um execrável *Judas*, o pseudo *Noticiador*, outro que se proclamava *Patriota* e o bem genuíno *Saquare-*

ma. Mas o *Artista* sentia-se mal nas bancas dos jornais com a companhia do colega que se mostrava aos quatro ventos como *Pato-Macho.* E o *Clarim, Eco da União,* não permitia, com tais títulos e subtítulos, que se duvidasse da intenção de suas clarinadas...

A maioria desses jornaizinhos nada valia no sentido moral, pois lançava mão de verrinas, de intrigas de toda sorte e de expedientes os mais baixos para viver. A honra alheia, a reputação dos mais ilustres varões do Brasil, a dignidade da mais nobre dama, estavam à mercê da pena dos pseudojornalistas, que visavam, principalmente, a dispor comercialmente da bolsa alheia. Essa situação deu origem a inúmeros conflitos e até à morte de Clemente José de Oliveira, indivíduo de maus bofes que, redigindo *O Brasil Aflito,* tornara-se um verdadeiro flagelo contra a família do regente do Império, marquês de Olinda.

Os Anúncios

Os anúncios dos jornais eram interessantíssimos e, não poucas vezes, divertidos.

Veja-se, por exemplo, o que apareceu no *Jornal do Comércio,* de 18 de outubro de 1836, relativo a um cirurgião-dentista verdadeiramente complexo: *CIRURGIÃO-DENTISTA, morador na rua da Vala n.º 116, esquina da do Ouvidor, faz todas operações na sua arte, como tirar com ligeireza os dentes e raízes que os outros não têm podido tirar; também os limpa, chumba, divide e corta e trata de qualquer doença, tanto escorbútica como de flosedão; põe dentes artificiais nas mesmas raízes dos naturais, com pau ou ouro, tudo por preços módicos; fabrica o excelente elixir antiescorbútico, e tem pós para conservar alvos os dentes, tudo reconhecido por suas ótimas qualidades; fabrica fundas para todas as classes de quebradura, e afiança a sua total perfeição; tira os calos e unhas encravadas nos dedos; tanto em sua casa, como aonde o chamarem.*

Outro anúncio visava à troca ou venda de gente parda: *Vende-se ou troca-se, por uma ama-de-leite, uma parda de 24 anos, perfeita costureira e engomadeira, que corta e faz tanto camisas como vestidos de sra., apronta um chá, cozinha de forno e fogão, veste uma sra. com todo o asseio e faz o mais pertencente a uma boa mocamba.* A fuga ou o rapto de uma pavoa com ovos dá origem ao seguinte: *Desapareceu uma pavoa, rajada de branco e pardo, com 5 ovos que estava chocando; e um mapa de Niterói. Gratifica-se com 6$ réis a*

472

quem der notícias disto na chácara que foi do capitão Domingos, no Maruí. A venda de uma negra de qualidade era anunciada da forma que segue: *Vende-se na rua do Piolho nº 88 uma vistosa preta de nação, de idade de 14 anos, sabendo lavar de sabão e princípios de engomar, e o mais serviço ordinário de casa pelo diminuto preço de 310$000, e um mulatinho de 10 anos incompletos com princípios de alfaiate.*

Quando os negros fugiam ou eram *seduzidos* (expressão muito corrente e significando que tinham sido induzidos a abandonar seus patrões, ou *senhores*), lá vinham os indefectíveis anúncios, com curiosos detalhes. Um *João Carioca* era descrito como: sendo grosso de corpo; com um sinal rodeando o olho esquerdo, que "diz ser de garrafa"; sem dois dedos no pé esquerdo; pés muito chatos; "muito barbado e feio de cara". A crioula fujona, chamada *Venância,* era apresentada como baixa e grossa, meio fula, beiços muito grossos, peitos caídos e grandes, "assento grande", com um dedo de pé esquerdo muito comprido. "Um lindo preto", apropriado a todo serviço e sendo oficial de alfaiate, tinha sido desencaminhado; solicitava-se que, mediante as alvíssaras de 50$000, fossem dadas informações. Ou então pediam-se notícias de uma crioula chamada *Felismina,* "com maçãs do rosto bastante grandes", desaparecida de uma determinada casa do centro da cidade. Por fim, transcrevamos um anúncio ameaçador: *Roga-se ao sr. sedutor de escravos que, no dia 10 do corrente, seduziu um moleque de nome Jacó, o qual levava uma bandeja com uma toalha, de dar soltura quanto antes ao referido moleque para voltar à casa de seu senhor; e, quando assim não faça, se processará judicialmente por todos os prejuízos, e danos; pois conhece-se perfeitamente o sr. sedutor, bem como também se sabe que no mesmo dia, às 11 horas da manhã, foi encontrado na rua do Sabão no ato de seduzir o moleque, do que tudo há testemunhas.*

Outros anúncios sobre fugas de escravos davam outros esclarecimentos não menos curiosos. Assim, um tal Ambrósio, de nação *caçanje*, era baixo, reforçado, pajem e oficial de criador; um outro, de nação *rebolo*, tinha barba serrada e era "atrapalhado na língua"; um Tomás de nação *macuana*, era definido como tendo "sinais da mesma nação"; e o crioulo Domingos estava indicado como "meio fulo, baixo e reforçado, testa grande, oficial de compasso, tanto de carpinteiro como de marceneiro, e também trabalha de pedreiro, com uma cicatriz na testa".

A beleza ou feiúra dos negros constituíam condições ponderáveis para a compra ou venda dos mesmos. Dessa forma, um anúncio proclamava: *Vendem-se moleques mui bonitos*. Outro aviso dizia que era facilitada a compra de uma preta moça, cozinheira, com boa saúde, pelo preço de 360$000 réis, acrescentando que "dá-se por este preço por ser bastante feia".

Os jornais também serviam para despedidas dos que partiam para a Europa. Assim: um ator se recomendava submisso às pessoas que faziam jus ao seu reconhecimento; e um outro, negociante, apresentava cumprimentos de gratidão. Não faltava, outrossim, quem prevenisse aos prováveis credores de alguma quantia que o procurassem, para ser satisfeito o débito. E, para que não houvesse dúvidas sobre as suas intenções, o anunciante declarava que "este anúncio é filho de princípios de retidão, e não envolve particularidade estranha".

Havia não poucos avisos cheios de jocosidade. Por isso, vale a pena transcrever, como exemplo, o aparecido no *Jornal do Comércio* de 17 de maio de 1841. É o seguinte: *Acha-se já reimpressa a tão procurada* Mulher do Simplício, *o espelho do belo sexo; e hoje o jornal das famílias. Este número voou... Uf!... em dois dias foi-se a edição!! Ela está — célebre, esquisita e original —; na política traz a impolítica, por dizer à gente pequena o que ela deve saber, e dizer aos grandes, isto é, assim como vós, nós. Traz todos os versos dedicados a SS. MM. na abertura do novo teatro; traz uma pintura do casamento pela mulher e outra pelo homem; descreve todas as modas das Sras., e seus chapéus, vestidos e seus bracinhos, — contando o caso da moça gorda que ficou magra na rua; modas dos homens, a cabeça rapada, chapéu, casaca, calças, botins, &, &. Este número é cousa bela, e quem o quiser vá depressa à Rua da Quitanda n.º 77, Ouvidor 152, Ajuda 21 e Praça da Constituição 64, loja de Paula Brito, que levando 160 em cobre receberá 16 páginas impressas.*

As coisas da religião também eram tratadas por meio de anúncios. Assim, o *Jornal do Comércio* de 14 de maio de 1844 traz um relativo à procissão do Corpo de Deus e à do Glorioso São Jorge, do teor seguinte: *Estando à porta o dia da principal procissão do Império, a procissão da nobreza e do clero, e na qual tem de aparecer, como sempre, o glorioso S. Jorge que este ano vai ser visto por S. M. a Imperatriz, e por seu augusto irmão; vendo-se a irmandade, de que S. M. o Imperador é supremo protetor, sem meios para socorrer às necessárias despesas, pois até o soldo que, como Santo Antônio e*

S. Jorge, antigamente percebia pelo tesouro, disso mesmo está há muito privado; houve a lembrança de comprar-se uma récita no Teatro de S. Francisco, não só para com os lucros dela poder-se fazer a festa, como salvar dois pequenos prédios da irmandade, que já se acham penhorados pela fazenda nacional por atraso de décimas!... Pelo motivo exposto esperava-se que o público comparecesse ao dito teatro, no dia 22, onde assistiria, com os bilhetes comprados na loja de Paula Brito, a um espetáculo constituído de: rico drama de grande efeito, *A Gargalhada;* belo dueto, *O meirinho e a pobre;* farsa, com fado da tirana, *Juiz de paz da roça.*

Outros Aspectos Jornalísticos

Também era muito comum ver, nos jornais, estereotipados os sentimentos amorosos por meio de *acrósticos;* o júbilo pelo aniversário de reis e príncipes em *canto genetlíaco;* e a dor pela perda de amigo, parente ou mestre através de uma *nênia* ou de um *epicédio.* E nos jornalecos não faltava nunca que o desapreço por alguém se revelasse em ferozes *epigramas.*

Os Preços

Interessante será discriminar o preço de alguns jornais e publicações antes citados. Constatar-se-á, assim, a sua barateza. O *Jornal do Comércio* custava 20$000 réis por ano; o *Correio Mercantil* e o *Brasil Musical,* 16$000 rs., cada um; o *Ramalhete das Damas,* 10$000 rs.; o *Correio da Tarde* e *O Brasil,* 12$000 rs.; os *Anais de Medicina,* o *Auxiliador da Indústria* ou a *Nova Gazeta dos Tribunais,* tão-somente 6$000 rs. por ano; a *Revista do Instituto* custava 4$000 por ano; *A Religião,* 2$000 rs. por ano; o *Grito Nacional,* 2$000 rs. por 20 números; e o *Monarquista,* 2$000 rs. por trimestre.

Caricaturas e Caricaturistas

Não se julgue que naqueles tempos não havia quem se dedicasse a representar, com mordacidade, as coisas e os homens.

Um dos mais antigos documentos é — segundo revelação de Gustavo Barroso — o álbum *Sketches of Portuguese Life, Manners, Costume and Character,* de A. P. D. G., publicado em Londres no ano de 1826. Entre as gravuras se contam algumas, satíricas, relativas ao Rio de Janeiro: *Court day at Rio* (Dia de beija-mão na Corte, ao tempo de d. João VI); *Slave shop at Rio* (Armazém de escravos no Rio) e *Party at Rio. A castrate singing* (Um castrado cantando).

Depois, as caricaturas passam a ser vistas nas esquinas das ruas, onde eram pregadas como cartazes. Referiam-se a assuntos políticos, mormente aos relativos à Independência. O mais curioso é que provinham de tipografias inglesas.

Segundo revelação de Francisco Marques dos Santos, foi Frederico Guilherme Briggs, ex-aluno da Academia Imperial das Belas-Artes, estabelecido com litografia na rua do Ouvidor, quem lançou à venda, a partir de 1840, inúmeras caricaturas, numeradas de 1 a 20. Representavam homens, fatos, coisas, acontecimentos políticos, cenas da vida comum. Todas traziam títulos e não poucas se apresentavam coloridas. Eram feitas com arte e relativa graça, custando o exemplar de 160 a 240 réis.

CAPÍTULO IX

CULTOS E CRENÇAS

1) O CULTO CATÓLICO APOSTÓLICO ROMANO

A PRELAZIA, O BISPADO E A NUNCIATURA — AS FREGUESIAS — CERIMÔNIAS E FESTAS RELIGIOSAS — AS PROCISSÕES — OUTRAS PARTICULARIDADES INTERESSANTES

A Prelazia, o Bispado e a Nunciatura

A cúria da cidade da Carioca teve a sua origem na criação, em 1576, da prelazia de São Sebastião do Rio de Janeiro. Esta é erigida em bispado em 1676, como conseqüência da elevação do bispado da Bahia — sede da Igreja Católica no Brasil — à categoria de arcebispado. E, assim, a matriz de São Sebastião é elevada a catedral. O primeiro bispo nomeado para o Rio de Janeiro foi frei Manuel Pereira, provincial da Ordem dos Pregadores. Porém, não tendo desejado vir para o Brasil, deu lugar à confirmação do primeiro bispo efetivo desta

Sebastianópolis: d. José de Barros Alarcão. Daí por diante exerceram o bispado do Rio de Janeiro: d. Francisco de São Jerônimo; d. frei Antônio de Guadalupe; d. frei João da Cruz; d. frei Antônio do Desterro Malheiro; d. José Joaquim Justiniano Mascarenhas Castelo Branco (primeiro brasileiro e carioca que exerceu o cargo); e d. José Caetano da Silva Coutinho. Nomeado bispo desde 5 de novembro de 1805, somente chega ao Rio de Janeiro em 1805. Precedido de grande fama, ostentava o importante título de arcebispo de Cranganor, na Índia. Entra solenemente na Sé do Rio de Janeiro a 13 de maio. Foi, portanto, o 8º bispo. A diocese abrangia, nessa ocasião, desde a Vila de Parati até Porto Seguro e, mais, Santa Catarina e Rio Grande de São Pedro. O arcebispado metropolitano estava sediado na cidade do Salvador, cabendo a importante investidura eclesiástica ao frade beneditino d. José de Santa Escolástica

A 15 de junho, o príncipe regente eleva a Igreja de Nossa Senhora do Carmo (dos religiosos carmelitas) à categoria de capela real e catedral do bispado. O corpo capitular é para aí transferido e sua constituição alterada, havendo desde então 22 cônegos e oito dignidades: decano, vice-decano, arcipreste, chantre, tesoureiro-mor, mestre-escola e arcediagos (dois). No mesmo ano ocorre um fato de transcendental importância política e religiosa: o primeiro núncio acreditado junto à Corte do príncipe regente no Brasil, d. Lourenço Caleppi, bispo de Nisibi, assume o alto posto a 8 de setembro. Os novos estatutos do cabido são aprovados, em 4 de agosto de 1809, pelo bispo d. José Caetano, sendo confirmados oficialmente pelo alvará de 27 de setembro do ano seguinte. Já d. Lourenço Caleppi era cardeal quando vem a falecer nesta cidade a 17 de janeiro de 1817. Seu sucessor, o núncio d. João Francisco Marefoschi, arcebispo de Damieta, também falece no Rio de Janeiro depois de três anos de missão: 27 de outubro de 1817 a 17 de setembro de 1820.

Em virtude do advento do Império, a capela real é convertida em capela imperial. O papa Leão XII aprova a ereção da nova Catedral de Nossa Senhora do Carmo. E, assim, catedral e capela continuam a funcionar unidas. Os estatutos do cabido são mantidos.

A 27 de janeiro de 1833, vem a falecer d. José Caetano da Silva Coutinho. De então a 1838 ocupa a *sede vacante* o vigário capitular monsenhor Francisco Correio Vidigal. Falecendo, tem como sucessor o monsenhor Narciso da Silva Nepomuceno.

Em 1840, outro brasileiro, natural de Pernambuco, passa a exercer o bispado: d. Manuel do Monte Rodrigues de Araújo, depois conde de Irajá. Coube a esse 9º bispo de São Sebastião do Rio de Janeiro ser o primeiro a ser sagrado na capela imperial. É o que ocorre — depois de confirmado pelo papa Gregório XVI, por bula de 23 de dezembro de 1839 — a 24 de maio, sendo bispo sagrante o de Cuiabá, d. José Antônio dos Reis. A sua entrada solene na Sé ocorreu a 8 de junho.

Em 1850, o decreto imperial de 10 de setembro suprime, no cabido, duas dignidades e seis canonicatos. Dois anos depois essas supressões são confirmadas por decreto consistorial. É muito mais tarde, em 1889, que a catedral, o respectivo cabido e a capela imperial passam, provisoriamente, a funcionar na igreja, contígua, da Ordem Terceira de Nossa Senhora do Monte do Carmo.

Durante o Império, o Estado intromete-se na ação, na organização e nas nomeações da Igreja. Criara-se entre os políticos uma mentalidade de intervenção, a mais absoluta e a mais absurda, na vida eclesiástica. À sombra dessa concepção praticaram os maiores disparates. Por isso as relações entre a Santa Sé e o governo imperial foram sempre tensas. Tudo isso ocorria somente porque o Estado reconhecera na Constituição de 1824 o que, de fato, fora reconhecido até então pelo governo real e pelos habitantes do Brasil: que a religião oficial era a Católica Apostólica Romana. Essa confirmação estava expressa no art. 5º da mesma, onde se dizia que a religião católica continuaria sendo a do Império.

A nomeação do sucessor do núncio Marefoschi sofrera delongas porque o governo não desejava prover as despesas do mesmo, nem concorrer com o dinheiro de São Pedro. Ainda mais: o noviciado fora virtualmente impedido; as ordens viam seu direito conspurcado e o seu próprio caráter religioso atingido por inqualificáveis determinações; ordens e congregações religiosas eram extintas sem que a Igreja fosse ouvida; a vida fora dos claustros não era permitida; os rescritos dos núncios não recebiam o devido beneplácito; a divisão eclesiástica podia ser alterada até pelos governos provinciais. O Ato Adicional muito concorrera para fazer que os governos central e das províncias tratassem a Igreja como se fosse de sua propriedade. D. Pedro I chegou, mesmo, a exceder-se, pois "usurpou os direitos de

Padroeiro da Igreja no Brasil, subordinou ao seu arbítrio as bulas do Santo Padre e a autoridade dos bispos brasileiros". Assim escreveram Jackson de Figueiredo e Perilo Gomes, no seu estudo *Organização religiosa*. Ao lado do regalismo; do espírito racionalista e cético dos homens do governo; da falta de cultura do povo, que não penetrava na essência da doutrina cristã; da indolência geral no pensar um pouco; do desejo que tinham bastantes homens públicos e legisladores de mostrar independência de opinião e de ação; havia clérigos cujo preparo muito deixava a desejar ou que estavam entregues completamente à política. Também a questão do celibato clerical, levantada no parlamento pelo padre Diogo Antônio Feijó, em 1827, apaixona os espíritos. Formaram-se correntes e partidos, favoráveis ou não à medida. Dentre os veementes opositores se destacou frei José de Santa Eufrásia Peres.

A nunciatura apostólica, vaga durante dez anos, tem na pessoa de d. Pedro Ostini, arcebispo de Tarso, o terceiro representante da Santa Sé no Brasil. Exerce o cargo de núncio de 10 de junho de 1830 a 10 de janeiro de 1832. Isso não impediu, entretanto, que a Regência expulsasse, em 1831, os religiosos estrangeiros. Entre esses, se contavam os capuchinhos.

Em 1836, a campanha contra a Santa Sé é intensificada na Câmara dos Deputados em virtude de ter-se o Vaticano negado a aprovar a eleição do bispo do Rio de Janeiro, d. Antônio Maria de Moura. Em defesa da Igreja se destacou o vulto do arcebispo da Bahia, d. Romualdo Antônio de Seixas, então deputado.

Coube ao auditor da Nunciatura, monsenhor Cipião Domingos Fabrini, servir como encarregado de negócios daquela data até 7 de janeiro de 1841. Naquele ano, e a partir de 10 de setembro, exerce sua missão o internúncio monsenhor Ambrósio Campodônico. No ano de 1842 tem lugar a restauração, no Brasil, da Companhia de Jesus. Monsenhor Campodônico mantém-se no posto durante cinco anos, sendo substituído a 1º de maio de 1846 pelo internúncio monsenhor Caetano Bedini. E monsenhor Antônio Vieira Borges é o sétimo representante do Vaticano e o segundo como encarregado de negócios. Substitui a monsenhor Bedini em 11 de dezembro de 1847. A 19 de janeiro de 1853, deixaria o cargo.

O conflito entre o Estado e a Igreja está perfeitamente evidenciado pelas sucessivas e exclusivas nomeações, desde 1833, de encarregados de negócios e de internúncios para a chefia da Nunciatura. A inextinguível discórdia prepara dias piores. No 2º reinado surgiria a maior querela. Foi a questão dos bispos. Daí para o Estado republicano, sem religião, foi um passo. Mas a República respeita e prestigia a religião católica e concede-lhe plena liberdade. E, assim mesmo, um núncio somente voltaria a existir no Rio de Janeiro em 1901.

As Freguesias

A divisão territorial — a *freguesia* — era a mesma para a Igreja, a polícia e a municipalidade. Aquela denominação provém de *freguês,* porque todo aquele que pertence a uma paróquia é freguês da mesma. Portanto, paroquiano é o freguês da paróquia. E esta é, por sua vez, a igreja matriz em que existe pároco.

Em 1808, havia quatro *freguesias:* da Sé, da Candelária, de São José e de Santa Rita. A freguesia da Sé foi a primeira criada. Deu-lhe origem a ermida consagrada a São Sebastião, erguida no morro do Castelo por Salvador Correia de Sá. Mas, suspensa a edificação da mesma em virtude de ter o dito governador deixado o seu posto, somente foi concluída pelo mesmo em 1583. Ali foram depositados os ossos de Estácio de Sá. Sete anos depois a ermida era elevada a matriz, a qual um século depois estava convertida em catedral. Mas, arruinada essa Igreja de São Sebastião, foi a catedral, com o cabido e o bispo, transferida para a várzea da cidade. A segunda freguesia foi a de Nossa Senhora da Candelária, sendo o ano de 1634 o da provável data de sua criação. Teve a sua origem na capela erecta por Antônio Martins de Palma e sua mulher. As freguesias de São José e de Santa Rita são instituídas, respectivamente, pela carta régia de 9 de novembro de 1749 e pela pastoral de 30 de janeiro de 1751. Depois, vão surgindo outras freguesias: assim, a freguesia de Santana resultou do desmembramento de parte da freguesia de Santa Rita, o que ocorreu em virtude da resolução nº 42 da Mesa da Consciência e Ordens, com data de 5 de dezembro de 1814. Em 1826, foi criada a paróquia do Sacramento, sendo dividida em 1833, pela Câmara Municipal, em três distritos. Somente em 1834 é que a freguesia da Glória, desmembrada da de São José, vem a existir em virtude do decreto nº 13, de 9 de agosto. Passada a primeira metade do século XIX é que surgem as freguesias de Santo Antônio, São Cristóvão, Espírito Santo, Engenho Novo e Gávea.

Por sua vez, as *freguesias* de fora, isto é, de fora da cidade, eram: a de Nossa Senhora da Apresentação do Irajá, criada em 1644 e confirmada pelo alvará de 10 de fevereiro de 1647; de Jacarepaguá, criada a 6 de março de 1661; de Campo Grande, em 1673, quando foi separada das duas freguesias antes citadas; de Inhaúma, que teve existência pelo alvará de 27 de janeiro de 1743; de Guaratiba, instituída pelo decreto de 12 de janeiro de 1755; da Ilha do Governador, pelo alvará de 12 de junho de 1755, que deu caráter perpétuo à paróquia; de Paquetá, criada pelo edital do bispo Desterro de 21 de junho de 1769, mas anexada depois à freguesia de Magé, somente em 2 de julho de 1810, em virtude da resolução n? 15 de consulta da Mesa da Consciência e Ordens, é que teve lugar a sua criação definitiva; do Engenho Velho, que data provavelmente de 1795, quando a vigaria encomendada se tornou perpétua; de São João Batista da Lagoa de Rodrigo de Freitas, instituída pelo alvará n? 10, de 3 de maio de 1809; e a de Santa Cruz, cujo curato foi unido ao termo de Itaguaí pelo decreto de 15 de janeiro de 1833 e depois, no mês de dezembro, dia 30, anexado ao Município da Corte.

Templos, Capelas, Ermidas e Oratórios

O culto tinha lugar em numerosos templos, conventos, capelas e oratórios da cidade, dos subúrbios e das ilhas.

As igrejas, edificadas a partir do século XVI, eram em meado do século XIX as que seguem.

No centro da cidade: *São Sebastião do Castelo;* começada a edificar em 1567 e concluída em 1583 por Salvador Correia de Sá. Foi a primeira matriz, servindo de Sé da prelazia e do bispado até 1734. Estava entregue aos capuchinhos italianos conhecidos como barbadinhos. *Nossa Senhora do Bom Sucesso da Santa Casa de Misericórdia* (1567). *Senhor Bom Jesus dos Perdões:* construída pelos jesuítas, em 1567, no morro do Castelo; tendo servido de capela do colégio que os mesmos ali mantiveram. *Catedral Metropolitana,* primitiva igreja dos carmelitas, erecta em 1590, tendo sido elevada, em 1808, a capela real e depois a imperial. *Virgem Mártir de Santa Luzia* (1592). *Nossa Senhora da Candelária:* fundada em princípio do século XVII, tendo sido começadas as obras do templo atual em 1775 e concluídas em 1811. *Santo Antônio,* do convento do mesmo nome (1616). *São Cristóvão,* antes de 1627. *São José,* edificada em 1633, aproximadamente, reconstruída muito mais tarde, tendo servido de matriz desde antes de 1661 até 1734. *Nossa Senhora da Conceição:* pertencente ao palácio episcopal do morro da Conceição; concluída em 1634. *Nosso Senhor do Monserrate,* do Mosteiro de São Bento: acabada de construir entre 1641 e 1642. *Santa Cruz dos Militares,* fundada antes de 1643; tendo servido de Sé de 1734 a 1737; pedra fundamental do templo ora existente, em 1780, e conclusão das obras em 1811. *Nossa Senhora da Glória do Outeiro,* em 1671. *São Domingos de Gusmão,* construída por uma confraria de negros, em 1706. *Nossa Senhora do Rosário:* lançamento da primeira pedra em 1708; tendo servido de catedral de 1737 a 1808. *São Francisco da Prainha* (1710). *Bom Jesus do Calvário* (1719). *Santa Rita de Cássia* (1721), vulgarmente chamada de capela dos malfeitores, porque ali iam fazer suas preces, de passagem para o lugar da forca, os condenados à morte. *Nossa Senhora da Conceição e Boa Morte,* construída em 1721 e reconstruída em 1735. *Príncipe dos Apóstolos São Pedro,* iniciada no ano de 1733 e concluída antes de 1741. *Santana:* a antiga, no velho campo de São Domingos (1735). *Nossa Senhora da Ajuda,* do convento dessa invocação (1745). *Divino Espírito Santo* (1746). *Santa Ifigênia e Santo Elesbão,* por uma confraria de negros, em 1747. *Nossa Senhora da Lapa dos Mercadores:* teve as obras iniciadas no ano de 1750 e concluídas em 1766. *Santa Teresa,* no Convento de N. S. do Desterro, construída em 1751. *Nossa Senhora da Lapa do Desterro* (1751). *São Francisco de Paula* (1757). *Imaculada Conceição* (na atual rua do General Câmara), inaugurada em 1758. *Nossa Senhora-Mãe dos Homens:* 1758. *São Joaquim,* ao lado do seminário do mesmo nome (1758). *São Gonçalo Garcia* (depois de 1758). *São Francisco Xavier,* no Engenho Velho dos Jesuítas, em 1759, reconstruída em 1805 e mais tarde (em 1914) ampliada. *Senhor dos Passos,* iniciada em 1737, inaugurada em 1769 e reconstruída em 1843. *Nossa Senhora do Monte do Carmo,* inaugurada em 1770. *Nossa Senhora da Lampadosa,* devido à iniciativa de uma irmandade de pretos, teve a sua construção iniciada em 1772. *São Francisco da Penitência*: aberta ao culto em 1773. *Nossa Senhora do Parto:* em 1787, destruída dois anos depois por um incêndio e imediatamente reconstruída. *São Gonçalo Garcia e São Jorge,* construída em 1790 e refeita no século XIX. *Glorioso Patriarca São José:* teve as obras começadas em 1807, prosseguidas em 1815 e concluídas em 1842. *Santo Antônio dos Pobres:* 1811. *Santíssimo Sacramento:* começada em 1820 e concluída somente em

1875. *Nossa Senhora da Glória:* construída na rua das Laranjeiras, em 1720, reconstruída pela rainha d. Carlota Joaquina em 1818 e novamente reparada em 1835. O lançamento da pedra do novo templo, no largo do Machado, teve lugar em 1842.

Nos arredores da cidade: *São Francisco Xavier:* antiga capela do Engenho Velho ou Engenho Pequeno dos Jesuítas, erguida de 1582 a 1585, refeita em 1759, reformada em 1815, e muito mais tarde — em 1914 — ampliada. *São Cristóvão:* construída em 1627 e refeita no fim do século XIX. *Nossa Senhora da Conceição da Gávea,* em 1752. *Nossa Senhora da Conceição do Engenho Novo,* antiga capela jesuítica, levantada no segundo quartel do século XVIII e reconstruída em 1834. *Igreja do Convento de São João Batista,* na Quinta da Boa Vista (1810). *Igreja de Nossa Senhora de Lourdes* (antes capela), existente na Fazenda do Macaco, de propriedade da princesa d. Maria Teresa (1816), no atual bairro de Vila Isabel. *São João Batista da Lagoa,* erecta depois de 1831.

Nos subúrbios: *Santa Cruz,* na fazenda do mesmo nome, levantada pelos jesuítas quando ali se estabeleceram. *Nossa Senhora da Penha* (1613). *São Bento,* edificada em Camorim (Jacarepaguá), no ano de 1625, tendo pertencido ao Mosteiro de São Bento, sob a invocação de São Gonçalo. *Nossa Senhora do Desterro,* em Guaratiba (1629). *Nossa Senhora da Apresentação de Irajá,* feita em 1647 e reconstruída nos anos de 1701 e 1731. *Nossa Senhora da Pena,* situada em Jacarepaguá e edificada em 1664. *Nossa Senhora de Loreto,* no mesmo local e no mesmo ano que o templo antes mencionado. *São Salvador do Mundo de Guaratiba* — a primeira matriz é de 1676, desconhecendo-se a data em que foi edificada a segunda. *Nossa Senhora da Conceição de Inhaúma* (1714). *Nossa Senhora da Saúde* (1742). *Nossa Senhora da Piedade,* do Engenho Novo (1743). *Nossa Senhora de Copacabana* (antes de 1746). *São Francisco de Paula* em Magarça, (Guaratiba), erigida em 1760. *Nossa Senhora da Lapa,* no Viegas, em Campo Grande, inaugurada no ano de 1770. *Nossa Senhora da Conceição,* no Campinho, erigida em 1845.

Nas ilhas: *Senhor Bom Jesus* (1704), na antiga ilha da Caqueirada, depois denominada do Bom Jesus. *Nossa Senhora da Ajuda,* construída em 1710 na ilha do Governador, reformada em 1743 e aumentada no ano de 1811.

Por sua vez, as datas ligadas aos conventos são as seguintes: *São Bento* (início da construção em 1591); *Carmo* (edificado depois de 1591); *Santo Antônio* (construído em 1616); *Nossa Senhora da Ajuda* (concluído em 1745 e aberto em 1750); *Santa Teresa* (construído de 1750 a 1751).

A construção de capelas e ermidas teve a sua origem no cumprimento de promessas, na transplantação de uma devoção lusitana, no desejo de cultuar uma lembrança religiosa ou na execução do mandato de um legado. Os terrenos em que as mesmas foram erguidas provieram quase sempre da doação de um senhor de engenho, de um rico negociante, de senhora que herdara fortuna de marido abastado, da vaidade de alguém ou da religiosidade de não poucos. Naquele meado do século XIX não mais existiam as primitivas ermidas da cidade: de *Nossa Senhora do Ó*, na antiga Várzea (1590); de *Nossa Senhora da Conceição*, no morro de São Bento (1590); de *Nossa Senhora da Ajuda*, no lugar onde atualmente está o templo anglicano da rua Evaristo da Veiga (construída antes de 1600); de *São José* (entre 1608 e 1610); do *Desterro*, no morro do mesmo nome, a cavaleiro da Lapa (entre 1620 e 1624); da *Cruz dos Militares* (1628); de *Nossa Senhora do Parto* (1653); de *Nossa Senhora do Livramento*, entre o Valongo e a Saúde (1670); de *Nossa Senhora da Glória*, no outeiro do mesmo nome (1671); de *Nossa Senhora dos Prazeres*, junto ao rio da Carioca, proximidades do Cosme Velho (1792); do *Menino Deus*, em Mata-Cavalos (1742); e de *Nossa Senhora da Conceição de Irajá* (data incerta).

E as capelas que tinham existido ou que ainda existiam podem ser discriminadas da seguinte forma: de *São Sebastião*, levantada no morro da Cara de Cão, logo após a fundação da Vila Velha; do Engenho Velho ou de *São Francisco Xavier*, dos jesuítas (antes citada, entre 1582 e 1585); de *São Cristóvão* ou da Quinta dos Jesuítas (1600); de *Nossa Senhora da Cabeça*, no Engenho de El-Rei, da lagoa Rodrigo de Freitas (data incerta, podendo ter sido fundada no ano de 1603); da Fazenda do Macaco, no atual bairro de Vila Isabel, dos jesuítas (data ignorada); de *Nossa Senhora da Conceição da Lagoa* (mais ou menos pelo ano de 1609); de *Santo Antônio*, no Engenho da Pedra, em Inhaúma (1638); de *Nossa Senhora da Conceição*, no morro do mesmo nome (antes de 1665); de *São Tiago Maior*, construída em Inhaúma no ano de 1684, tendo feito parte integrante do Engenho da Rainha, de propriedade da rainha d. Carlota Joaquina; de *São Clemente,* na quinta assim chamada, em Botafogo (l685); de *São Roque,* na ilha de Paquetá (1697); de *São Diogo* (antes de 1710); de *Nossa Senhora das Mercês,* no Campinho (1717); de *Santo Antônio,* na fazenda de Iuari, em Campo Grande (1723); de *Nossa Senhora da Madre de Deus,* na quinta do Valongo (1733); de *Nossa Senhora da Conceição,* na fazenda do Rio Grande, em Jacarepaguá (antes de 1737); de *Santa Cruz,* na fazenda da Taquara, em Jacarepaguá (1738 ou 1759); de *Santa Teresa,* no morro desse nome, atual do Pinto (antes de 1740); de *Nossa Senhora da Conceição,* na fazenda do mesmo nome, na Pavuna (1740); de *São Francisco da Prainha* (1740); de *Nossa Senhora da Conceição,* do Engenho Novo dos Jesuítas (segundo quartel do século XVIII); de *Santana,* na fazenda das Capoeiras, em Campo Grande (1754); do *Senhor Bom Jesus do Monte,* na ilha de Paquetá (1758); do Hospital dos Lázaros, em São Cristóvão (1763); de *Nossa Senhora do Pilar,* na fazenda de Vargem Grande, em Jacarepaguá (1766); de *Nossa Senhora,* do Curral Falso, em Santa Cruz (começo do século XIX); de *Santana,* na Quinta da Boa Vista (erecta depois da chegada da Corte); da Casa dos Expostos (1844); de *Nossa Senhora da Conceição,* do Hospício de Pedro Segundo, na praia da Saudade (1844); de *Nossa Senhora da Conceição,* do antigo Arsenal de Guerra, no Calabouço (1847); e mais três de datas ignoradas: *Nossa Senhora de Loreto* (no Lameirão, Campo Grande), *Santana* (na fazenda da Pedra, em Guaratiba) e *São José* (na ilha das Cobras).

A capela ou a ermida é substituída pelo templo. É a devoção da gente da terra que promove, com fartos recursos, essa transformação. Mas a construção de templos e capelas não satisfazia à devoção. Por isso houve bastantes oratórios, erectos em diversos lugares, de natureza privada. Estão no caso os seguintes: o de *Santana da Terra Santa,* edificado antes de 1741, no convento dos barbadinhos, no caminho dos Canos da Carioca (hoje, rua Evaristo da Veiga); o oratório de *Santana do Aljube,* na prisão do Aljube; os das propriedades rurais, servindo de exemplos aqueles existentes nos engenhos de Água e da Serra (em Jacarepaguá) e na fazenda do Saco (em Guaratiba); e o de *Nossa Senhora das Neves,* no morro de Paula Matos (1814).

Entretanto, não bastavam os oratórios de cada casa, nem os dos nichos das varandas de certos solares. Os moradores de cada rua desejavam ter, também, sua devoção plasmada em imagem santa. Por isso, surgem os oratórios das esquinas das vielas e ruas, os altares colocados ao meio dos quarteirões e os nichos das frontarias das casas, entradas de conventos ou portais de ordens terceiras. Segundo Pedro Calmon, foi o padre Ângelo de Siqueira quem introduziu no século XVIII, nesta cidade, o gosto de tais construções. Assim, se Roma era considerada a cidade dos *tabernacoli,* outra coisa não se podia dizer da cidade do Rio de Janeiro nos séculos XVIII e XIX, pois nela chegou a haver uma centena. E os havia altos ou suspensos, como baixos, tão baixos que a parte inferior, moldurada ou saliente, magoava os cotovelos dos transeuntes. A maioria tinha porta de dois batentes, aberta diária ou semanalmente por quem deles cuidava. Mas todos iluminados pela luz mortiça de seus globos ou lampiões. Segundo crença generalizada, a origem e missão de não poucos oratórios, nichos e altares não era outra que a de afugentar os fantasmas, *espíritos* e gênios maus que rondavam a cidade e que atacavam e assustavam os raros notívagos que se recolhiam a desoras aos seus penates. Alguns dos oratórios que existiram até nossos dias foram: o conhecido como *Oratório de Pedra,* colocado numa esquina da rua do Regente com a da Alfândega; o de *Santo Elói,* padroeiro dos ourives, situado na esquina da rua dos Ourives com a da Assembléia; e o de N. S. da Lapa dos Mercadores. Hoje somente subsistem o gracioso oratório de *Nossa Senhora do Cabo da Boa Esperança,* colocado sobre o portão de entrada à área lateral da Igreja do Carmo, na rua do mesmo nome, e o nicho com a imagem de Santo Antônio sobre a entrada do convento do mesmo nome.

Ordens Terceiras e Irmandades

Estabelecida a cronologia das principais igrejas e capelas cariocas, veja-se, agora, a antiguidade das mais importantes ordens terceiras, irmandades, devoções e cultos que davam brilho à religião, fulgor às solenidades do culto e exerciam, além, numerosas e beneméritas ações sociais.

Confrarias, organizadas como *Veneráveis Ordens Terceiras,* havia algumas e importantes: São *Francisco da Penitência* — a primeira instalada no Rio de Janeiro (1619), *Nossa Senhora do Monte do Carmo* (1661), *Senhor Bom Jesus do Calvário e Via Sacra* (1742), *Mínimos de São Francisco de Paula* (1756), e *Episcopal de Nossa*

487

Senhora do Terço (1847). Essas eram as ordens constituídas de pessoas brancas; geralmente negociantes. Mas existiam outras formadas de negros, como a de *São Domingos* (1706), e de pardos, como foi a resultante da fusão das irmandades da Conceição e da Boa Morte: *Venerável Ordem Terceira de Nossa Senhora da Conceição e Boa Morte* (1820).

As irmandades eram as seguintes: *Santíssimo Sacramento da Antiga Sé* (entre 1567 e 1569), *São Miguel e Almas* da freguesia do Sacramento (1579), *Nossa Senhora da Misericórdia* (1582?), *Santa Luzia* (1592), *Santíssimo Sacramento* da freguesia de Nossa Senhora da Candelária (fundada em data incerta — segundo alguns em 1614 —, mas muito antiga, pois já em 1711 ela existia, de vez que seus bens e os da igreja tinham sido saqueados pelos soldados de Duguay-Trouin), *Devoção de Nossa Senhora da Conceição* (estabelecida em data desconhecida na Igreja de São Domingos e elevada a confraria em 1816), *São José* (erecta entre os anos de 1608 e 1610), *Santa Cruz dos Militares* (1623), *Nossa Senhora do Rosário* e *São Benedito* (1631), *Nossa Senhora do Parto* (1653), *Clérigos do Príncipe dos Apóstolos São Pedro* (fundada, segundo parece, no começo do século XVII e normalmente constituída em 1661), *Nossa Senhora da Glória do Outeiro* (em 1671, tendo recebido o título de Imperial por decreto de 27 de dezembro de 1849), *São Crispim e São Crispiniano* (1711), *Sacramento da Glória* (1720), *Santa Rita de Cássia* (1720), *Nossa Senhora da Penha de França* (1728), *São Miguel e Almas* da freguesia da Candelária (1733), *Santíssimo Sacramento* (1734), *Santa Ifigênia* e *Santo Elesbão* (1747), *Lapa dos Mercadores* (1748), *Nossa Senhora das Dores* da freguesia da Candelária (1780) e *Lapa do Desterro,* cuja data de fundação é desconhecida, mas já existente em 1799, ano em que lhe foram outorgadas certas regalias

Cerimônias e Festas Religiosas

As festividades e cerimônias da religião, inúmeras e realizadas com grande esplendor, contribuíam para realçar a originalidade da urbe carioca, atraindo a atenção dos estrangeiros.

O interior dos templos apresentava, nas solenidades mais importantes, aspecto imponente. Luzes em profusão. Velas espetadas em tocheiros e candelabros, ou resguardadas em *mangas* de cristal trabalhado e em globos de vidro. Ao centro das naves, lampadários com dezenas de luzes. Umas peças eram de jacarandá, muitas de prata maciça, não poucas de ouro. Mantos, túnicas, casulas, paramentos e opas, de seda e ricamente bordadas, deslumbravam os espectadores. Dos balcões dos altares-mores pendiam colchas de ouro achamalotado ou de cor de carmim e azul celestial. Flores e palmas artificiais nos altares e nichos. Nos coros, grandes orquestras de negros tocavam músicas do padre José Maurício e de Marcos Portugal e inúmeros cantores faziam ouvir as suas vozes, destacando-se os sete sopranos da Capela Imperial — os sete italianos castrados —, dentre os quais se destacavam, pelas suas vozes, o Reale, o Ciconi e o Fazzioti.

Nos púlpitos abarrocados, que consolos e figuras engastam em paredes e pilares, pregavam as sumidades da oratória eclesiástica: bispos, monsenhores e freires. Sob baldaquinos em que o barroco pompeia ou debaixo daqueles feitos de brocado, reboavam pelas naves as vozes eloqüentes desses pregadores que emocionavam as mulheres, proporcionavam conforto aos sofredores, profligravam os vícios e crimes, ressaltavam as virtudes, aconselhavam os duvidosos, traziam à pobre, incerta e atormentada vida humana um pouco de resignação e muita esperança nos dias vindouros ou numa morte serena e santa. A multidão de fiéis ouvia em silêncio. Acompanhava a exuberante gesticulação dos sermonistas, apreciava suas belas vestes, mas não tinha capacidade intelectual para compreender os belos tropos oratórios. Mantinha-se, entretanto, imóbil e respeitosa.

Nos adros é que nada disso existia, mas, sim, muito barulho. Iluminados pelos lampiões dos pilares de pedra, onde prendidas estavam as grades de contorno, pelos copinhos de cor da fachada e pelas lanternas das negras doceiras e quituteiras e dos mercadores de *promessas,* santos e escapulários, esses adros apresentavam um aspecto digno de ser visto. O quadro externo se completava com o coreto do *leilão de prendas* (fonte de renda para as irmandades) e com o palanque da banda de música civil ou militar que, infalivelmente, comparecia. Se o conjunto musical era o dos escravos da *Quinta Imperial,* podia-se dizer que a festa estava completa. Ele gozava da simpatia popular, não só pelo que tocava, como, também, pelo original uniforme que seus componentes envergavam.

Quando as solenidades tinham lugar nos templos situados nos morros — Glória do Outeiro, Santo Antônio, Conceição e São Bento

—, o espetáculo da chegada e retirada dos romeiros ganhava em pitoresco. As ladeiras das fraldas dos morros proporcionavam ao observador golpes de vista bem interessantes. Eram famílias que subiam com os respectivos fâmulos, levando *promessas* e *milagres* de cera; grupos de pessoas empunhando velas, o que em conjunto parecia uma cobra luminosa arrastando-se pelo aclive; ou penitentes que, com grande esforço, galgavam o mesmo de joelhos no chão. Os moradores, debruçados às sacadas e janelas, olhavam, sem cansaço, as vagas sucessivas da multidão. Vendedores ambulantes, com tabuleiros cobertos de panos brancos rendados e iluminados a vela, tentavam os passantes com as suas bugigangas, velas coloridas enfeitadas de papel, flores de penas ou de papel, rosários de roscas, e *quindins e bons-bocados*. E, no alto, os romeiros se espalhavam por todos os cantos ou repousavam sobre as muralhas, degraus e bancos de pedra ou na amurada das cisternas.

Dentre as festas de caráter popular, sobressaía a de São Sebastião, patrono da cidade, celebrada em 20 de janeiro na velha igreja da colina histórica. Desde oito dias antes todas as casas tinham lamparinas colocadas nas ombreiras das janelas e sacadas que deitavam para as vias públicas. Eram as *luminárias de São Sebastião*.

Outras festividades de igreja, de não menor importância, eram: a de São Jorge, à qual compareciam os feiticeiros de todos os bairros; a de Santo Antônio, na qual predominavam as moças casadoiras; a da Virgem Santíssima da Candelária, célebre pela magnificência com que a irmandade realizava as cerimônias; São Pedro, com grande afluência de negociantes portugueses; e São Benedito, na Igreja do Rosário, com a presença dos negros da cidade.

Porém, a mais popular era a festa do Divino Espírito Santo — vulgarmente conhecida como *Festa do Divino* — instituída por Isabel de Aragão, rainha de Portugal: "a mais bela figura feminina das estirpes reais portuguesas que, pelas suas virtudes e pela obra admirável de assistência social que realizou no seu tempo, mereceu ser inscrita no cânon da Santa Igreja Romana", no justo e belo conceito de Júlio Dantas. Nas freguesias da Lapa do Desterro, de Santana e do Espírito Santo é que ela se realizava. Grupos de romeiros, cheios de *bentinhos,* roscas e bugigangas, cantavam e dançavam ao som de violas. Nos coretos, tocavam bandas de música; e nos impérios (os coretos especiais colocados nos adros dos templos) realizavam-se os leilões de prendas e eram tiradas *sortes*. O leiloeiro, geralmente um *irmão* espirituoso, e não poucas vezes desabusado, procedia à venda de tudo quanto fora oferecido pelos fiéis. Isso acompanhado de ditos, gracejos, anedotas, picardias e quadrinhas, como a que segue:

> *Todo homem que é casado*
> *Deve ter seu pau no canto,*
> *Para benzer a mulher*
> *Quando estiver de quebranto.*

Inúmeras barracas de espetáculos e de vendas atraíam e distraíam o poviléu. E mais: o indefectível foguetório e as invariáveis brigas.

Como festa aristocrática, gozava de justo renome a de Nossa Senhora da Glória do Outeiro. Importantíssima e tradicional, a ela sempre compareceram o rei d. João, os dois imperadores, a rainha Carlota, as imperatrizes Amélia, Leopoldina e Teresa Cristina, os infantes e príncipes das cortes real e imperial, os mais altos dignitários da Igreja, a nobreza, as autoridades e ministros, os comerciantes mais importantes, os advogados e médicos mais reputados, os diplomatas das nações amigas e as senhoras e moças mais elegantes e belas.

A Semana Santa era no antigo Rio de Janeiro rigorosamente observada. Todo o mundo se confessava e comungava na quinta-feira ou no domingo da Páscoa, e todos, ricos e pobres, libertos e escravos, percorriam as igrejas na sexta-feira, trajando de preto. Não havia, porém, separações de classes nem de cor; perante Deus todos eram iguais. E para atender aos fiéis os templos ficavam abertos das 5 da manhã às 11 horas da noite. Na sexta-feira as pessoas da maior significação social costumavam realizar cerimoniosas visitas aos amigos. No sábado de aleluia a tristeza se convertia em alegria e começava-se às 10 horas da manhã a enforcar e a queimar judas: bonecos de aniagem vestidos com roupas ou uniformes velhos, caras pintadas a rolha, e calçando botas velhas. Mas no sábado de aleluia de 1821, três dias antes da partida do rei d. João para Portugal, as caras dos judas pendurados nas árvores e nos lampiões reproduziam os traços fisionômicos do comandante da força policial da Corte: o famoso e temido Vidigal.

491

Missas, inúmeras, eram ditas diariamente em todos os altares dos templos. Sempre tinham grande assistência de fiéis de todas as categorias sociais. Mas as missas de sétimo dia e de mês, celebradas em altares cobertos de ouro e negro, pelas almas dos que tinham falecido, atraíam verdadeiras multidões. Por sua vez, as missas de sexta-feira de certas igrejas tinham a presença de numerosas pecadoras e pecadores. E a *missa do galo,* na noite de Natal, obtinha enorme sucesso.

As Procissões

Eram numerosíssimas. O seu espetáculo, imponente. Homens, mulheres e crianças, vindas de todos os lados e com indumentária variada e curiosa, postavam-se, horas antes, nas ruas que constituíam o itinerário da procissão. Descansavam nas soleiras das portas, nos degraus dos adros, nas escadarias das fontes ou no próprio lajedo das calçadas. Umas procissões começavam a sair dos templos às 4 horas da tarde. Outras, somente às 8 horas da noite. Todas as ruas estavam cobertas de areia do mar e folhas soltas de mangueira. As sacadas das casas ostentavam grandes colchas de seda adamascada; geralmente vermelhas, ouro velho, verdes ou azuis. Nos báculos de ferro trabalhado, que quase todas possuíam, pendiam globos de vidro com velas, ou luminárias. Outras sacadas apresentavam campânulas de vidro espetadas nos peitoris. Era a iluminação festiva. As famílias assistiam dos sobrados à passsagem dos cortejos. Senhoras e senhoritas se apresentavam com seus melhores vestidos de seda e veludo, mais raros adereços e caras jóias.

Depois dos guiões e estandartes das ordens e irmandades, a cruz do cabido, os vereadores da Câmara Municipal, as ordens terceiras e os escrivães eclesiásticos. Andores custosíssimos, carregados por uma ou duas dezenas de negros ou por pessoas de destaque social. Grupos de penitentes. Anjos, em quantidade; um, sempre representando São Miguel. Outros *anjos* eram cantores. O da procissão da Boa Morte cantava:

> *Deus vos salve, ó Virgem,*
> *Mãe Imaculada,*
> *Rainha de clemência,*
> *De estrelas coroada...*

O povo, aglomerado em volta, acompanhava passo a passo o desfile, engrossando cada vez mais a compacta corrente humana. Continuava a procissão, com novas séries de fiéis empunhando velas, e frades capuchos, franciscanos e beneditinos. Mais alguns penitentes e, depois, o pálio riquíssimo, cujas prateadas varas eram sustentadas pelas pessoas de maior significação social. Como guarda de honra à custódia de ouro, um pelotão de infantaria, armado de fuzil. Depois, uma banda militar e a outra, infalível nessas solenidades: a dos negros barbeiros, tradicionalmente dirigida por um dos mestres da arte capilar da rua da Alfândega. Tais músicos tocavam a valer. Os cortejos eram fechados por fortes piquetes de cavalaria.

Depois de longas caminhadas, as procissões se recolhiam. Algumas, às 10 horas da noite; não poucas, beirando a meia-noite. Todos os seus componentes voltavam fatigados. Muitas das velas estavam apagadas, pois findara o garbo e entusiasmo dos que as traziam. A escuridão se fazia mais densa. Não se via quase nada; apenas vultos que passavam e sombras que desapareciam. Até a luz dos archotes ficara cansada...

Dentre as procissões, a de São Jorge era aquela — no dizer de Melo Morais Filho — que "melhor concretizava elementos nossos; a que com mais largueza apresentava em painel vigoroso o povo brasileiro, definido em sua religião, em seu regime político, em seus troncos capitais e em alguns dos seus costumes". Essa procissão saiu, até 1850, de sua modestíssima capela, situada na rua de São Jorge, esquina da de Lampadosa.

Não menor importância tinham as duas *procissões do Enterro* — de São Francisco de Paula e do Carmo —, realizadas na sexta-feira santa, e a do *Triunfo,* que saía na madrugada do domingo da Páscoa.

E uma das mais antigas procissões do Rio de Janeiro foi a *das Cinzas,* instituída em 1640 pela Venerável Ordem Terceira de São Francisco da Penitência. Os andores, varas, pálios e demais objetos desse ato externo da religião vieram de Portugal. Cabia aos *irmãos definidores* segurar as varas do pálio. Por sua vez, os andores eram carregados pelos *irmãos graduados* e pelos *noviços.* Era nessa procissão que figurava uma antiga e preciosa imagem de São Francisco de Assis feita em 1684. Em 1860, a procissão deixou de sair em virtude do mau comportamento do povo diante das imagens.

Não menos curiosa, pela sua finalidade, era a *procissão dos Ossos,* assim chamada porque tinha como fim retirar as ossadas dos que tinham sido justiçados pelo poder público, para depositá-las em lugar sagrado. Essa santa incumbência era exercida pela Santa Casa de Misericórdia, em dia certo: a 1º de novembro.

Outras Particularidades Interessantes

Deve-se fazer referência a atos religiosos ou ligados ao culto católico que constituíam, sem dúvida, cenas urbanas características daquele pacato São Sebastião do Rio de Janeiro de meado do século XIX, a saber: *Nosso Pai;* o *irmão das Almas;* a *bandeira da Misericórdia;* as *bandeiras do Divino Espírito Santo;* e os *mestres de reza.*

O povo denominava de *Nosso Pai* ao viático levado ao cair da tarde em carruagem ou a pé, por sacerdotes e *irmãos,* aos moribundos. Ao som do badalo tangido por um sacristão, *Nosso Pai* atravessava a cidade em carruagem puxada lentamente por dois animais. Os transeuntes paravam e, contritos, se descobriam e ajoelhavam. Os cavaleiros apeavam de suas montadas e, baixando a cabeça descoberta, davam mostra de respeito ao Corpo de Deus. Aqueles que se transportavam em *cadeirinhas de arruar* e em carruagens, as faziam parar e desciam das mesmas para imitar a atitude respeitosa dos outros. Os militares perfilavam-se e faziam continência. Quando o acompanhamento do viático era feito a pé, os *irmãos* que, de velas acesas, rodeavam o sacerdote, diziam continuamente em voz alta e arrastada: "Bendito e louvado seja o Santíssimo Sacramento". Ao que as pessoas do povo respondiam, na mesma toada: "Do fruto do ventre sagrado da Virgem Puríssima Maria". Toda essa solenidade era, porém, quebrada pela garotada e pelos *bocós,* ou bobo-alegres, que rodeavam o cortejo, falando alto, gesticulando muito, chamando os moradores, olhando apalermadamente, e apontando... A chegada ao destino se fazia com estardalhaço, pois, além dos acompanhantes, que iam aumentando na razão direta da distância percorrida desde a igreja, a negrada da vizinhança acorria à porta da casa e, esgueirando-se pelos corredores e passagens, ia até o quarto do pobre padecente. Certamente não foram poucos os doentes que, impressionados com os olhares beatificados dos curiosos e com os seus deploráveis comentários, resolveram terminar a cena, deixando o mundo bem mais depressa...

Se aquele ato religioso consistia em dar assistência espiritual aos moribundos, o segundo — que vai a seguir descrito — tinha por fim angariar óbolos para a celebração de missas pelas almas do purgatório. Exercia essa missão, percorrendo as ruas da cidade, ao sol e à chuva, o *irmão das Almas:* um confrade de irmandade. Vestido com a respectiva opa, ele trazia na mão direita uma comprida vara de prata encimada por pequena imagem e na mão esquerda uma salva onde eram depositadas as espórtulas. Garotos, jovens, matronas e barbados beijavam o santinho e depositavam a indispensável contribuição. E o *irmão,* após breves paradas, lá ia, gritando de porta em porta: *Pelas almas... Pelas almas do purgatório...*

Outro espetáculo curioso era o da passagem, pelas ruas da cidade, da *bandeira da Misericórdia.* Instituição caridosa, fundada em Portugal no ano de 1498 por frei Miguel de Contreiras, a Misericórdia foi estabelecida também no Brasil e possuía, a exemplo de todas as *ordens* e *irmandades,* a sua *bandeira.* Criada a insígnia pelo alvará de 1626, que impunha a adoção dos modelos fixados nos *assentos* da Misericórdia de Lisboa, era a mesma constituída de um painel preso a uma hástea. Tinha dupla face e possuía em cada uma delas as figuras, pintadas a óleo, indicadas nos referidos *assentos:* numa — a anterior — a descida da Cruz; noutra — a posterior — a imagem da Virgem, rodeada de outras figuras. O *compromisso* da Misericórdia fixava as ocasiões em que a bandeira deveria obrigatoriamente figurar; isto é, no *préstito do patíbulo* e na antes citada *procissão dos Ossos.* Na primeira, a irmandade acompanhava os condenados à morte e a tradição secular já tinha enraizado no espírito do povo de que todo aquele que caísse vivo da forca, pela rutura do baraço, e fosse coberto pela *bandeira,* estaria salvo. Assim aconteceu, ao que parece, na Bahia, e também no Rio de Janeiro, em 1837. Mas lá a proteção da *bandeira* foi respeitada e aqui o pobre condenado, um tal Joaquim da Silva Português, teve de subir novamente ao cadafalso. O juiz, presente ao ato, assim o ordenou.

As *bandeiras* do Divino Espírito Santo ou simplesmente *bandeiras do Divino,* eram constituídas de bandos ou ranchos de rapazolas, vestidos conforme já se descreveu, que percorriam as ruas angariando óbolos para as festividades que deviam realizar-se nas citadas freguesias em homenagem àquele culto. O personagem mais importante era *o imperador do Divino,* mocinho muito compenetrado do seu papel e quase sempre escolhido dentre os de sua idade que possuíam progenitores abastados. Seguia-lhe em importância o *alferes da bandeira,* que empunhava a bandeira do Divino. Os mocinhos cantavam e dançavam a valer ao som de violas, pandeiros, chocalhos, reco-recos, ferrinhos, pratos e tambores.

Como o número de bandeiras era ilimitado, invadindo umas as *freguesias* das outras, os cantores esclareciam:

> *Dai esmolas ao Divino,*
> *Com prazer e alegria,*
> *Reparai que esta bandeira*
> *É da vossa freguesia.*

Mas a turma de cantores e dançarinos não desprezava outras coisas. E assim esclarecia:

> *O Divino entra contente*
> *Nas casas mais pobrezinhas;*
> *Toda esmola ele recebe:*
> *Frangos, perus e galinhas.*

Ou então, com irreverente materialismo:

> *O Divino Espírito Santo*
> *É um grande folião,*
> *Amigo de muita carne,*
> *Muito vinho e muito pão.*

Outros solicitantes eram mais modestos, contentando-se com um cafezinho. Pelo que diziam:

> *A bandeira aqui chegou*
> *Um favor quer merecer:*
> *Uma xícara de café*
> *Para os foliões beber.*

Outras vezes, para agradar ao dono da casa, o bando estacava à porta e dizia:

Ó senhor dono da casa,
Recebei esta bandeira,
Faça favor de entregá-la
A quem tem por companheira.

Introduzida a bandeira e entregue ao dono da casa, este a beijava e, passando-a à esposa, esta procedia de igual maneira, entregando-a, a seguir, a uma das pessoas da casa. E lá ia a bandeira de mão em mão e de boca em boca até a cozinha ou o terreiro.

Reentregue a insígnia ao *alferes* e depositados os óbolos nas sacolas, o grupo se retirava ao som da quadrinha:

A bandeira se despede
Com toda sua folia
Viva a dona da casa
E toda a sua companhia.

Os *mestres de reza* constituíam outra das particularidades interessantes daquela época. Eram indivíduos velhos, quase que analfabetos e não poucas vezes cegos de um olho que, mediante uma espórtula, ensinavam as crianças ou os negros escravos a rezar. Dirigiam-se às casas, mormente aquelas em que havia muitos filhos de gente livre ou escrava, e lá, sob a ameaça de uma palmatória, exerciam sua missão. O mais conhecido desses mestres — cuja indumentária nada tinha de especial, a não ser um chapelão semelhante aos usados pelos padres — foi *Tomás Cachaço,* de nacionalidade portuguesa, que ensinava a doutrina cristã aos negros escravos dos trapiches e das casas particulares do Valongo, da Saúde e da Prainha. Nesse mister era terrível, desumano e, por isso, temido pelos seus pobres e boçais alunos. Eles tinham de aprender e de saber de memória a doutrina e mais algumas rezas, como suplemento. Qualquer pequeno erro, hesitação na reza ou engano no *pelo sinal,* acarretava uma chuva de palmatoadas do barrigudo, barbado e bárbaro *Cachaço.* Ao coro de lamentações dos infelizes discípulos, respondia num vozeirão aterrador: *Hei de ganhar o céu ensinando a esses pagãos!*

2) OUTRAS RELIGIÕES; CRENDICES

CULTOS PROTESTANTE, LUTERANO E METODISTA — CULTO
NEGRO — PAJÉS E LENDAS INDÍGENAS

Cultos Protestante, Luterano e Metodista

Nicolau Durand de Villegagnon, não obstante ser cavaleiro da
Ordem de São João de Jerusalém de Malta, pretende, ao estabelecer-
se na baía de Guanabara, implantar o protestantismo. Para isso, a respectiva propaganda começara a ser feita entre os índios pelos dois
missionários mandados por Calvino. Mas os huguenotes não conseguiram ver os seus propósitos coroados de êxito, em virtude da expulsão dos franceses pela coligação de Mem de Sá e Anchieta.

Até à invasão holandesa no Nordeste, a religião católica apostólica romana foi a adotada oficialmente. Com o domínio, pelos batavos, daquela região extremo-oriental do Brasil, o protestantismo vem
a ser novamente praticado. Não obstante, o príncipe Maurício de
Nassau foi tolerante com os católicos, cujo culto permitiu continuasse
a ser praticado, quer dentro, quer fora de seus templos. Entretanto, a
ação dos pastores da *Igreja Holandesa Reformada,* junto ao governo
dos Estados Gerais, conseguiu substituir aqueles propósitos concilia-
tórios pela mais completa intolerância. E na perseguição foram irma-
nados, pelos batavos, os católicos e os judeus.

Mas no Rio de Janeiro não houve solução de continuidade na
prática da religião católica senão depois do tratado de comércio de
1810, com a Inglaterra, em cujo artigo XII ficou estabelecido que
Portugal daria liberdade de culto aos ingleses. Entretanto, somente
nove anos depois é que foi lançada a pedra fundamental do primeiro
templo anglicano, cujo projeto d. João VI só se dignou aprovar depois
que o tipo das janelas se assemelhou ao de uma casa particular. Nada
de janelas ogivais... Desde então, o culto é celebrado no mesmo lugar:
rua dos Barbonos, atual Evaristo da Veiga. Foi seu primeiro capelão o
rev. Crane.

A liberdade dos cultos é objeto de atenção da Constituinte de
1823. No projeto de Constituição do Império ficou estabelecido que a
prática religiosa somente seria permitida às comunhões cristãs. As
demais seriam apenas toleradas. E a Constituição, outorgada por
d. Pedro I, determinava que a liberdade do culto era restrita à religião
católica. As demais religiões seriam permitidas desde que praticadas
em caráter particular e em edifícios que não apresentassem as caracte-

rísticas de templos. De acordo com essa concessão, os luteranos estabelecem, em 1827, a *Comunidade Evangélica Alemã*. Foi uma iniciativa do cônsul da Prússia, sr. Théremm. Dez anos depois — a 21 de maio — é celebrado o primeiro culto em uma sala da rua de Mata-Cavalos, pregando ao Evangelho o rev. Ludwig Carl Paul Neumann. A 27 de julho de 1845 é inaugurada a casa de oração, especialmente construída na rua dos Inválidos. Até metade do século, ali serviram como pastores o citado Neumann e mais Friedrich Avé-Lallemand e Johann Friedrich Ludwig Winkler. Os metodistas procuraram, por sua vez, aproveitar-se da relativa liberdade que havia no Brasil para implantar cultos. Dessa forma, aqui chegam em 1836 os missionários revs. R. J. Spalding e Daniel P. Kidder. Desenvolvem tão grande propaganda, durante os anos que estiveram no Rio de Janeiro, que o padre Luís Gonçalves dos Santos, o muito hoje conhecido autor das *Memórias para a História do Reino do Brasil,* vê-se na contingência de batê-los de frente. Para isso escreve muito e fortemente ataca. De sua pena surgem, assim, diversas obras. Em 1842, o rev. Kidder volta para os Estados Unidos, ali publicando o seu curioso livro *Sketches of Residence and Travels in Brazil.*

O êxito de todas essas missões e desses cultos foi nulo em relação à massa da população. A sua influência ficou circunscrita a alguns ingleses, alemães e norte-americanos, pois muitos dos estrangeiros aqui residentes eram católicos.

Culto Negro

A feitiçaria, as superstições e crendices dominavam a negros, brancos e mestiços. Acreditava-se na existência de lobisomens, em fogos-fátuos misteriosíssimos, em tremendas aparições, em almas do outro mundo, em maus olhados... Era — de um lado — a conseqüência do espírito atormentado do selvícola; de outro lado, pura influência africana.

Assim como acontecera nas selvas africanas, no Brasil também havia numerosos feiticeiros de raça negra, cujo prestígio provinha de inúmeras práticas exorcistas extremamente bizarras. Muitas dessas práticas ou cerimônias, que o feiticeiro africano transportou para a América, tinham lugar nas assembléias denominadas *macumbas* e *candomblés.* As primeiras peculiares aos negros *cambindas*, e as segundas aos negros *jorubanos.*

Realizadas nos *terreiros,* ou templos especiais, essas cerimônias — que, com o tempo, tomaram indistintamente uma ou outra das denominações acima e foram adotadas por todos os afro-brasileiros — apresentavam, entretanto, algumas diferenças, comparadas que fossem com as da África. É que ali os atos fetichistas tinham lugar à luz do dia, e aqui, em virtude da perseguição policial e da incredulidade e ironia dos brancos, eram realizadas à noite em lugares ermos ou nos morros.

Nas aberturas dos *terreiros,* nos sábados de aleluia — nos cânticos do *defumador* e do cruzamento, nas *invocações, saudações* e demais cerimônias ou festas — como a de dar *comida ao santo* — intervêm o *ougã* (chefe ou protetor do candomblé), os *pais de santo* (sacerdotes), as *mães de santo* (sacerdotisas), com o acompanhamento dos *filhos e filhas de santo,* ou devotos, e a assistência dos zeladores: *iauôs.* Tudo isso constitui a religião geral *gêge-nagô,* de origem sudanesa, peculiar aos afro-brasileiros. Uma liturgia, toda especial e assaz curiosa, preside às cerimônias, onde, ao lado de palavras e frases em *eubá* e exclamações cabalísticas, se fazem ouvir rezas, cantos, em arrevesado *patuá,* e se exibem *fetiches e orixás.*

Os fetiches — objetos materiais de qualquer espécie: seixos, conchas, árvores, montes, pedaços de madeira, colares, limões, contas —, uma vez consagrados pelos sacerdotes, passam a ser considerados como *coisas feitas* e objetos de culto. Por sua vez, os *orixás* são aqueles objetos fetichistas convenientemente preparados. Antropomorficamente, representam os santos. Não se julgue, porém — como ensina Nina Rodrigues —, que as figuras empregadas no culto eram ídolos, pois os negros *nagôs* e *gêges* não praticavam a idolatria. "Entraram em uma fase muito curiosa de animismo em que as suas divindades já partilham as qualidades antropomórficas das divindades politeístas, mas ainda conservam as formas exteriores do fetichismo primitivo. Xangô, por exemplo, o deus do trovão, é certamente um homem-deus encantado, mas que, para se revelar aos mortais, freqüentemente reveste ainda a forma fetichista do meteorito, ou da pedra do raio. E é a esta pedra, convenientemente preparada para nela residir o orixá, que se dirige o culto, é ela que recebe os sacrifícios, a quem se dão os alimentos".

Dos *orixás,* o mais temido, poderoso e, por isso, o mais popular, é *Xangô:* protetor contra a ação do raio. *Ogum* é o *orixá* das guerras; goza de especial apreço nas macumbas cariocas. *Exu* é o *orixá* que representa as forças contrárias ao homem. É o símbolo do demônio para os africanos. E, portanto, temido — e coisa singular: adorado. *Xaponã* é o deus da varíola. Tal qual acontece com *Exu,* não pode permanecer no interior das habitações. O seu lugar é nos caminhos e, principalmente, nas encruzilhadas dos mesmos. E se *Odudua* é a terra mater, e *Aganjá* representa a terra firme, *Iemanjá* personifica as águas. Por sua vez, ao passo que *Oxum* é a divindade feminina dos gêges-jorubanos, *Oubatalá* possui os dois sexos: divindade hermafrodita dos negros sudaneses. Mas o *deus* supremo, representado objetivarnente pelo céu, é *Olarum.*

Outros *orixás* — malfazejos, dos ventos e tempestades, fálicos e caçadores — completam a coorte das coisas adoradas nos *pejis,* ou altares dos terreiros.

E assim como o fetiche de *Xangô* é a pedra do raio — culto litolátrico —, e o de *Exu* é uma cabeça de barro com incrustações de conchas e fragmentos de ferro, o de *Ogum* é de ferro, carregando armas, como a lança e a espada, e ferramentas como a pá e a enxada. Animais, como o galo, o carneiro, o cão e o bode, são sacrificados nas cerimônias dessas divindades. A matança obedece a um ritual.

A feitiçaria negra também apresentava feição dendrolátrica. Eram, assim, adoradas gameleiras e palmeiras, como é o caso das respectivamente denominadas de *irôco e ifá.*

Outra diferença fundamental existente entre os atos fetichistas realizados nas terras africanas e os levados a efeito no Brasil é que o culto genuíno dos negros aqui se transforma em culto híbrido: mistura de rito pagão, grosseiro e brutal, com certas cerimônias peculiares à religião católica. Essa fusão de cultos — esse sincretismo religioso — deu origem à fusão das divindades que os caracterizavam. *Orixás* fetichistas e santos católicos foram fundidos num mesmo ídolo, como se dá com *Ogum* que é, para todos os efeitos, Santo Antônio e São Jorge; Nossa Senhora da Conceição é *Oxum*; São Bento, *Omulu*; Nossa Senhora do Rosário, *Iemanjá*; e o pobre São Miguel é equiparado a *Xangô!* Outros santos recebem denominações de incompreensível significado, tal qual Santo Onofre, denominado *Dãozinho.*

Muitos santos são arvorados em patronos: Santo Antônio serve para tudo, por prestimoso e serviçal; Santa Bárbara constitui proteção contra as tempestades; São Gonçalo é o amparo dos corações enamorados; São Lourenço protege contra as queimaduras; São Roque é socorro para os doentes de feridas e chagas; São Cosme e São Damião são padroeiros dos gêmeos e, por isso, denominados *Dois-Dois*. Esse é um dos cultos mais antigos da humanidade.

Os instrumentos de percussão e os metálicos marcam o ritmo dos coros dessas tão curiosas cerimônias.

Inicia-se o *alujá*: dança sagrada dos candomblés. Forma-se uma roda, ao centro da qual ficam os bailarinos. O som rouco dos tambores, a estridência dos metais, as toadas monótonas dos cantores, dominam o corpo e a alma do negro e o fazem dançar, dançar sempre, dançar furiosamente, horas seguidas, uma noite inteira, uma noite e um dia, num frenesi delirante.

Requebros, contorções, saracoteios, tremores epiléticos, oscilações violentas, agachamentos, gestos e posições as mais inverossímeis e indecentes, loucas ondulações, desordenados e extenuantes movimentos da cabeça, dos braços e das pernas, cambaleios que parecem desmaios — são executados por negros e negras de gaforinas eriçadas, rostos endemoninhados, olhos mortos ou loucos, semicerrados ou errantes, ventas assustadoramente abertas, bocas cusparinhentas ou lábios espumejantes, mãos abertas, dedos hirtos, peitos arfantes e seios escandalosamente bamboleantes... As pernas de todos, de uma mobilidade e flexibilidade espantosas, empurram os pés para que a terra fique bem socada...

A aguardente entra em ação, o suor inunda corpos e roupas, o fétido torna-se insuportável, o ar vicia-se com a fumaça das candeias, archotes ou fogueiras. Para os não iniciados, o ambiente é irrespirável. Nada detém os negros; toca a dançar; dançar sempre; possessamente. É a alucinação, a luxúria coletiva de criaturas desembestadas. É tal qual uma tempestade, que tudo arrasa; ou o estouro da boiada que nada detém. Assim foi na África; assim foi, é e será, por muito tempo, na América.

Os *pais de terreiro,* ou *quimbombos;* os *pais de santos,* ou *babalorixás;* os feiticeiros, canjeristas ou mandingueiros: *quimbotos;* de cenho carregado e atitudes reservadas, infundiam medo, ou melhor, verdadeiro pavor. Eles dominavam; exerciam poder sobrenatural no espírito dos negros daqueles tempos. Esse prestígio sobre o ânimo supersticioso dos mesmos era conseguido não só pela prática de exorcismos mas, outrossim, pelo conhecimento profundo das ervas medicinais e de sua aplicação a inúmeras doenças. Eram médicos do corpo e da alma, ao mesmo tempo. Desmanchavam *etus* e *efifás* (feitiços); faziam *arranjos;* fabricavam *despachos,* ou *ebós;* realizavam *envultamentos; fechavam corpos* contra os malefícios, por meio de *mandingas,* ou talismãs; provocavam alguma aparição, ou *egum;* desfaziam *canjerês;* procuravam adivinhar, utilizando-se de um instrumento especial: o *opelé;* afugentavam o diabo, *elegbá,* ou *exu;* davam uma que outra receita: *irocó*; preparavam beberagens, e a troco — não poucas vezes — de presentes e espórtulas, enganavam os crentes e os simplórios com as suas raízes, camafeus, bugigangas, amuletos e figas. Muitas vezes, ao se recolherem às *senzalas* ou aos *mocambos,* os negros, em virtude de um *muxoxo* (sinal de enfado), de uma *candonga* (intriga), de uma *milonga* (palavrada) ou da *ocaia* (amante), ficavam arreliados, xingavam-se mutuamente e acabavam formando um *zungu* (briga) dos diabos. Só terminava a luta com a intervenção do *macota* (maioral da senzala), do *soba* respectivo (régulo), do *obá* (príncipe) ou com as surras dos feitores e as tundas da polícia, espancamentos, esses conhecidos sob o nome genérico de *muxinga*. E daí por diante, os valentaços — os *tutus* — deixavam de ser camaradas — *macambas,* e ficavam sorumbáticos: *macambúzios*. Algumas dessas brigas acabavam, porém, muito mal; com a morte, ou *ocu*. Dessa expressão talvez provenha a quadra popularíssima na cidade do Salvador e conhecida por nós, quando ali residimos:

> *Ocu babá*
> *Ocu gelê*
> *Nêgo nagô*
> *Virô saruê.*

Pajés e Lendas Indígenas

Por sua vez, a ação dos pajés indígenas, como chefes, curandeiros e feiticeiros, causava não menor assombro e fazia conhecido o poder surpreendente dos mesmos. E assim como havia almas de *pajés malvados*: *canhame e mauari,* que habitavam no cimo das árvores e das montanhas, existiam, outrossim, entes sobrenaturais, verdadeiramente fantásticos. Era o *curupira* (do tupi *curu* e *pira),* o indivíduo coberto de pústula, fantasma, demônio — que habita as matas e tem os calcanhares voltados para diante do corpo e os dedos dos pés para trás; *o boitatá,* ou *macachera,* espírito diabólico extremamente mau, representado por fogos misteriosos que se antepõem no caminho dos viajores; ou, então, o *caá-pora* — mais vulgarmente conhecido por *caipora* —, gênio mau da mitologia indígena: anão, com um único pé ou de uma única banda, que habita a floresta e aparece, às vezes, nas clareiras, cavalgando um *caititu* (porco-do-mato). Segundo crença generalizada, ele traz o insucesso ou a infelicidade para quem o observa. E, finalmente, o *saci-pererê* (do tupi *sa-ci:* um dos olhos doente, amortecido; *sa-pererê,* e outro dos olhos vivo, buliçoso) mito negro; demônio que é metade de homem: com um único olho, uma orelha, um braço e uma perna, e que, apesar de só possuir esse órgão locomotor, se desloca com incrível rapidez.

Lendas indígenas, como: os *caçadores e o Sol,* do Amazonas; as *iaras,* que permanecem no fundo das lagoas; o *roubo do Sol,* dos cachinuás; a *cunhã* e o *fogo fátuo,* dos urubus; a festa no Céu, dos ingaricós; o *nascimento das árvores,* dos muras; o *lago do peixe-boi,* dos mundurucus; ou então a do *iurupari,* gênio mau da floresta que roubou o branco que se apaixonara por Aspadê, a índia do conto da morte; a fábula do *jabuti e do veado,* dos carajás, cujo intuito era o de prevenir as jovens contra os perigos que acarretam as precipitações, ao mesmo tempo que lhes demonstra que, não poucas vezes, a astúcia e a inteligência sobrepujam a força física; as relativas ao *dilúvio,* e às *estrelas,* dos bororós; o *sol e a cobra grande,* ou seja, a maravilhosa lenda por meio da qual os tapuias explicavam a criação do mundo — corriam de boca em boca, enchendo de misticismo e temor o pensamento dos ouvintes.

Esses abusões, crendices e superstições, essas lendas — e mais outras, como a de *sumé* e *mani,* relativas à mandioca; esses mitos, em que se estabelece um paralelo entre a esperteza de um animal e a ingenuidade ou tolice de outro (o *jabuti e a onça, o cágado e o teiú, a raposa e a onça, a raposa e o homem);* todas essas *histórias,* que constituem o *folclore brasílico,* impressionavam o estrangeiro, que se mostrava curioso em conhecê-las e propenso a divulgá-las.

BIBLIOGRAFIA

A) AUTORES E LIVROS

ABRANTES (Visconde de) — *Memória sobre os meios de promover a colonização.* Reprodução na *Revista de Imigração e Colonização*, em 1942, desse trabalho, impresso em Berlim, na Tipografia Unger Irmãos, no ano de 1846.

ABREU LIMA (Gen. J. I. de) — *História do Brasil* (1843).

ACCIOLY (Mário) — *A semente da Lei dos Dois Terços.* Boletim do Ministério do Trabalho, Indústria e Comércio, n? 95, julho de 1942, Ano VII.

AFONSO (João) — *Três séculos de modas: 1616-1916.* (Belém do Pará, 1923).

ALMEIDA (Manuel Antônio de) — *Memórias de um sargento de milícias.* N? I da Biblioteca de Literatura Brasileira da Livraria Martins, de São Paulo. Introdução de Mário de Andrade. Ilustrações de F. Aquarone (Edição recente).

ALMEIDA OLIVEIRA (A. de) — *O ensino público.*

ALMEIDA E SILVA (Antônio Joaquim de) — *Notícia histórica sobre o abastecimento d'água da cidade do Rio de Janeiro.*

ÁLVARES (Walter) — "Histórico da pesca da baleia no Brasil". *Jornal do Comércio*, de 21 de agosto de 1938.

ALVES CÂMARA (Antônio) — *Ensaios sobre as construções navais indígenas do Brasil* (1888).

ALVES FERREIRA DOS SANTOS (Antônio) — *A Arquidiocese de S. Sebastião do Rio de Janeiro.— Subsídio para a história eclesiástica do Rio de Janeiro, capital do Brasil* (1914).

AMARAL (Antônio Cândido do) — *Questões de silvicultura — Notícias sobre as matas do Município Neutro e sua exploração* (1890).

ANDRADE (Mário de) — *A música e a canção populares no Brasil.* Contribuição para o inquérito do Instituto Internacional de Cooperação Intelectual, em Paris (1936). — *Modinhas imperiais* (1930).

ANTONIL (André João) — João Antônio Andreoni, S. J. — *Cultura e opulência do Brasil por suas drogas e minas.* Com um estudo biobibliográfico por Afonso d'Escragnolle Taunay (1922).

ARAGO (Jacques) — *Voyage autour du Monde* (Bruxelles, 1840). — *Deux Océans.* Dedicado "A Sa Majesté Dom Pedro II, Empereur du Brésil" (Paris, 1854).

ARAÚJO (Elísio de) — *Estudo histórico sobre a polícia da capital federal de 1808 a 1831* (1898).

ARAÚJO GUIMARÃES (A. C. d') — "A vida na Corte de D. João VI". *Jornal do Comércio*, de 24 de junho de 1934. — *A Corte no Brasil* (1936).

ARAÚJO VIANA (Ernesto da Cunha de) — "Das artes plásticas no Brasil em geral e na cidade do Rio de Janeiro em particular". Tomo 78 da *Revista do Instituto Histórico e Geográfico Brasileiro* (1916).

ARINOS (Afonso) — *Lendas e tradições brasileiras* (2ª edição), 1937.

ARINOS DE MELO FRANCO (Afonso) — "Síntese da história econômica do Brasil". *Boletim do Ministério do Trabalho, Indústria e Comércio*, nos 43, 44 e 45, março, abril e maio de 1938.

ARMITAGE (John) — *The History of Brazil, from the period of the arrival of the Braganza Family in 1808, to the abdication of Don Pedro the First in 1831* (London, 1836). — *História do Brasil, desde a chegada da real família de Bragança, em 1808, até à abdicação do imperador D. Pedro I em 1831* (tradução), 1837.

AZEVEDO PIMENTEL — *Subsídios para estudos de higiene do Rio de Janeiro* (1890).

BACKHEUSER (Everardo) — *A faixa litorânea do Brasil Meridional: Hoje e ontem* (1918).

BALBI (Adrien) — *Essai statistique sur le Royaume du Portugal et d'Al*garve (Paris, 1822).

BANDEIRA (Manuel) — *Antologia dos poetas brasileiros da fase romântica* (1937).

BANDEIRA DE MELO (Afonso de Toledo) — "O trabalho servil no Brasil". *Jornal do Comércio*, de 10 de maio de 1936. Nota: Publicado em brochura ilustrada, no mesmo ano e sob o mesmo título.

BARBOSA (Rui) — *Reforma do ensino primário* (1882).

BARBOSA SERZEDELO (Bento José) — *Arquivo Histórico da Venerável Ordem Terceira de Nossa Senhora do Monte do Carmo.*

BARROSO (Gustavo) — "A caricatura inglesa no Museu Histórico". *Anais do Museu Histórico Nacional*, vol. II (1941). Nota: Vide Schlichthorst.

BATISTA (José Luís) — *O surto ferroviário e seu desenvolvimento.* Tese nº 23 do Terceiro Congresso de História Nacional: outubro de 1838.

BATISTA CAETANO — "Etimologias brasílicas". *Anais da Biblioteca Nacional*, Vol. II.

BEAUREPAIRE-ROHAN (Amadeu de) — *Memória histórica da Igreja e da Irmandade de S. José* (1923).

BEAUREPAIRE-ROHAN (Visconde de) — *Dicionário de vocábulos brasileiros* (1889).

BELTRÃO (Heitor) — "A admirável atuação tradicional da Associação Comercial do Rio de Janeiro na evolução econômica e na prosperidade comercial do Brasil", *Jornal do Comércio*, 1º de outubro de 1927. — "A ânsia de brasilidade, os comerciantes e a sua agremiação mater. A propósito do 109º aniversário da Associação Comercial do Rio de Janeiro". *Jornal do Comércio*, de 3 de outubro de 1943.

BOEHN (Max von) — *La Moda. Historia del Traje en Europa desde los orígenes del Cristianismo hasta nuestros dias.* Con un estudio preliminar por el *Marqués de Lozova.* Primeira edición española, adaptada del alemán y notablemente aumentada (Barcelona, 1929).

BOUGAINVILLE (M. le Baron de) — *Journal de la navigation autour du globe de la fregate la Thétis et de la corvette l'Esperance* (1837).

BRACKENRIDGE (H. M.) — *Voyage to South America performed by order of the American Government in the years 1817 and 1818* (London, 1820).

BRAGA (Creso) — *Breves lições de História do Brasil* (1921).

BRITO (Saturnino de) — *Obras Completas, Volume II, Esgotos.* Publicação do Instituto Nacional do Livro (1943). Nota: Vide págs. 259 a 287, da parte 4, *Les Egouts de Rio de Janeiro,* que apareceu na revista *La Technique Sanitaire,* nº 2, fevereiro de 1909,

BUVELOT (L.) e MOREAU (Augusto) — *O Rio de Janeiro pitoresco* (1815).

CAETANO JÚNIOR (José) — *Repertório da legislação sobre docas, portos marítimos e terrenos de marinha* (1901).

CALDCLEUGH (Alexander) — *Travels in South America, during the years 1819-20-21; containing an account of the present state of Brazil, Buenos Ayres and Chile* (Amsterdam, 1824; London, 1825).

CALMON (Pedro) — *Espírito da sociedade colonial* (1935). — *História social do Brasil. Espírito da Sociedade Imperial* (1937). — *História do Brasil*, 1? volume (1939). — *História da Civilização Brasileira*, 4ª edição, aumentada (1940). — *História do Brasil*, 2? volume (1941). — *História do Brasil na Poesia do Povo* (1943).

CALMON DU PIN E ALMEIDA (Miguel) — *Fatos econômicos* (1913).

CANECO (Frei) — "Gaveta de Sapateiro". Diversas e interessantes crônicas históricas publicadas durante longo tempo por Viriato Correia no *Jornal do Brasil*, debaixo daquele pseudônimo.

CARDIM (Padre Fernão) — *Tratados da Terra e da Gente do Brasil*. Introdução e notas de Batista Caetano, Capistrano de Abreu e Rodolfo Garcia (1939).

CARMO NETO (Henrique do) — "Polícia de D. João VI". — "Polícia de D. Pedro I". — "O Intendente Aragão". Edição do *Boletim Policial* (1910-1911). — *O Intendente Aragão* (1913).

CARNEIRO LEÃO (A.) — *O Brasil e a Educação Popular* (1917).

CARVALHO (Delgado de) — *Corografia do Distrito Federal* (1926). — *História da Cidade do Rio de Janeiro* (1928).

CARVALHO (Elísio de) — *Esplendor e decadência da sociedade brasileira* (1911).

CASADO GIRALDES — *Tratado completo de Cosmografia e Geografia Histórica, Física e Comercial* (1825).

CASTELNAU (Francis de) — *Expédition dans les parties centrales de l'Amérique du Sud, de Rio de Janeiro à Lima et de Lima à Para* (1850).

CASTILHO (Pero de) — *Dicionário Português Brasiliano e Brasiliano Português* (1795). In *Revista do Museu Paulista*, tomo XVIII.

CERNICCHIARO (Vincenzo) — *Storia della Musica nel Brasile* (Milão, 1926).

CERQUEIRA RODRIGUES (Filúvio de) — "O Brasil Rodoviário". *Guia Rodoviário Brasileiro*, organizado por Levi Autran (Rio, 1929).

CHAUMEL DE STELLA (J.) ET SANTEUIL (Augustin de) — *Essai sur l'histoire du Portugal, depuis la fondation de la Monarchie jusqu'à la mort de Pèdre* (sic) *IV*. (Paris, 1839).

COARACY (Vivaldo) — "Velharias cariocas", *Revista do Clube de Engenharia*, n? 71, janeiro e fevereiro de 1941.

COELHO NETO (Henrique) — "Tradições mortas". *Jornal do Brasil*, de 9 de março de 1924.

CORREIA PICANÇO (José) — *Ensaio sobre os perigos das sepulturas dentro das cidades e seus contornos* (1812).

CORREIA (Viriato) — *Terra de Santa Cruz* (1921). — *Histórias de nossa História* (2ª edição, aumentada, 1923). Nota: Vide *Caneco* (Frei).

COSTA FERREIRA (João) — *A cidade e seu termo* (1934).

CUNHA DE AZEREDO COUTINHO (D. José Joaquim da) — *Ensaio sobre o comércio de Portugal e suas colônias* (1794).

DARWIN (Charles-Robert) — *Zoology of the voyage of the Beagle* (1840-1843).

DEBRET (J. B.) — Voyage *pittoresque et historique au Brésil ou Sejour d'un Artiste Français au Brésil* (Paris, 1835). — *Viagem pitoresca e histórica ao Brasil.* Tradução e notas de Sérgio Milliet. Dois volumes (Sem data; número IV da Biblioteca Histórica Brasileira).

DENIS (Ferdinand) — *Résume de l'histoire du Brésil* (1825). — *Le Brésil* (1837).

DORNAS FILHO — "O centenário de um grande livro". *Jornal do Comércio*, de 1 de janeiro de 1942. Nota: Refere-se ao Dr. Chernoviz.

DUMONT D'URVILLE (Jules-Sébastien-César) — *Voyage pittoresque autour du Monde* (Paris, 1833-1844).

DU PETIT-THOUARS — (Abel Aubert) — *Voyage autour du Monde* (1837-1839).

DUQUE ESTRADA (Osório) — *História do Brasil* (1918).

DUTRA E MELO (Antônio Francisco) — *Ramalhete de flores oferecido às jovens fluminenses* (1844).

ESCRAGNOLLE DORIA (L. G. de) — "Cousas do Passado". *Revista do Instituto Histórico e Geográfico Brasileiro*. Tomo 71, Vol. 118, Parte II (1908). — "O introdutor do café". *Revista da Semana*, de 4 de junho de 1921. — "As luzezinhas da Cidade". *Revista da Semana*, de 6 de agosto de 1921. — "O Chafariz do Lagarto". *Revista da Semana*, de 16 de junho de 1927. — "Nos dias da Maioridade". *Revista da Semana*, de 24 de junho de 1936. — "Folhas Volantes da Regência". *Revista da Semana*, de 14 de novembro de 1936. — "O Colégio de Pedro Segundo". *Revista da Semana*, de 4 de dezembro de 1937. — "Memória Histórica do Colégio de Pedro Segundo" (1937). — "O Jardim do Souto". *Revista da Semana*, de 20 de maio de 1937.

FABREGAS SURIGUÉ (Sebastião) — *Almanaque Geral do Império do Brasil* (anos de 1836 e 1838).

FARIA (Zeferino de) — "As irmãs de caridade na assistência à criança brasileira"; *in* Segundo Volume editado pelo Comitê Brasileiro do

Primeiro Congresso Americano da Criança, realizado a 6 de julho de 1910, em Buenos Aires (1917).

FEIJÓ BITTENCOURT — *Os Fundadores* (1938).

FERNANDES JÚNIOR (Antônio Manuel) — *Índice cronológico explicativo e remissivo da Legislação Brasileira desde 1822 até 1848* (1850).

FERREIRA (Félix) — *Do Ensino Profissional* (1876).

FERNANDES FIGUEIRA (Manuel). — *Memória histórica da Estrada de Ferro Central do Brasil.*

FERNANDEZ DE OVIEDO (Gonzalo) — *Historia general y natural de Indias* (Madrid, 1834).

FERREIRA DA ROSA — *O Rio de Janeiro em 1900.*

FIGUEIREDO (Jackson) e GOMES (Perilo) — "Organização Religiosa". *Livro de Ouro Comemorativo do Centenário da Independência e da Exposição Internacional do Rio de Janeiro*, págs. 76 a 81 (1922-23).

FLEIUSS (Max) e MAGALHÃES (Basílio de) — *Quadros* da *História Pátria* (1919).

FLEIUSS (Max) — "Imprensa Brasileira". *Dicionário Histórico, Geográfico e Etnográfico do Brasil*, Capítulo XXXV (1922).— "História Administrativa". *Dicionário Histórico, Geográfico e Etnográfico do Brasil* 1828). — *História da Cidade do Rio de Janeiro*. Resumo Didático (1928). — *Páginas de História* (1930). — *Apostilas de História do Brasil* (1933). — Oração pronunciada na sessão do Instituto Histórico e Geográfico Brasileiro a 7 de janeiro de 1942. *Jornal do Brasil*, de 9 do mesmo mês e ano. — "Instituto Histórico e Geográfico Brasileiro" (cem anos bem vividos). *Anais do Terceiro Congresso de História Nacional*, sétimo volume (1942).

FONSECA (Corintho da) — *O ensino profissional no Brasil.* Tese incluída no "Primeiro Volume" publicado pelo Comitê Nacional Brasileiro do Primeiro Congresso Americano da Criança (1917).

FREYRE (Gilberto) — *Novos estudos afro-brasileiros* (em colaboração). 2? tomo dos trabalhos apresentados ao 1? Congresso Afro-Brasileiro do Recife e Preâmbulo de Artur Ramos (Rio, 1937).

FREIRE (Mário A.) — "O Correio no Rio Colonial". *Jornal do Brasil*, de 7 de julho de 1935. — "Antigos aforamentos na Cidade do Rio de Janeiro". *Jornal do Comércio*, de 26 de setembro de 1937. — "O abastecimento de água do Rio Colonial". *Jornal do Brasil*, de 19 de janeiro de 1938.

FREIRE DO AMARAL (Alexandrino) e SANTOS SILVA (Ernesto dos) — *Consolidação das Leis e Posturas Municipais* (1905).

FREYCINET (Louis de) — *Voyage autour du Monde executé sur les corvettes l'Uranie et la Physicienne. Années 1817 à 1820* (Paris, 1825-2B).

GALANTI S. J. (P. Rafael M.) — *História do Brasil* (1911-1913).

GANNS (Cláudio) — A *Proclamação da Maioridade*. Conferência realizada no Instituto Histórico e Geográfico Brasileiro, em 23 de julho de 1940. Separata do vol. 175 da *Revista do Instituto* (1941).

GARCIA (Rodolfo) — "O Rio de Janeiro em 1823, conforme a descrição de Otto von Kotzebue, Oficial da Marinha Russa". *Revista do Instituto Histórico e Geográfico Brasileiro*, tomo 80 (1916). — "Alexander Caldcleugh no Brasil". *Revista do Instituto Histórico e Geográfico Brasileiro*, tomo 90, vol. 144 (1921).

GARDNER (George) — *Travels in the interior of Brazil, principally through the Northern provinces* (London, 1846). — *Viagens no Brasil*. Tradução de Albertino Pinheiro (1942).

GOMES (Lindolfo) — *Nihil novi...* (1927).

GONÇALVES DOS SANTOS (P. Luís) — *Memórias para servir à História do Reino do Brasil divididas em três épocas da Felicidade, Honra e Glória; escritas na Corte do Rio de Janeiro no ano de 1821 e oferecidas a S. Majestade El-Rei Nosso Senhor, o Senhor D. João VI* (1825).

GONZAGA DUQUE ESTRADA (Luís) — *Revoluções Brasileiras* (1805).

GRAHAM (Maria) — *Journal of a voyage to Brazil, and Residence there, during part of the years 1821, 1822, 1823* (London, 1824). — "Escorço biográfico de Dom Pedro I, com uma notícia do Brasil e do Rio de Janeiro em seu tempo". *Anais da Biblioteca Nacional*, Volume LX, ano de 1938. Tradução de Américo Jacobina Lacombe; anotações de Rodolfo Garcia.

HADDOCK LOBO (Roberto Jorge) — *Discurso recitado em presença de S. M. o imperador na sessão solene, aniversário da Academia Imperial de Medicina do Rio de Janeiro* (1847).

HANDELMANN (Henrique) — *História do Brasil*. Tradução brasileira do Instituto Histórico e Geográfico Brasileiro (1931). Nota: Trabalho da bibliotecária d. Lúcia Furquim Lahmeyer; revisão do general Bertoldo Klinger; anotações e elucidações do prof. Basílio de Magalhães.

HENDERSON (James) — *A History of the Brazil* (London, 1821).

HOMEM DE MELO (Barão) e HOMEM DE MELO (Francisco) — *Atlas do Brasil* (1909).

IBITURUNA (Barão de) — *Projeto de alguns melhoramentos para o saneamento da cidade do Rio de Janeiro. Apresentado ao governo imperial pela Inspetoria Geral de Higiene.* Notas: Folheto impresso em 1886. O trabalho tem a data de 23 de julho daquele ano. O barão de Ibituruna chamava-se João Batista dos Santos, sendo doutor em medicina.

JACI MONTEIRO (Eurico) — *A Repartição de Obras Públicas.*
JOBIM (José) — *História das indústrias no Brasil* (1941).

LAVRADIO (Barão de) — *Apontamentos sobre a mortalidade da cidade do Rio de Janeiro, particularmente das crianças* (1878). Nota: O barão de Lavradio tinha por nome José Pereira Rego, sendo cirurgião e médico.
LEITE (Serafim) — *História da Companhia de Jesus no Brasil* (1938).
LEMOS BRITO (João de) — *Pontos de partida para a história econômica do Brasil* (1923).
LEVENE (Ricardo) — *Síntese da história da civilização argentina.* Prefácio de Pedro Calmon. Tradução de J. Paulo de Medeiros. Volume nº 1 da Coleção Brasileira de Autores Argentinos (Rio de Janeiro, 1938).
LIBERATO BARROSO (José) — A *Instrução Pública no Brasil.*
LIMA (Hermeto) — "A Praça Quinze de Novembro". *Correio da Manhã*, de 9 e 16 de setembro de 1923. —"Velharias cariocas". "Jornal do Brasil", de 11 de setembro de 1924. — "O toque do Aragão". *Jornal do Brasil.* de 3 de janeiro de 1925. — "A Rua dos Arcos". *Revista da Semana*, de 6 de dezembro de 1924. — "Largo do Machado". *Jornal do Brasil*, de 7 de agosto de 1937. — "História das ruas do Rio de Janeiro". *Boletim do Ministério do Trabalho.* Somente foi publicada a relação correspondente à letra A. Nota: Co-autor, com Mello Barreto Filho, da *História da polícia do Rio de Janeiro* (vide Mello Barreto Filho).
LIMA BARBOSA (Mário de) — *Les Français dans l'Histoire du Brésil.* Traduction et adaptation de l'Original Brésilien par Gazet (Clément Laval), Paris, 1923.
LISBOA (João Francisco) — *Obras* (Lisboa, 1901).
LUCCOCK (John) — *Notes on Rio de Janeiro and the southern parts of Brazil taken during a residence of ten years in that country from 1808 to 1818* (London, 1820). — *Notas sobre o Rio de Janeiro e partes meridionais do Brasil.* Tradução de Milton da Silva Rodrigues (sem data).
LUSO (João) — "Velhas Ruas". *Revista da Semana*, de 13 de abril de 1929. — "A alegria das águas". *Revista da Semana*, de 10 de junho de 1933. Nota: Ambos os artigos com ilustrações de J. Sarmento. João Luso é o pseudônimo do escritor, jornalista e acadêmico Armando Erse.

MACEDO (Joaquim Manuel de) — *Um passeio pela cidade do Rio de Janeiro* (1862). — *Noções de Corografia do Brasil* (1873). — *Ano Biográfico Brasileiro* (1876). — *Memórias da Rua do Ouvidor* (1878).
MACEDO (Roberto) — "História Carioca". *Jornal do Comércio*, de 6 de junho de 1937. — O *Distrito Federal e sua história.* Conferência reali-

zada no Silogeu Brasileiro a 24 de março de 1942. Publicada em *Aspectos do Distrito Federal*, volume mandado organizar pela Academia Carioca de Letras (1943). — *Efemérides Cariocas* (1944).

MACEDO SOARES (A. J. de) — "Sobre as palavras africanas introduzidas no português do Brasil". *Revista Brasileira*, maio de 1880.

MAGALHÃES CORREIA (Armando) — *Sertão carioca* (1937). — *Terra Carioca: Fontes e Chafarizes* (1939).

MAGALHÃES (Basílio de) — "O café: na história, no folclore e nas belas artes". *Boletim do Ministério do Trabalho, Indústria e Comércio*, de números 12 a 25. *Folclore no Brasil* (1928).

MAGALHÃES (Lúcia de) — "O ensino secundário no Brasil". *Revista de Estatística*, n° 8, ano II, outubro-dezembro de 1941.

MARIANO FILHO (José) — A *Casa Brasileira*. Conferência realizada na Sociedade Brasileira de Belas-Artes. *O Jornal*, de 21 de junho de 1824. — "A Arquitetura do Passado". *O Jornal*, de 16 de setembro de 1925. — "Nossa Casa". *O Cruzeiro*, de 10 de novembro de 1928. — A *Arquitetura Mesológica* (1931). — *Estudos de Arte Brasileira* (1942). — *Os três chafarizes de Mestre Valentim* (1943). — O *Passeio Público do Rio de Janeiro* (1943).

MARQUES DOS SANTOS (Francisco) — "A litografia no Rio de Janeiro. Sua instituição, primeiros mestres, alunos e trabalhos". *Revista do Serviço do Patrimônio Histórico e Artístico* (1° volume, 1937). — "A Sociedade Fluminense em 1852". *Estudos Brasileiros*, ano III, volume 6, número 18, maio-junho de 1941. — "Contrastes de prateiros no Rio de Janeiro". *Estudos Brasileiros*, ano III, volume 7, números 19-20-21, julho a dezembro de 1941. — "Contrastes de prateiros no Rio de Janeiro". *Estudos Brasileiros*, ano V, volume 10, números 29-30, março a junho de 1943. — "As Belas-Artes na Regência" (1831-1840). *Estudos Brasileiros*, ano V, volume 9, números 25-26-27, de julho a dezembro de 1942.

MARTINS DA CRUZ JOBIM (José) — *Discurso sobre as moléstias que mais afligem a classe pobre do Rio de Janeiro, lido na sessão pública da Sociedade de Medicina de 30 de junho de 1835.*

MARTINS GOMIDE — "Os fundamentos econômicos da nossa evolução jurídica". *Síntese*, abril de 1944.

MARTIUS (Carlos Friedr. Phil. von) — *Natureza, doenças, medicina e remédios dos índios brasileiros* (1844). Tradução, prefácio e notas de Pirajá da Silva (1939).

MASCARENHAS (Aníbal) — *Curso de história do Brasil* (1898).

MELO BARRETO FILHO e HERMETO LIMA — *História da Polícia do Rio de Janeiro*. 1° volume 1565-1831. 2° volume: 1831-1870.

MELO FRANCO (Francisco) — *Ensaio sobre as febres com observações analíticas acerca da topografia, clima e demais particularidades que influem no caráter das febres do Rio de Janeiro* (Lisboa, 1829).

MELO MORAIS (Alexandre José de) — *Corografia histórica, cronográfica, genealógica, nobiliária e política do Império do Brasil, contendo noções históricas e políticas* (1856-60). — O *Brasil Histórico* (Jornal Histórico, Político, etc.), 1864. — *História do Brasil-Reino e Brasil-Império* (1871). — *Crônica geral e minuciosa do Império do Brasil* (1879).

MELO MORAIS FILHO (Alexandre José de) — *Poesia popular dos ciganos da Cidade Nova* (1885). — *Cantores Brasileiros* (1900). — *Serenatas e saraus* (1901). *Festas e tradições populares do Brasil* (sem data).

MENDONÇA (Renato) — *A influência africana no Português do Brasil* (1935). — "O Negro do Brasileiro". A propósito do livro do prof. Artur Ramos. *Jornal do Comércio*, de 13 de janeiro de 1935.

MILLARDET (Georges) — "Leme — Ensaio de Toponímia Carioca". Comunicação feita pelo sr. Georges Millardet, professor da Universidade de Paris, professor da Universidade do Distrito Federal em 1937, ao Congresso das Associações Científicas, reunido em Bordéus, em abril de 1939. *Jornal do Comércio*, de 25 de junho de 1939.

MILLIET DE SAINT-ADOLPHE — *Dicionário Geográfico, Histórico e Descritivo do Império do Brasil* (Paris, 1845).

MONTEIRO (Tobias) — *Funcionários e doutores* (2ª edição aumentada, 1919). — *História do Império. A elaboração da Independência* (1927).

MORALES DE LOS RIOS (A.) — "Subsídios para a história da cidade de São Sebastião do Rio de Janeiro". Págs. de 993 a 1350 do Tomo Especial da *Revista do Instituto Histórico e Geográfico Brasileiro*, consagrado ao 1º Congresso de História Nacional (1915). — "O Paié" (Generalidades). Separata dos *Anais do XX Congresso Internacional de Americanistas*, 20 a 30 de agosto de 1922 (Rio de Janeiro, 1924). — "Capoeiras e capoeiragem". Série de dez artigos publicados no *Rio Esportivo*, de 19 de julho a 18 de outubro de 1926.

MORALES DE LOS RIOS FILHO (Adolfo) — *Um capítulo de psicologia nas letras espanholas* (1916). "A instrução-técnico profissional". *Jornal do Comércio* de 25 de dezembro de 1917. — "A instrução técnico-profissional no Rio de Janeiro". *Saneamento*, ano II, números 6 a 10, julho a dezembro de 1927. — "Artes e ofícios na cidade do Rio de Janeiro: seu aprendizado, modalidades e evolução". *A Ordem*, de 17 de janeiro de 1930. — "Grandjean de Montigny e seu tempo". *Jornal do Comércio*, de 17 de setembro de 1933. Nota: Conferência realizada, a 9 do mesmo mês e ano, sob os auspícios do Conselho Nacional de Belas-Artes. — *A Regulamentação da Profissão de Arquiteto* (1934). —

"Música do Brasil". Série de cinco artigos publicados na Revista *Vamos ler!* de 26 de novembro, 3 e 10 de dezembro de 1936, e 14 e 28 de janeiro de 1937. Com desenhos de Gonzaga. — "A Dança no Brasil". Série de quatro artigos publicados na revista *Vamos ler!* de 28 de julho, e 4, 11 e 18 de agosto de 1938. — "A Cidade do Rio de Janeiro no Primeiro Quartel do Século XIX. Seu Aspecto Urbanista"; "Arquitetura da Cidade Carioca e dos seus arredores (Século XIX)"; "Arquitetura Religiosa da Cidade do Rio de Janeiro (Século XIX)"; série de três trabalhos, publicados nos números de junho, julho e outubro de 1938, *Boletim do Instituto de Engenharia* (S. Paulo). — *Exercício das Profissões de Engenheiro, Arquiteto e Agrimensor* (1938). — "Reminiscências do Rio". *Vamos ler!* de: 19 e 26 de janeiro; 2, 9, 16 e 23 de fevereiro; 28 de setembro; 5, 12, 16 e 26 de outubro; 2, 9, 23 e 30 de novembro; e 7 de dezembro (1939). — "Os habitantes do Rio no princípio do século XIX". *Vamos ler!*, de 18 de julho de 1940. — "As denominações dos logradouros públicos do Rio Antigo". *Vamos ler!*, de 5 de setembro de 1940. — "Missão Artística Francesa". *O Jornal*, de 6 de outubro de 1940. — "O Carnaval Antigo no Rio de Janeiro". *Vamos ler!*, de 27 de fevereiro de 1941. — "O Contrato da Colônia Francesa de Arte". *O Jornal*, de 11 de maio de 1941. — "A Colônia Francesa no Rio de Janeiro". *Vamos ler!*, de 29 de maio de 1941. — "O Trabalho: Comércio, Indústria, Lavoura e Criação". *Vamos ler!*, de 12 de junho de 1941. — "Vida de Grandjean de Montigny". *Jornal do Comércio*, de 20 de julho de 1941. — "Meios de Transporte do Antigo Rio". *Vamos ler!*, de 31 de julho de 1941. — "Glaziou". *Vamos ler!*, de 1º de outubro de 1941. — "A Reforma Pedreira e o Ensino das Belas-Artes". *Vamos ler!*, de 13 de novembro de 1941. — "Debret e a Organização do Ensino das Belas-Artes". *Vamos ler!*, de 11 de dezembro de 1941. — "A Escola Real das Ciências, Artes e Ofícios". *Urbanismo e Viação*, revista (dezembro, 1941). — *Consolidação das Leis e Atos Oficiais de Exercício da Engenharia, Arquitetura e Agrimensura* (1942). — *O Ensino Artístico* (1942). — *Grandjean de Montigny e a evolução da arte brasileira* (1941). Prêmio "João Ribeiro", de Erudição, da Academia Brasileira de Letras (1943). — "O Distrito Federal no Tempo da Corte". Conferência realizada no Silogeu Brasileiro a 17 de novembro de 1942. Publicada em *Aspectos do Distrito Federal,* volume organizado pela Academia Carioca de Letras (1943). — "Divertimentos Cariocas de Antanho". *Letras Brasileiras*, nº 11, de março de 1944. — "Túmulos de grandes vultos da História do Brasil na Igreja de São Pedro". *A Noite*, de 21 de junho de 1944. — "A Antiga Engenharia do Rio de Janeiro. A Rua". *Boletim Informativo do Clube de Engenharia*, nº 16, agosto de 1944, ano II. — "A Antiga Engenharia no Rio de Janeiro. Aspecto da

515

Rua". *Boletim Informativo do Clube de Engenharia*, n°. 17, setembro de 1944, ano II. — "Tentativas de criação de academias". *Letras Brasileiras*, n°. 22, fevereiro de 1945. — "A Antiga Engenharia no Rio de Janeiro. Calçamento". *Boletim Informativo do Clube de Engenharia*, n°. 18, outubro de 1944, ano II. — "A Antiga Engenharia do Rio de Janeiro. Evolução do Calçamento". *Boletim Informativo do Clube de Engenharia*, n°. 19, novembro de 1944, ano II. — "Antigos meios de transporte". *Vamos ler!*, de 2 de novembro de 1944. — "Antigas Academias de Além-Mar". *Letras Brasileiras*, n°. 19, novembro de 1944. — "A Limpeza e o Saneamento". *Vamos ler!*, de 23 de novembro de 1944. — "O Abastecimento d'água no Rio de Janeiro" (1567-1850). *Vamos ler!*, de 7 de dezembro de 1944. — "Antigos edifícios públicos do Rio". *Vamos ler!*, de 28 de dezembro de 1944. — "A Antiga Engenharia no Rio de Janeiro. O Caminho". *Boletim Informativo do Clube de Engenharia*, n°. 20, dezembro de 1944, ano II. — "A indumentária nos tempos idos". *Vamos ler!*, de 18 de janeiro de 1945. — "Academias do Vice-Reinado". *Letras Brasileiras*, n°. 21, janeiro de 1945. — "A Assistência no Rio antigo". *Vamos ler!* de 8 de fevereiro de 1945. — "A Antiga Engenharia do Rio de Janeiro. Antigas Pontes". *Boletim Informativo do Clube de Engenharia*, n°. 22, fevereiro de 1945, ano II. — "Cultos e crenças no Antigo Rio". *Vamos ler!*, de 29 de março de 1945. — "Academias e Associações do Rio". *Letras Brasileiras*, n°. 23, março de 1945. — "A Antiga Engenharia do Rio de Janeiro. A Arborização da cidade no século XIX". *Boletim Informativo do Clube de Engenharia*, n°. 23, março de 1945, ano II. — "A Antiga Engenharia do Rio na primeira metade do século XIX". *Vamos ler!*, de 26 de abril de 1945. — "A Antiga Engenharia do Rio de Janeiro. Cais e Muralhas". *Boletim Informativo do Clube de Engenharia*, n°. 25, maio de 1945, ano II. — "A Instrução de Outrora". *Vamos ler!*, de 28 de junho de 1945. — "A Antiga Engenharia do Rio de Janeiro.Canais". *Boletim Informativo do Clube de Engenharia*, n°. 26, junho de 1945, ano II. — "A Antiga Engenharia do Rio de Janeiro. A Repartição das Obras Públicas". *Boletim Informativo do Clube de Engenharia*, n°. 27, julho de 1945, ano II. — "Como evoluiu a sociedade carioca". *Vitrina*, de julho de 1945. — "A Antiga Engenharia do Rio de Janeiro. Os Jardins". *Boletim Informativo do Clube de Engenharia*, n°. 28, agosto de 1945, ano II. — "A Antiga Engenharia do Rio de Janeiro. Os Jardins". (Continuação). *Boletim Informativo do Clube de Engenharia*, n°. 29, setembro de 1945, ano III. — "O Ensino Profissional no Rio, de 1568 a 1850". *Vamos ler!*, de 18 de outubro de 1945. — "A Antiga Engenharia do Rio de Janeiro. Os Jardins" (Continuação). *Boletim Informativo do Clube de Engenharia*, n°. 30, outubro de 1945, ano III. — "Salões cariocas de outrora". *Vitrina*, de outubro de 1945. — "Os Ensinos Agrícolas e Comerciais do antigo Rio de Janeiro". *Vamos ler!*, de 22 de novembro de 1945. — "A Elegância Carioca, 1808-1850". *Vitrina*, de novembro de 1945.

MOREIRA DE AZEVEDO (Manuel Duarte) — "Pequeno panorama ou descrição dos principais edifícios da cidade do Rio de Janeiro (1861-1864). — "Os túmulos de um claustro". Memória lida no Instituto Histórico, *Revista Trimensal do Instituto Histórico, Geográfico e Etnográfico do Brasil*, tomo 29 (1866). — O *Rio de Janeiro. Sua história, monumentos, homens notáveis, usos e curiosidades* (1877). — *História Pátria: O Brasil de 1831 a 1840* (1884). — "A instrução nos tempos coloniais". *Revista do Instituto Histórico e Geográfico Brasileiro*, tomo 55, volume 82, parte II (1892).

MOREIRA PINTO — *Dicionário geográfico do Brasil*.

NASCIMENTO (Alfredo) — "Ao serviço da Ciência e da Humanidade. Passa amanhã o centenário da fundação da Faculdade de Medicina. Primórdios e Evolução. A Sociedade de Medicina. A organização e o desenvolvimento dos cursos no país". *Jornal do Brasil*, de 2 de outubro de 1932.

NETO (Ladislau) — *Investigações históricas e científicas sobre o Museu Imperial e Nacional do Rio de Janeiro* (1870).

NINA RODRIGUES — *Os africanos no Brasil* (1933). — O *animismo fetichista dos negros baianos* (1935).

NOGUEIRA DE PAULA (Luís) — "O pensamento econômico no Brasil". *Boletim do Ministério do Trabalho, Indústria e Comércio* n°. 84, agosto de 1941, ano VII.

NORMANO (J. F.) — *Evolução econômica do Brasil*. Tradução de T. Quartim Barbosa, P. Peake Rodrigues e L. Brandão Teixeira (1939). Nota: O original norte-americano tem por título *Brazil — A study of economic types* (1935).

NORONHA SANTOS (F. Agenor de) — *Apontamentos para o indicador do Distrito Federal* (1900). — *Corografia do Distrito Federal (Cidade do Rio de Janeiro)*, 1913. — *Meios de Transporte no Rio de Janeiro* (1934).

OLIVEIRA (Nicolau J. B.) — "Os bandeirantes dos bondes" — Revista *Light*, de abril de 1935.

OLIVEIRA VIANA (F. J.) — *Populações meridionais do Brasil* (1933). — *Evolução do Povo Brasileiro* (1933).

OLIVEIRA CHINA (José B. d') — "Os ciganos do Brasil" (Subsídios históricos). *Jornal do Comércio*, de 15 de novembro de 1936.

517

ORBIGNY (Alcide Dessalines d') — *Voyage à l'Amérique Méridionale* (1835).

OUSSELEY (Wm. Gore) — *Description of views in South America, from original Drawings, made in Brazil, the River Plate, the Parana, with Notes* (1852).

OTTONI (Cristiano Benedito) — *Esboço histórico das estradas de ferro* (1866).

PADBERG-DRENKPOL (J. A.) "Recordações históricas do Rio através de velhas inscrições latinas". *Boletim do Centro de Estudos Históricos,* tomos I e II (1936 e 1937).

PAIVA (Alberto Randolfo de) — *Legislação Ferroviária Federal do Brasil.* (1922).

PAIVA (Ataulpho Nápoles de) — *Assistência pública e privada do Rio de Janeiro* (1922).

PANDIÁ CALÓGERAS — *Formação histórica do Brasil* (1938). Nota: É a 3ª edição.

PASSOS (Francisco Pereira) — *As estradas de ferro do Brasil em 1879.*

PAULA FREITAS (Antônio de) — *O saneamento da cidade do Rio de Janeiro. Memória apresentada a S. Excia. o conselheiro Francisco Antunes Maciel, ministro e secretário de Estado dos Negócios do Império* (1884).

PEDREIRA DE CASTRO S. J. (Fernando) — *Crônica da Igreja no Brasil* (1938).

PEIXOTO (Afrânio) — "Cem anos de ensino primário (1826-1929)". Capítulo do livro *Centenário do Poder Legislativo.* — *Noções da Literatura Brasileira* (1931) .

PEREIRA DA FONSECA (Mariano José) — *Máximas, pensamentos e re- flexões* (1837). — *Novas máximas* (1846). — *Últimas máximas* (1849).

PEREIRA DA SILVA (João Manuel) — *Parnaso Brasileiro* (1843). — *História da fundação do Império brasileiro* (Paris, 1864-68). — *Segundo período do reinado de D. Pedro I: 1825-1831* (1871). — *História do Brasil de 1831 a 1846* (1879).

PEREIRA DA SILVA (A. G.) — "O Campo de São Cristóvão". *Jornal do Comércio,* de 18 de março de 1907. — "O Campo de São Cristóvão". *Jornal do Comércio,* de 2 de agosto de 1908. — "O Rio Antigo. Os veículos da velha cidade. A evolução dos meios de transporte". *O País,* de 24 de janeiro de 1915.

PESSOA (V. A. de Paula) — *Guia da Estrada de Ferro Central do Brasil.*

PESSOA DA SILVA (José Eloy) — *Memória sobre a escravatura e Projeto de colonização dos europeus e pretos da África no Império do Brasil, (1826).*

PINHEIRO BITTENCOURT (Dr.) — *Elementos de história do Brasil* (1907).

PINHEIRO CHAGAS (Manuel) — *Dicionário popular.*

PIRES AMARANTE (Alberto) — "O abastecimento d'água da cidade do Rio de Janeiro em seus primeiros tempos". *Boletim do Serviço Federal de Águas e Esgotos*, fascículo n° 1, julho de 1941. — "Evolução administrativa dos serviços de água e de esgotos no Distrito Federal". *Boletim do Serviço Federal de Águas e Esgotos*, fascículo n° 2, outubro de 1941. — "Evolução administrativa dos serviços de água e de esgotos no Distrito Federal". *Boletim do Serviço Federal de Águas e Esgotos*, fascículo n° 6 (1943). — "Regulamentos e taxas de consumo de água e de esgotos no Rio de Janeiro". *Boletim do Serviço Federal de Águas e Esgotos*. Fascículo n° 7 (1943).

PIRES DE ALMEIDA (José Ricardo) — *L'Instruction Publique au Brésil. Histoire. Législation.* Dedicado "A Son Altesse Royale, Monseigneur Gaston d'Orléans, Comte d'Eu, Marechal de l'Armée Brésilienne" (Rio de Janeiro, 1889). — "A Imprensa e as artes gráficas no Rio de Janeiro", *Jornal do Comércio*, de 1° de julho de 1900. — "O Rio de Janeiro de outrora. Subsídios para o saneamento da cidade". Revista *Kosmos*.

PIZARRO E ARAÚJO (José de Sousa Azevedo) — *Memórias históricas do Rio de Janeiro e das Províncias Anexas à Jurisdição do Vice-Rei do Estado do Brasil* (1820).

PORTO-SEGURO (Visconde de) — *História Geral do Brasil, antes de sua separação e independência de Portugal* (1854). Nota: Publicada sob anonimato, como sendo de autoria de "Um sócio do Instituto Histórico. Natural de Sorocaba". A 3ª edição integral foi revista e anotada pelo acadêmico Rodolfo Garcia, diretor da Biblioteca Nacional.

PRIMITIVO MOACIR — "O ensino público no Congresso Nacional". *Jornal do Comércio*, de 14 de julho de 1915. — *O Ensino Público no Congresso Nacional* (1916). — "A instrução pública e o Império". *Jornal do Comércio*, de 25 de novembro de 1934. — "A instrução pública e o Império. A Província do Rio de Janeiro (1830-1850)". *Jornal do Comércio*, de 7 de junho de 1935. — "A instrução pública no Império". *Jornal do Comércio*, de 31 de maio de 1936. — *A Instrução e o Império. Subsídios para a história da Educação no Brasil: 1823-1853*, 1° volume (1936). — "Portugal e Brasil (Um século de ensino público: 1750-1850)". I — *Jornal do Comércio*, de 22 de dezembro de 1940. — "Portugal e Brasil (Um século de ensino público: 1750-1850)". II — *Jornal do Comércio*, de 5 de janeiro de 1941.

QUERINO (Manuel) — "A raça africana e os seus costumes na Bahia". *Anais do 5° Congresso Brasileiro de Geografia* (Bahia, 1916).

519

RAFFARD (Henri) — "Apontamentos acerca de pessoas e cousas do Brasil". *Revista do Instituto Histórico e Geográfico Brasileiro*, tomo 61 (1899).

RAIMUNDO (Jacques) — "O negro brasileiro". *Jornal do Comércio*, de 3 de fevereiro de 1936. — *O negro brasileiro* (1936).

RAMOS (Artur) — O *negro brasileiro* (1934). — O *folclore negro do Brasil* (1935).

RENDU (Alfred) — *Études sur le Brésil* (Paris, 1835).

RIBEIRO (João) — *História do Brasil* (13ª edição) — *História didática do Brasil* (1921).

RIO BRANCO (Barão do) — *Efemérides brasileiras* (1918). — *História do Brasil* (reedição, 1930). Nota: Valiosa síntese, atualizada pelos drs. José Bernardino Paranhos da Silva e Max Fleiuss.

RIOS (Tobias Cândido) — *Resumo histórico, 1808-1908.*

ROCHA POMBO (José Francisco da) — *História do Brasil* (1905).

RODRIGUES (José Carlos) — *Catálogo de livros sobre o Brasil* (1907).

RODRIGUES DO VALE (Flausino) — *Elementos de folclore musical brasileiro* (1938).

ROMERO (Sílvio) — *Estudos sobre a poesia popular do Brasil* (1888). — *História da Literatura Brasileira* (1903).

ROURE (Agenor de) — "A Independência". *Jornal do Comércio*, de 7 de setembro de 1907. — "Governo de D. João VI". Conferência realizada na Biblioteca Nacional e publicada no *Jornal do Comércio*, de 11 de julho de 1921.

RUGENDAS (J. M.) — *Voyage pittoresque dans le Brésil* (1835). — *Viagem pitoresca através do Brasil.* Tradução de Sérgio Milliet. Introdução de Rubens Borba de Morais (Sem data; número I da Biblioteca Histórica Brasileira).

SÁ (Anísio de) — "A tradição joanina". *Correio da Manhã*, de 27 de junho de 1937.

SACRAMENTO BLAKE (Augusto Vitorino Alves) — *Dicionário Bibliográfico Brasileiro* (1895).

SAINT-HILAIRE (Auguste de) — *Voyage dans les provinces de Rio de Janeiro et de Minas Gerais* (Paris, 1830). — *Viagem às nascentes do rio São Francisco e pela província de Goiás.* Tradução e notas de Clado Ribeiro Lessa (1937).

SANTANA NERY — *Folklore brésilien* (Paris, 1889).

SANTOS SILVA (T. dos) — *História do Brasil* (1923).

SCHLICHTHORST (C.) — *O Rio de Janeiro como é, 1824-1826.* Tradução de Emmy Dodt e Gustavo Barroso, apresentada, anotada e comentada por este (1943). Nota: O título da edição em alemão era — *Rio de Janeiro wie es ist.*

SENA (Ernesto) — O *velho comércio do Rio de Janeiro.*

SENA (Nelson de) — "Nomes próprios indígenas brasileiros". *Ilustração Brasileira*, de maio de 1935. — "Africanismos na linguagem brasileira". *Jornal do Comércio*, de 27 de outubro de 1936. — *Os índios do Brasil.* Memória apresentada no 3º. Congresso Científico Latino-Americano, agosto de 1905. (Belo Horizonte, 1908). — "Toponímia Geográfica Brasileira". *Revista do Arquivo Público Mineiro*, tomo XX (1924) e tomo XXV (1926). — A *Terra Mineira* (Belo Horizonte, 1926-27). — "Toponímia". *Revista de Filologia e História*, Rio, tomo I (1931) e tomo II (1933).

SERPA (Fócion) — "Manuel Antônio de Almeida". Oração proferida sobre personalidade do autor das *Memórias de um sargento de milícias*, a 25 de novembro de 1911, na Academia Carioca de Letras. *Publicações* da mesma Academia. Relato do 2º. semestre de 1941.

SIGAUD (J. F. Xavier) — *Du Climat et des Maladies du Brésil* (Paris, 1844).

SILVA (Inocêncio Francisco da) — *Dicionário bibliográfico português. Estudos de Inocêncio Francisco da Silva, aplicáveis a Portugal e ao Brasil continuados e ampliados por Brito Aranha* (Lisboa, MDCCCVIII).

SILVA (Moacir M. F.) — "Geografia dos transportes no Brasil". *Boletim Brasileiro de Geografia*, ano II, nº. 2, abril de 1940.

SILVA ARAÚJO (Carlos) — "A farmácia no Distrito Federal", *Jornal do Comércio*, de 23 de abril de 1944 — "A farmácia no Distrito Federal", *Jornal do Comércio*, de 7 de maio de 1944.

SILVA LISBOA (Baltazar da) — *Anais do Rio de Janeiro* (1834-35).

SILVA MELO (Jesuíno da) — *A pecuária no Brasil* (1903).

SILVESTRE (Honório) — "Cousas de Negro". Série de artigos publicados no *Jornal do Comércio*, no decorrer do ano de 1935; e número do mesmo jornal de 12 de janeiro de 1936.

SILVESTRE RIBEIRO (José) — *História dos estabelecimentos científicos, literários e artísticos de Portugal* (Lisboa, 1871-93).

SIMONSEN (Roberto) — *História econômica do Brasil* (1937). — "A evolução industrial do Brasil". *Boletim do Instituto de Engenharia de São Paulo* nº. 147, vol. XXX, agosto de 1939. — "A evolução industrial do Brasil". Conferência realizada em 26 de julho de 1939, no Conselho Federal de Comércio Exterior, perante a Missão Universitária Norte-Americana, em visita ao Brasil. *Boletim do Instituto de Engenharia*, de São Paulo, nº. 147, vol. XXX, agosto de 1939. — "Objetivos da Engenharia Nacional". Conferência no Instituto de Engenharia de São Paulo. *Boletim do Instituto de Engenharia*, nº. 148, vol. XXX, setembro de 1939.

SOLANO CONSTÂNCIO (Francisco) — *História do Brasil, desde o seu descobrimento por Pedro Álvares Cabral até a abdicação do imperador D. Pedro* I (1839).

SOUSA (Augusto Fausto de) — "A baía do Rio de Janeiro". *Revista do Instituto Histórico e Geográfico Brasileiro*, tomo XLIV, 2ª parte, 3º trimestre.

SOUSA (Tarquínio de) — *O ensino técnico no Brasil* (1887). — *Estações Agronômicas* (1888).

SOUSA CAMPOS (Ernesto de) — *Educação Superior do Brasil* (1940). — *Instituições culturais e de educação superior no Brasil.* Resumo Histórico (1941).

SOUSA REIS (O. de) — *Corografia do Distrito Federal.* 2ª edição (1921).

SOUSA E SILVA (Joaquim Norberto de) — "Criação de uma Universidade no Império do Brasil". *Revista Trimensal do Instituto Histórico e Geográfico Brasileiro*, tomo LI, parte 2ª.

SOUTHEY (R.) — *History of Brasil* (London, 1810-1819).

SPIX (J. B. von) e MARTIUS (C. F. P. von) — *Viagem pelo Brasil.* Tradução brasileira promovida pelo Instituto Histórico e Geográfico Brasileiro para a comemoração do seu centenário. Tradutora, d. Lúcia Furquim Lahmeyer, bibliotecária do Instituto; revisores, o dr. B. F. Ramiz Galvão e o prof. Basílio de Magalhães (que foi também anotador); 1938.

STEELE (Francisco) — *Evolução dos principais índices econômicos: 1937-1942.* (Estado do Rio de Janeiro, Secretaria do Governo, Departamento Estadual de Estatística).

STRATEN PONTHOZ (Augusto van der) — *Le Budget du Brésil ou recherches sur les ressources de cet Empire dans leurs rapports avec les interêts européens du commerce et de l'émigration* (Paris, 1854). Nota: Obra em três volumes, do mais alto valor.

TABORDA (Humberto) — *História do Real Gabinete Português de Leitura* (Primeiro Centenário: 1837-1937).

TAUNAY (Afonso d'Escragnolle) — "Rio de Janeiro de antanho". *Revista do Instituto Histórico e Geográfico Brasileiro*, tomo 90, vol. 144 (1921). — *História do Café no Brasil* (1929). — "Quadros da Economia Brasileira em 1847". *Jornal do Comércio*, de 5 de setembro de 1937. — "Medicina de Escravos". *Jornal do Comércio*, de 19 de setembro de 1937. — "Cafezais Cariocas". *Jornal do Comércio*, de 21 de agosto de 1938. — "Achegas à história do tráfico". *Jornal do Comércio*, de 16 de fevereiro de 1941. — "Negócios africanos". *Jornal do Comércio*, de 12 e 13 de abril de 1941. — "Fórmulas Transatas". *Jornal do Comércio*, de 19 de outubro de 1941. — "Uma viagem do

Rio de Janeiro a Vila Rica, em 1811". *Jornal do Comércio*, de 26 de outubro de 1941. — "O Primeiro Panorama do Rio de Janeiro". *Jornal do Comércio*, de 30 de novembro de 1941.

TAUNAY (Hippolyte) et DENIS (Ferdinand) — *Notice historique et explicative du Panorame de Rio de Janeiro* (Paris, 1824).

TAVARES DE LIRA (A.) — "Organização política e administrativa do Brasil". *Anais do Terceiro Congresso de História Nacional*, segundo volume (1941).

TEIXEIRA DE MELO (J. A.) — *Efemérides Nacionais* (1881).

TEIXEIRA DE OLIVEIRA — *Vida maravilhosa e burlesca do Café* (1942).

TEIXEIRA DE SOUSA (José Eduardo) e SOUSA LIMA (Agostinho José de) — "As Ciências Médico-Cirúrgicas". *Livro do Centenário* (1900).

TERNAUX COMPANS HERMITTE (Mme.) — *Guanabara la Superbe.* (1937)

TRAVASSOS (Joaquim Carlos) — *Monografias agrícolas* (1903).

VALADÃO (Alfredo) — "A criação dos cursos jurídicos no Brasil". Conferência realizada no Instituto Histórico, em sessão comemorativa do centenário da criação dos cursos jurídicos no Brasil (1927).

VALE CABRAL (Alfredo do) — *Anais da Imprensa Nacional do Rio de Janeiro 1808 a 1822* (1881).

VARNHAGEN (F. A.) — *História geral do Brasil* (1927).

VASCONCELOS (Salomão de) — *O Fico, Minas e os mineiros na Independência* (1937).

VELHO DA SILVA (José Maria) — *Homens e fatos da História do Brasil* (1923).

VERÍSSIMO DE MATOS (José) — "A Instrução e a Imprensa (1500-1900)". Tomo I do *Livro do Centenário do Descobrimento do Brasil*.

VIANA (Vítor) — "A evolução econômica do Brasil". *Livro de Ouro Comemorativo do Centenário da Independência e da Exposição Internacional do Rio de Janeiro* (1922-23).

VIEIRA (Damasceno) — *Memórias históricas brasileiras: 1500-1837* (1903).

VIEIRA FAZENDA (José), ou FAZENDA (V.) — "A Casa da Aula". *A Notícia*, de 24 de setembro de 1901. — "Largo da Carioca". *A Notícia*, de 12 e 20 de abril de 1904. — "Praias da cidade (antiga Marinha)". *A Notícia*, de 13 de setembro de 1904. — "Iluminação a azeite de peixe". *Kosmos*, abril de 1904. — "Posturas antigas". *A Notícia*, de 3 de novembro de 1906. — "Inundações". Artigo publicado em jornal diário do Rio de Janeiro, no domingo de 2 de abril de 1911 — "Antiqualhas e memórias do Rio de Janeiro". *Revista do Instituto Histórico e*

Geográfico Brasileiro: tomo 88, volume 140 (1919); tomo 88, volume 143 (1920); tomo 89, volume 143 (1821); tomo 93, volume 147 (1928); tomo 95, volume 149 (1924).

VIEIRA DA SILVA (Manuel) — *Reflexões sobre alguns dos meios propostos por mais conducentes para melhorar o clima da cidade do Rio de Janeiro* (1808).

VILAR (Frederico) — *Indústrias de pesca* (1917).

XAVIER PINHEIRO (José Pedro) — *Epítome da História do Brasil* (1854).

WANDERLEY (Eustórgio) — "O culto da tradição". *Correio da Manhã*, de 18 de agosto de 1936.

WANDERLEY PINHO — *Salões e damas do Segundo Reinado* (1943).

WAPPAEUS (J. E.) — *O Brasil Geográfico e Histórico. A terra e o homem.* (Edição condensada por J. Capistrano de Abreu e A. do Vale Cabral — 1884).

B) PUBLICAÇÕES DIVERSAS, JORNAIS E REVISTAS

"A Criação dos Cursos Jurídicos no Brasil". *Jornal do Brasil*, de 9 de agosto de 1936. — *Almanaque Imperial do Comércio e das Corporações Civis e Militares do Império do Brasil,* publicado por Pedro Plancher Seignot para 1829. — *Almanaque Nacional do Comércio do Império do Brasil,* de Emílio Seignot Plancher (1832). — *Almanaque Laemmert* (1844 a 1850). — *Almanaque Administrativo Mercantil e Industrial da Corte e Província do Rio de Janeiro para o Ano de 1850,* organizado e redigido por Eduardo Laemmert. — *Anais da Biblioteca Nacional* (coleção). — *Anuário Político, Hstórico e Estatístico do Brasil* (1846). — *Arquivo Médico Brasileiro* (1844 a 1848). — "As ruas da Cidade através da história". *O País*, de 30 de dezembro de 1923. — *Auxiliador da Indústria Nacional* (coleção).— *Biblioteca Guanabarense* (1849). — *Boletim de Estatística Municipal da Cidade do Rio de Janeiro.* Número 1, janeiro a julho de 1921. — *Catálogo da Exposição de História do Brasil* (1881-1883). — *Catálogo da Exposição de Cimélios da Biblioteca Nacional* (1885). — "Centenário do Serviço dos Correios da Fazenda de Santa Cruz". *Jornal do Brasil*, de 22 de novembro de 1942. — *Código de Posturas* (1838). — *Coleção da Legislação Portuguesa.* — *Coleção das Leis Brasileiras. Desde a chegada da Corte até à Independência: 1808 a 1810* (Ouro Preto, 1834). — *Coleção de Leis e Decretos do Império do Brasil desde a Feliz época de sua Independência. Obra dedicada à Assembléia Geral Legislativa, Sessão de 1835,* décimo volume (1836). — *Coleção das Leis do Império do Brasil* (Tipografia Nacional). — *Contratos e Concessões.* Publicação feita pela Diretoria Geral do Interior e Estatística da

Prefeitura do Distrito Federal. 2ª edição (1901). — *Dicionário Histórico, Geográfico e Etnográfico do Brasil* (1922). — *Documentos Parlamentares.* Publicação feita por ordem da Mesa da Câmara dos Deputados. Seis volumes publicados de 1918 a 1919. — *Enciclopédia e Dicionário Internacional.* — *Enciclopédia Universal Ilustrada Europeo-Americana* (Barcelona, José Espasa e Hijos, Editores). — *Ensaio de Cartografia Brasileira, extraído do Catálogo da Exposição de História do Brasil* (1883). — *Estudos Afro-Brasileiros.* Trabalhos apresentados ao 1º Congresso Afro-Brasileiro reunido no Recife em 1934 (1935). — *Folhinha das Flores para 1843 contendo a linguagem das flores com a lista alfabética das suas significações, a loteria, o jogo das flores e várias poesias sobre o mesmo assunto, Rio de Janeiro. Publicada e à venda em casa de Eduardo e Henrique Laemmert. Rua da Quitanda, n.º 77* (1843). — *Gazeta do Rio de Janeiro* (coleção). — *Guanabara,* revista mensal (1849-1856). — *Índice da Revista do Arquivo do Distrito Federal.* Organizado por F. A. de Noronha Santos (1819). — *Índice da Revista do Instituto Histórico e Geográfico Brasileiro,* tomos de 1 a 90: 1839-1921 (1927). — *Íris,* revista (coleção). — *Introdução à estatística da instrução* (1916) — *Jornal do Comércio* (coleção). — *L'Amérique Septentrionale et Méridionale ou Description de Cette Grande Partie du Monde* (1835). — *Lanterna Mágica,* revista (1844-1845). — *Livro do Centenário* (1500-1900). — *Minerva Brasiliense,* revista (coleção). — *Nitheroy,* revista brasiliense (Paris, 1836). — *Notícia histórica dos serviços, instituições e estabelecimentos pertencentes ao Ministério da Justiça e Negócios Interiores, elaborada por ordem do respectivo ministro dr. Amaro Cavalcanti* (1898). — *Ordens e Provisões Reais.* Cópia autêntica dos livros Primeiro, Segundo e Terceiro (1928 e 1929). — *Ostensor Brasileiro,* revista (1845-1846). *Recenseamento do Brasil.* Ministério da Agricultura, Indústria e Comércio. Diretoria Geral de Estatística (1920). — *Relatórios dos ministros do Império* (Até o ano de 1850). — *Revista Brasileira de Estatística* (coleção). — *Revista do Arquivo do Distrito Federal* (1894 a 1897). — *Revista do Instituto Histórico e Geográfico Brasileiro* (coleção). — *Revista do Instituto Politécnico Brasileiro* (coleção). — *Revista do Serviço do Patrimônio Histórico e Artístico Nacional* (coleção). — *Terceiro Congresso de História Nacional.* Centenário do Instituto Histórico e Geográfico Brasileiro (1942).

APONTAMENTOS BIOGRÁFICOS DE ADOLFO MORALES DE LOS RIOS (Fº)*

Engenheiro-arquiteto, pela Escola Nacional de Belas-Artes (1914). Primeiro Prêmio, em concurso público, pelo projeto "Manuelino", para o edifício do Conselho Municipal (1914). Prêmio e Diploma de Honra pelo projeto e construção do Palácio da Fiação da Exposição Internacional do Centenário da Independência (1922). Primeiro Prêmio, em concurso público, pelo projeto "Azulejo" para o Portão Colonial da Exposição do Centenário (1922). Classificado entre os projetos escolhidos, em concurso, para o restaurante do Passeio Público (1922). Terceiro prêmio no concurso aberto, pelo governo argentino, entre arquitetos brasileiros para o novo edifício da embaixada no Rio de Janeiro (1928). Classificado em 1º lugar no concurso de refúgios para as praças públicas, aberto pela prefeitura do Distrito Federal (1933). — *Nota:* Os projetos "Manuelino" e "Azulejo" foram feitos em colaboração com seu progenitor, professor Morales de los Rios.

Projetou, fiscalizou, dirigiu ou interveio em 1.107 trabalhos de arquitetura, urbanotécnica ou construção, perícias, avaliações ou pareceres, desde 1911 a 1935, tendo sido chefe da firma construtora Vitorino Rodrigues & Cia. e da sua individual. Dentre as obras de sua autoria se destacaram: um palácio, seis palacetes, dois solares, vinte e cinco grandes residências, dois edifícios de apartamentos, dois edifícios de escritórios, três cafés, dois restaurantes, três edifícios públicos, cinco fábricas, um depósito, um edifício bancário, um clube, um estádio, um edifício de associação de classe, duas legações (adaptações), uma igreja, uma piscina e uma escola técnico-profissional.

---

* Escrito pelo autor em 1946. Os dois últimos parágrafos foram acrescentados nesta edição.

Autor dos livros: *Perspectiva* (1915); *Um capítulo de psicologia nas letras espanholas* (1916); *Regulamentação da profissão de arquiteto* (1934), *Exercício das profissões de engenheiro, arquiteto e agrimensor* (1938), *Ensino artístico — Subsídios para sua história* (1938); *Grandjean de Montigny e a evolução da arte brasileira* (1941); *Consolidação das leis e atos oficiais de exercício da engenharia, arquitetura e agrimensura* (1942); *O Rio de Janeiro imperial* (1946). O livro *Grandjean de Montigny e a evolução da arte brasileira* mereceu o Prêmio de Erudição João Ribeiro, outorgado, em 1943, pela Academia Brasileira de Letras. E mais os *Relatórios do Conselho Federal de Engenharia e Arquitetura* (1937), os *Anais do Conselho Federal de Engenharia e Arquitetura* (1943 e 1944); e os *Relatórios do Conselho Federal de Engenharia e Arquitetura* (1945).

Colaborador das revistas *Vamos Ler!*, *Letras Brasileiras* e *Vitrina*, do *Jornal do Comércio*, de *A Noite* e de *O Jornal*, onde se tem ocupado de assuntos artísticos e históricos do Brasil. Em caráter técnico, tem colaborado no *Jornal do Brasil*, no *Boletim do Instituto de Engenharia* (de São Paulo) e no *Boletim do Clube de Engenharia* (do Rio de Janeiro) .

Ex-professor catedrático de História da Arquitetura e de Teoria e Fisiosofia da Arquitetura da Academia Nacional de Belas-Artes (Universidade do Rio de Janeiro); ex-professor de História do Urbanismo, do Curso de Urbanismo do Instituto de Artes (Universidade do Distrito Federal); ex-professor de Desenho (por concurso de títulos) da Escola Normal de Artes e Ofícios; docente de Desenho (por concurso de provas) da Escola Normal e do Instituto de Educação; ex-professor suplementar de Desenho do Colégio Pedro II; membro das comissões examinadoras do Departamento Nacional de Ensino. Ex-professor de Desenho das escolas técnicas Manuel Buarque e Comandante Midosi (da Marinha Mercante); de Desenho Técnico da Escola Profissional Álvaro Batista, Instituto Profissional João Alfredo e escolas secundárias técnicas Bento Ribeiro, Visconde de Cairu e Visconde de Mauá (da prefeitura do Distrito Federal). Ex-professor de Desenho do Curso Complementar da Faculdade de Medicina (Universidade do Rio de Janeiro). Ex-professor de Desenho de Arquitetura da Escola Técnica Nacional (Ministério da Educação). Ex-professor de História da Arte do Curso Superior de Museus, do Museu Histórico Nacional.

Consultor técnico do Ministério do Trabalho, Indústria e Comércio.

Realizou conferências sobre assuntos técnicos, artísticos, de urbanotécnica e de filosofia e teoria da arquitetura nas seguintes entidades: Faculdade de Ciências Físicas e Matemáticas de Rosário (Universidade do Litoral) e de Buenos Aires (Universidade Nacional), Reitoria da Universidade de Minas Gerais, Escola Politécnica da Bahia, Centro Argentino de Engenheiros, Museu Castagnino (Cidade de Rosário), Sociedade Central de Arquitetos de Buenos Aires, Rotary Clube de Belo Horizonte, Rotary Clube de Buenos Aires,

Instituto de Engenharia de São Paulo, Escola Nacional de Belas-Artes, Academia Carioca de Letras, Conselho Superior de Belas-Artes, Instituto de Geografia e História Militar, Sociedade Mineira de Engenheiros, Sociedade de Engenharia do Rio Grande do Sul e Escola Politécnica de São Paulo.

Presidente do Instituto Central de Arquitetos do Brasil (1929-1930); Ex-vice-presidente, secretário-geral, 1º secretário do Conselho Deliberativo do mesmo Instituto; secretário-geral do Comitê Executivo Preparador do IV Congresso Pan-Americano de Arquitetos; secretário-geral do IV Congresso Pan-Americano de Arquitetos (Rio de Janeiro, 1930). Membro vitalício do Comitê Permanente de Congressos Pan-Americanos de Arquitetos (sede em Montevidéu) e do Comité International des Architects (Paris).

Jurado do Grupo XIII (Decoração e Mobiliário) e secretário da Classe 61 (Decoração dos Edifícios Públicos e das Habitações), do júri internacional da Exposição do Centenário (1922); membro dos júris profissional e universitário da IV Exposição Pan-Americana de Arquitetura (Rio de Janeiro, 1930). Membro do júri de inúmeros concursos e de exposições gerais de belas-artes.

Promoveu a vinda ao Rio de Janeiro de figuras notáveis na arte, como: Le Corbusier, Eugenio Steinhof e Raul Lino, a fim de realizar conferências.

E conseguiu que o julgamento do grande concurso mundial para o projetado *Farol de Colombo* fosse realizado no Rio de Janeiro

Membro honorário do American Institute of Architects; da Asociación de Arquitectos de Chile; da Sociedad Central de Arquitectos, de Buenos Aires; da Sociedad de Arquitectos del Uruguay; do Colégio de Arquitectos de Cuba; e do Sindicato Nacional de Arquitetos de Portugal (ex-Associação de Arquitetos Portugueses). Membro correspondente da Sociedad de Arquitectos Mexicanos; da Sociedad de Arquitectos del Peru; da Centralvereinigung der Architekten Osterreichs (Associação Central de Arquitetos da Áustria); do Instituto Paulista de Arquitetos; da Sociedad Amigos de la Arqueologia (Montevidéu); do Centro Argentino de Ingenieros (Buenos Aires) e da Asociación de Ingenieros del Uruguay (Montevidéu). Sócio do Instituto Histórico de Ouro Preto, da Academia de Belas-Artes do Instituto do Brasil, do Sindicato de Engenheiros (Rio de Janeiro), do Clube de Engenharia (Rio de Janeiro) e do Instituto de Engenharia (São Paulo).

Delegado oficial das repúblicas do Peru e do Equador ao IV Congresso Pan-Americano de Arquitetos (Rio de Janeiro, 1930); delegado do Colégio de Arquitectos de Cuba, da Sociedad de Arquitectos del Peru, e da Escola Nacional de Belas-Artes, ao IV Congresso Pan-Americano de Arquitetos.

Comendador da Ordem de Isabel la Catolica, de Espanha; comendador da Ordem ao Mérito, da Áustria; oficial da Ordem da República do Equador; Oficial da Ordem El sol del Peru, República do Peru; oficial da Ordem Militar de Cristo, de Portugal.

Primeiro-secretário da Embaixada Extraordinária do Brasil, chefiada pelo general de divisão Almério de Moura, à posse do presidente da República Oriental do Uruguai, general e arquiteto Alfredo Baldomir (1938).

Membro da Comissão Organizadora da Regulamentação das Profissões de Engenheiro, Arquiteto e Agrimensor (1933). Ex-vice-presidente do Conselho Federal de Engenharia e Arquitetura (1934-1935) e representante da Congregação da Escola Nacional de Belas-Artes no mesmo Conselho. Ex-presidente do Conselho de Engenharia e Arquitetura da 1ª Região (1934-36).

Presidente interino do Conselho Federal de Engenharia e Arquitetura de março de 1935 a fevereiro de 1936, tornou-se presidente efetivo com mandatos renovados de 5 de fevereiro de 1936 e 30 de outubro de 1960. Presidente dos 1º, 2º, 3º, 4º, 5º e 6º Congressos de Conselheiros Federais e Regionais de Engenharia e Arquitetura (1935, 1941, 1942, 1943 e 1944). Presidente das 1ª, 2ª, 3ª, 4ª e 5ª Semanas Oficiais do Engenheiro e do Arquiteto (1940 e 1944), foi também presidente de Honra do I Congresso de Ensino da Engenharia e Arquitetura (1945) e do II Congresso Brasileiro de Engenharia e Indústria (1946). Presidiu a Comissão de Regulamentação da Profissão de Químico (1948-1951).

Adolfo Morales de los Rios Filho nasceu a 23 de março de 1887 em San Sebastian, Espanha; naturalizado brasileiro, morreu em São Pedro d'Aldeia, Rio de Janeiro, a 20 de setembro de 1973. Depois de *O Rio imperial*, ele publicou mais dois livros importantes: *Dois notáveis engenheiros: Pereira Passos e Vieira Souto* (Rio de Janeiro, A Noite, 1951) e *Teoria da filosofia da arquitetura* (Rio de Janeiro, A Noite, 1955-1960, 2 volumes ilustrados).

ÍNDICE ONOMÁSTICO-TEMÁTICO

A

Abaeté, visconde de 138, 380
Abrantes, marquesa de 341
Abrantes, visconde e marquês de (Miguel Calmon du Pin e Almeida) 163, 268, 341, 407, 455
Abreu Lima, 452
Abreu, Luís de 115
Abreu Vieira e Silva, Luís de 114
Academia Anatômica Médica e Cirúrgica 413
Academia Imperial de Medicina 190
Academia Médico-Homeopática do Brasil 186
Academia Real Militar: *ver* Escola Politécnica
Acaiaba Montezuma, Francisco Gê de: *ver* Gê de Acaiaba Montezuma, Francisco
Aclamação, praça da: *ver* Santana, campo de
Acre, rua do: *ver* Valinha, rua da
Adelos, beco dos 236
Administração **130**
Afonso, dom 174
Africanismos 66
Afro-brasileiros, cultos 499
Agrícolas, instituições **184**
Agricultura 260, **310**

ensino profissionalizante **439**
mão-de-obra 263, 267
v. tb. Cafezais; Engenho; Fazenda; Gado, taxa do; Pecuária; Sertão
Água, abastecimento de **98**
Água, Taxa de **327**
Água do Vintém 101
Águas Férreas 217
Aguiar, Amadeu 186
Aguiar, Fausto Augusto de 186
Aguiar, marquês de 40
Aguiar Toledo, José de 342
Aimée, Mlle. 276
Aires do Casal, Manuel 456
Ajuda, convento da 162
Ajuda, igreja Nossa Senhora da 483
Ajuda, lagoa da 49
Ajuda, largo da 224
Ajuda, rua da 224
Alabama (transporte) 140
Alarcão, José de Barros 478
Albuquerque, visconde de 138
Alcântara, visconde de 182
Alcântara Barros, Job Justino de 359, 430
Alcântara de Niemeyer Bellegarde, Pedro de 41, 193, 447, 452, 468
Alcoolismo 171
Alegrete, barão de 343

531

Alencar, José Martiniano de 181
Alfândega 257, 260
Alfândega, rua da 239
Alferes, saco do 234
Algodão 315
Almeida, Fernando José de 361
Almeida, Joaquim José de 179
Almeida, Tomás de 359
Almeida Portugal 343
Alpoim, Francisca de Paula dos Reis 343
Aluguéis **360**
Alvaiazer, barão de 103, 304
Alvarenga, Manuel da Silva 463
Alvarenga Peixoto, Inácio José de 410
Álvares de Almeida, José Egídio 176
Álvares de Azevedo, Manuel Antônio 350
Álvares Pereira Coruja, Antônio 452
Álvares Pinto de Almeida, Inácio 182
Alves Branco, Manuel 397
Alves Branco Muniz Barreto, Domingos 461
Alves Carneiro, João 191
Alves da Silva Pinto, Antônio 193
Alves de Araújo, Antônio 60
Alves de Carvalho, Manuel Luís 414
Alves de Lima e Silva, Luís 180
Alves Serrão, frei Custódio 464
Alves Souto, Antônio 293
Amaral, Antônio Cândido do 55
Amaral, Francisco Pedro do 137, 187, 339, 341
Amarela, febre 170
Amat, José 364
Amherst, Lady 344
Amparo, barão de 347
Anadia, conde de 137
Anchieta, José de 165
Andaraí 244
Andrada, Martim Francisco Ribeiro de 191, 451
Andrada e Silva, José Bonifácio de 180, 191, 197, 409, 440, 463
Andradas, rua dos: *ver* Fogo, rua do
Andrade, Hilário Joaquim de 347
Andrade, Mário de 303
Andrade Pinto, Caetano José de 408
Anemúria, bispo de 175, 407
Anglicanismo 498
Anhangá-itá, ilha de 255
Apicu 252
Aposentadoria **59**

Aquino, Agostinho Tomás de 419
Aquino, José Tomás de 186
Aragão, chafariz do 102
Aragão, intendente: *ver* Teixeira de Aragão, Francisco Alberto
Arago, Jacques 363
Araguaia, visconde de 380, 468
Aranaga, A. 195
Araújo Bastos, Luís Paulo de 100
Araújo de Azevedo, Antônio de: *ver* Barca, conde da
Araújo Gomes, Manuel 314
Araújo Gondin, Antônio José Duarte de: *ver* Duarte de Araújo Gondin, Antônio José
Araújo Guimarães, Manuel Ferreira de 467
Araújo Lima, Pedro de: *ver* Olinda, visconde de
Araújo Pereira, Francisco de 358
Araújo Porto Alegre, Manuel de 194, 195, 359, 375, 417, 433, 464
Araújo Roso, Domingos Francisco de 217, 355
Araújo Viana, Cândido José de: *ver* Sapucaí, marquês de
Araújo Viana, Ernesto da Cunha de 345
Araújo Viana, Silvério Augusto de 420
Araújos, rua dos 245
Araxá, visconde de 347
Arborização **107**
Archer, Manuel Gomes 45
Arcos, conde dos 340
Areal, rua do 242
Areópoli, bispo de 175
Armitage, John 458
Arouche de Toledo Rendon, José 409
Arpoador 212
Arquitetura **151**
Arrábida, Antônio Maria de 175, 179, 404, 407, 463
Artes e Ofícios **306, 433,** 436, 437
Artes e Ofícios, Liceu de 439
Artísticas, sociedades **187**
Arvelos, Januário da Silva 303
Asilo de Santa Maria 447
Asilo Santa Isabel 169
Asseca, visconde de 311, 313
Assembléia, rua da: *ver* Cadeia, rua da
Assis Mascarenhas, Francisco de 339
Assis Pereira da Cunha, Lourenço de 421
Associação Comercial 185

Associação Paternal 184
Astronômico, Imperial Observatório 425
Ataíde Moncorvo, José Domingos de 309
Ateneu Fluminense 194
Aterrado, caminho do 243
Aublet, Jean-Baptiste 462
Augier 279
Avé-Lallemand, Friedrich 499
Avelar Brotero, José Maria de 455
Avelar e Almeida, barão de 347
Avelino Barbosa, José 418
Avilez, Jorge de 180
Ayala, Vicente 364
Azeredo Coutinho, José Joaquim da Cunha 422
Azevedo, Antônio Joaquim de 308
Azevedo Americano, Domingos Marinho de 421, 454
Azevedo Coutinho, José Mariano de 179
Azinari de S. Marsan, Gabriela Maria Inácia 344
Azoto, bispo de 174

B

Backheuser, Everardo 48
Baependi, marquês de 191, 451
Bagé, barão de 176
Baianas 385
Bailly 277
Balbi, Madame de 445
Baleia, pesca da 317
Balleydier, Francisco 300
Balzac, Honoré de 450
Bancário, sistema **292**
Banco, imposto do **323**
Banco Comercial do Rio de Janeiro 293
Banco do Brasil 292, 323
Bandeira 198
Bandeiras (instit. de caridade) 495
Bangu 251
Banguê (transporte) 137
Banho 346
Barandier, Cláudio José 359
Barbacena, visconde de 147
Barbalho Bezerra, Luís 173
Bárbara, Joana 332
Barbonos, rua dos 221
Barbosa, Francisco Vilela 451

Barbosa da Silva, Paulo 343
Barbosa Lima 270
Barca, conde da 198, 296, 464
Barleus, Gaspar 462
Barra Mansa, visconde de 347
Barreira, travessa da 228
Barreto de Meneses, Francisco Teles: *ver* Teles Barreto de Meneses, Francisco
Barros, Cristóvão de 46
Barroso, Gustavo 79, 216
Barroso, ladeira do 234
Barroso Pereira, Bento 356
Barros Pimentel, José de 380
Bassini, Carlos 364
Batalha, largo da 222
Bautz, F. N. 359
Beaurepaire-Rohan, conde Teodoro de 353, 452
Bedini, Caetano 480
Bela da Princesa, rua 218
Belas, marquês de: *ver* Vasconcelos e Sousa, José de
Belas-Artes, Academia Imperial de 187, 428, 436
Belas-Artes, travessa das 228
Bela Vista, barão de: *ver* Toledo, José de Aguiar
Bélidor, Bernard Forest de 453
Benassi, Augusto Contans 308
Beneditinos, rua dos 239
Beneficentes, instituições **183**
Benfica, canal de 127
Bento Lisboa, rua: *ver* Pedreira da Candelária, rua da
Berlinda (transporte) 139
Berlot, C. 364
Bernardin de Saint-Pierre 450
Berquó, rua 40, 215
Berquó, João Maria da Gama Freitas 343
Berquó da Silveira, Francisco 354
Berthou, Madame 332
Bethencourt da Silva, Francisco Joaquim 397
Bettencourt Sá, Manuel Ferreira da Câmara de 409
Biancardi, Teodoro José 360
Bibliotecas **463**
Bica da Rainha: *ver* Águas Férreas
Bispo, largo do 244
Bissum, João Batista 309
Bitu, O 75

533

Bobadela, conde de 354
Boileau, Nicolas 449
Boiret, Renato Pedro 160
Bois-le-Comte 449
Boitatá 504
Bolenga 76
Bom-Jardim, rua do 233
Bom Retiro, visconde do: *ver* Couto Ferraz, Luís Pedreira do
Bonfim, barão de 442
Bonifácio, José: *ver* Andrada e Silva, José Bonifácio de
Bonneille, João Batista 140
Bontempo, José Maria 414
Boqueirão, ilha do: *ver* Jeribatuba, ilha de
Boqueirão, O 39, 49
Boqueirão, praia do 219
Boqueirão do Passeio, rua do 219
Borely, João Batista 359
Borges, José Inácio 394, 411
Borges Monteiro, Cândido 419
Borja Castro 126
Bossuet, Jacques Bénigne 450
Botafogo 40, 53, 154,163, 214, 354, 358
Botafogo, caminho Velho de 216
Boticário, fonte do 102
Boticário, largo do 217
Boticas 303, 427
Boubée, Nereu 452
Bougainville, barão de 153
Bouis, J. 277
Boulanger, Luís Aleixo (ou Louis-Alexis) 303, 433
Boulte 377
Bourbousson, Jacques 140
Bourdaloue, Louis 450
Bourdelin 450
Boutard 453
Brackenridge, H. M. 458
Brasão 197
Brasil, O 466
Brasil, população do 61
Briggs, Frederico Guilherme 476
Britain, Jorge 217
Brito, José Joaquim de 295
Brito, Saturnino de 106
Brito Abreu e Sousa Meneses, Luís Fortunato de 186
Brito de Lacerda, Diogo 175
Brito Freire de Meneses, Antônio 173

Brito Pereira, Salvador de 174
Brunet 277
Buffon, conde de 449
Buis, casas 373
Burlamaqui, Frederico L. César 464
Burnier, Isabel Cochrane, 344
Buvelot, Abraham Louis 359
Buxareo, Romanguera & Comp. 294

C

Caboclas, rio das: *ver* Carioca, rio
Cabo Frio 278, 281
Cabos **55**
Cabral da Silva, Francisco Xavier 357
Caçapava, barão de 38
Cadeia, lago da 236
Cadeia, rua da 236
Cadeirinhas (transporte) **135**
Caeté, visconde de: *ver* Teixeira da Fonseca Vasconcelos, José
Cafezais **311**
Cafofo, ponta do: *ver* Calabouço, ponta do
Cafunda, ponta da: *ver* Calabouço, ponta do
Caipora 504
Cairu, visconde de 79, 422, 423
Cais **124**
Cais do Porto 39
Caju 177
Caju, cemitério do 177
Caju, ponta do 248
Caju, quinta do 248, 358
Calabouço, ponta do 221
Calçamento **95**
Caldcleugh, Alexander 120, 153
Calèche (transporte) 138
Caligrafia 433
Callepi, cardeal Lourenço 175
Calmon, Ana Romana de Aragão 344
Calmon, Pedro 122, 136
Calógeras, João Batista 194, 406
Câmara dos Vereadores **131**
Camaragibe, visconde de 348
Câmara Lima, L. A. 195
Cambuci do Vale, José Maria 191, 419, 454
Camerino, rua: *ver* Imperatriz, rua da
Caminho Novo 226
Camocim 252
Camorim 252

534

Campagnac 276
Campas 276
Campbell 280
Campinho 251
Campodônico, monsenhor Ambrósio 480
Campo Grande 482
Campos Vergueiro, Nicolau Pereira de 266
Canais **127**
Cancela, largo da 246
Candelária, freguesia da 481
Candelária, igreja da 482
Candelária, pedreira da 218
Candelária, rua da 241
Cândido Mendes, rua: *ver* Dona Luísa, rua de
Candomblé 499
Canningham, coronel 40
Cano, rua do 227
Canoas, beco das 233
Cantagalo, marquês de: *ver* Gama Freitas Berquó, João Maria da
Cantaria 157
Capanema, Guilherme Schuc de 464
Capelas 485
Capim, largo do 230
Capoeiras **72**
Caqueirada, ilha da 255
Cara de Cão, morro da 210
Carceler 241
Cardim, padre Fernão 434
Cardoso Caldeira, Francisco Xavier: *ver* Xavier dos Pássaros
Cardoso Pereira de Melo, José: *ver* Pereira de Melo, José Cardoso
Caricaturas 475
Carioca, aqueduto da 102
Carioca, chácara da 354
Carioca, chafariz da 100
Carioca, ilha da 210
Carioca, largo da 225
Carioca, ponta da 210
Carioca, rio 40, 51, 123, 124, 209
Carioca, rua da 228
Carlota Joaquina 138, 253
Carmelitas, Seminário dos 401
Carmo, rua do 225
Carnaval **371**
Carneiro da Costa, Mariana Eugênia 296
Carneiro de Carvalho e Melo, Carlota Cecília 344
Carneiro de Campos, Carlos 423

Carneiro Leão, Fernando 408
Carneiro Leão, Honório Hermeto: *ver* Paraná, marquês de
Carrathers Irmãos 291
Carrinho fluminense 139
Carris Urbanos **148**
Carros de carga **141**
Carruagem **135,** 300
Carvalho, Felipe Néri 356
Carvalho, Fernando Delgado Freire de: *ver* Delgado Freire de Carvalho, Fernando
Carvalho, João José de 191, 419
Carvalho, José Leandro de 341
Carvalho Chaves, Antônio José de 130
Carvão 299
Casado Giraldes 61
Casado Viana, Manuel 354
Casa Souto 293
Cascadura 251
Cassemajou 277
Cassino Fluminense 195
Castagnier 279
Castelnau, Francis de 153
Castelo, igreja São Sebastião do 482
Castelo, ladeira do 223
Castelo, morro do 41, 223, 481, 482
Castelo Branco, d. José Joaquim 312, 478
Castro, José Luís de: *ver* Resende, conde de
Castro Morais, Francisco de 176
Castro Morais, Gregório de 176
Catedral Metropolitana 482
Catete 40, 123, 355
Catete, largo do 218
Catete, rua do 218
Catete, serra do 254
Católica, Igreja **477**
Caton, Philippe 364
Catumbi, rio: *ver* Comprido, rio
Cavalcante, Manuel Francisco de Paula 348
Cavalcanti de Albuquerque, Antônio Francisco: *ver* Albuquerque, visconde de
Cavaleiro Pessoa 201
Cavroé, Pedro Alexandre 339
Caxias, duque de: *ver* Alves de Lima e Silva, Luís
Cemitério, rua do 232
Cemitérios **172**
Cerqueira Lima 355
Cesarino Rosa, João 355
Chabry, Jean-Victor 238

535

Chácaras **354**
Chafariz 98
Chamberlain, cônsul 311, 344
Chaptal 450
Chateaubriand, François-René 450, 454
Chaussé 309
Chernoviz, dr. 454
Chevalier 364
Chichorro, praia do 231
Chichorro da Gama, Antônio Pinto 145, 231, 394, 427
Chichorro da Gama Lobo, Francisco José Raimundo 176
Chuvas **57**
Cidade Nova 50, 152, 210
Cidade Velha 37, 210
Ciganos 69, 385
Ciganos, rua dos 227
Cinzas, procissão das 493
Circo 365
Cirurgia, curso de 414
Clapp, rua: *ver* Fresca, rua
Clube da Guarda Velha 180
Clube da Independência: *ver* Clube de Resistência
Clube da Joana 343
Clube da Maioridade 181
Clube de Caramurus 180
Clube de Corridas 195
Clube de Resistência 178
Cobras, ilha das 54, 278
Cochrane, Thomas 147
Coelho, Jerônimo Francisco 180
Coelho, Marcelino José 185, 195
Coelho Gomes, João 355
Coelho Martins, Elias 172
Cogoy, João André 309
Colégio, ladeira do: *ver* Misericórdia, ladeira da
Colégio dos Nobres 400
Comércio 184, 258
   ensino profissionalizante **442**
   indústria 304
   tributos **322**
   urbano 273
Comércio, estrada do 121
Comércio, praça do 185
Comércio ambulante 282
Comércio costeiro **284**
Comércio internacional 257, 261, **286**, 296

Comércio interno **283**
Companhia das Gôndolas Fluminenses 141
Companhia de Iluminação a Gás 119
Companhia de Limpeza 106
Companhia de Navegação de Niterói 145
Companhia de Ônibus 140
Companhia Tipográfica do Brasil 302
Comprido, rio 51, 99, 244
Conceição, morro da 233, 483
Conceição, rua da 233
Conceição Torres, Benta Maria da: *ver* Mãe Benta
Conceição Veloso, José Mariano da 463
Conde, rua do 242
Conformação **329**
Connefroy 279
Conservatório de Música 432
Construção civil **151**
Copacabana 212
Corcovado 43, 213
Cordeiro, José Albano 398
Cordeiro Castelões, Francisca de Paula 279
Cordeiro da Silva Torres, Francisco 127, 184, 192
Corneille, Pierre 449
Correia da Silveira, Constância 187
Correia de Alvarenga, Tomé 176
Correia de Sá, José Maria 312
Correia de Sá, Salvador 482
Correia dos Santos, Ezequiel 455
Correia dos Santos, Manuel Joaquim 187
Correia Dutra, rua: *ver* Bela da Princesa, rua
Correia e Castro 347
Correia Picanço, doutor 103, 415
Correia Vasqueanes, Duarte 57, 125
Correio 201
Correio Mercantil 466
Corta-Orelha, Joaquim Inácio 75
Cosme Velho 102
Cosme Velho, rua 217
Cosme Velho Pereira, quinta de 358
Cosmorama 365
Costa, Adolfo Manuel Vitório da 398
Costa, Antônio Alves da 118
Costa, Cláudio Luís da 180
Costa, Cláudio Manuel da 410
Costa, Ferreira & Comp. 299
Costa, Manuel da 137
Costa Aguiar, José Ribeiro da 416
Costa Azevedo, José da 464

536

Costa Barradas, Luís Antônio da 463
Costa Braga, Antônio José da 339
Costa Carvalho, José da 343
Costa Curvenil, Francisco da 175
Costa Ferreira, João 181
Costa Herreiro, Antônio José da 309
Costa Miranda, Joaquim Inácio da 430
Costa Pereira, José Saturnino da 455
Costa Pereira Furtado de Mendonça, Hipólito José da 453
Cotegipe, barão de 380
Cotovelo, beco do 223
Coutinho, José Lino 418, 436, 446
Couto Brum, Antônio do 360
Couto da Fonseca, Antônio 312
Couto dos Santos, Miguel 299
Couto Ferraz, Luís Pedreira do 343, 357
Crane, reverendo 498
Cristo, Fabiano de 175
Cristo Moreira, José de 359
Cruz, frei João da 478
Cruz Jobim, José Martins da 190
Cruz Lima 195
Cultura **187, 449**
Cumarim 251
Cunha, José Inácio da: *ver* Alcântara, visconde de
Cunha Azeredo Coutinho, José Joaquim da: *ver* Azeredo Coutinho, José Joaquim da Cunha
Cunha Barbosa, Januário da 189, 192, 463, 468
Cunha Galvão, Manuel da 160
Cunha Matos, Raimundo José da 192
Cunha Pereira, Antônio da 187
Cunha Pereira, Mariana da 344
Cunha Souto Maior, Manuel da 175
Curupira 503
Cuvier, Georges 450

D

Da Água, ilha da 256
D'Alembert 450
Damasco, Joaquim 463
Damieta, arcebispo de 478
Dantas e Castro, Isabel 38
D'Araújo Guimarães, A. C. 347
Darrigue de Faro, João Pereira 195

Darwin, Charles 354
Debordieux 359
Debret, Jean-Baptiste 137, 187, 339, 358, 445, 446, 460, 464
Décap, Noel 276
Décima Urbana **320**
De Gennes 449
Delfim Barroso 343
Delfim Pereira 343
Delgado Freire de Carvalho, Fernando 176
Delille, Jacques 450
Delmas 276
Delpech 277
Demografia **58**
Dénis, Ferdinand 457, 460
Depósito, largo do 231
Deremusson, Joseph François 277
Descourtilz, J. Théodore 462
Desmarais, Alexandre & Francisco 276, 277
Desterro, morro do: *ver* Santa Teresa
Desterro Malheiro, frei Antônio do 168, 175, 478
Diário do Governo 465
Diário do Rio de Janeiro 465
Diários **464**
Dias da Mota 186
Dias de Oliveira, Manuel: *ver* Oliveira, Manuel Dias de
Dias Pais, Fernão 121
Dias Pais Leme, Pedro 179, 242, 354
Dickson, dr. 40
Dickinson, Thomas 462
Diderot 450
Diligência 140
Direita, rua 94, 241
Direito 185, 428
Diretriz Brasiliana **257**
Divino, bandeiras do 495
Divino, festa do 490
Dízimo 319
Dodsworth, J. J. 280
Doenças **170**
Dois Irmãos, morro 213
Doméstica, vida **330**
Dom Manuel, praia 235
Dom Pedro, teatro 361
Dom Pedro I, praia de 219
Dona Januária, rua 247
Dona Luísa, rua de 219
D'Orbigny, Alcides Dessalines 460

537

Duarte Bracarense, Francisco 187
Duarte de Araújo Gondin, Antônio José 176
Duarte Vaz 63
Duclerc, Jean-Francisque 174, 449
Duffles 312
Duguay-Trouin, René 449, 461, 488
Du Petit-Thouars, Abel 154
Duque Estrada, Luís Joaquim 186, 306, 339, 354
Durand, J. L. N. 453
Durocher, Maria Josefina 132
Dutra e Melo, Antônio Francisco 334

E

Economia, ensino de 422
Educação 391
Educação artística 428
Encarnação Pina, Mateus da 175
Encrennaz, Domingos 309
Engenharia 424, 428
Engenho 314
Engenho da Rainha 253, 315
Engenho Novo 310, 357, 481
Engenho Velho 310, 341, 357, 482
Engenho Velho, rua do 244
Enjeitados, Roda dos 166
Enseadas 54
Ensino de desenho 432
Ensino mútuo: ver Lancaster, sistema de
Ensino primário 391
Ensino profissional 433
Ensino secundário 399
Enxadas, ilha das 255
Erário, rua do 229
Ermidas 485
Esberard, F. A. M. 301
Eschwege, barão Von 299
Escola Anatômica 412
Escola Homeopática do Brasil 421
Escola Normal de Agricultura 441
Escola Politécnica (Academia Real Militar) 424
Escola: ver Educação
Escorrega, ladeira do 231
Escravos 263, 264, 265
    abolição 271
    castigos 65
    cultos 499

língua 66
pelourinho 202
população 63
propaganda 472
religião 68
roupas 384
v. tb. Navio negreiro; Senzala
Espelho Diamantino 468
Estácio de Sá, rua: ver Mata-Porcos, caminho de
Estradas 119
Estrela, conde da: ver Monteiro, Joaquim Manuel
Eugênio, casa do 373
Europa, hotel 279
Evaristo da Veiga, rua: ver Barbonos, rua dos
Expansão 36
Expressões verbais 87

F

Fabregas Suriguê, Sebastião 140
Fábrica das Chitas 244
Fabrini, Cipião Domingos 480
Faculdade de Filosofia 406
Faculdade de Medicina do Rio de Janeiro 412
Faivre, José Maurício 190
Farani, Domingos 309
Faria, João José de 355
Faria, Joaquim Manuel de 400
Faria, ladeira do 234
Farmácia: ver Boticas
Farol, O: ver Correio Mercantil
Fazendas (agricultura) 312
Feijó, padre Diogo Antônio 480
Feira, rua da 246
Feliciano de Carvalho, Manuel 454
Fénelon, François de Salignac de la Mothe 450
Fernandes Pinheiro, José Feliciano 451
Fernandes Tavares, João 193
Fernandes Viana, Paulo: ver Viana, Paulo Fernandes
Ferreira, Domingos José 38
Ferreira, Joaquim Antônio 342
Ferreira, Luís Francisco 419
Ferreira, Manuel Luís 339
Ferreira da Rocha, José 354
Ferreira da Silva, Roberto 433

Ferreira de Aguiar, Teodoro 338, 339
Ferreira França, Antônio 189, 191, 396, 437, 446
Ferreira França, Eduardo 454
Ferreira Lage, Mariano Procópio 122
Ferreira Lagos, Manuel 194
Ferreira Lapa, Ludgero da Rocha 469
Ferreira Velho, Antônio 175
Ferreira Viana, Antônio 408
Ferreiros, beco dos 223
Ferreiros, ilha dos 256
Ferrez, Marc 339, 359
Ferro, fundição de 298
Ferrovia **147**
Fetichismo 500
Fialho, Francisco José 113
Figueiredo, José Bernardo de 354
Figueiredo Neves, Francisco Tomás de 186
Finimore Cooper 454
Finot, Mme. 276
Firmin-Didot 277
Fisco, beco do 230
Flamengo, praia do 216
Fléchier, Valentin-Espirit 450
Fleiuss, Max 194
Flores, ilha das 255
Flores, rua das 234
Flores Valdez, Diego 166
Floresta Brasileira Augusta, Nísia 456
Floresta, chácara da 357
Florestas 44
Fogo, rua do 227
Fonseca, Luís Carlos da 419
Fonseca, Tomé Maria da 193
Fonseca Costa 356
Fonseca Teles 315
Fonson 277
Fonte da Saudade 214
Forbes, general 175
Forca 203
Formosa, praia 233
Fotografia 309
Fourcroy, Antoine-François 450
Fournier, padre 184
França Miranda, Francisco da 130
Francesa, cultura 449
Francioni, Antônio 301
Freguesias **481**
Frei Caneca, rua: *ver* Conde, rua do
Freire, Patrício Ricardo 308
Freire Alemão, F. 192, 450

Freitas, beco do 233
Fresca, rua 223
Freycinet, Louis de 152, 459
Frontin, Paulo de 155
Froys Silva, João Batista 359
Fruticultura 316
Funda, praia 214
Furcy, C. H. 309
Furquim de Almeida, Caetano 148, 347
Furtado de Mendonça, Jorge 407

G

Gabriac, Mme. de 344
Gachet, Sebastião 264
Gado, Taxa do **324**
Gaillard, André 301
Galeão, praia do 255
Gallés, M. E. 462
Galot, Afonso 359
Galvão, Manuel da Cunha 160
Galveias, conde das 174
Gama, José Basílio da 410
Gama, Luís 196
Gama Freitas Berquó, João Maria da 343
Gamboa 39, 231
Gamboa, caminho da: *ver* Cemitério, rua do
Gantois 277
Garção Stockler, Francisco de Borja 408
Gardial, Luís 433
Gardner, George 212
Garnier, Louis Baptiste 277
Garrido, Francisco Antônio 141
Gaudichaud, Charles 462
Gávea 481
Gávea, caminho da 213
Gávea, pedra da 212
Gavião Peixoto, José Pinto 131
Gazetas **464**
Gê de Acaiaba Montezuma, Francisco 186, 409
Gêge-nagô 500
General Polidoro, rua: *ver* Berquó, rua
General Sampaio, rua: *ver* Santo Amaro do Caju, rua
General Severiano, rua 211
Geografia e geologia 42
Geslin, baronesa de 446
Geslin, Leopoldo de 184
Gestas, conde de 184, 316

Geuvrin 276
Ginásio Brasileiro 194
Glaziou, Auguste-François-Marie 108, 113, 116, 117
Glegg Gover, Guilherme 119
Glória 39, 125, 355, 481
Glória, cais da: ver Lapa, praia da
Glória, cais Novo da 125
Glória, morro da 219
Glória, rua da 219
Glória do Outeiro, igreja da 483
Góis e Vasconcelos, Zacarias de 380
Gomes, Bernardino Antônio 103
Gonçalves de Magalhães, Domingos José: ver Araguaia, visconde de
Gonçalves Dias, Antônio 349
Gonçalves Dias, rua: ver Latoeiros, rua dos
Gonçalves dos Santos, Luís 112, 199, 257, 499
Gonçalves Ledo, Joaquim 196
Gôndolas 141
Gouveia, Luís Soares de 299
Governador, ilha do 54, 145, 255, 482
Graham, Maria 117, 153, 160
Grande Oriente 196
Gravasser, Monsieur 106
Guaianases, caminho dos 120
Guanabara, rua da 217
Guandu, rio 253
Guaratiba 251, 482
Guaratiba, barão de: ver Ferreira, Joaquim Antônio
Guarda Velha, rua da 224
Guasque, José 100
Guebel, Jean 277
Guignon, Pierre 277
Guimarães, Bernardo 349
Guindaste, rua do 223

H

Haddock Lobo, rua: ver Engenho Velho, rua do
Harmonia, rua da: ver Cemitério, rua do
Heaton & Rensburg 303
Hidrografia 48
Holandesa Reformada, igreja 498
Homeopatia 186
Hospício, rua do 241

Hospício de Pedro Segundo 168
Hospital 165
Hospital da Beneficência Portuguesa 169
Hospital dos Lázaros 167
Hosxe, Luís 195
Hotéis 279

I

Ibituruna, barão de 171
Ilhas 254
Iluminação Pública 118
Imigração 265
Imperatriz, rua da 230
Imperial do Príncipe, travessa 246
Imperial Quinta, rua da 246
Império, beco do 220
Impostos: ver Tributos
Imprensa 464
Impressão Régia 258, 301, 465
Índios 69, 503
Indústria 258, 294, 304, 305
Inferno, beco do: ver Canoas, beco das
Inglês, morro do 217
Ingleses, cemitério dos 177
Inhambupe, marquês de 341
Inhaúma 482
Instituto Histórico 182
Instituto Histórico e Geográfico Brasileiro 192
Instituto Homeopático do Brasil 186
Inundações 57
Inválidos, rua dos 241
Ipanema 53, 250
Irajá 253, 482
Irmão das Almas 495
Itá, canal de 127, 253
Itaguaí 482
Itamaracá, barão de: ver Maciel Monteiro, Antônio Peregrino
Itapuca, serra da 252

J

Jacarepaguá 312, 482
Jacarés, fonte dos 110
Jardim Botânico 114

Jardim Botânico, rua: *ver* Lagoa, caminho da
Jardins **116, 160**
Jeribatuba, ilha de 256
Jesuítas 433, 482
Joalherias 308
Joana, rio da 246
Joana, rua da 247
João Batista, largo de 240
João VI, dom 47, 60, 78, 115, 131, 136, 137,
    196, 408, 409, 440
Joaquim da Fazenda 201
Jobim, José Martins da Cruz 418
Jogo da Bola, rua do 231
Jornal **464**
José Maurício, rua: *ver* Núncio, rua do
Judeus 70
Junqueira Freire, Luís José 352
Juquiá, praia do 255

K

Kancke 114
Kidder, Daniel P. 499
Koeler, Júlio Frederico 267
Kronwnsky, Vincent 277

L

Laemmert, Eduardo 302, 460, 468
Laemmert, Henrique 460, 468
Laforge, Pierre 367
Lagoa, caminho da 213
Lagoa, praia da: *ver* Ipanema
Lagoas **48**
Laje, ilha da 254
Lampadosa 178
Lampadosa, campo da: *ver* Rossio, largo do
Lampadosa, rua da 228
Lancaster, sistema de 394
Lanternas, caminho das 243
Lapa 356
Lapa, largo da 220
Lapa, praia da 220
Lapa, rua da 356
Lapa dos Mercadores, beco da 237
Lapidação dos Diamantes, fábrica de 436
Laranjeiras 40, 124, 355
Larga de São Joaquim, rua 94

Latoeiros, rua dos 237
Lavadeiras, chafariz das 100
Lavradio, barão do: *ver* Pereira Rêgo, José
Lazer **195, 361**
Leandro Joaquim 109, 114
Leblon 250
Lebreton, Joachim 356, 464
Leilões 280
Leitão, Irmãos & Comp. 278
Leite, comércio de 283
Leme, morro do 211
Leme, ponta do 211
Leme, praia do 211
Leões, largo dos 215
Leopoldina, arquiduquesa 61
Leopoldina, rua 228
Leripe, morro do 216
Limites **35**
Limpeza Pública **105**
Lisboa, Baltasar da Silva 281, 451
Lisboa, José da Silva: *ver* Cairu, visconde de
Liteira (transporte) 137
Livramento, morro do 233
Livrarias **456**
Lixo **105**
Lobos, ilha dos 256
Logradouros públicos **93**, 119, 200
Lopes, Antônio Elias 117, 358
Lopes de Moura, Caetano 454
Lopes Gama, Miguel do Sacramento 455
Lopes Pereira Baía, Manuel 341
Loronha, Fernão de 70
Loterias 361
Luccock, John 110, 160, 162
Luís de Camões, rua: *ver* Lampadosa, rua da
L'Union (navegação) 146
Luteranismo 499
Luto **388**

M

Machado, largo do 218
Machado Coelho, Manuel 195
Maciel da Costa, João Severino 115
Maciel Monteiro, Antônio Peregrino 379
Maçonaria **196**
Macumba 499
Mãe Benta 75, 446
Mãe do Bispo, largo da 224

541

Magalhães, José Lemos de 414
Magé 482
Maioridade, declaração da 181
Mal das Vinhas 76
Mangrulho 203
Mangue, canal do 127
Mangueiras, chácara das 354
Mangueiras, rua das 221
Mangues 50
Manso, Manuel José 435
Mantilha 382
Maracanã, rio 52, 99, 102, 244
Marambaia 252
Marco da Cidade 202
Marechal Floriano, rua: *ver* São Joaquim, rua de
Marefoschi, dom João Francisco 478
Maricá, marquês de 191
Marin, Charles 308
Marinha da Cidade 210
Marinhas, largo das 236
Marinheiros, aguada dos 216, 243
Marinheiros, ponte dos 243
Marisco, quitanda do 280
Mariz e Barros, rua: *ver* Nova do Imperador, rua
Marques, Joaquim José 414
Marques, travessa 215
Marquês de Olinda, rua: *ver* Olinda, rua
Marquês de São Vicente, rua: *ver* Gávea, caminho da
Marques dos Santos, Francisco 467, 476
Marrecas, rua das 221
Martiniano de Alencar, José: *ver* Alencar, José Martiniano de
Martins, Antônio Félix: *ver* São Félix, barão de
Martins, João Vicente 304
Martins de Matos, Clemente 358
Martins Namorado, Pedro 216
Máscara 373
Mascate 282
Masson, Luís Nicolau 283
Mata-Cavalos, rua de 242
Matadouro, largo do 243
Mata-Porcos, caminho de 123, 242
Mauá, barão de (Irineu Evangelista de Sousa) 119, 127, 148, 305
Mazarém, Joaquim da Rocha 414
Medicina **170,** 186, **412, 421,** 427

Melo, Joaquim José de 140
Melo Franco, Francisco de 463
Mendanha, fazenda do 312
Mendes, Manuel Odorico 140
Menezes, Francisco de Paula 468
Menezes e Sousa, João C. de 453
Mercado, largo do 236
Mercado, praça do 281
Mercado, rua do 237
Mercado do Peixe 280
Mercandier, J. B. Antônio 299
Meriti, rio 254
Mesquita, Jerônimo de 140
Meteorologia **55**
Metodista, igreja 499
Midosi, João Batista 138
Miguel Couto, rua: *ver* Ourives, rua dos
Milliet 364
Minas, caminho de 121
Mineiros, cais dos 236
Minerva Brasiliense 468
Misericórdia, bandeira da 495
Misericórdia, cemitério da 177
Misericórdia, ladeira da 223
Misericórdia, largo da 222
Misericórdia, rua da 222
Missão Artística Francesa 428
Mobiliário 345
Moçambiques, funeral dos 178
Mocanguê, ilha de 254
Moda **376**
Moeda, rua da: *ver* Erário, rua do
Moncorvo Filho, rua: *ver* Areal, rua do
Monlevade, F. 299
Montaria **143**
Monte Alegre, visconde de: *ver* Costa Carvalho, José da
Monteiro, Francisco da Silva 301
Monteiro, Joaquim Manuel 183
Monteiro, Maciel 348
Monteiro de Mendonça, Gabriel Getúlio 142
Montezuma, Francisco Gê de Acaiaba: *ver* Gê de Acaiaba Montezuma, Francisco
Montigny, Grandjean de 101, 102, 107, 108, 131, 159, 160, 238, 359, 373, 404, 429, 464
Moreau, François René 359, 461
Moreira, Francisco José 300
Moreira, João Batista 343
Mortalidade infantil 171

Mosqueira, travessa do 221
Moura, largo do 222
Moura Bastos, Manuel José de 142
Muda: *ver* Tijuca, Muda da
Mulher 330
    educação **445**
    ensino profissionalizante 437
    moda 381
Muniz Barreto, Domingo Alves Branco: *ver*
    Alves Branco Muniz Barreto, Domingo
Muniz Barreto, José de Alves Branco 463
Muralhas **124**
Muritiba, visconde de 380
Museu de Belas-Artes 464
Museu Nacional **463**
Música **430**, 502
Música, beco da 222

N

Nabuco, Joaquim 76
Nabuco de Araújo, José Paulo de Figueiroa
    453
Nascimento Castro e Silva, Manuel do 201,
    411
Nascimento Silva, Josino do 468
Nassau, Maurício de 498
Naval, construção 304
Navegação **144**
Navio negreiro 64, 264
Neate, Charles 126
Negros: *ver* Escravos
Neumann, Ludwig Carl Paul 499
Nhanquetá, ilha de: *ver* Anhangá-itá, ilha de
Niemeyer Bellegarde, Pedro de Alcântara
    de: *ver* Alcântara de Niemeyer Bellegar-
    de, Pedro de
Niemeyer, Conrado Jacó de 122
Niterói 145, 199, 201
Nogueira de Azevedo, José 372
Noronha Santos, F. Agenor de 138, 143
Nossa Senhora do Carmo, igreja de 478
Nosso Pai 494
Nova do Imperador, rua 243
Nova do Príncipe, rua 233
Nova Friburgo 265
Novo Gabinete de Leitura 468
Núncio, rua do 228

O

Óbidos, conde de 46
Obras Públicas **128**
Olaria, quinta da 358
Olarias 297
Olho-de-boi 202
Olho-de-cabra 202
Olinda, rua 215
Olinda, visconde de 342
Oliveira, Cândido Batista de 468
Oliveira, Manuel Dias de 429
Oliveira Bulhões, Antônio Maria de 122
Oliveira Lima 440, 445
Ônibus **140**
Oratórios 487
Ordem dos Advogados Brasileiros 185
Órfãs, Recolhimento das 167, 421, 445
Ossos, procissão dos 494
Ostini, dom Pedro 480
Ourivesaria 308
Ouvidor, rua do 94, 237, 275
Ourives, rua dos 237
Ovide, François 436

P

Pacheco, Pedro Ciríaco 246, 357
Paço, largo do 235
Paço, travessa do 235
Pais Leme, Pedro Dias: *ver* Dias Pais Leme,
    Pedro
Paissandu, rua: *ver* Santa Teresa da Glória,
    rua
Pajés 503
Palmeira Real 115
Pão de Açúcar 210
Paquetá 54, 145, 254, 482
Paraná, marquês de 163
Paranaguá, marquês de: *ver* Barbosa,
    Francisco Vilela
Parceria, contratos de 267
Parques Públicos **108**
Pasmado, rua do 211
Pasquins **469**
Passeio, rua do 220
Passeio Público 108
Passos Correia, Manuel dos 356
Passos, avenida: *ver* Erário, rua do

543

Pasteur, avenida: *ver* Pedreira de Botafogo, caminho da

Patriota, O 467

Pau-brasil 278

Paula, Antônio Francisco de: *ver* Bolenga

Paula Brito, Francisco de 194, 301, 383

Paula Freitas, Antônio 104

Pavuna 254

Pavuna, canal da 127

Peaçaba, ponta da 221

Peaçaba da Lagoa 214

Pecuária **316, 324**

Pé-de-moleque 96

Pedregulho 245

Pedreira da Candelária, rua da 218

Pedreira de Botafogo, caminho da 214

Pedreira do Couto Ferraz, Luís: *ver* Couto Ferraz, Luís Pedreira do

Pedro I, dom 78, 100, 115, 131, 137, 167, 199, 245, 266, 276, 340, 380, 428, 431, 479

Pedro II, dom 139, 182, 208,

Pedro II, colégio 403

Pedro II, Universidade de 411

Pedroso, Epifânio José 181

Peixoto, Antônio José 169

Peixoto e Castro, Leandro Rebelo 405

Pelourinho 202

Pendurassaia 217

Perdigão Malheiro, Agostinho Marques 451

Pereira, José Clemente 167, 201

Pereira Coutinho, Francisco de Lemos 410

Pereira da Costa, Jacinto 402

Pereira da Fonseca, Mariano José 381

Pereira da Rocha, Francisco Xavier 132

Pereira da Silva, João Manuel 451, 468

Pereira da Silva, rua: *ver* Velasco, rua

Pereira de Almeida, João Rodrigues: *ver* Ubá, barão de

Pereira de Brito, Martinho 174

Pereira de Melo, José Cardoso 189

Pereira Furtado, Hipólito José da Costa 453

Pereira Rêgo, José 192, 454

Peres, frei José de Santa Eufrásia 480

Pérez, Ramón 140

Pesca **317**

Pescadores, rua dos 238

Pessoa da Silva, José Elói 265

Petalógica 194

Petit-Thouars, Abel Du: *ver* Du Petit-Thouars, Abel

Petrópolis 268

Pharoux, cais 125, 235

Pharoux, hotel 279

Phillips, Samuel 70

Piabanha, barão de: *ver* Andrade, Hilário Joaquim de

Picot, François 450

Pin e Almeida, Miguel Calmon du: *ver* Abrantes, visconde de

Pinheiro de Oliveira, Belchior 180, 409

Pinheiro Ferreira, José Silvestre 400

Pinto, Hermenegildo Antônio 183

Pinto Brasil, Joaquim 194, 406, 407

Pinto de Almeida, Inácio Álvares 182

Pinto de Miranda, Antônio 139

Piolho, rua do: *ver* Carioca, rua

Piraquara 253

Pituba, rio 52, 58

Pizarro e Araújo, José de Azevedo 451

Planetário 365

Pólvora, fábrica de 258, 295

Pombeiro, conde de: *ver* Vasconcelos e Sousa, José de

Pontes **122**

Pontois, Eduardo 356

Portão da Coroa, rua do 247

Portão do Trem 247

Portão Vermelho 247

Porto, Manuel Ribeiro da Silva 308, 309

Português, calçamento 97

Praia de Fora 211

Praia do Peixe 280

Praia Grande 77

Praia Grande, Vila Real de: *ver* Niterói

Praias **53**

Prainha, largo da 231

Prainha, rua da 231

Predial, imposto: *ver* Décima Urbana

1º de Março, avenida: *ver* Direita, rua

Princesa Imperial, rua 218

Príncipe do Catete, rua 218

Procissões **492**

Profissões liberais **426**

Progot, J. 299

Propaganda 472

Propósito, beco do 225

Prostituição 70

Protestantismo 498

Q

Quartéis, beco dos 247
Quartéis, rua dos 247
Quatremère de Quincy 453
Queirós, João Batista de 392
Quelé, Padre 77
Química 435
Quinta da Boa Vista 117, 246, 357, 358
Quintas 358
15 de Novembro, praça: *ver* Paço, largo do
Quirino da Rocha, Francisco 347
Quitanda, rua da 237, 280
Quixeramobim, marquês de: *ver* Dias Pais Leme, Pedro

R

Rabelo, Laurindo 194, 302
Rainha, travessa da 243
Ramos, Mateus 278
Rangel de Vasconcelos, Antônio João 113, 127
Rapé 381
Ratton, Francisco Inácio 293
Reidy, Henrique 195, 291, 294
Real de Santa Cruz, estrada 120
Real Grandeza, rua 215
Realengo 251
Rebelo, José Maria Jacinto 103
Rebouças, André 126
Recreativas, sociedades **195**
Rede (artesanato) 346
Regência, estilo 345
Regente, rua do 228
Reidy, Henrique 294
Reis Lobato, Antônio José dos 452
Relação, rua da 241
Religião **184, 477**
República, praça da: *ver* Santana, campo de
Resende, conde de 59, 110, 118, 124, 381,
Retiro Saudoso, praia do 235
Revista Brasileira 468
Revista Guanabara 468
Revista Nacional e Estrangeira 467
Revistas **467**
Reza, mestres de 497
Rhodes, Anacleto Fragoso 138, 300
Riachuelo, rua do: *ver* Mata-Cavalos, rua de

Riedel, Luís 464
Rio Branco, barão do 332
Rio Branco, visconde do 380
Rio Comprido 357
Rios **51**
Rio Seco, barão do 342
Rocha, Antônio Batista da 429
Rocha, José Joaquim da 178
Rocha, Justiniano José da 452, 466
Rocha, Tibúrcio José da 465
Rocha Cabral, José Marcelino 183
Rocha Ferreira Lapa, Ludgero da: *ver* Ferreira Lapa, Ludgero da Rocha
Rodrigo de Freitas, lagoa 49, 54, 213, 482
Rodrigues Pais, Garcia 121
Rodrigues Torres, Joaquim José 360, 404, 455
Röhe, João Ludolfo Guilherme 139, 300
Rosa, Otaviano Maria da 191
Rosário, largo do 230
Rosário, rua do 230
Roso, rua do 217
Rossio, largo do (praça Tiradentes) 203, 226
Rossio Pequeno, largo do 107, 226
Rótulas 130
Ruas: *ver* Logradouros públicos
Rugendas, João Maurício 39, 153, 445
Russel, João Frederico 105, 106
Russel, praia do: *ver* Dom Pedro I, praia de

S

Sá, Estácio de 46, 172, 197, 203, 481
Sá, Martim de 46, 174
Sá, Mem de 46, 498
Sabão, contrato do 298
Sabão, rua do 240, 298, 318
Sabão do Mangue, rua do 240
Sabão na Cidade Nova, rua do 240
Sabará, marquês de: *ver* Silveira Mendonça, João Gomes da
Saci-pererê 504
Saco: *ver* Enseadas
Sacopenapã: *ver* Rodrigo de Freitas, lagoa
Sacra Família, Pedro Nolasco da 403
Sacramento, frei Leandro do 112, 115, 440
Sacramento, paróquia do 481
Sacramento, rua do 229
Sacramento Lopes Gama, Miguel do 455
Saint-Hilaire, Geoffroy 191

Sal, exploração do 281
Saldanha da Gama, Antônio de 343
Salingre, François Amedée 308
Salões Cariocas **338**
Saneamento **103**
Sá Noronha, Francisco de 364
Santa Casa de Misericórdia 165, 178, 321, 447
Santa Cruz 482
Santa Cruz, estrada real de 250
Santa Cruz, fazenda de 434
Santa Luzia, praia de 221
Santa Luzia, rua de 221
Santana, campo de 99, 116, 229
Santana, freguesia de 481
Santana, igreja de 483
Santana, rua de 229
Santa Rita, freguesia de 481
Santa Rita, largo de 238
Santa Teresa 220, 357
Santa Teresa, chácara de 356
Santa Teresa, convento de 162, 174
Santa Teresa, igreja de 483
Santa Teresa, ladeira de 220
Santa Teresa da Glória, rua 217
Santa Úrsula Rodovalho, Antônio de 175
Santo Amaro do Caju, rua 248
Santo Antônio, convento de 175, 482
Santo Antônio, lagoa de 49
Santo Antônio, morro de 225
Santo Antônio, rua de 225
Santos, João Caetano dos 455
Santos, marquesa de 339
Santos, Miguel Couto dos 299
Santos Xavier, Francisco dos: *ver* Xavier das Conchas
São Bento, colégio da Ordem de 401
São Bento, convento de 175
São Bento, mosteiro de 483
São Bento, rua de 239
São Clemente, chácara de 358
São Clemente, rua 40, 215
São Cristóvão 357, 481
São Cristóvão, campo de 245
São Cristóvão, chafariz de 101
São Cristóvão, igreja de 482
São Cristóvão, rua do Campo de 246
São Diogo, morro de 234
São Diogo, rua de 234
São Domingos, campo de 225

São Domingos, largo de 227
São Félix, barão de 419
São Francisco de Paula, igreja de 174
São Francisco de Paula, largo de 237
São Francisco de Paula, travessa de 238
São Francisco Xavier, igreja de 483
São Gonçalo, rua Barão de 225
São Januário, teatro de 362, 374
São João, festas de 366
São Joaquim, largo de 238
São Joaquim, rua de 227
São Joaquim, Seminário de 402, 437
São Joaquim da Lagoa, rua 40, 215
São Jorge, procissão de 493
São Jorge, rua de 227
São José, freguesia de 481
São José, igreja de 482
São José, rua de 225
São José, Seminário Episcopal de 402
São Leopoldo, visconde de 193
São Lourenço, rua de 230
São Luís, teatro 238
São Pedro de Alcântara, teatro 363
São Pedro, festas de 366
São Pedro, igreja de 174
São Pedro, rua de 240
São Sebastião, festa de 490
Sapateiro, praia do: *ver* Flamengo, praia do
Sapopemba 251
Sapucaí, marquês de 194
Sapucaia, ilha da 254
Saravatá, ilha de 255
Saudade, praia da 214
Saúde 39
Saúde, morro da 233
Saúde, rua da 39, 232
Schindler, barão de 76
Schlichthorst, C. 78,84, 117, 153, 160
Scott, Walter 454
Sé, freguesia da 481
Segunda-Feira, largo da 124, 243
Seguros, companhias de **293**
Selo, imposto do **321**
Semana Santa 491
Seminário, ladeira do 224
Senado, rua do 241
Senador Pompeu, rua: *ver* Nova do Príncipe, rua
Senador Vergueiro, rua: *ver* Botafogo, caminho Velho de

Senhor do Bonfim dos Aflitos, beco do 240
Senhor dos Passos, igreja 483
Senhor dos Passos, rua 240
Sentinela, lagoa da 242
Senzala 313
Sepetiba 251
Sepetiba, visconde de (Aureliano de Sousa Coutinho) 140, 342
Serpa Brandão, Bernardo José da 116
Serpentina (transporte) 136
Serrão, Custódio 115
Sertão 314
Sesmarias **46**
Sete de Setembro, rua: *ver* Cano, rua do
Silva, Francisco Manuel da 431, 432
Silva, Henrique José da 358, 429
Silva, João Manuel da 58
Silva, Joaquim Caetano da 406, 468
Silva, Paulo Barbosa da 179, 404
Silva Coutinho, dom José Caetano 478
Silva Maia, Emílio Joaquim da 464, 468
Silva Paranhos, José Maria da: *ver* Rio Branco, visconde do
Silva Porto, Manuel Ribeiro da: *ver* Porto, Manuel Ribeiro da Silva
Silveira Caldeira, João da 464
Silveira da Mota, Inácio Francisco 455
Silveira Martins, rua: *ver* Príncipe do Catete, rua
Silveira Mendonça, João Gomes da 114, 115
Silvestre 213
Simeão, José 339
Simoni, Luís Vicente de 190
Simonsen, Roberto 296, 305
Siqueira, Ângelo de 487
Siqueira Queirós, Nicolau de 130
Sisa 326
Sistema monitoral: *ver* Lancaster, sistema de
Soares de Andréia, Francisco José: *ver* Caçapava, barão de
Soares de Meireles, Joaquim Cândido 190
Soares de Sousa, Paulino José 411
Sociedade de Beneficência Musical 187, 431
Sociedade de Colonização 184
Sociedade de Música de Santa Cecília 431
Sociedade de Pintores 187
Sociedade de São Lucas 187
Sociedade Filantrópica Suíça 183
Sociedade Paternal 184

Sociedade Portuguesa de Beneficência 183
Sonora, poluição **208**
Sousa, Gabriel Soares de 281
Sousa, Irineu Evangelista de: *ver* Mauá, barão de
Sousa, Martim Afonso de 46, 63, 315
Sousa, Tomé de 197, 317
Sousa e Oliveira Coutinho, Aureliano de: *ver* Sepetiba, visconde de
Sousa e Silva, Joaquim Norberto de 468
Souto, Antônio J. Alves 293
Souto Maior, Manuel da Cunha 175, 176
Spalding, R. J. 499
Stephanie, Madame 331
Stockler, Francisco de Borja Garção: *ver* Garção Stockler, Francisco de Borja
Strangford, Lord 177
Suburbana, avenida: *ver* Santa Cruz, estrada real de
Suckow, João Guilherme de 139, 141
Suzano, praia do 211

T

Tambores, beco dos 247
Tapera, praia da 255
Taunay, Carlos Augusto 138, 140
Taunay, Félix Emílio 108, 339, 358, 429, 464
Tautphoeus, barão de 194, 452
Tavares Bastos, rua: *ver* Princesa Imperial, rua
Teatro **361**
Teatro, rua do 238
Teatro, travessa do 238
Teixeira da Fonseca Vasconcelos, José 179
Teixeira de Aragão, Francisco Alberto 131, 185, 341
Teixeira de Freitas, Augusto 186
Telégrafo 149
Teles, arco do 203
Teles, beco do 236
Teles Barreto de Meneses, Francisco 203, 236
Temperatura **55**
Ten Brink, J. H. C. 294
Teófilo Ottoni, rua: *ver* Violas, rua das
Teotônio Regadas, rua: *ver* Império, beco do

Teresópolis 268
Tesouro, beco do 229
Têxtil, indústria 261
Thomas White & Comp. 299
Tijuca, floresta da 45, 245
Tijuca, Muda da 245
Tílburi (transporte) 139
Tilbury, Gregor 139
Tilbury, Guilherme Paulo 139
Timbó, riacho 254
Timon-balancé (transporte) 139
Tinturaria 308
Tipografia 301
Tiradentes, praça: *ver* Rossio, largo do
Toledo, José de Aguiar 342
Torre, beco da 223
Torres, Benta Maria da Conceição: *ver* Mãe
    Benta
Torres, Francisco Cordeiro da Silva 127
Torres, Joaquim José Rodrigues: *ver* Rodri-
    gues Torres, Joaquim José
Torres Homem, Francisco de Sales 468
Torres Homem, Joaquim Vicente 397
Toussaint, José Maria 364
Trabalho **263, 264, 426**
Tráfego **142**
Transporte, meios de **135**
Trapicheiro, rio 52, 245
Trem, beco do 247
Trem, rua do: *ver* Portão do Trem
Três Vendas, largo das 213
13 de Maio, rua: *ver* Guarda Velha, rua da
Tributos **319**
Trigo de Loureiro, Lourenço 423
Tropeiro 148
Turfe **195**

U

Ubá, barão de 343
Ulrich, João Henrique 195
União e Indústria, estrada 122
Uniformes 385
Universidades **408**
Urbanização **93**
Urca, morro da 211
Urca, praia da 54
Urecha, Pedro de 317

Uruguaiana, rua: *ver* Vala, rua da
Urupemas 130

V

Vaía Monteiro, Luís 58, 88
Vala, rua da 228
Valdetaro, largo do 218
Valdetaro, rua do: *ver* Bela da Princesa, rua
Valentim, Mestre 108, 162
Valinha, rua da 231
Valongo 39, 232
Valongo, praia do 232
Valsa 364
Várzea, lagoa da 48
Várzea da Cidade 210
Vasconcelos e Sousa, José de 174
Vasconcelos e Sousa, Luís de 49, 108, 118,
    124
Vasconcelos, José Teixeira da Fonseca: *ver*
    Teixeira da Fonseca Vasconcelos, José
Vasqueanes, Duarte Correia 57, 125
Vegetação **44, 107**
Veiga, Evaristo da 180
Velasco, rua (Pereira da Silva) 40, 217
Velho da Silva, Amaro 408
Ventos **56**
Vermelha, praia 211
Vespucci, América 211
Viana, Paulo Fernandes 116, 118, 130
Viegas, Gregório José 463
Vieira Borges, monsenhor Antônio 480
Vieira Tosta, Manuel: *ver* Muritiba, viscon-
    de de
Vigário Geral, chácara do 355
Vigny, Alfred de 450
Vila Franca, barão de: *ver* Silveira da Mota,
    Inácio Francisco
Vila-Nova da Rainha, visconde de 339
Vilanova Portugal, Tomás Antônio de 116
Vilela Barbosa, Francisco: *ver* Barbosa,
    Francisco Vilela
Villegagnon, ilha de 254
Villegagnon, Nicolau Durand de 498
Vintém, chafariz do: *ver* Água do Vintém
Violas, rua das 240
Visconde de Inhaúma, rua: *ver* Pescadores,
    rua dos
Visconde de Maranguape, rua: *ver* Man-
    gueiras, rua das

548

Visconde do Rio Branco, rua: *ver* Caminho Novo
Vito de Meireles, Zeferino 465
Vitória (transporte) 139
Vitório da Costa, Adolfo Manuel: *ver* Costa, Adolfo Manuel Vitório da
Viúva, morro da: *ver* Leripe, morro do
Volney, conde de 450
Voluntários da Pátria, rua: *ver* São Joaquim da Lagoa, rua
Von Martius, C. F. P. 191

W

Wallerstein, Mme. 276
Walsh, reverendo 39, 79, 97, 154, 200, 212
Wanderley, João Maurício: *ver* Cotegipe, barão de
White, Thomas 299
Winkler, Johann F. L. 499

X

Xavier, Francisco Júlio 419
Xavier, Manuel Teodoro 308
Xavier Curado, Joaquim 174
Xavier das Conchas 109, 110
Xavier dos Pássaros 109, 110, 463
Xavier Sigaud, José Francisco 190, 468

Y

Young, João Jorge 119

Z

Zacarias, Francisco 195
Zalloni, Timeleon 433
Zumbi, praia do 255

"Sempre imaginando como atendê-lo melhor"
Avenida Santa Cruz, 636 * Realengo * RJ
Tels.: (21) 3335-5167 / 3335-6725
e-mail: comercial@graficaimaginacao.com.br